庆祝首都师范大学全球史研究中心成立十周年

Essays on Global History
全球史论集

刘新成 ◎ 主编

中国社会科学出版社

图书在版编目（CIP）数据

全球史论集 / 刘新成主编. —北京：中国社会科学出版社，2015.5
ISBN 978-7-5161-6141-8

Ⅰ.①全…　Ⅱ.①刘…　Ⅲ.①世界史—文集　Ⅳ.①K107-53

中国版本图书馆 CIP 数据核字（2015）第 107007 号

出 版 人	赵剑英
选题策划	郭沂纹
责任编辑	张　湉
责任校对	芦　苇
责任印制	李寡寡

出　　版	中国社会科学出版社
社　　址	北京鼓楼西大街甲 158 号
邮　　编	100720
网　　址	http://www.csspw.cn
发 行 部	010-84083685
门 市 部	010-84029450
经　　销	新华书店及其他书店
印刷装订	北京君升印刷有限公司
版　　次	2015 年 5 月第 1 版
印　　次	2015 年 5 月第 1 次印刷
开　　本	710×1000　1/16
印　　张	28.5
插　　页	2
字　　数	482 千字
定　　价	89.00 元

凡购买中国社会科学出版社图书，如有质量问题请与本社联系调换
电话：010-84083683
版权所有　侵权必究

全球史研究中心成立十周年

放眼全球

看全球历史发展

齐世荣敬贺 二〇一三

序 言

刘新成

2004年底，首都师范大学"全球史研究中心"成立。说是"研究中心"，其实不过是一个源自共同的学术好奇心的"学习小组"。我们来自不同专业方向，于宏观世界史本无专门研究，所以十年过去了，自忖仍处在学习阶段。所幸在这一过程中，我们得到国内外同行的热情鼓励和支持，使我们一直抱持探索的勇气和信心。同时我们也收获了一些批评，这些都是善意的学术批评，促使我们不断修正自己的认识，深化对世界史的理解。

本文集收录的是我中心成员从已发表的论文中自选出来的作品，虽自视为"代表作"，但正像当年吴于廑先生鉴于我国宏观世界史学方处"开端"阶段而对相关"习作"的定性一样，亦属于"学步"性质。这些文章分为两类，一类属史学史或史学理论性质，旨在介绍和简单评价西方的"全球史观"；另一类属于个案研究，即审视某一历史时段发生在某一区域的"跨文化互动"。

关于"全球史观"，我赞成本中心刘文明老师的看法，即对应英文"a global perspective on the past"所译的"全球史观"一词，按英文原意，其要旨在于"全球观"而不是"历史观"，即主张像用"全球观点"来看待当代问题一样，也用"全球观点"来审视历史，因此该词的准确译法应为"历史的全球观"，俾免不必要的误会。如若"全球史观"已成"定译"，使用时则以加注引号为好。

"互动说"是美国部分全球史学家批判"西方文明优越论"和"西方中心论"的理论工具之一。其最大意义在于指出，西方近500年来——

或准确地说近 200 年来——领先于世界乃是西方与世界其他地区一系列互动的结果，而并非由于西方文明含有某种独特优势，这就不仅使"欧洲中心论"者失去了立论的依据，更让那些虽主张文明平等说却又"不得不"承认近代以来西方文明略胜一筹的人摆脱了"犹抱琵琶半遮面"的窘境。在中国语境中，我们对此"工具"采取"拿来主义"，仅仅因为有关世界历史"横向联系"的研究在我国历来薄弱，而自 20 世纪 80 年代吴于廑先生指明这一缺憾后，迄今未见明显改观，我们以为，跨文化互动史的个案研究或可作为一个切入点，对改变这一局面有所助益，如此而已。

当今国际史坛，全球史仍然活跃。值得注意的是，一向鄙夷宏观世界史的欧洲史学界，近年也出现"展开全球视野"的动向。2013 年英国布里斯托大学历史学教授尼尔·福克纳撰写了一部"道地"的全球史：单卷本《马克思主义世界简史》。该书运用标准的马克思主义阶级分析方法和阶级斗争理论，撰述从人类起源至 21 世纪的世界历史，阐明马克思关于人类历史必将走向世界历史的观点。该书至少说明，率尔将全球史观与历史唯物主义对立起来，是对全球史的一种误解。

目 录

理论与方法

全球史观与近代早期世界史编纂 …………………………………… 刘新成(3)
文明互动：从文明史到全球史 …………………………………… 刘新成(15)
"全球史"与"世界史"异同刍议 …………………………………… 梁占军(25)
全球史与西方史学视角批判 …………………………… 多米尼克·萨森迈尔(34)
新世界史 …………………………………………………… 杰里·H.本特利(58)
世界历史上的文化交流 ……………………………………… 杰里·H.本特利(81)
理解全球史 …………………………………………………………… 夏继果(99)
从全球视野与生态视角来考察历史
　——克罗斯比治史方法初探 ……………………………………… 刘文明(114)
20世纪以来世界历史观念的发展与中国的世界史教学 ……… 徐　蓝(127)
面对全球史的中国史研究 ………………………………………… 王永平(146)
重新将"中国史"置于"世界史"之中
　——全球史与中国史研究的新方向 ……………………………… 江　湄(156)

专题研究

经济全球化与民族国家的主权保护 ……………………………… 徐　蓝(185)
全球史中的"早期近代" …………………………………………… 施　诚(199)
内生与杂糅视野下的古代埃及文明起源 ………………………… 金寿福(209)
论国际冲突研究的文化视野 ……………………………………… 梁占军(235)
美国建国初期对古典民主与共和传统的辩论及利用 ……… 晏绍祥(248)

穆斯林征服初期安德鲁斯基督教徒的生存状况 …………… 夏继果(279)
"东西方文明对立"下的东亚联盟论 ………………………… 史桂芳(304)
从"天下"到"世界":汉代中国对世界的探索与认知 ……… 王永平(320)
在文明互动中重构
　　——近代中国精英的历史文化观 ……………………… 魏光奇(351)
美国民权运动中的中国因素 ……………………………… 于　展(361)
古典学与东方学的碰撞:古希腊"东方化革命"的
　　现代想象 ………………………………………………… 李永斌(385)

讨论与评议

全球史研究主题评介 ……………………………………… 施　诚(409)
超越人类看人类?
　　——"大历史"批判 ………………………………………… 孙　岳(418)
国际视野下美国民权运动史研究的新进展 ……………… 于　展(433)

理论与方法

全球史观与近代早期世界史编纂

刘新成

十多年前斯塔夫里阿诺斯所著《全球通史》中文版出版，1995 年第 19 届国际历史科学大会将"'全球史'是否可能？"列为讨论主题之一，自那时起，国内史学界开始议论"全球史观"。进入 2005 年，《史学理论研究》和《学术研究》均在其第一期编发了有关"全球史观"的笔谈①；7 月份在澳大利亚举行的第 20 届国际历史科学大会上，美国学者彭慕兰（Kenneth Pomeranz）散发了一份广告，宣布由他本人担任主编的《全球史杂志》（Journal of Global History）将于 2006 年创刊，办刊目的是与美国世界历史学会主办的《世界历史杂志》（Journal of World History）一道，为世界各国学者探讨全球史问题开辟专门园地；10 月，由首都师范大学全球史研究中心和美国世界历史协会联合举办的"世界通史教育"国际学术研讨会在北京举行，与会中外学者近两百人。这些情况表明，全球史观正在成为国内外史学界关注的热点。

到底什么是全球史观？全球史观对我们有什么借鉴意义？对于这些问题有必要进行更加认真的讨论。笔者拟将自己近来对这些问题的一些思考，结合在修订吴齐本世界通史教材近代早期部分过程中的点滴体会，略叙如下，以求教于同仁。

---

① 李世安等：《全球化与全球史观》，《史学理论研究》2005 年第 1 期，第 4—20 页；于沛等：《全球史观对中国史学的影响》，《学术研究》2005 年第 1 期，第 5—25 页。

一　什么是全球史？

一般认为，1963年美国学者威廉·麦克尼尔发表《西方的兴起》一书乃是全球史作为一个学术领域诞生的标志[①]，而全球史走向成熟则是在20世纪80年代[②]。需要说明的是，为我国读者所熟悉的美国学者斯塔夫里阿诺斯，虽然是全球史学的开拓者之一，但他基于现代化史观撰写的《全球通史》并不是全球史范式的代表作，该书与目前全球史学的架构完全不同，因此不宜以斯塔夫里阿诺斯的《全球通史》作为评价全球史观的主要根据。

汉语"全球史观"一词最初译自西文哪个词汇（组），现已无从查考。"观"字尤其出处不明，而且极易引起误解。汉语的"某某观"通常含有理论体系的意思，而全球史并"不是一种博大周密的理论体系"[③]。以我们所习用的学术管理术语来表示，全球史在其故乡——美国，仅仅是个与国别史、专门史等并列的二级学科（世界历史）下的研究方向。在美国许多大学的课程表中，"全球史"和"西方文明史"并列为限选课，本科生可从中选修一门，与必修课"美国史"一起，合成历史科必修学分。从这个角度而言，全球史大致相当于我国高校课程中的"世界通史"。在英文中，Global History、World History 和 Universal History 在全球史的特定意义上通用，这也说明了全球史与世界通史的对应关系[④]。全球史有其理论，但这种理论属于历史编纂方法论，确切地说是编纂世界通史的方法论。世界通史作为独特的学科领域，当然需要独特的研究、表述和编纂方法。美国当代全球史代表人物之一本特利教授在说到全球史时，也屡屡指出"它是一种方法"[⑤]。吴于廑先生曾在吴齐本《世界通史》教材

---

① 威廉·麦克尼尔：《西方的兴起》（William H. McNeill, *The Rise of the West*），芝加哥大学出版社1963年版。
② 曼宁：《世界历史中的互动问题》（P. Manning, "The Problem of Interactions in World History"），《美国历史评论》（*American Historical Review*），第101卷，1996年，第775页。
③ 郭小凌：《从全球史观及其影响所想到的》，《学术研究》2005年第1期，第12页。
④ Universal History（Universalgeschichte）是德国学者的习惯用法。
⑤ 本特利：《跨文化互动和世界史分期》（Jerry H. Bentley, "Cross-Cultural Interaction and Periodization in World History"），《美国历史评论》（*American Historical Review*），第101卷，1996年，第749页。

的总序中，将世界通史规定为"对人类历史自原始、孤立、分散的人群发展为全世界成一密切联系整体的过程进行系统阐述"①，也是一种具有世界通史编纂方法论性质的陈述，而全球史理论与吴先生的这一陈述正好属于同一理论层次。之所以强调这一点，是因为国内有些学者用全球史观与马克思主义唯物史观作比较，把编纂通史的某种方法和历史研究的指导思想相提并论，似乎不很妥当。

全球史的出现有其特殊的时代背景。20世纪下半叶以来加速发展的全球化过程，以及在这一过程中全球文化趋同与民族本土文化认同之间日益紧张的关系，无疑是全球史出现的最重要的社会背景。全球化带来的所谓"文明"之间的关系问题，引起了学界的普遍关注。与著名人类学家雅斯贝尔斯预言"21世纪人类必然产生第二次轴心期并在新的文明世界中实现完全统一"相呼应②，历史学家也热烈探讨"有趣的历史问题，即这个全球化的世界是怎样形成的"③。为了从历史中获得解决当代全球问题的智慧，史学家们"把全球化历史化"（to historicize globalization）④。

从学术背景来看，人类学的进展、后现代主义对"宏大叙事"的否定以及非西方世界的史学研究与西方的"对接"，都是影响全球史出现的因素。

人类学起初以人群的文化特征为主要研究对象，但从20世纪30年代起，这一点受到质疑。质疑者认为，脱离文化形成过程来谈文化现象没有意义，因此人类学的研究对象应该是文化的生产与变化，而不应该是文化特征。20世纪下半叶，西方人类学家普遍认同"文化生产说"，并指出持有不同观念的个人或群体之间的互动是文化生产的唯一形式，变化是文化的常态，文化研究重心即为不断变化的过程。下文将要论及人类学研究的这一新的取向，与全球史的"跨文化互动"叙事主题非常接近。

西方后现代主义颠覆了"西方模式普适论"，也颠覆了西方学术的"真理性"。受后现代主义影响的史学家们认为，历史学的"欧洲中心论"

---

① 吴于廑、齐世荣主编：《世界史》（6卷本），高等教育出版社1992年版，总序第1页。
② 转引自梁枢等《中华文明的"前轴心时代"》，《光明日报》2005年9月8日，第9版。
③ 马科斯：《近代世界的起源》（Robert B. Marks, *The Origins of the Modern World*），罗曼里特菲出版社2002年版，第1页。
④ 本特利：《历史全球化和全球化历史》（Jerry H. Bentley, Globalizing History and Historicizing Globalization），《全球化》（*Globalization*），第1卷，2004年，第69页。

并非一种偏见，而是一种学术范式（paradigm），一套话语体系，一个是非标准；只要在这种范式框架内进行研究，就跳不出"欧洲中心"的窠臼①。他们指出，源自西方的现代历史学，总是将非西方国家的历史置于西方体系之内或之外，而从不承认它们与西方文明的切线关系②。更极端一些的史学家因此而反对一切"宏大叙事"，认为形成于19世纪欧洲的现代学术传统是以文化的特殊性、排他性、地方性知识和单一社会特殊经验为基础的，建立在这种学术传统之上的"宏大叙事"不可能超脱，即使不是"欧洲中心论"，也会是其他某种中心论。在这种情况下，有志于"宏大叙事"的史学家就把一种超越文化特殊性、排他性、地方性知识和个别社会经验的叙事框架作为自己的学术追求，力图从不同文化间的互动（interaction），而不是一种文化对另一种文化的影响（effect）着眼，重绘人类历史画卷③。

20世纪下半叶，东西方学术交流日趋活跃，越来越多的亚洲、非洲和拉丁美洲国家学生去往美国等西方国家留学，其中许多人学成后留在当地从事研究工作；与此同时，也有越来越多的西方国家学者到其他国家和地区从事研究。大量非西方国家历史研究成果因此而得以西文形式呈现，使西方学者眼界大开，认识到一些所谓"欧洲优势特点"在其他地区不仅亦曾存在，而且比欧洲更为突出④。于是他们开始从全球发展的角度对世界历史进行重新审视。经过几十年的研究实践，不仅逐渐形成了全球史的独特视角，而且对于世界历史发展具有更加全面的认识。其中值得肯定之处主要有如下几个方面。

其一，摒弃以国家为单元的思维模式。西方现代学术产生于19世纪的欧洲，当时欧洲正处在建设民族国家和进行帝国主义扩张的高潮当中，因此史学以及其他人文社会科学也都带有以国家为研究和叙事单元的印记。这种学术传统一直延续到当代。全球史学者认为，在描述世界历史进

---

① 马科斯：《近代世界的起源》，第9页。
② 布劳特：《殖民者的世界模式》（J. M. Blaut, *The Colonizer's Model of the World*），吉福德出版社1993年版，第1页；参见本特利《世界历史与宏大叙事》（Jerry B. Bentley, "World History and Grand Narrative"），斯塔克提和法齐斯主编：《书写世界历史：1800年—2000年》（Benedikt Stuchtey and Eckhardt Fuchs, eds, *Writing World History: 1800 - 2000*），牛津大学出版社2003年版，第47页。
③ 本特利：《世界历史与宏大叙事》。
④ 马科斯：《近代世界的起源》，第14页。

程时，以国家为单元具有两个明显缺陷：1. 诸如物种（包括农作物、动物等）传播、疾病蔓延、气候变化等超越国界的现象均被忽略，而这些现象对全球历史发展曾经产生过不容置疑的作用；2. 任何一个社会都是全球的组成部分，但每个社会都不是孤立的存在，社会与社会之间互为发展的条件，相互之间的竞争、交融、碰撞以及力量对比关系是推动全球发展的重要动力，而这一动力由于不是发生在国家框架之内，因而长期被忽视①。全球史学者认为，世界通史的基本叙事单位应该是相互具有依存关系的若干社会所形成的网络。这个网络可能只覆盖局部地区，但也可能覆盖整块大陆、整个大洋、半球乃至全球。出于对网络的关注，全球体系研究也成为全球史学家的课题。

其二，在超越以国家为单元的思维模式之后，全球史学者提出，在世界历史发展的任何一个阶段都不能以某个国家的发展代表全球发展的整体趋势，全球发展的整体性只体现在真正普适于所有社会的三大过程当中，即人口增长、技术的进步与传播、不同社会之间日益增长的交流②。伴随这三大过程，人类进入了地球上几乎所有可以居住的地区，组成了成千上万个具有独立文化系统的社会，彼此之间形成大小不一的经济或文化交流网络；在网络中各地的自然物种互相传播，各种新技术、新观念和新信仰互相交流；与此同时，每个社会也都在不断地摸索和创造与其他社会相处的新手段、新模式，或是征服、利用及制约与之相关的其他社会，或是与之和平共处；物种交换、移民、文化交流等以前常被忽略的新内容，与社会发展、商品流通、帝国主义等传统命题一道，共同成为描述全球三大过程的主题。全球史学者通过描述这三大过程，为正在全球化时代重新认识本土文化价值的各民族提供了新的审视角度，具有鲜明的时代感。

其三，全球史学者认为，在上述三大过程当中，最重要的是"不同社会之间日益增长的交流"，因为"人口增长"和"技术的进步与传播"都有赖于这种交流，"越来越多的学者承认，历史就是世界各族互动的结

---

① 本特利：《新世界史》（Jerry H. Bentley, "New World History"），克莱莫和马萨主编：《西方史学思想手册》（Lloyd Kramer and Sarah Maza, eds., *A Companion to Western Historical Thought*），牛津布莱克韦尔出版社2002年版，第397页。

② 本特利：《历史全球化和全球化历史》。

果"①。全球史学者着力最多的，就是不同社会、不同地区、不同民族、不同国家之间的"跨文化互动"。为进一步说明这种互动不同于一般意义上的交流，有些全球史学者刻意用"扩散"的概念来取代"传播"。"扩散"一词最原始的意思是指历史上被驱逐的犹太人将犹太文化带到世界各地并且世代传承。全球史学者借用这个词汇意在说明，传统的"传播"概念含有强势社会向弱势社会推行、强迫弱势社会接受的意思，而"扩散"则意味着弱势社会同样可以影响强势社会；强势社会可以在政治上征服弱势社会，但强势社会的文化却会不知不觉地吸收弱势文化的因素，发生"变形"。

其四，从学术发生学的角度彻底颠覆"欧洲中心论"。对"欧洲中心论"的批评，在东西方学界都由来已久，但以往的批评大都停留在意识形态层面，全球史学者却从学理上分析了"欧洲中心论"产生的原因及其谬误的根源。他们指出，在世界历史领域造成"欧洲中心论"的原因有两个，一是前面所说的以国家为单元的思维模式，二是"依据结果反推原因"的分析方法。这两个认识论的错误导致欧洲中心论者从欧美国家处于强势地位的现状出发，苦心孤诣地在欧洲国家内部寻找其兴起的原因，在"西方有什么而东方没有什么"的论辩逻辑里纠缠不休，不遗余力地挖掘"欧洲优秀传统"，为其贴上理性、科学、民主、进取精神、宗教伦理等光彩的标签，直至将欧洲树为全球各国的榜样。全球史学者认为，即使那些主观上有意抵制"欧洲中心论"的学者，事实上也受到"欧洲中心论"的危害，因为他们在研究中会不自觉地以欧洲作为参照，使用那些仅仅适用于欧洲史的概念和定义，在欧洲中心论者设定的语境下描述和探讨非西方世界的历史，结果在学术范式上不仅没有削弱，反而强化了"欧洲中心论"。全球史学者根据全球分析结果指出，所谓"欧洲兴起"只是人类历史长河中一个特定时期的特定产物，从中挖掘"普适性"的"文化特质"只能是制造神话②。

其五，全球史学者在以全球背景为分析历史事件新参数的基础上，对许多重大历史事件发生的必然性重新进行分析，得出新的结论。许多从单一方面（比如某个国家）考察仿佛具有"必然性"的历史事件，在进行

---

① 本特利：《跨文化互动和世界史分期》。
② 马科斯：《近代世界的起源》，第1—20页。

多方面的（比如同样参与该事件发生过程的其他国家、影响该事件发生及过程的其他因素）考察后就会发现，如果不是各个方面共同提供条件的话，这种必然性是不存在的。全球史学者提出，在考察一个有若干社会参与其中的历史事件的原因时，要充分考虑其发生的偶然性和特定条件性①。他们反对过分草率地遽下"必然"之类断语，强调总结历史发展规律的复杂性和艰巨性。

作为一种建构世界通史的新方式，全球史学还处于探索阶段②。美国的全球史学者承认，目前全球史学还存在着诸多理论缺陷，其中最明显的是对社会内部发展的忽视③。虽然全球史学者认识到，无论是对社会自身的发展来看，还是从推动全球发展的角度来看，各社会内部的发展，即内因的作用，都是重要的④；但也许是考虑到前人的研究已经比较充分的缘故，他们对这一方面的关注显然不够，因此在分析跨文化互动对各个社会所产生的政治、经济、社会、文化影响时就显得缺乏深度⑤。另外，本特利等全球史学者曾经根据全球跨文化互动的程度为世界历史进程重新划分阶段。但是，仅仅以互动这一点作为断代根据是否妥当？这本身就是还需要商榷的问题⑥。而且，既然全球史学者把跨文化互动理解为全球发展的核心，那么对于"什么是文化？什么是跨文化？什么是跨文化互动？"之类问题，就还有进一步说明的必要⑦。

二 全球史观的借鉴意义

作为新中国第一部《世界通史》教材的主编之一，吴于廑先生在20世纪80年代已经敏锐地意识到，中国学界存在着将世界史理解为国别史之和的倾向，于是他为中国世界历史学科的学术宗旨、研究对象与方法进行了重新定位，提出人类社会形态从低级阶段向高级阶段的纵向发展与世界各地区从相互闭塞到逐步开放、从彼此分离到逐步联系密切的横向发展

---

① 马科斯：《近代世界的起源》，第10—13页。
② 曼宁：《世界历史中的互动问题》。
③ 本特利：《新世界历史》。
④ 马科斯：《近代世界的起源》，第15页。
⑤ 曼宁：《世界历史中的互动问题》。
⑥ 本特利：《跨文化互动和世界史分期》。
⑦ 曼宁：《世界历史中的互动问题》。

共同构成世界历史的主题①。吴先生的观点至今仍有指导意义,他及时提出的"世界横向发展"的命题,为我国学者弥补薄弱环节,进一步改善世界通史体系指明了方向,90年代出版的吴齐本《世界史》(6卷本)就是朝着这个方向努力的具体体现。但是,正如吴先生在该书总序中所说的,"如何运用正确的理论和方法对世界历史的发展进行全局而非割裂的考察",在中国史学家面前仍是一个"方在开端"的任务②,所以吴齐本《世界史》(6卷本)在描述世界的横向发展方面还显得力不从心③;而且应该说,直至近10年,我国世界史学科在这方面的进步仍不显著。正因为如此,将全球整体发展纳入视野,高度重视各个地区、各个社会、各个民族和各个国家横向互动的全球史观,对于国内学界具有特殊的借鉴意义。

全球史观在可以提供书写世界横向发展的素材之外,在考察和描述世界横向发展的方法论方面也可以为我国学者提供有益的启示。这些年来,我国的世界通史编纂遵循着吴于廑先生指出的阐述"世界从分散走向整体"的方向,以在各部分之间建立起联系作为描述世界横向发展的重点,着眼点放在建立联系的结果上面。而全球史观着眼于不同文化之间的互动,着重阐释不同文化之间互相影响的形式和内容,重心放在建立相互联系的过程上面。重结果的描述止步于展示现象,而重过程的描述则会深入探讨运动变化的机制。正是因为如此,全球史学者提出了跨文化远程贸易是联系加强的根本驱动力,政治、经济、技术、文化的互动均以商业联系为前导的重要论断④。这一论断对于说明世界的横向发展无疑具有重要意义。而在叙述方法上,重结果的描述往往造成"'纵向描述'与'横向描述'两张皮"的现象,即以国家为单位分别说明其纵向进步后,再单独叙述同一时期各国各地之间的交往;重过程的描述则是以互相关联的网络为单位,同步说明该地区的纵向和横向发展(尽管对纵向发展的阐述稍显简略)。二者相比,长短立见。

---

① 吴于廑:《世界历史》,《中国大百科全书·外国历史》第1卷,中国大百科全书出版社1990年版,第1—5页。
② 吴于廑、齐世荣主编:《世界史》6卷本,总序第9页。
③ 刘新成:《关于我国世界通史编纂工作的回顾与思考》,《中国历史学年鉴·1995年》,生活·读书·新知三联书店1995年版,第19—20页。
④ 本特利:《20世纪的世界史学史》,《史学理论研究》2004年第4期,第134页。

至于全球史观对于我国学者建构自己的世界通史体系的借鉴意义，笔者拟结合修订吴齐本世界通史教材近代早期部分的一些体会来加以说明。

第一，关于地理大发现的划时代意义。从亚当·斯密迄今，西方人一直认定 1492 年和 1498 年是人类历史上最重要的两个年代①。我国学者也赋予地理大发现划时代的意义，认为这一发现及其后果标志着"有决定意义的突破"，乃是"历史发展为世界历史的重大转折"，"过去长期存在的各国、各地区、各民族间的闭关自守状态"自此"才在越来越大的程度上被打破"，"分散隔绝的世界"开始"逐渐变成了一体的世界"②。地理大发现具有非常重要的历史意义，这是毋庸置疑的，问题在于如何实事求是地、准确地评价其意义。世界各地区之间的隔绝状态真是从地理大发现才开始被打破的吗？整体性的全球联系真是从此进入了全新的建设阶段吗？全球史学者经过研究发现，在地理大发现之前，除美洲、非洲南端和大洋洲大部以外，世界上到处都存在着不同规模的跨文化交流和不同社会之间的互动，甚至形成了相对稳定的网络③，尤以环印度洋地区最为显著。从 7 世纪起，阿拉伯商人即活跃于从东非到印度、甚至远及东南亚和中国的广大区域。10 世纪以后，印度洋沿岸众多城市连接为一个统一的商业网络，流通在这个网络中的不仅有奢侈品，也有椰枣、食糖、建材和金属等一般商品。这一商业网络的存在在一定程度上刺激了相关地区优势产业的形成和发展，比如中国和印度的丝织业，印度的棉纺业，中国的陶瓷业，中国、印度和东南亚的冶金业，中亚、西南亚和阿拉伯地区的畜牧业等④。地理大发现以后，欧洲人并非开辟了跨文化交流的网络，而是进入并利用了原有的网络，他们的作用只是使这一网络进一步延伸，进一步密集和系统化。即使在十五六世纪这样的作用也不明显。因为当时欧洲商人还拿不出让东方人感兴趣的商品与之交换，所以

---

① 亚当·斯密：《国民财富的性质和原因的研究》下卷，商务印书馆 2002 年版，第 105 页。
② 参见吴于廑、齐世荣主编《世界史》6 卷本，总序第 11、22 页；吴于廑主编：《十五十六世纪东西方历史初学集》，武汉大学出版社 1985 年版，前言第 1 页。
③ 本特利和吉格勒：《传统与相遇：全球视角的历史》（Jerry H. Bentley & Herbert F. Ziegler, *Traditions and Encounters: A Global Perspective on the Past*），麦克罗西尔出版社 2003 版，第 573—585 页。
④ 本特利：《跨文化互动和世界史分期》，第 754 页。

在跨文化贸易中他们尚未成为主要角色。许多专事亚洲商品运输的葡萄牙水手与亚洲人结婚并成为亚洲国家永久居民就说明了这一点。以欧洲人为主导的、把各个大洲都联系起来的世界性商业网络，在十五六世纪还远未形成。

第二，关于对欧洲的评价。由于受西方人"依据结果反推原因"、"从现实演绎过去"的思维逻辑影响，我国学者在描述近代早期世界格局时，也存在着依据19世纪以后欧洲资本主义主宰世界的事实，把此前几个世纪的历史都视为这一事实的准备阶段，因而过分突出欧洲的倾向。这一点首先表现在对1500—1700年东西方实力对比的判断上。吴齐本世界通史教材认为，"从16世纪到18世纪中叶，东方终于在社会前进的竞赛中输给西方"①。这一论断的正确性似可讨论。有学者在全面考察了当时的全球形势后指出，1750年以前亚洲的经济水平整体高于欧洲，及至1800年，欧洲经济与亚洲相比没有任何优势可言②。

对欧洲"先进"原因的刻意挖掘，导致我国学者夸大了这个时期欧洲发生的一些事件的资本主义性质，将1500—1600年西欧人"在文化、思想、宗教及政治等领域内完成的重大变革"一概理解为"资本主义曙光来临"的"象征"③。例如"新航路的开辟源于资本主义发展的需要"，就实在无法自圆其说，因为新航路的开辟者——西班牙、葡萄牙两国经济中的资本主义成分微不足道④。人文主义原是表示一种尊崇古典规范的学术立场，启蒙运动以来被赋予了"反宗教"的"世俗"含义，我国学者亦沿袭其说并加以阐弘。但是这样一来，该如何解释人文主义者都是虔诚的天主教徒的不争事实呢？⑤ 至于宗教改革运动在多大程度上含有近代理性精神，只要看一看马丁·路德和加尔文是怎样狂热地鼓吹"排巫运动"（Witch-Hunting）以及新教地区有多少"女巫"（witches）惨遭迫害，或

---

① 吴于廑、齐世荣主编，刘祚昌、王觉非分卷主编：《世界史·近代史编》上卷，高等教育出版社1992年版，第279页。
② 参见徐洛《评近年来世界通史编纂中的"欧洲中心"倾向》，《世界历史》2005年第3期，第99—100页。
③ 参阅吴于廑、齐世荣主编，刘祚昌、王觉非分卷主编《世界史·近代史编》上卷，第2页。
④ 徐洛：《评近年来世界通史编纂中的"欧洲中心"倾向》。
⑤ 本特利和吉格勒：《传统与相遇：全球视角的历史》，第592页。

者读一读茨威格的历史纪实小说《异端的权利》就可以知道了①。

第三，关于世界近代早期（1400—1800年或1500—1750年）的历史定位。"近代早期"是20世纪20年代出现在英语世界的概念，20世纪中期逐渐变为"从中世纪向近代过渡时期"的同义语，"过渡"的内涵无非文艺复兴、宗教改革和资本主义早期发展等，均属于欧洲史范畴。1940年，当美国学者威廉·兰格（William Langer）编纂《世界历史百科全书》（Encyclopedia of World History）时，未加任何说明便把仅属于欧洲史范畴的"近代早期"概念移植于世界历史，设定了所谓"近代早期世界"栏目②。20世纪60年代以来，现代化史学在欧美国家日渐兴盛。受其影响，欧洲"起飞"并率先实现现代化，世界其他地区面对现代化挑战作出不同回应，被理所当然地认作近代早期的"世界性特征"③。我国学者很少使用"近代早期"概念，但在接受"过渡时期"说法的基础上，承认"15、16世纪以后400年中，由欧洲西北角这一率先变化而引起的世界范围的经济、政治、文化的矛盾与适应，新旧嬗递之中的批判与吸收，外来力量与固有力量之间的冲突与融汇，构成历史成为世界历史这一宏伟过程的全景"④，实际上也是承认欧洲的挑战与非欧洲世界的应战是近代早期世界的主要特征。然而，在全球史学者看来，1500—1800年非资本主义世界许多地区的经济发展与社会发展不仅与欧洲的挑战毫无关联，而且内部发展势头依然强劲，这说明近代早期全球经济的整体发展并不是欧洲资本主义萌芽的成长延伸，也与欧洲资本主义的发展并不同步⑤。既然如此，以欧洲发展为中心为近代早期世界定性就非常不妥。全球史学者虽然否认以欧洲资本主义作为近代早期世界的特征，但是并不否认近代早期这一时段的特殊性，只是认为其特殊性不体现为某一或某些特征，而体现为

---

① 参见科芬、斯蒂希、莱默、迈坎主编《西方文明史》（Judith G. Coffin, Robert C. Stecey, Robert E. Lerner, Standish Meacham, *Western civilizations, their history & their culture*），第1卷，诺顿出版社2002年版，第537—538页；斯蒂芬·茨威格：《异端的权利》，生活·读书·新知三联书店1986年版。
② 兰格主编：《世界史编年手册》（William L. Langer, *An Encyclopedia of World History*），霍顿米夫林出版社1980年版，第395—587页。
③ 参见本特利《近代早期欧洲和近代早期世界》（Jerry H. Bentley, *Early Modern Europe and the Early Modern World*），未刊稿，第9页。
④ 吴于廑主编：《十五十六世纪东西方历史初学集》，前言第3页。
⑤ 参见徐洛《评近年来世界通史编纂中的"欧洲中心"倾向》。

一系列动态的过程。本特利教授认为，近代早期区别于以前时代、也区别于19、20世纪之处主要在于三大过程，即海路的打通、商业网络的建立和资本主义的发展；直至近代早期结束之时，这三大过程尚未完成，结果仍不明朗，世界格局仍然充满变数；因此，也"就不可能存在把近代早期世界归纳为若干动力和特征的问题，相反，近代早期世界是一个进程，一个飘忽不定的结果，这一结果既来自于历史本身的强大驱力，也来自于个人或集体的主观努力"①。全球史学者关于近代早期世界的这些观点是值得重视的。当然，历史学是一门经验学科，根据社会发展结果反思过去本来无可厚非，关于资本主义代表近代世界社会发展趋势这一点也无可争议。但是全球史观启示我们：不能仅仅根据历史唯物主义的社会发展史定义，把复杂的历史简单化，从而玷污历史唯物主义的科学性。

第四，关于横向联系。由于习惯以国家为研究和叙事的单元，我国学者在描述近代早期历史时，最多只对发生在国家之间的交往或碰撞给予关注，而把那些超越国家性质的交流与互动摒于视野之外，因而使原本就很薄弱的横向描述更加苍白。按照全球史学者提供的信息，在近代早期及其以前，无论是班图人在非洲大陆内部的持续流动，还是美洲、大洋洲土著居民间的交往，都是跨文化互动的重要组成部分，虽然这些交往没有直接导致世界性联系的建立，但其文化融合和技术传播的作用，特别是在此过程中人们形成的交流习惯仍是不容忽视的。至于地理大发现以后，物种在全球范围内大交流及其对世界人口、经济、社会产生的影响，从欧洲和非洲到美洲的多达1600万移民所起到的文化传播作用，世界主要宗教的传布路径及在传布过程中的变形，伴随人口流动而来的疾病蔓延对全球人类构成的威胁，经济交流和文化传播对于传统社会变革的影响等，这些事件和过程在我国世界通史著作中至今未得到充分的描述和解释，更是属于应该尽快填补的空白。

(原载《世界历史》2006年第1期)

---

① 本特利：《近代早期欧洲和近代早期世界》，第21—23页。

文明互动:从文明史到全球史

刘新成

一

全球史是当代西方史学的一个分支,以宏观视野为特色。[①] 西方历史学科建立以来,从初期的"兰克学派",到后现代的"碎片化"史学,对宏大叙事历来比较排斥。进入20世纪以来,尽管世界史鸿篇巨制作者威尔斯、汤因比等名噪一时,但都未被视为史学"正统",对史学发展的影响终究有限。而全球史不同,若从威廉·麦克尼尔1963年发表《西方的兴起》一书算起,时间已过半个世纪,全球史不仅没有淡出史坛,反而被普遍承认为一种历史叙述范式。通史类教材、专著层出不穷,在"全球视野下"重新审视人类历史活动,修正原有结论,开启新的思考,更成为史学研究的一种趋势。在资讯发达的信息时代,在新说异见迭出而留印迹者寥寥的今天,全球史能够经久不衰,殊为难得,个中原因很值得思考。

西方宏观史学长期属于历史哲学范畴。这是有道理的,因为宏观史学关注的是人类整体命运。今天全球史的繁荣在很大程度上也是因为人类面临许多新的挑战,而就当下问题向历史求解,几乎是人类的一种本能,即

[①] Global history 并无精确定义,常被使用者赋予不同含义,并与 world history, universal history, big history, comparative history, transnational history, connected history, entangled history, shared history 等词的含义有交叉和重叠。广义的全球史指超出个别民族国家之外的宏大叙事;狭义的全球史指一种新的史学范式或新视角。参见 Jerry H. Bentley, ed., *The Oxford Handbook of World History*, New York: Oxford University Press, 2011, p.1。

如史学大师布罗代尔（1902—1985）当年提笔为中学师生撰写通史《文明史纲》时所说，他是为了"回答当今提出的种种问题"。① 在全球化趋势日益明显的今天，人类面临的最大问题是什么？简而言之，就是各人类群体如何自处（即身份认同）和如何处理彼此关系（即文明对话）的问题。当人们深切认识到"当今的国际格局，根源在于历史上各社群的原始关系"之后②，人们自然把目光转向世界历史。

但传统世界历史学无法提供令人满意的答案。在西方，人们脱离神学转而从世俗角度考察历史活动是从17世纪开始的。但在最初的历史哲学框架内，历史是理念的车轮，世界是理念的载体，世界历史只是证实理性主义等先验理念的工具。19世纪，史学从哲学中独立出来，转变为经验描述，但世界历史学仍有浓重的哲学色彩和明显的目的论倾向，而这种倾向在不断重复中被"本体化"，西方文明乃成为人类社会的经典模式。即使进入20世纪，当汤因比等人注意到非西方文明的存在、当巴勒克拉夫等人呼吁"将历史研究的视野投放到所有地区和所有时代"之后，西方世界史著的涉及面虽然有所扩大，但核心内容仍是在与其他文明对比中突显西方文明的优势，并以说明西方领先的原因为最终落脚点。③ 20世纪中叶以后，后现代主义兴起，传统历史思维受到冲击，但与此同时，"理论"自身被消解，宏大叙事几成虚构，连世界历史学的存在价值都受到质疑，遑论对现实的借鉴意义？正是在这种形势下，全球史携一种全新且开放的理念，为西方宏观史学打开一扇新窗，并与全球化时代各民族日益强烈的自我认同意识形成互动，吸引了越来越多的史学工作者。恰在此时，此前一直教条地按递进的五种社会形态分别演绎各国历史的中国和前苏联世界史学界，正处于反思传统史观的阶段。苏联学者意识到用一种抽象的社会形态"对世界史统一划分，把它塞进统一的框框，这种意图蕴

---

① 费尔南·布罗代尔：《文明史纲》，肖昶等译，广西师大出版社2003年版，第2页。
② 杜维明：《多种现代性：东亚现代化涵义初步探讨》，塞缪尔·亨廷顿、劳伦斯·哈里森：《文化的重要作用：价值观如何影响人类进步》，程克雄译，新华出版社2010年版，第323页。
③ 自宗教改革时期加尔文教"预定论"出现以后，从结果反推原因一直是西方人根深蒂固的思维方式之一。近代以来的西方文明优越论者都是依据欧洲发展的领先地位推导其文明的"先进性"。

含着十分严重的后果。"① 而中国世界史学家也开始关注世界历史的"横向发展",即世界各地之间联系的加强。全球史观在这两大地区的传播,标志着全球史热正在成为一种全球现象。②

全球史的研究方法也使其具有"可持续性"。全球史研究具有突出的学科交叉性质,除综合运用社会科学各学科理论外,近年来还广泛利用文化研究、区域研究乃至地理学、生物学和医学的研究方法和成果,研究领域既包括传统的政治、经济、军事、外交,也涉及气候、环境、移民、性别、宗教、技术、科学、物种传播、文化交流,等等。全球史对各学科新知识的消化吸收和融会贯通,有助于学术创新。从不同角度反复审视同一问题,形成多种解释,互相问难争辩,这一气象正逐渐成为全球史的学科特点,促使全球史研究不断延伸和拓展。③

二

全球史的"魅力"首先来自其核心理念——"文明互动说"。笔者曾指出,"文明互动说"的价值在于动摇了西方世界史体系"与生俱来"的两大支柱,即"欧洲中心论"和"以民族国家为本"。④ 但如果深入研究西方史学史乃至西方思想史就会发现,这两大支柱实际上都建立在西方"文明观"的平台之上。回顾西方史学,"文明"一直是世界历史学的中心命题,世界通史即以"世界文明史"为名,对"文明"的不同理解决定着不同的世界史思想体系。因此,如若不从西方的"文明观"说起,就不足以说明"文明互动说"的价值,不足以说明全球史观改变西方认识人类文明方式的重要意义。

16世纪,"文明"一词出现于欧洲,当时特指贵族高雅行为。该词一

---

① 陈启能等:《世界文明通论·文明理论》,海峡出版发行集团,福建教育出版社2010年版,第114页。
② 关于全球史在中国的传播,参见刘新成《全球史观在中国》,《历史研究》2011年第6期,第180—187页。
③ 参见 Jerry H. Bentley, ed, The Oxford Handbook of World History, pp. 2, 13, 116, 120 - 121。
④ "与生俱来"一词来自本特利,见 Jerry H. Bentley, The Oxford Handbook of World History, p. 12。,参见刘新成《互动:全球史观的核心理念》,刘新成主编:《全球史评论》(第2辑),中国社会科学出版社2009年版,第3—12页。

出现即为褒义词，因为人文主义者认为"文明"出自人为，与神权和天命无关。17世纪，鉴于其"教化"性质①，文明从贵族"专利"变为全社会的追求，文明的定义也有所延伸，除个人行为外，还指一种井然有序的社会状态。18世纪，弗格森（Adam Ferguson，1723—1816）《文明社会史论》一书出版，文明理论正式形成，文明成为一个抽象概念，与"野蛮"相对，其内涵包括启蒙时代提倡的各种价值。1874年，泰勒的《原始文化》在对比发达文明与原始文化的基础上将文明视为社会发展的较高阶段。② 从此文明成为评价社会发展的一个价值指标，文明优越论成为欧洲的一种意识形态。这种文明理论可称之为"文明价值理论"。

但18世纪欧洲还形成另一种文明理论。伴随对外部世界了解的加深，有些欧洲人认为，各地行为方式、风俗习惯和社会治理有别是因为自然环境不同，不同地域的文化特征构成不同的文明。1819年，"文明"一词有了复数形式③。按照这一观点，文明有类型之分，无高下之别。这种理论可称之为"文明类型理论"。

两种文明理论都以全人类为对象，具有"世界性"，所以从中衍生两种不同的世界历史观。

"文明价值理论"派生"进步史观"。"文明"一词出现之际，"欧洲的上等阶层就以'礼貌'与'有教养的'这两个概念在被他们认为是普通的、没有受过教育的阶层面前表现出一种自我意识，并以它们来表明自身行为的特殊性。正是这种特殊使他们觉得自身有别于所有普通的、没有受教育的人们"④。在近代欧洲人全球扩张并与各地"初民"接触中，这种原来仅为贵族所有的优越意识扩散到整个欧洲社会。理性主义启蒙思想家对世界历史的模糊认识就是从研究"教养"问题开始的。他们认为，"教化"是理性的外在表达，它是一个过程，有快慢、先后之分。杜尔阁（Anne Turgot，1729—1781）是提出"进步史观"的第一人，他认为历史的本质就是人的理性的不断进步。⑤ 18世纪下半叶，在文明理论诞生的同

---

① Civilize, Civiliser 一词含有"使开化"、"开化的"的意思。
② 泰勒：《原始文化》，桂林：广西师范大学出版社2005年。
③ 费尔南·布罗代尔：《文明史纲》，第26页。
④ 诺贝特·埃利亚斯：《文明的进程》第1卷，王佩莉译，生活·读书·新知三联书店1998年版，第103页
⑤ 陈启能等：《世界文明通论·文明理论》，第137—138页。

时，欧洲还出现了具有经济发展含义的"现代"概念，而"现代欧洲"的使命就是超越自己的历史与野蛮传统决裂，建立文明社会，引领人类发展。因此，弗格森为"文明进步"增加了生产发展和财富增加的内容。在弗格森笔下，不断进步乃是文明的本质，停滞则是文明的对立物，停滞的亚洲没有"文明史"。① 在黑格尔绝对精神论中，世界历史进程就是文明进程。② 在达尔文径直将人类分为文明与野蛮两种之后，法国思想家戈比诺（Joseph Arthur de Gobineau，1816—1882）在《论人类种族的不平等》一书中公开倡导种族主义文明观，认为不同种族处于不同的文明发展阶段。③ 及至基佐，"无与伦比"的欧洲文明终于被公认为具有"真实而巨大的优越性"④，而世界历史只能是欧洲文明的传播史。西方以欧洲为中心的传统世界历史观就是沿着这样一条文明观路线形成的。需要说明的是，20世纪上半叶的现代化史观虽然剔除了西方文明观中的种族主义成分，但就其以欧洲模式为标准而言，与该文明观是一脉相承的。及至今日，这种文明观仍有余波，一些欧洲主流思想家坚持认为，将所有文明视为平等的观点是"荒唐可笑"的，因为"没有文明曾取得过犹如西方主导世界这样的统治地位"。⑤

19世纪下半叶，文明类型理论正式形成。创立者是德国的H.吕凯尔特（H. Ruckert，1823—1875），他否认统一文明的可能性，认为多种文明类型在世界上同时存在，平行发展，彼此不可替代。⑥ 社会学创始人之一涂尔干（Emile Durkheim，1858—1917）提出，文明与满足需求的方式有关，不同地区的人民需求不同，所以文明也有差异，因此文明不是目的，而是结果。统一的文明只是抽象概念，现实存在的是风格各异的民族传统。⑦ 20世纪初，弗洛伊德（1856—1939）和埃利亚斯（1897—1990）等人，将文明的起源和发展更多地归结为直觉、意志或本能力量，动摇了文明的"理性根基"。布罗代尔作为20世纪的著名史学家，也在一定程

---

① 弗格森：《文明社会史论》，林本椿、王绍祥译，辽宁教育出版社1999年版，第43—80页。
② 黑格尔：《历史哲学》，王造时译，上海书店出版社2006年版，第59—66页。
③ 陈启能等：《世界文明通论·文明理论》，第129页。
④ 基佐：《欧洲文明史》，程洪逵等译，商务印书馆2010年版，第27页。
⑤ 尼尔·弗格森：《文明》，中信出版集团2012年版，"序言"，第XXXVII页。
⑥ 陈启能等：《世界文明通论·文明理论》，第137—138页。
⑦ 同上书，第166—167页。

度上认同文明类型理论,他说,文明源于长期历史积淀,"每一种文明都立足于一个区域",文明不过是一群人在一块地域长期安顿而已,是一种必要的归类。① 后现代主义肯定文明的多样性,认为统一标准的"文明化"就是权力垄断过程,无非是通过理性的虚构和修辞的美化强调"人类文明"的绝对和一统以及某种价值观念的普适性,肆意抹杀生活方式的相对性和多样化。

综上所述,从"文明价值理论"衍生的"世界进步史观"契合世界历史叙事的历时性要求,但具有明显的文化霸权色彩。② 从"文明类型理论"衍生的"世界平行史观",符合世界历史叙事的"横向"要求,照顾到"共同时空"下的文化多样性和平等性,但基本回避社会发展主题。

两种文明理论及其史观的矛盾在历代世界历史著述中都有所显露。被布罗代尔称为"文明史"研究先驱的伏尔泰(1694—1778),其《风俗论》虽广泛介绍非欧洲文明,但又说人类社会有统一准则,而准则来自他生活于其中的社会,这样就回到欧洲中心论。H. 吕凯尔特一方面承认文明之间不可替代,一方面坚持认为文明有优劣之分,并声称西方文明有比较优势。英国史学家博克尔(Henry Thomas Buckle,1821—1862)服膺文明类型理论,但他比较研究的结论是,在欧洲自然受人类支配,在非欧洲地区,人类受自然支配,高下分明。涂尔干曾说,风格各异的传统在历史上不可能一而再、再而三地改变属性,但同时认为,各类文明传统都走向相同的终点,这样,类型的不同在他那里仍意味着发展阶段的不同。③ 倡导文化形态说的斯宾格勒、汤因比和布罗代尔等人都以平行罗列多种文明始,以证明西方文明先进终,其原因也是陷于两种文明理论的内在矛盾而不能自拔。

以"民族国家为本"的世界史书写模式也与文明观有关。有考证说,Civilization 一词源于拉丁语 Civilidas,后者有"形成国家体制"的含义。④ 关于文明与民族国家的密切关系,基佐和黑格尔曾分别从两个方面进行论述。在基佐看来,文明既表现为"社会的进步和人性的进步",那么"一

---

① 费尔南·布罗代尔:《文明史纲》,第 31 页。
② 这一点在黑格尔那里表现得最明显,他是提出整体性世界史的第一人,但同时鼓吹欧洲中心论。
③ 陈启能等:《世界文明通论·文明理论》,第 158—159、166—167 页。
④ 福泽谕吉:《文明论概略》,北京编译社译,商务印书馆 2010 年版,第 30 页。

个民族的文明就构成一个民族的财富",民族国家就是文明进步的载体,没有这一载体,文明不可能取得进步。① 而黑格尔认为,民族国家建立本身就是文明进步的标志。他说,只有具有命运"自觉"的人群才称得上是民族,只有这种人组成的政治实体才叫民族国家,民族国家是历史的产物,是文明程度达到高级阶段的表现,中国、印度等因为没有建立民族国家,所以始终处于文明发展的低级阶段。② 基于这些文明观,现代历史学一诞生就以民族国家为"本"。在兰克看来,民族国家不仅是一个政治实体,而且体现"精神内容……(和)上帝意志"。③ 德国史学家利奥(Heinrich Leo,1799—1878)则说:"世界历史就是人类全部文明的历史,只有当一种历史包含更多类型的主体才是世界历史……这些多种形式类型的主体正是……民族国家。"④ 其结果是,"专业历史学在很大程度上都是在世界历史上为民族国家书写纪元的知识制品。"⑤

在剖析西方文明观及其对世界历史学的影响之后,再来看全球史观的"文明互动说",我们对它的源起和意义将可以有更准确的把握。

"文明互动"一说,率先由布罗代尔提出,经威廉·麦克尼尔和杰里·本特利得以完善。布罗代尔认为,虽然基于地理环境的文化带是比较稳定的,但也是相互传播和相互渗透的,没有一种文化的边界是一成不变完全封闭的。⑥ 麦克尼尔和本特利则指出,所有文明都不是孤立存在的,彼此之间处于不断接触、交流和互动当中,因此生硬地把人类文明分成不相往来的各个部分,并进行比较,在方法论上是有欠缺的。⑦ 这一观点既然否定了从黑格尔到汤因比都无比推崇的"文明纯粹性",当然也就否定了任何一种文明的"中心论",从而断绝了在世界历史学中出现任何一种文化霸权的可能,避开了"进步史观"易于堕入的陷阱;此外,该说认为不同文明在互动过程中,既因为互相学习借鉴而提高生存技巧,也因为

---

① 基佐:《欧洲文明史》,第10、12页。
② 黑格尔:《历史哲学》,第49—73页。
③ Jerry H. Bentley, *The Oxford Handbook of World History*, p. 8.
④ 张广智主编:《西方史学通史》,第5卷,复旦大学出版社2011年版,第148页。
⑤ Jerry H. Bentley, ed, *The Oxford Handbook of World History*, p. 8.
⑥ 费尔南·布罗代尔:《文明史纲》,第30—32页。
⑦ William H. McNeill, "The Changing Shape of World History," *History and Theory*, vol. 34 (1995), 2 - 26; Jerry H. Bentley, "The New World History," in Lloyd Kramer and Sarah Maza, eds., *A Companion to Western Historical Thought* (Oxford: Blackwell, 2002. p. 397.

生存竞争而刺激发展动力，因而最终推动人类社会的进步，"平行史观"所回避的发展主题在这里得到了新的表达。所以应该说，全球史观的"文明互动说"为化解近代以来西方文明观的内在矛盾、廓清人类文明的统一性与差异性问题，开启了一个新的思路。

既然"以民族国家为本"的世界史书写方式源自进步史观，全球史学家对这一方式的批判当然也从对进步史观的批判开始。杜赞奇指出，"民族"概念本身就是按线性进步思维塑造的"一个体现能够推翻历史上被认为仅代表自己的王朝、贵族专制、以及神职和世俗的统治者道德和政治力量的新的历史主体"，一个被建构出来的、"随时准备在现代的未来完成自己使命"的组织。他说，所谓民族国家的历史本来是依据一系列偶然事件而虚构出来的"进步历程"，只是因为长期以来一直占据唯一被记录的位置，才被误解为代表全部历史。①

全球史学家承认民族国家是近代以来人类历史活动的重要舞台，但同时呼吁史学家关注更宏大的方面，因为这些方面既影响局部也影响全球。他们或选取其他地理单位取代民族国家，或侧重描述对人类历史进程曾产生重大影响、但因超越政治实体而以前被忽略的现象，如气候变化、物种传播、疾病流传等。还有许多全球史史学家把地方史、国别史、区域史都放在更大的跨区域的、跨国别的乃至全球的背景下来考察。②

从上文可以看出，如果把全球史观及其"文明互动说"放在一个长时段的历史背景和更宏阔的学术背景下来看，就会发现，其有意无意间是针对西方学术史上的某些学理矛盾、争议或偏差而提出的，它的批判性、纠错性大于它的完整性和系统性。在很多情况下，文明互动史著作都只具有填补"史学盲点"的作用，而自身未形成一个完整的体系，以至在史学界引起"全球史不需要明确的历史发展理论"的误解。③ 全球史史学家将文明的发展仅仅归结为互动，忽略了各文明体内在的矛盾运动，具有明显的片面性。另外，不以"民族国家为本"，那么以什么为"本"呢？许多人以"互相关联"的单位为"本"，但严格来说，世界上没有任何地区

---

① 杜赞奇：《从民族国家拯救历史》，王宪明等译，南京：凤凰出版传媒集团，江苏人民出版社2009年，"中译本序"、"导论"、第1—49页。
② Jerry H. Bentley, ed, *The Oxford Handbook of World History*, p. 12.
③ 格奥尔格·伊格尔斯、王晴佳、苏普里娅·穆赫吉：《全球史学史：从18世纪至当代》，杨豫译，北京大学出版社2011年版，第414页。

处于"关联"之外,以什么标准来划定"叙事单位"呢?凡此种种皆说明,全球史探索仍是新事物,其研究范围和认识方式仍在探讨之中。①

三

全球史既属宏观史学,就不可能回避理论体系。近年来,一些从事全球史研究的学者重提地理环境决定论,认为地理因素决定疾病发生率和土地肥沃程度,而后两者决定人口密度,人口密度则制约社会发展模式和水平。②《国富国穷》和《枪炮、细菌和钢铁》两书就是以自然环境解释不同地区发展差异的范例。③

以"文明互动"为主线来构建理论体系的尝试也在进行当中,其间全球化研究起到助推器作用。自20世纪90年代沃勒斯坦的《现代世界体系》一书把历史学引入全球化研究之后,历史学中的"全球思维"曾有两个极端表现:一个是把全球化视为当下现实,排除于历史研究范围之外;另一个是选取一个时段,平行罗列世界各地发生的事件,全不涉及彼此之间的关系,其典型是《1688年的全球史》。④

大多数全球史学家的做法是结合当今全球化特征,追溯其历史渊源。他们的结论是,当前所有全球化表征都有其历史踪迹。比如:全球的商品流动和跨国投资在19世纪80年代至1914年间已具规模;当代的世界经济报告与一个多世纪前德国世界史学家所作的"国际经济分析"没有本质区别;1860—1902年间在世界范围内铺设的电缆和19世纪末至20世纪初的铁路网建设堪称因特网的前身,等等。他们得出结论:当今的所谓"全球化"是历史的延伸,在表面"新异"的背后都隐藏着持续性。⑤

对全球化乃历史延续而非历史断裂的判断,引发对世界分合规律的探讨,在这一探讨中,文明互动说得到充实。约翰·R. 麦克尼尔指出,同宇宙和生命的历史一样,人类历史也呈现从简单社会向复杂社会演进的过

---

① Jerry H. Bentley, ed, *The Oxford Handbook of World History*, p. 109.
② Ibid., pp. 38 – 39.
③ 戴维·S. 兰德斯:《国富国穷》,门洪华译,新华出版社2010年版;贾雷德·戴蒙德:《枪炮、病菌与钢铁:人类社会的命运》,谢延光译,上海译文出版社2006年版。
④ 小约翰·威尔斯:《1688年的全球史》,赵辉、王月瑞译,海口:海南出版社2004年。
⑤ Jerry H. Bentley, *The Oxford Handbook of World History*, pp. 100 – 101.

程。社会的生成和维系取决于它拥有的"能量",即能源的占有数量和利用水平。因此人类各社会之间必然发生争夺能量的竞争,竞争胜败依赖于社会复杂程度,复杂社会往往吞噬简单社会,其表现或是简单社会屈从于复杂社会,或是简单社会改变自身,也变得复杂。那么,什么是复杂社会?作者说,复杂社会就是对人类群体间合作与竞争关系有深入理解的社会,依据这种理解采取的行动可以使他们获得最大限度的生存繁衍机会,因而在竞争中取得优势。由此可见,对"互动"的认识和把握能力是一种决定性力量。随着人类交往能力和社会技巧的普遍提高,随着人类整体向复杂社会演进,人类的互动网络体系变得越来越大,全球联系越来越紧密。约翰·R. 麦克尼尔还认为,人类从简单社会向复杂社会发展的历史是一个同质性和多样性循环转换的过程。远古时期,人类分成一个个小群体,操着很少几种语言,生存策略也极为简单,人类呈现简单同质性。后来随着人类散布各地,文化多样性形成,发展出诸多复杂社会,如部落、城市国家、帝国等,宗教差异也越来越大。但公元1000年左右,多样化趋势逆转。多种文明的长期互动使复杂性成为一种原则,共尊一种原则的结果是文明趋同,语言和宗教的种类以及政治组织的数量都趋于减少,从而形成新的统一性。当这种统一性达到极限,新的复杂多样性又将出现。[①]

全球史学家认为,我们正在迈进"全球联动"的时代,整个世界处于多种文化的统一过程之中,在这一时代背景下,摆脱各种地域、种族、国家权力的偏见,对这一过程进行尽可能真实的描述是历史学家的责任,而真实的描述需要覆盖人类居住的全部地区,覆盖人类生活的全部历史,并吸引全部地区的学人参与其中。[②] 当然,在当今这个"很难书写不属于任何一个民族的历史"的时代[③],这只是一种理想,但这是值得追求的理想,正是在该理想的鼓舞之下,"文明互动说"保持着活力。

(原载《历史研究》2013年第1期)

[①] 约翰·R. 麦克尼尔、威廉·H. 麦克尼尔:《人类之网:鸟瞰世界历史》,北京大学出版社2011年版,第311—312页。

[②] Jerry H. Bentley, ed, *The Oxford Handbook of World History*, p. 31.

[③] 杜赞奇:《从民族国家拯救历史》,第1页。

"全球史"与"世界史"异同刍议

梁占军

近年来国外关于全球史的研究方兴未艾,但是对于究竟什么是全球史,它的研究对象和范围究竟有哪些,特别是全球史与通常所谓的世界史究竟有何不同,至今还没有学术界公认的说法。本文拟在归纳目前国际学术界比较流行的有关全球史的定义及其与世界史的关系的观点的基础上,从分析词源语义出发,结合全球史与世界史研究缘起的背景、过程乃至目前相关研究成果的不同特征,来辨析二者在研究对象、观察视角、考察范围、研究方法以及治史观念上的异同,同时就如何认识"全球史"的问题略抒己见。

一

作为史学研究的对象,"全球史"在20世纪60年代已初现端倪,进入90年代则成为国际学术界关注的热点,各国学者纷纷围绕全球史著书立说,势如雨后春笋。据笔者不完全统计,截止到2005年底,冠名"全球史"的西文著作有1100多部,探讨全球史的文章超过3万篇,互联网上有关全球史的网页上亿条,一些研究全球史的机构和团体纷纷建立网站[①];全球

---

① 目前比较有影响的"全球史"网站是 New Global History,这是一个主张"全球史"为新学科的学者们会聚和交流的网站,网址是 http://www.newglobalhistory.com,另一个是由纽约州立大学石溪分校建立的全球史中心网站,网址是 http://www.sunysb.edu/globalscntr/index.shtml。此外还有美国世界历史协会官方的网站 http://thewha.org。

史研究的专业期刊也开始出现。① 但与此同时，关于什么是"全球史"、"全球史"是否就是"世界史"抑或是某种"新的世界史"等问题，学术界一直争论不休。

据笔者所掌握的材料，目前国外学术界关于全球史的内涵及其与世界史的关系问题比较有影响的观点大致有以下三种：第一种观点认为"全球史"就是"世界史"，二者只是称谓不同，实质完全合一；这种观点的代表人物是美国夏威夷大学历史系教授、美国世界历史协会前主席杰里·H·班特利。② 第二种观点认为"全球史"是有别于"世界史"的全新学科，其代表人物是麻省理工学院历史学名誉教授布鲁斯·麦兹利斯和纽约州立大学石溪分校历史学教育顾问沃尔夫·谢弗，前者在1998年发表的题为《比较全球史和世界史》的文章中全面阐述了自己的观点，指出"全球史"不是那种囊括世界一切历史的"世界史"，其主体是全球化的当代进程及其历史，虽然其中涉及历史的部分与世界史有重合，但仅止于此③；后者则在一篇题为《全球史与当今时代》的文章中明确指出："全球史不是全球化的世界史。它既不是文明的叙事史，也不是所有事物的全部历史。它是集中于当今时代的历史的新的历史领域……全球史是跨学科的学问。"④ 第三种观点其实是一种折中的提法，即认为"全球史"是世界史在全球化时代的新发展，二者有区别又有联系，可称为"新世界史"；这种观点的代表人物是芝加哥大学历史学教授迈克尔·盖耶和密歇根大学历史学教授查尔斯·布赖特，他们在1995年发表的《全球时代的世界史》一文中指出，（旧的）世界史由于"与全部西方世界的形象和陈规有着密切的联系"，因而正在被某种新的世界史所取代，"在20世纪末更新后的世界史的核心任务，就是在全球化的时代描述世界的过往。"⑤

---

① 2005年8月19日，剑桥大学出版社声明将于2006年出版《全球史杂志》（Journal of Global History）。

② 在2005年10月在首都师范大学召开的"世界各地的世界通史教育"国际研讨会期间，笔者曾就全球史与世界史的关系问题请教过班特利教授，他表示二者实质是一回事，只是标签不同罢了。

③ Bruce Mazlish, "Comparing Global History to World History", Journal of Interdisiplinary History, Vol. 28. No. 3 Winter, 1998, pp. 385 – 395.

④ Wolf Schäfer, "Global History and Present Time", in Peter Lyth and Helmut Trischler eds., Wiring Prometheus: Globalisation, History and Technology, Aarhus University Press. 2004, p. 108.

⑤ Michael Geyer and Charles Bright, "World History in a Global Age", American Historical Review 100, October 1995, p. 1039; p. 1041.

上述观点表面上截然不同，但三派学者对他们所定义的对象的界定却是共同的，即20世纪后半期以来世界史研究出现的新动向。这种新动向，简言之，即随着全球化进程的深入发展，世界史研究已经开始突破以往国家历史、民族历史的旧的框架，侧重于跨国家、跨民族、跨地域、跨文明的互动与交流，并且运用跨学科的比较分析方法来揭示在民族国家的历史架构下常常被忽视的人口迁移、环境变迁、帝国扩张、技术转移乃至传染病的扩散等历史现象，这是与以往的世界史研究大有区别的新现象。因此，上述观点的分歧实际上只是学科命名之争。事实上，班特利与麦兹利斯等人在"全球史"与"世界史"之间是否存在差异的问题上的分歧，源于他们对"世界史"概念的不同认识。在麦兹利斯等人眼中，"世界史"是指"全部世界的全部历史"①；而班特利给"世界史"下的定义是："旨在为现代整体化了的、相互依赖的世界构建一个历史的框架的，过去与现在的对话。"② 显而易见，后者定义的内涵较前者要狭窄得多，几乎等同于全球史的定义。但是，尽管目前西方学界关于"全球史"与"世界史"关系的争论只是局限在学科命名的层面上，但由于事关我们能否真正认识和深刻理解近年来世界史研究的新发展的本质，因而很有深入探讨的必要。

二

众所周知，古今各国史学家对于"世界史"的认识是不一样的。但是一般而言，近代以来的世界史概念是与国别史相对应的，内容泛指人类已知世界的全部历史。③ 因此，目前国外学术界关于"世界史"和"全球史"异同的比较，大多是从这个层面入手的。

---

① Bruce Mazlish, "Comparing Global History to World History", Journal of Interdisiplinary History, Vol. 28. No. 3 Winter, 1998, p. 385.
② 参见班特利在为布鲁斯·麦兹利斯的《定义全球史》一书撰写的书评（H-World, August, 1995），文中班特利驳斥麦兹利斯对世界史概念的认识有误，不符合西方学界的主流认识。
③ 在中国的历史学科体系内，世界史至今是与中国史对应存在的，系指中国以外的各地区、各民族、各国家的全部历史。不过，20世纪末吴于廑、齐世荣主编的六卷本《世界史》中已经开始突破这种传统界定，提出了一种全新的定义，即世界史是"对人类历史自原始、孤立、分散的人群发展为全世界成一密切联系整体的过程进行系统探讨和阐释。"参见《世界史·现代史编》，高等教育出版社1994年版，第1页。

主张"全球史"另立门户的布鲁斯·麦兹利斯曾经从词源的角度对比"全球"和"世界"的词义差异，这对于我们理解全球史与世界史的异同很有启发。他指出，"世界"（World）源自中古英语，意思是"人类之存在"，其核心释义是指众生万物存在于其上的大地；"世界"还可以是主观想象和分类的概念，如人们可以指望有"来世"（next world），或命名新大陆为"新世界"（new world）等。而"全球（global）"源自拉丁文，首义是球或球状物，次义为大地。后者与"世界"有语义重叠之处，但二者一般不能随意互换，例如不能把"第三世界（third world）"说成"第三地球（third global）"，也不会把"新世界（new world）"称为"新地球（new global）"①。就这一点而言，英文中"世界"和"全球"的词义有空间层次的区别，"全球"更侧重于从空间的立体的视角考察，即突出从太空中俯瞰地球的空间感。由此可见，从词义角度来看，在"全球史"和"世界史"之间简单地画等号是不够严谨的。

此外，从"世界史"和"全球史"这两个概念产生的历史背景也可以看出二者的不同。作为史学概念，"世界史"的提出要远远早于"全球史"，现代整体意义的"世界史"发源于19世纪末一些先知先觉的历史学家对于欧美以外的地区或民族的历史的初步研究。其时代背景是：随着19世纪末全球殖民体系的基本建立，作为整体的世界已经初步形成，这种历史的变革直接推动了当时历史学家研究视野的拓展。如美国学者威廉·斯温顿早在1874年就出版了一部以"世界历史"冠名的教科书——《世界的历史纲要》②。虽然这部教科书在当时"欧洲中心论"占绝对优势的情况下并未引起广泛关注，而且当时把"世界史"作为研究对象的做法也仅仅被极少数人所认同，但是第二次世界大战后，随着第三世界的兴起和世界格局变化，原有的建立在"欧洲中心论"基础上的历史建构已经无法满足新的历史研究的要求了。在这种背景下，作为独立学科的"世界史"概念才逐步被人广泛接受。与此同时，随着科技进步特别是航天技术迅速发展，1957年苏联卫星上天以及1969年美国登月等活动，人们对自己生存的地球的认识日益深刻，对地球的整体性有

---

① Bruce Mazlish, "Comparing Global History to World History", Journal of Interdisiplinary History, Vol. 28. No. 3 Winter, 1998, p. 389.

② William O. Swinton, *Outlines of the World's History, Ancient, Medieval, and Modern, with Special Relations to history of Civilization and the Process of Mankind*, New York, 1874.

了新的认识。这同样促使史学家们重新考虑自己所研究的对象和领域，其结果就是主张以全球史观重新审视人类历史的呼声日渐高涨。有人把英国史学家杰弗里·巴勒克拉夫的一系列著作当作全球史观的发端，但实际上，巴勒克拉夫仅仅是提出了一种考察世界史的方法和视角，其目的是要破除西方根深蒂固的"欧洲中心论"，他并没有把"全球史"作为研究对象进行考察。① 而美国学者 L. S. 斯塔夫里阿诺斯在 1962 年出版的《人类的全球史》堪称是第一部以"全球史"冠名的著作②。他在 1970 年出版的《全球通史》更是使"全球史"的概念广为人知，但是该书在结构和内容上仍未彻底摆脱"世界史"的框架，还算不上全球史研究的标准范式③。冷战结束后，随着以美苏对立为标志的两极格局消失，全球化进程日益加快，这些促使历史学家进一步关注全球化进程的历史根源和现实问题。在这个过程中，各国历史学家开始从总体上研究以往各地区、各文明之间的相互联系与互动，以便从历史的角度解释全球化的含义——"全球史"由此成为史学的研究对象。从概念到实践，"全球史"研究的兴起不过是最近三四十年的事。毫无疑问，"世界史"和"全球史"兴起的背景差异也使得二者存在着本质的不同。

由此反观近年来国际学术界有关"世界史"和"全球史"研究的成果，我们不难发现，那些号称"全球史研究"的成果与世界史的研究成果的确有着明显的区别。他们无一不是超越了以往的世界史研究范式，致力于跨学科、长时段、全方位地探讨世界整体化进程中人类生活各层面之间的相互联系与互动，其研究视野大大超越了传统世界史著作的范围，尤其关注跨越时空的大规模历史过程，比如人口迁移、帝国扩张、生物交流、技术转移、环境变迁、思想的传播、甚至传染病的扩散等。从考察对象而言，美国世界史协会前主席杰瑞·班特利曾将全球史著作分为三类，即关注传播现象对社会的影响、考察经济和社会史的大规模发展模式、探

---

① 巴勒克拉夫自己解释："这种历史观认为世界上每个地区的每个民族和各个文明都处在平等的地位上，都有权利要求对自己进行同等的思考和考察，不允许将任何民族和文明的经历只当作边缘的无意义的东西加以排斥。"参见《当代史导论》，上海社会科学出版社 1996 年版，第 16 页。

② Leften Stavros Stavrianos, *A Global History of Man*, Boston, 1962.

③ Leften Stavros Stavrianos, *The World to 1500: A Global History*, Englewood Cliffs., 1970.

索环境和生态发展的大范围影响。① 从写作角度而言，全球史著作亦可分为三类：第一类是纵向探索全球化历史进程或阶段的著作，此类著作大多局限于一个断代或时期，如美国南加州大学历史学教授小约翰·威尔斯的《1688年全球史》②；另一类是横向考察推动全球化发展的历史问题，多集中于某一个专题，如美国全球史研究的先行者威廉·麦克尼尔的《瘟疫与人：传染病对人类历史的冲击》③ 和哥伦比亚大学历史学教授理查德·布勒耶特的《骆驼与轮子》④ 等；第三类属于宏观论述人类历史整体演进的著作，如美国学者罗伯特·麦克尼尔的《人类网络：鸟瞰世界历史》⑤ 和戴维·克里斯琴的《时间地图：大历史导论》⑥ 等。

三

通过上述对于"全球史"和"世界史"的词源、形成背景和现有研究成果的特点分析以及个人的理解，笔者认为，"全球史"与"世界史"存在着明显差异，不能在二者之间简单地画等号。具体地讲，这些差异主要表现在以下四个方面：

首先，二者重点考察的对象不同。虽然世界史和全球史都以世界范围内人类社会的发展历程为研究客体，但是具体的研究对象却明显不同。大体上说，世界史以国家为分析单位，其研究主要关注各个国家、各个民族以及国际关系的历史，包括政治、经济、文化、科技等各方面状况。换言之，世界史研究着重探讨的是人类社会内部结构的构成和演变，因而以往史家撰写的世界史经常是以世界各国国别史总和的面目出现。而全球史则突破了国家体系的限制，以跨文化、跨民族和跨地区间的联系和互动为研究的对象，主要关注那些超越国家和民族体系之外的、以往被忽视或少重

---

① [美] L. S. 斯塔夫里阿诺斯：《全球通史：1500年以前的世界》，上海社会科学院出版社2003年版，第130页。
② John Elliot Wills, 1688: A Global History, New York: Norton, 2001.
③ William McNeill, Plagues and People, Anchor Books, 1977.
④ Richard W. Bulliet, The Camel and the Wheel, New York: Columbia University Press, 1990.
⑤ J. R. McNeill and William McNeill, The Human Web: A Bird's-eye View of Human History, New York: 2003.
⑥ David Christian, Maps of Time: An Introduction to Big History, University of Califorina Press, 2004.

视的、在全球化历史进程中产生或在全球化时代人类生活所面临的各种问题,如人种和民族的迁徙扩散、知识和技术的传播、文明间的交流与互动、人类活动与环境演变的关系,等等。二者涉及的领域虽有部分相交,但是总体差别明显。正如布鲁斯·麦兹利斯在他主编的《定义全球史》一书序言中指出的:全球史"在认可民族在社会活动形式中的强势地位的同时,致力于把超越民族国家作为历史探讨的核心"[1]。在研究实践中,由于突破了以民族国家体系为核心的旧的历史架构的局限,"全球史"研究更关注人类历史进程中与世界整体化进程有关联或重大影响的事物,不少全球史学者已经开始建构用以解释历史大时空范围内人类的交流与互动的新的平台或概念了[2]。

其次,二者考察历史的视角不同。从古代历史学家希罗多德眼中的"世界"到今天整体意义上的世界,人们对于世界的认识经历了一个由局部到整体的过程。与此同时,世界史研究的视角也获得了极大的拓展,但总体上仍属于从点到面的平面延伸。即便如 20 世纪后半期兴起的"全球史观",其初衷也是要突破近代以来长期处于优势地位的"欧洲中心论"的束缚,强调治史中各地区历史的平衡。这与全球史研究所标榜的观察视角有很大的不同。对于全球史研究的独特视角,美国学者、全球史研究的开创者之一斯塔夫里阿诺斯曾给予形象的说明,在成名作《全球通史》序言中他写道:"本书的观点,就如一位栖身月球的观察者从整体上对我们所在的球体进行考察时形成的观点,因而,与居住在伦敦或巴黎、北京或德里的观察者的观点判然不同。"[3] 由此可见,以往世界史研究的视角基本是在二维平面的扩展,而全球史研究则强调空间感,属于三维立体的范畴。正是这一不同,导致世界史学者和全球史学者在考察历史时的关注焦点有所不同。总体而言,前者通常关注的是历史的局部与个体、历史纵向发展的连续性和短时段的历史演进,而后者更多地关注历史的整体发展、横向的联系与长时段的历史变迁。

---

[1] Bruce Mazlish and Ralph Buultjens eds., *Conceptualizing Global History*, Boulder: Westview Press, 1993, p.4.
[2] 如沃伦斯坦等学者提出的"世界体系"、"社会空间"、"海事地区"等概念。参见班特利《20 世纪的世界史学史》,《史学理论研究》2004 年第 4 期。
[3] [美] L. S. 斯塔夫里阿诺斯:《全球通史:1500 年以前的世界》,上海社会科学院出版社 2003 年版,第 4 页。

第三，二者的研究方法也有很大不同。世界史研究总体上局限在历史学的范畴内，以实证主义方法为主；而全球史研究则超越了历史学范畴，涉及人种、生物、生态、地理、气候、环境、疾病、海洋等许多学科的领域，除实证方法外，还更多地运用了包括自然科学在内的多种研究方法，特别是比较分析法，因而是典型的跨学科研究。全球史研究的积极推动者之一、纽约州立大学石溪分校全球史中心的负责人沃尔夫·谢弗曾明确指出："全球史就是跨学科。全球史现象不仅超出了民族和地理的边界，同时还超出了学科的界限。由于这个原因，现今的全球史不能用一种狭隘的学科来研究……全球史学者必须与社会和文化史学者一起工作，来探讨种族和性别的历史，同时还要与政治科学学者和经济学家合作。"[1]事实上，由于全球史研究范围的宽泛与庞杂，其深入开展只靠传统史学的知识结构是远远不够的，跨学科合作和团队协作将是全球史研究不可避免的发展趋势。

第四，二者的治史观念不同。世界史研究与国别史、专门史研究相类似，一般是从人本主义出发，注重人类自身文明的历史考察，其研究视野局限于国家、民族、国际关系等人类社会内部的历史发展和变革，强调人类在创造历史文明过程中的主体性，其结果往往是把人的作用、特别是个别特殊人物的作用放大，因而形成英雄史观。而全球史研究虽然同样是以人为中心，但由于其研究范围突破了国家、民族等人类社会的基本构架，往往是把人与自然结合起来进行整体考察，凸显人类进行创造性活动的客观条件和局限，特别是人类在长时段历史进程中与自然环境之间相互依赖、相互制约的现实，所以其研究有助于人们正确认识历史进程中人类主体性的局限，这对于客观地认识人类自身的历史、认识人类的主体性与历史发展的时空框架之间的关系，无疑具有更大的启示性作用。

综上所述，笔者认为，把目前日益升温的"全球史"界定为"一门正在形成中的、与世界史学科有密切联系的、新的学科分支"并非是毫无根据的，甚至还更符合实际，因为它的基本特征是尝试用一种全新的视角、观点和方法来重新审视世界整体化的历史和现实。事实上，"全球

---

[1] Wolf Schäfer, "Global History and Present Time", in Peter Lyth and Helmut Trischler eds., Wiring Prometheus: Globalisation, History and Technology, Aarhus University Press. 2004, pp. 108 – 109.

史"的概念及其相关研究是20世纪七八十年代以来日益彰显的全球化进程催生的新事物,其实质是历史学家对当今全球化浪潮的一种反思和回应,也即是说,全方位地深刻影响着当今世界的全球化势头驱使着史学家们开始关注人类早期的超越民族国家体系的跨文化互动和交流过程,以便从历史的层面为全球化的历史演进做出的合理的解读。从这个意义来讲,全球史堪称一门正在形成中的新的历史学分支。我们有理由相信,随着相关研究的进一步深入,全球史有别于以往以国家为分析单位的世界史的特征会日益明显。

(原载《首都师范大学学报》2006年第3期)

全球史与西方史学视角批判

多米尼克·萨森迈尔 著 孙岳 译

史学中的全球史转向

如同大多数学科一样,史学也不乏学科文化与价值体系左右研究取向的现象。史学传统虽各国迥异,但确有某些超乎民族国家的共性存在。比如,现代史学大多与民族国家体制密不可分(Hobsbawm,1992;Palti,2001)。不只在欧美,即便在西方社会之外的中国、日本、泰国、伊朗及众多的新兴国家,民族国家史学同样被史学家奉为确立和维护现代政体的前提(Lonnroth 等,1994;Conrad & Conrad,2002)。虽然当今大多数史学家已不再执着于民族国家话题的探讨,且对欧洲中心主义范式抱怀疑态度(Raphael,2003),但是上述民族国家主义传统的残余依然存在,表现在历史院系的建制上,还表现在世界各地史学家的知识结构上,史学家的研究专长仅在某个民族国家史,或至多是在某一单一文化领域。[①] 无论在中国,还是在美国或德国,很少有历史系主任擅长两种文化史或移民史。详尽的地区研究依然被作为理想史学研究的典型特征,而不是跨越多种文化边界的研究(Wallerstein 等,1996)。

掌握多种语言并能够运用一手史料被史学界尊为史学研究的前提条件。直到今日,虽有史学研究渐次的多元化趋势,跨文化的全球史学视角依然在各个层面遭到质疑和批判。既然历史院系的机构建制和科研价值体

[①] 美国研究型大学的历史系在建构上通常涵括更多的文化领域,远高于其他国家大学历史院系的建构。不过正因为这一点,在美国似乎形成了某种局部的偏见,使得美国的历史学家不愿从事跨文化研究。

系崇尚局部研究,那么汤因比(Arnold J. Toynbee)和施本格勒(Oswald Spengler)的所谓"历史哲学"、世界史以及世界体系理论就无力赢得史学界的广泛支持(Bentley,1996b)。强调档案研究、厌恶理论归纳、痛恨科学模式的引入、大力颂扬一手史料的价值,所有这一切都将使史学继续保持与诸如社会学、人类学之类学科的分离状态,因后者均将理论和宏观综合视为根本的中心所在——难怪有关跨文化交流或全球化的讨论率先在其他学科展开(Banning,2001;Guillen,2001)。20世纪70年代,社会学文献目录中有关"全球化"的字眼尚与史学不相上下;但截至2001年,前者的相关文献已是后者的8至9倍(Guillen,2001;Cooper,2005)[①]

上述状况正在改变。近几十年来,许多历史学家已经对史学与民族国家的密切纠缠感到可疑。[②] 近来,有关如何国际化或全球化史学的讨论日渐加强。不少史学家致力于建构淡化西方中心论的史学规范,并试图以新的、全球视角解读传统的只关注局部区域的历史。有关跨文化问题研究业已成为破除传统国际史及世界史的根基,且在美国、欧洲、亚洲及其他地域的许多学术群体中均有体现(Loth & Osterhammel,2000;Kwok,2003;Manning,2003)。当今史学研究的这一取向要么是对传统二级世界史学科的突破,要么是对传统世界史学科的根本背离(Mazlish,1998),这是一个根本的界定问题,而不仅仅只是方法论问题。事实上,在许多国家,新型的史学家正积极探讨迅速崛起的跨文化甚至全球层面的世界史的理论建构问题。这些新型的史学家既包括学界认可的知名学者,也有具备不同学术研究背景如经济史或外交史的青年学者(Lehmkuhl,2001;Van Zanden,2001)。跨文化研究正从史学行业的边缘步入中心。

近年来,跨文化史呈现出多种形式,部分原因在于从事跨文化史研究的学者学术背景的多样化。方法论与学术兴趣的多元在对超越民族国家范式的世界史的命名上有多种表现,例如"普世"(ecumenical)视角的历史(Erdmann,1987)、"联结史"(connected histories,Subrahmanyam,1997)、"纠结的历史"(entangled histories,Lepenies,2003)、"横跨的历

[①] 有关学术期刊里诸如"全球化"、"现代性"等核心概念的统计学研究可参阅Cooper,2005。

[②] 相比较而言,传统民族国家的史学范式在不少东欧国家及亚洲的学术界尚有一定的影响。与此相反,民族主义史学在西欧、北美及拉美众多国家和地区均遭到解构。

史"（*histoire croisée*，Werner & Zimmermann，2004）等。在所有这些新称谓中，"全球史"（global history）尤为耀眼，且在西方及各非西方语言中频繁使用，例如在德语中叫作"*Globalgeschichte*"，法语中叫"*histoire globale*"，汉语里称"全球史"。有关全球史或各种跨文化史的讨论在世界各地不约而同地浮出水面。因此，把上述全球史转向标记为新一轮的欧洲中心主义或伪装的西方帝国主义显然不确切（Sachsenmaier，2005）。

在英语国家中，最先试图勾勒全球史的著作于20世纪90年代问世（Iriye，1989；Mazlish & Buultjens，1993），就世界范围而言，应首推以《全球史正义》（*Making Sense of Global History*，Sogner，2001）为名发表的第19届国际历史科学大会论文集。国际历史科学委员会（The International Committee of Historical Sciences）乃各国史学组织的联合体，由美国前总统威尔逊（Woodrow Wilson）1926年发起（Sogner，2001）。美国有些大学已成立"全球史"中心或启动相关研究生培养计划。[①] 另有英美学者共同发起的《全球史杂志》（*Journal of Global History*）即将问世，由剑桥大学出版社出版。从20世纪90年代起，由哈佛大学和麻省理工学院联合创立的新全球史网络组织已经开展了大量相关学术活动，包括举办各种国际学术会议。[②] 2002年，欧洲普世与全球史网络组织（ENIUGH）成立，声言为促进该领域的科研交流服务，欧洲首届世界及全球史大会2005年9月在德国的莱比锡召开。

在此类国际组织迅猛发展的形势下，"全球史"这样的语汇频繁见诸学术期刊、研究生毕业论文及各式各样的会议议程便不足为奇了。我们没有理由假定"全球史"会转瞬即逝，或"全球史"的概念不会在不远的将来成为史学界的公认的学术课题。史学家对跨文化课题兴趣的不断升温当然不会取代国别或区域史的传统框架，但却会为史学之树添枝加叶，在过去的几十年间我们已经看到了其盛况空前的表现。全球史与跨文化史研究已经令某些史学规范黯然失色，它对社会史、弱势群体及女性研究等其他史学领域的影响亦日渐增强。传统史学许多不言自明且具规范性的学术框架和参考空间（reference spaces）大有改弦更张的可能，从关注局部或

[①] 美国较为突出的例证包括拉特格斯大学（Rutgers University）的比较史和全球史研究生培养项目、北卡罗来纳大学全球史研究生培养项目、纽约州立大学石溪分校的全球史中心等。

[②] 有关信息可参看网站 www.newglobalhistory.org。

民族国家转道关注全球。目前史学论文中不断出现的"全球"及"全球化"字眼儿便是这一发展趋势的最好证明。很显然，世界各地的史学家们觉得"全球"和"全球化"这样的字眼儿对史学领域的研究很有用。"全球化"一词直到近些年才渐趋火热，20世纪70年代的出版物还公开指证这是一个新颖的遣词（Modelski, 1972; Cox, 1996）。"全球化"的魅力在于"世界"一词被广泛运用于西方帝国主义扩张的宏大叙事之中，相比之下，"全球"这一修饰语则仅蕴含大发现时代之后的历史状况，在语义上没有进步主义的意味，且"全球"标示着对世界不同地区彼此间流动、交流、互动的关注。更重要的是，与"国际"或"跨国"等概念不同，"全球"一词未预设民族国家为学术研究的关键单位。实际上，富于创造性地关注移民、疾病、环境变迁、经济流动及城市化进程的跨文化史必须使用截然不同的空间概念方可成型。

不过，我们不能因"全球史"一词在世界各地的广泛流行便错误地认为人们对该词的内涵已经达成广泛共识。事实上，不同的公众话语空间甚至学术机构对该词的用法及其内涵的理解颇为不同。有些学者认为"全球史"就是运用全球的视角审视人类的过去，而有些人却坚持说"全球史"主要是对全球化历史的追寻（Schissler, 2005）。我们自然可用全球视角考察人类历史的各个不同阶段，可一旦认定全球史不过是全球化的历史，那么该研究领域的时间跨度将大大缩短，况且不同学者对"全球化始点"的时段划分还颇有异议。比如，有经济史学家认为，全球化始于16世纪美洲被纳入全球贸易体系之时，因为美洲的白银进入全球市场对世界各地的社会和经济发展都产生了巨大影响（Flynn & Giraldez, 2004），但也有学者指出，迟至19世纪20年代才出现商品价格的大范围趋同，由此才有所谓整合的世界经济（O'Rourke & Williamson, 2002），也正是从那时起，地区经济与国际市场的波动和发展变得密不可分，以致不考虑大的世界经济背景便不可能了解地区的发展前景。

政治史、文化史、社会史的学者们都倾向于把19世纪作为全球关联与交流的起点（Iriye, 1989）。当然，南美诸如阿兹特克和印加之类的帝国早在16世纪末便遭毁灭，但非洲腹地、印度、东南亚及东亚各地的传统政体却直到19世纪末方才经历巨大的历史变革，这首先是殖民和帝国扩张所致，但同时还有全球改造的各种力量所引发，比如政治革命、贸易国际化、生活方式、城市文化及认同的转变等（Geyer & Bright, 1995）。

换句话说，从 19 世纪的某个时刻起，中国、印度及世界其他地区在政治、经济和文化等诸方面密不可分地卷入了全球势力当中。

晚近又有学者指出，全球史的时段应在第二次世界大战之后算起，尤其是 20 世纪 70 年代以后，因为从这时起才有了技术发展和企业全球化（corporate globalization）导致的所谓"全球新纪元"（global epoch, Schäfer, 2003）。这一观点绝非反对长时段的历史视野，而是突出强调全球史研究必须充分考虑近几十年突飞猛进的质变过程（a point of departure, Mazlish, 1993）。正因为强调对战后时段的解析，所以该观点已非常接近时下某些有关全球化的经济学和社会学理论，后者认为最近几十年见证了国际交往与全球组织异乎寻常的大发展及其发挥的重要作用（Beck, 2000; Guillén, 2001）。

无论学者们如何界定"全球化"的起点，毋庸置疑的是，近几个世纪以来，在全世界范围内，跨区域联结纽带的强度大大增加了。我们不需假定某种单向度的目的论式的过程便可洞察全球史在节奏和格局上日渐增强的纠结。过去，世界史学家们往往把研究重点放在前现代和早期现代时段，正因此而忽视了用全球视角阐释跨区域联结，尤其是近两个世纪以来史无前例的跨区域联结。在全球史与因精耕细作而已近贫瘠的民族国家史之间横亘着一大片处女地。要编织既具跨文化视野又能够洞悉区域背景的史学可能需要几代史学家的努力。值得详细探讨的课题包括经济全球化所带来的影响、殖民地或国家现代化建设、日渐崛起的全球意识形态、移民的动态分布、浮现中的国际机构组织、全球时尚及科学共同体的到来等。

欧洲中心主义批判——全球维度

全球史学的小舟驶入渺无边际的大海，周围是厚实的民族国家史和区域史的岛屿，自然不能指望某种横空出世、跨越古今、无所不包的大手笔。相反，全球史的真正力量在多重视角、文化"普世"的研究趋向。任何全球史研究必然要权衡普世与个别之间的关联，既要关注全球框架下区域内部的多样性表现，又要明察各种区域力量的全球维度。为此，史学家须深入不同学科领域，以开启新的理论论争。迄今，有关全球史的讨论主要集中在学院派史学家设定的各种概念之中。但要建构一种能够反映我们这个时代特征的全球史，史学家们必须侧耳倾听当今各种学术思潮的鸣音，因为新式的跨文化史不再继续标榜普世史、"经典"世界史或诸如后殖民理论及庶民研究等的另类学术运动的欧洲中心主义范式，这些至多被作为确定全球史未来走向的某种参照物。

对自诩模范的现代西方文明灵光的批判与殖民主义话语同样古老，事实上，正是殖民主义话语催生了上述西方文明的灵光。韦伯假说认定西方文明乃唯一的普世文明，但随着20世纪揭开世界大战和种族屠杀的序幕之后，这一假说便屡遭质疑。冷战期间，两种截然对立的有关启蒙前景的学说竭尽攻评诋毁之事，但越来越多的非西方学者却试图摆脱有关世界秩序西方学说的两难处境。这种努力既包括创立迥异于西方现代化理论及苏联意识形态的另类发展学说，又以此审视世界历史。鉴于这种界说的当代气息，我们不妨将其视为全球史建构的某种运动或行为。

这些理论均质疑西方认知传统的先决地位，并由此导入跨文化研究，迄今已囊括多样化的学术传统。其中尤为突出的是依附理论和后殖民研究。前者发端于拉美，后者肇始于印度。国际学术交流网络的形成，尤其是在英美多所大学执教或从事科研的外国学者的努力，对上述观念的传播和流行起到了相当大的作用。这可谓是首度由非西方学者发起的学术话语在国际学术界声名显赫。诸如依附理论和后殖民研究之类的学术思潮对全球史的建构及国际学术知识社会学的新格局均有重要的启迪作用，这种格局对全球史学研究形态的转变更是难能可贵。"西方"作为学术活动中心的命题不再真实；观念的生发与变革业已演变成为一种多向度的交流网络（Gibbons 等，1994）。学者们开始认识到这种多中心的知识生产格局对全球化研究，尤其是对全球史建构的意义。

最先对西方统治的范式发起攻击并享誉国际学术界的是发端于西方之外的依附理论。依附理论的路径很好地说明了新学术范式的全球演变和流传过程。依附理论的先驱，或曰早期的依附理论蓝本，发端于拉美。它植根于拉美悠久的学术传统，反映出该地区各国在政治、经济上依附外国列强的实际状况（Lindstrom，1991）。20世纪五六十年代，代表公众利益的拉美知识分子对以美国为首强加于该地区的发展规划发起挑战，动作之一是摆脱所谓西方至上的思维模式。同任何其他主要的学术运动一样，依附理论旋即分化为多个不同的流派，就政治立场而言有激进和温和两派。虽因地域或政治环境的不同而有些许的差异，依附理论的学者们均认为：正是自由市场经济，而非自由市场经济的不在场（absence），导致了北部格兰德河（Rio Grande del Norte）以南诸国经济上的悲惨境遇和政治上的频繁危机（Kay, 1989; Bernecker & Fischer, 1998）。西方人一出场，便预示着其他社会无法再步其历史发展轨迹的后尘。依附理论的主要目的在夺取地方发展概念和机制上的控制权，在许多国家，这种夺取控制权的努力渐次演变成为认同政治（identity politics）主要的成分（Menzel, 1994; Bernecker & Fischer, 1998）。

依附理论运动很快传播到世界的其他地方，且随新的社会政治环境发生程度不同的适应性调整。比如在非洲，富于批判性的学者在质疑民族解放（national liberation）及其西方蓝本之时便以依附理论为依据（Cooper, 1994）。在美国，自 20 世纪 60 年代末起，依附理论盛极一时（Cardoso, 1997），诸如弗兰克（André Gunther Frank, 1967）等学者将依附理论在概念上拉近至马克思主义的地步，虽然不无改造的痕迹（Packenham, 1992）。20 世纪 80 年代，沃勒斯坦（Immanuel Wallerstein）及其志同道合的学者创立了世界体系理论（world systems theory），从而把研究的重点转移到早期现代时期形成的全球层级结构（global hierarchy）。沃勒斯坦学派从依附理论的基本假定出发，提出全球层级结构并不能通过脱离国际体系而得到解决。沃勒斯坦曾预言全球经济体系行将瓦解，并倡导某种全球解决方案，要求弱势群体（underprivileged）齐心协力、共渡难关（1998）。

另类发展规划的失利，加上东亚诸国不期而遇的巨大成功，在某种意义上降低了依附理论的地位。近来有许多学者指出，依附理论的学术参量过窄，且在整体上呈现出单维度的缺陷。但针对依附理论的批判并未见发达，造成这一结果的因素有多个，包括全球经济的多重结构、意识形态与心态的成分，以及诸多地方性因素，比如腐败问题、许多社会群体顽固地屈从于殖民统治的问题等（Laclau, 1971）。在依附理论的早期阶段，马克思主义的批评家们曾指出其发展理论未能充分考虑到前资本主义的诸多因素并非有利于资本主义的发展。在这一背景下，有学者指出，为现代资本主义及欧洲肇始的全球贸易追根溯源乃欧洲中心论在作祟（Blaut, 1993）。例如，反对世界体系论的经济史学家们提出，在印度洋及其他大区域的历史上曾有过某种并非以西方为中心的贸易体系（Abu-Lughod, 1989; Bentley, 1996a）。此外，另有学者指正说，就经济产量和生活水平而言，工业革命前夜的欧洲与东亚地区尤其是中国相比仍处于边缘地带

(Wong, 1997; Frank, 1998; Pomeranz, 2000)。

对西方统治的另一有力批判来自庶民研究和各种后殖民学派，其目的仍在说明欧洲的历史不过偏狭一隅的独特经历（parochial）。早期的依附理论倾向于摒弃文化因素及种族关系问题，而这里提出的许多新理论又忽视经济与物质生产的视角（Darby, 1987）。不用说，来自于上述两类不同理论派别的学者都有人致力于弥合结构主义与解构主义、文化取向与物质取向之间的鸿沟（Wolfe, 1997）。自然，所谓后殖民主义和庶民研究均涵括内容宽广的知识传统、政治追求和学术探索。对于如许复杂的众多流派，简便易行的认识方法之一是勾勒出其切实关注的中心议题和主要论点（Gandhi, 1998; Loomba, 1998）。受后现代哲学启发，许多后殖民学者对诸如现代化之类的概念提出质疑，认为现代化不过是不得要领地推进西方帝国主义利益的工具而已。后殖民运动一问世，便旋即影响了北美、拉美和东亚等世界各地的一大批学者（Seed, 1991; Mallon, 1994; Chakrabarty, 2000b）。有时，庶民研究和后殖民主义在流传的过程中被融合到当地不同的学术流派之中。比如在中国，"后学"（Post-Studies）在20世纪90年代一跃成为炙手可热的话题（Zhao, 1995）。

庶民研究是在20世纪70年代印度政治、社会和文化危机丛生的大背景下诞生的。那时候，英迪拉·甘地（Indira Gandhi, 1917—1984）领导的政府采纳资本主义的现代化发展理念，结果加剧了国内社会的两极分化、地区间的差别和政治上的隔阂，从而引发了各类反政府运动，提出政府并不代表人民的问题。为避免形势恶化，印度政府一方面实施政治打压，另一方面组织平民运动（populist campaigns），以争取群众的支持。然而政府维护自身权威的举措只获得了有限的成功：民族国家是保住了，但对政府的各种指责却渐渐蛀蚀了国家机构的合法地位，比如议会、国务部和司法体系（Prakash, 1994）。紧接着，围绕谁能够代表印度展开了激烈斗争，随之而来的是谁能代表印度历史的问题。许多学者认为，印度只有找到自身的合法代表，方有望寻得有尊严的未来（Inden, 1986）。大批历史学家纷纷指出，南亚史学的大部不过是殖民时代的精英随意剪裁以维护自身利益、为自身行为正名的产物。他们认为，民族主义及马克思主义史学把印度的过去塞进了西方观念的紧身衣。与此非常类似的是有关"东方主义"（orientalism）的讨论，说明这一概念不只在西方学术界流行，而且影响了伊斯兰世界及其他多个地区（Freitag, 2002）。据东方学的创始人萨义德（Edward Said）说，所谓"东方"（orient），不过是西方人杜撰出来的一套话语，以便将先前独立的他国社会纳入殖民统治的剥削制度当中去。这种学术抗争渐渐地凝结成后殖民、东方主义及庶民研究等多个学派。查克拉巴迪（Dipesh Chakrabarty）、普拉卡什（Gyan Prakash）、斯皮瓦克（Gayatri Spivak）、查特吉（Partha Chatterjee）等知名学者的影响迅速扩大，已远不限于南亚史或一般意义上的史学研究领域。诸如此类的庶民研究的阐发者试图通过庶民自身的价值观、他们所关心的话题和视角重新找回"庶民"的声音（Spivak, 1998）。身处这一运动中的大多数学者还将视线转移到劝慰和胁迫的机制上，研究殖民者及后来殖民时代的当地精英如何利用上述机制达到稳固自身利益和权力的过程。例如，有学者试图说明，印度独立运动中的社会精英曾有意识地利用某些群众运动而同时将其他群众运动边缘化，以达到建立现代民族国家的目的（Amin, 1984；Chatterjee, 1993）。

这样，庶民研究就接近了后殖民批评。不少后殖民思想家认为，所谓民族、阶级、国家等范畴对印度的独立运动而言至关重要，而所有这一切又陷入了西方世界概念体系的圈套。这些学者认定，把上述范畴胡乱地从欧洲人的语境搬到殖民地的语境，就等于把印度历史埋藏在外来概念体系的重压之下，如此便无异于垂问印度在进步、现代化和理性化等方面"执行"的怎么样。依据后殖民主义运动追随者的逻辑，将这些范畴应用于印度的政治和发展就意味着不断推进确保欧洲人在印度的地缘政治优势的种种智力模式。从这一概念出发，后殖民主义思想家决心重新找回印度自身逻辑的权威，并以此界定印度及其他前殖民地国家的历史。例如，查克拉巴蒂（2000a）提出要把欧洲"地方化"（provincialization），即把那个一度宣称代表唯一有潜力甚至有义务将其文明发展成普世文明的欧洲放回到地缘政治的边缘。也就是说，我们再不能不假思索地便将欧洲人的概念移植到非西方的语境之中。

面对后殖民主义思想家诸如此类的挑战，全球史及跨文化史家再不能置之不理。后殖民主义、庶民研究和依附理论在理解、发展与改变历史思维模式方面均有相当长的历史传统，既有全球视野，又表现出对区域特征的密切关注。诚如梅尔（Charles Maier, 2000）所言，殖民主义与西方至上的遗产终将接受来自社会、学术和政界的大盘查。后殖民主义的概念与研究取向也将接受其他众多学科领域的审问。迄今后殖民理论还只被用于印度及其他欧洲帝国的核心殖民地研究，不过已有学者据此来进行诸如澳大利亚或美国之类的白种人殖民地研究（Wolfe, 1997）。

未来的任务

对后殖民主义的追随者而言，要打破植根于西方的历史状况并不能获得丝毫宽慰，毕竟西方曾对整个世界发生过深刻的影响。其目的毋宁是说要批判地审视西方思维为前殖民地留下了哪些遗产，从而由此开启有关印度历史的新思路。比如，用法国的透镜观照印度史即须进入一种新的空间，一边是西方人的观念，另一边则是当地人的文化正统。正是在这种所谓分立的文化或地区之间，在各种思维和创新的混杂形式中间，方可寻见未来充满希望的政治与学术模式（Bhabha, 1988）。这里面蕴含着"人民"得以解放、公益事业（bonum commune）得以贯彻实施的机遇，从而寻得民族主义及冷战后的窘境——要么是自由资本主义，要么是马克思主义——之外的发展道路（Guha, 1998; O'Hanlon, 1998）。多元化的理论使得清晰明确的世界图景不见踪影，却同时把学术拉近多样性的日趋混乱的现实之中。这是确立反映社会现实且能观瞻未来的话语团体的唯一途径。正因此，有关全球伦理的讨论便只得立足于普世主义与个别主义（particularism）、综观全球与倾听局部中间寻找平衡（Habermas, 1996; Küng, 1997）。

有关全球伦理及后殖民理论、庶民研究、东方主义运动的研究造就了一批细腻的学术作品，但本质上却太过说教（Zarogin, 1999）。所以此类作品几乎无一例外地都很抽象，很多时候倒向了文化上的老套。[①] 例如，查克拉巴蒂（2000a）虽呼吁将欧洲地方化，但又不自觉地把欧洲历史纳入到统一的启蒙主义及其衍生的价值体系当中。他把"真正的欧洲"排除在外，转而将视线集中在流通于文化边界之间且由西方与西方之外的世界共同锻造的有关欧洲的意象和概念上面。不过，要真正实现把欧洲地方化的目标就必须在过去几个世纪欧洲历史的文化对立和斗争之间反复探寻，如宗教与世俗化、自由的口号与社会控制行为、妖魔再现与祛魅除妖

---

① 此外还有另外一种马克思主义的批评取向，主要针对后现代主义和后殖民主义理论，Dirlik, 2000。

等。必须把所有的内部矛盾与冲突、潜在的可能性、绝望的深渊、错失的机会统统考虑进去，方可实现把欧洲嵌入新的全球史视野的目标。

在各种欧洲中心论衰落之后，全球视角的必要性将会剧增。迄今，后殖民主义对如何把"他者"纳入某种方便交流、易于让人接受的宏观框架问题尚未给出答案（Pieterse，1994）。后殖民主义思想家推出的各种理论抓住了思维模式纠合、多元及融合的特点，但仍需大量细致入微的讨论和案例研究加以支撑。当前的学术营地内外，欧洲中心主义的思维确有式微的趋势，但新的思维模式却尚待出台，比如如何实现科研能够融合文化多元、混杂及相互交流的问题（Mirchandani，2005）。

如何找到新的既涵盖多样化的生活经历又能在学术和政治上造就互动世界体系的研究进路，这确乎是未来学术界面临的最大挑战。要把这种复杂多样的思维模式统统归结到18世纪末以来形成的整齐划一的学术体系似乎是不大可能。现在的学者们在探讨全球问题的同时的确没有忘记关注地方的复杂性，但问题总出在细节上。而从另外一个角度视之，细节之中方可见无价珍宝。且不说宏观的理论综合无论如何脱不开细节，全球与地方的关系问题还需从多种细微的研究入手。若能在遥远抽象的理论构架和细致入微的地方研究之间开辟出一片坚实的阵地，这对史学及整个社会科学着实功不可没。在这场阵地争夺战中，全球史与跨文化史首当其冲。

要探讨全球与地方的互动关系，历史学科有多个研究传统可资借鉴。例如，人口扩散研究的传统。少数民族及移民研究一直是在另类的超越传统区域限界的社会空间作业的。与最初意义上的自愿背井离乡不同，现在"人口扩散"（diaspora）这个词指广义上的任何远离文化和历史根源的社区或群体。这一语义变迁源于20世纪60年美国的非裔美国人研究，当时被归并到"人口扩散"类下；此后，这个词便被广泛应用于海外华人或海外印度人研究（Schnapper，1999）。而今，人口扩散通常涵盖跨国群体研究，特点在于这些群体有独特的文化认同、公共空间（public spheres）及其他任何标志性群体特性。不过，如同时下的民族文化与社会研究一样，人口扩散研究似乎逐渐摆脱了土著社会空间的概念，而更多地关注社会文化构成，看重它与其他群体紧密的关联互动，不只是该群体原有的国度，还包括其他跨国群体。换句话说，从事人口扩散研究的学者越来越多地关注传统史学因青睐国家民族等的叙述而忽略了的群体间的混杂现象与复杂关联（Ong，1999）。

　　为此，史学家们虽仍需使用诸如"全球化"与"文化"之类的概念，但却不能将其绝对化或当作固定不变的参照点（Cooper，2001）。① 为充分了解全球与地方富有创造性的紧张关系（creative tension），我们尚有大量细微的课题需要探讨。例如，学者们已经注意到了欧洲社会如何因其殖民经历而使自身受到影响或因之而发生改变的问题，这种影响或改变又如何直接导致了移民或全世界范围的经济融合（Gilroy，1993）。有关殖民时代知识与权力的相互作用问题，细致入微的研究尚不多见（MacLeod，2000）。关于殖民时期实施的种族隔离政策对欧洲自身民族认同及西方社会种族排外主义的影响，我们的了解也尚待深入（Pollock，2000）。比如，霍米巴巴指出，本不是"白种人"的印度上层模仿英国人做派，因此之故，人们印象中有关英国人做派的老套便渐渐消融或发生了改变（Bhabha，1994）。

　　全球史新颖的多元文化视野同样也带来了新的社会、经济和文化空间。例如，经济史学家在对经济史进行全球化处理时对经济与文化和社会问题的密切关联已表现出越来越多的兴趣。商品全球史在数量上的增长尤为突出，它改变了的视角与传统历史研究的叙述大不相同。通过追踪某一商品的生产线或贸易线路，史学家们从中发掘出贸易全球化引发社会与文化后果的洞见。例如，敏茨（Sidney Mintz，1985）在一份有关食糖贸易全球动态影响的研究中，便涉及非洲人被迁移到新大陆及其社会文化后果的问题、加勒比海地区殖民地原初工业生产及其在欧洲的反响问题等。另外，他还讨论了18世纪以来食糖供给给欧洲某些地区带来的后果，谈到食糖供给如何影响到欧洲人的生活和认同格局，尤其是社会底层的欧洲人。

　　后来的学者继续探讨全球化食糖贸易对地方市场及地方群体的影响问题（Mazumdar，1998）。此外，诸如食盐、鳕鱼、香料、棉花等最具全球流动性的商品（global commodities）均受到学者的重视，由此考证各地区在社会、经济和文化史方面的密切关联（Kurlansky，1997，2002；Dalby，2001；Beckert，2005）。这里的中心线索是单个的某种商品，它说明相

---

　　① 因此之故，弗里德里克·库珀（Frederick Cooper）对在社会科学和历史分析文本中使用全球化概念仍持批判态度，Cooper，2001。

距遥远的群落如何通过多样化的交流活动以不同的方式彼此影响。用沃尔夫（Eric Wolf, 1982）的话说，就是"通过扩展商品生产引发的世界市场贸易为家庭、亲族、社区、地区和阶层等各个层面带来某种变化"（p. 143）。

以上所述只不过值得探讨的众多课题中的几个，要求既有一定量的细节，又能照顾到地方背景各层面的差异和变革。就史学而言，全球转向带来的重大问题是必须能够设计出新的可行的研究模式。诚然，普世性的视野从来都有赖偶发的社会历史建构，也就是说取决于个体及其生活于其中的群体的独到眼光，但不管怎样，学术界依然面临着弥合普世与个别二者之间鸿沟的新任务。提出多元概念、多个语种及多角度审视的学术课题并非难事，但这一提法同时意味着某种巨大的挑战，即必须思考如何建立一套以上述前提为基础的学术传统。学术必须以更具对话特质的形式展开，必须在同一历史叙述中包含不同角度的理解。那么现在的问题是：全球史学科及其机构设置如何支持这一方向的探索呢？

全球史的机构设置问题

要完成新式的全球史及跨文化史，必须批判性地估价现行的学科结构和文化氛围，以实现全球视角的转换。如篇首所言，各民族国家史学在各自的传统上自然大相径庭。但同时，史学家毕竟尚可归并到专业的群体之中，这一状况依然是全球化对人类知识的重新结构化和机制化所致。现代学术史学能够在同一摇篮中诞生，这一事实本身即对史学家寻求跨文化史建构具有非同小可的意义。现代史学从一开始，便表现出跨越民族国家限界的学术倾向，民族史学与地方认同、科研传统、政治及社会因素交互作用。例如，社会史学遍集资料的科研范式在第二次世界大战后数十年内的学术界昌行一时。[①] 20 世纪 80 年代兴起的所谓"文化转向"（cultural turn）虽与上述普世模式发生抵牾，但却同样注重跨地区的运动。近几十年兴起的文化史学——通常与后现代思维存在某种关联——在许多国家异

---

① 具有讽刺意味的是，虽有现代化理论的巨大影响，但对历史的苏联马克思主义、欧洲中心主义、黑格尔式及目的论的解读在冷战造成的彼此分离的学术阵营中仍有相当大的市场。有关社会史 20 世纪 60、70 年代在各国显盛一时的状况，可参阅 Kocka, 1989。

常活跃且对史学发生了重大影响，举凡中国、美国、日本和其他多国的史学无一例外（Miyoshi & Harootunian，1989；Lu，2001；Jenkins & Thompson，2004）。"文化转向"长期注重方法论上的创新，所以史学呈现出史无前例的多元化景观（Iggers，1996）。

然而史学家之间日益增长的国际关联却尚未造就一种紧密的标志全球学术网络边缘与中心相对平衡的综合学术团体。比如在中国，只有极少数史学家外语水平及资金扶持能够使其加入国际间的对话并参与跨文化研究项目。事实上，在许多国家都出现了某种两极分化的现象，一方面是少数精英学者积极参与全球学术共建，另一方面是大多数学者依然执着于民族国家史学（Leutner，2003）。此外，尤其是在史学领域，大多数研究成果依然只以史学家母语的形式发表，对史学家自身而言，这种形式对其各自的公共领域确实很重要，但对国际间的史学交流确乎是一个障碍。民族国家或语言的限界不只在史学研究的方向上，而且在学术市场的分工上都产生了相当的影响。史学家之间形成的网络还是以民族或文化为边界。

但无论如何，史学家间的交流互动还是达到了历史的新高。许多国家都有一批在国际上异常活跃、代表其国家史学水准的知名学者积极参与各种国际学术会议，而这还只不过是整个史学行业新貌的一斑。同时，很多史学家也有了更多通过国际会议或学术移译发表自己观点的机会。新的学术视角和方法论取向一经出现便很快传播到各地方语境，被纳入学术争鸣之中。换言之，在全球范围内流动的观念会不断地被各种地方话语移译、改造、整合。

学术概念流动或交流的速度加快、程度增高，再不是原有政治界限的逻辑所能包容。过去十年，史学家之间的全球学术关联由于通信技术的革命性进展出现了突飞猛进的势头。有关国际互联网及电子邮件对史学研究所造成的影响迄今还未见充分的研究（Trinkle，1998）。不过值得肯定的是，计算机革命已经为历史研究的模式和境况留下了明显的印记。越来越多的一、二手材料现在都可以在互联网上找到，从而大大便利了那些由于资金、政治或个人原因而活动受到限制的学者的科研工作。这一点在某种程度上平衡了原有史学研究的层级结构，使世界范围内的史学研究呈现去中心化的倾向（decentralizing）。再者，史学家之间的专业交流也达到了历史新高，主要表现在文献能够通过电子手段广泛传播，互联网上的学术讨论吸引了越来越多的参与者和订阅者。① 与此同时发生的对新跨文化史甚至全球史研究的兴趣高涨表明，国际间的学术交流正变得彼此更加协调（Sachsenmaier，2005）。

不过，虽有史学家之间日渐增长的学术关联，但却不能因此而得出结论说全世界范围内的史学正处于聚敛趋同的过程之中。各种新颖的地方史学形态纷纷涌现，对此必须以 21 世纪初多种文化认同重要性不断增加的大背景下加以观瞻。还应看到，正是通过全球整合，史学才开始变得更少一些欧洲中心论的色彩。诸如依附理论和后殖民主义之所以在世界范围受到瞩目，也只得益于国际学术界的结构调整。殖民时代结束之后，许多国家，主要是南亚、拉美和东亚诸国，都面临强化自身学术体系的任务（Ajayi & Festus，1994；Eckert，1999），虽在模式上受西方的严重影响，但在体制上却是独立的（Raphael，2003）。这种状况就造成了他们既试图摆脱西方人的监护又需另觅他途建构国际及自身文化史的心态和行为。此外，英美各大学为实现种族、性别和社会背景的多样化多方延聘外籍教授的社会革命也达到史无前例的程度（Appleby 等，1994）。在很多情况下，知识是在人口扩散网络中得以交流或产生的。西方大学白种人垄断知识生产的局面开始失势。回想起来，西方人将自身的世界观强加到整个世界，而今在一个学术多元的世界，许多另类的视界及相互对立的主张悄然问世，对所有这些并不值得大惊小怪。这应是智利史学家维利兹（Claudio Veliz，1994）所谓"英美文明希腊化时代"（Hellenistic period of Anglo-American civilization）标榜的西方文明渐趋衰落的一个方面，维利兹的假说是，西方文化之所以对世人有吸引力并非与帝国主义扩张有必然联系。

面对这种变幻的学术景观，史学家们须在两种错误假定（通常是被政治利益所驱使）的中间地带建构各种新式史学，一方是隐退的西方文明，另一方是普世主义的宏大叙事。社会学理论中的"全球地方"（glocalization）概念常常被用来描述当今世界地方的全球维度和全球的地方表现（Robertson，1996）。从某种意义上说，这种方法论的转移对学科建构有极大的影响，值此，史学学科亦呈现出某种"全球地方"的机构建制，其任务在于生成、讨论和传播历史知识。探讨植根于地方的全球话题，方

---

① 有关世界史的最新发展可参考 H-World 网站（www.h-net.org/~world），有关德国"跨文化史"的情况可参考 http://geschichte-transnational.clioonline.net 网站。

法之一是尝试团队作业，团队作业的研究在其他许多社会科学领域可谓由来已久，但在史学界却仍属凤毛麟角（Wallerstein 等，1996）。全球史研究若依然囿于某些民族国家的领地便不会在方法论和理论层面令人信服。

一旦史学充分利用其固有的跨国维度，则将大大便利有关全球化的研究及建立全球范式的思维轨迹。例如，全球史可同时结合其地方化的深度和宽广的历史维度以考证各种社会学及经济学理论。进而，史学研究便可为全球化研究注入一种新的叙事传统——迄今的全球化研究大部只是某些宏大理论的架构，仅在某些学科内部通行。大量的宏观社会学研究如此，后殖民主义对欧洲中心论的批判也不例外。相比之下，史学研究有望为全球化研究添加有关混杂现状的准确叙述、有关全球变迁及跨文化瓜葛的清晰描绘。史学不只有潜力验证社会科学与人文学科所提供的有关全球化的各种理论，它最终将建立自己的方法论体系，实现全球化研究过程中与其他学科和领域的动态互补。

参考文献

Abu-Lughod, J. (1989) *Before European hegemony: the world system A. D. 1250 – 1350*, New York, Oxford University Press.

Ajayi, A. & Festus, J. (1994) National history in the context of decolonization: the Nigerianexample, in: E. Lonnroth, K. Molin & B. Ragnar (Eds) *Conceptions of national history*, Berlin & New York, de Gruyter, pp. 65 – 78.

Amin, S. (1984) Gandhi as Mahatma: Gorakphur District, Eastern UP, in: *Subaltern studies* 3, Delhi, Oxford University Press, pp. 1 – 61.

Appleby, J., Hunt, L. & Jacob, M. (1994) *Telling the truth about history*, New York, WW Norton.

Banning, G. (2001) China faces the debates: the contradictions of globalization, *Asian Survey*, 41 (3), pp. 409 – 427.

Beck, U. (2000) *What is globalization?*, Cambridge, Polity Press.

Beckert, S. (2005) From Tuskegee to Togo: the problem of freedom in the empire of cotton, *Journal of American History*, 92 (2), pp. 498 – 526.

Bentley, J. (1996a) Cross-cultural interaction and periodization in world history, *American Historical Review*, 101, pp. 749 – 770.

Bentley, J. H. (1996b) *Shapes of world history in twentieth-century scholarship*, Washington DC, American Historical Association.

Bernecker, W. L. & Fischer, T. (1998) Entwicklung und Scheitern der Dependenztheorien in Lateinamerika [Development and failure of the dependency theories in Latin America], *Periplus*, 5, pp. 98 – 118.

Bhabha, H. (1988) The commitment to theory, in: Bhabha, H., *The location of culture*, New York, Routledge, pp. 18 – 28.

Bhabha, H. (1994) Of mimicry and man: the ambivalence of colonial discourse, in: Bhabha, H., *The location of culture*, New York, Routledge, pp. 85 – 92.

Blaut, J. M. (1993) *The colonizer's model of the world*, New York, Guilford Press.

Cardoso, F. H. (1977) The consumption of dependency theory in the United States, *Latin American Research Review*, 12 (3), pp. 7 – 24.

Chakrabarty, D. (2000a) *Provincializing Europe: postcolonial thought and historical difference*, Princeton, Princeton University Press.

Chakrabarty, D. (2000b) Subaltern studies and postcolonial historiography, *Nepantla: views from the South*, 1 (1), pp. 9 – 32.

Chatterjee, P. (1993) *The nation and its fragments*, Princeton, Princeton University Press.

Conrad, S. & Conrad, C. (Eds) (2002) *Die Nation schreiben. Geschichtswissenschaft im internationalen Vergleich* [Writing the nation. Historiography internationally compared], Göttingen, Vandenhoeck & Ruprecht.

Cooper, F. (1994) Conflict and connection: rethinking colonial African history, *American Historical Review*, 99 (5), pp. 1516 – 1545.

Cooper, F. (2001) What is the concept of globalization good for? An African historian's perspective, *African Affairs*, 100, pp. 189 – 213.

Cooper, F. (2005) *Colonialism in question: theory, knowledge, history*, Los Angeles & Berkeley, University of California Press.

Cox, R. (1996) A perspective on globalization, in: J. H. Mittelman (Ed.) *Globalization: critical reflections* (Boulder, Lynne Rienner), pp. 21 – 30.

Dalby, A. (2001) *Dangerous taste: the story of spices*, Berkeley, University of California Press.

Darby, P. (1987) *Three faces of imperialism: British and American approaches to Africa and Asia*, New Haven, Yale University Press.

Dirlik, A. (2000) Is there history after Eurocentrism? Globalism, postcolonialism, and the disavowal of history, in: Dirlik, A. (Ed.) *Postmodernity's histories: the past as legacy and project*, Lanham, Rowman & Littlefield, pp. 63 – 90.

Eckert, A. (1999) Historiker, 'nation building' und die Rehabilitierung der afrikanischen Vergangenheit: Aspekte der Geschichtsschreibung in Afrika nach 1945 [Historians, nation building and the rehabilitation of the African past: aspects of historiography in Africa after 1945], in: W. Küttler (Ed.) *Geschichtsdiskurs* [Historical discourse], vol. 5, pp. 162 – 187.

Erdmann, K. D. (1987) *Die Oekumene der Historiker: Geschichte der Internationalen Historikerkongresse und des Comité International des Sciences Historiques* [The community of historians. The history of the International Conventions of Historians and the International Committee for Historical Sciences], Göttingen, Vandenhoeck & Ruprecht.

Flynn, D. & Giraldez, A. (2004) Path dependence, time lags and the birth of globalisation: a critique of O'Rourke and Williamson, *European Review of Economic History*, 8, pp. 81 – 108.

Frank, A. G. (1967) *Capitalism and underdevelopment in modern Latin America*, New York, Monthly Review Press.

Frank, A. G. (1998) *ReOrient: global economy in the Asian age*, Los Angeles and Berkeley, University of California Press.

Freitag, U. (2002) Orientalism, in: M. Bentley (Ed.) *Companion to historiography*, New York, Routledge, pp. 620 – 638.

Gandhi, L. (1998) *Postcolonial theory*, New York, Columbia University Press.

468D. Sachsenmaier Geyer, M. & Bright, C. (1995) World history in a global age, *American Historical Review*, 100 (4), pp. 1034 – 1060.

Gibbons, M., Limoges, C., Nowotny, H., Schwartzman, S., Scott, P. & Trow, M. (1994) *The new production of knowledge: the dynamics of* science and research in contemporary societies, London, Sage.

Gilroy, P. (1993) *The black Atlantic: modernity and double consciousness*, London, Verso.

Guha, R. (1998) The prose of counter-insurgence, *Subaltern Studies*, 2, pp. 45 – 86.

Guillén, M. F. (2001) Is globalization civilizing, destructive or feeble? A critique of five key debates in the social science literature, *Annual Review of Sociology*, 27, pp. 235 – 260.

Habermas, J. (1996) *Die Einbeziehung des Anderen* [*The inclusion of the other*], Frankfurt, Suhrkamp.

Hobsbawm, E. (1992) *The invention of tradition*, Cambridge, Cambridge University Press.

Iggers, G. (1996) *Geschichtswissenschaft im 20. Jahrhundert: Ein Kritischer Überblick im Internationalen Zusammenhang* [Historical sciences during the 20th century: a critical overview in an international context], Göttingen, Vanderhoeck & Ruprecht.

Inden, R. (1986) Orientalist constructions of India, *Modern Asian Studies*, 20 (3), pp. 401 – 446.

Iriye, A. (1989) The internationalization of history, *American Historical Review*, 94, pp. 1 – 10.

Jenkins, K. & Thompson, W. (2004) *Postmodernism and history*, New York, Routledge.

Kay, C. (1989) *Latin American theories of development and underdevelopment*, London, Routledge.

Kocka, J. (1989) *Sozialgeschichte im internationalen Überblick. Ergebnisse und Tendenzen der Forschung* [Social history-an international overview. Research outcomes and trends], Darmstadt, Wissenschaftliche Buchgesellschaft.

Küng, H. (1997) *Weltethos für Weltwirtschaft und Weltpolitik* [World ethos for the world economy and world politics], Munich, Piper.

Kurlansky, M. (1997) *Cod: biography of the fish that changed the world*, New York, Walker & Company.

Kurlansky, M. (2002) *Salt: a world history*, New York, Penguin Books.

Kwok, S. (2003) Ideologie und Historiographie [Ideology and historiography in the regions of China—comparative perspectives], *Zeitschrift für Weltgeschichte*, 42, pp. 87 – 102.

Laclau, E. (1971) Feudalism and capitalism in Latin America, *New Left Review*, 67, pp. 19 – 38.

Lehmkuhl, U. (2001) Diplomatiegeschichte als internationale Kulturgeschichte: Theoretische Ansätze und empirische Forschung zwischen Historischer Kulturwissenschaft und Soziologischem Institutionalismus [Diplomatic history as international cultural history. Theoretical approaches and empirical research between historical cultural studies and sociological institutionalism], *Geschichte und Gesellschaft*, 27, pp. 394 – 423.

Lepenies, W. (Ed.) (2003) *Entangled histories and negotiated universals*, Frankfurt, Campus.

Leutner, M. (2003) Die sozialgeschichtliche Wende in China seit den 1980ern. Chinesische und westliche/deutsche Historiographie [The social history turn in China since the 1980s. Chinese and western/German historiography], *Zeitschrift für Weltgeschichte*, 4 (2), pp. 103 – 120.

Lindstrom, N. (1991) Dependency and autonomy: the evolution of concepts in the study of Latin American literature, *Ibero-Amerikanisches Archiv*, 17 (2/3), pp. 109 – 144.

Lonnroth, E., Molin, K. & Ragnar, B. (Eds) (1994) *Conceptions of national history*, Berlin/New York, de Gruyter.

Loomba, A. (1998) *Postcolonialism/colonialism*, London, Routledge.

Loth, W. & Osterhammel, J., (Eds) (2000) *Internationale Geschichte: Themen-Ergebnisse—Aussichten* [International history: themes—outcomes—perspectives], Munich, Oldenbourg.

Lu, S. (2001) *China, transnational visuality, global postmodernity*, Stanford, Stanford University Press.

MacLeod, R. (2000) *Nature and empire: science and the colonial enterprise*, Chicago, Chicago University Press.

Maier, C. (2000) Consigning the twentieth century to history, *American His-

torical Review, 105 (3), pp. 807 – 831.

Mallon, F. (1994) The promise and dilemma of subaltern studies: perspectives from Latin American history, *American Historical Review*, 99 (5), pp. 1491 – 1515.

Manning, P. (2003) *Navigating world history: historians create a global past*, New York, Palgrave.

Mazlish, B. (1993) Introduction, in: B. Mazlish & R. Buultjens (Eds) *Conceptualizing global history*, Boulder, San Francisco & Oxford, Westview Press, pp. 1 – 24.

Mazlish, B. (1998) Comparing global history to world history, *Journal of Interdisciplinary History*, 28 (3), pp. 385 – 395.

Mazlish, B. & Buultjens, R. (1993) *Conceptualizing global history*, Boulder, San Francisco & Oxford, Westview Press.

Mazumdar, S. (1998) *Sugar and society in China: peasants, technology and the world market*, Boston, Harvard University Press.

Menzel, U. (1994) *Geschichte der Entwicklungstheorie. Einführung und systematische Bibliographie* [*History of development theory: introduction and systematic bibliography*] (2nd edn), Hamburg, Deutsches Übersee-Institut.

Mintz, S. W. (1985) *Sweetness and power: the place of sugar in modern history*, New York, Viking Penguin.

Mirchandani, R. (2005) Postmodernism and sociology: from the epistemological to the empirical, *Sociological Theory*, 23 (1), pp. 86 – 115.

Miyoshi, M. & Harootunian, H. (Eds) (1989) *Postmodernism in Japan*, Durham & London, Duke University Press.

Modelski, G. (1972) *Principles of world politics*, New York, Free Press.

O'Hanlon, R. (1998) Recovering the subject: subaltern studies and the histories of resistance in colonial South Asia, *Modern Asian Studies*, 22, pp. 189 – 224.

Ong, A. (1999) *Flexible citizenship: the cultural logics of transnationality*, Durham & London, Duke University Press.

O'Rourke, K. & Williamson, J. G. (2002) When did globalization begin?, *European Review of Economic History*, 6, pp. 23 – 50.

Packenham, R. A. (1992) *The dependency movement: scholarship and politics in development studies*, Boston, Harvard University Press.

Palti, E. J. (2001) The nation as a problem: historians and the 'national question', *History and Theory*, 40 (3), pp. 324 – 346.

Pieterse, J. N. (1994) Unpacking the west: how European is Europe?, in: A. Rattansi & S.

Westwood (Eds) *Racism, modernity and identity: on the western front*, Cambridge, Polity Press, pp. 129 – 149.

Pollock, S. (2000) Ex Oriente Nox. Indologie im nationalsozialistischen Staat [Ex oriente nox. Indology in the national socialist state], in: S. Conrad & S. Randeria (Eds) *Jenseits des Eurozentrismus. Postkoloniale Perspektiven in den Geschichts-und Kulturwissenschaften* [*Beyond Eurocentrism. Postcolonial perspectives within the historical and cultural sciences*], Frankfurt, Campus, pp. 335 – 371.

Pomeranz, K. (2000) *The great divergence: China, Europe, and the making of the modern world economy*, Princeton, Princeton University Press.

Prakash, G. (1994) Subaltern studies as postcolonial criticism, *American Historical Review*, 99, pp. 1474 – 1490.

Raphael, L. (2003) *Geschichtswissenschaft im Zeitalter der Extreme* [*Historiography in the age of extremes*], Munich, Beck.

Robertson, R. (1996) Social theory, cultural relativity and the problem of globality, in: A. King (Ed.) *Culture, globalization, and the world-system: contemporary conditions for the representation of identity*, Minneapolis, University of Minnesota Press.

Sachsenmaier, D. (2005) Global history. Global debates, *H-Soz-Kult*, 1 (1).

Schäfer, W. (2003) The new global history: toward a narrative of pangaea two, *Erwägen-Wissen-Ethik*, 14 (1), pp. 75 – 88.

Schissler, H. (2005) Weltgeschichte als Geschichte der sich globalisierenden Welt [World history as the history of the globalizing world], *Aus Politik und Zeitgeschichte* (01 – 02/2005), pp. 33 – 39. 470 *D. Sachsenmaier* Schnapper, D. (1999) From the nation-state to the transnational world: on the meaning and usefulness of diaspora as a concept, *Diaspora*, 8 (3), pp. 225 – 254.

Seed, P. (1991) Colonial and postcolonial discourse, *Latin American Research Review*, 26 (3), pp. 181 – 200.

Sogner, S. (Ed.) (2001) *Making sense of global history*, Oslo, Universitetsforlaget.

Spivak, G C. (1998) Can the subaltern speak?, in: C. Nelson & L. Grossberg (Eds) *Marxism and Interpretation of Culture*, Urbana, University of Illinois Press, pp. 271 – 313.

Subrahmanyam, S. (1997) Connected histories: notes towards a reconfiguration of early modern Eurasia, *Modern Asian Studies*, 31, pp. 735 – 762.

Trinkle, D. A. (Ed.) (1998) *Writing, teaching, and researching history in the electronic age*, New York & London, ME Sharpe.

Van Zanden, L. (2001) *On global economic history: a personal view on an agenda for future research*. Available online at: www.iisg.nl/research/jvz-research.pdf., accessed in November 2005.

Veliz, C. (1994) *The New World and the gothic fox: culture and economy in Spanish and English America*, Berkeley, University of California Press.

Wallerstein, I. (1998) *Utopistics: or, historical choices of the twenty-first century*, New York, The New Press.

Wallerstein, I. et al. (1996) *Open the social sciences. Report of the Gulbenkian Commission on the restructuring of the social sciences*, Stanford, Stanford University Press.

Werner, M. & Zimmermann, B. (Eds) (2004) *De la comparaison à l'histoire croisée* [*From comparison to crossed history*], Paris, Seuil.

Wolf, E. (1982) *Europe and the people without history*, Berkeley, University of California Press.

Wolfe, P. (1997) History and imperialism: a century of theory, *American Historical Review*, 102 (2), pp. 388 – 420.

Wong, B. (1997) *China transformed: historical change and the limits of the European experience*, Ithaca, New Jersey, Cornell University Press.

Zarogin, P. (1999) History, the referent, and narrative: reflections on postmodernism Now, *History and Theory*, 38 (1), pp. 1 – 24.

Zhao, Y. (1995) Houxue yu Zhongguo [Post-studies and China], *Ershiyi shiji*, 27, pp. 4 – 11.

(原载《全球史评论》第二辑，中国社会科学出版社 2009 年版，第 33—55 页)

新世界史

杰里·H. 本特利 著　周诚慧 译　夏继果 校

"世界史"这个术语对于不同的人来说意思也是不同的。对于一些人来说，它使人想起了对于全部世界历史进程的概述，而对于另一些人来说，它只是外国历史——本国之外世界的历史；对于少部分人来说，它具有某种形而上学的意味，使人们想到奥斯瓦尔多·斯宾格勒、阿诺德·J.汤因比等人从历史记载中发掘其哲学意义所做出的努力，但是对于大多数人来说，它有着强烈的宏观社会学意义，反映了跨学科的依附论经济学和世界体系分析的影响。

但是，越来越多的人赞成"世界史"这一术语还代表着一种考察历史的不同方法。它并不意味着历史学家必须考察世界各民族有史以来的全部历史，当然也不意味着必须考察某一时段所有民族的历史，而是指一种历史研究方法，通过这种方法可以跨越社会的边界来清晰地比较历史经历，或者考察不同社会人们之间的交流互动，或者分析超越多个个体社会的大范围历史发展模式与进程。从这个意义上说，世界史考察的是超越了民族、政治、地理或者文化等界限的历史进程。这些历史进程已对跨地区、大洲、半球甚至全球范围内的各种事务都产生了影响，其中包括气候变迁、物种传播、传染病蔓延、大规模移民、技术传播、帝国扩张的军事活动、跨文化贸易、各种思想观念的传播以及各种宗教信仰和文化传统的延展。总体说来，这些发展进程已经在世界历史上留下了深刻的印迹。然而，民族国家和个体社会虽然是历史研究中最普遍的分析单位，却不能为研究上述历史发展进程提供恰当的分析框架，这就需要以大范围对比的跨文化的系统分析取而代之。

当代世界史研究不但关注跨文化互动的发展进程，更加关注创建其他理解历史的方式来替代欧洲中心主义。在此，欧洲中心主义指的是19世纪以来欧洲人和欧裔美洲人广泛认同的一种观点，即只有欧美才获得了真正的历史发展，因此他们的历史经历便可以成为衡量其他社会发展程度的标准。创建其他历史研究方法来替代欧洲中心主义并不意味着否定欧洲在世界历史中的作用。与此相反，近期大量世界史研究都恰恰试图说明欧洲在现代世界的突出地位。然而，目前的世界史研究都排斥那些目的论假设，即认为欧洲采取什么样的政治组织形式（比如民族国家）和经济发展模式（比如工业化）都是自然或者必然的结果。同样，目前的学术研究也都排斥欧洲人相对于其他地区的人来说拥有更突出的理性、创造性、勤勉或者进取等精神的观点，因为历史学家在其他许多社会的人们身上也发现了相同或相似的品性。

本文开篇将讨论世界史的兴起和人们为创建全球史理论所做出的各种努力。然后转而讨论对全球史分析尤为重要的一些课题近期的学术研究状况，这些课题包括跨文化贸易、物种传播与交流、文化碰撞与交流、帝国主义与殖民主义、移民和离散社群。其中特别关注的是人们在将大范围历史进程引入历史分析、重新考察欧洲中心主义历史观等方面所做出的努力。本文结尾处将就更大范围世界史研究提出一些关键问题。

民族国家史与世界史

从某种意义上来说，世界史作为一个术语很久以来就引人注目了。希罗多德、司马迁和志费尼的眼光都超越了他们自身所处的社会（分别是古典希腊、汉代中国和蒙古统治下的波斯）来考察更大范围的世界。在启蒙时期，伏尔泰完成了其著名的跨文化风俗史，德国哥廷根的历史学家约翰·克里斯托夫·加特雷尔（Johann Cristoph Gatterer）和奥古斯特·路德维克·施洛泽尔（August Ludwig Schlozer）共同创建了一种分析性的"普世史"（universal history）。20世纪全球性的冲突推动一批分属不同学科的思想家（其中大部分并非专业历史学家）开始思考世界史的问题，其中包括H·G·韦尔斯、奥斯瓦尔多·斯宾格勒、阿诺德·J·汤因比和贾瓦哈拉尔·尼赫鲁等人。

然而，19世纪历史学开始成为一个专业学术研究领域之后，大多数历史学家都放弃了大范围历史研究方法,转而关注于个体社会的研究,尤其是对欧洲各个民族共同体的研究。这一时期历史学家视域的狭窄化可以从19世纪欧洲的政治社会环境中寻求解释。同社会学、人类学、经济学和政治学一样,历史学作为一个专业研究领域开始在欧洲兴起,而当时的欧洲已跨入生机勃勃的国家形成的进程、高速工业化的进程和全球殖民的进程。这种政治、社会环境深刻影响了历史学和各种社会科学的发展。强大的民族国家日益形成,鉴于这种形势,欧洲的学者们开始关注民族共同体,他们认为民族共同体应当充当历史学和社会学分析中的基本单位。而面对工业化和对外殖民的进程,他们认为只有欧洲才实现了真正的历史发展,而其他地区则正好相反,始终处于停滞和一成不变的状态,而且他们提出的社会变革和历史发展的模式完全是以欧洲的历史经历为基础的。

到19世纪后期,许多学术研究都反映出这种看待世界的观点,欧洲学者便将这些学术研究活动进行了整体分工:历史学家研究古代地中海世界和欧洲的政治发展经历,包括欧洲在更大范围世界的扩张;社会学家、经济学家和政治学家考察当时的欧洲社会;东方学者研究美索不达米亚、埃及、波斯、印度和中国的各个复杂的、有文献记载的但是通常被认为停滞不前的社会;人类学家则负责研究非洲、东南亚、美洲和大洋洲无文字记载的民族,这些人通常被认为缺乏任何自有的历史。

到20世纪中期,学者们致力于打破人为划定的各学科界限。历史学家在探索新的经济史和社会史研究方法的过程中,从卡尔·马克思、马克斯·韦伯、埃米尔·涂尔干和其他社会理论家中汲取了大量的灵感。当历史学家和东方学者的研究不囿于文学、宗教和哲学的文献时,他们发现亚洲各个社会确实经历了变革和历史发展。历史学家和人类学家也开始修复两者的关系:人类学家所研究的通常被认为孤立、原始的社会事实上都是与欧洲和其他地区进行交流互动的产物,而历史学家也意识到,现代工业化社会本身也存在一种文化维度,在这方面历史学家完全可以运用人类学家的观点和措辞来进行研究。

虽然可以自由跨越人为划定的各学科之间的界限,但无论是历史学家还是社会学家,对人为划定的个体社会之间的界限却仍然予以尊重。比如,19世纪以来,专业历史学家几乎完全通过将世界划分为各民族国家的角度来考察历史。他们认为历史是从属于各民族共同体的,通常都是以法国历史、中国历史、墨西哥历史等面目出现的。他们研究中主要关注的是文化独特性、排外性的民族认同、地方知识和具体某些社会的发展经历。在考察民族国家出现之前的时代时,历史学家通常研究诸如"中华帝国"或者"中世纪德国"这类表面上具有内在一致性的社会的发展,由此通过将世界划分为各个民族共同体的角度来构建历史。① 在探讨与传统的政治、外交史显著不同的课题时,社会历史学家和女权主义学者也在民族共同体框架下进行研究,而对劳工历史和女权历史产生重要影响的元叙事清楚地说明,阶层和性别是非常便利的框架,几乎具有全球的意义,但是历史学家很少超过民族国家范围之外研究有关阶层或者性别的问题。② 甚至当历史学家们对于爱国意味的历史著述发表言辞激烈的批评时,他们仍然认定民族国家应当是历史分析的基本单位。③ 的确,从很大程度上说,19世纪以来的专业历史研究是世界历史上的民族国家时代的产物。

毫无疑问,民族国家是历史分析中重要的单位。它为考察许多具有重大意义的历史问题提供了恰当的背景,对于理解超出民族国家本身之外的世界也具有重要意义。一些民族国家在世界舞台上扮演着重要角色,而且,将人们以民族共同体的形式组织起来,这本身也已成为过去200年中一个非常重要的全球政治发展进程。

然而,历史经历不仅是个体社会发展的结果,而且也是跨越民族、政治、地域和文化等界限的许多大范围进程的产物。在地方性的视野中研究这些进程的影响是完全可能的,也是有用的,比如,研究蒙古帝国在中国造成的影响,或者天花在墨西哥传染的后果。但是,为了追寻历史意义,人们也希望考察大范围进程本身的发展动力以及各地区人们之间和不同社会之间的交流互动,正是交流推动了这些发展进程,并在交流中体现出这些发展进程带来的影响。为了实现这些目的,有必要采取相对民族共同体或者个体社会更加宽泛的分析结构,并且逐渐找到比较性的、以跨区域、大陆、半球、大洋和全球为单位的历史研究方法。

---

① See Prasenjit Duara, *Rescuing History from the Nation: Questioning Narratives of Modern China*, Chicago, 1995.

② See for example, E. P. Thompson, *The Making of the English Working Class*, Harmondssworth, 1908; Carol Berkin and Mary Beth Norton, *Women of America: A History*, Boston, 1979.

③ See for example William Appleman Williams, *The Tragedy of American Diplomacy*, rev. edn., New York, 1995.

到 20 世纪中期，一些领域的发展促使一些历史学家在进行分析时超越了学者们习惯遵从的民族、政治、地域和文化等界限，并敢于关注 19 世纪以来历史研究中居于主导地位——如文化差异性、排外性的民族认同、地方知识和具体某些社会的发展经历——之外的一些课题。首先，历史学家和地区专家积累了欧洲之外地区的人和社会的大量知识。尽管这些关于亚洲、非洲、哥伦布地理大发现之前的美洲和大洋洲的基本信息经常被涂抹上帝国扩张利益的色彩，但是对于探求更为宽泛的历史发展模式来说是必不可少的基础。第二，全球帝国、全球战争和全球经济大萧条使人们清楚地看到，民族国家和个体社会都不能孤立地决定自身的命运。换句话说，所有的国家和社会都参与到更广大的权力和交流网络体系中，这种网络体系已经深刻地影响了全世界范围内人们的命运。第三，学术领域的专门化造成了知识结构的碎化，阻碍了寻求更大历史意义的努力。学者、教师、政府官员和普通公众都要求重新整合历史知识，形成看待历史的新视角。受到这种愿望的激励，历史学家和其他学者在对更大范围世界日益增进的理解基础上，开始探求历史上大范围进程的发展动力。

大范围进程能够列入专业历史学家的研究计划中应主要归功于马歇尔·G·S·霍奇森、L·S·斯塔夫里阿诺斯、威廉·H·麦克尼尔和菲利普·D·科汀。霍奇森激烈地批评了欧洲中心主义的以欧洲历史经历为标准来衡量世界其他地区各个社会的学术观点，而且他提倡比较的、以跨地区、半球和全球为单位的历史研究方法。① 斯塔夫里阿诺斯在促进世界历史教学方面乐此不疲，并且坚持认为需要从全球视角来分析人类历史。② 麦克尼尔承认，个体社会并不是历史发展的唯一场所，历史进程不仅出现在个体社会内部，还出现在两个或多个社会之间，继而他将这种认

---

① Marshall G. S. Hodgson, *The Venture of Islam: Conscience and History in a World Civilization*, 3 vols, Chicago, 1974; and *Rethinking World History: Essays on Europe, Islam, and World History*, ed. by Edmund Burke, III, Cambridge, 1993. See also, Edmund Burke, III, "Marshall G. S. Hodgson and the Hemispheric Approach to World History," *Journal of World History* 6, 1995: pp. 237 – 250.

② L. S. Stavianos. *Global Rift: The Third World Comes of Age*, New York, 1981; and *Lifelines from Our Past: A New World History*, New York, 1989. See also Gilbert Allardyce, "Toward World History: American Historians and the Coming of History Course," *Journal of World History* 1 (4990): pp. 23 – 76.

识发展成为关于全球历史的动力理论。通过分析不同社会人们之间的碰撞、互动和交流，他想要理解世界历史中一些影响巨大的发展进程。麦克尼尔在《西方的兴起：人类共同体的历史》这部著作中强调思想和技术的传播是世界历史的发展动力，充分而明确地表达了他的历史观。[①] 科汀虽然不倾向于将世界作为一个整体来书写，但是他创造出一种颇具影响的方法，即通过个案比较研究来阐述关键性的全球研究课题。他还率先开展了研究生教育，指导了很多学生；对于把比较世界历史确立为研究全球史的一种独特的方法，这些学生起到了推动作用。[②]

全球史的理论化

大多数专业历史学家更愿意进行实证研究而不是理论分析。然而，所有的历史研究都是建立在关于世界及其发展动力的理论、哲学或者意识形态等各种假定的基础上的。世界史作为一种独特的历史研究方法，随着它的兴起，就有必要明确提出这些假定，并将这些假定用清楚易懂的理论术语表达出来。近年来，历史社会学家在为世界史构建理论框架方面表现得尤为积极，尽管专业历史学家也已经开始考虑这方面的理论问题。当前关于世界史的论争中有四种理论学派最引人注目。其中两个学派的观点长期以来一直是历史学和历史社会学理论研究的主要内容，另外两个学派只是最近刚刚兴起的，却似乎有对于未来历史研究施加重大影响之势。所有这些理论研究主要关注的都是阐释欧洲以及欧洲统治下的美洲如何通过帝国主义、工业化和经济发展在现代世界取得统治地位的问题。但是，所有这些理论不仅对于理解现代世界历史是有益的，对于理解长时段的世界历史

---

① William H. McNeill, *The Rise of the West: A History of the Human Community*, Chicago, 1963. 参见 McNeill 的反思性文章, "The Rise of the West after Twenty-Five Years," *Journal of World History* 1 (1990): pp. 1 – 21; 及其论文集, *Mythistory and Other Essays*, Chicago, 1986; and Allardyce, "Toward World History."

② Philip D. Curtin, *Cross-Cultural Trade in World History*, Cambridge, 1984; *The Rise and Fall of the Plantation Complex: Essays in Atlantic History*, 2nd edn., Cambridge, 1998; *The World and the West: The European Challenge and the Overseas Response in the Age of Empire*, Cambridge, 2000. See also Craig A. Lockard, "The Contributions of Philip Curtin and the 'Wisconsin School' to the Study and Promotion of Comparative World History," *Journal of the Third World Studies* 11 (1994): pp. 180 – 223.

也是有帮助的。

其中一个理论学派是由马克斯·韦伯的比较社会学衍生而来。马克斯·韦伯试图通过对欧洲与其他社会进行比较来理解现代资本主义欧洲的特殊性,他认为欧洲人业已形成某些显著的文化特质,包括理性、求知性和严谨的工作伦理,这些特质都促进了资本主义和经济的发展。韦伯的追随者在许多方面更改和修正了他的思想观点,但是这种鲜明的韦伯式历史研究方法在历史学和社会学的许多研究中都反映了出来。韦伯的影响在现代化理论中表现得尤为明显,现代化理论认为经济发展主要是由个体社会的内部政策和文化价值决定的。现代化理论的影响在20世纪50年代到60年代之间达到了顶峰,时至今日仍然在某些方面影响着学术研究。现代化研究方法对一些历史学家产生了深刻的影响,例如,E·L.琼斯和大卫·S.兰斯,他们认为欧洲的经济发展是文化特质、社会组织以及政府带来的结果,因为文化特质促进改革创新,社会组织奖励勤奋工作,政府鼓励首创进取精神而不是通过过度征税或者调控来抑制这种精神的发展。既然从这样的视角来看历史发展的关键在于个体社会的内部组织,那么欧洲社会这种极为有效的社会组织形式便可为欧洲经济发展并取得世界统治地位提供解释。因为现代化理论的重点在于欧洲是实现历史发展的主要地区,所以现代化学派为现代世界历史提供了一种从根本上来说欧洲中心主义的解释。事实上,这种研究方法还意味着按照欧洲中心主义理解更大范围世界的历史,因为一些学者试图为假定的欧洲特殊性追溯深层的历史根源。[1]

回应现代化研究方法的一类马克思主义观点采取了世界体系分析的形式。它认为,欧洲取得统治地位主要不是因为工作勤奋和法纪森严,而是因为帝国主义和对其他社会的剥削。世界体系分析家赞同马克思的观点,

---

[1] E. L. Jones, *The European Miracle: Environments, Economies and Geopolitics in the History of Europe and Asia*, 2nd edn., Cambridge, 1986; *Growth Recurring: Economic Change in World History*, Oxford, 1988; and David S. Landes, *The Wealth and Poverty of Nations: Why Some Are So Rich and Some So Poor*, New York, 1998. 有关寻找欧洲在前现代的独特性的起源的努力,可以参见 Michael Mann, *The Sources of Social Power*, vol. 1, Cambridge, 1986; John A. Hall, *Powers and Liberties: The Causes and Consequences of the Rise of the West*, Oxford 1985; and Alfred W. Crosby, *The Quantification and Western Society 1250 - 1600*, Cambridge, 1997. 有关现代化研究的批评,参见 Craig Lockard, "Global History, Modernization, and the World-Systems Approch Critique," *The History Teacher* 14 (1981): pp. 489 - 515.

认为每个社会的内部经济环境都会产生阶级划分,这便带来了社会冲突,并最终促进了社会发展。然而,世界体系分析进一步研究了各个社会之间的关系,认为强势的"核心"社会迫使弱势的"边缘"社会参与到不平等的交流当中来,从而使得核心地区更为富足,而阻碍了边缘地区的经济发展。正如伊曼纽尔·沃勒斯坦明确阐述过的那样,世界体系理论认为16世纪便兴起了一个欧洲居于统治地位的现代资本主义世界体系。如同现代化学派一样,世界体系理论也反映了一种欧洲中心主义,认为欧洲人是现代性产生的动因,尽管这种观点认为对于欧洲取得世界统治地位的解释在于其侵略性而不是勤勉性,在于欧洲对其他社会的剥削而不是其发展国内经济的努力。如同现代化理论一样,世界体系研究方法对于前现代和现代都有意义,正如近期一些学者指出来的,世界体系理论的原则已经深入扩展到各个历史阶段。[1]

对现代化学派和世界体系学派中存在的欧洲中心主义的清醒认识使近来的批评者明确提出第三种理论研究方法,以此来解释欧洲的经济发展及其在世界上的统治地位,他们认为这不是欧洲独有特性产生的结果,而是发展机遇带来的结果。这些批评者认为,其他社会像现代化分析家描述的欧洲一样勤恳努力和遵纪守法,像世界体系分析家描绘的欧洲一样富于进攻性和帝国扩张性。可见,19世纪之前,欧洲在政治、军事、经济、社会或文化方面并没有获得超越中国、印度、奥斯曼以及其他许多社会的优势。正是19世纪的工业化大大提升了欧洲的实力。安德烈·贡德·弗兰克认为工业化是尝试用机械设施来弥补劳动力不足问题造成的,而王国斌认为工业化就是一场不可预见的技术革新浪潮带来的结果,肯尼思·彭慕兰则强调海外殖民地带来的丰厚收益,强调煤矿资源与制造中心毗邻这种偶然性。无论哪种情况,欧洲工业化和欧洲的世界统治地位都不是其根深蒂固的条件自然而然或者不可避免地发展所造成的,而是偶然机遇所带来

---

[1] Immlanud Wallerstein, *The Modern World System*, 3 vol. to date, New York, 1974 – ; Eric R. Wolf, *Europe and the People Without History*, Berkeley, 1982. 将世界体系的分析推演到前现代的研究,参见 Janet L. Abu-Lughod, *Before European Hegemony: The World System, A. D 1250 – 1350*, New York, 1989; Andre Gunder Frank and Barry K. Gills, eds., *The World System: Five Hundred Years or Five Thousands?*, London 1993; and Christopher Chase-Durra and Thomas, D. Hall, *Rise and Demise: Comparing World-Systems*, Boulder, 1997.

的不可预见的意外结果。①

第四种理论方法在试图说明世界历史大范围进程时从地理、生态和环境分析中而不是政治经济学中汲取了灵感。阿尔弗雷德·W·克罗斯比认为，当欧洲人冒险进入更大范围的世界并在地球上一些温带地区创造了"新欧洲"的时候，欧洲的植物、动物、疾病和人口等方面交互加强了各自所产生的影响。贾雷德·戴蒙德考察久远的历史，认为欧亚大陆强大的复杂社会的形成是一万年前的全球生物禀赋所带来的结果。世界上大部分适于耕种的植物物种和适于驯养的动物物种都是来源于亚洲西南部，然后这些物种轻易地便传播至整个欧亚大陆。与此相反，在撒哈拉以南非洲、美洲和大洋洲，易于驯养的物种就少得多了。因此，欧亚大陆的环境异乎寻常地有益于农业、人口密集社会、文字、技术和强大社会组织的出现。②虽然这种理论不是必定要与其他三种理论针锋相对，而且事实上在某些方面还为其他三种理论提供了补充，这种以地理学、生态学和环境学为基础的理论对于世界发展动力的问题还是提出了不同的观点，尤其坚持认为有必要严肃对待自然世界，而且要依据人类与自然世界的关系来理解历史发展。

跨文化贸易

近来世界历史学家在或含蓄或明晰地用上述一种或几种理论进行研究时，都对跨文化互动进程给予了相当的关注。世界历史近期研究中最突出的课题就是跨文化贸易。纵观历史，跨文化贸易和商业交流通过推动系统化的互动而对个体社会和整体世界的发展都产生了深刻的影响，这种互动

---

① Andre Gunder Frank, *Re Orient: Global Economy in the Asian Age*, Berkeley, 1998; R. Bin Wong, *China Transformed: Historical Change and the Limits of European Experience*, Ithaca, 1997. Kenneth Pomeranz, *The Great Divergence: Europe, China, and the Making of the Modern World Economy*, Princeton, 2000. See also Jack Goldstone. "The Problem of the 'Early Modern' World," *Journal of the Economic and Social History of the Orient* 41 (1998): pp. 249 – 284; and "The Rise of the West-Or Not? A Revision to Socio-economic History," *Sociological Theory*, forthcoming.

② Alfred W. Crosby, *Ecological Imperialism: The Biological Expansion of Europe, 900 – 1900*, Cambridge, 1986; Jared Diamond, *Guns, Germs, and Steel: The Fates of Human Societies*, New York, 1997. 将人类历史置于大爆炸以来的宇宙历史的背景之下的更为宏大的计划，参见 David Christian, "The Case for 'Big History'" *Journal of World History* 2 (1991): pp. 223 – 238。

有时甚至是在相距遥远地区之间进行的。事实上，正如菲利普·D·科汀所指出的那样，"如果不考虑军事征服无法估量和不甚良好的影响，跨文化贸易和商业交流恐怕是发展变化最重要的外部推动力量。"① 因此，跨文化贸易非常适于跨地区及全球性一体化的研究。

大部分跨文化贸易方面的研究都反映出对于欧洲统治下现代世界经济的本质问题的探讨。一些从自由主义和马克思主义视角进行研究的学者还是在某种程度上持有欧洲中心主义的观点，他们认为前现代的跨文化贸易规模非常小，只产生了有限的经济和社会影响。按照这一观点，只是在欧洲航海者将世界连接在一起形成了一个互相依赖的全球经济体之后，跨文化贸易才开始变得重要起来。另外一些寻找其他视角来代替欧洲中心主义的学者已开始认识到前现代贸易的重要作用。近期一些研究虽然承认前现代贸易没有现代和当代贸易规模巨大，但还是指明前现代贸易仍然深刻影响了跨文化交流中所牵涉的所有社会。比如，人们已经很明确地了解到，前现代贸易的商品中通常既有奢侈品也有大宗散装货，这种贸易有助于塑造参与其中的经济和社会。即便只是涉及少量的奢侈品，这种前现代贸易也具有重要的文化和政治意义，因为远道而来的昂贵外国商品通常被看作一种身份象征，只有贸易国的精英阶层才能消费。而且，贸易网络体系的建立不仅有利于商业的交流，也有利于物种、技术和文化的交流。②

由于早期历史的数据资料不够详尽，对于前现代贸易的研究便主要集中在贸易组织形式的问题上。过去的研究认为，前现代贸易在很大程度上是实现政治利益的工具，而近期的研究与此相反，即强调商人是面向市场的，因为这些商人对于商品价格和商品获取的难易程度极为关注。过去的研究认定，前现代的商人都基本上属于小范围的商贩，与此相反，近期的研究表明，他们创造出一系列金融手段为冒险活动提供便利，并创造出多种合伙形式将投资的风险降到最低。他们还在国外建立了大范围的侨民区（"贸易移民区"），并经常组织护航舰队震慑海盗。③ 人们发现开罗一个古老的犹太会堂中保存着大量的资料文献，学者们得以还原贸易公司的组

---

① Curtin, *Cross-Cultural Trade in World History*, p. 1.
② Jerry H. Bentley, "Cross-Cultural Interaction and Periodization in World History," *American Historical Review* 101 (1996): pp. 749 – 770; and "Hemispheric Integration, 500 – 1500 C. E.," *Journal of World History* 9 (1998): pp. 237 – 254.
③ Curtin, *Cross-Cultural Trade in World History*.

织形式和贸易活动:这些贸易公司大部分是由家庭成员和朋友组建而成,他们的经营活动在大约 1000—1250 年之间遍及地中海地区、亚洲西南部和印度洋盆地。依据这些文献资料进行的研究证实了前现代从事跨文化贸易的商人所达到的先进水平。①

除了组织形式方面的问题,近期的研究还关注前现代贸易的路线和网络体系的问题,并取得了显著成效。丝绸之路和其他陆路运输路线确实引起了人们的注意,但是近期研究中具有最突出特点的研究领域在于海洋盆地周围组织起来的海上运输区域。参照费尔南德·布罗代尔对于地中海世界的分析,我们可以清晰地看到,前现代的许多水域,诸如波罗的海、中国沿海和印度洋盆地也都具有联系整合周围陆地的作用。对于在海上运输区域的前现代贸易,K·N·朝德哈利进行了大量研究。他认为,印度洋盆地是亚洲商业的核心,从伊斯兰教的兴起到英国在印度霸权的建立这 1000 多年的时间里,印度洋盆地一直是随着商业化农业、工业生产和海上贸易的发展节奏而获得发展的。②

综上所述,近期的研究表明,前现代贸易达到了先进的水平,它所依赖的各种技术与支撑了数量空前巨大的现代贸易的技术是十分相似的。前现代商人不单纯是流转于一个又一个村镇里沿街叫卖杂货的小商贩,而更是有头脑的、以市场为导向的企业家。他们预测贸易的风险,将数量可观的贸易商品投入长途贸易当中去。这种在东半球很多地区都可以考察到的模式说明,西欧的商人在商业技巧和组织形式方面并不比其他地区占有什么优势。事实上,西欧的这些基督教商人只是一些后来者,他们大部分沿用了犹太商人、穆斯林商人和拜占廷商人的商业实践形式。因此近期的研究表明,需要新的看待世界经济、贸易史的观点以代替欧洲中心主义。在欧洲作为一个全球贸易实体出现很久之前,其他地区的商人就已经将东半球大部分地区连接成为一个大范围的贸易世界,这个贸易世界影响了整个地区的社会和经济的发展。

---

① S. D. Goitein, *A Mediterranean Society: The Jewish Communities of the Arab World as Portrayed in the Documents of the Cairo Geniza*, 6 vols., Berkeley, 1967 – 1993.

② K. N. Chaudhuri, *Trade and Civilization in the Indian Ocean: An Economic History from the Rise of Islam to 1750*, Cambridge, 1985; *Asia before Europe: Economy and Civilization of the Indian Ocean from the Rise of Islam to 1750*, Cambridge, 1990. See also Jerry H. Bentley, "Sea and Ocean Basins as Frameworks of Historical Analysis," *Geographical Review* 89 (1999): pp. 15 – 24.

欧洲水手的航海旅行对于跨文化贸易具有深远的影响，将世界各个地区都纳入了现代持续不断的互动进程中来，从而有助于开创世界历史的一个全新时代。同对待前现代贸易一样，欧洲中心主义的观点在近代早期世界跨文化贸易的研究中也是很明显的。现代化学派和世界体系学派的很多学者都认为，富于进取心和充满活力的西欧是 16 世纪以来现代世界的主导力量。人们认定，这些受到巨大力量驱策的欧洲商人和冒险家们都投身到向更大范围世界进发的航程中去了，在谋求贸易增长和帝国扩张的过程中他们运用了更先进的技术和更杰出的军事才能。按照这种推论，在这个过程中他们创造了现代世界，并将自己视为现代世界的主人。

西班牙异常迅速地征服了墨西哥和秘鲁，奠定了它在西半球的主导地位，而在加勒比地区、巴西和北美，种植园组织很快为葡萄牙、英国、法国以及其他国家提供了盈利的机遇。三角贸易和种植园农业成为大西洋更大范围经济体的基础，这一经济体将大西洋盆地周围所有人的命运都联系在一起了。① 而且，欧洲商人建立了大型的贸易股份公司，得以从覆盖全球的贸易往来中获得丰厚的利润，因此毫无疑问，从 16 世纪开始欧洲人在世界舞台上扮演着前所未有的突出角色。

然而在 19 世纪中期之前，欧洲人并未在东半球取得统治地位。他们在地理上征服了菲律宾和印度尼西亚重要的沿海地区，并在马尼拉和巴达维亚建立起了新的贸易中心，荷兰商人征服了东南亚许多出产香料的岛屿。但是欧洲人想要在更大的市场上推行他们的方式就显得无能为力了：在印度，他们不得不同其他地区的商人进行竞争；在中国和日本，地方当局也只允许他们在有限的范围内进行贸易。

近期全球贸易的研究又提出了一种更为折中的理解近代早期世界的观点。② 欧洲商人热衷于寻找机会进口亚洲的贵重商品，但是他们却鲜有能够吸引亚洲商人的东西来进行交换。最早来到亚洲市场的欧洲商人出售少量的纺织品、火器和制成品，只有手持金银以及由亚洲内部贸易赚得的利润他们才能购买到足够的商品以满足欧洲对于丝绸、瓷器、胡椒和其他香料的需求。16 世纪中期，美洲提供的大量白银流入欧洲。碰巧的是，中

---

① Curtin, *The Rise and Fall of the Plantation Complex*.
② 最近的研究范例，可以参见 James D. Tracy, ed., *The Rise of Merchant Empires: Long-Distance Trade in the Early Modern World, 1350 – 1750*, Cambridge, 1990; and *The Political Economy of Merchant Empires: State Power and World Trade, 1350 – 1750*, Cambridge, 1991.

国当局正试图建立帝国经济的银本位制，中国对白银的需求是巨大的，欧洲商人便能够使用美洲的财富交换到亚洲的商品。由此我们可以看到，推动近代早期世界经济发展的不单是欧洲对亚洲商品的需求，还有亚洲尤其是中国对白银和其他贵重金属的需求。① 因此近期的研究承认欧洲在更大范围世界的突出作用时，并不认为欧洲人是近代早期历史发展的唯一或主要动因。在全球背景下考察欧洲的历史经历，我们可以超越欧洲中心主义来看待历史，并且对于欧洲和更大范围的世界具有更丰富的认识。

物种传播与交流

最生动有力的跨文化互动进程中还包括物种的传播与交流，也就是微生物和疾病病原体的扩散，粮食作物和经济作物的传播，以及家畜和其他动物物种的迁徙。古往今来，这些种类的物种传播和交流一直在突破民族、政治、地域和文化等界限。历史学家对这些进程的关注反映了20世纪50年代以来现代社会环境问题的普遍影响，也反映了20世纪70年代以来环境史的发展。

环境史的研究表明，人类并不是全然依靠自身的力量来推动历史的发展，而是处于同自然环境相互作用的过程中，并受到自然环境的约束。人类的活动确实改变了自然环境，但是环境也经常会令人类大吃一惊，而且这类情形很多既无法预见又给人带来困扰。比如，当人类开始耕种作物、驯养动物的时候，植物是成片耕种，动物是成群饲养的。他们很少会意识到，他们正在为即将毁掉庄稼和牲畜的病原体和疫病创造理想的栖息地；他们更不会意识到，其中一些病原体和疫病不单会以动物作为宿主，也会在人类中间泛滥。

历史流行病学已经接受了近来的这种认识，并进而解释一些传染病泛

---

① 特别值得参阅的著作是 Dennis O. Flynn and Arturo Giraldez: "China and the Manila Galleons," in A. J. H Latham and Heita Kawakatsu, eds., *Japanese Industrialization and the Asian Economy*, London, 1994, pp. 71 - 90;" Arbitrage, China, and World Trade the Early Modern Period. " *Journal of the Economic and Social History of the Orient* 38 (1995): pp. 29 - 48; and " Born with a Silver Spoon': World Trade in 1571, " *Journal of World History* 6 (1995): pp. 201 - 21. See also Richard von Glahn, *Fountain of Fortune*: *Money and Monetary Policy in China*, *1000 - 1700*, Berkeley, 1996; and John E. Wills, Jr. ," Maritime Asia, 1500 - 1800: The interactive Emergence of European Domination," *American History Review* 98 (1993): pp. 83 - 105。

滥的动因，其中许多传染病都是先在动物群中产生进而感染人类的。在个体社会内部，只要其人口数量足够大，病毒就能够持续不断地获得无先天性或后天性免疫力的新宿主，引发天花和麻疹的病毒就可以造成地方性流行病。在这种情况下，疾病就变成了儿科疾病，对人类生命的危害是经常的但也是有限的。但是，如果一个社会的人口不足以使一种疾病化为一种地方流行病，或者一个社会还从未受到过某一种特定病原体的感染，那么社会成员就很少有人会获得免疫力。如果某一种剧毒的病原体，例如天花病毒，不经意扩散到这样的社会中去，就会引起大规模毁灭性流行病的爆发。

世界历史上已经发生过很多次这样的流行病，其中一些流行病彻底改变了人类社会的命运。威廉·H·麦克尼尔和阿尔弗雷德·W·克罗斯比等学者进行的历史流行病学研究显示，当病原体扩散到人口众多而且先前未受过感染的社会时，流行病的影响是毁灭性的。当受过传染的社会的个体与未受传染的社会的个体进行接触时，这种情况就会经常发生。比如，公元3世纪，商人们将外来的病原体带到了丝绸之路上的各个社会，引起流行病扩散到汉代中国、罗马帝国或许还有其他社会。14世纪以后，黑死病沿着贸易路线，摧毁了东半球许多地区的社会。从16世纪至19世纪，欧洲的探险航程开创了东半球、西半球和大洋洲各地区人们之间持续不断的互动进程，导致大规模的物种迁徙。作为这个大范围的"哥伦布交流"的一部分，流行性天花、麻疹、白喉以及其他疾病对美洲和大洋洲的土著居民产生了毁灭性的影响。事实上，这些跨越大洋的流行病比人类历史上其他任何因素都造成更多的人口死亡。①

不久之前，人类还没有能力控制疾病的病原体。他们通过建立交通、通信和交流的网络体系帮助病原体找到了新的宿主，虽然这些活动并不是有意的。与此相比，人们对植物和动物物种传播的影响就有意识多了，尽管这些物种也经常会逃脱人类的监管，为自己找到不受约束的立足之处。像疾病的病原体传播一样，植物和动物的扩散也对人类社会产生了深刻的影响。世界历史学家已经能够基本精确地描绘出一些物种的迁移活动和产

---

① William H. McNeill, *Plagues and Peoples*, Garden City, NY, 1976; Alfred W. Crosby, *The Columbian Exchange: Biological and Cultural Consequences of 1492*, Westport, CT, 1972; and *Ecological Imperialism: The Biological Expansion of Europe, 900 – 1900*, Cambridge, 1986.

生的影响。

早在人类在地球出现之前,一些物种就已经迁徙到了新的地方:鸟类和蝙蝠飞到新的栖息地,一些陆地哺乳动物通过跨越大陆桥、游泳或者漂流过大片水域等方式移居并占领了新的土地。但是人类的到来极大地促进了物种的传播,尤其是在大约一万年前植物的培植和动物的驯养之后。① 比如,耕种者将小麦传到欧亚大陆和北部非洲的温带地区,将稻米传到了亚洲的热带和亚热带地区。马、牛、绵羊、山羊、骆驼、猪及其他一些动物也被人类带到了新的土地上。所有这些传播在所到之处都产生了社会、经济和环境等方面的影响,而且这的确值得历史研究的关注。

关于动植物传播,除了其一般意义外,历史学家还清楚地看到,一些交流过程具有极其深刻的影响。比如,在伊斯兰教产生之后的最初几个世纪中,穆斯林商人、传教士、士兵、外交人员和政府管理者游历了欧亚大陆和北部非洲的大部分地区,从摩洛哥到印度,再到印度尼西亚。在这些旅程中,他们注意到一些粮食作物和经济作物,感觉这些东西或许在其他伊斯兰地区也会茁壮生长,因而开始把农作物大规模搬迁到新的土地上,包括荞麦、高粱、茄子、瓜果、柑橘类水果、棉花和靛青。由于这些有意识的传播行为,上述农作物在新的土地上生根发芽了。16 世纪之后,另一番类似的引种浪潮范围更广。哥伦布交流带来了美洲食物在世界其他地区的传播,包括玉米、马铃薯、树薯、西红柿、花生和辣椒,也使小麦、水稻、蔬菜、水果、马、牛、绵羊、山羊、猪和其他物种传播到了西半球。通过增加食物中含有的热量和食物的品种,伊斯兰农作物传播和哥伦布交流都使得世界一些地区出现了大量的人口增长。离开这些传播进程,我们将无法理解个体社会的发展或者世界历史的大范围进程。②

文化碰撞与交流

纵观历史,跨文化游历和接触不仅便利了商品贸易和物种传播,也有利于文化和宗教交流。研究世界宗教及其传播对于历史学家和神学家

---

① David A. Burney, "Historical Perspectives on Human-Assisted Biological Invasions," *Evolutionary Anthropology* 4 (1996): pp. 216 – 221.

② Andrew M. Watson, *Agricultural Innovation in the Early Islamic World: The Diffusion of Crops and Farming Techniques, 700 – 1100*, Cambridge, 1983; Crosby, *The Columbian Exchange*.

来说都是一项令人肃然起敬的工作,这些研究通常能够对于宗教信仰做出清楚的分析。最近,人类学和人种学带来的一些灵感也催生了不同社会和文化传统的人们之间碰撞和互动的研究,这种研究内容繁多且不断发展。

关于这些碰撞和互动的研究其实是一种棘手的探索,因为所有群体,包括现今的学者,都不可避免地打上自己文化观点和偏好的烙印。从爱德华·萨义德的《东方学》出版以来,一种蓬勃兴起的后殖民主义派别抨击帝国主义、民族中心主义和种族主义的观点,而这些观点恰恰是前面几代学者研究的基石。① 如果承认学者是不可能全然脱离自身的文化属性的,那么是否可能存在至少某一种方式来负责任地看待其他地区的人们及其社会呢?或者,在研究他者历史的时候是否不可避免地谈及观察者多而谈及被观察者少呢?

尽管会不可避免地留下自身社会观察视角的印记,很多学者还是尽职尽责地努力去理解那些有时会带来深刻而持久历史影响的文化碰撞和交流。许多相关的研究所考察的是某些特定地区的互动过程,但是通常又都试图用地方的历史经历来说明更大范围的历史模式。无论如何,这些研究所强调的是碰撞、互动和交流在文化传统形成中所扮演的角色,而不是将个体社会的文化传统视为一种内在连贯自足的体系。在近期的研究中,一个流派认为,跨文化互动是由力量对比关系决定的。比如,格雷格·丹宁考察了马克萨斯社会在欧洲政治、军事、经济和文化力量的压迫下毁灭的过程,而琼·科马罗夫和约翰·科马罗夫认为 19 世纪欧洲在非洲传教其实就是帝国主义的一种文化表现。② 另一个流派虽然也将文化互动置于更大范围的政治、社会和经济环境下,但所强调的是不同文化传统的人之间的有意识的文化借鉴或者互惠性交流,而不认为是哪一种文化取得了统治地位或者一种传统取代了另一种传统。这样我们可以清楚地看到,古希腊人从同时代的埃及人和闪米特人身上都汲取了灵感——古代地中海世界的文化交流事实上是全方位的,西班牙征服美洲和菲律宾并没有导致欧洲基督教被全盘接受,而是形成了各种传统的融合,为土著人的利益保留了一

---

① Edward W. Said, *Orientalism: Western Representations of the Orient*, New York, 1978.
② Greg Dening, *Islands and Beaches: Discourses on a Silent Land-Marquesas, 1774 – 1880*, Honolulu, 1980; Jean and John Comaroff, *Of Revelation and Revolution: Christianity, Colonialism, and Consciousness in South Africa*, 2 vols., Chicago, 1991 – 7.

席之地，也保留了前基督教时期的文化要素。①

事实证明，研究大范围的文化碰撞和交流的难度超过了研究跨文化贸易和物种传播，部分原因在于学者们在进行比较文化分析时缺乏普遍的用语或者一套概念工具。然而，玛丽·W·赫尔姆斯已经考察了长途游历的政治和文化意义，我在自己的研究中也认为，尽管有地区差异，在长期的历史过程中还是能够找出一些跨文化转变、冲突和妥协的模式的。② 大范围文化互动的进一步探索将为世界历史的研究提供有益的补充。

帝国主义与殖民主义

帝国主义和殖民主义长期以来一直是历史研究的主要课题。不久前，历史学家还普遍将二者视为个体扩张型社会深思熟虑的冒险活动或者无意识的军事行为，而不是需要更大范围分析视角的跨文化进程。但是很明显，对于任何试图理解跨文化互动进程的历史学家来说，帝国主义和殖民主义都是具有首要意义的课题。事实上，一些学者在考察这两个课题时所采用的方法是极富想象力的、视野开阔的。比如，丹尼尔·海德里克考察了欧洲得以在遥远的土地扎下根来的各种军事、交通、通信甚至医药技术等因素，还考察了妨碍欧洲人将专业技术知识传授给殖民地人的政治和文化障碍，这样便发掘出技术在欧洲帝国建立和维持阶段所扮演的角色。③ 迈克·亚达斯研究了矛头对准欧洲殖民统治千禧年反叛的几个个案，并且告诉人们，欧洲观察者相信其他地区的人在技术方面是落后的，在此基础

---

① 关于古代地中海，参见 Martin Bernal, *Black Athena*: *The Afroasiatic Roots of Classical Civilization*, 2 vols. to date, New Brunswick, 1987 – L; and Walter Burkert. *The Orientalizing Revolution*: *Near Eastern Influence on Greek Culture in the Early Archaic Age*, Cambridge, MA, 1992. 关于西班牙人的征服，以及基督教的融合，参见 Jacques Lafaye, *Quetzalc6atl and Guadalupe*: *The Formation of Mexican National Consciousness*, *1531 – 1813*, trans. B. Keen, Chicago, 1976; Sabine MacCormack, *Religion in the Andes*: *Vision and Imaging in Early Colonial Peru*, Princeton, 1991; and Vicente Rafael, *Contracting Colonialism*: *Translation and Christian Conversion in Tagalog Society under Early Spanish Rule*, Ithaca, 1988。

② Mary W. Helms, *Ulysses' Sail*: *An Ethnographic Odyssey of Power, Knowledge, and Geographical Distance*, Princeton, 1988; and Jerry H. Bentley, *Old World Encounters*: *Cross-Cultural Contacts and Exchanges in Pre-Modern Times*, New York, 1993。

③ Daniel Headrick, *The Tools of Empire*: *Technology and European Imperialism in the Nineteenth Century*, New York, 1981; and *The Tentacles of Progress*: *Technology Transfer in the Age of Imperialism*, *1850 – 1940*, New York, 1988。

上形成了欧洲主导地位的观念,由此揭示出帝国和殖民关系背后的文化维度。[1] 克里斯托弗·A. 贝利认为,第二英帝国的兴起是跨文化互动的一个全球进程,这种研究是极富见地的。就像研究跨文化贸易的历史学家在全球的语境中思考欧洲贸易,贝利也根据亚洲、美洲、非洲和欧洲政治和社会发展的情况考察英帝国的兴起。[2] 于尔根·奥斯特哈默则浏览了大量的学术著作,继而全面地比较研究了现代殖民主义、殖民国家及其对殖民地政治、社会、经济和文化的影响。[3]

近期大部分关于帝国主义和殖民主义的研究越来越集中于关注帝国主义者的活动、殖民地人民的历史经历或者某些特定背景下二者之间的互动。近期很多研究也深化和丰富了对于帝国主义和殖民主义的理解,这是由于突出了比如说其文化方面的问题,或者将二者视为包含了各方之间冲突、协商以及经常性合作的复杂互动进程,而不是向臣属人民简单施加外国统治的过程。[4] 后殖民主义研究及下层学派关注研究方法论问题,使得帝国主义和殖民主义的研究更加丰富多彩。后殖民主义和下层学派吸收后现代的知识批判观点,认为依赖于欧洲的思想范畴和知识结构就不可避免地导致歪曲的、欧洲中心主义解读的出现。[5] 综上所述,近期的研究带来了一幅关于帝国主义和殖民主义的复杂图景。这些研究也确实彻底清除了一些根深蒂固的观念,即欧洲帝国主义扩张者作为历史发展的主人而阔步

---

[1] Michael Adas, *Prophets of Rebellion: Millenarian Protest Movements against the European Colonial Order*, Cambridge, 1987; and *Machines as the Measure of Men: Science, Technology, and Ideologies of Western Dominance*, Ithaca, 1989.

[2] Christopher A. Bayly, *Imperial Meridian: The British Empire and the World, 1780 – 1830*, New York, 1989.

[3] Jurgen Osterhammel, *Colonialism: A Theoretical Overview*, trans. S. Frisch, Princeton, 1997.

[4] 关于多种文化维度,可以参见 Bernard Cohn, *Colonialism and Its Forms of Knowledge: The British in India*, Princeton, 1996; 关于互动与协商,可以参见 Richard White, *The Middle Ground: Indians, Empires, and Republics in the Great Lakes Region, 1650 – 1815*, Cambridge, 1991。

[5] Said, *Orientalism*; Dipesh Chakrabarty, *Provincializing Europe: Postcolonial Thought and Historical Difference*, Princeton, 2000; Ranajit Guha and Gayatri Chakravorty Spivak, eds., *Selected Subaltern Studies*, New York, 1988; Gyan Prakash, "Subaltern Studies as Postcolonial Criticism," *American Historical Review* 99 (1994): pp. 1475 – 1490; Florencia E. Mallon, "The Promise and Dilemma of Subaltern Studies: Perspectives from Latin American History," *American Historical Review* 99 (1994): pp. 1491 – 1515; Frederick Cooper, "Conflict and Collection: Rethinking Colonial African History," *American Historical Review* 99 (1994): pp. 1516 – 1546.

向前，建立起对那些被动的外国臣民的殖民统治。取而代之的是，他们认为帝国主义和殖民主义只是一个杂乱无章的进程，在这个进程中所有人都是历史发展的主人，即便很难通过现存的记载来证实其中一些人的历史作用。①

然而，在帝国主义和殖民主义研究中，民族和种族认同仍是关注的焦点，因而大范围进程还没有像在跨文化贸易或者物种传播与交流这样的进程一样明确成为研究的核心问题。在帝国主义和殖民主义的研究中对民族特性的关注是如此的突出，这既不令人费解也不令人诧异，因为几千年来，历史研究的一个主要目的就是记述不同群体及其社会在历史长河中的经历并理解其发展。然而，近期研究中对民族特性的关注在某种程度上造成一些机会的错失，比如这给人们的印象是，现代西欧人和欧裔美洲人的帝国主义冒险活动是历史上独一无二的创举，这就忽视了前现代帝国主义这一深刻的历史背景；这也转移了人们对俄罗斯、中国、日本、印度尼西亚和其他民族在现代时期的扩张和殖民行为的关注。

移民与离散社群 (Migrations and Diasporas)

同帝国主义和殖民主义一样，移民和离散社群也是跨文化互动研究中至关重要的课题。最初，匠人（Homo ergaster）和直立人（Homo erectus）走出非洲，在世界上建立了人类社会，从他们的迁徙开始，到印欧人、班图人、太平洋中南部诸岛上的人和其他地区人的大范围移民，再到现代和当代殖民者、劳工和流亡者的大量流动，移民和离散社群深刻地影响了个体社会和整体世界的发展。但是，正如在帝国主义和殖民主义研究中的情况一样，近来学者们所感兴趣的问题是当代的民族认同，因此在移民和离散社群的研究中大范围课题很难明确成为研究的重心。关于迁徙至某一特定区域的特定群体的历史经历，已有大量学术著作问世，但是对于移民和移民产生时的政治、社会和经济条件进行的大范围分析却很少有人关注。

---

① Michael Geyer and Charles Bright, "World History in a Global Age." *American Historical Review* 100 (1995): pp. 1034 – 1360.

但也非尽然，一些另类的研究为理解世界史做出了根本的贡献。① 首先，有大量的著作论及大西洋奴隶贸易和非洲离散社群。这些课题中的大范围维度表现在欧洲殖民者在美洲组织的种植园农业、大西洋盆地三角贸易的兴起、大约1200万非洲非自愿劳工的征募和运送、非裔美洲社会在西半球的建立等问题。这些问题在20世纪60年代以来受到广泛的关注。尤其是菲利普·D·科汀为如何理解奴隶制和非洲移民问题做出了巨大的贡献。他对奴隶贸易的研究建立在坚实的量化数据的基础之上；他在"种植园联合体"（"plantation complex"）的语境下来理解奴隶制，因为在17至18世纪"种植园联合体"可以说是大西洋盆地的一个突出特点。② 在这样一个大的框架下，其他一些学者的研究也取得了新的进展，比如，帕特里克·曼宁研究了奴隶贸易对接受奴隶人口的地区以及非洲所产生的社会和经济影响，而约翰·桑顿关注的是非洲社会和文化传统在美洲的残存状况，理查德·皮尔斯考察的是逃亡黑奴荒岛社会的形成。③ 可以设想，在民族国家或设想中的具有内在连贯性的个体社会的语境下，要理解这些发展是困难的或者是不可能的。

奴隶贸易结束及废除奴隶制之后的一个世纪里存在着契约劳工和其他劳工的迁徙，目前关于这一方面的研究不多，却在不断发展之中。事实上，这类移民比大西洋奴隶贸易中牵涉的人口还要多很多，而且其影响也确实在当代世界很多移民后代生活的地区都非常显著。对于劳动力的需求最初来自于不能继续使用奴隶劳动的种植园主，后来工厂主也有了这种要求。19、20世纪早期直到1914年，大约5000万欧洲人移民到美洲、澳大利亚、新西兰、南非和其他地区，移民中一部分是契约劳工，但是大部分人是自由劳工，也有少量来自非洲、印度、中国、日本和其他地区的契约劳工迁徙到热带和亚热带地区的种植园或者矿山中工作。近期的研究已经清晰而有效地强调指出了这些大量的移民潮与帝国主义和资本主义之间

---

① William H. McNeill and Ruth S. Adams, eds., *Human Migration: Patterns and Policies*, Bloomington, 1978; Wang Gungwu, ed., *Global History and Migrations*, Boulder, 1997.

② Philip D. Curtin, *The Atlantic Slave Trade: A Census*, Madison, 1969; *The Rise and Fall of the Plantation Comples*.

③ Patrick Manning, *Slavery and Africa Life: Occidental, Oriental, and African Slave Trades*, Cambridge, 1990; John Thornton, *Africa and African in the Making of the Atlantic World*, 2nd edn., Cambridge, 1998; Richard Price, *First Time: The Historical Vision of an Afro-American People*, Baltimore, 1983; and *Alabi's World*, Baltimore, 1990.

的联系。①

　　同时，作为对早先的移民研究的对应或至少是补充手段，近年来离散社群（Diaspora）问题的研究获得了明显的发展。与移民研究最为关注的政治、经济和人口统计等方面的问题不同，离散社群研究关注更多的是大范围移民带来的社会和文化层面的问题，尤其是侨民区及其后代与母国和寄居国之间的关系问题。很明显，离散社群研究与当代的身份认同政治（identity politics）是联系在一起的，这种联系有时使学者们陷入不必要的争论。这些争论发端于吸纳还是排斥的两难政策，而争论的问题是哪一群体属于离散社群。然而，通过一些概念——比如文化调和（syncretism）、杂交（hybridity）、混合（creolization）、跨文化交流（transculturation）——的使用，离散社群的研究视角深入剖析了与同化和转化有关的一些司空见惯的假设，从而为社会和文化互动进程提供了更深刻的见解。②

几点说明

　　全球历史分析让专业历史研究中许多已为人们接受的研究范畴开始受到质疑。比如，近期的世界历史研究虽然承认民族国家在现代的意义，但是却主张在历史研究中不应把民族国家作为理所当然的研究范畴。相反，它关注的是跨地区、大陆、半球、大洋和全球范围展开的一些进程。它不太关注表面上连续发展的个体社会的历史经历和内部组织形式，更多关注的是在超越民族、政治、地域、文化界限的广阔范围内产生影响的历史进程，而这些界限是传统史学所恪守的。然而，本文所探讨的一些研究范畴，包括跨文化贸易、物种传播和交流、文化碰撞和交流、帝国主义和殖

---

① Hugh Tinker, *A New System of Slavery*: *The Export of Indian Labour Overseas*, *1830 – 1920*, 2nd edn., London, 1993; David Northrup, *Indentured Labor in the Age of Imperialism 1834 – 1922*, Cambridge, 1995; Pieter C. Emmer, ed., *Colonialism and Migration*: *Indentured Labor before and after Slavery*, Dordrecht, 1986.

② Robin Cohen, *Global Diasporas*: *An Introduction*, Seattle, 1997; Paul Gilroy, *The Black Atlantic*: *Double-Consciousness and Modernity*, Cambridge, MA, 1993; James Clifford, "Diasporas," in his *Routes*: *Travel and Translation in the Late Twentieth Century*, Cambridge, MA, 1997, pp. 244 – 277; and Khachig Tololyan, "Rethinking Diaspora (s): Stateless Power in the Transnational Moment," *Diaspora* 5 (1996): pp. 3 – 36.

民主义、移民与离散社群,其实和它们所取代的那些范畴一样,互相间的界限也不是绝对的。即使通过本文的简短论述也可以看出,这些范畴几乎在所有方面都有相互交迭之处:商业贸易、物种和文化的交流通常同时发生,而且通常是在帝国扩张或(和)移民的背景下发生的。这样,世界史新的研究方法并没有导致一幅简单的世界图景的产生,相反,它所描绘的是一个混乱而复杂的世界。毋庸置疑,从这个意义上来说,它或许抓住了全球历史现实的一个重要方面。

但是,对于构建全球视角本身,人们还是存在一些疑问的。其中一个问题来自意识形态方面:世界史研究究竟在多大程度上反映具体的政治或经济利益?古往今来,军事和商业强国进行了一系列扩张,比如罗马帝国、汉代中国、阿拔斯哈里发帝国、唐代中国、蒙古帝国、大英帝国以及美国,在这种扩张中显示出认识更大世界的渴望。认识更大范围世界的尝试不可避免地反映出对更大范围世界的利益需求。在地区研究中像在世界史研究中一样,这方面的一些尝试清晰地反映出一些直接的政治和经济利益。然而这并不意味着全球历史分析必然就会成为帝国主义或者全球资本主义的意识形态工具,就好像对阿道夫·希特勒的历史研究不一定会导致赞同纳粹思想一样。事实上,世界史的重要研究方法都必然会认识到,全球发展进程既产生了一体化也造成了分裂化,既带来了繁荣也带来了灾难。

还有一点更强烈的疑惑:世界历史学家究竟应当通过什么透镜看待更大范围的世界呢?欧洲中心主义、东方主义、种族主义和其他富于进攻性的民族中心主义的视角都不可避免地歪曲其他民族和社会的形象。即使抛开这些,问题依然存在,就是说,即便最具有普世主义的研究方法,也会源自某种视角,而这种视角会导致理解其他民族、社会和文化传统的努力复杂化。事实上,一些人认为,专业历史研究本身就是一种欧洲中心主义的产物,它将现代欧洲民族国家既视为一种历史标准,又视为主要的研究课题,即使在研究欧洲之外的世界时也是如此。[①] 虽然承认分析的绝对纯粹性只是类似于完全客观性的一种光荣梦想,但是质疑知识界和文化界的主流言论这种自我反思式的清醒态度,或许还是有助于改进对于世界以及

---

① Chakrabarty, *Provincializing Europe*.

在人类历史上不断塑造着世界的跨文化互动进程的实际认识。①

  毫无疑问世界史是存在问题的，但是同时也是必要的研究工程。最近几十年时间里，全球历史分析已经消除了历史仅仅属于民族国家或者其他表面上连贯的个体社会的观念。全球史虽然承认文化独特性、排外性的民族认同、地方知识和具体某些社会的发展经历都是非常值得关注的问题，但同时也已经超越了专业历史研究长期以来关注的这些问题，明确将大范围进程纳入历史关注问题之列。由此人们看到，跨地区、大陆、半球、大洋和全球范围的不同框架连同民族国家和个体社会能够为许多历史进程的分析提供合适的语境。而且，全球历史分析在更大范围历史语境中理解全世界人类的历史经历，而不是将一些历史经历看作完全特殊的、无从比较的并与其他人的历史经历毫无关系的，这就为摆脱欧洲中心主义和其他民族中心主义历史观提供了机会。这样，近期世界历史的研究不但为将世界作为一个整体来理解作出了贡献，而且也为更好理解个体地区及其与更大范围世界之间的关系构建了合适的语境。

  （原载夏继果、杰里·H. 本特利主编：《全球史读本》，北京大学出版社 2010 年版，第 44—65 页）

---

① Peter Novick, *That Noble Dream: The "Objectivity Question" and the American Historical Profession*, Cambridge, 1988; Edward W. Said, "Orientalism Reconsidered," in Francis Barker, Peter Hulme, Margaret Iverson, and Diana Loxley, eds., *Europe and it's Others*, 2 vols., Colchester, 1985, 1, pp. 14–27; and Said, *Culture and Imperialism*, New York, 1993.

世界历史上的文化交流

杰里·H. 本特利　著　夏继果　译

20世纪60年代以来，世界史逐渐开始成为专业历史学研究的一个独立领域，世界史学家集中关注和研究的主要是政治、社会、经济、人口和环境等具有浓厚物质意味的领域。就像流行的比较经济分析、帝国扩张进程和殖民统治案例一样，跨文化贸易进程、大规模移民、流行性疾病和环境变迁也成为世界史学家普遍关注的课题。当代世界史学有这样一个重要的假设，即认为历史发展不局限在个体社会或文化区域的界限之内，相反，跨文化互动和交流影响了世界历史上所有或者几乎所有民族和社会的发展。如果这一观点是正确的，我们就有理由认为，跨文化互动和交流不仅有政治、社会、经济、人口和环境的含义，而且也有文化的含义。

作为一个历史学问题的文化交流

20世纪80年代以来，在"新文化史"的旗帜下，文化课题研究在大历史学科中长盛不衰。然而，对于跨文化交流和互动的文化维度，世界史学家却反应迟钝。人们回避对文化发展做全球性的历史分析，可能是因为文化分析本身就比较棘手。很显然，对于历史发展的文化维度，在界限明确、目标集中的语境中进行探索比在宏大的、比较的、跨地区的和全球的语境中考察要容易得多。考虑到克利福德·格尔茨（Clifford Geertz）的人类学所产生的深远影响，这一点就更确切无疑了。在他的人类学研究中，文化分析以地方知识为依托，采取了深描的方法，关注人类在特定而明确的社会中为自己编织的意义网络。事实证明，格尔茨的人类学对于理解特定的文化环境是极其成功的,但是,它并不能轻易用于研究不同文化传统的人们之间的互动、联系和交流。

当历史学家把关注点从个体社会转移到大规模比较的、跨地区的和全球的课题的时候,他们发现,对文化借鉴的意义、宗教信仰改变的程度、文化交流的内在动力进行评估,比计算丝绸的贸易量、探寻物种交流的后果或者概括殖民统治的结构要困难得多。对于分析源自跨文化互动和交流的文化发展,还没有一个主流的范式可循。例如,关于现代政治经济,现代化学派或世界体系学派有各自的思想观点,而这类文化发展的研究却没有类似的自成一体的研究理论。世界史学家还没有探索出为人们普遍接受的研究文化发展的方法,他们甚至没有采纳可用于探究文化发展的任何既定的术语或研究惯例。

尽管文化史研究有其固有的复杂性——在比较的、跨地区的、全球的规模上开展研究时尤其如此,但是,跨文化研究的文化层面却要求世界历史学家予以关注。"文化交流"一词可以指多种历史发展,包括科学、技术、意识形态、教育、哲学宗教等传统——它们反映了根深蒂固的价值观和世界观——的传播,尤其关注当不同社会的代表和不同传统的支持者互相间频繁交流时所发生的调适和其他反应。

当不同社会和文化传统的人们卷入系统而持久互动的时候,或多或少的文化结果会随之产生。不同社会的人们长期进行着互动,但彼此文化传统间的交流却稀少,这种情况可能会存在;但是,更为常见的情况是,异质文化传统会引起其他文化传统的反应,并对其他社会产生影响。有时,经常接触异质传统会导致对陌生文化传统的反对、厌恶甚至是积极的抵抗;有时,接触新观点会启发兴趣,并导致接受新的传统。然而,即使人们采纳新的方式,例如改信另外的宗教信仰或接受一套新的价值体系,他们也不可避免地进行文化调适,以弥合固有传统与外来传统之间的差异。正是出于这一原因,在思考大规模的技术交流模式时,历史学家阿诺德·佩西指出:与其把技术交流称为"技术扩散",即把它想象为技术原封不动地从一个社会传播到另一个社会的过程,不如把它称为"技术对话"或"技术对立",即把它视为技术在不断跨越社会和文化区域的边界的时候进行调适和调整的过程①。的确，文化混杂、转化、融合的进程通常是文化交流的特点。

鉴于缺乏普遍认可的范式、理论、学术惯例甚至研究术语，历史学家如何才能更好地在比较的、跨地区的、全球的语境下考察文化交流的进程呢？当世界历史学家和其他学者转而关注文化交流时，他们都表现出来强烈的方法论个人主义倾向。他们广泛地从人类学考察、社会理论和后殖民学术等资源中吸收理论的、分析的和阐释的灵感。文化研究显然无规则可循。但与此同时，它又迫切需要探索从全球的视角来理解微妙而又复杂的文化发展史的一定之规。为了探究这一学术工程，本文首先回顾学者们已经勾画的关于文化交流的一般性看法，对于其中较为突出的一些研究方法予以详述，然后概述他们已经认识到的文化交流史研究的宏观模式。

文化交流的研究方法路径

与以经济发展的全球历史研究不同，文化交流研究迄今为止还没有被哪种通行性理论所诱惑。在揭示大规模经济发展和西方兴起的研究中，有三个特色鲜明的思想学派为这个庞大的学术门类提供了框架，它们分别是现代化学派，世界体系学派，以历史学家肯尼斯·彭慕兰、王国斌、安德烈·贡德·弗兰克、杰克·戈德斯通、罗伯特·B. 马克斯为代表的加州学派②。这三个学派主导着人们对于大规模经济发展和西方兴起的认识。文化交流的进程也已经造就了一些有影响力的理论学家，但尚无一人能像那三个学派那样深刻地影响人们对文化交流的普遍理解。

阿诺德·J. 汤因比以他独特的方式认识到，文化交流的进程值得关注。在他大部头的《历史研究》一书的后面一部分，他论述了"文明在空间中的接触（同时代文明的碰撞）"，以探索为文明间的普遍理解提供可能性的文化交流模式。如同其著作的其他部分那样，汤因比对于文化交

---

① Arnold Pacey, *The Technology in World Civilization: A Thousand-Year History*, Cambridge, Mass.: MIT Press, 1990.

② 参见两篇论文：Jerry H. Bentley, *Shapes of World History in Twentieth-Century Scholarship*, Washington, D. C.: American Historical Association, 1996, and "The New World History", in Lloyd Kramer and Sarah Maza, eds., *A Companion to Western Historical Thought*, Oxford: Blackwell, 2002, pp. 393–416。

流采取了苛严、冷漠的态度。像约翰·哥特弗雷德·赫尔德（Johann Gottfried von Herder）和奥斯瓦尔德·斯宾格勒一样，汤因比看重文化的纯洁性，即人们想象中的貌似具有内在一致性社会的无瑕的文化表达。同时，他认为文化交流和文化借鉴是令人生厌的混杂，有时甚至用"混种"一词来特指这一现象。他主张，当一个社会处于解体的状态时，文化影响的传播（汤因比的用语是"文化辐射"）最为活跃。他进一步指出，这一过程损失巨大，因为当一个特定的社会传播其影响时，它的大门也打开了，导致外来文化元素的侵入，玷污了其自身的想象中的文化纯洁性[1]。这种对文化纯洁性的极度焦虑情绪反映了一种仇外态度，导致汤因比（以及斯宾格勒等人）对文化交流的研究心存偏见，甚至极度扭曲。在他的大脑中有一个先入观念，即文化交流牵涉一些不良行为，这些先入观念损害了他对于作为一种历史进程的文化交流的考察。

玛丽·W. 赫尔姆斯和杰里·H. 本特利这两位学者采取更有建设性的方法来分析作为大规模历史进程的文化交流。近来的学术研究中，当历史学家转而关注跨文化互动和交流的时候，他们往往把权力的因素考虑在内。上述两位学者的研究也反映了这一现象。不同社会的人们之间的互动总是发生在差别性权力关系的背景下，而权力也以各种形式影响了文化交流的进程。因此，本文在论述文化交流时，权力的问题将占据突出的地位。

人类学家玛丽·赫尔姆斯在《尤利西斯的航行：从人种志的角度探索权力、知识和地理距离》这部重要著作中探讨了远距离交流的文化意义。赫尔姆斯主要关注前工业化时期的旅行者，认为，文化互动时常有着重要的社会和政治含义。毋庸置疑，前工业化时期的人们认为外来人口及其文化是危险的、令人生厌的、有威胁性的，但赫尔姆斯同时也指出外来的东西可能也有某些吸引力。远来的知识既造成威胁也带来力量，既是祸根也是福源，远程旅行者那样的人们便于接触异域知识，因而有机会把他们的非凡经历转化为社会和政治权力。无论是作为前往异域的观光客还是回归故土的游子，远程旅行者掌握有异域的知识并且因为是远方客而自然

---

[1] Arnold J. Toynbee, *A Study of History*, 12 vols., London: Oxford University Press, 1934 – 1961. 尤其参见其第 9 章 "Contacts between Civilizations in Space (Encounters between Contemporaries)", vol. 8, pp. 88 – 629。

获得某种权威性,这样,他们就有可能充当文化中间人。地理距离是推动文化交流的活跃的力量。这是因为,远方的知识具有一种固有的力量;怀揣远方知识的文化中间人能够为自己赢得一些有利条件①。因此,源自地理距离的权力是文化交流的推动力,这一点对于理解文化交流是至关重要的。

赫尔姆斯关注地理距离的文化含义,杰里·H. 本特利却聚焦于互动与文化交流本身的进程,并通过把该进程置于恰当的政治、社会和经济语境中,试图区分文化交流的不同模式,理解这些交流的推动力。本特利一方面承认赫尔姆斯的异域文化传统时常具有某种吸引力的观点,但另一方面也关注妨碍异域影响跨越文化边界的各种因素。人们时常以各种各样的理由视外来信仰、价值观和风俗是异己的、乏味的,因此,采纳外来生活方式、改信外来信仰的现象常常是意料之外的,甚至是令人吃惊的,需要做具体分析和解释。有些跨文化交流导致广泛采纳外来传统,而有些则不然。为什么会这样?为了理解不同的文化交流所走的不同轨迹,本特利关注文化互动和交流得以发生的政治、社会和经济背景。他没有把文化发展简单归纳为物质原因所致,而是认为,政治、社会和经济形势常常能够起到推进文化选择的作用。对于从群体的而不是从个人的层面研究文化交流,这一方法尤其有用。毋庸置疑,单个的个人最终创造着自己的文化史——即使并不总是由于自己的选择所致,而且,个人的许诺有时是与他们直接的物质或社会利益相冲突的。然而很明显,在很多历史案例中,那些做出特定文化选择的人们得到了一些政治、社会或经济方面的好处。在不同社会的人们之间持续互动的过程中,文化获得了发展。只有在恰当的语境下看待文化交流,才有可能理解影响文化发展的复杂的政治、社会和经济推动力②。

除赫尔姆斯和本特利之外,很少有学者把文化交流作为全球历史进程进行大规模的分析。然而,有很多学者关注文化交流的具体个案,并且在这种研究的过程中形成了分析方法,提出了解释,这些对试图理解大规模文化交流进程的人们来说具有非常好的指导作用。这里,墨尔本学派人种

---

① Marry W. Helms, *Ulysses'Sail: An Ethnographic Odyssey of Power, Knowledge, and Geographical Distance*, Princeton: Princeton University Press, 1988.

② Jerry H. Bentley, *Old World Encounters: Cross-Cultural Contacts and Exchange in Pre-Modern Times*, New York: Oxford University Press, 1993.

史学者的著作特别值得重视，因为这些著作以独到的见解和对权力关系问题的关注来探究跨文化环境的复杂性。与墨尔本学派有直接关系的学者包括格雷格·德宁（Greg Dening）、唐娜·墨维克（Donna Merwick），瑞斯·伊萨克（Rhys Isaac）、因加·克伦迪宁（Inga Clendinnen），而今，很多人在学术上受到了他们影响。从20世纪70年代起，墨尔本学派刻意用人类学的措辞进行历史研究：首先是在太平洋岛屿历史的语境中进行研究，后来则在北美、拉美、欧洲和澳洲历史的语境下研究。墨尔本学者通常说来把自己的研究框定在独立的、自成一体的社群或社会的历史经验。但是，他们也特别偏爱这样的情况：文化差异性和失衡的权力关系导致他们所研究的社群或社会出现不得不应对的紧张局面。在跨文化互动的语境下，如欧洲开拓者和殖民者与马克萨斯岛民（Marquesas inlanders）、尤卡坦玛雅人（Yucatec Maya）和纽荷兰（New Holland）的土著居民相遇的时候（分别见于德宁、Clendinnen 和马维克的著作），文化差异性和权力关系就成为非常醒目的问题①。鉴于大多文献资料都反映了更为强大的欧洲亲历者对互动的观点，因此墨尔本学者求助于考古资料、口口相传的材料，并用反向思维的办法来理解这些文字材料，以揭示弱势的个人和群体的视角。墨尔本学者派敏锐地探究文化问题，特别是从多角度进行思考，认真对待差别化的权力关系，这种不落俗套的研究丰富了对跨文化互动的理解。

　　关注权力问题也是后殖民学者的研究特色。但是，在对现代文化交流进行历史分析方面，他们采取了另外一种研究方法。爱德华·W. 萨义德在《东方学》一书中提出了著名的论断：欧洲学者构建了把殖民地"东方"作为自身社会对立物的知识体系，他们所提供的知识具有惊人的力量，因为它是一种滤器，政策制定者和殖民地官员正是通过这一滤器来理解欧洲之外的绝大多数地区。按照这种世界观，欧洲就构建起分析其他社会的基本范畴，并确立了一套判断标准，用于裁定理性与非理性、开化与未开化、文明与野蛮、先进与落后、主动与被动、进步与停滞、现代与传

---

① Greg Dening, *Islands and Beaches: Discourse on a Silent Land: Marquesas, 1774–1880*, Honolulu: University of Hawai'i Press, 1980; Inga Clendinnen, *Ambivalent Conquests: Maya and Spaniard in Yucatan, 1517–1570*, 2nd edn., Cambridge: Cambridge University Press, 2003; Donna Merwick, *The Shame and the Sorrow: Dutch-Amerindian Encounters in New Netherland*, Philadelphia: University of Pennsylvania Press, 2006.

统,这样,欧洲的支配力就远远超过了说服异域的人们接受一些宗教和意识形态观念①。

萨义德把东方主义观的起源追溯到古代时期,那时,希腊人把波斯人视为非理性的、低等的、屈从的野蛮人。但他主要关注欧洲人和欧裔美洲人有条件在更大的世界规划自己权力的全球帝国时代。然而很明显,他关于在殖民语境下构建知识体系的见解不仅适用于欧洲,也适用于其他扩张的、帝国主义的社会。无可怀疑,欧洲人构建了关于亚洲、撒哈拉以南非洲、美洲和澳洲的知识体系,由此带来的思想控制意识也与在这些地区的征服、帝国建立和殖民移居计划非常吻合②。然而,类似的计划也在其他地方执行,例如,满族和汉族的扩张主义者在试图把中国西南部、中亚、台湾纳入中华帝国版图的时候,就利用地图绘制和人种志来实现思想控制③。沙皇俄国和德川日本这样的扩张型社会对于它们利益攸关的地区——分别为西伯利亚和北海道——的土地和人口也进行了仔细的勘察。的确,从古代到现今,可以找出无数这样的例子:强大的群体汇编其丰富的知识体系,辅助了他们的土地扩张和殖民统治计划。总之,如果笼统地把东方主义视作为帝国利益服务的知识,那么这种东方主义不是什么新东西,也不专属于欧洲人,即使欧洲人也许把构建东方主义知识的"艺术"推进到一个相当高的水平。恰恰相反,很多版本的东方主义在不同时间和地点曾经推进过无数帝国计划。

研究方法的个人主义仍然是文化交流的历史学分析的常态。然而,一些大规模研究以及关注跨文化交流个案的富有洞察力的著作为文化交流分析提供了有用的指导。近来学者们把政治、社会和经济等问题纳入考虑范围,这非常有助于理解文化交流进程。本文下面的部分将在吸收最新研究

---

① Edward W. Said, *Orientalism*, New York: Pantheon, 1978. 萨义德在后来的一些论著中修正了自己的一些观点,例如, *Culture and Imperialism*, New York: Knopf, 1993。

② 这种观点在一些著作中得到进一步的渲染,参见 Mary Louise Pratt, *Imperial Eyes: Travel Writing and Transculturation*, London: Routledge, 1992; and Tzvetan Todorov, *The Conquest of America: The Question of the Other*, trans. by Richard Howard, New York: Harper and Row, 1984。

③ Laura Hostetler, *Qing Colonial Enterprise: Ethnography and Cartography in Early Modern China*, Chicago: University of Chicago Press, 2001; Peter C. Perdue, *China Marches West: The Qing Conquest of Central Eurasia*, Cambridge, Mass.: Harvard University Press, 2005; Emma Teng, *Taiwan's Imagined Geography: Chinese Colonial Travel Writing and Pictures, 1683 – 1895*, Cambridge, Mass.: Harvard University Asia Center, 2004; Steven Harrell, ed., *Cultural Encounters on China's Ethnic Frontiers*, Seattle: University of Washington Press, 1995.

成果的基础上,勾勒文化交流的全球史的主要模式。

前现代的文化交流

跨文化互动和文化交流的历史研究主要集中在现代早期和现代时期,那时,欧洲人留下的文献资料已非常丰富。这些资料记载了跨文化互动的一些情况,因而很受欢迎,即便它们的视角带有偏见并时常歪曲了事实。鉴于墨尔本学者、后殖民批评家等人已明确揭示了这些欧洲资料的局限性,历史学家就有可能形成一些方法并采纳相应的策略,来纠正偏见并认真考虑另外的一些视角。

更早的历史时代——那时缺乏欧洲人在过去五百年中所提供的那种丰富资料——情况又如何呢?研究前现代时期的文化交流在多大程度上是可能的?出于把跨文化交流放到其政治、社会和经济的语境中来考虑的原因,我倾向于这样的研究方法,即找出跨文化互动频繁的历史时代或时期,追溯不同时期的不同环境体系下所形成的不同文化交流模式[①]。这样一篇短文不可能涉猎历史学家所认定的跨文化交流的所有历史时期,因此,本文将论述两个大的历史时期——约公元1500年之前的前现代时期和过去500年的现代时期——中跨文化交流的特征。在这两个时代,文化交流的进程取决于多少有些不同的历史动力。

从最早出现公认的、具有内在统一性的文化社会起,文化交流就已经发生。尽管相关史料早就消失了,但这一点我们不用过于怀疑。J. R. 麦克尼尔和威廉·H. 麦克尼尔认为,在距今约40000年到10000年的世界许多地区,关于灵魂和人神关系的泛灵论和萨满教可能就已经流行。诚然,这种说法有推测的成分,但是,考虑到泛灵论在狩猎采集人群中的广泛分布,以及弓箭技术在该时代的后期很可能已传播到世界大部分地区,这种说法在一定程度上是合理的[②]。无论如何,早在农业发明和定居社会出现之前,早期人类群体就有充分的机会进行交流:在狩猎采集人群因季节性迁徙而互相碰面的时候,他们交易异域物品,筹划不同社群间的婚

[①] 参见 Bentley 的 *Old World Encounters* 以及 "Cross-Cultural Interaction and Periodization in World History", *American Historical Review*, 101 (1996), pp. 749 – 770。

[②] J. R. McNeill and William H. McNeill, *The Human Web: A Bird's-Eye View of World History*, New York: Norton, 2003, especially pp. 17 – 18。

姻，传播技术发明，并且交流信仰和思想。

定居社会出现后，跨文化互动进程把个体社会连接为交通和交流的巨大网络，而在这一进程中，文化交流的成分日益显现出来。我不认为文化发展纯粹是由其他类型的互动带来的，而是认为，在跨文化贸易的过程中，在大规模移民过程中不同人群相遇的时候，在帝国扩张或殖民统治的背景下来自不同社会的人们互动的时候，文化交流总是在发生着。鉴于资料缺乏，难以搞清这些早期文化交流的细节，但是，在旧石器时代晚期的远程贸易中或者在印欧语族和班图语族迁徙的过程中，文化交流一直存在，这一点同样也是毋庸置疑的。①

文字发明后，文化交流的进程变得清晰起来。在美索不达米亚、埃及、印度河领域和其他地方，早期城市和行政聚落为来访者提供了机会，同时，人们也勇敢地走出去，与更大世界的人们和同行建立了联系。最晚从公元前3500年起，美索不达米亚人和埃及人就开始了互相间的贸易，到公元前三千、二千年代，贸易把西起安纳托利亚、叙利亚和埃及，东到阿富汗和印度河领域的广大地区联系起来。尽管直接证明存在文化交流——与物质交流相对应——的资料有限，文化交流无可怀疑地伴随着该地区的旅行者和商人。例如，埃及人似乎从美索不达米亚人那里借鉴了艺术图案、船只设计和文字②。在西半球，早期文化交流的资料更为稀缺。但即使在那里，考古学家仍然能够通过绘制古代北美宗教膜拜和丧葬等具体的文化工艺品的传播与分布图，来追溯某些文化交流的足迹③。

随着大帝国的出现，跨文化互动进一步加速，广泛的贸易、旅行和交通网络建立起来，为遥远社会间持久而系统的交流打下了基础。在早期的互动网络中，丝绸之路网络是最为广阔的，大约公元前200年之后，它不

---

① Philip D. Curtin, *Cross-Cultural Trade in World History*, Cambridge: Cambridge University Press, 1984; David W. Anthony, *The Horse, the wheel, and Languages: How Bronze-Age Riders from the Eurasian Steppes Shapes the Modern World*, Princeton: Princeton University Press, 2007; Christopher Ehret, *The Civilizations of Africa: A History to 1800*, Charlottesville, Va.: University of Virginia Press, 2001.

② 在这方面有很多著作，其中一本是 Michael Rowlands, Mogens Larsen, and Kristian Kristiansen, eds., *Centre and Periphery in the Ancient World*, Cambridge: Cambridge University Press, 1987。

③ Jonathon E. Ericson and Timothy G. Baugh, eds., *The American Southwest and Mesoamerica: Systems of Prehistoric Exchange*, New York: Plenum, 1993; Timothy G. Baugh and Jonathon E. Ericson, eds., *Prehistoric Exchange Systems in North America*, New York: Plenum, 1994.

仅方便了商业和物种交流，也便利了文化交流。丝绸之路作为陆路和海路网络，商人们通过它交易丝绸、香料、马匹、玻璃和其他商品，这一点人所共知；但是丝绸之路也是宗教和文化传统传播的通道。陆路连接起从中国和朝鲜到大夏和印度再到更远的伊朗和地中海沿岸的各社会，而海路网络作为辅助手段，保证了航海者在中国、日本、东南亚、锡兰、印度、伊朗、阿拉伯半岛和东非之间的航行。伊斯兰教兴起后，这些陆上通道和海上航线的运载量极大提高，不久，另外一个穿越撒哈拉沙漠的陆路网络把撒哈拉以南非洲地区与地中海沿岸联系起来。

最初，东半球的陆路和海路是出于商业和军事目的开通的，但却成了宗教和文化传统传播的重要通道。佛教从其发源地印度传播到伊朗和中亚，后来传播到中国、朝鲜、日本和越南。基督教沿贸易路线，从巴基斯坦传播到地中海沿岸各地，向东则传播至美索不达米亚、伊朗、印度和中亚部分地区。不久，摩尼教也在大致相同的区域内传播。伊斯兰教的影响更是以惊人的方式，从其发源地阿拉伯半岛，扩展到东起印度尼西亚、西至摩洛哥、南达撒哈拉以南非洲部分地区的欧亚大陆的广阔地带。从7世纪到16世纪，所有这些宗教信仰不断进行地理扩张，并且吸引了遥远地区的众多热情支持者。科学、数学、技术和医学传统也从最初的发祥地传播到遥远的地区。

如何解释这些宗教和文化传统的广泛传播[①]？文化交流得以发生的大背景值得密切关注，而一旦关注大背景，我们就能够聚焦于影响文化交流进程的各种各样的权力。政治背景是由几个大帝国所塑造的，它们使亚欧大陆很多地区实现了安定，远程旅行因此成为可能；它们在一些情况下还为了实现文化统一而鼓励接纳某个特定的宗教。在古代丝绸之路的历史时代，这些国家包括中国的汉朝、印度的孔雀王朝和贵霜王朝、伊朗的塞琉古王朝和帕提亚王朝、地中海沿岸和欧洲的罗马帝国。在从大约公元500年到1000年的历史时代，主要帝国包括中国的唐朝和宋朝、从地中海东岸到北印度的阿拔斯王朝、地中海沿岸的拜占廷帝国。在从1000年到1500年的500年中，主要的国家包括游牧民族建立的跨地区帝国，如塞尔柱突厥帝国、奥斯曼土耳其帝国，特别是蒙古帝国，还有中国的明朝那样的传统国家。至于说社会和经济背景，这个前现代的、前工业化的世界

---

① 接下来的论述取材于 Bentley, *Old World Encounters*。

以一系列多产的农业社会为特色。这些农业社会生产了大量剩余农产品，用来支撑大规模的工业和商业部门，并派遣大量商人到海外寻找商机；当然还养活了其他很多可以离开土地的人，往来的商人在路上与他们不期而遇了。总之，为宗教传统传播带来便利的陆路、海路和运输技术可以总体上视为该历史时期政治、社会和经济环境的结果。

可见，大背景有助于解释佛教、基督教、摩尼教和伊斯兰教的传播。同时，我们也不能忽视宗教组织方面的原因。上述都是传教型宗教（missionary religions），有赖于充满激情的信仰者苦口婆心地劝说持怀疑态度的人放弃甚至拒绝其固有的信仰，自觉地皈依新的生活。除了在个别的情况下，我们不可能确切地知道个体皈依者是如何想的，他们的文化心路历程是怎样的，或者说他们为何要做出文化上的选择。然而，对于宗教传统的传播来说，雇用热情的传教士来传播教义这样一种策略具有极端重要性。一旦进入实际场景中，传教士就可以动用各种技巧来吸引皈依者。在科学不发达的年代，能够制造圣迹的声望是最受传教士青睐的，也是最行之有效的。圣迹制造者能够吸引广泛的注意，甚至有钱有势的人的注意，因为很显然，他们有能力利用超自然力量为实用的、渴求的目的服务。传教士传播宗教传统时还利用更为世俗的手段，例如，为穷困潦倒或遭欺压的群体提供支持和安慰。传教士过着苦行的生活，因此为在俗信仰者树立了很高的标准去效仿。但与此同时，传教士又减轻了在俗信仰者在现实生活中真正达到这种高度的负担，因为后者为传教士和宗教机构提供财政支持，从而为更大的事业做出了贡献。这两者之间好像自相矛盾。

从传教士或其他代理人那里了解到新宗教的人可以有多种选择。对于新的文化或宗教，可以不理睬或拒绝，这也许是刚接触一种新奇说教时最为常见的第一反应。有时，拒绝还采取了暴力抵抗和反抗这样的极端形式。另外一种可能性是宽容新来的文化或宗教，并且有选择地利用它所提供的机会：如果异域传统的推介人不仅带来了怪异的学说，而且带来了新的知识，那么部分地接纳也许是可取的。然而还有第三种选择，即割断与本地文化或宗教传统的联系，原封不动地接受一种新的传统。这种可能性也许并不大，因为完全皈依一种新的文化或宗教传统常常是非常麻烦的。它或许需要接受新语言、食品和风俗；或许需要与家庭、朋友、熟人和业务伙伴形成新的、不自在的关系；或许需要剃发或蓄发，穿特别的服装，损毁身体的某些部位。尽管如此，皈依新的文化或宗教传统的行为在世界历史上频频发生。而且，皈依往往不单纯是个人追求自我发展的行为，它也是一个社会现象，因为个人皈依达到一定的数量，就有可能导致整个社会的文化转型。

　　考虑到皈依的障碍，第三种选择值得特别关注，并且需要至少从两个层次上进行分析。一个层面的问题涉及皈依一个不同的文化或宗教传统的含义究竟是什么。无可怀疑，皈依新宗教传统的很多个人在经过深思熟虑后认为皈依很重要，因此他们的皈依是自觉的、有意而为的；我也不排除这种极大的可能性，即真诚地接纳宗教教义的冲动驱使或至少伴随着一些皈依行为。然而，这并不意味着皈依者在接受新宗教的时候对新宗教的理解恰如长期的信仰者所理解的那样。在对新宗教进行简单翻译或解释的时候，必然要使外来思想适应人们所习惯的看待世界的方式。结果就是，不同主张的调和必然伴随着皈依，因此或多或少的，皈依者在从一种文化或宗教立场转移到另外一种立场的时候，总是通过自己本地传统的滤色镜来看待新的选择对象。很多研究显示，一些重要的宗教传统的发展并不是以其铁板一块的形式进行的，因为不同地理位置的倡导者和皈依者为了地方的需求和利益而对它们进行了调适①。

　　第二个层面的问题涉及皈依与皈依发生的政治、社会和经济背景之间的关系。在很多情况下，可以对皈依进行社会学的解释，即个人的文化和宗教选择与他们的政治、社会和经济利益是一致的。在一些情况下，统治当局支持一个受青睐的传统或压制一个不喜欢的传统，对于个人的文化选择施加影响。国家通常提倡一个特定的传统（通过赞助宗教机构或者在招收重要职位人员的时候偏向于某个社团）或者阻拦一个不受欢迎的传统（通过差别性征税、打压宗教机构、实施迫害）。在把个人引向国家所推崇的文化或宗教传统方面，这些手段很少取得满意的效果，但是从长远来看，它们能够对整个社会的文化景观产生深远的影响。除了国家政策，社会和经济利益也能深刻影响个人的文化和宗教选择。在历史记载中这样的例子不胜枚举：个人接受了组织良好的外国人所带来的新的文化或宗教，这些外国人同时也提供了职业的和生意的机会。皈依一个新宗教并不

---

　　① 只举一个例子，那就是 Clifford Geertz, *Islam Observed: Religious Development in Morocco and Indonesia*, Chicago: University of Chicago Press, 1968。该书研究了穆斯林世界的两端对伊斯兰教的理解和信仰实践。

一定完全以金钱为目的,但是,它能推进不同社会人们之间的相互了解,从而带来社会和经济的好处。久而久之,家庭和社区把所接纳的宗教一代代往下传,并且也在不断吸引新的加入者,这样,引进的传统就能找到坚实的立足点,并且影响整个社会的文化景观。

刘欣如和沈丹森近来在政治、社会和经济的语境下思考佛教从印度向中国的传播,提供了成熟的经验研究,在一定程度上充实完善了上述一般性观点。刘指出,公元1—7世纪佛教在中国确立其地位正好发生在印度与中国贸易的背景下。最初,贸易给为数不多的佛教商人和中国皈依者带来了宗教仪式和宗教纪念所需物品,佛教从中直接受益。到7世纪,印度与中国间的贸易繁荣起来,从事贸易的主要是佛教商人,他们从中获利,同时,中国日益扩大的佛教社团,包括当地皈依者,也得到好处。沈则把关注点集中在7—15世纪的历史时期。他的研究显示,这种贸易模式一直持续到10世纪,而且,官方使节往来也像贸易活动一样,推动了佛教向中国的传播。沈发现,10世纪后,尽管贸易继续存在,但是中国的佛教社团日益与印度的佛教社团脱离,因为后者在印度教和伊斯兰教倡导者的压制下不可避免地走向衰落[1]。总之,刘和沈的研究充分显示,贸易和外交活动是佛教对印度与中国间的广大地区施加影响的重要环境因素。当然,他们并没有把复杂的文化交流的阐释完全降格到物质层面。

现代的文化交流

这里勾勒的文化交流模式并没有在公元1500年瓦解,恰恰相反,这些模式在现代时期存在了很长时间。这丝毫不令人奇怪,因为肇始于1500年的全球一体化时代只不过是漫长的1000年中的半球一体化的延续[2]。桑贾伊·苏布拉马尼亚姆(Sanjay Subrahmanyam)和C. A. 贝利都关注文化要素的流传,而这是连接起前现代和现代的纽带。特别是在东半球,商人、外交官和其他旅行者沿着古典时代晚期以来的路线,持续不断

---

[1] Xinru Liu, *Ancient India and Ancient China: Trade and Religious Exchanges, A. D. 1 - 600*, Delhi: Oxford University Press, 1988; Tansen Sen, *Buddhism, Diplomacy, and Trade: The Realignment of Sino-Indian Relations, 600 - 1400*, Honolulu: University of Hawai'i Press, 2003.

[2] Jerry H. Bentley, "Hemispheric Integration, 500 - 1500 CE", *Journal of World History*, 9 (1998), pp. 237 - 254.

地向其他社会和文化传统的人们传播思想、神话、宗教教义以及重要的异域知识。这种交流如此广泛，在许多地方引起了同样的问题。正如贝利所言，不同社会在面临同样的文化问题的时候采取了类似的态度，如进行改革运动等①。

然而，全球历史发展的原动力在 1500 年之后发生了改变。1500 年后，欧洲人独享到达世界各地的空前的便捷手段，因而有机会从中攫取众多好处；1800 年后，随着机械工业的出现，他们进一步取得经济、技术和军事上的优势②。即使有一些文化交流进程延续了根深蒂固的模式，其他的进程则明显反映了欧洲人日益强大的力量：这种力量在一轮引人注目的地理探索和发现后获得，在工业化和帝国主义以惊人速度推进过程中得到增强。

1500 年后的几个世纪里，权力是文化交流进程中的核心因素，这一点甚于前现代时期。无可怀疑，与前现代相比，文献资料增多了，为更好地理解交流模式打下了基础。那些能够得到所需资料的人们，利用制图学、人种学和历史学构建了关于同时代较为落后的人们的知识，这些实践是早期现代和现代时期帝国的最重要文化工具。权力并没有赋予欧洲人把自己的文化选择强加于他人的能力，但是，它保证了欧洲文化传统拥有异乎寻常的扩张机会。欧洲的文化要素，包括基督教的几个分支、现代自然科学和商业惯例，展示在世界广大地区面前，其范围要大于其他地方的文化因素。在 20 世纪之前，甚至拥有广大信众的宗教传统，如佛教、印度教和伊斯兰教，也主要局限在东半球。与此形成对照，大约 1500—1800 年间，欧洲商人、传教士、探险家、殖民者、移居者和其他旅行者把自己的文化偏好介绍给美洲大部分地区以及亚洲、撒哈拉以南非洲、澳大利亚和太平洋岛屿的部分地区。通过地理勘察和扩张，欧洲观察家得以绘制全球的文化景观图，并开始构建关于其他民族及其文化传统的知识体系。当然，这也给其他民族提供了机会，形成关于欧洲来客的印象，并评判他们

---

① Sanjay Subrahmanyam, "Connected Histories: Notes towards a Reconfiguration of Early Modern Eurasia", in Victor Lieberman, ed., *Beyond Binary Histories: Re-imagining Eurasia to c.1830*, Ann Arbor: University of Michigan Press, 1997, pp. 289 – 316; C. A. Bayly, *The Birth of the Modern World, 1780 -1914: Global Connections and Comparisons*, Oxford: Blackwell, 2004.

② Jerry H. Bentley, "Early Modern Europe and the Early Modern World", in Charles H. Parker and Jerry H. Bentley, eds., *Between the Middle Ages and Modernity: Individual and Community in the Early Modern World*, Lanham, Md.: Rowman and Littlefield, 2007, pp. 13 – 31.

的文化行囊。这样看来，评价其他民族、构建人种志是相互的，但是，欧洲人享有并不对等优势，因为他们所汇编的全球文化知识体系比其他民族所汇编的要庞大得多①。

对于理解现代时期文化势力的扩展，政治、社会和经济背景仍然是至关重要的参照依据。在美洲，由于天花和其他疾病的引入而带来的征服和人口大幅度下降常常动摇了土著人对本地文化和宗教传统的信心。他们并没有马上放弃本地传统而接受基督教。恰恰相反，传统宗教信仰仍然流行，对于欧洲传教士努力赢得皈依者的举动，一些人有时进行了顽强的抵抗。一些土著美洲人的确接纳了基督教，但他们常常把这种新信仰与早先的本地信仰融合在一起②。然而，随着时间推移，欧洲殖民者不断加强对土著社会的控制，持续压制前哥伦布时代宗教的宗教仪式，有时甚至采取强有力的暴力行为，这样，传统的信仰逐渐消失了，基督教成为唯一可以选择的制度化（兼办慈善或教育的）宗教。由于疾病的引入，澳大利亚和许多太平洋岛屿也经历了类似的征服和人口减少，欧洲移居者用暴力压制土著文化传统，土著人束手就擒了③。在这里也是同样，土著人常常接纳了基督教，最初是将信将疑地、试探性地，不过随着时间推移，很多太平洋岛民深深陷入了外来信仰，并对它进行解读和调适，以适应自身社会的需要和利益。

亚洲和非洲大部分地区没有遭受由于引入疾病所导致的流行病的打击，因此也没有经历美洲和太平洋岛屿社会所遭遇的那种灾难性的人口下降。除了在菲律宾、印度尼西亚和中非这几个地区之外，在大约从1500—1800年的现代早期，它们也没有遭受欧洲人的征服和殖民统治。然而，在亚洲和非洲的一些地方，欧洲基督教的确引起了人们的兴趣，接纳基督教明显反映了本地的和外来的宗教利益相互调和的过程。在菲律宾群岛，正统的罗马天主教最终吸引了数量众多、充满热情的追随者，但最初

---

① 有一些研究具有参考价值，其中一本是 Stuart B. Schwartz, ed., *Implicit Understandings: Observing, Reporting, and Reflecting on the Encounters between Europeans and Other Peoples in the Early Modern Era*, New York: Cambridge University Press, 1994。

② Clendinnen, *Ambivalent Conquests*; Serge Gruzinski, *The Conquest of Mexico: The Incorporation of India Societies into the Western World, 16th–18th Centuries*, Cambridge: Cambridge University Press, 1993; Patricia Lopes Don, "Franciscans, India Sorcerers, and the Inquisition in New Spain, 1536–1543", *Journal of World History*, 17 (2006), pp. 27–49.

③ 关于马克萨斯群岛的情况，参见 Dening, *Islands and Beaches*。

的皈依者通常把传教士的说教与关于社会和文化礼仪的传统观点协调起来①。与此类似，在刚果王国，很多人从引进的信仰中获取了灵感，并把它转到意想不到的方向。例如，刚果女先知比阿特里斯·基姆帕·维塔妇人（Dona Beatriz Kimpa Vita）宣称是圣安东尼的附体，谴责巫术和奴隶贸易，按照她的观点修改罗马天主教礼拜仪式，宣扬耶稣和马利亚是黑皮肤的刚果人，并致力塑造适合于自身社会的基督教。她发起的运动吸引了狂热的参加者，但是在 1706 年，政治和教会当局以巫术的罪名处决了她并残酷镇压了其追随者，此后该运动衰落下去②。官方镇压也是中国的小规模基督教社团和日本的大规模运动衰落的原因。在这里也同样，调和的过程充分显现出来。在欧洲基督徒和日本皈依者遭到残酷镇压后，少数日本"隐藏的基督徒"秘密地坚守自己的新信仰。他们与欧洲、亚洲、美洲或其他任何地方的基督徒失去了联系，因此，他们传播信仰所依据的是记忆而不是正统文本或宗教权威。其结果是形成了融合基督教基本教义以及佛教、神道教和民间文化元素的综合性文化传统，在此基础上创立了教义和仪式高度混杂的特色鲜明的信仰。这种信仰适应了乡间渔业社会的信仰者的需求和利益，这里是隐藏的基督徒的主要根据地③。

如果说地理探险和扩张在现代早期扩大了欧洲文化的影响，那么，工业化和帝国主义这两个并存的进程则在 19 世纪之后进一步增强了欧洲和欧裔美洲的文化实力。因为欧洲人和欧裔美洲人有更好的办法来探索和构建关于自身社会之外的世界的知识，而且有更好的手段来行使权力，这样，爱德华·W. 萨义德所批判的那种东方学知识取得了新的意义。迈克尔·亚达斯、伯纳德·S. 库恩和其他许多人都探讨了这种东方学知识的特点和影响。亚达斯描述了欧洲评论家对同时代的非洲和亚洲人的认识的转变。他认为，欧洲旅行家在 17 世纪最初介绍印度和中国科学的时候，发现了很多值得欣赏的东西。然而，随着启蒙思想、现代科学和机械工业的迅速发展，欧洲人对其他民族的评价相应地稳步下降了。久而久之，对

---

① Vicente L. Rafael, *Contracting Colonialism and Christian Conversion in Tagalog Society under Early Spanish Rule*, Durham, N. C.: Duke University Press, 1993.

② John K. Thornton, *The Kongolese Saint Anthony: Dona Beatriz Kimpa Vita and the Antonian Movement, 1684 – 1706*, Cambridge: Cambridge University Press, 1998.

③ Christal Whelan, trans., *The Beginning of Heaven and Earth: The Sacred Book of Japan's Hidden Christians*, Honolulu: University of Hawai'i Press, 1996.

印度和中国的成就的有所保留的称赞被以下内容所代替：对停滞社会的蔑视；相对亚洲人特别是非洲人的欧洲种族优越论；关于欧洲理应主导世界的意识形态；欧洲人有义务在非洲和亚洲实施教化工程的意识①。与此同时，库恩所关注的是英国发现、构建、汇编关于印度的知识如何具体推动了英国的文化和殖民霸权。掌握印度语言、汇编法律、收集艺术品都推进了构建知识体系以便利殖民统治的宏大工程②。

全球帝国、机械化工业和东方学知识并不能保证欧洲人随心所欲地把自己的文化选择强加给殖民地人民。欧洲传教士在亚洲、非洲、美洲和大洋洲播种罗马天主教和基督新教的时候所倚仗的是帝国权力和东方学知识两个因素。然而，接受方的反应却存在巨大差异：有人直接拒绝传教士的劝导，有人怀疑他们的动机及其与殖民当局的关系，也有人建设性地曲解并适应欧洲人的教义③。我们承认欧洲人在海外并不享有绝对的权力，然而，近来关于德国海外帝国的研究发现，东方主义的表述对于殖民地人们的现实命运产生了至关重要的影响。德国人种志学者这样描述下列人群：西南非的赫雷罗人残暴、野蛮；萨摩亚岛民处于未受文明沾染的原始状态；中国人聪明、务实，其辉煌的历史足以说明这一点，但是现在却陷入堕落、贫穷和停滞的泥潭，能力无从发挥。这也许就不难理解了，德国殖民当局相应地采取了不同的政策：对赫雷罗人施以残酷屠杀；与萨摩亚人建立起温情的但家长式的、剥削的保护关系；在青岛的德国势力范围中尽量向中国人学习，但同时也通过种族主义的透镜来看待半殖民地臣民④。

1900 年特别是 1950 年以来，尽管传教和寻求皈依者的努力还在继续，但世俗文化交流大大增加了。欧美大学成为向大世界传播西方自然科学、技术、社会科学和法价值观（legal values）的重要场所。欧洲、美洲和日本的企业影响了世界的企业惯例、企业价值观甚至企业服装（表现为企业员工的制服）。主要由欧美资本利益所驱动的全球化现象推动了寿

---

① Michael Adas, *Machines as the Measure of Men: Science, Technology, and Ideas of Western Dominance*, Ithaca, N.Y.: Cornell University Press, 1989.

② Bernard S. Cohn, *Colonialism and Its Forms of Knowledge: The British in India*, Princeton: Princeton University Press, 1996.

③ Jean and John Comaroff, *Of Revelation and Revolution*, 2vols., Chicago: University of Chicago Press, 1991 – 1997.

④ George Steinmetz, *The Devil's Handwriting: Precoloniality and the German Colonial State in Qingdao, Samoa, and Southwest Africa*, Chicago: University of Chicago Press, 2007.

司、商业化体育、牛仔裤、好莱坞电影和世界音乐的传播。历史学家才刚刚开始思考这些文化发展，描绘其大的发展模式，分析有助于解释这种发展的大规模动力。然而非常明显的是，文化交流继续发生在不同社会的人们、不同文化传统进行互动的背景之下；进一步说，文化交流继续反映着卷入跨文化互动和交流的世界上的人们所能利用的政治、社会、经济和其他类型的权力。

（原载《全球史评论》第五辑，中国社会科学出版社2012年版，第31—49页）

理解全球史

夏继果

什么是全球史？为什么要劳神费力地开展全球史研究？如何开展全球史研究？对于这些问题，国内史学界远没有形成明确的认识。笔者两年来一直在翻译、校对、主编《全球史读本》[①]，同时也从事全球史专业研究生的教育。主要依据编入《全球史读本》的文章的内容，也根据自己科研与教学的感悟，笔者针对上述问题展开讨论，并提出自己的一些想法。

一

如何界定全球史？已存在一个世界史学科，何以又生出一个全球史学科呢？这是困扰国内学者——不仅是历史学从业者——多年的问题。其实国内学者近年来对于这些问题已经给出了较为明确的解答。刘新成在《新全球史》中文版序言中指出，全球史也称"新世界史"（new world history），20世纪下半叶兴起于美国，起初只是在历史教育改革中出现的一门从新角度讲述世界史的课程，以后演变为一种编撰世界通史的方法

[①] 编入《全球史读本》的17篇论文均由英文翻译而来，而且是第一次以中文的形式与读者见面。文章的作者都就职于或曾就职于欧美的大学或科研机构。就文章以英文形式首发的时间来说，最早的发表于1963年，最晚的发表于2007年。从主要内容来划分，这些文章可以分成四组，即"全球史的概念"、"全球史的分期"、"全球史的主题"、"全球史上的中国"。此书已由北京大学出版社出版。

论，近年来也发展成为一个新的史学流派，其影响也越出美国，走向世界。① 刘新成教授还指出，全球史研究的含义就是"大范围的互动研究"，全球史观的高明之处就在于其核心理念"互动"，即不同地域、不同民族、不同文化的人群通过接触在经济、政治、文化等多重领域实现的互动。② 梁占军撰文指出，"全球史"与"世界史"在考察对象、考察视角、研究方法、治史理念方面表现出诸多不同，"可以界定为历史学门类下一个正在形成的新的学科分支"。③ 与这种观点相类似，刘文明在《什么是全球史》的"译后记"中从学术发展史的角度指出，新兴的全球史（global history）是以往世界史（world history）和普世史（universal history）的延续、综合与发展。④

关于全球史与世界史的区别，美国夏威夷大学教授杰里·本特利在接受《中国图书商报》记者采访时借用莎士比亚在《罗密欧与朱丽叶》中的名句予以回答："'无论你用哪种名称称呼玫瑰，她总是会散发着迷人的芬芳'，最重要的事情不是我们给它的称呼，而是花本身和它的性质，世界历史和全球历史也是如此，对英语世界中的大多数历史学家而言，在世界史和全球史之间也并无区别，从我个人而言，这两个词我经常互用，无论你使用哪个术语，其中最重要的事情是将宏观历史过程进行明晰的聚焦。"⑤ 既然如此，我们为什么要刻意用"全球史"一词呢？这就与中国国情有关了。如果说在欧美世界"世界史"与"全球史"区别不大，中国既已存在的"世界史"就差别甚大了。中国古代只有"天下观"，没有"世界"的概念，相应地，中国传统历史学中也没有"世界"的地位。中国人意识到"世界"的存在是在鸦片战争后，外国列强纷至沓来，在交往的过程中需要了解外国的历史，这就是中国"世界史"的起源。也正

---

① 杰里·本特利、赫伯特·齐格勒：《新全球史》，刘新成"中文版序言"，魏凤莲译，北京大学出版社 2007 年版，第 V 页。关于这种方法论的兴起与发展，可以参阅 Gilbert Allardyce, "Toward World History: American Historians and the Coming of the World History Course", *Journal of World History*, 1990 (1), pp. 23 – 76。

② 参见刘新成《在互动中建构世界历史》，《光明日报》2009 年 2 月 17 日。

③ 梁占军：《"全球史"与"世界史"异同刍议》，《首都师范大学学报（社会科学版）》2006 年第 3 期。

④ 参见柯娇燕《什么是全球史》，"译后记"，刘文明译，北京大学出版社 2009 年版，第 144—145 页。

⑤ 参见 http://www.cbbr.com.cn/info_12268.htm。

是由于这一点,"世界史"从一开始就有别于中国史,一切不包括中国在内的历史都可以叫"世界史",也就是说,在中国的历史学科分类中,"世界史"等同于"外国史"。① 20世纪80年代以来,尽管以吴于廑先生为代表的一批史学家倡导构建可以与西方接轨的"世界史",重视历史发展的横向联系,但吴先生也承认这是一项"方在开端"的工作,二十多年来这一工作举步维艰,进展缓慢。

至此,在总结前述各种观点的基础上,笔者认为"全球史"有两方面的含义。首先,它是一种历史发展的进程——人类在顺应自然、改造自然、利用自然的过程中,在人与人、群体与群体、人与群体的互动中生存和发展的历史进程。其次,它是一个新的学科分支。作为一个新的学科分支,全球史所探讨的是"超越了民族、政治、地理或者文化等界限的历史进程,这些历史进程已对跨地区、大洲、半球甚至全球范围内的各种事务都产生了影响,其中包括气候变迁、物种传播、传染病扩散、大规模移民、技术传播、帝国扩张的军事活动、跨文化贸易、各种思想观念的传播以及各种宗教信仰和文化传统的扩张"②;这些研究内容超越了历史学的范畴,涉及人种、生物、生态、地理、气候、环境、疾病等许多学科领域,因此,除历史学的实证主义方法之外,还更多地采用包括自然科学在内的跨学科研究方法。既然"世界史"作为外国史在中国史学界已经约定俗成,我们不妨尊重特殊环境下形成的这一概念,尊重其框架结构,让其沿着既定的道路发展,而把新兴的"全球史"界定为历史学门类下一个新的学科分支,与"世界史"并存,这样两者都可以获得更广阔的发展空间,并且相得益彰,互相促进。

二

为什么要从事全球史的教学与研究呢?这里就要提及全球史的一个重

---

① 参见钱乘旦为威廉·麦克尼尔《世界史》英文影印版所撰写的导读,《世界史(英文影印版)》,北京大学出版社2008年版,第2页。
参见郑杨《全球化:不同社会之间的互动与交流》,《中国图书商报》2007年9月11日,http://www.cbbr.com.cn/web/c_000000070004/d_27834.html。

② Jerry H. Bentley, "The New World History", in Lloyd Kramer and Sarah Maza, eds., *A Companion to Western Historical Thought*, Oxford: Blackwell, 2002, p.393.

要价值取向：关注人类的共同命运。这需要从全球史所关注的主要内容——人与人之间、人与自然之间的关系——来说明。

在今天的世界，一方面，全球化如火如荼地向前推进，另一方面，民族国家将在一个很长的历史时期存在。在忠于自己的群体与参与全球化进程之间，应当采取怎样的态度、用怎样的协调方式呢？以美国为代表的"己所欲者，必施于人"的方式显然是不可取的，历史上的无数冲突、战争就是由于类似的原因造成的。其实，人类之所以能够走到今天的全球化时代，协商合作、求同存异、互利互惠是一种非常重要的交往方式，哪怕是在遥远的古代。全球史的研究已明确告诉我们这一点。

当代全球史的开山鼻祖威廉·H. 麦克尼尔认为，"与外来者的交往是社会变革的主要推动力"。① 从遗传学的角度来看，全人类从属于一个本体，人类历史上从未存在过真正孤立的人群，他们总是相互交往的。从最早的历史时期开始，互动就开始影响着人类。从智人作为一个物种在35000—40000 年前登上历史舞台起，人类就走上了长途跋涉的迁移之路。到公元前15000 年，人类分散到地球上几乎任何一个可以生存的地区。通过对语系、血型和物质遗存的特征和分布的研究，学者们可以相当精确地追溯一些民族在史前时代的活动。尽管现存的材料不允许我们深入了解迁徙中的人们的经历，但可以肯定的是，他们的迁移早在史前时代就导致了互相间的跨文化碰撞，尤其是工具、武器和诸神的广泛传播，证明了史前时代人们已进行远途的交流。随着交往越来越深入、越来越频繁，麦克尼尔所探讨的欧亚非"共生圈"形成了。这一"共生圈"囊括了从中国到非洲和欧洲地中海沿岸的农耕地带，到公元1000 年，这里的商路发展成为"成熟的世界市场"，东方和西方在这里走到了一起。那么，这一庞大的"共生圈"体系是靠什么维系的呢？麦克尼尔认为，商业实践实际上逐渐地创造出了一套可行的商业法则，这些法则大大有利于规范跨越文化边界的交流。不仅如此，欧亚世界主要的宗教基督教、儒教、佛教和伊斯兰教都认同并规劝虔诚地对待陌生人，这就为外来者和异教徒留出了空间。因此，尽管不曾有过任何统治集团在政治上统治整个欧亚非共生圈，但是一套粗略的道德法则的确出现了，并且卓有成效地把跨文明交流的风

---

① William H. McNeill, "The Changing Shape of World History", *History and Theory*, 1995 (34), p. 18.

险降低到能容忍的程度。各个地方的统治者渐渐认识到，用征税来取代对外来者的掠夺，可以获取更大的利益。被统治阶层也同样学会了对外来者的容忍，因为在这种交往中他们的生活质量得到了改善。由于这些认识逐渐变得普遍，可付诸实施的（并且具有明显一致性的）商业法在欧亚大陆的一些港口和其他一些大的城市中心出现了，另外，针对那些深入内陆乡下的外来者，还有一套非正式的习俗规定作为补充。论述至此，麦克尼尔郑重地告诫全球史研究者：应该把这一点作为自觉研究的目标。[①]

除了经济纽带所维系的网络体系，古代世界还存在"话语共同体"（community of discourse）。约翰·奥伯特·沃尔的《伊斯兰：一个独特的世界体系》一文让人颇受启发。沃尔在文章中首先对沃勒斯坦的观点提出了质疑。沃勒斯坦认为，迄今为止只存在过两种不同的世界体系，一种是世界帝国体系，帝国通过单一政治体制控制着大片地域；另一种是1500年之后的世界经济体。具体到中世纪的阿拉伯，通常认为，公元10世纪阿拔斯王朝政府开始衰落后，伊斯兰帝国体系开始瓦解，1258年蒙古的军事力量摧毁阿拔斯王朝的首都巴格达给这一崩溃过程画上了句号。然而，历史事实是，在此后的几百年间，一个穆斯林共同体（"穆斯林之家"）形成了，从中华帝国的亚洲内陆地区和在菲律宾的小型马尼拉素丹国一直延伸到波斯尼亚和撒哈拉以南非洲。那么，是什么赋予这一共同体以统一性或根本凝聚力呢？沃尔认为是共同的"话语"，包括口头的和书面的、非正式的和正式的、概念的和手势的或仪式的等交流方式。有了这种交流方式，群体之间发生交往时，希望与现实之间的落差就会降到最低，而和谐一致则会得到最大张扬。正因为如此，14世纪的穆斯林旅行家伊本·白图泰在从中国到非洲的广阔土地上旅行时，每到一处，都遇到相似的文化上和语言上的路标，就像今天的北美洲人到西欧旅行一样。[②]

总之，在1500年前，欧亚非大陆已经形成为一个密不可分的共同体，在这个过程中，孤立的社会逐渐融入这个共同体，西欧也不例外，也是这

[①] William H. McNeill, "The Changing Shape of World History", *History and Theory*, 1995 (34), pp. 17 – 18.

[②] John Obert Voll, "Islam as a Special World System", *Journal of World History*, 1994 (5), pp. 213 – 226.

众多社会中的一个。"西欧的演变取决于欧亚非作为一个整体的发展过程"①，这样一个视角对我们理解西方的兴起会很有帮助。按照上述思路来推理，我们就不会再赋予1500年太多的意义，欧洲的航海发现只不过是把欧亚大陆业已存在的互动网络进一步延伸到了美洲、澳洲。从此全球一体化的趋势逐渐加强，"同一个世界"日益形成。

如何看待近代以来的全球一体化进程？一体化必然以消灭地方特殊性和多样性为代价吗？西方的现代化理论认为，世界的发展方向是一极的、是西方式的，而其他的"传统社会"需要通过现代化道路，向新的全球文明看齐。按照这种逻辑，具体的地方史就只能作为一种"史前史"吸引人们的目光，所研究的是"他者"文明之谬误与西方之胜出的原因。然而事实却并非如此。在全球加速融合的大背景下，近年来种族主义、民族主义、原教旨主义、地方自治主义风潮一浪高过一浪，显示出了"地方性"的持久地位。我们今天的世界"既空前融合统一、又空前四分五裂"，"更像是一幅缤纷的拼贴画，而绝非全球文明的纯色图"。②

那么，到底该如何理解当今世界的统一性与多样性之间的关系呢？注重"互动"研究的全球史学者给出了历史学的解释。19世纪中期，世界各地出现了不同程度的危机，发生了快速、剧烈的社会变革。③ 其中包括：中国的太平天国起义及其引发的内战，克里米亚战争，印度各阶层人民发起的反英斗争，在拉丁美洲发生的试图灭绝巴拉圭民族的战争，美国内战，非洲南部黑人与白人争夺定居点的战争，后拿破仑时代的欧洲协调危机，以及欧洲国家实现统一的一系列战争（意大利、德国、西班牙、塞尔维亚）。所有这些我们耳熟能详的战争都反映区域性权力和稳定的危机，反映了各自不同的发展轨迹。这种问题无法用单一的原因来解释，因

---

① Marshall G. S. Hodgson, "The Interrelations of Societies in History," *Comparative Studies in History and Society*, 1963 (5), p. 250.

② Michael Geyer and Charles Bright, "World History in a Global Age", *American Historical Review*, 1995 (100), p. 1042.

③ 霍奇森认为这是共同的历史条件被打破的结果。到16世纪，几个欧亚非文明的社会和文化实力的水平基本上仍然是相同的，共同的历史条件造就了作为一个整体的前现代欧亚非复合体。然而1600—1800年间，西方的发展最终打破了这种共同的历史条件。不仅如此，由于欧亚非历史早已存在的一致性，这些历史条件一旦在西方被彻底打破（即在1800年前后），它们也很快在其他文明社会被有力地打破了。参见 Marshall G. S. Hodgson, "The Interrelations of Societies in History", *Comparative Studies in History and Society*, 1963 (5), p. 250。

为它们有各地的具体原因,发生的时间也有先后。然而,这些流血冲突的共同点在于它们都是以各地区间越来越深刻、越来越具有竞争性的接触为大背景的,而这种竞争性主要是由欧洲国家咄咄逼人的插手所驱动的。正因为这一共同点,此种危机对世界历史来说便拥有了变革的意义。各个地区应对危机的解决方式也具有共同性,一则都努力恢复秩序、重建国家;二则都实践了自我变革、自我提高的战略,我们中国人称之为"师夷长技以制夷"。在解决地区性危机的过程中,始终都离不开区域间的相互适应和借鉴。各个地区的发展,越来越依赖于快速发展的地区间交流,或者说是真正意义上的"全球化"交流。人们看待世界、看待世界的空间、看待跨越空间的地区间联系的传统思想,让位给了全新的全球构想。不仅如此,虽然这种新的"全球"构想把世界看成是互相联系的整体,但从不同的角度来看,这种联系是不同的。因此,全球一体化进程并非首先在西方设计好而后强加于世界其他地区,而是一系列政治力量中心为解决内部危机、应对与其他地区不断强化的交流而尽其所能地艰难前行所致。也正因为如此,无论是在西方还是非西方,人们都没有断然地、始终如一地抗拒全球一体化。相反,一体化是在全球范围内展开的,尽管是以不对称、不对等的方式。印度、埃及、阿根廷、中国、波斯还有非洲,无一例外地成为西方人扩张和对外侵略的牺牲品,但若没有印度人、埃及人、阿根廷人、中国人、波斯人和非洲人的推动,帝国主义也不会存在。这些人不只是受愚弄者,他们还追求复兴大计,而这同欧洲主导的全球政治体系有吻合之处。这些国家同西方势力的关系,是合作与抵抗共存、容纳与拉拢共用。它们利用帝国主义的力量来加强或创立自己的政权、利用自己的地利来讨价还价、利用欧洲人和美国人入侵的契机,来学习借鉴西方的统治方式为地方利益服务。它们的确面临着极大的困难,但也取得了很大成功。如此说来,这些非西方国家才是产生全球一体化的力量源泉,它们在一体化进程中让世界逐渐融合,而世界各地区的历史也因此同世界历史产生了关系。①

这种分析与费正清等人依据中国的经验所形成的"冲击—回应"研究模式形成了明显的区别。"冲击—回应"模式是一个以西方人价值观来

---

① Michael Geyer and Charles Bright, "World History in a Global Age", *American Historical Review*, 1995 (100), pp. 1045 – 1047.

认识东方的研究模式，它假设西方资本主义社会是一个动态的近代社会，而中国社会则是一个长期处于停滞状态的传统社会，缺乏自身发展的内在动力，只有经过西方的冲击，中国传统社会才有可能摆脱困境，获得发展。它简单地假设19世纪的东西方交流是单向的、都是由西向东的，或者说，以中国为代表的东方是完全被动的。而上述全球史学者的研究放眼全世界，认识到不仅其他社会陷入危机，西欧社会也同样面临困境；在解决危机的过程中，各区域总是在互相适应和互相借鉴，其影响是双向的甚至多向的；西方并非先设计好一种模式然后强加于其他地区，其中的很多举措是在与其他地区的互动中逐渐形成的；在这一过程中，亚非拉地区积极地自我提高、自我变革，自觉融入全球化的进程，一方面推动了全球化，一方面也因融入方式的不同和自我认同的存在而保留下了多样性。笔者认为，以19世纪中叶世界一些主要地区出现的危机以及各地区不同的应对策略为研究对象，据此追溯当代全球化的源头，这有助于把握全球化的本质，理解全球统一性与多样性的长期并存，指导人类不断前行的脚步。

全球史不仅关注人与人、群体与群体之间的关系，还把人与自然的关系作为研究对象，包括环境、生态和生物进程对跨越区域、跨越大洋甚至是全球的影响。学者们之所以关注这样一个领域，其原因在于，人类并不是全然依靠自身的力量来推动历史的发展，而是处于同自然环境相互作用的过程中，并受到自然环境的约束。人类的活动确实改变了自然环境，但是环境也经常会令人类大吃一惊。在《人鼠之间：太平洋群岛的简要环境史》一文中，J. R. 麦克尼尔提供了许多具体的、令人震惊的材料。在太平洋环境发展史上，贯穿整个大洋的人类交通和交往的突然兴隆和暂时停歇是环境变迁的主要支配因素，其中技术因素尤为重要，因此可以从技术角度把自人类登上太平洋这个舞台之后的环境史分为三个时期：桨叉架船时期，帆船时期和汽船时期。在每个阶段，交通的进步，经济一体化的进程以及某种程度上与殖民帝国的政治联系和战争等推动力量给本地微生物和本地社会带来诸多不幸的后果。[1] 历史发展到今天，环境问题是人类不得不面对、不得不解决的难题。全球史在这方面的研究能够提供给我们

---

[1] John R. McNeill, "Of Rats and Men: A Synoptic Environmental History of the Island Pacific", *Journal of World History*, 1994 (5), pp. 299 – 349.

诸多的经验和教训。其实，按笔者理解，戴维·克里斯蒂安之所以倡导并身体力行地讲授150亿年的"大历史"①，重要目的在于提醒今天的人们，人类的历史只是历史长河中短暂的一瞬，不可把人类的积极作用无限放大，应当充分认识到人类的出现所带来的破坏性后果。在生物发展史上，曾经发生过五次生物大消亡，最后一次是6500万年前的恐龙大灭绝，带来了哺乳动物的兴盛和人类的出现。自从人类诞生以来，经历了三个阶段的演变：第一个阶段是人类对大型哺乳动物的屠杀；第二个阶段是人类相互间的残杀；第三个阶段是工业革命以来对自然环境的持续破坏，其间造成了许多哺乳动物的迅速灭绝。除非人类通过行为的进化改变其自私性和侵略性，否则包括人类在内的大型哺乳动物将无可挽回地走向第六次大灭绝。在人类的整体灭绝危机面前，没有谁能够逃脱。所以，人类整体的携手合作，已经不容任何偏见和狭隘感情阻隔其间，每个个体（个人、集团）的存在和发展，都必须置于整体的存在和发展之中去考虑和谋求。

写到这里，笔者认为有必要顺便提及历史学的现状、历史学的社会价值等问题。自19世纪专业历史学诞生以来，历史学家致力于历史的实证研究，倾注了大量精力也取得了很大成就。但是在历史学科中，像在任何其他学科一样，如果想理解细节的含义、理解它们是如何有机联系在一起的，就必须有超越细节的眼光。如果要搞清历史中任何一个部分的来龙去脉，就需要构建大的图景。遗憾的是，历史学家如此全神贯注于微观研究，往往忽视了构建这些大的历史图景。事实上，很多历史学家存心忽视宏观概括的工作，相信当积累足够事实的时候，事实就不言而喻了，却忘记了只有我们可以给"事实"以声音。历史研究的这种片面方法所导致的结果就是造成了一个拥有大量信息但研究领域零碎、狭隘的学科。早在20世纪80年代，威廉·麦克尼尔就曾予以严厉的批评，"除了我们之外，谁会真正关注我们的学术期刊与著作中那些细枝末节？""我们做的事情没有人在乎，凭什么希望得到回报呢？为什么学生要听我们的？为什么其他人要听我们的？"② 在此有必要强调，笔者无意贬低民族国家史、专门史的重要性，只是希望人们能够给予全球史研究应有的重视。

---

① David Christian, "The Case for 'Big History'", *Journal of World History*, 1991 (2), pp. 234–238.

② Gilbert Allardyce, "Toward World History: American Historians and the Coming of the World History Course", *Journal of World History*, 1990 (1), p. 63.

三

全球史一定要以全球为研究单位吗？答案当然是否定的。全球史不总是，甚至不经常是把全球作为其分析单位。倘如是，全球史研究就会停留于不着边际的推论的层面上，历史进程中个体的作用将很难得到承认。那么，全球史研究到底应该如何选题？全球史研究的课题在研究范围、研究思路上有什么特征呢？杰里·本特利在"新世界史"一文中评述了全球史的一些学术研究课题近年来的进展情况，其中包括全球史理论、跨文化贸易、物种传播与交流、文化碰撞与交流、帝国主义与殖民主义、移民和离散社群，等等。① 刘新成在《在互动中构建世界历史》一文中指出，全球史的核心理念是互动，全球史研究就是"大范围的互动研究"。在认真梳理全球史研究既有成果的基础上，他列出了全球史学者表达"互动模式"的八种方式：1. 阐述不同人群"相遇"之后，文化影响的相互性和双向性；2. 描述人类历史上曾经存在的各种类型的"交往网络"或"共生圈"；3. 论述产生于某个地区的发明创造如何在世界范围内引起连锁反应；4. 探讨"小地方"与"大世界"的关系；5. "地方史全球化"；6. 全球范围的专题比较研究；7. 生态史、环境史研究；8. 探讨互动规律与归宿。② 笔者认为，这一概括已非常全面，如果认真思考和理解，对全球史真正感兴趣、并有志于全球史研究的读者应当能够找到适合自己的研究领域和研究课题。

为了加深对诸多互动模式的理解，笔者对其中几种"互动模式"予以进一步的说明。

不同人群、不同文化的"相遇"是历史发展的主旋律，伴随"相遇"而发生的影响是相互的、直接的。历史变革在很大程度上是由与外来者的接触而引发的，因为接触之后的借鉴往往引发一些约定俗成的惯例的调整，即使拒绝借鉴也会引发同样的后果，因为只有变革自身才能抵御外来的影响。因此，全球史的从业者应该尤为关注不同文明彼此接触的史实，

---

① Jerry H. Bentley, "The New World History", in Lloyd Kramer and Sarah Maza, eds., *A Companion to Western Historical Thought*, pp. 393–416.
② 刘新成：《在互动中建构世界历史》，《光明日报》2009年2月17日。

或者说对此保持高度的敏感。但是长期以来，人们往往只强调单方面的影响，突出表现在对近代殖民主义的研究。其实，殖民地对西方殖民者的影响也是显而易见的。仅举一例。最初在南亚次大陆的英国东印度公司官员认为，接受定期洗澡和用洗发剂洗头（shampoo 一词即源自印地语）以及其他当地的习惯也许可以冲淡他们身上的商人气息，更像印度高种姓的成员，从而使他们看起来更适合统治者或廷臣的职位。后来，这些习惯传回英国，成为英国的时尚。然而久而久之，这些卫生习惯的婆罗门起源被英国人全然忘记了，却摇身一变成为西方声称要输出的"文明"的标志。①除了影响的双向性，笔者还想强调全球史学者所关注的影响的直接性。全球史学者认为，说 A 地的某种文化、某种思想或某种态势对 B 地产生了影响，应当有直接的证据，应当说明是如何传播的、如何影响的，或者说应当把影响得以发生的链条构建起来。比如，要研究英国"价格革命"的原因，仅仅提到美洲白银流入欧洲这一背景是不够的，应当具体分析美洲白银是如何流入英国，它与价格曲线的波动具体是什么关系，有没有受到其他因素的影响。说到这里，就该回答中国学者所普遍关心的问题了：我们讲中国史很多时候也会讲"国际背景"，全球史到底高明在何处呢？笔者认为，我们通常所讲的"国际背景"与具体历史事件之间很多时候是"两张皮"，其间的联系是想象的、推断的，而全球史所构建的联系不仅是直接的，而且是双向的。

如前所述，历史上存在的各种类型的"交往网络"、"共生圈"或互动区是全球史研究的重要内容。突出表现在威廉·麦克尼尔对 1500 年之前欧亚非"共生圈"的研究，K. N. 朝德哈利（K. N. Chaudhuri）在《印度洋的贸易与文明：从伊斯兰教的兴起到 1750 年的经济史》、《贸易与文明》、《欧洲之前的亚洲》等著作中对于 8—15 世纪以穆斯林商人为核心的"环印度洋贸易网络"的研究，菲利普·科廷（Philip D. Curtin）在《大西洋的奴隶贸易：一次人口统计》、《种植园经济的兴起和衰落：大西洋历史论文集》等著作中对于包括欧洲、非洲、美洲在内的大西洋沿岸一体化进程的研究，等等。这种研究与一般的区域研究有何区别与联系呢？在美国，区域研究方法最早是在第二次世界大战期间作为国家战略需

---

① Kenneth Pomeranz, "Social History and World History: From Daily Life to Patterns of Change", *Journal of World History*, 2007 (18), p. 77.

要发展起来的，所研究的是一个个孤立、封闭的地区，所强调的是在其自身的语境中、用"土生土长"的范畴来理解非西方文化。斯塔夫里阿诺斯曾对此提出了批判，认为它像西方中心论一样狭隘。但是，随着全球化的进展，许多在自己领域经受严格训练的区域研究专家却变成了全球史学者。原因在于，一方面，他们放弃了传统的研究领域，开始参加非传统的、非"文明史"的区域研究项目（威斯康辛的热带社会研究项目，地中海、大西洋或印度洋研究，等等），这是一些充满内外互动的"互动区"；另一方面，他们借用一些外来范畴从事研究，使不同领域学者间的对话、不同领域的比较成为可能。最初，这种"互动区"的研究过多地关注经济、贸易方面，可以相信，对于"互动区"进行政治、经济、文化、社会、地理、环境等方面的全方位研究将是未来的发展方向。

　　全球史研究关注产生于某个地区的创造发明、某个发现甚至某种文化现象在世界范围内引起的连锁反应。最典型的个案是近代早期秘鲁、墨西哥和日本的白银开采对欧洲、南亚和中国经济的影响。林达·沙佛尔的《南方化》一文提供了又一个典型的个案。南方化是一个起源于亚洲南部而后传播到全球其他地区的多层次的进程，包括数学的发展，热带和亚热带香料的生产和销售，新商路的开拓，糖、棉花等南方作物的种植、加工和销售，等等。公元5世纪，南方化在亚洲南部全面展开，也是从那时开始传播到中国。8世纪，南方化开始在穆斯林哈里发的土地上传播。阿拉伯人把许多在印度培植和改良的重要农作物传播到了中东、北非和伊斯兰化的西班牙，其中最重要的是甘蔗、棉花和柑橘类水果。在阿拉伯人的努力下，印度数学沿着与农作物相同的道路来到了伊斯兰世界。花剌子密在撰写于公元825年左右的《印度计数算法》中把印度数学介绍给了阿拉伯语世界。1200年以后，随着突厥人和蒙古人的征服，南方化开始对信仰基督教的地中海地区形成冲击。甘蔗和棉花在地中海岛屿普遍种植。比萨的利奥纳多·斐波纳契（约1170—1250年）的《珠算原理》把印度数字和数学介绍到意大利的商业中心后，它们使13世纪的西欧变得重要起来。欧洲西北部的崛起，始于那些不局限于地理限制的南方化要素在这些地区的移植。但是，由于离赤道太远，西北欧人不能在所有方面都实现南方化。西北欧的完全南方化以及我们今天与西北欧联系在一起的那些财富，仅仅发生在他们公然控制了热带和亚热带的领土并绕过非洲参与了南洋贸易之后。在西印度群岛和南美洲海岸地区，荷兰人、法国人和英国人占领土地，第一次成为蔗糖和棉花的生产者。在东印度，荷兰人夺取葡萄牙在马六甲的贸易站，并于 1621 年征服班达群岛，从而完全控制了优质香料的供应。没有这些南方的财富，那些欧洲更北部的地区没有能力完全参与南方化进程。分析至此，作者得出结论，一方面，我们不能低估本土发展在西北欧崛起过程中的重要性，但同样也应该强调，在西方崛起的过程中许多非常重要的起因在欧洲范围内是无法找到的。不如说，这是西欧与东半球其他地区之间的关系发生变化的结果。欧洲的兴起仅仅是在 13 世纪的东半球大重组推动了南方化之后才发生的，而西北欧在得到南方化的利益之后才开始崛起。因此，北大西洋国家的崛起不能被过于简单化，以至于被看作一个孤立的、无与伦比的、只能植根于希腊以西的欧洲现象。我们应该被它描绘成一个在半球范围内展开的进程的一部分。①

全球史注重探讨"小地方"与"大世界"的关系，或者说，把小地方放到大世界中来认识，从而折射世界的变迁。美国历史学家唐纳德·怀特的研究具有典范的意义。他曾多次到西非实地考察，特别是考察了冈比亚的"纽米国"，与当地人座谈，翻阅档案资料。他认识到，在 1500 年之前，撒哈拉沙漠以南的西非与地中海世界甚至与东南亚有着广泛的联系。20 世纪 90 年代，他继续研究 1446—2003 年间在不同的历史时期（前殖民时期、殖民时期、后殖民时期）纽米国所发生的变化及其与外部世界的关系，写成了《世界与非洲的弹丸之地》（*The World and a Very Small Place in Africa*）。此后，"把小地方放到大世界中"（to put a small place into a big world）成为一种全球史研究的范式。

全球范围的专题比较研究也属于全球史的研究内容，包括跨国别、跨文化的社会史、妇女史、商人史、移民史、疾病史研究。近年来，社会史与世界史的结合颇为引人注目，出现了一批令人耳目一新的成果。这里举三个例子。第一，来自一系列国家的历史学家、人口学家和经济学家共同合作的欧亚大陆研究工程，运用一些纯粹来自外部的范畴（external categories），如"收入处于后 20% 的人"——不管他们在这里包括小土地所有者，在那里包括无产者——来展开研究，从而摆脱了每一社会都有自己独特的结构这一问题的困扰，提出了这样一些研究课题：比较儿童走向成

---

① Lynda Shaffer, "Southernization", *Journal of World History*, 1994 (5), pp. 1–21.

年的概率、他们离开农田后寄钱回家的概率、应招入伍的概率等。① 第二，有研究表明，在近代早期，许多民族的绝大部分人比历史上任何时期都要忙碌，一年中农业劳动的天数增加（由于双季作物的增加等），工人的实际工资减少而每周的工作时间延长，管理更严，童工增加，退休制度近乎消失，等等。② 一旦我们把这视为一种世界范围的现象，不仅包括那些稍后劳动日产出极大提高的地区，也包括那些发展更为缓慢的地区，我们就不会轻易把这种模式在一个地方的表现视为后来"成功"的先兆（如西北欧），而把在另一个地方的体现视为"失败"的明显征兆（如中国）。③ 第三，近年来，帝国社会史关注近代以来世界范围内的帝国发展，发现了一些普遍的发展趋势。何谓帝国？帝国是这样的政治实体，在其中，一个社会的领导者同时也直接间接地统治着至少另外一个社会，其统治手段不同于在自身社会所使用的手段，虽然并不一定更为专制。根据这种理解，帝国所面临的一个重要问题就是要证明其合法性，不同时代的帝国采取了不同的手段，但在某个时段，某种做法却具有世界性。在近代早期，人们日益关注绘制疆域图、对种族群体进行归类，等等，也关注把这些信息传达给其他帝国。到19、20世纪，出现了一个非常流行的现象，即许多帝国日益重视"教化工程"（civilizing projects）。就是说，越来越多的帝国声称，帝国最终会把至少一部分"异域"臣民转化成为像帝国中心区的人那样思考、生活和接受管理，以此来证明其统治的合法性，英帝国、清帝国、沙皇俄国、奥斯曼帝国无不如此。到19世纪后期，我们看到了一个进一步的转变，即出现了这样一种观点："教化"帝国臣民意味着使大众文明化，目的是更详尽地规范他们的生活，也包括在殖民地的欧洲人的生活。④

从以上分析可以看出，这些研究方式与传统的史学研究形成了区别，属于"大规模互动研究"。有一种观点认为，大范围的历史研究会遭致准确性和细微性的缺失，并远离亲身经历者才能理解的那种语言环境，可以

---

① Kenneth Pomeranz, "Social History and World History: From Daily Life to Patterns of Change", *Journal of World History*, 2007 (18), p. 74.

② Ibid., p. 75.

③ 让·德·弗里耶称欧洲的"工业革命"（Industrial Revolution）为"勤劳革命"（industrious revolution），而在黄宗智看来，中国的勤劳却导致了"内卷化"。

④ Kenneth Pomeranz, "Social History and World History: From Daily Life to Patterns of Change", *Journal of World History*, 2007 (18), pp. 86 - 95.

说得不偿失。笔者认为，任何课题，哪怕是范围非常小的课题，也不能穷尽所有细节。我们不能苛求城市史研究一个城市的所有事物，也不能苛求民族国家史研究穷尽一切相关资料。况且，所谓详尽是相对的，在一个范围中处于核心地位的内容，在另一个范围中可能就成了枝节，而在最大的范围中可能就完全失去意义。历史学家如果将研究范围拓宽，既会面对细节的缺失，但同时更大的研究对象也会进入视野，从而弥补其损失。因此，对于历史学家来说没有唯一恰当的"细节"标准，所要求细节的多少完全取决于所提问题的本质，没有理由也没有必要将历史研究中惯常采用的时间范围、地域范围当作神圣而不可侵犯的。

（原载《史学理论研究》2010 年第 1 期，第 43—52 页。编入本集时略有改动）

从全球视野与生态视角来考察历史

——克罗斯比治史方法初探

刘文明

近年来，全球史与环境史作为历史学新兴领域在欧美得到了快速发展，成为史学研究中的新亮点。全球史以宏观视野与关系视角来理解跨民族、跨国家、跨地区的历史现象，将研究对象置于其所处环境中进行多维度考察，注重网络与互动，因此全球史学者也非常关注人与环境的关系。另一方面，环境史以人与环境的互动关系为主题，由于人与环境的相互影响及其变迁，涉及的时间与空间范围都较大，就其宏观性而言与全球史具有相通之处。这样，一些全球史学者同时又是环境史学者。阿尔弗雷德·克罗斯比（Alfred W. Crosby）便是其中的代表之一。本文通过对克罗斯比治史理念与方法的探讨，阐明其从全球视野与生态视角来考察历史的治史思路。

一 克罗斯比的学术成就与治史理念

克罗斯比于 1931 年生于波士顿，1952 年毕业于哈佛大学，1952—1955 年曾服兵役驻扎在巴拿马，之后从哈佛大学获教育专业文学硕士学位（M. A. T.），1961 年从波士顿大学获历史专业哲学博士学位。他毕业后先后任教于阿尔比恩学院、俄亥俄州立大学、华盛顿州立大学、得克萨斯大学奥斯汀分校。1999 年，他从得克萨斯大学奥斯汀分校退休，现为该校荣誉退休教授。

克罗斯比的学术研究领域为历史学、地理学和美国研究,是一个跨学科的学者。他的第一部专著是 1965 年出版的《美国、俄国、大麻和拿破仑:1793—1812 年的美俄贸易与波罗的海》,该书由其博士论文修改而来,主要探讨了从美国独立战争到 1812 年美英战争期间的美俄关系。此后,克罗斯比致力于从生态学、地理学的视角来研究和解释历史,主要著作有 1972 年出版的《哥伦布交流:1492 年的生物和文化后果》(2003 年出 30 周年纪念版),1976 年出版的《1918 年的流行病与和平》,1986 年出版的《生态帝国主义:900—1900 年欧洲的生物扩张》(2004 年出第 2 版),1989 年出版的《美国被遗忘的传染病:1918 年流感》(由《1918 年的流行病与和平》修改而来,2003 年出第 2 版),1994 年出版的《病菌、种子和动物:生态史研究》,1997 年出版的《事实的测量:量化与1250—1600 年的西方社会》,2002 年出版的《喷火:历史上的发射技术》,2006 年出版的《太阳之子:人类能源史》。这些著作,反映了克罗斯比的研究兴趣、主题与路径完全迥异于主流历史学家。

克罗斯比研究历史的一个重要出发点,就是如何理解现代欧洲的兴起及其扩张。然而,他对这一问题的思考,并没有沿袭韦伯等西方主流学者的思路,而是另辟蹊径,从生态环境视角来理解欧洲的扩张。《哥伦布交流》、《生态帝国主义》和《病菌、种子和动物》,就是围绕这一主题展开的。

在《哥伦布交流》初版序言中,克罗斯比对传统历史学者进行了批评,并由此提出了撰写该书的目的。他说,"历史学者在探寻新旧世界重新接触的真正意义之时,受到传统的局限。生态学者或地理学者在粗略浏览了 16 世纪的原始资料之后会明显发现:哥伦布航行所带来的最重要的变化,在本质上是生物意义上的。但连经济史学者也会偶尔遗漏这一点。"因此,"阐明这一点正是本书的存在理由。"[①] 后来的学术发展表明,该书从生态视角重新解释欧洲向美洲的殖民,颠覆了欧洲殖民者的传统观点,成为一部经得起时间考验的全球环境史经典之作。

1994 年出版的《病菌、种子和动物》是一部论文集性质的专著,论文围绕生态史这一主题组织起来,在某种意义上也可以说是克罗斯比对其

---

① Alfred W. Crosby, *The Columbian Exchange: Biological and Cultural Consequences of 1492*. Praeger Publishers, 2003, p. xxvi.

先前生态史研究的概括,更能从史学观念上反映他的治史理念。凯文·雷利（Kevin Reilly）称这本书"描述了一条通往生态史的智识之路,这有可能在总体上为世界史确立起一种基本理论。"① 该书第一章"哥伦布航行、哥伦布交流及其历史学家"（该文在 1987 年曾以单行本形式由美国历史学会出版）,克罗斯比对传统史学和全球史视角下的生态环境史作了比较性的评价。关于哥伦布航行美洲及其后续影响,不同历史学家的解释相差迥异。克罗斯比将美国历史学家对这一事件的解释分为两类:吟游诗人般解释（bardic interpretation）和分析性解释（analytic interpretation）。他认为,吟游诗人般的解释可以说是西方历史学中的经典解释,是 19 世纪到 20 世纪上半叶叙事历史学家的产物,他们的叙述以可获得的文献记录为依据,并且具有白人种族中心主义色彩。他们常常只以伟大的白人为中心来组织文本,既不关注那些被埃里克·沃尔夫称为"没有历史的人民",也不关心生态系统的变化。这种历史叙述为美国的学者、教师和学生所熟悉和广泛接受,但却具有欺骗性,因为它是以选择性历史观点对历史进行叙述的结果。这种欺骗性同样具有危险性,因为它会强化欧裔美洲人的种族中心主义。他指出,从事这种叙述的历史学者,"其历史材料总是文献资料（特别是信件、日记、回忆录）而不是统计数据,也很少求助于经济学、考古学、生物学或其他此类科学,这导致了令人吃惊的历史缺失。普雷斯科特（William Prescott）力图撰写关于征服墨西哥和秘鲁的宏篇巨著,却几乎没有提及征服者的最好盟友——天花。有关天花的信息存在于原始材料之中,但并没有作为重要史料纳入普雷斯科特的视野。"② 在此,克罗斯比从研究视角、史料运用及研究方法等方面,都对传统史学处理哥伦布问题的方式进行了批评。相反,对于近年来新兴的分析性解释,克罗斯比给予了高度评价。他认为,由于传统的经典解释没有回答当今人们关心的许多重大问题,于是史学家们开始寻找新的解释路径。"历史学家们敞开胸怀接纳了（或者由于生怕落后,急忙去寻找）地质学、气候学、生物学、流行病学和其他学科。其结果是,倒进当今史学家之磨的这种谷物,可能会磨损掉利奥波德·冯·兰克（Leopold von Ranke）的

---

① Alfred W. Crosby, *Germs, Seeds and Animals: Studies in Ecological History*. M. E. Sharpe, 1994, p. vii.

② Alfred W. Crosby, *Germs, Seeds and Animals: Studies in Ecological History*. p. 5.

磨石。"① 传统史学方法无法解决具有跨学科性质的新问题，这需要史学的变革。于是，一方面，一些史学家在研究视野上纳入了整体观，促使了世界史及全球史的兴起。仅就欧洲人发现美洲这一事件来说，"引发哥伦布和欧洲人发现和开发美洲的动力是跨民族国家和跨大陆的。哥伦布时代及其之后的原材料、制造品和生物交流，在任何比世界范围小的单位内都不能得到完全意义的描述与分析。"② 因此，历史研究的宏观整体视野是必要的。分析性解释的史学家不像经典历史学家那样只将视野局限于白人英雄，而是关注更大时空范围内诸多族群的民众。另一方面，他们在史料方面开始运用地质学和生物学的非文献材料，从生态学的视角来理解欧洲对美洲的征服。克罗斯比本人便是这方面的积极倡导者。他提出，欧洲的动植物传播到美洲，使得美洲的生态环境欧洲化了，这有助于欧洲人的定居。然而，"入侵美洲者的决定性优势并非其动植物——当然也不是他们的火枪和来复枪，印第安人最终会大量获得这些东西——而是他们带来的疾病。"③ 这些疾病包括天花、麻疹、水痘、百日咳、斑疹伤寒症、伤寒症、淋巴腺鼠疫、霍乱、猩红热、疟疾、白喉和流感，它们导致了印第安人的大量死亡。这是理解欧洲人成功大量移民到美洲的关键。

1995年，克罗斯比发表了《环境史的过去与现在》一文，他在该文中对美国环境史作了简单的学术回顾，并进一步表明了他对传统史学与环境史的看法。他认为，20世纪上半叶的美国历史学者对诸如1918年大流感"这样几乎世界性的灾难漠不关心"，只专注于伯纳德·贝林（Bernard Bailyn）所说的"显性历史"（manifest history），"专业历史学者对我们今天所说的环境史没有兴趣，人类活动在地方性、区域性和世界范围的生态系统中常被看作消极的或不起眼的参与者。"而对于美国因经济发展和城市化而引起的生态环境变化，"美国历史学者完全（几乎是痛苦地）意识到了这种巨大而加速的变化，但仍没有从生态角度考虑这一问题。"是什么原因造成了美国历史学者对环境问题的漠不关心？克罗斯比从学术视角进行了分析。他认为，历史学者不太关心环境问题，是因为"他们被训练成把见证者叙述的文献资料置于首位，而真正的环境史材料却只能偶尔

---

① Alfred W. Crosby, *Germs, Seeds and Animals: Studies in Ecological History*, p. 8.
② Ibid.
③ Ibid., p. 11.

散见于日记或自传之中。他们被训练成专攻和投身于细小历史碎片的细微研究,而环境史学家必须是通才,因为环境变迁很少是几天、几星期或者甚至是几年的事情,而且常常是只能从整个区域甚至整个大陆的范围来认识"。因此,在克罗斯比看来,传统史学观念与方法阻碍了环境史的发展。正因为这样,他极力称赞20世纪上半叶考古学对环境史兴起的先行作用。因为考古学没有传统史学中注重文本史料的局限,考古学家也不仅仅局限于发掘文物,而是转向关注古代民族如何生存,利用新技术来了解古代的气候和生态系统。这种研究打破了史前史与历史之间的界限,使那些对生存环境感兴趣的历史学者产生了对自然环境和生态的关注。这样,"以一种意想不到的方式,史前史和无文本材料的历史成了环境史学者的沃土。在没有文献可用的地方,历史学者不得不运用那些大范围和长时段的材料:土壤肥力、侵蚀、气候、营养、病患、动植物群"。而这一时期生态学的发展也有助于历史学者以整体观来处理分散的历史材料。因此,在克罗斯比看来,环境史要获得发展,必须打破传统史学的桎梏,在研究视野和史料运用等方面超越传统史学。在这方面,克罗斯比肯定法国年鉴学派做出的积极贡献。他说:"法国历史学家作为一个群体首先蔑视'显性历史',并且不断努力探讨在与有机及无机世界互动中作为集体的人类。"他们的研究倾向,"常常引导历史学者去思考人类与环境的互动。"[1]

由上可见,超越传统史学的狭隘视野与史料局限,从全球视野与生态视角来关注人们的生存状态并理解他们的行为,成为克罗斯比治史的一个基本理念。然而,在全球史和环境史刚刚起步的20世纪70年代,克罗斯比的史学理念与治史思路似乎具有超前性,并不为当时人们所理解,"《哥伦布交流》一书一直在艰辛地寻找出版社,直到1972年才由格林伍德出版社出版。学术杂志上的书评,从严厉苛刻到客气礼貌的都有,甚至许多杂志懒得给予评论。克罗斯比所在大学的同事表示怀疑,怀疑这是否真正算得上是历史。"[2] 由此,我们便不难理解克罗斯比对传统史学的批评了。是什么使他走上了这样一条独特的历史研究之路?克罗斯比在其个人网页上有这样一番表述:"他卷入民权运动,从事黑人研究与教学,帮

---

[1] Alfred W. Crosby, "The Past and Present of Environmental History", *The American Historical Review*, Vol. 100, No. 4 (Oct., 1995), pp. 1177 – 1189.

[2] Alfred W. Crosby, *The Columbian Exchange: Biological and Cultural Consequences of 1492*, p. xi.

助建立联合农民工会的医疗中心,领导反越战游行,这些使他在智识上偏离了正统。这样,他对受害者、经济上受剥削者、在欧洲帝国主义和资本主义进程中受奴役者的民众的历史,以及对非政治的、非宗教的和被极大轻视的因素——特别是传染病的发展所带来的影响,尤其感兴趣。""这也激发了他对人口统计学和流行病学的兴趣,这一兴趣导致他撰写了几本著作——《哥伦布交流》、《美国被遗忘的传染病》和《生态帝国主义》。"①

二 从全球视野与生态视角来考察历史

克罗斯比对欧洲扩张问题的研究具有全球视野和生态视角,得到当今全球史学家和环境史学家的称赞,他的《哥伦布交流》和《生态帝国主义》,成为全球史与生态环境史的经典之作。因此,全球视野与生态视角成为克罗斯比从事历史研究的基本思路和一大特点。凯文·雷利在给《病菌、种子和动物》作序时,对克罗斯比的研究给予了高度评价。他认为,世界史和生态史都是古典历史学家的话题,希罗多德的跨文化视野中包含了世界史,修昔底德对雅典瘟疫的描述包含了生态史,但这两种历史类型在随后的几个世纪中为神学与哲学的话语模式所取代,直到 20 世纪上半叶,世界史仍然等同于哲学思考,而生态史几乎不存在。近些年来,世界史和生态史出现了一种"现代复兴",这与克罗斯比的努力分不开。因为,"克罗斯比几乎独自地引导历史学者把注意力转向生态问题,这些问题正由于其全球性而颇为重要。一些人认为,生态史、新社会史、区域研究、心智史、大众文化史、少数民族和族群研究等新兴历史学分支领域在战后的蓬勃发展,结果使世界历史成为不可能。但克罗斯比通过他的研究,解答了这些人的疑问。"② 因此,在 20 世纪下半叶历史研究碎片化的趋势下,当人们"怀疑这是否真正算得上是历史"的时候,克罗斯比以自己坚持不懈的治史实践,证明了自己所走道路的正确性,更重要的是向人们表明了全球生态环境史研究的可能性。

克罗斯比在《生态帝国主义》一书中,明确表示了他从生态视角来

---

① http://www.awcrosby.com.
② Alfred W. Crosby, *Germs, Seeds and Animals: Studies in Ecological History*, p. vii.

考察欧洲扩张的撰史目的。他提出,北美洲、南美洲、澳大利亚、新西兰等欧洲人的移居地成为"新欧洲"(Neo-Europes),并不仅仅是因为这些地区成了欧洲移民国家,具有欧洲式的政治经济制度与文化,而更因为欧洲移民造成了这些地区生态环境的欧洲化,使其成为从生态学上适于欧洲人生存的地区,这是欧洲殖民扩张成功的主要原因。他在该书"序言"中提出:"欧洲人似乎蛙跳式扩张到了全球"①,"为什么会有跨越如此遥远距离的如此大量的民族迁移呢?"其中一个重要原因,就是新欧洲具有"吸引力",这种吸引力在于,构成新欧洲的各地虽然"在地理上是分散的,但它们位于相似的纬度。它们几乎全部或至少三分之二处于南北温带地区,也就是说,它们有大致相似的气候。欧洲人自古以来赖以用作食物和纤维的植物,以及他们赖以获取食物、纤维、动力、皮革、骨制品和肥料的动物,都易于在年降雨量为 50 至 150 厘米的冬暖夏凉的气候里繁殖"②。"欧洲的植物群和动物群,包括人类在内,如果竞争不是太激烈,都能在(新欧洲)这些地区繁荣兴旺起来的。"因此,"欧洲帝国主义的成功具有生物的、生态的因素"③。可见,在克罗斯比看来,殖民地的生态环境变得适于欧洲移民居住,这是欧洲成功移民的关键。

如前所述,克罗斯比治史的一个重要出发点是如何理解欧洲的兴起。对于这个问题,他认为,不同时代的学者有不同的解读,但每一代历史学者"至少具有一种带有共同特征的看待历史的方式——范式(paradigm)"。但他觉得"范式"一词太"沉重",因而主张称之为"脚本"(scenario)。④ "脚本"一词的使用,表明克罗斯比更倾向于历史具有由历史学者建构的一面,不同时代的历史学者会设想出不同的"脚本"。克罗斯比明确提出,他要建构自己解读历史的"脚本"。他认为,现代帝国主义和工业革命首先出现在欧洲的原因,至今仍没有得到较好的回答。维多利亚时代的历史学者把问题简单化了,他们认为自古以来白人就在技术、管理、经商等方面优越于其他民族。第二次世界大战后,殖民地纷纷独立,新兴民族国家涌现,于是出现了一种新的历史"脚本"。根据这种

---

① Alfred W. Crosby, *Ecological Imperialism: The Biological Expansion of Europe*, 900 – 1900. Cambridge University Press, 2004, p. 2.
② Ibid., pp. 5 – 6.
③ Ibid., p. 7.
④ Ibid., p. xv.

"脚本"，欧洲帝国主义成功的原因，在于欧洲人的野蛮残忍、优越的军事技术和资本主义侵略。20世纪末，历史学者开始反对传统社会与传统史学的奠基者，试图再寻找新的"脚本"。然而，所有这些脚本都带有缺陷与遗漏，它们无法回答欧洲何以兴起的许多疑问。因此，"我们历史学者一直没有停下自己的手。我们夜以继日地坐在电脑键盘旁构建一种脚本——一种适用于21世纪的脚本，以便回答或者至少面对这些问题。"①《哥伦布交流》和《生态帝国主义》便是克罗斯比尝试构建新"脚本"的努力。在这两本书中，他从全球视野与生态视角考察了欧洲人在"新欧洲"地区的成功。关于这一探讨，他说，"这就是新脚本，我为构建了它而感到自豪。"② 这也可以说是克罗斯比对自己的史学研究的评价与定位，表明他的研究不仅仅是要解决历史上的某个具体问题，而是具有方法论意义的探讨，最终目的是要构建一种具有普遍解释力的历史研究的"脚本"。因此，从全球视野与生态视角来理解欧洲的扩张，成了克罗斯比为我们从事历史解释所提供的有用"脚本"。的确，这种"脚本"甚至为我们提供了一些有用的历史研究的概念范畴，正如凯文·雷利所说："克罗斯比通过创造一些最令人难忘的世界历史的范畴——哥伦布交流、生态帝国主义、新欧洲——丰富了我们的语言和我们的研究。"③

克罗斯比的历史研究"脚本"包括哪些内涵？总的来说，全球史的宏观视野与环境史的生态视角，是这一"脚本"的基本原则。具体来说，至少可以包括以下几个方面。

首先，将人当作一个生物体来理解。在人类历史中，人首先是一个生物体，要从生物学和生态学的视角来理解人与环境的关系，这样才能更好地理解历史上人的行为。在《哥伦布交流》初版序言中，他提出："对任何事物的理解都不能脱离其关系情境（context），人也不例外。人是一个生命体，为获取食物、衣物和居所而依赖于许多其他生命体。许多生物也依赖于人而获取这些同样的东西。人首先是一个生物体，然后才是一个罗马天主教徒或资本家，或其他任何身份……理解人的第一步，就是把他看作一个生物体，这个生物体生存在这个地球上达数十万年，与其他生物体

---

① Alfred W. Crosby, *Ecological Imperialism: The Biological Expansion of Europe, 900 – 1900*. p. xvii.
② Ibid., p. xx.
③ Alfred W. Crosby, *Germs, Seeds and Animals: Studies in Ecological History*. p. viii.

相互影响。一旦把人放进这个恰当的时空关系情境中，我们就能够比较确定（或至少有希望）地考察其历史的某一方面或事件，这样考察的结果，就会与那种情境存在着一种有意义的关系，而不仅仅使我们走进杂草丛生的小径，引导我们从一位古文物家的了望台到另一个了望台。"[1] 所以，考察人类历史，要与人们赖以行动的生存环境联系起来，从相互关系中来理解其中的某一方面，其结论才不会失之偏颇。否则，其结果就只能像是沿着杂草丛生的小径上古文物家的瞭望台所看到的，一种被割断的、孤立的历史。克罗斯比正是基于这一认识，将欧洲殖民者首先看作生态系统中的一种生物体，以此为基础来理解他们在美洲、澳大利亚和新西兰等地得以生存发展的原因。同时，克罗斯比也从这一基本思路出发，提出了"哥伦布交流"在本质上是生物意义上的。一方面，欧洲人将天花等疾病带到美洲，造成了大量印第安人的死亡，大大帮助了欧洲人对美洲的征服；另一方面，欧洲的动植物传播到美洲，美洲的粮食作物传播到世界各地，都对世界产生了深远的影响。这种将人当作生物体置于其生存关系情境之中来考察的历史研究视角，已成为当今全球环境史学者的一个基本理念。

其次，关注传染病对人类历史的影响。传染病具有超越民族、国家与地区的特点，同时也是生态环境中的微生物传播问题，因此是全球生态环境史研究中的重要主题。在《哥伦布交流》中，克罗斯比探讨了天花对欧洲人征服美洲的影响。他提出："为什么欧洲人能够如此轻易地征服美洲？在我们的正史和传奇故事当中，我们总是强调阿兹特克人、苏人、阿帕契人、图皮南巴人、阿劳干人等抵抗的激烈与顽强，但真正令人吃惊的是其抵抗的无效。"其根本原因在于，传染病"这些杀手随着探险者和征服者来到了新世界。旧世界这些致命的疾病在新世界杀人更有效"[2]。由此印第安人丧失了对欧洲入侵者的抵抗力。在《生态帝国主义》中，克罗斯比提出，旧世界病原菌的对外传播"奠定了欧洲帝国主义者在海外成功的基础"，"造成土著人大量死亡和为移民开辟出新欧洲的主要责任

---

[1] Alfred W. Crosby, *The Columbian Exchange: Biological and Cultural Consequences of 1492*, p. xxv.

[2] Ibid., p. 37.

者，不是残酷无情的帝国主义者本身，而是他们带来的病菌。"① 由于在新旧世界接触之前，美洲和澳大利亚的土著人与旧世界的病菌几乎完全隔绝，他们没有经历过旧世界的疾病而缺乏对它们的免疫力，因而一旦接触便大量死亡。"对于旧世界的人们所带来的大多数病菌，他们的抵抗就像婴儿一样缺乏自卫能力。"② 在《美国被遗忘的传染病》中，克罗斯比探讨了1918—1919年大流感对美国和世界历史的影响。他认为，这场大流感从美国传播到世界各地，尤其是传播到以欧洲国家为主的第一次世界大战参战国，造成了大量士兵和平民的死亡。据保守估计，大约有55万美国人死于这场流感，而"美国军队在第一次世界大战、第二次世界大战、朝鲜战争和越南战争中死亡的人数总计才42万3千人，远远少于这个国家在10个月之内死于西班牙流感的人数。"至于全世界在这场流感中的死亡人数，他认为一般估计的2100万太低了，因为有人估计仅在印度次大陆就有2000万人死亡，"那么，全世界的死亡人数是否应该估计为3000万或许4000万？"③ 而第一次世界大战中的死亡人数才1500万。所以克罗斯比把这次流感看作一场世界性灾难，并对第一次世界大战产生了影响。他认为，1919年仍然流行的大流感，可能对巴黎和会也产生了影响，比如美国总统威尔逊在参加和会期间，因患流感而表现出"焦虑不安和精神崩溃"，由此影响他的思考和决定能力，这是他提出的"十四点"计划不能贯彻到和会中去的一个重要影响因素，同时这次患病也削弱了他争取美国国会接受《凡尔赛和约》的努力。④ 柯娇燕对克罗斯比的传染病史研究予以了高度评价，她认为，"人们对疾病所扮演角色的理解，经历了从简单的传播模式到传染模式的转变，促成这种转变的开创性的研究，是克罗斯比于1972年出版的《哥伦布交流》。"⑤

第三，从全球生态系统来理解欧洲的扩张。克罗斯比从生态学的视角来考察欧洲人扩张到新世界的历史，并不仅仅是在传统史学中添加一些生态学概念或环境因素，不仅仅是将动物、植物或疾病等因素添加到历史研

---

① Alfred W. Crosby, *Ecological Imperialism: The Biological Expansion of Europe, 900 - 1900*, p. 196.
② Ibid., p. 285.
③ Alfred W. Crosby, *America's Forgotten Pandemic: The Influenza of 1918*. Cambridge University Press, 2003, p. 207.
④ 参见 Alfred W. Crosby, *America's Forgotten Pandemic: The Influenza of 1918*. pp. 175 - 195.
⑤ 柯娇燕：《什么是全球史》，刘文明译，北京大学出版社2009年版，第62页。

究中，而是从生态学理论出发，将生态上的变化和影响看作是系统性的，从全球生态系统来理解欧洲的扩张。他提出，大约 1 亿 8 千万年前，泛古陆开始分裂解体，经历亿万年的"大陆漂移"，形成了现在我们所看到的地球表面海陆格局。泛古陆分裂之后，包括欧洲在内的旧世界的生物系与新世界的生物系相互隔绝，各自独立地发展起来，直到欧洲人到达新世界，双方才开始相互接触与交流。他把欧洲人本身及其带往新欧洲地区的所有生物总称为"混成生物群"（portmanteau biota），并认为"理解它的成功，是理解新欧洲兴起之谜的关键。"而"混成生物群取得成功的一个最重要因素极为简单，以致它容易被人忽视。它的成员不是单独起作用，而是作为一个团队起作用。"也就是说，欧洲殖民者向新世界的扩张，是人口、植物、动物和病菌等生物相互配合的一致行动，是欧洲的生物系整体向新欧洲的迁移。欧洲人在殖民过程中，旧世界的植物（包括牧草和农作物）和食草动物（包括牲畜）在新欧洲协调发展，为他们提供了良好的生存条件；同时他们带来的病菌杀死了大量土著人，为他们获得了广阔的生存空间。因此，"混成生物群及其占统治地位的成员欧洲人所取得的成功，是长期以来在进化中冲突和合作的不同生物作为一个团队共同努力的结果。"① 同样，对哥伦布发现美洲的后果的探讨，也应从生态系统出发，这样才能从整体上理解欧洲人到达美洲后世界发生的重大变化。

第四，借用其他人文社会科学和自然科学的方法来研究历史。克罗斯比对 20 世纪中叶以前的历史学持批评态度，其中一个重要理由，就是他认为传统史学的研究局限于人文学科，视野太狭隘，方法太呆板，由此训练出来的历史学者，只注重政治、经济、宗教等方面作为原始资料的文本，而对诸如气候、土壤、疾病、植物、动物等生态环境因素视而不见，因而造成对诸如欧洲人征服美洲这类历史事件的解释出现偏差。因此，他主张历史学的开放，历史学者应该敞开胸怀接纳地质学、气候学、生物学、流行病学和其他学科，借用这些学科的理论与方法从事研究，使历史学成为介于人文学科与自然学科之间的学问。他说，"我们不仅需要把历史看作政治学或宗教学或经济学，还应把它看作生物学。"② 克罗斯比在

---

① Alfred W. Crosby, *Ecological Imperialism: The Biological Expansion of Europe, 900 – 1900*, p. 270, p. 287, p. 293.

② Alfred W. Crosby, *Germs, Seeds and Animals: Studies in Ecological History*, p. xiv.

历史研究中将这种理念付诸实践,其研究成果中明显带有历史学与上述学科交叉的痕迹。例如,关于天花在美洲的传播及其影响,对梅毒起源地的争论,对1918—1919年流感病毒性质的探讨,克罗斯比都大量借用了流行病学、生物学等方面的知识。

克罗斯比在《病菌、种子和动物》一书的导言中,回顾了他如何对传染病史及生态史产生兴趣,以及如何走上了历史学与医学、生态学进行跨学科研究的道路。他说:"我年轻的时候,决定致力于北美讲英语者的编年史……但十年左右之后,我发现自己进展缓慢而艰辛,职业途中陷入了绝望的境地……我确信,主流的历史编纂以其对政治的强调,最终成果只不过是一份不断加长的随机事件的清单。""当我在泥淖中爬滚的时候,我读到了卡斯蒂略(Bernal Diaz del Castillo)对西班牙征服墨西哥亲眼所见的描述……我不经意间发现,天花随着欧洲人到达中美洲并横扫该地,杀死大量阿兹特克人和其他土著人。我想,啊,终于发现,这就是真正的原因所在,为什么区区数百西班牙人能够吸引如此众多的印第安同盟者,征服一个人数众多且严厉军事化的社会,然后控制整个中美洲"。"然而,如果天花非常重要,为什么如此多的历史学者忽视了这一点?答案是,我阅读的仅仅是我这种历史学者的著作,这种历史学者受到的完全是人文学科的训练,他们花费了一生时间从事的仅是区别于科学的'自由艺术'。""我(偶尔)发现了一本由医生珀西·阿希本(Percy M. Ashbum)写的书《死亡的各种人:征服美洲的医学史》……他的著作以16世纪文献中的事实为依据,以现代细菌学和免疫学理论与实践为支撑,证实了我正开始思考的问题——关于天花与欧洲帝国主义在美洲所取得的成功。""阿希本博士引导我发现了对欧洲帝国主义扩张的新解释,这种解释使我在阅读时不会无意识地跳过具有医学意义的段落。他也引导我进入了一座16世纪早期科学家和20世纪科学家所积累起来的关于传染病的文章和书籍的宝库。我发现,'医学文献索引'(Index Medicus)这份最令人高兴的全部参考文献目录,涵盖广泛而详细,足以使一个正统的历史学者感觉像一个孩子那样,通过一扇窗口看到了某人的生日宴会。""这对我来说,是一种新的和令人非常满意的历史:流行病的历史。""我对流行病历史的探索,很快使我进入了一个更一般的主题:生态史。"[1] 这就是克罗斯比

---

[1] Alfred W. Crosby, *Germs, Seeds and Animals: Studies in Ecological History*. pp. x – xiii.

由传统史学转向生态环境史的心路历程。

克罗斯比的有关研究是开创性的,其治史思路与方法确实为我们提供了有用的参考"脚本"。然而,全球视野下的生态史并不是其史学实践的全部。20世纪90年代末以来,他除了继续关注生态环境这一主题之外,还试图从其他视角来解释欧洲的兴起,《事实的测量:量化与1250—1600年的西方社会》就是他"毕生寻求解释欧洲帝国主义令人惊异的成功而写的第三本书"[①],探讨了西欧社会在中世纪晚期至文艺复兴时期从定性感知向定量感知的转变,这使西欧率先拥有了现代的科学技术、商业模式和官僚制度等。要理解克罗斯比在这方面的探讨,还有待其治史实践的进一步深化和更多相关的自我表述。

(原载《史学理论研究》2011年第1期)

[①] Alfred W. Crosby, *The Measure of Reality: Quantification and Western Society, 1250 - 1600*. Cambridge University Press, 1997, p. ix.

20世纪以来世界历史观念的发展与中国的世界史教学

徐 蓝

20世纪以来,随着资本主义的危机和两次世界大战的发生,以及世界经济全球化的发展,人们对世界历史的认识也从欧洲中心史观向综合考察人类历史的全球史观演进,新中国的世界史教学也处在这一发展进程中并与此同行。本文将概括地论述这一进程,进而指出包括马克思主义世界历史理论的唯物史观对我们今天世界史教学的指导意义。

一 19—20世纪西方史学的发展轨迹

(一) 兰克学派与"西欧中心论"

兰克学派是指以德国历史学家利奥波德·兰克(或译朗克,Leopold von Ranke,1795—1886)为代表的史学派别,也被称为历史研究的科学学派、客观主义批判史学。该派最大的特点是倡导"如实直书"("秉笔直书"、"据事直书"),自称通过史料的考订能如实地反映历史,因而又成为实证主义史学流派的同义语。

关于这一学派的主张,人们经常引用兰克的第一部著作、1824年出版的《1494—1514年的拉丁和日尔曼民族史》"前言"中的一句名言:"历史学被认为有判断过去、为未来指导现代的职能,对这样的重任,本书不敢企望。它只想说明:什么确确实实地发生了。"所以有时人们把兰克学派的历史理论概括为"历史学"="史料学"。英国史学家 E. H. 卡尔（E. H. Carr，1892—1982）曾经这样形容兰克："朗克虔诚地相信，如果他自己照管着事实，老天爷就会照管着历史的意义。"①

19世纪中期以后之所以产生兰克学派，一个重要的原因是，对当时西欧的知识分子来说，19世纪的欧洲是一个称心如意的时代：工业革命的成功和不断发展、社会经济的迅速而巨大进步、殖民扩张的"高歌猛进"、民族国家的大大发展、西欧资本主义称霸世界。由于资本主义发展没有遇到大危机，整个社会洋溢着信心和乐观主义，所以像兰克这样的历史学家对历史哲学相对冷淡，并认为他所照管的那些事实（史料）总的来说是令人满意的。

兰克一生研究政治史，拥护君主政治，歌颂帝王将相。这也使得该学派的历史编纂偏重于政治史、军事史、外交史等，因为大量第一手的、比较可靠的史料来自政府文件、军事、外交档案及政治家的日记、书信、讲演等。此外，"据事直书"原则，也导致他的历史著述的特点是注重史实的铺陈叙述和人物的描写，较少评判是非功过。这就是兰克的所谓"客观主义"。

但是，兰克本人并不认为历史学就是经过考订的特殊事件的机械总和。历史学还要通过对特殊事件的研究和观察而上升为普遍性观念。他还认为史学家必须有历史的眼光，揭示出时代精神，并探究时代精神中所蕴含的内容。他还特别强调总体史的研究视野，在纵（不同的时代精神）横（不同民族和国家的相互影响）交错的复杂网络中把握一个特殊事件。这给我们提供了很好的研究方法。

兰克学派对西方史学的发展产生了重要影响，主要有三个方面。

第一，传播了"西欧中心论"（或称"西欧中心史观"）。由于19世纪是西欧资本主义称霸世界的时代，所以在19世纪的世界历史著作中充满着"西欧中心论"，兰克的著作就是典型的代表。他曾经说："我的主要注意力将放在日耳曼或日耳曼拉丁后裔的民族之上，其历史是整个现代史的核心。"② 在他晚年编著的，以拉丁、日耳曼六大民族为主体的7卷本《世界历史》（身后由其弟子根据其遗稿补足），则更是一部反映西方

---

① ［英］爱德华·霍列特·卡尔：《历史是什么?》（吴柱存译），商务印书馆1981年版，第16页。2006年商务印书馆出版了陈恒的新译本。

② 何兆武主编：《历史理论和史学理论——近现代西方史学著作选》，第222页。

资本主义在近代世界日益上升为世界支配地位的历史著作，并由此巩固了"西欧中心史观"。这一史观也借着兰克的权威广泛地扩散影响。

第二，兰克的《世界历史》，继承了自18世纪中叶以来的把各国历史汇编成世界史的做法，也因其权威而产生了巨大影响。此后这一世界历史的编纂模式支配了西方史学界近一个世纪之久，而兰克本人则被尊为近代史学之父。例如，1902—1936年陆续出版的"剑桥三史"（剑桥古代史、剑桥中世纪史、剑桥近代史），以及其后修订的新编剑桥三史（剑桥古代史的各修订卷、新编剑桥中世纪史、新编剑桥近代史），便是受其影响而出版的对中国学者影响最大的西方世界通史著作。

第三，兰克所倡导的实证主义研究方法对世界史的研究与教学作出了重要贡献。兰克认为，一个历史学家必须根据可靠的原始资料，才能写出真正的历史。因此，他笃信原始资料，主张让亲历其境者讲话。兰克之所以享有盛名，其中一个主要原因，就是他运用了别人从未使用过的许多原始材料。同时值得指出的是，兰克及其学派以严格的科学考据方法通过史料的考证研究历史，以及强调在纵横交错的不同时代精神和不同民族和国家的交互影响的网络中把握一个特殊事件，并要通过对特殊事件的研究而上升为普遍观念的总体史的研究视野，至今仍然对史学工作者产生着重要而积极的作用。实证的研究方法和史书的编纂，仍然是今天历史学的基本方法。例如，历史研究仍然要重视原始档案资料；历史著作的叙述，仍然要论从史出、史论结合等。还有他开创的 seminar（课堂讨论、专题讲习班）的教学方法，今天仍然是培养研究人才的重要方法。

但是，兰克学派也遭到哲学家和史学家的质疑批评，主要是认为该学派的"史料即史学"是过于绝对地看待历史的客观性，否认史家的思想和立场对史料的解释和对历史著作编写的渗入；研究的范围比较狭窄，较少关注经济、社会与文化；研究方法比较单一等。进入20世纪，兰克学派所代表的"西欧中心论"发生动摇，出现了比较文化形态学、法国的年鉴学派和美国的"新史学"。

（二）比较文化形态学与"文明形态史观"

20世纪初，"欧洲中心史观"在西方史学中的统治地位之所以开始动摇，主要有两个主要原因，这两个主要原因也成为比较文化形态学产生的直接原因。其一，随着资本主义的世界扩张，伴随世界经济全球化的发展而产生的资本主义国家之间的矛盾日益尖锐,使一些西方史学家对资本主义的发展前景感到忧虑。特别是第一次世界大战对西欧中心地位造成严重冲击的同时,也动摇了"西欧中心史观"的根基。其二,西方史学向专门化发展,对各国、各地区、各时代、各历史事件和历史人物的研究越来越深入缜密,促使史学家不仅要以新的眼光看待欧洲历史以外的历史和文明,也使他们重新思考对人类历史的整体考察。因此,第一次世界大战之后,在历史哲学领域,出现了批判的思辨的比较文化形态学。

比较文化形态学的奠基者是德国历史学家奥斯瓦尔德·斯宾格勒(Oswald Spengler, 1880—1936)的著作《西方的没落》(The Decline of the West)。该著作1911年开始构思,当第1卷于1918年出版时,第一次世界大战已接近尾声(1922年出版了第1、2卷合订本),西方文明的种种危机已经充分暴露出来。斯宾格勒在该书中否定他所称之为西方研究世界历史的"托勒密体系",即对那种将西欧的土地"当作一个坚实的'极'",并选定它"作为历史体系的自然中心,当作中心的太阳"的历史观念给以批判,指出这是在制造"'世界历史'的幻景";他认为"'世界历史'指的是整体,不是选定的某一部分"①,反对以西欧历史的三分法"古代—中古—近代"为基本框架来编排历史。同时,他又带着宿命论的色彩,开始把世界历史看作八种文化(古典文化、西方文化、印度文化、巴比伦文化、中国文化、埃及文化、阿拉伯文化和墨西哥文化)诞生、成长、鼎盛和衰亡的历史;他通过对不同文化的比较,阐释人类社会发展的历史进程,认为除了西方文化之外,其他文化都已衰亡,西方文化也在没落。②

随后英国历史学家阿诺德·J. 汤因比(Arnold J. Toynbee, 1889—1975)在其12卷的巨著《历史研究》(A study of History)中继承并发展了斯宾格勒的文化形态史观。他认为,历史学研究的最小单位是"文明",并通过对近6000年出现过的26种文明形态的比较研究,以其著名

---

① [德]奥斯瓦尔德·斯宾格勒:《西方的没落》上册,齐世荣等译,商务印书馆1991年版,第32—33、44页。

② 关于比较文化形态学以及对斯宾格勒的《西方的没落》的评论,可参见齐世荣为该书1991年再版所写的前言:"德意志中心论是比较文化形态学的比较结果——评《西方的没落》",见《西方的没落》上册,第1—9页;还可参见张志刚《文化形态史观》,见何兆武、陈启能主编:《当代西方史学理论》,中国社会科学出版社1996年版,第二章。

的挑战和应战学说，揭示了各种文明形态的起源、生长、衰落和解体的一般规律，最终确立了文明形态史观（亦称文化形态学）的历史哲学体系。① 汤因比认为，一切文明在哲学上都是同时代的和同等价值的，因此一切文明形态都是可比的，而西方基督教文明仍然具有"创造性的活力"。汤因比的文明形态史观，虽然在本质上仍然没有摆脱"西欧中心论"，但是他把多种文明相提并论，并认为西方文明最终也会衰落，这在一定意义上又是对"欧洲中心论"的突破。英国史学家杰夫里·巴勒克拉夫（Geoffrey Barraclough，1908—1984）对此有着深刻的评论："正是因为他（指汤因比——笔者按）最早发动了对欧洲中心论的猛烈批判（尽管他的全部历史观充满了他所攻击的那种欧洲中心论的'异端邪说'），因而具有解放的作用，这才是他名满天下的主要原因。"②

文明形态史观对20世纪世界历史研究的影响有三个重要方面：

其一，为"全球史观"奠定基础。正如巴勒克拉夫所说，汤因比"提醒那些沉湎于专门领域的研究而迷失方向的历史学家，使他们认识到需要用全面的眼光去看待人类历史的整体"③，从而为"全球史观"的确立和发展开辟了道路。

其二，以文明为单位研究和撰写历史。以汤因比的《历史研究》作为撰写真正意义上的世界文明史为开端，文化形态史观也逐渐发展为"文明多元论"，以文明为研究单位的世界通史的写作从此方兴未艾。④

其三，人文学科与社会学科相结合的研究方法。由于文明囊括人类所创造的所有物质和精神的伟大成果，所以对于历史工作者来说，无论是全球的宏观视野，还是对每一种文明的具体研究，都需要运用人文科学和社会科学的各种理论和方法。于是，在历史学与其他哲学社会科学

---

① 如果对汤因比的挑战应战说给以概括，可以这样表达：汤因比认为，文明的发生是由于人类对自然环境或人为环境的挑战给以应战，但是只有适度的挑战才是文明发生的适当条件；文明发生之后便在不断地应对内部和外部的挑战下成长；如果对挑战没有应战，文明便会开始衰落直至解体。

② 杰弗里·巴勒克拉夫：《当代史学主要趋势》，杨豫译，上海译文出版社1987年版，第264页。

③ 杰弗里·巴勒克拉夫：《当代史学主要趋势》，第264页。

④ 文明是人类所创造的全部物质成果和精神成果，因此，从这个意义上说，文明史也就是世界通史。但是，与传统的相对短时段的、更多强调经济形势、政治事件、伟大人物等世界通史的写作相比，文明史更注重长时段的各文明的发展和变化，以及它们对人类历史发展的贡献。

各学科之间的界限变得越来越模糊的同时，在对史学工作者提出更高要求的同时，也促进了历史学各个分支学科在第二次世界大战后的迅速发展。

（三）年鉴学派的"总体史观"和鲁滨逊的"新史学"

在对实证的传统史学的批评中，1929年法国斯特拉斯堡大学创刊的《经济社会史年鉴》（1946年起改为《经济、社会和文明史年鉴》），标志着一个新的学派——年鉴学派的诞生。年鉴学派的第一代代表人物马克·布洛赫（Marc Bloch，1886—1944）认为："历史学的对象是人"，历史学是在时间长河中的"人类的科学"；"正是在时间的长河中潜伏着各种事件，也只有在时间的范围内，事件才变得清晰可辨"[①]。在年鉴学派看来，正是由于史学以历史中的人为其对象，史学便能够也应当以史学为基础并全面借鉴其他学科的方法和研究路径。因此，年鉴学派主张打破史学研究的专业局限和学科局限，提倡通过史学和其他社会科学和人文科学的联合来打破传统的史学模式。于是，社会史、经济史、人口史、环境史等都成为年鉴学派的研究范围。也正是在既强调历史学的重要性又主张打破学科界限的主张下，年鉴学派提倡总体地、整体地研究历史，正如布洛赫所说："唯有总体的历史，才是真历史"，"历史包罗万象，无所不言……历史研究不容画地为牢，若囿于一隅之见，即使在你的研究领域内，也只能得出片面的结论……而只有通过众人的写作，才能接近真正的历史。"[②] 年鉴学派的"总体史"观念和方法论，实际上也是一种世界史的观念，并影响了以后世界历史观念的发展。[③]

20世纪初，美国也兴起了一个"新史学"流派，其代表人物和代表

---

① ［法］马克·布洛赫：《历史学家的技艺》，张和声等译，上海社会科学院出版社1992年版，第24页。此书法文原名《为历史学辩护》（Apopogie pour l'histoire）。
② ［法］马克·布洛赫：《历史学家的技艺》，第39页。
③ 第二次世界大战后，以费尔南·布罗代尔（Fernand Braudel，1902—1985）为代表的第二代年鉴学派发展出长时段的概念。他把历史时间分为三个层次：第一层次包括地理与生态环境的时间、文化与心态结构的时间、经济与社会结构的时间；第二层次包括社会、人口、经济运动的时间；第三层次包括政治、军事、人物活动的时间。布罗代尔的长时段的历史是以世纪作为基本度量单位的第一层次的历史，并写下了他的成名作《菲利普二世时代的地中海和地中海世界》（中译本由商务印书馆1996年出版），对中国学术界影响很大，也有助于中国的世界历史观念的发展。一般认为，年鉴学派受到马克思主义的影响。

著作是 1911 年詹姆斯·哈威·鲁滨逊（James Harvey Robinson, 1863—1936）出版的《新史学》(The New History) 一书。该书是鲁滨逊的论文和讲演的汇编，集中反映了他的史学思想。鲁滨逊反对只偏重研究政治史，主张把历史研究的范围扩大到人类以往的全部活动，凡从古到今各种经济、文化、教育、宗教、艺术、科技发明等都应包括在内；反对只讲大人物和大事件，主张研究普通的人和普通的事，用综合的观点揭示和分析历史事实，用进化的眼光考察历史变化，以展示人类逐渐走向进步的历程，等等。"新史学"在美国影响很大，并通过中国的留学生介绍到中国①，影响到中国的世界历史观念。

第二次世界大战后，欧洲地位明显衰落，西方建立的殖民体系土崩瓦解，社会主义取得重大胜利，使"西欧中心论"的世界史体系受到更严厉的批评。与此同时，随着资料范围不断扩大，科学技术飞速发展，通信联络四通八达，世界日益密切联系成为一个息息相关的整体，历史研究也不断进步。正是世界历史的发展迫使人们去承认"一个世界"的现实。于是，历史学家更加意识到要撰写整个世界的历史。② 全球史观应运而生。

（四）全球史观

什么是全球史观，学术界并无定义，但是可以从一些史家的论述中看到他们眼中的全球史观。

一般认为，在国际学术界，最早系统提出以"全球史观"撰写世界历史的是杰弗里·巴勒克拉夫。他在 1955 年出版的论文集《变动世界中的历史学》(History in a Changing World) 中，提倡史学研究要"跳出欧洲、跳出西方、将视线投射到所有的地区和所有的时代"③。1978 年他组

---

① 何炳松在美国留学时受到鲁滨逊的影响，回国后于 1921 年将《新史学》译成中文，并将新史学的一些基本思想反映在他的教科书中。1963 年，齐思和等人根据原书 1922 年版重译，1988 年商务印书馆重印了这个版本。

② 从最广义的角度来说，早在古代，一些大历史学家就已经在撰写他们当时所认知的"世界"的历史，如古希腊历史学家希罗多德的《历史》，已经涉及地中海地区、多瑙河之外、两河流域、波斯及其以北的草原地区；中国汉代历史学家司马迁的《史记》，涉及的范围东起朝鲜、西至大夏、安息，几乎是欧亚大陆的一半。这些地区便是当时希腊人和中国人所认知的"世界"，但它们不过是真正的世界的某些部分，所以并不是真正意义上的世界史。

③ Geoffrey Barraclough, *History in a Changing World*, Oxford: Blackwell 1955, p. 27.

织编写出版的《泰晤士世界历史地图集》,"在一定程度上改变了以欧洲为中心论述历史的旧观点,从宏观阐述自公元前9000年到公元1975年人类历史的形成和发展,避免了事件的堆砌和割裂。"① 他在1978年为联合国教科文组织编写出版的《当代史学主要趋势》(*Main Trends of Research in the Social and Human Sciences: History*)一书中进一步指出,"认识到需要建立全球的历史观——即超越民族和地区的界限,理解整个世界的历史观——是当前的主要特征之一。"② 爱德华·H. 卡尔也在20世纪60年代就指出:"也只有在今天,才第一次有可能想象整个世界包括着在十足的意义下真正进入了历史的人民,包括着不再是殖民地行政长官或人类学家所关心的、而是历史学家所关心的各族人民。这是我们的历史概念的一次革命。"③ 于是,西方史学界在20世纪70—80年代掀起了打破西欧中心论的世界历史编纂潮流,使世界历史的叙述与编写在总体上进入了全球整体历史的时代。

以下是几本可视为以全球史观撰写的西方学者的世界通史著作,对中国学者产生了较大影响。

早在1920年,英国作家(非职业历史学家)H. G. 威尔斯(Herbert-George Wells,1866—1946)就出版了简明世界通史读本《世界史纲:生物和人类的简明史》(*The Outline of History: A Plain History of Life and Mankind*),论述了从地球的形成、生物和人类起源直到第一次世界大战的横跨五大洲的世界历史。作为对西方文明的一种批判,作者深切关注整个人类的命运,批评过去的欧洲历史学者"严重贬低了亚洲中央高地、波斯、印度和中国等文化在人类这出戏剧里所分担的部分",决心在自己的著作中不再"局限于西方世界",而是把世界作为一个整体来对待。④ 该书的盛行(据说每个说英语的家庭都有一本),客观上形成了对西欧中

---

① 该书的文字部分经过选译,成为《世界史便览:公元前9000年—公元1975年的世界》一书,由生活·读书·新知三联书店1983年出版,引文见"出版说明"。
② 杰弗里·巴勒克拉夫:《当代史学主要趋势》,第242页。
③ [英]爱德华·霍列特·卡尔:《历史是什么?》,第163页。
④ 赫·乔·威尔斯:《世界史纲:生物和人类的简明史》,人民出版社1982年版,导言部分。1927年商务印书馆就出版了梁思成、向达等5人翻译、梁启超、徐养秋等11人校对的版本,1982年,人民出版社出版了吴文藻、谢冰心、费孝通等翻译的版本,2001年,广西师范大学出版社再版了这个版本。

心论的一大冲击。①

1963年，美国史学家W. H. 麦克尼尔（William H. McNeill, 1917—）出版了《西方的兴起：人类共同体的历史》（*The Rise of the West, A History of the Human Community*），该书采用了从古至今的叙事史体例，被西方史学界认为是专业历史学家写出的第一部综合世界史，开创了世界史研究的一个新时期。在该书的基础上，1967年麦克尼尔出版了更为简要的《世界史》（*A World History*）。②

美国史学家L. S. 斯塔夫里阿诺斯（L. S. Stavrianos, 1913—2004）于1966年和1971年分别出版了《全球通史：1500年以后的世界》（*The World since 1500: A Global History*）和《全球通史：1500年以前的世界》（*The World to 1500: A Global History*）。作者认为：他这本书的观点，"就如一位栖身月球的观察者从整体上对我们所在的球体进行考察时形成的观点"，他"研究的是全球而不是某一国家或地区的历史；关注的是整个人类，而不是局限于西方或非西方人"，世界历史是"从全球的而不是从地区或民族的角度讲述历史"，世界历史要探究的是"那些曾对整个世界有影响的力量或运动"。③

美国学者、被称为西方"新左派"的伊曼纽尔·沃伦斯坦（Immanuel Wallerstein, 1930—）以"世界体系理论"作为其世界历史观念，1974—2011年陆续出版了4卷本《现代世界体系》（*The Modern World-System*）。作者从全球出发，把资本主义的历史放在世界性的体系中去认识，认为资本主义从一开始就是作为一个世界性的体系（16世纪开始于西北欧为中心形成的"世界性经济体系"）出现的，并将"世界体系"作为研究的单位；他还引入"核心"、"边缘"、"半边缘"等概念，认为资

---

① 实际上，该书仍然带有西方文化的优越之感。中国史学家雷海宗从美国归来后就写了一篇批评威尔斯《世界史纲》的文章，认为这部号称"世界史"的著作，却很少涉及非西方地区的历史，显示出一种文化上的狂妄。

② 《西方的兴起》出版25年后，麦克尼尔在《世界史杂志》（*Journal of World History*）1990年第1期以"25年后再评《西方的兴起》"为题撰写文章，对该书做了自我评论，指出了它的得失问题；在1991年新版的《西方的兴起》一书中作者将这篇文章作为代序言（The Rise of the West: A History of the Human Community: With a Retrospective Essay）。

③ ［美］斯塔夫里阿诺斯：《全球通史：1500年以前的世界》（吴象婴、梁赤民译），上海社会科学院出版社1988年版，第54页；《全球通史：1500年以后的世界》，上海社会科学院出版社1992年版，序言第2页。该书的第七版《全球通史：从史前史到21世纪》已由北京大学出版社2005年出版。

本主义发展的历史就是把世界逐渐卷入核心和边缘的历史。[①]

从上述的介绍中可以清楚地看到，无论这些世界历史著作的研究与编纂体系存在什么样的缺陷，它们都显示了"一种观察人类历史的整体观念"。今天，全球史观在西方史学界关于世界通史的编纂理论和实践中开始居于主导地位。与此同时，全球史观也对中国的世界通史研究和编写产生了重要影响。

二 20世纪中国的世界史学发展

（一）改革开放前的中国世界史教学

中国的历史学家从中外研究世界历史的各种理论与方法的发展中汲取营养。

20世纪兰克学派传入中国，一些人把它概括为"史料即史学"。例如，历史学家傅斯年（字孟真，1896—1950），就主张"史学便是史料学"，让史料本身说话，即他所说的"我们反对疏通，我们只是要把材料整理好，则事实自然显明了"。这里颇有兰克主张的味道。尽管这种观点有点过于绝对，但是他的"凡一种学问能扩张他研究的材料便进步，不能的便退步"、"动手动脚到处寻找新材料，随时扩大旧范围"、"一分资料出一分货，十分资料出十分货，没有资料便不出货"的主张，以及他提出的"上穷碧落下黄泉，动手动脚找东西"的治史原则[②]，对中国史学的发展影响深远。

随着马克思主义传入中国，唯物史观对中国的世界史教学与编写也产生了影响。早在1925—1926年，陈衡哲（1890—1976）就出版了高中教科书《西洋史》，沿着上古—中古—近世的线索，叙述了上起地球和生物的起源，下至1914年第一次世界大战的欧洲历史。尽管作者表示要以多元史观解释历史现象，但她认为自己深受唯物史观的影响，她在给胡适的信中说："你说我反对唯物史观，这是不然的；你但看我的那本《西洋

[①] 该书第1—3卷中文版由高等教育出版社1998—2000年出版。2011年该书第4卷英文版出版。

[②] 岳玉玺、李泉、马亮宽编选《傅斯年选集》，天津人民出版社1996年版，引文见第193、180—181、182页。

史》,便可以明白,我也是深受这个史观的影响的一个人。"作者虽然"叙次西洋史迹,又时与中国有关内容加以联系。"①

1934 年何炳松出版的复兴高级中学教科书《外国史》(上下册),从人类文化起源一直写到 1931 年九一八事变。该书虽然多参考西方学术成果,但作者反对西欧中心论,表示自己的立场与西方学者不同:"我们试看寻常所谓外国史或世界史,多半是西欧中心扩大起来的西洋史。欧洲固然是现代世界的重心,值得我们格外注意。但是我们中国人既系亚洲民族的一分子,而亚洲其他各民族在上古和中古时代对于世界的文化又确有很大的贡献,似乎不应因为他们久已衰亡,就可附和欧洲史家的偏见,一概置之不理。因此,著者很想在本书中有一种新的立场,把亚洲匈奴人、安息人、月氏人、突厥人、蒙古人等向来受人轻视的民族,根据他们在世界文化史上的活动和贡献的程度,给以相当的位置,而加以叙述。"② 因此,该书在论述文化起源时从亚洲讲起。何先生接受 20 世纪上半期美国出现的以詹姆斯·哈威·鲁滨逊为代表的"新史学"派的观点,在教材中一定程度上打破了以往历史教科书只关注帝王将相少数人活动和偏重政治史的现象,大大扩充了选材范围,以较多的章节叙述文化与社会生活。

1949 年商务印书馆出版了周谷城撰写的《世界通史》。该书在前言中就说明反对"西欧中心论",将各大洲和各民族均视为世界历史的一部分,并强调中华民族对世界文明作出的贡献。他强调世界史是有规律的发展过程,应根据马克思的社会形态更迭理论来划分世界历史的时代。另外,周谷城还认为,"世界通史并非国别史之总和,而是一个有机的统一体,故叙述时,力求避免分国叙述的倾向,而特别着重世界各地相互的关系"。③ 这一看法,对于中国的世界史学科的发展尤其具有启

---

① 引自傅杰为 1998 年辽宁教育出版社再版的陈衡哲的《西洋史》所写的"本书说明"。
② 《何炳松文集》第五卷(繁体字竖排版),商务印书馆 1997 年版,第 243 页;亦见何炳松:《世界简史》,中国工人出版社 2007 年重印,序言第 3 页。需要说明的是,本文作者认为这个重印本即是对复兴高级中学教科书《外国史》(上下册)以横排版简体字的重印,但重印出版者没有说明。
③ 周谷城:《世界通史》,商务印书馆 1950 年版,前言;周谷城:"《世界通史》影印本新序",见《周谷城学术论著自选集》,北京师范大学出版社 1992 年版,第 130 页。

发意义。①

新中国成立后,中国的世界史研究与教学有了很大进步,也一度受到苏联学术界对马克思主义唯物史观,即关于人类社会形态演变的解读的较大影响。这种解读,突出反映在苏联于20世纪50年代及其后陆续出版的13卷本《世界通史》的编纂体例中。② 该书以生产力和生产关系的矛盾斗争为社会发展的动力,以社会经济形态作为划分历史阶段的标准,以原始社会、奴隶社会、封建社会、资本主义社会和社会主义社会五种生产方式把世界各国、各民族、各地区的历史排列起来,形成了苏联的世界通史体例。然而,该书并没有完全摆脱西欧中心论的影响,而且过于强调苏联在历史发展中的作用。但是,在当时的情况下,这套《世界通史》对新中国的世界史教育与研究产生了重要影响。这是不言而喻的。

1962年出版了周一良、吴于廑主编的新中国第一部综合性的4卷本《世界通史》,即现在人们简称为"周吴本"的世界通史教材。这套教材,同样以五种社会经济形态作为划分历史阶段的标准,以阶级斗争为纲,以人民群众为主角,"以时间的延续为经,以地区的分布为纬,比较系统地叙述了整个世界从人类的起源到第一次世界大战结束的历史,体现了中国学者当时对世界史的认识和研究水平"③。同时,人们也能够明显地看到它较严重地受到苏联《世界通史》的影响,在世界史的体系方面,没能有更多的创造和突破,而且缺少第一次世界大战以后的历史。

(二) 改革开放后的中国世界史发展

随着"文化大革命"的结束和改革开放政策的实行,中国的世界史学界也迎来了思想的大解放。当人们重读经典作家关于人类社会发展的论述时,就发现他们在论述人类历史的发展规律时,不仅注意到社会形态的

---

① 周谷城的《世界通史》于1958年修订再版,随后引起了第一次全国范围内的对世界史体系的讨论,涉及批判"欧洲中心论"、世界史的中心与分期、古代东方奴隶制和古代希腊罗马奴隶制关系等问题。详见杨辉《当前世界史讨论的几个问题的情况简介》,《历史教学》1961年第8—9期,第82—86页。需要说明的是,由于这场讨论是在特定的背景下发生的,不久就渗入了一些不健康的因素,而坚决批判"欧洲中心论"的周谷城也被指责为"欧洲中心论"。

② 该书本来计划出10卷,从人类起源写到第二次世界大战,后来增加为13卷,写到1970年。中文版已由生活·读书·新知三联书店1958—1990年出版。

③ 吴于廑为《中国大百科全书·外国历史》撰写的"世界历史"辞条,见该书第1册第5页,中国大百科全书出版社1990年版。该条目也是"吴齐本"《世界史》的总序。

变化,也注意到世界形成一个整体即世界历史的形成过程,从而对作为唯物史观组成部分的马克思主义世界历史观有了新的认识。

从社会发展形态的演变来看,马克思在1859年为《政治经济学批判》所写的序言中指出:"大体说来,亚细亚的、古希腊罗马的、封建的和现代资产阶级的生产方式可以看作经济的社会形态演进的几个时代。资产阶级的生产关系是社会生产过程的最后一个对抗形式,这里所说的对抗,不是指个人的对抗,而是指从个人的社会生活条件中生长出来的对抗;但是,在资产阶级社会的胞胎里发展的生产力,同时又创造着解决这种对抗的物质条件。"①

从世界形成一个整体即世界历史的形成来看,甚至早于上述关于经济的社会形态演进的论述,马克思和恩格斯在1845—1846年撰写的《德意志意识形态》中就已经指出,资本主义"大工业创造交通工具和现代的世界市场",从而"首次开创了世界历史,因为它使每个文明国家以及这些国家中的每一个人的需要的满足都依赖于整个世界,因为它消灭了各国以往自然形成的闭关自守的状态";"各个相互影响的活动范围在这个发展进程中越是扩大,各民族的原始封闭状态由于日益完善的生产方式、交往以及因交往而自然形成的不同民族之间的分工而消灭得越是彻底,历史也就越是成为世界历史……历史向世界历史的转变,不是'自我意识'、世界精神或者某个形而上学幽灵的某种纯粹的抽象行动,而是完全物质的、可以通过经验证明的行动,每一个过着实际生活的、需要吃、喝、穿的个人都可以证明的行动。"②

马克思、恩格斯关于社会发展形态演变和世界历史形成的论述,以及物质生产是社会形态变化和世界历史形成的共同的推动力量的论断,鲜明而深刻地批判并突破了西欧中心论,是世界史观的一次重大变革,形成了马克思主义的世界历史理论,即马克思主义的"世界历史观"。③

根据马克思主义的世界史观,吴于廑先生对世界史学科应该研究的对

---

① 《马克思恩格斯文集》第2卷,人民出版社2009年版,第591—592页。
② 《马克思恩格斯文集》第1卷,人民出版社2009年版,第566、540—541页。
③ 关于马克思从侧重于对作为"结果"的世界历史的研究进一步扩展到对作为"过程"的世界历史的研究,从而丰富并深化了马克思自己的世界历史理论的论述,可参见叶险明:《"两部历史学笔记"在马克思世界历史理论发展中的地位》,《教学与研究》2011年第8期,第5—12页。

象提出了新看法。他认为,"世界历史是历史学的一门重要的分支学科,内容为对人类历史自原始、孤立、分散的人群发展为全世界成一密切联系整体的过程进行系统探讨和阐述。世界历史学科的主要任务是以世界全局的观点,综合考察各地区、各国、各民族的历史,运用相关学科如文化人类学、考古学的成果,研究和阐述人类历史的演变,揭示演变的规律和趋向。"① 在这一认识的基础上,吴先生强调世界历史的纵向发展和横向发展,认为纵向发展"是指人类物质生产史上不同生产方式的演变和由此引起的不同社会形态的更迭",横向发展"是指历史由各地区间的相互闭塞到逐步开放,由彼此分散到逐步联系密切,终于发展成为整体的世界历史这一客观过程而言的",而这两方面的发展互动,就形成了世界历史发展的过程。② 可以看到,这种对世界历史本体论的新认识,与世界上已经流行的全球史观的发展虽然并不完全同步,但基本上是同向进行的。

根据这种新认识,吴于廑和齐世荣受国家教委委托,主编了 6 卷本《世界史》(古代史编 2 卷、近代史编 2 卷,现代史编 2 卷),被简称为"吴齐本",由高等教育出版社 1991—1994 年出版。这部 200 多万字篇幅的世界通史,突破了以往国内外世界通史的编撰模式,尤其是突破了苏联学者所编世界通史的模式,以包括世界历史理论的马克思主义唯物史观为指导,重构世界史的宏观体系;同时借鉴当代史学理论和方法,以中国人的思辨,探索自人类起源至 20 世纪 90 年代这一历史长河的源流及其走向,考察世界如何由相互闭塞发展为密切联系、由分散演变为整体的全部历程。它的主要特点是:第一,从全球的视角,对世界历史发展的阶段进行重新划分:人类产生至 15 世纪末为古代史,16—19 世纪末为近代史,19 世纪末 20 世纪初至 20 世纪 90 年代为现代史。这种超越社会经济形态的分期从历史实际出发,与原先以政治兴替或其他"重大事件"为分期标准有着本质上的区别。第二,力求避免重蹈国别史汇编的旧体系,采取纵横交织的编撰体系和纵横比较的写作方法,抓住世界历史的纵向发展与横向发展密不可分这一关键环节,注意揭示纵向的重大历史现象对横向发展的制约,以及横向发展对纵向发展的反作用。第三,突破"以阶级斗

---

① 吴于廑为《中国大百科全书·外国历史》卷撰写的"世界历史"条目中的话,见该书第 1 册第 1 页。

② 参见吴于廑《吴于廑学术论著自选集》,首都师范大学出版社 1995 年版,第 52 页。

争为纲"的模式，不仅阐释世界各国各民族之间，以及各国各民族内部的暴力冲突和阶级斗争在打破其分散闭塞局面，推动历史进步的巨大作用，而且注重深入探讨人类和平交往和思想文化，特别是科学技术在世界历史形成中的作用。第四，创造性地将中国历史纳入其中，以有限的篇幅简述中国历代兴替的基本脉络，重点发掘中国与世界发生联系的重大史实及其意义，并从中外历史的比较中确立中国在世界史上应有的地位，从而勾勒出中国古代文明的发展和世界走向中国，中国走向世界的历史轨迹。[①] 至2013年，该教材已经发行上百万册，成为中国最有影响的世界通史教材。

还需要指出的是，随着中国现代化进程的加速发展，以罗荣渠为代表的"现代化史观"也于80年代异军突起。[②] 他主张"从宏观历史学的角度，把现代化作为一个全球性大转变的过程，从传统农业社会向现代化工业社会转变的大过程，进行整体性研究"，并认为"现代化史学是关于现代世界的变革与发展进程的整体和分体研究的史学"[③]，因此也被称为"一元多线历史发展观"[④]。90年代他以《现代化新论》和《现代化新论续篇》两部著作，将"现代化史观"具体实践，成为中国现代化史学的开拓者。

三　进入21世纪的世界史学发展

（一）全球史的兴起

进入21世纪，在西方特别是美国于20世纪下半叶兴起的"全球史"

[①] 有关这部世界通史的详细评论，参见王方宪《我国世界史学科发展的里程碑——六卷本〈世界史〉述评》，《历史教学》1995年第9期，第14—17页。

[②] 参见罗荣渠《有关开创世界史研究新局面的几个问题》，《历史研究》1984年第3期，第35—49页。

[③] 罗荣渠：《现代化新论——世界与中国的现代化进程》，北京大学出版社1993年版，序言第2页；《现代化新论续篇——东亚与中国的现代化进程》，北京大学出版社1997年版，第29页。

[④] 一般认为，"一元多线历史发展观"受到世界体系理论的影响，建构了现代化发展的动力机制和分析框架；它坚持以生产力而不是以生产关系或财产关系为标准衡量社会发展的程度，强调大工业生产力所引起的人类社会的革命性变化；其论述重点是世界现代化进程的"多线性"和造成现代化模式、路径的多样性的多种因素，以及它们之间的相辅相成的互动作用。

（global history）或称"新世界史"（new world history）在 21 世纪继续发展，并引起了中国学者的兴趣。

最初的"全球史"只是美国历史教学改革中出现的一门新课程，后来逐渐演变成一种宏观编写世界通史的方法论。它与以往世界史的最大不同，在于它受到后现代主义思潮的影响，从全球化的背景出发，关注那些导致全球化因素的发展过程。正如美国夏威夷大学教授杰瑞·本特利（Jerry Bentley，1949—2012）所说："深刻影响了当今世界发展的强劲的全球化的势头也促使历史学家们关注人类早期的跨文化互动和交流过程。在许多方面，世界史作为一种理性的研究课题，代表了当代职业历史学家们对他们身居其中的跳跃式发展的全球化现象的职业反映"。① 因此，"新世界史"更为重视对长时段的、跨区域的、跨文化的环境变化，物种传播，疾病蔓延，人口发展，移民迁徙，意识形态和观念变化，跨国公司，能源需求，国际犯罪，甚至政治、文化的全球化等问题的研究，注重世界各民族之间的互动特别是人类早期的跨文化互动和交流过程。于是，国内已有学者将这种从全球化的视角出发研究人类历史发展本身的观念称为"全球化史观"②；亦有学者将这种学术取向称之为"把全球化历史化、把历史化全球化"③。

以下是几本被视为全球史的西方学者的世界通史著作，对中国学者也产生了较大影响。

上述已经提到的美国史学家 W. H. 麦克尼尔 1963 年出版的《西方的兴起：人类共同体的历史》一书被认为是全球史作为一个学术领域的诞生。1967 年他出版的《世界史》和 1966—1971 年 L. S. 斯塔夫里阿诺斯的两卷本《全球通史》都被视为全球史的世界通史著作并成为畅销书。由此可见，全球史观与全球史的编写是有其一致性的。

2000 年，杰瑞·本特利和赫伯特·齐格勒的《新全球史：文明的传承与交流》（Jerry Bentley, Herbert Ziegler, Traditions & Encounters: A

---

① 引自首都师范大学 2005 年 10 月召开的"世界各国的世界通史教育国际学术研讨会"编辑的《学术交流论文（外国学者卷）》，第 4—5 页。
② 参见《全球化与全球化史观——访世界历史所研究员刘军》，《中国社会科学院院报》2006 年 5 月 30 日第 5 版。
③ 见刘新成为杰瑞·本特利、赫伯特·齐格勒的《新全球史：文明的传承与交流》所写的中文版序言。

Global Perspective on the Past)一书①出版,作者力图超越西方中心论,注重文明的多元传统和相互之间的碰撞与互动,揭示人类社会不同传统之间的紧密联系,成为美国最畅销的世界史教科书,在中国也拥有广泛影响。

2003 年,麦克尼尔父子出版了《人类之网:鸟瞰世界历史》(J. R. Mcneill and William. H. Mcneill, The Human Web: A Bird's-Eye View of World History)一书②,作者力图以一种超越文明的宏观视野来重新审视全球历史,认为世界历史就是全人类与自然界共生的世界体系,就像一张无形的巨网,人类前进的每一步都在影响着自然物种的进化,也同时受着自然环境的制约和影响;作者追溯人类网络的变化,揭示各个阶段不同人群之间合作与竞争的生存特征,以及人类社会与生物圈的依存、互动,启发读者思考人类网络的未来之路。

由此可见,"全球史"或"新世界史"更为强调世界历史发展的横向联系,就这一点来说,与马克思主义唯物史观中关于"世界历史"的形成与发展的论述是有共同之处的。③ 当然,"新世界史"存在的明显缺陷也招致一些专业历史学家的批评。例如,它比较忽视社会内部发展的作用;没有完全摆脱西欧中心论的思维;使用的多是二、三手资料,较少原始资料的利用等。全球史学家也正在努力克服这些缺陷。

(二) 中国世界史的新发展

进入 21 世纪,中国的世界通史研究和教学也取得了新进展。

首先,在唯物史观指导下,尝试运用全球史的角度和研究方法,修订吴于廑、齐世荣主编的 6 卷本《世界史》,以齐世荣为总主编的修订本 4 卷《世界史》(上古、中古 1 卷,近代 1 卷,现代 1 卷,当代 1 卷)于 2004—2006 年出版。该修订版与"吴齐本"内容多有不同,采用了国内外许多新的研究成果。例如,近代部分的编写"参考了 Bentley 等编著的国外最新世界史教材以及其他许多专著"④;现代卷和当代卷对第一次世

---

① 2007 年北京大学出版社出版了中译本,书名为《新全球史:文明的传承与交流》,该译本依据的是 2005 年第三版。
② 该书中译本由北京大学出版社 2011 年出版。
③ 鉴于美国的全球史推动者多属于较为激进的左翼知识分子,我们有理由相信他们也受到过马克思主义的影响。
④ 见"近代卷"的后记。

界大战的后果、对冷战起源、战后的两极格局向多极化的发展、和平与发展的时代主题等，都有新的看法，并补充了1994—2004年的内容。

其次，从文化形态史观发展而来的"文明多元论"，在当代中国也有它的回响，这就是北京大学出版社于2004年9月出版的马克垚主编的2卷本《世界文明史》。编者在该书导言中指出，文明是人类所创造的全部物质和精神成果，从这个意义上说，文明史也就是世界通史。但文明史不同于世界史，就是它所研究的单位是各个文明，是在历史长河中各文明的流动、发展、变化。因此，该书以文明作为研究单位，根据各文明生产力的发展变化情况，将各文明划分为农业文明时代和工业文明时代，并以此为线索，通过全球的视角将各文明的纵向发展与横向交流进行勾勒，展示出7000年人类文明发展的宏观历史画卷。

再次，在较长时段的断代史方面，也有新的成果问世。这里仅举两例。

其一，以现代化史观研究世界近现代史。2003年，钱乘旦发表《以现代化为主题构建世界近现代史新的学科体系》一文[①]，把世界近现代史分为现代化的准备、起动、在西方的成熟和发展、向全球扩张和转型迹象等五个阶段，成为现代化史学中的又一个新的体系。2010年他主编的涉及西欧、北美、拉美、东亚、中东等地区的《世界现代化历程》（6卷）出版。

其二，2012年，徐蓝主编的《世界近现代史1500—2007》出版。该教材以马克思主义的世界历史理论为指导，注重人类自身的活动，通过宏观的视角和微观的论述，将15世纪末16世纪初直至21世纪初的世界历史发展合为一体；叙述结构独特：以近代早期的世界全貌为开篇，然后以时序发展为经线，以资本主义的发展历程，社会主义从理论到实践的发展，殖民体系的瓦解和发展中国家的发展，国际关系的发展演变，西方文化的发展与社会生活的变化等五个方面为纬线，进行整体叙述，注重历史事实和发展趋势，长时段地勾勒人类历史不断走向现代化、走向全球化、走向多极化、走向进步的过程。

总之，20世纪以来中外学术界关于世界历史的观念的发展，推动了中国的世界通史理论和编纂实践，也推动了中国的世界史教学的进步。但

---

① 见《世界历史》2003年第3期，第2—11页。

是，与大学的世界通史的进步相比较，我国中学的世界史教学则相对有些滞后。因此，我们在修订后的《义务教育历史课程标准（2011年版）》中，不仅强调历史学科的时序性[①]，而且进一步贯彻包括马克思主义的世界历史理论在内的唯物史观，以马克思主义经典作家对纵向的经济社会形态演进的阐述及其对横向的世界历史发展的阐述为基本指导思想，以纵向和横向这两条相互交错的"线"来排列重要的历史事件、历史人物和历史现象。世界古代史注重全面反映多元文化和历史发展的多样性和不平衡性，以及在欧、亚、非洲之间不断进行的交往；世界近代史注重论述资本主义产生和发展历程、马克思主义诞生和殖民地人民对资本主义殖民扩张的反抗，以及资本主义世界市场的不断扩大和世界各国各地区之间联系的不断加强；世界现代史注重社会主义、资本主义和第三世界发展历史进程，以及世界日益成为一个密不可分的整体，构成了世界各国既相互依存又相互竞争的复杂局面，揭示中国的前途命运日益紧密地同世界的前途命运联系在一起的现实，从而使学生能够以开放的心态和开阔的视野看待世界。实际上，这也正是作为人文学科的世界史的"立德树人"的基本教育功能之一。

（原载《课程·教材·教法》2013年第10期）

[①] 相关文章，请参见徐蓝、钱丽欣《历史：以时序性突出历史发展的主线——〈义务教育历史课程标准（2011年版）〉热点问题访谈》，《人民教育》2012年第6期，第47—49页。

面对全球史的中国史研究

王永平

全球史（Global History）兴起于20世纪下半叶，目前已经成为世界上最有影响的史学流派之一。自从20世纪八九十年代全球史传入中国以后，在中国史学界也引起了巨大反响，近年来有越来越多的学者开始关注全球史，并有一些学者开始尝试借鉴全球史的理念与方法来研究历史，在传统研究范式中取得创新。然而，方兴未艾的全球史在中国还主要是受到世界史和史学理论研究者的青睐和欢迎，与他们热烈谈论和倾心引介全球史的热情相比，全球史在中国史研究者中却显得相对冷清，鲜有回应。究竟是什么原因造成了这种局面？全球史与中国史研究有关系吗？在我们的中国史研究中需要全球史吗？这些都是非常值得深思的问题。

一 中国史与世界史学科的分立

在中国的历史学研究领域中，中国史与世界史的分立是一个既成事实：世界史首先是除中国史之外的地区史与国别史，其次才是从分散到整体的世界历史；而中国史则主要是以历代王朝兴衰和社会变迁为线索的断代史和各种专题史的分解与整合。中国的历史学研究者也都很注重这种学科的划分和自己身份的认同，除了极个别学贯中西的权威和大家，大多数学者都会划地为牢，自觉站队，给自己贴上"我是研究中国史的"和"我是研究世界史的"标签，形成了两个研究内容完全不同的"学术圈"。如果不这样，就好像是一个没有"组织"和不被圈内人认同的"学术盲流"一样。这种状况的形成既有历史学科本身发展的原因，也是现实需要的考量。

中国史和世界史的分立，产生很多弊端，如以研究中国古代史见长的何兹全早就指出"在我们的历史知识中，中国史和外国史挂不上钩的情况是比较普遍的"，"搞中国史的不问世界史，搞世界史的很少搞中国史"，以致所谓"世界史"讲的是中国史以外的世界史。所以他大声疾呼"我们需要包括中国史的世界史"[1]。这种人为割裂的现象造成了从事世界史研究的学者不大了解中国史，而研究中国史的学者也不太熟悉世界史的状况。虽然研究者可以通过大量阅读中国史和世界史的论著来弥补自己相关专业知识的不足，但是由于两个学科的分立，使得研究者的专业意识与学科方向一开始就非常明确，事实上造成了他们对对方专业知识的了解难免浮光掠影，学术视野狭窄，要么言必称希腊、罗马，要么只知有汉唐而无论世界，所谓培养具有学贯中西、胸怀世界的通识型人才的目标往往流于空谈。

诚然，多年来中国史学界也在不断呼吁构建新的世界历史学科体系，其中一项重要的工作就是在世界通史的编纂中加入中国史的内容，并在这方面进行了不懈努力和长期实践，涌现出了一批重要的世界通史著作，取得和积累了一些宝贵的经验。但是，在编写世界史时，如何处理中国部分迄今仍然是一个非常棘手的问题，刘新成就提出："在把中国史纳入世界史之后，'世界史'中的中国史和中国史本身应该有什么区别？"[2] 另外，即使是在世界史著作中加进了中国史及其相关的内容，世界史与中国史往往还是"两张皮"，很难真正融会贯通。因此，如何克服二者之间的分立所带来的诸种困惑，从而建立起一种真正的有机结合，全球史的探索可以说为历史学科的发展提供了富有启发意义的理论思考和实践价值。

二 比较与融通：全球史研究中的中国史

全球史的兴起不仅为历史学的研究带来了的新视角，而且还为历史学家观察人类社会和历史提供了新方法。许多全球史史学家都以独特的视角

---

[1] 何兹全：《我们需要包括中国史的世界史》，光明日报 1984 年 3 月 14 日。收入《何兹全文集》第二卷《中国史综论》，中华书局 2006 年版，第 961—963 页。

[2] 刘新成：《〈全球史评论〉发刊词》，《全球史评论》第 1 辑，商务印书馆 2008 年版，第 3 页。

和方法对中国史给予了特别关注和重新解读,如斯塔夫里阿诺斯的《全球通史》、麦克尼尔的《西方的兴起》以及本特利、齐格勒合著的《新全球史》等,都将中国史的研究纳入全球范围加以考察,强调跨国界、跨地域范围的比较与借鉴、互动与关联,使中国史研究具有新的广度与深度。也有学者吸收全球史的观念与方法,用以研究中国历史,产生了新的成果,如在区域史研究中,滨下武志在《近代中国的国际契机:朝贡贸易体系与近代亚洲经济圈》等论著中,把中国放在东亚或整个亚洲的空间范围内进行审视,从新的角度对历史上的中国以及亚洲与欧洲关系进行阐释。[1] 在社会经济史经域,彭慕兰的《大分流:欧洲、中国及现代经济的发展》[2]、王国斌的《转变中国:历史变化和欧洲经验之局限》[3]、弗兰克的《白银资本:重视经济全球化中的东方》[4] 等论著,以全球视野为参照系,交互比较中西发展道路的歧异,将中国置于世界历史的发展之中,强调中国在世界历史发展中的重要性,揭示了中国历史独特的发展逻辑。在环境史研究中,庞廷的《绿色世界史:环境与伟大文明的衰落》[5]、贾雷德·戴蒙德的《枪炮、病菌与钢铁:人类社会的命运》[6]、麦克尼尔的《瘟疫与人》[7] 等论著,将中国的历史发展放在世界环境变迁中考察,从环境因素、人类活动和环境意识的角度发现了中国环境的变迁与世界的许多共性与特性。

在西方,关注、研究中国历史、文化有着悠久的传统,并形成了一门国际性的显学——汉学,或称中国学。汉学的产生和发展,伴随着近代西方的崛起和欧洲资本主义国家的海外殖民扩张而展开,又与国际政治、经

---

[1] [日]滨下武志:《近代中国的国际契机:朝贡贸易体系与近代亚洲经济圈》,朱荫贵、欧阳菲译,中国社会科学出版社1999年版。

[2] [美]彭慕兰:《大分流:欧洲、中国及现代世界经济的发展》,史建云译,江苏人民出版社2003年。

[3] [美]王国斌:《转变的中国:历史变迁和欧洲经验之局限》,李伯重、连玲玲译,江苏人民出版社1998年版。

[4] [德]贡德·弗兰克:《白银资本:重视经济全球化中的东方》,刘北成译,中央编译出版社2000年。

[5] [英]克莱夫·庞廷:《绿色世界史:环境与伟大文明的衰落》,王毅、张学广译,上海人民出版社2002年。

[6] [美]贾雷德·戴蒙德:《枪炮、病菌与钢铁:人类社会的命运》,谢延光译,上海译文出版社2000年。

[7] [美]威廉·H.麦克尼尔:《瘟疫与人》,余新忠、毕会成译,中国环境科学出版社2010年。

济、文化的普遍发展有关。一般认为，汉学萌芽于16—17世纪来华传教士的著述当中。到19世纪初，汉学正式形成。汉学以整个中国为研究对象，内容涉及中国的方方面面，举凡中国的历史、社会、政治、经济、民族、语言、文学、哲学、宗教、科技等，都在汉学家考察的范围之内。迄今为止，国际汉学已经取得丰硕的成果，涌现出来一批杰出的汉学家。与西方汉学相比，全球史研究中的中国史究竟与它有什么不同呢？

首先，在研究视角和研究理论上，汉学家们不太注重理论建构，但他们却擅长从微观史学的角度对中国历史与文化进行详细的考察与论证，如劳费尔的《中国伊朗编——中国对古代伊朗文明史的贡献，着重于栽培植物及产品之历史》①、谢弗的《撒马尔罕的金桃》（中译本改称《唐代的外来文明》）②、谢和耐的《中国与基督教：中西文化的首次撞击》③等，都是这方面的名著。但是，"这种片面方法导致的结果就是造成了一个拥有大量信息但研究领域零碎、狭隘的学科。"④ 而全球史史学家则习惯于从宏观视角来审视中国文明与世界文明的互动与关联，把"全球视野"与"区域研究"有机结合起来，创造出了"小地方—大世界"的研究范式。⑤

其次，在研究方法和研究资料上，汉学家们大多精通多种语言文字，尤其是汉语，甚至藏语、梵文、突厥文、吐火罗文等运用甚少或是已经不用的"死文字"，因此他们特别注重将语言学与文献学相结合来观察中国历史，尤其是随着近代考古学的发展，大量中国文献与文物的出土与发现，如甲骨文、金文、敦煌文书、汉简、碑刻、档案、图像、域外汉籍等，更是为汉学家们的研究提供了源源不断的资料。而全球史史学家则重视吸收和借鉴其他学科的研究方法，运用跨学科、跨地域和横向联系与比较研究的方法，将中国史放在全球史的大背景下来进行考察。在研究资料的选取上，全球史学家既注重从中国的历史文献入手，又注重发掘其他语言文字中的相关记载，从横向比较与互证分析中发现它们的关联性。如麦

---

① ［美］劳费尔：《中国伊朗编》，林筠因译，商务印书馆2001年。
② ［美］谢弗：《唐代的外来文明》，吴玉贵译，中国社会科学出版社1995年。
③ ［法］谢和耐：《中国与基督教：中西文化的首次撞击》（增补本），耿昇译，上海古籍出版社2003年。
④ 夏继果：《理解全球史》，《名学理论研究》2010年第1期。
⑤ 刘新成：《〈全球史评论〉发刊词》，《全球史评论》第1辑，商务印书馆2008年版，第3页。

克尼尔在撰写《瘟疫与人》时，"为了尽力发掘中国的瘟疫史料"，将公元前243年直到1911年的资料"整理成一个详细的附录"，并"结合黑死病时代及其此后亚欧大陆其他地区的情形"，由此考察"瘟疫在中国历史上的重要性"。①

第三，在研究内容和研究侧重点上，汉学家们大多从"中国中心论"的角度出发，习惯于将中国作为一个独立的民族国家的叙事单位来进行论述，重视从中国历史与文化自身发展的状况来进行研究，虽然他们对发生在中国与其他国家之间的交往或碰撞给予了足够的关注，但对那些超越民族与国家界限的交流与互动却重视不够。在实际研究中，注重细节描述和具体历史事件的实证研究，与中国传统学术中注重名物、训诂与考据之学有某些相通与类似之处，这样就使得历史研究变成一堆碎片式的累积。全球史史学家则从跨文化互动的独特视角出发，将中国历史置于人类社会发展过程中形成的各种相互交往体系与网络当中，进行一种鸟瞰式的全景描述。如威廉·麦克尼尔与约翰·麦克尼尔在《人类之网：鸟瞰世界历史》中就认为："人类历史上处于中心位置的，是各种相互交往的网络。"② 他们正是将中国历史置于其所编织的这张"人类之网"中来进行考察的。又如滨下武志在《中国、东亚与全球经济：区域和历史的视角》中也考察了与中国相关的各种各样的"网络"，如"海上网络"、"通商口岸网络"、"海外金融网络"以及交错的"印度网络"与"华人网络"等③。

西方学者在研究中国问题时，非常关注中西交流与中外文化的比较研究，并从中找寻出中西文明交流与互动的蛛丝马迹。如夏德的《中国与罗马东部》（中译本改称《大秦国全录》）④、赫德逊的《欧洲与中国：从古代到1800年的双方关系概述》⑤、梯加特的《罗马与中国：历史事件的

---

① ［美］威廉·H. 麦克尼尔：《瘟疫与人》中文版前言，余新忠、毕会成译，中国环境出版社2010年。

② 约翰·R. 麦克尼尔、威廉·H. 麦克尼尔：《人类之网：鸟瞰世界历史》，王晋新、宋保军等译，北京大学出版社2011年版，第1页。

③ 滨下武志：《中国、东亚与全球经济：区域和历史的视角》，王玉茹、赵劲松、张玮译，社会科学文献出版社2009年版。

④ 夏德：《大秦国全录》，朱杰勤译，大象出版社2009年版。

⑤ G. F. 赫德逊：《欧洲与中国》，王遵仲、李申、张毅译，中华书局1995年版。

关系研究》①、让—诺埃尔·罗伯特的《从罗马到中国：恺撒大帝时代的丝绸之路》② 等。这些论著已经突破了传统汉学研究的观念与范畴，具有一种独特的"世界性"视野。例如梯加特的研究视野十分开阔，他在做了大量分析比较之后发现："在罗马帝国的盛衰期，其本土及北境、东境经常遭受蛮族的进攻、骚扰，而这类'侵扰'，以及罗马帝国主动发起和被动接受的诸多战争，又往往直接或间接地受到中国对西域地方的经营及政局变化的影响。"③ 这说明至少在两千年前东西方世界已经"构成了一个庞大的交往体系"④。这样一些研究已经与后来出现的"全球史"研究有某种相似之处。

三 中国史研究中需要全球史吗？

在中国史研究领域中，如何引进和运用全球史的理念与方法，已经成为一个不容回避的话题。有学者就呼吁"在全球史中重新思考中国"⑤。事实上，"全球史观的兴起也影响着当前中国史学的路向"⑥。近年来，有些中国史研究者已经开始尝试在全球史视野下来重新审视中国历史，涉及众多领域，如基础领域有全球史观下对中国史教学、中国史学科建设等方面的反思；还有学者对"全球史观"与中国研究的相关领域进行了思考，如中国历史地理学研究范围的拓展、中国城市史研究、当代中国史研究、中国环境史研究、中国教育史研究，等等。此外，在中国史研究中，运用和借鉴"全球史观"来开展具体问题的研究也有成果问世。因此，在当今世界联系日益紧密的大环境之下，全球史如果缺乏中国史就是不完整的，而在中国史的研究中也迫切需要了解和引进全球史。

在中国史研究中，虽然"欧洲中心论"的影响几乎没有市场，但我

---

① 弗雷德里克.J.梯加特：《罗马与中国：历史事件的关系研究》，丘进译，大象出版社2009年。
② 让—诺埃尔·罗伯特：《从罗马到中国：恺撒大帝时代的丝绸之路》，马军、宋敏生译，广西师范大学出版社2005年。
③ 弗雷德里克.J.梯加特：《罗马与中国：历史事件的关系研究》译者前言，丘进译，大象出版社2009年。
④ 丘进：《中国与罗马：汉代中西关系研究》，黄山书社2008年版，第207页。
⑤ 艾尔曼：《在全球史中重新思考中国》，《解放日报》2010年6月18日，第19版。
⑥ 程美宝：《全球化、全球史与中国史学》，《学术研究》2005年第1期。

们也要反对和警惕狭隘的"中国中心观"的膨胀。从20世纪八九十年代以来,国内持续高涨的"李约瑟热",到热捧美国学者柯文撰写的《在中国发现历史——中国中心观在美国的兴起》①,都是这种思维的反映。具体到中国史的研究中,通常也会在不经意间贯彻这种历史观。如过分强调中华文明的独立发展道路和在东亚文明的中心地位,陶醉于中国古代的各种发明创造和在世界史上的领先地位,动辄就以"我们古已有之"来回应世界新生事物和新兴潮流的诞生与出现,而忽视域外文明的存在及其影响,结果导致盲目排外与妄自尊大情节在社会上时有泛滥。这样就很容易形成一种"中华文明优越论"的感觉。所以有的学者明确指出:"'中国中心论'也不对"。②

无论是"欧洲中心论",还是"中国中心观",都是一种有失偏颇的狭隘历史观。我们只有在历史研究中,将中国史真正放在全球史的大背景下来把握,才能更好地理解不同时期中国历史进程和世界其他地区历史进程的相互联系和区别,也才能更正确地理解中华文明在世界文明史中的地位和作用。

在中国史研究中,向来有重材料、轻方法的倾向,并且在近年来有越演越烈的趋势。当年陈寅恪、傅斯年等曾主张把语言学和历史学的方法结合起来,运用多种多样的语言研究问题,努力发掘新的史料,将研究视野从中国拓展到"四裔"乃至世界。但是,这样一种学术传统似乎早已被淡忘了。我们在强调中国史研究中引进全球史,并不是要否定传统中国史的研究,只是希望在中国史的研究中注入一种新的研究理念和方法,开拓新的研究课题和领域,不断发展和深化我们的中国史研究。

有的学者担心在全球史潮流中,国别史还有意义吗?③ 其实大可不必,正如有的学者所指出的那样:"全球史要求打破各自孤立的地区——国别史的藩篱,也不能继续作为地区——国别史的堆积。但迄今为止的全球史最重要的层级、分析研究全球史的最重要单位,仍然应当是'国家'(nation-state,包括多民族的国家和单一民族国家)。"④ "全球史学不能完全代替旧的国别史,但它的确丰富了传统世界史的视角和方法,扩展了我

---

① 柯文:《在中国发现历史——中国中心观在美国的兴起》,林同奇译,中华书局2002年。
② 林甘泉:《"中国中心论"也不对》,《北京日报》2007年1月22日第19版。
③ 葛兆光:《在全球史潮流中国别史还有意义吗?》,《中国文化》第36期。
④ 董正华:《论全球史的多层级结构》,《贵州社会科学》2011年11期。

们的历史视野，使我们注意到跨越民族、国家和文化区域间的人口迁移、帝国的扩张、技术转移、环境变迁、文化宗教和思想的传播、经济的波动等对全球历史的影响和意义。"① 这样一些问题也正是在中国史研究中，需要开拓和挖掘的新课题和新领域。

在中国史研究中，中外关系史、中外交流史和中西交通史向来是研究的重要内容。但在叙述方法上，往往是以国家为单位分别说明其纵向发展后，再单独叙述同一时期中国与其他民族国家之间的交往，结果造成"纵向描述与横向描述两张皮的现象"；"而'全球史观'着眼于不同文化之间的'互动'，着重阐述不同文化之间互相影响的形式和内容，重心放在建立相互联系的'过程'上面"，"以互相关联的'网络'为单位，同步说明该地区的纵向和横向发展"。② 全球史史学家认为互动是人类历史发展的动力，社会发展源自变化，而变化的起点是接触外来新事物。对新事物的取舍过程就是传统的蜕变过程，尽管社会对新事物通常并不抱欢迎态度，但抵制新事物的结果同样导致社会变化。③

在中国历史发展的进程中，"互动"也是中国社会发生变化与进步的动力。全球史史学家认为："世界文明之间的对话与交流自远古时代就已经开始。世界上没有一个文明可以孤零零地存在而与外界毫无关系。"④ 但是长期以来，我们在中国史研究中较多地强调东亚地理环境的相对封闭和中华文明的独立发展道路，以致造成了一个只有在汉代张骞通西域之后中国才与世界发生联系的错觉。本特利（Jerry Bentley）教授曾经指出："尽管在中国和印度、西南亚之间存在高山和沙漠的阻隔，贸易网络还是早在公元前3千纪的时候就把中国与西方和南方的大陆连接起来了……古代中国也是在一个彼此影响、彼此交流的世界大背景下发展起来的。贸易、移民和中国农业社会的扩大，促进了东亚和中亚各民族彼此之间正常

---

① 何平：《全球史对世界史编纂理论和方法的发展》，《世界历史》2006年第4期。
② 刘新成：《"全球史观"与近代早期世界史编纂》，《全球史评论》第1辑，商务印书馆2008年。
③ 刘新成：《互动：全球史观的核心理念》，《全球史评论》第2辑，中国社会科学出版社2009年版，第3—12页。
④ ［美］格奥尔格·伊格尔斯、王晴佳：《文明之间的交流与现代史学的走向——一个跨文化全球史观的设想》，《山东社会科学》2004年第1期。

关系的发展。"① 也就是说中华文明早在 5000 年前就与世界上的其他文明发生了联系,张骞通西域只不过是古代中国开始大规模地探索与了解世界的一大壮举。

然而,长期以来在中国史的研究中,国内外学者在论及丝绸之路的开通时,大多只强调张骞西域之行的贡献。其实,在世界古代文明史上,这也并不是一件完全孤立的历史事件,早在此之前约二百年,希腊—马其顿国王亚历山大发动的东征,就到达了中亚的巴克特里亚(大夏)和南亚的印度河流域——此后张骞才到达这些地区。也就是说,"就丝绸之路的全线贯通而言,亚历山大东征和张骞通西域都发挥了同样的历史作用"②。假如我们在中国史的研究中,能够将张骞通西域与亚历山大东征联系起来,就能更好地理解这一时期在世界范围内出现的不同人群之间渴望"相遇"及其所产生的文化影响,这也正是全球史学家所要表达的一种"互动模式"。

在中国史研究中,佛教的东传也是一件大事。佛教大约是在两汉之际从印度传入中国的"新事物",由于佛教是一种外来的异质文化,它在初传入华时,曾经产生过严重的水土不服现象,受到本土文化的强力排拒,甚至酿成"三武一宗灭佛"的激烈冲突。尽管中国社会对佛教这一外来"新事物"并不抱欢迎态度,但抵制它的结果同样导致中国社会发生了变化。佛教为了尽快在中国落地生根、开花结果,开始了中国化或本土化的过程。经过与本土文化的排拒、吸纳、依附、融汇,最终演化为中国化的佛教,成为中国传统文化的重要组成部分。在唐宋巨变中,理学的兴起与道教的变化就都受到了佛教的影响。因此,中国社会对佛教这一外来"新事物"的吸收、取舍过程本身也就是中国传统社会的一个蜕变过程。

另外,在中国史的研究中,还有一个非常容易被忽视的历史现象,就是"胡化"问题。在我们的研究中,一提到少数民族的"汉化"问题,通常就会大讲特讲,认为这是一种社会进步的现象;反之,一提到"胡化"问题,就会有意回避或者干脆不提,认为它与历史的"倒退",或者与野蛮甚至落后相联系。其实,这完全是一种误解与偏见。在全球史视野

---

① [美] 杰里·本特利、赫伯特·齐格勒著:《新全球史》(第三版)上册,北京大学出版社 2007 年版,第 128—135 页。
② 杨巨平:《亚历山大东征与丝绸之路的开通》,《历史研究》2007 年第 4 期。

下,"汉化"固然是历史发展的主旋律,但"胡化"也不容忽视,它曾经对中国历史和社会的发展与进步产生过重大影响,如越王灵王胡服骑射、汉唐社会胡气氤氲——胡服、胡食、胡音、胡乐、胡舞、胡骑、胡俗——盛极一时。这种"胡化"现象甚至在今天的中国社会中还有反映。假如我们在中国史研究中,能够将"汉化"与"胡化"现象结合起来,就能更好地理解中华文明多元一体、兼收并蓄、共生共存的包容格局。

当然,现在讨论全球史观对中国史已经和能够产生什么样的影响还为时为早。全球史观给我们提供了一种视野空前开阔、思维空前开放的看待历史的全新视角与方法,它所致力于通过跨学科、长时段、全方位地探讨和关注人类生活层面的相互联系与互动,尤其是关注跨越地域和种族的互动与交流,诸如人口的迁移、疾病的传播、帝国的扩张、生物的交流、技术的转移、思想、观念和信仰的传播以及自然生态环境的变迁等问题,都是我们在以往的中国史研究中所忽略的一些重要历史现象。如果我们能够真正将全球史观应用和贯穿到中国史研究当中,这将为我们的研究范式带来重大的改观、开辟更大的领域。

(原载《历史研究》2013年第1期)

重新将"中国史"置于"世界史"之中

——全球史与中国史研究的新方向

江 湄

一 引言

"全球史"是近二三十年来兴起的史学思潮,它以鲜明的反对西方中心论的理论立场,以跨越民族、国家、文明的历史视野,已经对当今国际史学界产生了广泛而重要的影响。按照本特利(Jerry H. Bentley)教授的定义,全球史"考察的是超越了民族、政治、地理或者文化等界限的历史进程。这些历史进程已对跨地区、大洲、半球甚至全球范围内的各种事务都产生了影响,其中包括气候变迁、物种传播、传染病蔓延、大规模移民、技术传播、帝国扩张的军事活动、跨文化贸易、各种思想观念的传播以及各种宗教信仰和文化传统的延展。"[1] 全球史把文明间的交往与互动视为世界历史的主角,并主要从这个角度考察和解释历史的变动;全球史反对用本质化的、同一性的眼光去看待一种文明,而是把"文明"看作下述一种"社会景致"——用麦克尼尔(William H. McNeill)的话说,它无法用任何一种明确的"生活方式"来表达,"这里有的是差异、冲突和不明确的边界,一致性和统一性是不存在的"[2]。正是这样一种全球史

---

[1] 杰里·H. 本特利:《新世界史》,夏继果、本特利主编《全球史读本》,北京大学出版社2010年版,第45页。

[2] 威廉·H. 麦克尼尔:《变动中的世界历史形态》,夏继果、本特利主编《全球史读本》,第12页。

视野下的历史研究,如今已有力地破除了自启蒙时代以来形成的欧洲中心主义的直线进步史观和世界史叙事,破除了那种有着高度同质性、连续性的所谓"西方文明"的观念,在这个意义上,全球史属于当代西方资本主义文化进行自我反思与批判的进步思潮。

全球史无疑会给中国史的研究提供很多新的研究视角、领域、课题、思路、材料等,但是,全球史对中国史研究的影响,却不仅仅是方法论意义上的,而有着更重要的理论意义,不仅仅带来学术生产的创新,更带来具有现实感的思想启发,那就是,重新将"中国史"置于"世界史"之中,以形成新的符合时代要求的"中国史"和"中国"论述。

20世纪初,中国"新史学"起步伊始,就已经把中国史放在世界史的范围内来重新定位和考察了。1902年,梁启超在《中国史叙论》中按照欧洲史的三分法把中国史分为"上世史"、"中世史"、"近世史"三个阶段:"上世史"自黄帝以迄秦朝统一,是为"中国之中国";"中世史"自秦统一至于清代乾隆末年,是为"亚洲之中国";"近世史"则自乾隆末年开始,是为"世界之中国"。① 时当晚清衰乱之世,但梁启超却满怀信心地憧憬着以现代西方文明浪潮的冲击为契机,中国史将进入一个与世界交融并进的崭新时代。其后,为了"要科学的东方学之正统在中国",中国现代史家放眼"四裔",重视"房学",关注中国之内以及中国与西域、印度乃至欧洲的种族迁移、文化交流、宗教传播。② 20年代末以来,中国马克思主义史学乘势兴起,力图论证中国历史绝非特殊于"普遍历史规律",同样遵循着"世界历史的一般进程"。郭沫若曾自许《中国古代社会研究》乃是恩格斯《家庭、私有制和国家起源》的续篇,要求中国史家用唯物史观研究中国历史,"写满这半部世界文化史上的白页。"③不过,20世纪上半叶,中国面临着现代民族—国家的创建事业,正在进行反抗帝国主义、争取国家独立的运动和战争,在这样的时代,中国知识界无论"左倾"还是右倾,都自觉地意识到当务之急乃是构建以汉民族

---

① 梁启超:《中国史叙论》,《饮冰室文集之六》,《饮冰室合集》第一册,中华书局1989年版,第11—12页。
② 傅斯年:《历史语言研究所之旨趣》(1928年),原载《国立中央研究院历史语言研究所集刊》第一本第一分册,收入《傅斯年全集》第三卷,湖南教育出版社2003年版,第3—12页。
③ 郭沫若:《中国古代社会研究·自序》,《中国古代社会研究》卷首,人民出版社1954年版。

文化为主体的中国史叙事。傅斯年在 1934 年指出，西洋人作中国史多注重在"外缘的关系"，每忽略于"内层的纲领"，而我们应把注意力转向"全汉"的问题，这些问题方能建造中国史学知识之骨架。① 陈寅恪于 1943 年宣称近年来治学"实限于禹域之内"，"凡塞表殊族之史"则不复敢上下议论于其间。② 在抗战期间，以范文澜《中国通史简编》、翦伯赞《中国史纲》为代表，中国马克思主义的中国通史体系大功初成，经过之后的不断修改完善，形成了至今通行的"中国大历史"：中国历史以阶级斗争和生产力发展为主线，以民族斗争与融合为辅线，走过了"原始社会"、"奴隶社会"、"封建社会"的发展阶段，在明清时代产生了"资本主义萌芽"，来到了现代世界历史的入口。

这一套至今无法取代的中国史叙事无疑是胸怀世界的，但它的世界基本上是一种由"东方"和"西方"构成的世界，"东方"以中国为中心，而中国又以中原—汉族—儒家为中心，向四周播散直至形成东亚儒家文化圈；"西方"则以欧洲为中心，起源于希腊罗马，沉入基督教笼罩的黑暗中世纪，然后经宗教改革、文艺复兴、工业革命进入资本主义。这个"世界"不是没有两河流域、印度、伊斯兰文明，但是，它们似乎位于"东方"与"西方"之间，主要作用就是将平行并列的"东方"和"西方"链接起来。16、17 世纪以后，主要由于君主专制的强化、地主阶级的腐朽、儒家思想的堕落、自然科学的停滞，中国迟迟不能从封建社会进化到资本主义，以致远远落后于西方。在被西方的坚船利炮打开大门之后，终于开眼看世界，看到的主要是"西方"及其率领下的现代文明潮流，那种宇内无对等国家和民族的"天下"观转变为"世界"观，而这个"世界"及其历史也就成了东方、西方"三十年河东三十年河西"的故事。这样的"世界史"和"中国史"，以中国中心主义强化西方中心主义，形成一个连环套，如今已日益丧失对历史和现实的解释能力，越来越不合时宜，确实到了该进行重大改写的时候。

---

① 傅斯年：《〈城子崖〉序》，原载 1934 年《国立中央研究员历史语言研究所中国考古报告集》，收入《傅斯年全集》第三卷，第 235—236 页。
② 陈寅恪：《朱延丰〈突厥通考〉序》，原载 1943 年 1 月《读书通讯》第 58 期，收入《寒柳堂集》，生活·读书·新知三联书店 2001 年版，第 162 页。

二 以边疆为中心重新考察"中国"的历史形成

如今在强调"解构"的后现代主义学术思潮中,在西方、日本的中国学视野中,"中国"和"中国史"这个概念本身成了需要质疑的对象。不同种族、生产方式、文化—宗教传统的西藏、蒙古、新疆历来就是"中国"不可分割的部分吗？历史上"夷狄"征服中原而建立起来的大帝国能理所当然地归入中国王朝的谱系吗？欧美和日本的区域史研究所呈现的宋朝以来中国各区域间的不平衡发展,也消解着有稳定文化特质和结构的"中国"及其连贯性历史,"中国"更像是一种压制"区域"的话语权力。"中国"似乎成了一个想象的共同体,并没有不言自明的、天然的文化同一性和历史延续性。[①] 在当今的时代,以阶级认同为基础形成的"人民中国"之观念日渐隐退,显然又不能祈灵于狭隘的族群认同,那么,何谓"中国"？怎样认识和讲述今天这样一个超越了民族、宗教、文化、经济和社会类型之差别的"中国"之形成？尤其是,如何重建一个能包容多种民族、文化—宗教传统、经济体制、社会结构的"中国"认同？这无疑是现实给历史学界提出的重要问题。

借助全球史的视野,我们或许能够摆脱中原中心主义的眼光和心态,打破中国历史上传统的"中心—边缘"之别,以边疆地区为立足点,将边疆地区看作是多元文明交流、沟通、互动的通道,看作多元文明交汇的从而形成自身特点的社会—文化区域,进而重新看待中国文明的多元格局,以新的眼光和思路考察中国文明"多元一体"格局的形成。

19世纪以来伴随欧洲殖民扩张而兴起的东方学,将广大"东方"的种族—语言—文化—宗教之迁移、传播、交叠作为主要的研究对象,在东方学家的眼中,并不存在一个当然的作为历史研究之基本单位的"中国"——其范围以中华民国或中华人民共和国的国境为限,这背后固然有一副帝国主义的嘴脸或隐或现,但一些杰出的东方学家确实能摆脱由现代民族国家之体系、疆域造成的障眼法,而聚焦于中原农耕文明和欧亚大陆中部草原世界绵延数千年的分合纠葛,就是经由这一层纠葛,中国其实

---

① 葛兆光:《宅兹中国——重建有关"中国"的历史论述》,中华书局2011年版,第3—6页。

早就连通于那个宏大的"欧亚历史复合体",身在"世界"之中,与之有着一种命运相互联动的关系。

欧文·拉铁摩尔(Owen Lattimore,1900—1989)在1920—1930年代沿长城在中国边疆地区游历、考察,抗战全面爆发后他回到美国,于1939年出版《中国的亚洲内陆边疆》(*Inner Asian Frontiers of China*),这是一部影响很大的东方学名著。这本书历史时间始自新石器时代迄于公元220年(曹魏政权正式建立之年),但事实上是用长城内外交互运动的眼光勾画了中国史的全貌。拉铁摩尔认为,在这一漫长的历史时期,以长城为主轴的中国史的确定模式已经形成,其后这个模式只不过更加丰富并典型化。[①] 在空间范围上,拉铁摩尔考察了中国古代边疆地带的总体布局,将之分为东北、蒙古、新疆、西藏四个地区,他将这些边疆地带看作具有独立意义的地理单元,将该地区的自然环境、社会、经济、政治看作一个有机整体,探究每一地区内部的机制、特性,进而考察每一地区与中原地区的关系特征。自春秋时代以至汉末,中原国家不断用"长城"推进并标志农耕世界的界线,消除了那些模糊的地带,从而建立起了以长城为轴线的农耕社会与草原社会的截然对立,也正是因为这种人为地、历史地构建出的截然对立,使得这两个世界都难以独立存在而彼此需要,这两种社会的经济、文化落差构成了中国史的主要动力,在分分合合、斗争交融的历史中二者形成了相互依存的紧密关系。最后,拉铁摩尔预言,抗战产生的中国内部的变化,很可能催生出一个将中国和它的亚洲内陆整合在一起的新规范。[②]

法国东方学家勒内·格鲁塞的《草原帝国》也于1939年出版,这部著作很有全球史的眼光和意义。他的研究单位是跨越了民族和国家的横贯欧亚大陆中部的草原世界,它从中国东北一直延伸到克里米亚,北方是森林地带,中间横亘着沙漠,先后崛起的突厥、蒙古、通古斯种族将这个广大的草原世界统一起来,对南边的农耕定居世界进行疾风暴雨般的冲击,对世界史产生了深远的影响。在前现代历史时期,事实上就是这些游牧民族的迁移、侵伐和建国把整个欧亚大陆联系在了一起,草原地带和其中链条式排列的绿洲形成了地中海文明、伊朗文明、印度文明与中国文明之间

---

① 欧文·拉铁摩尔:《中国的亚洲内陆边疆》,江苏人民出版社2010年版,第15页。
② 同上书,第378页。

的交通线，格鲁塞说："这条纤细的双线，交替着穿过沙漠，越过山峦；它若似忙于越野的蚂蚁爬出的蜿蜒而漫长的路线。然而，它已足以使我们的地球形成一个整体，而不是彼此分离的两个世界，足以维持中国的'蚁穴'与印欧的'蚁穴'之间最低限度的联系。"① 日本学者羽田亨的《西域文明史概论》于1931年出版，《西域文化史》于1948年出版，一直都是学习和研究这些"链条式排列"的绿洲文明的入门书，十分清晰概要地呈现出"西域"文明历史之大脉络：那里的先民在体质与语言上都与波斯、印度渊源密切；然后，覆盖上了被唐朝人称为"回鹘"的突厥语族和佛教文化；其后，经过波斯化的伊斯兰教的提升，从此成为文明花园的奇葩。②

时至1997年，日本学者杉山正明在《从游牧民看世界史——跨越民族与国境的疆界》一书中自觉地运用全球史的理论和方法，来勾画前现代历史时期欧亚草原游牧世界与定居农耕世界的互动、斗争和融通，并把其实是以中国史为核心的所谓"东洋史"放到了这个巨大的历史图景之中。杉山正明说，中央欧亚大陆的草原世界是真正具有世界史意义的历史研究对象：要是没有以游牧民为中心的中央欧亚，那个涵盖欧亚和北非的前现代文明世界就没有了内部连接；而那些建立了大帝国的游牧民集团，皆是跨越了种族、语言甚至宗教文化传统的、混合而成的政治联盟，他们的国家远远超过了民族国家的界限，而是由多元种族、文化、社会并存混合而成的复合体。③

使杉山正明受到广泛关注的著作，应该是他继承本田实信而继续论述"蒙古时代"及其世界史意义的著作：《忽必烈的挑战——蒙古帝国与世界历史的大转向》（1995年）。他把从13世纪初到14世纪末称为"蒙古时代"，在此之前，中国、印度、中东、地中海区域这几个核心性文明，虽然彼此多少有些联系，但直到"蒙古时代"，"世界史"才算终于第一次具有了名副其实的整体面貌。他批判性借用了沃伦斯坦"世界体系"

---

① 勒内·格鲁塞：《草原帝国》，蓝琪译，项英杰校，商务印书馆2013年版，第10页。
② 张承志：《文明的入门》，《常识的求知》，生活·读书·新知三联书店2012年版，第141—151页。
③ 杉山正明：《游牧民的世界史》，黄美蓉译，台北：广场出版社2013年版，第16—42页。《从游牧民看世界史——跨越民族与国境的疆界》于1997年由日本经济新闻社年出版，是书是其增补修订本。

的理论，指出，由资本主义向全球扩张而形成的 1500 年以后的"近代世界体系"并不是人类历史上唯一的世界体系，类似的"世界体系"在前现代的"蒙古时代"就已经出现，忽必烈所构想的"大元汗国"是一个世界国家，以之为中心，形成的一个世界范围的通商圈，几乎包覆整个欧亚、北非的文明世界。在杉山正明看来，这个"大元汗国"若不抱着先入为主的成见来加以审视的话，"在有关军事、政体、财政等，涉及国家与政权最根本的层次上，吾人不得不说，其中华色彩简直是淡得不得了。"①

这就引出了又一个相当重要的问题：如何看待、考察、判断北方非汉民族进入中原后建立的政权、国家及其在中国史上的位置与意义？他们的历史是"外在于"中国史的，还是属于中国史不可分割的部分，作为造就中国史的内在力量从而与一个"现代中国"的形成密切相关？

较早提出这样的问题并引起关注的，是美国匈牙利籍历史学家魏特夫。1949 年，魏特夫在《中国辽代社会史总述（907—1125 年）》一书中提出了所谓"征服王朝"的说法，他认为，由契丹族建立的辽朝，有着强烈的民族自觉意识和文化本位意识，他们以本民族兴起的草原游牧区为根据地，向南占领汉族王朝的领土，他们创建了一种二元政治体制来分别管理游牧地区和农耕地区，建立起一个以契丹族为统治者的复合型中央集权国家；在文化上，契丹人不是被汉族—儒家文化同化，而是将之与草原游牧文化做了有意识的融合，形成"第三种文化"。魏特夫强调，不要从中原视角出发总是看到单向度的"同化"、"汉化"（cultural assimilation），而是要从互动的角度看到的文化的"涵化"、"变容"（cultural acculturation）。紧随辽朝之后，金朝、元朝的建立都遵循着同样的模式，女真人和蒙古人保持自己的根据地，然后占领全部中国，在政治上维护本民族的优势统治地位，在文化上保存、倡导本民族"旧俗"，发明、使用本民族文字。对境内不同经济—民族—文化区域分而治之，形成复合型国家。到了清朝，这种"征服王朝"即中央集权的复合型帝国模式达到了最成熟的状态。与辽、金、元、清相比，前此的五胡十六国和北魏政权，只能叫作"渗透王朝"，他们在进入中原后失去了自己的根据地，在政治和文化

---

① 杉山正明：《忽必烈的挑战——蒙古帝国与世界历史的大转向》，周俊宇译，社会科学文献出版社，第 134 页。

上丧失民族主体性，完全采用了汉制。①

杉山正明的"大元汗国非中华王朝说"正是对"征服王朝"论的继承发展。他说，动摇唐朝的安史之乱，开启了欧亚大陆世界史和中国史邂逅交锋的 600 年，向西往欧亚大陆的方向看，回鹘帝国的解体使突厥系的人群开始迁徙，最终导致了塞尔柱游牧集团在西亚称霸，从此展开了直至奥斯曼土耳其帝国的长达 900 年的突厥——伊斯兰时代；当我们把目光转向东方，辽、夏、金、元相继建立而与宋朝中国并存，这一时代多种族、多文化错综复杂的历史变化，是传统的中华王朝史框架根本装不下的。②

近年来热闹的"新清史"及其争论与"征服王朝论"也是一脉相承的。1996 年，在美国亚洲研究年会上，罗友枝（Evelyn Sakakida Rawski）针对何炳棣于 1967 年所写《论清代在中国历史上的重要性》，发表了《再观清代——论清代在中国历史上的意义》一文，提出，清朝作为中国历史上征服最成功的朝代，其关键并非如何炳棣所说是采取了汉化政策，相反，清朝统治者依赖并保持了国语、骑射等满洲认同，利用与亚洲内陆各民族之间的文化联系，用不同的方式统治了一个包括满族、蒙古族、藏族、维族和汉族在内的多民族帝国，清朝并没有汉化或者说中国化。罗友枝强调研究清史要重视使用满文史料档案，重视考察满族人在清朝政治体制的各个领域所起到的主导作用。在她看来，清朝代表了"东亚"和"内亚"融合的最终阶段，清朝与"中国"并非同义词，而是超越了"中国"的帝国。中华民国的创建者们提出的、并沿用至今的所谓"中华民族"，毋宁是一"想象的共同体"。③

绝大部分近现代国家的成立，都是以民族国家的形式从过去的大帝国分离出来独立建国的结果，而中国是少数的例外，基本保留了其帝国时代的疆域。西方、日本学者的"征服王朝"及其超越"中国"论，与其说背后隐藏着"亡我之心不死"的险恶政治意图，不如说，他们实际上是在以他们自己国家诞生于大帝国分裂的历史经验，来看待一个全然不同的

---

① 魏特夫：《中国辽代社会史总述（907—1125 年）》，苏国良译，郑钦仁、李明仁编译：《征服王朝论文集》，台北：稻乡出版社 1999 年版，第 1—69 页。

② 杉山正明：《辽、西夏、金、元：疾驰的草原征服者》，乌兰、乌日娜译，广西师范大学出版社 2014 年版，第 7—14 页。

③ 罗友枝：《再观清代——论清代在中国历史上的意义》，张婷、李瑞丰译校，载于刘凤云、刘文鹏编：《清朝的国家认同："新清史"研究与争鸣》，中国人民大学出版社 2010 年版，第 1—18 页。

中国。① 正是从"一个民族，一个国家"这种狭隘的非历史的假定出发，他们似乎认定，中国，无论是历史中国还是现实中国，都只能是近代欧洲式样的单一民族、同质文化的国家而绝不能是其他，如果做进一步的引申，中国就只能按照欧洲单一民族国家的式样切割自己、改造自己，才算真正成为一个"现代"国家。这种观点提醒我们，必须脱掉现代民族国家的紧身马甲，全面地、历史地考察那个多种民族、多样经济政治体制、多元宗教文化并存交集的"大中国"的形成。

在给杉山正明著作的中译本所写序言中，姚大力区分了所谓"小中国"与"大中国"，他说，以汉文化去覆盖全国的"车同轨，书同文，行同伦"，是一种"小中国"的治国理想，与之相比，辽、金、元、清政权相继创制了一种与之不同的国家建构模式，力求有效地将其他各种非汉人的活动区域纳入自己的统治，提供比中原传统体制更有弹性、更能容纳多样化的制度框架，这是一种能为不同人群的不同文化提供多样性发展空间的"大中国"模式，结合了中央集权君主专制官僚制国家和内亚边疆帝国的两种国家形态，这种"大中国"的国家模式是辽、金、元、清政权对中国历史独特而重大的贡献，如果没有这样一种国家模式的创制和实践，今天的中国是不可能存在的。②

在中国思想史上，自战国以至秦汉时代，以公羊春秋学为代表，形成了"大一统"的理想，主张夷狄进于中华则中华之，"中国"同时也是王道仁政、礼乐教化之文明传统的代名词，而不仅仅是哪个占据中原地区的具体国家。被汉族人视为"夷狄"的金、元、清统治集团往往通过一系列思想、文化手段继承中华"正统"王朝来获得合法性，从未中断的"正史"撰述就证明了这一点。无论金朝、元朝还是清朝的统治者，没有谁不把自己当作"中国人"。如果不抱着现代民族主义的后见之明，又有什么理由把金朝、元朝和清朝从中国历代王朝之中除名呢？勒内·格鲁塞完全明白这一点，他说："汉唐两代希望建立'泛亚洲统治'的梦想，是由13世纪和14世纪的元朝皇帝忽必烈和铁穆尔·完泽笃为了古老中国的利益，通过使北京成为俄罗斯、突厥斯坦、波斯和小亚细亚、高丽、西藏

---

① 姚大力：《多民族背景下的中国边陲》，清华国学院编：《全球史中的文化中国》，北京大学出版社2014年版，第189页。
② 姚大力：《推荐序：一段与"唐宋变革"相并行的故事》，杉山正明：《辽、西夏、金、元：疾驰的草原征服者》，卷首。

和印度支那的首都而实现了……从忽必烈到康熙和乾隆,这些统治者在他们的中国政府里,执行了中国在亚洲的帝国主义纲领。"①

面对欧美、日本中国学试图破解"中国"及其历史连续性之"想象",葛兆光提出了"如何在中国历史中理解历史中国"的问题,他的基本观点是,宋代已形成一个具有民族主义性质和民族国家意识的"中国"观念,具有稳定的核心性特质的"中国文化"已经成型,并从中心向边缘、从上层向下层扩散,使中国早早就具有了文明的同一性。他认为,这样一个在历史中形成的"社会、经济、政治和观念的共同体"应该成为中国史叙事的中心、主线,因为它更能使中国史具有"明显的内在脉络"。② 我认为,这其实是回到了强调"华夷之辨"的北宋的"中国"观,这种"中国"观企图把早已或正在渗入中华的"胡风"彻底清除,确立一种同质性、纯粹性的"中国文化"——其实是塑造了一种具有鲜明时代特色的"宋型文化"。这种"中国"观是那种"中国"和"中国史"解构论的简单对立面,其实和解构论者分享着同样的思想前提:首先承认单一民族、同质文化的"小中国"才是"中国",然后以此为出发点追溯所谓中国历史的主线,这样的"主线"很难让人理解多民族、多文化错综复杂的中国历史,也很难说明中国的现实。只有真正摆脱"华夷之辨",超越"中原—汉族—儒家"中心视角,摆脱那种先进的汉文化同化落后的异族统治者的狭隘观点,用一种互动的、结构性的眼光去重新考察和解释中国的历史形成,才能深入理解今天这个"大中国"的存在,从而获得一种新的符合时代要求的、对今天中国现实有说明能力的"中国"观。

三 中国与"前现代世界体系":怎样才算真正地"开眼看世界"?

直至今日,中国史研究基本上分为断代史和专门史,与边疆民族—社会以及其他文明圈的互动交流一般被归入"民族关系史"和"对外交流

---

① 勒内·格鲁塞:《导言:草原及其历史》,《草原帝国》,第18—19页。
② 葛兆光:《重建关于"中国"的历史论述——从民族国家中拯救历史,还是在历史中理解民族国家?》,《宅兹中国》,第2—33页。

史"的范畴之中。前者往往站在中原、汉族的角度，所谓的"民族斗争和融合"，其实更强调的是农耕—儒家文化对边疆民族的抵抗、统治和同化；后者则以中国王朝为中心，比较单线索地研究中外文化、贸易的往来和交流。一些学者已经认识到，这种研究现状使得中国史与世界史的研究处于两条平行线上，缺乏紧密的联系，造成各自颇为明显的局限性。应该打破中国史与世界史之间的刻板界限，中国史的研究再不能画地为牢了。① 我们常说，自鸦片战争以来，中国被拖入世界史，但全球史的研究表明，在被拖入以欧洲为中心的资本主义现代世界体系之前，中国其实一直都是"前现代世界体系"中的一个核心区域，是"世界史"的发动机之一。麦克尼尔在 1982 年撰写《竞逐富强：1000 年以来的技术、军事和社会》的时候就深深认识到，在 11 世纪以后，是中国宋元时代的商业扩张推动了拉丁—基督教世界的贸易的勃然兴起。这一发现使得他意识到："严格意义上的世界历史应该首先关注共生的世界体系的变动，接下来再把不同文明内部以及类似民族、国家的更小的实体内部的发展纳入这个不断变动的整体框架之中。"② 全球史研究提出并运用的这种"前现代世界体系"的观念、理论和方法，给我们提供了一种眼光、工具，使得我们能够超越传统中外关系史、民族关系史的局限，把中国放在各民族、国家和文明构成的"前现代世界体系"之中，把中国和世界作为一个内在联系的整体来看待，以考察、探究中国史与世界史的互动、联动关系，这种考察即使聚焦于某一特定事物，也是一种立体的、系统性的研究，将呈现出网络状的社会、文化系统及其演变。

　　本特利在《新世界史》一文中介绍了全球史研究的四种理论方法，其中第二种就是"世界体系"方法。这种方法主要受到"世界体系理论"的启发，可以说是"世界体系理论"在各个历史阶段的运用。③ "世界体系理论"的代表人物有沃伦斯坦、阿明等，这种理论基本上可以说是马克思主义的一种变体，在全球范围内分析资本主义的展开过程，认为 16 世纪便兴起了一个欧洲居于统治地位的现代资本主义世界体系，并侧重考

---

① 韩昇：《堀敏一〈中国と古代東アジア世界——中華的世界と諸民族〉》，《唐研究》第 2 卷，北京大学出版社 1996 年版。
② 威廉·H. 麦克尼尔：《变动中的世界历史形态》，张虹译，夏继果校，《全球史读本》，第 11 页。
③ 杰里·H. 本特利：《新世界史》，周诚慧译，夏继果校，《全球史读本》，第 50—51 页。

察现代世界是如何围绕资本主义中心地带把各个地区编织到一个共同的、互相联系的不平等体系之中。美国阿拉伯裔学者珍妮特·阿布—卢格霍德(Janet L. Abu-Lughod)在1989年出版的《欧洲称霸之前：1250—1350年的世界体系》中首先将"世界体系理论"运用到前现代历史时期，她的研究表明，13世纪的世界体系跨越了从西、北欧直到中国的广阔区域，其间有八个相互交集的贸易圈连接着四大中心地区：西北欧、中东、以大运河为轴心的中国、印度。直到16世纪下半叶，世界体系的重心开始向大西洋转移。① 1993年，安德烈·冈德·弗兰克和巴里·K·吉尔斯共同编辑出版了《世界体系：500年还是5000年？》，弗兰克提出，"现代资本主义世界体系"也许并不是一个无中生有的世界体系，它很可能只是阿布—卢格霍德所说的同一个世界体系的延续。他认为，不能首先把欧洲视为一个独立的实体，然后再设法从它的内部找到变化的根源，相反，世界体系内部之欧洲部分的变化和整个体系以及体系其他部分是密切相关的。② 书中收录了他在1992年发表的文章《世界体系周期、危机和霸权转移，公元前1700至公元1700》，其中，他把世界体系的历史划分为三大时段：青铜器时代时期（公元前3000年—前1000年）、铁器时代中轴古典时期（公元前1000年—公元500年）、中世纪和近现代初期（500年—1500年），每一大时段都是一个周期，经历着扩展与收缩的交替更迭。③ 马歇尔·G. S. 霍奇森早在1963年出版的著作《历史上各社会之间的相互联系》中，就已经提出了"欧亚非历史复合体"的概念，他虽然没有明确地使用"前现代世界体系"的说法，但后者的精意已内含其中。他把"欧亚非历史复合体"分成四个主要的核心区域，即欧洲、中东、印度以及远东的中国和日本，每一个区域又有一个具有相当持久之文化传统的核心区，这一大"历史复合体"最大的中断发生在中国与印度、中东、地中海地区之间，并有若干"边缘地区"，如欧亚大陆中部的草原世界，在"边缘地区"，几个核心区域的文化影响重叠在一起，但它的文化

---

① 珍妮特·阿布—卢格霍德：《间断性与连续性：单一世界体系还是体系系列？》，安德烈·冈德·弗兰克、巴里·K·吉尔斯主编：《世界体系：500年还是5000年？》，郝名玮译，社会科学文献出版社2004年版，第333—349页。
② 安德烈·冈德·弗兰克、巴里·K·吉尔斯（Barry k Gills）：《5000年世界体系：跨学科研究法初探》，《世界体系：500年还是5000年？》，第3—6页。
③ 安德烈·冈德·弗兰克、巴里·K·吉尔斯：《世界体系周期、危机和霸权转移，公元前1700至公元1700》，《世界体系：500年还是5000年？》，第167—236页。

却不能归纳为那些核心文化区的混合物。霍奇森把这个庞大的"欧亚非历史复合体"当作主角来叙述世界史,而不是错误地把眼光始终局限在处于这个历史复合体西北边缘的西欧。①

时至当今,许多学者把中国作为"前现代世界体系"的一个核心区域来考察中国史与世界史的相互影响,并取得了相当可观的研究成果,它们已足以告诉我们,中国史与世界史之间存在着远远超过我们想象的密切关系,一旦打破世界史与中国史各自为政的格局,将大大地改写已知的中国史和世界史图像。本特利在《跨文化互动与世界历史分期》(1992年)一文中按照推动跨文化互动之动力的不同,将"世界体系"的历史分为六个时期:一、早期复杂社会时期(前3500年—前2000年);二、古代文明时期(前2000年—前500年);三、古典文明时期(前500年—500年);四、后古典时期(500年—1000年);五、跨地区游牧帝国时期(1000年—1500年);六、现代时期(1500年以后)。中国作为一大核心文明区,在"世界体系"每一阶段的网络系统中都占据着极其重要的位置,离开了中国史,将无法讲述这个"世界体系"的联动关系和历史发展。② 英国学者艾兹赫德(S. A. M. Adshead)于1988年出版《世界历史中的中国》,该书将中国与世界之联系及其直至当代的历史发展分为六大时期,通过将每一时期的中国与同时的其他主要文明进行比较来说明中国在当时世界上的位置,通过描述每一时期中国与外部世界的交通路线、交通方式,探究中国与沿线各个文明之间的关系以及形成的网络系统,中国在"世界网络"中参与的方式和程度,深刻地影响着世界历史的进程,同时也极大地作用于中国历史本身的发展。有评论者说,这本书写出了中国在世界体系中沉浮动荡的历史,它既是一本中国史著作也是一本世界史著作。③ 最近,刘迎胜在清华大学国学院编的《全球史中的文化中国》一书中发表了《全球化视角下的古代中国》一文,概述了从史前时代直到明代,中国与其他文明古国及周边世界的交流和互动,从中我们也可以看

---

① 马歇尔·G. S. 霍奇森:《历史上各社会之间的相互联系》,载于李玉华、车雪莹译,夏继果译,《全球史读本》,第23—43页。

② 杰里·H. 本特利:《跨文化互动与世界历史分期》,载于陈冠堃译,夏继果校,《全球史读本》,第124—144页。

③ 史悦:《〈世界历史中的中国〉评介》,《全球史评论》第三辑,中国社会科学出版社2010年版。本书中文译本由上海人民出版社2009年出版,姜智芹译。

到中外学者在相关问题上已经取得的成果和积累。①

随着陆上和海上"丝绸之路"的网络的完善,古典文明时期迎来了跨文化互动的高峰。这些商路的开辟与维护靠的是汉朝、贵霜、安息和罗马帝国,陆上"丝绸之路"沟通了从中国经由中亚和波斯到地中海沿岸的贸易;多条海上"丝绸之路"则把中国与东南亚、锡兰、印度直到波斯和东非的广大地区连接起来,商路上流通的商品、物种、技术、宗教、传染病改变着所到之处的文化和社会。余英时《汉代中国的贸易和扩张》(1967 年)②、王赓武《南海贸易:南中国海上中国贸易的早期历史》(1958 年)③、刘欣如《古代印度和古代中国:贸易与宗教的交流,公元1—600 年》(1988 年)已经是广为人知的论著,而关于丝绸之路的研究更是不胜枚举,兹不赘述。在这一时期,游牧民族因为商路而繁荣起来,他们在欧亚大陆的交往承担着串联的角色,也将中国和世界连接起来。弗里德里克·特加特(Frederick J. Teggart)的经典著作《罗马与中国:历史事件的关系研究》(1939)呈现出从汉代中国西北边疆延伸到罗马的一套多米诺骨牌,以及每一张游牧民族的骨牌如何不断地向西倒下直到最后一张推倒了罗马。④ 巴菲尔德(Thomas J. Barfield)在《危险的边疆:游牧帝国与中国》(1989;袁剑译,江苏人民出版社 2011 年版)一书中,通论了从匈奴帝国直到蒙古帝国的兴盛衰亡及其与中国中原王朝的密切关系。⑤

后古典时代(500 年—1000 年)的跨文化互动以及世界秩序是由唐朝、阿拔斯帝国和拜占廷帝国维持的,商旅队再次往返于中国和地中海地区之间的中亚,而海上贸易则把印度洋沿岸地区连接起来。在某种程度上,后古典文明时代的远程贸易靠的是古代丝绸之路贸易网的重建。唐朝的扩张推动了中国与东南亚和中亚密切而广泛的接触,谢弗(Edward H. Schafer)《撒马尔罕的金桃:唐朝的异国风尚》(1993 年)、《朱雀:唐

---

① 刘迎胜:《全球化视角下的古代中国——古代中国与其他文明古国及周边世界的交流和互动》,清华国学院编:《全球史中的文化中国》,第 31—97 页。
② 本书由邬文玲等翻译为中文,于上海古籍出版社 2005 年出版。
③ 香港中华书局于 1998 出版了姚楠翻译的《南海贸易与南洋华人》;《东南亚与华人:王庚武教授论文集》由北京中国友谊出版公司于 1987 年出版;另外,《王庚武自选集》由上海教育出版社 2002 年出版。
④ 本书的中文译本由人民交通出版社 1994 年出版,丘进译。
⑤ 本书的中文译本由江苏人民出版社 2011 年出版,袁剑译。

朝的南方想象》(1967年)写出了那些异域珍奇在中国的政治、文化权力的建立和维持中扮演着怎样显赫的角色。这一时期，中国海员往西远航到达锡兰和印度，而印度、波斯和阿拉伯商人也不畏艰难穿过印度洋抵达中国。8世纪的时候，广州有人口20万，其中相当部分是来自东南亚、印度、波斯和阿拉伯的商人。反映这一历史状况的论著如胡拉尼《古代和中世纪早期的阿拉伯航海业》[①]、乔杜里《印度洋上的贸易和文明：从伊斯兰崛起到1750年的经济史》与《先于欧洲的亚洲：从伊斯兰崛起到1750年的印度洋经济和文明》[②]。后古典时代的远程贸易得益于游牧民族的组织，尤其是回鹘人，从7世纪中叶到8世纪中叶，他们组织并控制了从中国到拜占廷的商路，马克林《唐代史书中的回鹘帝国》[③] 关注了这一问题。后古典时代的宗教与文化传统的传播其影响一直持续到当代：儒家文化传播到东南亚，东亚和中亚的人们普遍改信佛教，摩尼教、伊斯兰教在包括中国的广大区域上活动起来，聂斯脱利派基督教还传到了中国。

在1000—1500年间，游牧民族建立的大帝国将欧亚大片地区并入其统治范围，塞尔柱突厥帝国、中国的辽、宋、金尤其是元朝蒙古帝国以及贴木尔帝国的建立，使得跨文化互动比以前时代更加密集和系统。阿布—卢格霍德认识到游牧帝国时代远程贸易的四通八达和系统完整性，她所著《在欧洲霸权之前：1250—1350年的世界体系》[④] 较早提出在1250到1350年之间存在着一个特殊的世界体系。艾兹赫德《世界历史上的中亚》[⑤]、科廷《世界史上的跨文化贸易》[⑥]、西姆金（C. G. F. Simkin）《亚洲传统贸易》[⑦]、上述乔杜里（K. N. Chaudhuri）的两部著作，都提供了游牧帝国时代及其远程贸易的历史图像。刘迎胜的《海路与陆路：中古时

[①] George F. Hourani, *Arab Seafaring in the Indian Ocean in Ancient and Early Medieval Times*, 1951; Princeton University Press, Expanded edition, 1995.

[②] K. N. Chaudhuri, *Trade and Civilization in the Indian Ocean: An Economic History from the Rise of Islam to 1750*, Cambridge University Press, 1985; *Asia before Europe: Economy and Civilization of the Indian Ocean from the Rise of Islam to 1750*, Cambridge University Press, 1991.

[③] Colin Mackerras, *The Uighur Empire according to the T'ang Dynastic Histories*, University of South Carolina Press, 1972.

[④] Janet L. Abu-Lughod, *Before European Hegemony: The World System, A. D. 1250-1350*, New York: Oxford University Press, 1989.

[⑤] S. A. M. Adshead, *Central Asia in World History*, New York: St. Martin's Press, 1993.

[⑥] Phillip D. Curtin, *Cross-Cultural Trade in World History*, Cambridge University Press, 1984

[⑦] C. G. F. Simkin, *Traditional Trade of Asia*, Oxford University Press, 1968.

代东西交流研究》（北京大学出版社 2011 年），汇集了有关宋元时代中国的海上贸易以及形成的海外地理观、蒙古语部族的西迁、明代初年与贴木儿帝国的交往等专门研究。麦克尼尔（William H. McNeill）在《竞逐富强：1000 年以来的技术、军事和社会》（1982；倪大昕、杨润殷译，上海辞书出版社 2013 年版，）一书中认为，这一时期中国宋朝出现了生机勃勃的市场经济，中国宋朝在经济、技术、商业上的持续发展，将有助于解释整个东半球贸易增长、定居农业社会最终获得超越游牧民族的技术优势，以及欧洲后来获得世界支配地位的原因。约翰·霍布森在《西方文明的东方起源》中将 500—1800 年作为"东方通过东方全球化发现并主导世界"的时期，他综合、发挥郝若贝（Robert Hartwell）、斯波义信等人的观点把 11 世纪中国宋朝的经济发展称为"第一次工业奇迹"。①

1500 年以后，当跨文化互动再一次加速的时候，西欧的崛起及其对外扩张在新的世界体系中日益扮演重要的角色，最终，世界上的每个地区、每个民族都卷入持续的相互交流中，开始了世界历史真正的全球化时代。有一些学者认为，1500 年以后，中国的明朝和清朝因为种种内外原因逐渐从世界体系中隐退，但更多的研究表明事实远非如此，对此将于下节论述。在这里，我仅仅提到两部聚焦于特定商品而能具体地呈现出这一时期中国之与世界密切关联的著作，比如，罗伯特·芬雷所写《青花瓷的故事》告诉我们，15—18 世纪，青花瓷以巨大的数量行销全世界尤其是欧洲，它作为一种文化符号，带动了所到之地的技术工艺、美学风格、生活方式与文化传统的传播与交融，正如其中文译本的《摘要》所说："这不是一本瓷器史，而是一本世界史。"②卜正民《维梅尔的帽子：从一幅画看全球贸易的兴起》是一本十分有趣的书，他从几幅绘画入手，描述了迅速成长的全球贸易网络如何让美洲的海狸毛皮帽子、土耳其地毯、中国瓷器同时出现在荷兰的客厅里。③

如今，众多有关"前现代世界体系"及其与中国之关系的研究成果，已经足够使我们重估东方文明力量在整个世界史进程中的地位，从中我们

---

① 约翰·霍布森：《西方文明的东方起源》，孙建党译，于向东、王琛校，山东画报出版社 2009 年版，第 46—55 页。
② 罗伯特·芬雷：《青花瓷的故事》，郑明萱译，台北：猫头鹰出版社 2011 年版，卷底。
③ 卜正民：《维梅尔的帽子：从一幅画看全球贸易的兴起》引言，刘彬翻译，文汇出版社 2010 年版，卷首。

不难看到，这个"东方"不仅仅指中国，更是指中东、北非、印度、伊斯兰世界，正是通过欧亚中部草原游牧民族，通过印度、中东、伊斯兰世界，中国才与遥远的"西方"——现代世界体系的中心发生关联。欧美所说的"东方"，首先指的是阿拉伯、突厥的伊斯兰世界——它是流动的并总是处于与其他文明的抗争之中，还有印度——它好似一个异质文明的走廊。一个身处庞大地理、文明体中心的中国人，那种自我中心的视野和意识是很难摆脱的，必须看到一个真正完整的世界，看到中国文明与这个世界的完整的关系，获得一种多元文化体系比较与交流的空间视野，我认为，这是全球史给我们的一个非常重要的启示。

四　中国与"东亚海域世界"

全球史主张的对于跨越国家、民族、文化边界之历史过程的研究，还包括对区域性历史世界的研究，这个"世界"并非是全世界范围的。主要从日本兴起的"东亚海域世界"研究，与中国史密切相关，提供了考察中国和中国史的"另类"视野和新的资料库，近年来受到越来越多中国史学者的关注。2009 年夏笔者曾在位于东京上野的日本国家博物馆参观，明清时代日本幕府将军、朝鲜李朝国王、琉球国王之间往来的国书给我留下深刻的印象，从相互称谓来看，那时，日本、琉球、朝鲜还处于一种平等的"列国"关系，再看旁边的地图，东亚大陆东部的海面上环列着台湾、琉球、日本列岛、朝鲜半岛，与东南亚以及中国大陆东南沿海地区构成了一个"圈子"，那个"东亚海域世界"的形象就这样清晰地呈现眼前，它告诉我们，"东亚海域世界"的互动和交往乃是形塑东亚各地、各国现实的巨大的历史力量，至今仍然如此。

第二次世界大战以后，日本重回"东亚"，史学界对明治以来的"脱亚入欧"思潮进行了深刻的反省，日本文化是否受到中国文化的熏陶培育？相对于日本的进步，中国社会是否封闭停滞？日本与东亚是否属于一个具有内在联系的文明区域？这些问题引起热烈讨论，"东亚"历史世界的提出和研究就反映了日本史学的这一动向。其中，前田直典、西嶋定生、堀敏一颇具代表性，他们都把包括中国、朝鲜、日本在内的东亚地区，视作具有一定结构的历史世界来把握，西嶋提出了所谓"册封体制论"，堀敏一则以隋唐时代为中心提出"羁縻体制论"，论者认为堀敏一的研究更注意各国社会形态和接受中国文化的阶段性差异,从而能更全面地揭示东亚世界的联系性与多样性。①

在全球史的带动下,"超国家"的"地域史"成为新的学术趋向,日本对"东亚"世界的研究也越来越兴盛,其中,滨下武志提出的亚洲"朝贡贸易体系"以其创新性的理论观点和扎实的实证研究引起国际学术界的广泛关注和争论。滨下武志的著作《近代中国的国际契机:朝贡贸易体系与近代亚洲经济圈》于1999年出版(朱荫贵、欧阳菲译,中国社会科学出版社1999年版),他旗帜鲜明地提出,是书之所针对乃是50年代费正清式的中国近代史研究模式"冲击—反应"论,这种研究模式假定东亚尤其是中国社会基本处于停滞状态,19世纪西方的冲击才是中国、亚洲发生变化的决定性动力,这其实是西方中心论在中国学研究中的具体反映。为了寻求亚洲发展的内在原动力,就必须将亚洲史作为一个有机整体来把握。滨下发现,历史上的亚洲存在着以中国为中心的朝贡关系,由朝贡关系促发和推动了亚洲各地的交易活动,产生了连接亚洲各地的贸易、商业网络,可称之为"亚洲经济圈"或"前现代亚洲市场"。这个"体系"在16—17世纪逐渐成熟,当西方资本主义势力全面进入亚洲并形成"冲击"之时,不得不面对这个已经形成的、有自身规律的亚洲经济圈及其"反冲击",而且,当西方将这个市场逐步纳入由它主导的世界市场之中时,这个"前现代亚洲市场"除了在世界经济中占据相应的位置外,还保留和继承了自身的历史延续性,也就是说,这一体系构成了亚洲近现代史的前提,规定和制约着亚洲近现代史开始的途径和方式。滨下十分强调把"国家"和"国际"之间的"地域圈"作为历史研究的一个主要单位,他指出,在把握亚洲区域内在关系的时候,并非仅仅存在国家之间的相互关系,还存在着地区之间的关系,这就是在历史上发挥机能作用的实体——地域圈,而且,历史上的亚洲并不是一个平面体的存在,而是由多个中心—周边关系的复合体交错构成的。这种"地域圈"的研究视角充分表明了"全球史"转向对亚洲史和中国史产生的重大影响。②

---

① 韩昇:《译者的话》,堀敏一:《隋唐帝国与东亚》,韩昇编,韩昇、刘建英译,云南人民出版社2002年版,第9—10页。

② 朱荫贵:《朝贡贸易体系与亚洲经济圈——评滨下武志教授的〈近代中国的契机〉》,《历史研究》1999年第2期。《近代中国的国际契机:朝贡贸易体系与近代亚洲经济圈》由中国社会科学出版社1999年出版,朱荫贵、欧阳菲译。

20世纪90年代以来，尤其是进入21世纪之后，随着中国经济的快速发展、东亚各国各地经贸文化关系的日益紧密、经济全球化步伐的加快、国际政治版图的重新规划，东亚的国际秩序发生着剧烈而重要的变动，处于重新建构的过程之中，东亚也因此成了当今世界一个充满戏剧性变数的场域。"东亚"这个意味着某种一体性、某种有着内在联系的结构的地理、政治、文化空间概念，在我们的思想意识中变得越来越显要，把"东亚"尤其是"东亚海域"作为一个历史研究的单元而提出，不仅响应了超越"民族国家"的全球史趋向，更让人们感受到正在现实中行进的历史的脚步，这一学术取向和议题在近年来受到中国学界的广泛关注，正在情理之中。2005年，一些日本学者借用布罗代尔提出的"海域世界"这个概念，开始进行一个大规模的研究计划，名为"东亚的海域交流与日本传统文化的形成"，这个研究课题获得日本文部省资助，由小岛毅牵头，总计有150人参加。羽田正说，把"东亚海域"作为一个历史空间，意在追求一种新的历史解释的可能，以克服原先那种将多个国家、地区、文明圈的历史合在一起就算世界史的"世界史观"，同时也将这一区域内的以民族国家为主体的历史叙事相对化，还要改变极端专业分化的历史学和人文科学的框架，对"东亚海域"范围内的人、物交流展开多学科、多领域的综合分析。[1] 葛兆光指出，如果说"西域"是位于中国左翼的一个宗教、种族、语言、文化交汇的"地中海"，那么，中国的东南海域则是另一个文化、政治错综交织的历史世界，位于中国的右翼。当背海立国的宋朝把中心移向东南海域，"东海"慢慢取代"西域"成为元明以后中国更重要的交流空间，日本、朝鲜、琉球、越南以及中国，再加上近代以来介入的西方，在这个空间上演了彼此交错与互相分离的复杂历史，使得"东海"成为一个相当有意义的历史世界。[2] 2009年，松浦章教授的《明清时代东亚海域的文化交流》侧身于"海外中国研究丛书"在中国大陆出版。[3] 2010年，东京大学东洋文化研究所与复旦大学文史研究院合作召开了"世界史中的东亚海域"学术研讨会，并出版了会议论文集《世界

---

[1] 羽田正：《东亚海域史的实验》，复旦大学文史研究院编：《世界史中的东亚海域》，中华书局2011年版，第2—10页。

[2] 葛兆光：《从"西域"到"东海"——一个新历史世界的形成、方法及问题》，《世界史中的东亚海域》，第12—22页。

[3] 松浦章：《明清时代东亚海域的文化交流》，郑洁西等译，江苏人民出版社2009年版。

史中的东亚海域》。

然而，中国学者对于"东亚世界"的关注仍然出自于他们对"中国"的深切关心，复旦大学于 2007 年召开了名为"从周边看中国"的学术研讨会，说明中国学者关心的是如何建立一个新的历史视角而获得中国史研究的新思路、新课题、新材料、新的解释模式。正如葛兆光所说，由于近年来"东亚"话题的升温，也由于欧美、日本中国学界尤其是后现代史学"从民族国家拯救历史"的提法，使得如何在历史中重新理解"中国"及其形成变成一个问题。为了重新考察和解释这个大问题，我们可能需要改变长期以来习以为常的西方的尺度和背景，转而通过"周边"来重新审视中国这个政治—文化共同体的历史存在和现实意义。这个"周边"首先指的是日本、朝鲜、越南、琉球等这些昔日中华文明圈和朝贡体系的重要成员，长期以来，它们用汉字书写本国史，留存了大量对中国的记录，更有私人性的日记、文集、行纪、诗歌记载了对于中国的见闻、记忆和想象，这些曾经共享一个文化历史传统后来渐行渐远的"他者"眼中的"中国"，是否能为我们的自我审视带来一些新的启示呢？[①] 最近，葛兆光出版了《想象异域——读李朝朝鲜汉文燕行文献札记》一书，以朝鲜李朝时代使者用中文撰写的行纪为材料，很有现场感地描述了他们对中国的观感。在使者眼中，中华传统在现实中国受到"胡风"的感染，已经变异、走样、堕落，中国成了"异域"，对照之下，在"野"的自己倒因为保留了纯正的中华传统而成为中华之"正统"。"中国"成了一个有边界的国家，不再是笼罩宇内的"天下"，它有着一种令人惊诧甚至鄙夷的文化特异性，而不再自然地代表着"文化"本身。17 世纪以后，朝鲜、日本、中国在文化心态上的渐行渐远，清晰地呈现出中华文明圈日益加深的裂痕。[②]

上述研究还没有能够真正为我们提供一个重新理解"中国"及其形成的历史视角，但确实令人感到新鲜可喜，我们看到，那种跨越民族、国家、文化的全球史视野也为思想史提供了新的有意义的课题：文明互动和交往中的主体毕竟是人，那么，在文明交流、碰撞和互动中，处于这个过

[①] 葛兆光：《揽镜自照——关于朝鲜、日本文献中的近世中国史料及其他》，复旦大学文史研究院编：《从周边看中国》，中华书局 2009 年版，第 472—483 页。

[②] 葛兆光：《想象异域——读李朝朝鲜汉文燕行文献札记》第一章《文献概说：关于朝鲜、日本文献中的近世中国史料》，中华书局 2014 年版，第 3—25 页。

程中的主体怎样感受自己生活中的"文明的冲突"并加以处理？人们又是怎样感受、认知作为"他者"的异文明，在这个过程中他们又是怎样重新形成和调整自我意识？等等，这些问题是文明间互动的一个重要内容，是文明互动与交流中深微的心态层面的历史。这样一些课题，作为全球史中的新方向也是思想文化史的新方向，近年来已经受到越来越多学者的关注，比如，黄一农教授的《两头蛇：明末清初的第一代天主教徒》，把文明的碰撞和冲突落实于个体的生命历程之中，更加生动可感，也更加惊心动魄。①

五　中国与资本主义的兴起：重新考察中国历史的动力和动态

所谓"韦伯式命题"其实也是现代社会科学和人文研究的核心议题：科学理性、新教伦理与资本主义精神、资本主义生产方式、现代民族国家、自我调节的自由市场经济，等等，这种独特而优越的"现代性"是怎样从西方文明的躯体内部演变和进化而来的呢？它又是怎样从西方向其他地区传播和扩散的呢？而后者又是怎样对现代性的挑战作出回应的呢？等等。不同的思想理论流派，如马克思主义和韦伯学派虽然对这个问题有不同的解释和实践纲领，但都共享着一个前提预设，可称之为欧洲中心主义的目的论，那就是，欧洲是作为一个独立的社会实体而存在的，资本主义这个影响、决定整个世界命运的裂变发生在欧洲内部并且是由于欧洲社会内部的特殊性而导致的。弗兰克（Andre Gunder Frank）的《白银资本》（1998年）完全反对这样的预设——从这一预设出发必然把整部世界史讲成一个西方的进步故事，而若要突破西方中心主义的防线，首先就不能把欧洲视为一个独立的实体，然后再设法从其内部找到变化的根源，相反，要把欧洲置于欧亚世界体系的内部，考察欧洲的变化如何与整个世界体系及其他部分的变化密切相关，看看"究竟是欧洲造就了世界，还是世界造就了欧洲。"②

---

① 黄一农：《两头蛇：明末清初的第一代天主教徒》自序，新竹：国立清华大学出版社2005年版，卷首。

② 陈燕谷：《重构全球主义的世界图景》，弗兰克：《白银资本》，刘北成译，中央编译出版社2011年版，卷首。

正是在全球史的视野下，弗兰克开始从前现代世界体系的变迁中重新寻找资本主义在欧洲诞生的秘密。他集中研究了1400—1800年全球经济的变迁过程，认为，从航海大发现（在世界史上这是现代的重要开端）直到18世纪末工业革命之前，处于全球经济体系之中心地位的是中国和印度，而欧洲实际上是世界经济的一个次要和边缘的部分。在这个全球经济体系中，欧洲与亚洲地区尤其是中国和印度之间都存在着长期的、结构性的贸易逆差，它不得不向这些地区出口它从美洲劫掠来的贵金属主要是白银，当时，全球白银产量的一半最终抵达中国和印度。征服美洲劫掠其贵金属，使得欧洲获得了进入中国与印度主导的全球经济体系的机会，然后到了19世纪终于设法取代了亚洲在火车头的位置。他又进一步想解释为什么中国的经济优势会被工业革命之后的欧洲所取代，在他的论证中，工业革命是欧洲尝试用机械设施来弥补劳动力不足而造成的，而中国以及整个亚洲对于节约劳动力的技术需求不高。他在结束这部著作的时候暗示，最近一段时期亚洲经济的复兴，正是在借用工业化的成果而使自己重新恢复在工业革命以前所拥有的优先地位。王国斌在《白银资本》中文版序言中提出，中国学者从弗兰克的研究中所应获得的，不是中国中心主义的自我满足，恰恰相反，是那种也要将中国史放在全球史中加以考察的联系性眼光："他向中国人也提出另一种挑战，即超越中国的绝对核心论，用一种体系架构来更仔细地考察中国的变化与欧洲的变化之间的平行关系，更周全地考察中国与世界之间的联系。"①

与他的思考同时而要稍前一点，还有一些被称为"加州学派"的学者也在尝试摆脱西方中心论，重新解释资本主义在西方的兴起，他们更侧重于比较与联系的视角。通过明清时代所谓"资本主义萌芽"的研究，中国学界也早就熟知，自1500年以来中国的农业经济越来越商业化了，尤其在东南地区，农业生产日益商品化、专门化，手工业规模扩大，并明显出现了新的生产方式、生产关系，商人组织发展，商业网络扩大，交通网络扩大改善，等等，但是，为什么欧洲在经历了同样的商业扩张之后发生了工业革命并产生资本主义而中国却没有呢？为什么会出现这样关键性的"大分流"呢？王国斌在《转变的中国——历史变迁及其欧洲经验的局限》（1999年）一书中指出，中国与欧洲历史变迁的动力有一些十分相

---

① 王国斌：《序言》，弗兰克：《白银资本》，卷首。

似的地方，18世纪中叶以前中国与欧洲的经济发展走的是一条相似的道路，但在此后却分道扬镳了，18世纪中叶之后，与中国相比欧洲获得了多方面的成功，其中占首要地位的，就是推迟了亚当·斯密所说"经济增长极限"的到来，这一成功的关键，除了欧洲人发现了新大陆获得一笔"史无前例的生态横财"，王国斌更强调的是一场不可预见的技术革新浪潮带来的结果。① 彭慕兰在《大分流：欧洲、中国及现代世界经济的发展》（2000年）一书中把江南与英格兰作为比较对象，从人口、经济机构和经济发展、社会政治结构、生态环境的制约等各个方面进行了具体的比较，详细考察了18世纪欧洲和东亚的社会经济状况，在作者看来，东亚与欧洲的差距是一种巨大但是暂时的分离，大可不必把它当作一种命定的结果而追溯到太久远的历史。在1800年以前，西方并没有任何明显的完全为西方自己独有的内生优势，而迟至18世纪中后期，包括江南在内的中国富裕地区经济上相当繁荣，在相对意义上极具经济活力，清代中国与一个早期资本主义的理想模式明确不同的那些方面并不必然构成对其经济发展的制约。只是在19世纪欧洲工业化充分发展以后，一个占支配地位的欧洲中心才具有了实际意义。对于工业革命后欧洲经济力量迅速上升之原因，他认为取决于多种因素的配合：发明创造、市场、高压统治以及海外殖民带来的"幸运的全球性关联"，他尤其强调英格兰转向用煤炭这一能源革命是其中的关键因素。②

总之，欧洲的工业化、首先在欧洲发生的"现代性"、由欧洲主导的"现代世界"，都不是欧洲历史内在、必然、不可避免的发展结果，而是由世界体系内部各地区间互动而产生的，是一系列"因缘际会"的不可预测的后果，其中充满了偶然的历史机遇性。李伯重引用罗斯托的话说，英国是当时世界上"唯一能够将棉纺织技术、采煤和炼铁技术、蒸汽机以及巨额的对外贸易结合在一起，从而使自己走上发动阶段的国家。"③也就是说，英国能"自发地"发展出近代工业化实在是一种十分特殊的

---

① 李伯重：《"相看两不厌"——王国斌〈转变的中国——历史变迁及欧洲经验的局限〉研究方法评介》，《理论、方法、发展趋势：中国经济史研究新探》，清华大学出版社2002年版，第190—207页。其书中文译本由江苏人民出版社1999年出版，李伯重、连玲玲译。

② 彭慕兰：《引言：欧洲经济发展之比较、联系和叙述》，《大分流——欧洲、中国及现代世界经济的发展》，史建云译，江苏人民出版社2003年版，第20—21页。

③ 李伯重：《理论、方法、发展趋势：中国经济史研究新探》，第31页。

历史经验，而并不能代表世界历史的"普遍道路"。

19世纪欧洲主流史学家在编织了一个自由西方的进步史的同时，将东方专制主义的中国视为停滞的帝国——黑格尔在《历史哲学》中的表述最为著名。为了反驳中国历史停滞论，中国马克思主义史学家论证说，中国历史并不自外于世界历史的普遍进程，也经历着氏族社会—奴隶社会—封建社会的发展，并在中国封建社会的晚期即明代中叶产生了资本主义萌芽，如果没有外力的强制打断，必将自主地进步到资本主义历史阶段。资本主义萌芽问题是中国马克思主义史学的"五朵金花"之一，直到20世纪90年代以后才受到一些学者的公开挑战。黄宗智批评说，资本主义萌芽说乃是把欧洲经验视为普遍模式，然后以此为出发点来看中国，这其实是陷入了西方中心主义的陷阱。他指出，那些出自西方历史经验的认识规范、理论模式，无法直接套用于中国的历史经验，按照这些模式，我们只能说中国是一个悖论式的存在，它既是"西方"又不是"西方"，比如，帝制中国晚期出现了资本主义式的生产关系、商业化和法治，与西方近代早期一样；但是，这些东西并没有带来生产力的突破、资本主义的发展和形式主义理性化，这又与西方不一样。[①] 那么，相比之下，中国明清时代的经济发展水平如何？经济发展动力何在？发展方向是怎样的？为什么没有能与欧洲道路相同？李伯重在《江南的早期工业化，1500—1850》（2000年）一书中试图进行解释，他认为，在明清时期，中国国内市场不仅在绝对规模上而且在扩大的速度上都大大超过欧洲，江南地区则是这个巨大市场的中心，在东亚贸易圈中也处于中心地位，由于东亚地区此时正处于一个经济加速成长的时代，因此，到清代中期，由地区劳动分工和专业化推动的江南经济发展还具有很大空间，远未达到其极限，如果没有西方的入侵，江南经济将继续沿着既定的方向发展下去，但并不会导致工业革命和资本主义萌芽——夺取新大陆而获得史无前例之生态横财、攫取新资源、制度变革、矿物能源的大开发，所有这些刚好在19世纪的英国凑齐的条件作为一种特殊的历史经验不大可能也在江南出现。[②] 林满

[①] 黄宗智：《中国经济史中的悖论现象与当前的规范性认识危机》，《史学理论研究》1993年第1期。

[②] 李伯重：《英国模式、江南道路与资本主义萌芽理论》，《理论、方法、发展趋势：中国经济史研究新探》，第22—41页。李伯重著《江南的早期工业化，1500—1850》由社会科学文献出版社2000年出版。

红的《银线——19世纪的世界与中国》则解释了一个很多人心中的疑问：既然直到18世纪中后期，中国经济在绝对规模上仍雄踞世界各大经济区之首，其经济增长速度仍超过欧洲，但是，中国何以会在19世纪上半叶由盛转衰呢？林满红主要从中国与当时世界性白银贸易的关系中来索解这个难题，她考察了中国银钱并用的货币体系如何被卷入世界经济，进而使中国有机地被世界溶蚀，她认为，中国其实是被它与墨西哥之间紧密牵连的银线绊倒的。通过白银这条线索，她突破历史学专业分工的局限，呈现出经济、社会、政治、思想等层面的连锁变化，描绘了一幅立体的历史画面。[①] 这种跨越学科分工限制，打通历史演化的各个层面以得出一个网络式的立体化的历史演化之"体"，也是全球史着力提倡和实践的目标。

尽管当今学界已经很少有人再提"资本主义萌芽"说，但是，却没有人能否认，穿着不合体概念外衣的资本主义萌芽研究，却实实在在地呈现出明清时代中国社会、经济、政治、文化方方面面都有着一种快速的发展态势，这种发展态势带来了大不同于以往社会的异质性因素。那么，怎样重新考察中国明清社会的这种异质性发展态势？进而深入探究整个中国历史的发展态势和动力系统？并重新探究"现代中国"的源流？而不是把一个至今仍处于改革途中的"现代中国"完全看成是西方"冲击"的产物？——如果仅仅是那样，我们将根本无法理解和解释"现代中国"为什么会走上一条革命和改革的路，为什么会呈现出现在这样一种"混沌而莫名"的状态，而令全世界深感愕然？因此，我们也将无法对这个现代中国的未来进行更有想象力的筹划。黄宗智说得好："我们的目标可能就是要回答下列的问题：一个从历史的眼光来看既现代而又独特的，并从西方的角度看来是矛盾的中国，它将会是什么样子呢？对于西方的后现代主义者，这样的问题看起来似乎是一个老掉牙的现代主义式的问题，但是，对于中国而言，它一直是一个根本的重要问题。"[②]

摆脱西方中心论的桎梏，不再把资本主义的诞生当作历史的命定目的和归宿，不是从资本主义产生的历史中抽象出什么普遍、必然的历史

---

① 王玉茹：《银线·序》，林满红：《银线——19世纪的世界与中国》，江苏人民出版社2011年版。

② 黄宗智：《学术理论与中国近现代史研究——四个陷阱和一个问题》，《中国研究的范式问题讨论》，社会科学文献出版社2003年版，第128页。

规律，并以之为标准尺码来否定或肯定自己的历史，而是回到历史之中，回到历史复杂的真实的相互联系，在世界史的范围内，在不同地区和文明的比较和联系之中，探究明清以来乃至整个中国史的动力系统和动态过程——在这样的重大历史问题上，全球史也带来了非常重要的启示。

六 结语

在写作本文的过程中，我读到新近出版的《全球史中的文化中国》[①]，就笔者所见，这很可能是第一本明确号召将全球史的理论方法应用于中国史研究的论著，这充分说明了全球史对于中国史研究已经产生的重要影响，中国史学者已经自觉意识到全球史之与中国史研究的重要意义。

在当今这个"全球化"的时代，中国前所未有地参与到世界史中去，与整个世界发生着前所未有的密切关系，并以崛起的态势影响着整个世界史的发展。这个时代要求我们讲出一种全新的中国的故事——摆脱西方中心主义的桎梏，也超越以中国为中心的历史视野，将中国历史紧密地联系于整个世界历史，讲出自古以来就参与到世界史之中并随其变化而变化的中国的故事，这将极大地帮助人们理解当今中国的发展，有想象力地策划它的未来，并理解和想象中国置身于中的世界史的当代演进。

（原载《全球史评论》第七辑，中国社会科学出版社 2014 年版）

[①] 清华国学院编：《全球史中的文化中国》，收入了刘东：《全球文化与文化全球——"全球化"的复杂侧面及理论总结》，刘迎胜：《全球化视角下的古代中国——古代中国与其他文明古国及周边世界的交流和互动》，李伯重：《早期经济全球化进程中的中国》，姚大力：《多民族背景下的中国边陲》，陈来：《全球化时代的"理"与"势"》，由北京大学出版社 2014 年出版。

专题研究

经济全球化与民族国家的主权保护

徐 蓝

人类进入 20 世纪 90 年代以来，"全球化"浪潮汹涌而至，给世界各国的发展带来了前所未有的机遇和挑战。由于全球化是各民族国家参与的历史进程，所以人们自然会提出与民族国家主权相关的问题。① 经济全球化（即狭义的全球化）是全球化的基础和重要组成部分，也是全球化进程的最基本动因，因此本文仅对经济全球化与民族国家的主权保护谈点个

---

① 全球化是一个很大的题目。可以说，自 20 世纪 60 年代全球化（globalization）一词首先在美国提出之后，国际学术界对全球化问题的讨论就始终不衰，90 年代达到高潮。这些研究主要集中在社会学、政治学和经济学领域，从重点描述全球化的社会现象，发展到对全球治理（global governance）的讨论，其中自然涉及全球化与民族国家主权的关系问题。其代表论著有：戴维·赫尔德等著，杨雪冬译《全球大变革：全球化时代的政治、经济与文化》，社科文献出版社 2001 年版；戴维·赫尔德和安东尼·麦克劳：《治理全球化》（David Held & Anthony McGrew, *Governing Globalization*），政治出版社 2002 年版；保罗·赫斯特和格雷厄姆·汤普森：《全球化与民族国家的未来》（Paul Hirst & Grahame Thompson, "Globalization and the Future of the Nation State"），《经济与社会》（*Economy and Society*）第 24 卷，1995 年第 3 期，等等。随着中国改革开放的步伐，中国学者对全球化的关注与研究从 80 年代就已经开始。1998 年，中共中央编译局当代马克思主义研究所主持的、以俞可平为总主编的《全球化译丛》（全 7 册）由中央编译出版社出版；1999 年，以龙永图为学术总指导，刘力、刘光溪为主编的《经济全球化丛书》（全 5 册）由中国社会出版社出版。中国史学界则更为关注全球化与全球史观的问题，并组织了有关全球化与全球史观的笔谈（见《史学理论研究》2005 年第 1 期），这些文章从史学的角度说明全球化是全方位的，其影响是多元的，全球化、全球史观和"民族主义的冲动"是并存的。与此同时，中国学者也注意到了全球化与国家主权的关系问题，其中最有代表性的是俞可平的《论全球化与国家主权》（《马克思主义与现实》，2004 年第 1 期）。但是总体来说，该问题的研究还有待进一步深入。

人的不成熟的看法，以求教于方家。①

一 经济全球化的趋势势不可当

经济全球化也就是世界经济一体化，它是一个发展过程，也是一个客观现实。

尽管在理论上对经济全球化还没有一个统一的严格的定义，但是一般认为，它至少包括两个基本含义：其一是指生产要素在世界范围内跨国界自由流动的不断加深，以寻求最佳配置；其二是指这些流动要遵守一定的共同规则。

经济全球化作为一个历史发展过程，可以追溯到15世纪新航路的开辟和资本主义在西欧的兴起。从此，资本主义生产方式逐渐打破了农业经济时代的地方狭隘性，表现出一种外向的、突破国界和洲界的限制并走向全球的趋向。马克思和恩格斯在《共产党宣言》中说："资产阶级，由于开拓了世界市场，使一切国家的生产和消费都成为世界性的了……资产阶级……挖掉了工业脚下的民族基础。"② 19世纪中叶，伴随着欧美各国工业革命的完成和资本主义大工业的兴起，经济的跨国发展和国际化趋势开始大大加强。从近150多年的世界经济发展来看，可以将经济全球化趋势分为三个发展阶段。

第一个阶段从19世纪后半期到20世纪初期，即第一次世界大战之前，经济全球化以国际贸易的迅速发展和资本的大规模的国际性流动以及生产的国际分工为主要特征。但是，这一时期尚未建立国际经济运行的有效机制。

第二个阶段从第二次世界大战后到20世纪80年代。两次世界大战和蔓延整个资本主义世界的经济大危机使维持世界经济发展的货币金融关系和贸易关系一片混乱。然而正是战争的血的教训，才使各国取得了这样的共识：传统的孤立主义和保护主义的经济政策，必将导致世界经济再次走进死胡同，只有国际间的经济合作，才是促进世界经济繁荣从而维护世界

---

① 本文的写作得到"北京市属市管高等学校人才强教计划资助项目"的资助。本文及《圣经时代以色列人的国家观念与国家形态》、《论赫梯国王的对外政策》均为北京大学历史系主办的"历史上的国家：形态、属性和功能"研讨会论文。
② 《马克思恩格斯选集》第1卷，人民出版社1972年版，第254页。

和平的必由之路。为了恢复世界经济的有序发展，美国凭借其军事、政治和经济的绝对优势，试图从金融、投资、贸易三个方面重建国际经济秩序。在金融方面，重建国际货币制度，以维持汇率的稳定和国际收支的平衡；在投资方面，以鼓励对外投资、筹措资金来促进战后经济的复苏和发展；在贸易方面，以扭转日益盛行的高关税贸易保护主义和歧视性的贸易政策来促进国际贸易的自由化。这就是战后三大经济组织国际货币基金组织、国际复兴开发银行（世界银行）和关贸总协定的建立。这三大机构共同构成了战后调节世界金融、投资、贸易的三大支柱，被称为"布雷顿森林三驾马车"和"经济联合国"[①]，标志着国际金融和国际贸易体制的形成，从而进一步促进了世界经济的发展和一体化进程。

在此期间，大批发展中国家进入国际经济体系，与此同时，各种国际经济机制开始形成，跨国公司大量出现，并成为世界经济增长的发动机。

不过，由于冷战的爆发，苏联和东欧国家虽然组成了经互会并实行经济一体化，但实际上只是集体的闭关自守，脱离了世界经济的主体。中国也在相当长的时间里关起门来搞建设，没有融入世界经济。

第三阶段滥觞于20世纪70年代，并于80—90年代形成了一股强大的经济全球化浪潮。其主要原因是：第一，在此期间，以信息技术为核心的新一轮科技革命成为经济全球化的主要推动力量；第二，冷战的缓和与结束消除了过去东西方实行的"两个平行市场"的分割状况，包括中国在内的大多数原来实行计划经济的国家向市场经济的转轨，使市场经济体制获得极大扩展，为建立统一的世界市场提供了条件；第三，跨国公司迅猛发展，将公司内部的一体化扩散到全球；第四，世界贸易组织的诞生，把贸易、投资和服务的国际化提高到一个新的水平。

实际上，到20世纪80年代，各国的经济就已经相互渗透、相互依存，趋于一体，经济全球化的雏形已经显露。正是在这种情况下，作为反映这一客观现实的"全球化"（Globalization）一词，在80年代便不断见诸西方的报端。进入90年代之后，这一词汇被更为频繁地使用，联合国秘书长加利则在1992年的联合国日（10月24日）宣布：真正的全球化的时代已经到来。

[①] 作者曾在拙文《试论第二次世界大战后国际秩序的建立与发展》中对这三大机构作过较为详细的论述，见《世界历史》2003年第6期。

今天，经济全球化具体表现为以下几个方面：

以高科技为基础的生产带来了全新的国际生产分工体系，使其更加专业化和精细化，从而把世界各国纳入全球的分工体系，使各国的生产活动密切联系，相互依赖，相互渗透，连成一体。例如，在全球处于垄断地位的波音公司，其飞机的零部件来自十几个国家和地区；著名的电力和自动化技术集团 ABB 公司的总部设在瑞士，总裁是瑞士人，总部只有工作人员 100 来人，工作语言是英语，财务报表以美元为单位，在全世界 160 个国家和地区建立附属机构和企业并雇用了 20 多万人，生产销售遍及全世界。该公司的总裁说过，"ABB 公司四海为家，是许多个国家的公司在世界范围内协作的联盟"。[①]

贸易国际化的程度空前扩展。表现在：世界贸易增长速度超过历史上的任何时期；世界贸易的增长率高于世界生产的增长率。另外，世界贸易出现新的变革，高科技产品在出口商品中所占比重逐步提高，知识产权在世界贸易中越来越重要，劳务贸易迅速发展，世界旅游业增长很快，特别是服务贸易异军突起，发展的速度远远超过商品贸易。据世贸组织统计，1980—2003 年，世界贸易年均增长超过 6%，始终快于世界生产的增长速度，前者的年均增长率要比后者高 50% 左右。2003 年从出口角度计算的世界贸易总额（包括货物贸易和服务贸易）达 9.5 万亿美元，相当于 1980 年的 3.9 倍[②]。

第三，国际投资迅速增加，范围遍及全球。据联合国贸发会议统计，2000 年国际直接投资（FDI）流入量达 12710 亿美元，是 1980 年的 22 倍，国际直接投资占世界各国国内投资比重由 1980 年的 2.3% 提高到 2000 年的 22%。虽然 2001 年以后受恐怖主义等各种因素的影响，跨国直接投资有所萎缩，但 2004 年已经实现恢复增长，达到 6120 亿美元[③]。尽管发达国家之间仍然是相互直接投资的重点，但是国际投资格局逐渐发生重要变化，即发达国家投向发展中国家的资金数量增加，比重上升，20

---

① 转引自龙永图《经济全球化丛书》所写的总序言，见张碧琼《经济全球化：风险与控制》，中国社会出版社 1999 年版，第 1—15 页。
② 安民：《在经济全球化中实现共同发展》，作者为商务部副部长，文章为作者在第二届中国企业"走出去"国际论坛上的演讲摘要。中华人民共和国外交部网站：首页：资料：专题：经济与外交，http://www.fmprc.gov.cn/chn/ziliao/wzzt/jjywj/t196795.htm，2005 年 5 月 23 日。
③ 安民：《在经济全球化中实现共同发展》。

世纪 90 年代以来发展中国家接受的 FDI 以年平均超过 10% 的速度增长，到 2000 年达到 2651 亿美元，其中绝大部分来自发达国家，从而促成了新兴资本市场的崛起。尤其是发展中国家向发达国家的 FDI 流动以及发展中国家之间的相互投资已经悄然兴起。据统计，仅亚洲发展中国家 2001 年的对外投资就高达 850 亿美元[①]。

第四，国际金融市场异常活跃，金融的国际化与自由化程度日益提高是经济全球化的最新态势。资金的交易额空前巨大，金融工具和金融业的运作方式不断创新。互联网和"电子货币"的发展，使各国金融外汇市场瞬间沟通，处于 24 小时的全天候运行状态。早在 1989 年 3 月 31 日香港《信报》的一篇文章就曾指出：现在每日的全球外汇交易平均超过一万亿美元，是 10 年前的 5 倍，是实物贸易量的 50 倍，国际上流动的总资产近 83 兆美元；全球的经济讯息可在数分钟内全球分享，而资金的进出，各种投资（投机）工具的买卖，都可以通过一个电话，甚至一个按钮，几秒钟内完成[②]。

第五，跨国公司特别是大的跨国公司，是推动全球化的主要载体和承担者，是全球化进程中的最活跃、最具影响力的因素和决定性的力量。八九十年代以来，跨国公司在数量上和规模上急剧增长。据统计，1980—1995 年，全世界的跨国公司从 1.5 万家增加到约 4 万家，2005 年为 6.1 万家，它们占据着全球跨国直接投资的 90%、全球贸易总量的 65%、全球技术交易总量的 80% 和全球高新技术的 95% 以上。近年来，一些发展中国家的跨国公司开始崛起，越来越多的大跨国公司迫于激烈的竞争而实行跨国联合或并购重组，从而进一步加速了经济全球化进程[③]。

总之，经济全球化已成为强劲的时代潮流，上述所说的这些现代经济

---

① 沈丹阳：《居安思危：全球 FDI 流动新趋势下我国引资策略创新思考》，《中国外资》2003 年第 7 期。中国政府积极推动"走出去"战略，也意味着中国对外直接投资将会有一个显著的增长。据国家商务部统计，截至 2002 年年底，经原外经贸部批准或备案设立的境外中资企业近 7000 家，协议投资总额 137.8 亿美元，其中中方投资约 90 亿美元，实际上未经批准的对外投资可能远不止这个数字。2003 年第一季度，我国海外投资又比去年增长了约 60%。

② 转引自吴江《世界多极化与经济全球化》，俞可平、黄卫平主编：《全球化的悖论》，中央翻译出版社 1998 年版，第 18 页。

③ 纪玉祥：《全球化与当代资本主义的新变化——兼及考察全球化的方法问题》，俞可平、黄卫平主编：《全球化的悖论》，第 35 页；安民：《在经济全球化中实现共同发展》。发展中国家的大型跨国公司很少。美国《财富》杂志 2004 年世界 500 强企业中，美、日、欧等发达经济体占绝大多数；若把韩国、新加坡等包括在内，发展中国家也只有 38 家，其中中国 16 家。

的要素日益要求冲破民族国家的壁垒，使其能够在全球范围内最大限度地自由流动。但是，经济全球化又是民族国家参与的全球化，当民族国家越来越深地卷入这一浪潮时，它们自然面临这样的问题：经济全球化与民族国家主权的关系如何？经济全球化趋势下民族国家应如何维护自己的主权？

二　经济全球化对传统的民族国家主权的挑战

这里首先要简单叙述一下国家主权的概念。

完整的近代意义的民族国家主权概念是在17世纪中叶以后随着威斯特伐利亚体系（Westphalia System）的产生而形成的。

1618—1648年，欧洲爆发了"三十年战争"[①]。各交战方于1648年10月在威斯特伐利亚签订了《奥斯纳布吕克和约》与《明斯特和约》，史称《威斯特伐利亚和约》。根据这一条约，独立的各个诸侯邦国不分大小，主权一律平等；国家对内享有至高无上的国内统治权，对外享有完全独立的自主权；国家主权具有独立性、统一性、不可分割性。从此以后，国家主权开始具备对内对外的双重属性：主权在国内是最高的权力，不受任何国内法的约束，国家凭借这一权力可以处理所有的国内事务；主权对外是独立自主的，不受任何外来力量的干涉，也不受外部力量的侵犯[②]。因此，主权便成为国家的象征，国家的完整和独立主要体现为主权的完整和独立。从此，基于这种国家主权之上的国际关系体系被称为"威斯特

[①]　"三十年战争"的基本背景和情况是：16世纪，德意志首先发生了反对罗马天主教教会的宗教改革运动，这场运动导致了德意志的宗教分裂，并形成了两大对立的教派势力：天主教和新教。这两大教派之间的矛盾越来越大，终于在1618年爆发了战争。战争爆发后，欧洲的各大国也逐渐卷了进来，西班牙、波兰和罗马教皇国站在天主教同盟一边，英国、瑞典、丹麦、荷兰、法国站在新教一边，形成了一场欧洲各国的大混战。这场战争持续了30年，因此在历史上被称为"三十年战争"。参战各国不仅带有宗教的狂热，也有十分明显的争夺欧洲霸权的政治目标。

[②]　按照日本学者星野昭吉的话来说，《威斯特伐利亚和约》内涵的主权可以分解为两方面：对国内居民和领土进行统治的权威与正当性；摆脱他国控制的独立权，外交自律权及其正当性。星野昭吉著，刘小云、梁云祥译：《全球化时代的世界政治——世界政治的行为主体与结构》，社会科学文献出版社2004年版，第29页。当代一些西方学者认为，在主权国家体系中，就对领土和人口的控制而言，所有国家都平等地独立于外部权力。国家的主权、领土完整及法律平等被视为国际关系的特征。约瑟夫·A·凯米莱里，吉米·福尔克著，李东燕译：《主权的终结？——日趋"缩小"和"碎片化"的世界政治》，浙江人民出版社2001年版，第34页。

伐利亚体系"。

威斯特伐利亚体系形成后，民族国家（nation-state）便一直是人类政治生活的核心，至今如此。一般认为，民族国家的建立需要具备三个基本要素和与之相联系的三个基本原则。三个要素是：1. 领土；2. 主权；3. 人民。三个原则是：1. 领土原则：国家拥有确定的边界，即该国家的统治范围。在边界以内，国家可以制定并行使法律。2. 主权原则：国家及其代表拥有在其边界内采取行动和实行统治的主权。3. 合法性原则：主权国家之间的关系可以成为国际协议与国际法的对象，而国际协议和国际法必须得到各个国家的同意才能产生效力[①]。直到今天，这样的民族国家仍然是现实国际政治生活的中心，也是全球化的实际参与者。然而，不可阻挡的经济全球化进程已经对民族国家的主权构成了重大挑战。

传统的民族国家经济主权在国际关系上的表现形式，主要是一国政府拥有在对外经济活动中的自主决策权。这种自主决策权又体现在两个方面：第一，在一国国内，这种权利表现为对对外经济活动的管制权和制定对外经济法规的自主权；第二，在对外关系上表现为自主参与国际经济活动的权利。但是全球化进程对经济主权的冲击是广泛而深刻的。我们仅从三个视角来看。

首先，从跨国公司来看，跨国公司是全球化的主要载体，它在一定程度上削弱了民族国家的经济主权。

这是因为：其一，大量存在的跨国公司在经济全球化过程中，正扮演着"第二政府"的角色，它们对世界经济发展的影响越来越大，不仅影响着国际贸易的方式和未来发展的走势，而且影响到国际贸易的理论和政策，因而不可避免地涉及民族国家的经济主权和利益。其二，跨国公司在海外的大规模直接投资活动，通过兼并与收购以及建立新工厂等方式，控制东道国某些重要的经济部门，垄断东道国某些产品和市场，在一定程度上影响甚至左右了东道国的生产、消费、内外贸易、产业结构调整和国家经济政策制订，从而削弱了东道国经济的自主权。例如，可口可乐公司在全球 155 个国家运行，控制着全球 44% 的软饮料市场，其势力和影响已远非许多单个国家可比。可口可乐公司和百事可乐公司将中国几乎全部有

[①] 乌尔里希·贝克：《全球化时代民主怎样才是可行的?》，乌尔里希·贝克、哈贝马斯等著，王学东、柴方国等译：《全球化与政治》，中央编译出版社 2000 年版，第 11—12 页。

名的饮料厂兼并。洗衣粉行业也同样如此，当中国最后一个名牌"活力28"被德国本森公司收购之后，中国洗衣粉厂家全军覆没。其三，由于跨国公司牢牢控制了生产技术的创新和转移，这就使得技术落后的发展中东道国处于被动的依赖地位，甚至形成经济的依附性发展，从而削弱了国家的经济主导权。

其次，从世贸组织来看，它对民族国家经济主权的侵蚀也是很明显的。

世贸组织的建立，是国际社会为了应付全球化带来的种种挑战而进行国际合作的显著成果。尽管加入世贸组织的行为是国家主权的体现，维系世贸组织生存的《WTO 协议》也是成员方主权行使的结果，但是世贸组织对民族国家经济主权的侵蚀也是很明显的。

例如：根据世贸组织规则，成员方不得随意制订关税政策，非关税措施的制订也要遵循相关规定，各成员方采取的技术标准和措施要顾及世贸组织有关协定并要有透明度，还有诸如知识产权保护、竞争政策、劳工和妇女权利保护等，都会制约本国政策的实施和实施的有效范围。特别是一向为国内管辖的金融、保险、基础电信等服务行业，也要受制于《服务贸易总协定》及其他专门协定。由此可见，世贸组织的协定所触及的大量政策领域，是过去一直被认为的国内政策的排他领地，其范围延伸到一向为国内专属管辖的行业。其结果必然导致由国家主权原则得出的国内独立权受到侵蚀。中国加入世贸组织以来，曾清理、修改和完善了 3000 多个法律法规和部门规章，就是证明。

第三，在金融全球化的背景下，各国实施货币法定升值与贬值的主权权利也要受到一定的约束。

一方面，在金融自由化的趋势下，大多数国家逐步放松了对本国货币兑换的管制。这不仅是各国在金融全球化的压力下所作出的自动选择，也反映了国家行使外汇管制的权力遭到了一定的侵蚀。另一方面，在金融全球化的情况下，各国的金融联系越来越紧密，一国所采取的金融措施，特别是涉及货币对外关系的货币的升值与贬值政策，会对其他国家的经济、金融活动造成影响。因此金融全球化要求各国中央银行在制定本国货币政策时，必须考虑全球的经济和金融发展状况，而不能只顾本国的利益需求。这就削弱了传统的国家货币主权。例如近几年来西方国家要求中国人民币升值的压力,以及人民币也确有小幅升值的事实,就说明了这个问题①。可以预见,随着中国卷入国际经济生活的深度和广度的加强,这个问题也会越来越突出②。

因此经济全球化及由此引起的社会变革,已经冲击了传统民族国家主权,并改变着传统的民族国家主权观念。但是这决不是像一些人士所说的全球化就导致主权过时和民族国家消亡。

三 经济全球化并未导致主权过时和民族国家消亡

首先,民族国家是经济全球化最主要的推动者和参与者。在很大程度上民族国家的发展过程实际上也是全球化的推进过程,民族国家是全球化发展的关键推动力量。

从历史上来看,民族国家的诞生为国内市场的最终形成提供了政治保障。现代民族国家(主要是西方国家)为全球化的发展提供了最活跃的因素:资本家、资本和跨国公司,以及全球化发展的技术动力。在殖民扩张时期,民族国家是资本扩张背后的强大支持力量,为这种扩张提供了武力支持。

从现实来看,民族国家从来没有像现在这样在全球化中具有决定性的作用。一方面,各国积极支持本国企业拓展海外市场,进行全球扩展。另一方面,各国主动参与国际经济活动,不仅积极参与国际货币基金组织、世界银行和世贸组织等全球性经济组织的建设,而且尽可能参与欧盟、东盟、北美自由贸易区、亚太经合组织等区域性经济组织的建设,协调彼此在投资、关税、贸易等方面的关系,降低了国际经济交往中的成本。譬如在韩国,国家直接推动本国企业的全球化战略,其措施包括:鼓励本国企业在国外资本市场上集资;国家资助私人企业在海外拓展;资助本地企业

---

① 根据中国银行外汇牌价,2006 年 11 月 25 日人民币/美元的基准价为 100 美元/785.26 元人民币,而 2005 年 11 月 25 日人民币/美元的基准价为 100 美元/808.15 元人民币。

② 另外,一些区域性的货币联盟也对传统的国家货币主权提出了挑战。例如,从 1999 年开始,欧盟部分成员如法国、德国等国已不再拥有独立的货币政策,而由欧洲中央银行履行制定统一货币政策的职能;从 2002 年起,这些国家已使用数百年之久的、作为国家主权重要象征的本国货币法郎、马克等也被"欧元"(Euro)所取代。尽管这些成员国在加入货币联盟时自愿将这种主权权力让渡给联盟,但它毕竟侵蚀了传统的国家货币主权。

同跨国公司建立合资企业或达成技术合作关系等。以汽车工业为例,尽管韩国的汽车工业起步很晚,但国家注意保护国内市场和引进先进技术,使其在短短 20 多年的时间里便在世界汽车生产的排行榜上名列第五位①。

其次,经济全球化并未从根本上改变民族国家的主权。民族国家及国家主权在国内和国际政治生活中仍然处于核心地位并起着核心作用,国家及其主权的基本功能并未消失。

在全球化的进程中,民族国家在某些情况下让渡主权权利是有条件的,即要求得到一定的回报。各国参与国际合作的目的并非为了削弱自己,而是要以此来维护本身的权利,并获得更好地发展,提升自己的综合国力。以中国的小浪底水利枢纽工程为例。该工程位于黄河中下游交界的河南省境内的黄河干流中游段上,以防洪、防凌、减淤为主,兼顾供水、灌溉、发电,在综合治理黄河的总体布局中,具有重要的战略意义。但该工程协议利用世界银行贷款 10 亿美元,因此世界银行于 1988 年开始介入该工程,曾先后组团检查小浪底达 26 次,每次都由世行官员和专家提出工作备忘录,对小浪底工程建设、移民、经济、管理、财务以及环保等方面提出评估、咨询意见和工作要求,并对该项目可持续发展方面存在的问题高度重视。根据世行要求,该工程的土建工程采取国际招标,大坝、泄洪排沙系统和引水发电系统等主要工程的施工责任方分别为意大利、德国和法国的跨国公司,而不是中国的公司。另外,世界银行还对小浪底工程机构建设给予极大关注,促成水利部于 1989 年 9 月批准成立了黄河水利水电开发总公司(YRWHDC),作为项目业主开发小浪底水利枢纽工程②。这些做法,对于传统的国际主权来说,显然是不能接受的。但这是中国为发展自己而行使国家主权的主动行为。

另外,从关贸总协定和世贸组织的发展来看,至今为止尚无一个缔约方和成员方因为加入该组织后而引起该国经济的衰退,反而是加快了其经济的发展。据《国际先驱论坛报》2005 年 11 月 7 日报道,中国在加入世

---

① 巴西是一个相反的例子。巴西的汽车工业在 20 世纪 60 年代就通过引进外资实现了零部件的本地生产,但国家对国内市场的保护和对西方大公司落后技术的转移没有采取有效措施,只能生产美欧接近淘汰的车型和部分零部件,因此到 90 年代其汽车工业已经落后于韩国。参见张碧琼《经济全球化:风险与控制》,第 135—136 页。

② 参见《小浪底水利枢纽工程建设历程》,见小浪底网:水利枢纽工程首页:建设历程,www.xiaolangdi.com.cn, 2006 年 11 月 25 日。

贸组织近 4 年后，已经成为世界上一个举足轻重的生产大国，2001 年中国与世界其他国家的贸易额为 5098 亿美元，到 2004 年这一数字已达 1.2 万亿元，增长了一倍多①。事实证明，加入该组织对本国经济的继续发展具有促进作用，这正是该组织不断扩大和发展的重要原因。从这个意义上说，自愿的主权权利让渡可以看作维护和加强各民族国家主权的一种表现形式，是利用整体优势来提升自己，并没有损害国家主权的实质。

第三，尽管对发展中国家来说，它们是被西方发达国家"裹挟着"纳入全球化进程的，但是，大多数发展中国家认为，参与全球经济是自身经济发展的不可或缺的要素，也是它们行使国家主权作出选择的结果。仅以世贸组织为例，到 2005 年 12 月 11 日，世贸组织已经拥有 149 个成员方，其中绝大部分是发展中国家这一事实，就说明了这个问题。

由此可见，尽管经济全球化从不同的角度、在不同的领域对民族国家的主权产生了一定的冲击和影响，甚至侵蚀了部分经济主权，但是民族国家主权最核心的部分——国家独立自主地处理其内外事务的权力仍然没有发生根本改变。

当前，经济全球化的进程明显加快，于是一些人认为经济全球化和民族国家的主权在基本的价值取向上具有异质性和互相排斥性，并认为传统的国家主权已经开始彻底崩溃，国家主权已经成为一个过时的概念，甚至断言在全球化不断发展的过程中，"主权消亡是一种铁定趋势"，国际政治的"后威斯特伐利亚"时代已经来临②。这是一种错误的认识。经济全球化并未造就"没有国界的世界"，各国依然牢牢把守着国家主权。国家主权变化的实质仅仅是部分主权权力的交换与让渡，并以此换取更大价值的国家利益。但这并不是对民族国家主权的否定。

第四，民族国家在参与经济全球化的过程中实施对国家主权与核心利益的保护。

实际上，随着经济全球化的发展，各国更加注意保护经济主权。例

---

① 美国《国际先驱论坛报》(*International Herald Tribune*) 2005 年 11 月 7 日文章。
② 德国著名全球化研究学者乌尔里希·贝克和当代思想家尤尔根·哈贝马斯都多少持有这种看法。前者认为国家主权现在遇到了困境："在全球性时代，国家主权只有通过放弃国家主权才能实现。"后者也认为传统的国家主权多少已经过时了。参见贝克《全球化时代民主怎样才是可行的?》；哈贝马斯:《超越民族国家?》，乌尔里希·贝克、哈贝马斯等著，王学东、柴方国等译:《全球化与政治》，第 14 页、第 78—79 页。

如：在关贸总协定临时生效的 47 年中，各成员国之间有过八次关于互相减税的谈判，前四次谈判的时间分别是 6 个月、6 个月、8 个月、4 个月，时间不长；但后来谈判的时间越来越长，分别为 3 年、4 年、7 年和 8 年，这说明各国都要对自己的关税政策进行保护。中国从"复关"到"入世"的谈判曾经讨价还价 15 年（1986—2001 年），正是我们既行使国家主权，又保护经济主权并发展国家根本利益的表现。又如：中国于 1980 年恢复了在国际货币基金组织和世界银行中的合法席位。尽管受到一些限制，但获得了利益。截止到 2005 年 6 月 30 日，世界银行对中国的贷款总承诺额累计近 391 亿美元，共支持了 263 个发展项目，其中有 81 个项目还在实施中。世行贷款项目目前主要集中在交通（32%）、城市发展（22%）、农村发展（22%）、能源（14%）和人力开发（4%）等领域[①]。在 2000 年世界银行进行的项目评价中，90% 以上的中国项目被评为"满意"。中国被认为是世界银行贷款使用和偿还情况最好的借款国之一[②]。

实际上，发达国家同样相当重视经济主权的保护，甚至表现为经济民族主义和贸易保护主义。例如最爱讲全球化并标榜自由贸易的美国，对技术出口抓得特别紧，经常为所谓的技术泄密而大动干戈。克林顿总统任期内发生的美国华裔科学家李文和被诬告私取美国核武器机密资料的案件，就从一个方面反映了这个问题。区域一体化程度最高的西欧各国也是一样，丹麦全民公决不支持加入欧元，英国也拒绝加入欧元，2003 年 9 月 11 日主张加入欧元的瑞典外交大臣安娜·林德遇刺身亡。9 月 14 日，瑞典就是否加入欧元区举行全民公决。人们尽管对林德事件义愤填膺，但公决的结果仍然是拒绝加入欧元区。而挪威当年没有加入欧共体，现在也没有加入欧盟。对国家主权的警惕，显然是导致这些国家对欧元和欧盟态度的重要原因之一。2006 年 7 月 24 日，世贸组织多哈会谈失败，几乎所有的矛头都对准了美国，认为正是美国在农产品补贴问题上的强硬态度才造成了当前的局面。然而，美国的做法实际是依据自身情况做出的最优决策[③]。

---

① 吉喆：《世界银行与中国》，《财经界》2006 年第 3 期。
② 祝宪：《中国与世界银行合作关系的回顾与前瞻》，《国际金融研究》1997 年第 10 期，第 25—27 页。作者当时是财政部世界银行司司长。
③ 韩燕：《多哈会谈无果而终：谁动了谁的蛋糕》，《世界知识》2006 年第 16 期。

四 在参与国际经济秩序的重构中维护国家主权

对包括中国在内的发展中国家来说,承认并因势利导地积极迎接经济全球化及其对国家主权的挑战,而不是消极地对抗和躲避这种挑战,是国家主权的唯一正确方向。

首先,必须想方设法增强综合国力,提高国家的国际竞争力。这是强国之本,也是维护国家主权的根本途径。综合国力的竞争,是全球化时代国家间竞争的根本所在。促进经济的发展,增加国家的经济总量,提高人民的生活水平,巩固国防力量,是增加综合国力的基本途径。但是,在全球化时代,综合国力的其他要素也同样重要。例如:国家的科学技术水平,国家的人才资源和战略人才储备情况,国民的文化、教育、心理和身体素质,民族文化的优越性和先进性,政府的凝聚力和社会的稳定程度,经济和社会发展的可持续性,等等。应当清楚地认识到,在全球化时代,要有效地维护国家的主权,仅有经济和军事力量是远远不够的,还必须有政治的、文化的和道义的力量。

其次,同样重要的是,必须继续加大对外开放,主动参与国际合作,积极参与国际经济秩序的重构。

在全球化的过程中,有与之配套的国际组织、国际协议、国际规则和国际惯例,这就是国际经济秩序。迄今为止的国际经济秩序是由发达国家主导的,对发展中国家不够公平,仍然属于旧秩序。这种旧秩序说到底是由经济力量决定的,谁的综合国力强大谁的发言权就大,因而使发达国家享有实际否决权。改变并非易事。

对发展中国家来说,在积极参与经济全球化过程中,首先是要按照现行的国际规则和国际惯例办事,与国际规则接轨,而不是改变规则。即使要对旧的秩序和规则加以改变,也要通过参与,才能取得发言权,才能参与国际规则的制订,在全球治理中发挥更加重要的作用,从而有效地抗衡单边主义、霸权主义和新帝国主义,维护国家利益和捍卫国家的主权。

实际上,中国在不断融入国际经济的过程中对世界经济的影响已经显现。2001年11月中国正式成为WTO的成员方。中国的进口关税已经从20世纪90年代初的40%下降到2005年的9.9%,2006年维持这个水平;2004年中国已经成为世界第三大进出口国。根据经济学家的统计,2004

年中国对全球经济增长的拉动达到了23.6%。

  2003年11月6日，在中国珠海召开世界经济发展宣言大会，来自全球各地的经济学家、学者、政府官员及工商界企业代表2000人，见证了世界上第一个全球性经济发展宣言的发表；中国首次以组织、策划、发展者的身份参与世界经济规则的制定。宣言的主要参与制定者、诺贝尔经济学奖的获得者劳伦斯·罗·克莱因说："中国第一次在世界经济舞台上扮演领导者的角色"[①]。此话虽然过誉，但说明了中国从服从规则、实行规则到参与制定规则的角色的转变。

（原载《世界历史》2007年第2期）

[①] 刘箴、杨连成：《全球化需要全球性规则》，《光明日报》2003年11月6日。

全球史中的"早期近代"

施 诚

"早期近代"（Early Modern）是当今西方史学界广泛使用的一个术语。它最初是指西欧从中世纪到近代的过渡时期，后来逐渐用于指同时期的欧洲。今天冠以"早期近代"的大学课程和论著不胜枚举。20 世纪下半期，随着全球史的兴起，"早期近代"逐渐延伸指同一个时期的世界。因此，追溯"早期近代"内涵和外延的变化有助于我们了解西方史学界对欧洲历史和世界历史分期标准和方法的演变。

一 西方传统史学中的"早期近代欧洲"

自文艺复兴以来，西方学者一直遵循彼特拉克等人文主义者把历史分为古代、中世纪和近代三个阶段的历史分期。19 世纪后期，在一个铁路时代和大众民族主义时代，欧洲人感觉到"近代"发生了变化，17 和 18 世纪需要一个新名称，而"中世纪"已经被使用了，因此只有"早期近代"这个标签比较贴切了。[①] 但是直到 20 世纪初，"早期近代"这个概念才零星地出现于书评、会议报道中，还没有出现在正式的学术论著里。后来这个术语出现于有关经济史和资本主义发展问题的辩论之中，但仍然很少出现于有关欧洲历史的讨论之中。这表明"早期近代"的使用是随意的，仅仅用于指近代早期的几个世纪，而不是指一个独特连贯的历史时代。1926 年，著名的中世纪史学界林恩·桑戴克出版《文明简史》，首次

---

① An Interview with Peter Burke, http://www.univie.ac.at/iefn/eburke.htm.

用"早期近代欧洲"这个概念来取代文艺复兴和宗教改革这个历史时期。1927年，桑戴克再次发表两篇学术论文，以"早期近代欧洲"这个概念来否定文艺复兴和宗教改革的意义。

自20世纪60年代起，美国和加拿大等国的史学家常常使用"早期近代"这个词来指称文艺复兴到法国大革命这个历史时期，并把它当作欧洲历史上一个独特而连贯的时代。但是欧洲各国的史学家反而对"早期近代欧洲"概念兴趣不大，尽管他们为早期近代欧洲史研究作出了重要的贡献，但强烈的民族史学传统妨碍了他们接受这个概念。直到70年代，"早期近代欧洲"这个术语才被英语和德语世界（包括荷兰）广泛地接受。

"早期近代欧洲"力图表达的是欧洲引向现代分水岭的一系列变化和转型。它涉及大量互相联系的历史过程，如1500年后长期人口增长、农业再度发展、强劲的城市化现象的出现、长途贸易和东方普遍卷入世界市场及重要性不断增长、技术进步和传播、向海外移民和世界商业的扩张、为新兴资本主义服务的新财政制度、政府加强干预以促进商业经济发展、"不在乡"领主、对按出身划分社会等级做法的逐渐抵制等。但是，随着越来越多的学者使用"早期近代"这个术语研究欧洲历史，他们开始意识到"早期近代"对中世纪的突破并非如原先想象的那么彻底。因为这个时期还包括具有中世纪特色的村社感情、宗教狂热和猎巫狂潮等。因此"早期近代"这个术语的两面性反映了这个时代的复杂现实，它是一个既非中世纪也非近代、包含了其前后两个时代某些因素的转型时期。

奇怪的是，虽然几十年来欧美史学界使用"早期近代"这个术语，但是一直没有人严格界定它的时空范围和时代特点等。虽然学者们习惯认为早期近代结束于18世纪中期英国工业革命之前，或者18世纪末法国大革命，但是关于"早期近代"的起点，至今仍然是见仁见智，莫衷一是。大多数学者的解决方法是把早期近代的开端与一两个历史事件联系起来。第一个历史事件就是文艺复兴。文艺复兴传统上被认为是从神学统治向人文主义过渡，是理性主义和城市文化的胜利。大多数学者认为，早期近代发端于所谓"地理大发现"。随着15世纪中后期伊比利亚半岛的人们发现了到达亚洲和美洲的新航路，导致欧洲与非欧洲世界联系的扩大。第三个观点认为起点是1340—1430年欧洲黑死病引起的人口大灾难。人口危机及其后果改变了欧洲社会经济结构。人口减少及其引起的劳动力短缺意味着在欧洲许多地方，以劳役为基础和固定的封建社会和经济结构崩溃了，新的社会经济结构在它的废墟上发展。封建社会和封建国家的瓦解意味着以土地占有为基础的封建阶级的经济权力越来越转移到城市富人、商业资本家和租地农场主手中。

但是，不同国家和不同研究领域的史学家也采用其他历史事件作为早期近代开端：如1436年，德国约翰尼斯·古腾堡发明活字印刷术；1453年，奥斯曼土耳其人攻陷君士坦丁堡，拜占廷帝国灭亡，而在西欧是英法"百年战争"结束；1485年，英国都铎王朝建立；1486年，意大利新柏拉图主义哲学家乔万尼·皮科·米兰达拉发表《900题》以及为之辩护的序言"论人的尊严"；1492年，意大利水手哥伦布为西班牙发现"新大陆"；1494年，法国国王查理八世入侵意大利；1517年，马丁·路德在德国发动宗教改革；1532年，意大利政治思想家马基雅维利发表《君主论》，标志着现代政治学的诞生；1545年，特伦托宗教会议，标志着罗马天主教会的终结；1648年，结束欧洲"三十年战争"的《威斯特法利亚合约》签订，等等。

就笔者所见，迄今为止，明确划定早期近代欧洲时空范围的著作是经济史家彼得·穆斯格拉夫的《早期近代欧洲经济》。他认为从经济史的角度来看，早期近代欧洲的时间范围为1450—1850年，而地理范围仅限于西欧和南欧部分地区（意大利北部），由于经济制度、社会和政治因素，如17、18世纪的"再封建化"等，东欧和东南欧（包括意大利南部和西西里）不属于早期近代欧洲范畴。更有趣的是，穆斯格拉夫称早期近代欧洲为继古典时代、黑暗时代、中世纪之后的"第四时代"或"多形态时代"，它以经济和社会形式多样性而区别于欧洲历史上的其他时代。[①]

关于早期近代欧洲历史的内容和特点，不同学者从不同研究领域给予了阐述。现择其要介绍如下。尤金·F. 莱斯在《早期近代欧洲的基础》一书中认为，早期近代欧洲发端于文艺复兴和宗教改革，15、16世纪与近代之间的早期近代是民族主义发展、文化世俗化的时代。文艺复兴和宗教改革是一个前工业的"欠发达"社会，它的经济生活、技术、人口结构、交通联系和阶级结构与当代西欧和北美更接近。总而言之，15世纪

---

① Peter Musgrave, *The Early Modern European Economy*, St. Martin's Inc., 1999, pp. 1 - 12; p. 199.

和 16 世纪前半期不是从中世纪向近代的过渡,而是从中世纪向"早期"近代的过渡,文艺复兴和宗教改革时代的欧洲人奠定了从中世纪向法国大革命和工业革命前的近代过渡的基础。①

在《欧洲历史手册 1400—1600 年》中,托马斯·A. 布雷迪等学者把 1400—1600 年称为"早期近代欧洲",它的主要内容包括三个方面:(1) 中世纪后期经济和人口的衰落到 15、16 世纪出现了复兴;(2) 基督教的分裂和民族国家的出现;(3) 组织全球生产和交换的欧洲海上帝国的建立。"衰退和复兴、基督教和国家、欧洲和帝国——这就是中世纪后期向早期近代过渡时期发生的三个深刻而重要的变化。"②

在西方传统的世界通史中,早期近代的内容也是以欧洲历史为主。如在《世界文明的遗产》(1986 年初版)一书中,美国哈佛大学阿尔伯特·M. 克雷格教授认为早期近代(1500—1800 年)世界文化的平衡被以下四种因素打破。(1) 欧洲兴起了新的中央集权的君主制。1500 年到 1750 年左右,这些君主们控制了贵族势力,有效地征税,建立了常备军。(2) 通过与商人结盟,欧洲各国君主及其官僚机构鼓励商业扩张和海外探险的航行。通过这些航行,欧洲人在全球建立了市场。他们还征服和殖民美洲大陆,使比欧洲面积大得多的两个富庶而广袤的大陆(南北美洲)欧洲化。(3) 17 世纪,欧洲思想家进行了知识探索,科学革命是这种探索的顶峰。新知识和理性地研究自然界的方法使他们更全面地发展了它们的技巧。(4) 科学革命使欧洲人,特别是英国人,奠定工业革命的基础,为以廉价大众消费品控制市场奠定了基础。③

二 全球史中的"早期近代世界"

用"早期近代"描述 15—18 世纪非欧洲国家和地区或世界历史发展时会遇到一些困难。首先,被普遍定义为欧洲"近代性"的特点是否出

---

① Eugene F. Rice, Jr., *The Foundations of Early Modern Europe 1460—1559*, New York, W. W. Norton & Company, 1994, p. XIV.

② Thomas A. Brady, Heikeo A. Oberman & James D. Tracy, *Handbook of European History 1400—1600*, William B. Eerdman's Publishing Company, 1994, p. XVII.

③ Albert M. Craig, William A. Graham, Donald Kagan, Steven Ozment, Frank M. Turner, *The Heritage of World Civilizations*, Macmillan Publishing Company, 1986, pp. 484–485.

现于世界其他地区？其次，许多非西方历史学家拒绝"早期近代"这个术语，他们按照自己的方式而不是以反映欧洲历史的模式来衡量本国历史。例如，史学家往往使用"明朝中国"而不是"早期近代中国"、"莫卧尔印度"而不是"早期近代印度"。

但是，把"早期近代"概念应用于世界历史的步伐还是在全球史兴起之前就已经迈开了。第一个把"早期近代"这个概念应用于欧洲之外世界的人是哈佛大学教授威廉·L. 兰格，虽然西方史学界一般不把兰格当作全球史家，但是他在1940年出版的《世界历史百科全书》中以"早期近代"为分标题，罗列1500—1800年美洲、非洲、亚洲和大洋洲发生的历史事件，但是兰格没有说明他的百科全书的历史分期标准。①

1963年，美国芝加哥大学历史系教授威廉·H. 麦克尼尔出版《西方的兴起》一书，西方史学界以此作为全球史诞生的标志。20世纪90年代以来，随着经济全球化、后现代主义思潮等对史学的影响，以及世界各国和地区之间学术交流的日益紧密，全球史日益成为国际史坛的一个重要流派。全球史学者主要以人类历史上的"跨文化交流"为标准，把"早期近代"当作世界历史上的一个时代，他们用三种方法构建"早期近代世界"：1. 有些学者以全球视野来考察早期近代世界；2. 有些学者把"早期近代"应用于欧亚大陆的国家和地区的历史研究；3. 有些学者把"早期近代"应用于欧洲之外与欧洲早期近代历史相似的个别国家。

以全球视野全面总结"早期近代世界"的内容和特点的学者，当首推美国世界历史协会前主席、著名全球史家、美国《世界历史》杂志主编、夏威夷大学历史系教授杰里·H. 本特利教授。他认为从世界历史来看，虽然跨文化交流起源于古代，东半球、西半球、大洋洲各民族自从人类诞生之日起，就已经穿越了政治和文化边界而进行文化交流，但是世界几大文明区域之间的交流程度是有限的。而1500—1800年左右的确是一个空前跨文化交流的时代，它越来越多地影响世界各民族的生活方式和社会组织。早期近代几乎把世界各个民族都纳入彼此经常的、紧密的、持续的联系之中，跨文化交流延伸到东半球、西半球和大洋洲之外，包括了全世界。

---

① William L. Langer, *An Encyclopedia of World History*, Massachusetts, Cambridge, The Ribersive Press, 1940, pp. 369—548.

本特利教授认为，早期近代世界的主要内容是三个基本全球化过程及其后果。第一，到达世界各海港的海上航线网络的形成。第二，全球生物物种的交流，这对人口的增长和自然环境的变化都具有重大意义。美洲大陆的发现（及其引起的"哥伦布的交流"）导致许多动物和粮食作物在各大洲之间的传播，但是生物交流并不总是对人类有利，在美洲和大洋洲，外来疾病导致土著人口的急剧减少。当哥伦布的交流导致全球物种大交流的同时，早期资本主义经济的建立影响了全球的生产、分配、消费和社会组织，全球流通的商品包括：中国的丝绸和瓷器、东南亚的香料、印度的胡椒和棉布、美洲的蔗糖和烟草。美洲的白银不仅为欧洲商人提供了购买亚洲商品的资源，而且为亚洲经济的发展提供了动力。早期近代贸易大多掌握在欧洲商人手中，他们获利丰厚，特别是在英国和荷兰的东印度公司建立之后。但是，全球商品的流通对欧洲以外的地区的社会和经济组织也产生了重要的影响，纺织品、瓷器、丝绸等商品的大量生产增加了当地就业人数，另一方面，这些变化导致黑奴贸易和美洲种植园奴隶制度的盛行。第三，资本主义全球经济的形成。这三个基本的全球化过程至少产生了七种后果：（1）人口的增长。1500—1800年，世界人口从4.5亿增加到9亿，这部分是由于哥伦布交流之后粮食生产的增加。但是，世界人口的变化并不平衡，欧亚大陆的人口增加，而美洲和非洲大陆部分地区人口下降。（2）大规模移民。欧洲人移往美洲，非洲黑奴被卖到美洲。（3）人类对自然环境掠夺的加剧。（4）全球科学和生产技术的交流，包括印刷术、航海技术、农业技术和动物饲养技术等，特别是火药枪炮制造技术，不仅有助于早期近代国家的建立，而且加强了西欧帝国主义扩张的能力。（5）中央集权国家的巩固。（6）帝国的扩张。（7）全球性文化交流。伴随着物种、贸易商品、移民和科学技术的交流，思想和宗教观念也在早期近代世界各地传播，促进了全球文化交流。由于欧洲在全球贸易中占据优势地位，所以欧洲人在早期近代的文化交流中也占据突出的地位，特别是他们把基督教传播到世界各地。[①]

一些以全球史观编纂的世界通史著作也以全球视角勾勒了"早期近

[①] 参见杰里·H.本特利2006年7月在首都师范大学历史系和全球史研究中心讲学资料"早期近代世界"。

代世界"的主要内容和特点。如彼得·斯蒂恩等主编的《世界文明史》就是以全球视野来考证早期近代世界的代表作之一。该书的编者们认为，早期近代（1450—1750年）是全球的一个新时代，其标志包括15世纪葡萄牙和西班牙等欧洲国家的探险及其殖民活动、奥斯曼帝国的建立、印度莫卧儿帝国和中国明朝的建立、俄罗斯摆脱蒙古的统治而崛起。世界历史的许多重大主题在早期近代发生了变化。（1）由于得到航海技术的支持，许多文明之间的联系加强了，世界网络扩大到全球范围，突破了以前的国际联系局限。美洲第一次被卷入了与其他文明的联系，包括全球贸易联系。波利尼西亚和澳大利亚的土著社会也开始经历痛苦的融入全球的过程。到1750年，世界上再也没有大规模的完全孤立的社会。人类联系的全球化对早期近代产生了一系列后果，人类疾病第一次变成真正全球性的，以前与其他世界隔绝的民族由于缺乏免疫力而极其容易感染这些疾病。动植物的交流也变成全球性的，牛和马首次引入美洲，导致美洲印第安人社会经济发生重大变化。美洲农作物也传遍全世界，土豆、玉米、甘薯传播到中国，玉米传到非洲，土豆和烟草传到欧洲，其结果是世界大多数地区人口急剧增长。（2）世界各大文明之间的关系发生了变化，西欧变成世界最有活力的力量。1450—1750年，由葡萄牙、西班牙开端，接着荷兰、英国和法国等控制了国际贸易的重要航路，并在美洲、非洲和亚洲建立殖民统治。（3）早期近代全球环境发生了剧烈变化，外来的马匹、绵羊、牛繁殖得很快，对美洲草原产生了重大影响。由于新的作物如甘蔗的引进，一些地方的土壤条件发生了变化，这些新作物常常取代当地的植物。从北美洲到中国，农民开始大量开垦森林地区以种植新作物。世界的大型热带雨林开始被砍伐。①

把全球史中的"早期近代"概念应用于亚洲国家历史研究的学者首先当推约翰·F. 理查兹。在《早期近代印度与世界历史》一文中，查理兹也把1500—1800年称为"早期近代"，以示区别中世纪和现代的19、20世纪。与大多数历史学家不同，理查兹认为"早期近代"不完全是"欧洲中心论"支配下的历史分期方法。

---

① Peter N. Stearns, Michael Adas, Stuart B. Schwartz, Mard Jason Gilbert, *World Civilizations*, New York, 2001, pp. 515–521.

理查兹首先概括了早期近代世界发生的六个既独特又相互补充的大规模全球化过程。

第一，真正的全球海上航路的开辟，这些航路以越来越大的运输能力和效益把世界各地联系起来。1400年，世界只有三个适合长途航海贸易的地区：地中海和大西洋沿岸的欧洲、印度洋的阿拉伯—印度、中国海和日本湾。16—18世纪，欧洲各国统治者鼓励并支持航海探险、绘制世界地图和收集地理知识。欧洲水手在人类历史上第一次了解到，世界的海洋是相通的、可以航行的，并且在人类历史上第一次发现了从旧大陆到新大陆的可靠航行。

第二，真正的全球经济的形成，迅速发展的长途贸易把各个大陆不断增长的经济联系起来。1500—1800年，经过新航路的开辟，无论奢侈品还是大宗商品的运输成本和风险都大大降低了，这些航路上的需求和供给信息可以传播给更广泛地区的商人。各地复杂的货币制度，通过可以互相兑换的黄金、白银、铜币、汇票，也促进了全球贸易，来自新大陆的金银为早期近代国家扩大铸币提供了新的源泉。在这几个世纪里，世界贸易体系的中心是欧洲。16世纪安特卫普是世界贸易的第一个"真正的中心"，接着荷兰控制了世界贸易，1580—1740年阿姆斯特丹是世界贸易中心，最后伦敦取代阿姆斯特丹成为世界贸易中心，为更大的市场生产商品是早期近代各国的共同特征。波兰、乌克兰和波罗的海沿岸其他地区出口粮食和木材到世界市场。安纳托利亚西部农民生产山羊毛织品出口。俄国和北美洲殖民地的居民则出口毛皮。北美和拉丁美洲的牧场主向欧洲市场出口皮革和干肉。巴西东海岸和加勒比海诸岛屿每年为欧洲提供成千上万吨蔗糖。委内瑞拉则出口可可，危地马拉、洪都拉斯和印度北部则出口靛青。东南亚群岛为世界市场提供肉豆蔻、胡椒和其他香料。印度的棉布和丝织品在欧洲也找到了新市场，印度南部的钻石供世界各地消费。各地对廉价劳动力的需求刺激了非洲和亚洲的劳动力输出——常常取代了更昂贵的欧洲契约劳工。

第三，早期近代国家展示了调集资源和利用优势力量的新能力，这有助于各国放弃货币贬值政策。

第四，早期近代世界的人口增长将近翻番。1500—1800年，世界人口的变化情况大致如下表：

1500—1800 世界人口变化统计表

时间	人口（亿）
1500 年	4—5
1600 年	5—6
1700 年	6—7
1800 年	8.5—9

第五，整个早期近代，人类为了扩大在殖民地的生产而加强了对土地的利用。除了在南北美洲殖民外，欧洲人还在南非、俄罗斯、中国建立了殖民地，东欧和西欧部分地区都进行了大规模垦殖活动。

第六，新大陆的农作物、火药和印刷术传播到世界各地。烟草的利用和种植迅速传播到非洲和亚洲。咖啡、茶叶和巧克力提供了新的蔗糖一起快速溶化的刺激性热饮料。最重要的是玉米和富含热量的马铃薯的种植。随着这些新作物的引入，农民开始开垦山林地区，以便种植这些新的产量高的作物。美洲的粮食作物带来了农业技术的突破，刺激了 18 世纪中国、日本农业的发展。玉米和马铃薯提高了欧洲和后来非洲的农业产量。早期近代世界也是火药和活字印刷技术迅速发展的时代。便携式火枪和大炮操作更简便，火力和射击精度也提高了。火药的生产、大炮的铸造、步枪和手枪的制作变成早期近代普遍的新型工业。火器制造的成本高昂，导致早期近代国家不得不强化税收征管机构。枪炮的发明有助于步兵和轻骑兵取代中世纪的重装骑士在战场上的作用。早期近代最有潜力的重要发明是活字印刷术，它特备适合罗马字母和其他字母有限的文字体系。活字印刷术与欧洲的扩张和占据优势地位紧密相关，中国、日本和朝鲜由于使用表意文字系统，所以仍然使用木板雕刻印刷。伊斯兰教世界和印度缓慢地放弃手抄书籍的传统，所以在使用活字印刷术发明方面也落后于欧洲。

接着，理查兹把印度（或南亚）放在早期近代世界背景下给予考察。他说，"对于印度（或南亚）历史，使用'早期近代'比'莫卧尔印度'或'中世纪晚期印度'更有意义，因为这样做有助于淡化印度被看作例外、独特、怪异和偏离世界历史发展轨迹的印象"。因此查理兹坚信"早期近代"也适用于印度次大陆，因为早期近代印度社会发生的变化是全球大规模变化过程的一部分：（1）正如当时世界上其他地区一样，莫卧尔王朝统治下国家权力的空前发展和政治重新统一是早期近代的明确特征;(2)早期近代各种重要的新技术都出现在次大陆。① 查理兹的尝试为其他国家的历史学家研究本国历史提供了某些启示。

在西方传统史学中,"早期近代"只是用来指代欧洲历史,无论史学家是否意识到,它的"欧洲中心论"色彩都是显而易见的。全球史把"早期近代"当作世界历史上的一个独特的时代,这种历史分期方法虽然沿袭了20世纪以来西方史学的传统,但是它把"早期近代"概念从欧洲延伸到世界,扩大了世界历史研究的视野,有助于打破世界历史研究中的"欧洲中心论"。

(原载《史学理论研究》2009年第4期)

---

① John F. Richards, "Early Modern India and World History", *Journal of World History*, Volume 8, Number 2, Fall, 1997, pp. 197–209.

内生与杂糅视野下的古代埃及文明起源

金寿福

古代埃及人居住在尼罗河河谷地带,但把坟墓建造在河谷两岸的沙漠或山崖里。他们用泥土构筑房屋,用石头建造坟墓。一年一度的尼罗河泛滥带来的沉积物把早期的房屋淹埋在深厚的泥土下面,建筑在其上的现代村落又加重了考古人员发掘古代埃及人的活动场所的难度。这些因素迫使学者们主要靠墓地出土物复原古代埃及文明的生成过程。在发掘埃及中南部的涅迦达(Nagada)和阿比多斯(Abydos)两个墓地时,英国考古学家皮特里根据从不同坟墓和不同考古层出土的陶器的质地、形状和修饰对它们进行分类,创立了"序列断代法"(Sequence Dating)。① 在尼罗河与通往红海的哈马玛特干河谷交接处的科普特斯(Koptos),皮特里发现了三座与之前的发掘物有明显差异的巨型雕像。这三座雕像后来被证明是历史时期表现敏神的作品,但是皮特里当时认定它们是史前向历史时期过渡之际的产物。在皮特里看来,古代埃及从史前到历史时期的过渡发生得如此突然,无法把它解释为由尼罗河谷原住民自行完成,而只能被视为文明程度更高的外来群体所为。② 他相信,古代埃及史前与历史时期之间存在

---

① S. Hendrickx, "Sequence Dating and predynastic chronology," in E. Teeter, ed., *Before the pyramids. The origins of Egyptian civilization*, Chicago: The Oriental Institute of the University of Chicago, 2011, pp. 15 – 16. M. Rice, *Egypt's making. The origins of ancient Egypt 5000 – 2000 BC*, London & New York: Routledge, 1991, pp. 4 – 10.

② 皮特里在其后来的著作中更正了起初的观点(W. M. F. Petrie, *Seventy years in archaeology*, London: Sampson Low, 1931, pp. 5 – 6),但是不少人有意无意地对他的设想进行解释和发挥,参见 T. A. H. Wilkinson, *Early Dynastic Egypt*, London & New York: Routledge, 1999, pp. 3 – 7.

一个断档,由此提出了自己的观点,认为外来的种族建立了古代埃及最早的王朝①,这群人被称为"王朝种族"(Dynastic Race)。②

当时主导埃及学的欧美学者相信,创造埃及文明的外族绝对不可能来自埃及以南的非洲内陆③,因而,他们把目光集中在两河流域,认定古代埃及史前和历史初期文物上所表现的一些主题是从两河流域传入的,如一个人赤手空拳驯服两头狮子,男子蓄有浓重的胡子并戴着圆筒式的帽子,类似那尔迈调色板上的两头长颈怪兽把脖子缠绕在一起,以及连绵的山峰、有壁凹的砖墙、圆柱形印章等。④ 有的学者甚至推测,苏美尔人在迁徙到两河流域之前居住在阿拉伯半岛的某个地方,他们与创造古代埃及文明的外来民族同属一族。因为自然环境的变迁,这些人不得不离开位于阿拉伯半岛的原居住地,向北方迁徙的人群就是苏美尔人,而另一批人则选择向西南方向漂洋过海来到了尼罗河谷。皮特里认为,漂洋过海到达埃及的外来种族有可能首先在科普特斯落脚;另有一些学者相信,来自两河流域或者阿拉伯半岛的外族穿过艾尔—图米拉特干河谷进入尼罗河三角洲东南部,然后向南迁徙,到达上埃及,他们最早的落脚点是涅迦达。⑤ 也有的学者认为,古代埃及通过利凡特而间接受到两河流域的影

---

① W. M. F. Petrie, *Corpus of prehistoric pottery and palettes*, London: British School of Archaeology in Egypt, 1921, pp. 12 – 14. P. Spencer, "Petrie and the discovery of earliest Egypt," in E. Teeter, ed., *Before the pyramids. The origins of Egyptian civilization*, Chicago: The Oriental Institute of the University of Chicago, 2011, pp. 17 – 24.

② S. Hendrickx, "Sequence Dating and predynastic chronology," p. 14. 在埃及学界,学者们把埃及统一的王国建立之前的史前史称为"文化",如"涅迦达文化",而把之后的历史称为"文明"。本文作者也采用这些传统的称呼。从这个意义上说,古代埃及文明的产生与统一的王权国家的建立可以相提并论。关于古代西亚和北非文明的诞生、界定等问题,请参见 D. Wengrow, *What makes civilization? The ancient Near East and the future of the West*, Oxford & New York: Oxford University Press, 2010, pp. 3 – 8。

③ A. Bekerie, "The ancient African past and the field of African Studies," *Journal of Black Studies*, vol. 37, (2007), pp. 445 – 446.

④ K. E. Piquette, *Writing, "Art" and Society: A contextual archaeology of the inscribed labels of Late Predynastic-Early Dynastic Egypt*, Dissertation of the Institute of Archaeology, University College London, 2007, pp. 38 – 40.

⑤ W. W. B. Emery, *Archaic Egypt*, Harmondsworth: Penguin Books Ltd, 1961, pp. 268 – 269. A. J. Arkell, "Ancient Egypt: Conquest or migration?" *Journal of African History*, vol. 4, (1963), pp. 130 – 132.

响。① 近期，有些学者提出新的观点，认为来自两河流域和利凡特的文明因素通过地中海东岸的海路首先到达尼罗河三角洲，然后再传向南部埃及。② 上述有关影响早期埃及的因素借道红海、西奈半岛和地中海的推说可以归纳为古代埃及文明所谓的"北来说"。

正如主张"北来说"的学者把那尔迈调色板这块石板当作主要依据一样，认为古代埃及文明源于黑非洲的学者也同样将这块石板视为强有力的证据。在他们看来，那尔迈调色板反映了来自埃及南部的统治势力征服北部并统一埃及全境的历史事实。不仅如此，20 世纪 60 年代，考古学家在今埃及与苏丹交界处的卡斯特尔发现了古代埃及王权重要标志之一的白色王冠图案。依照持非洲中心论者的解释，这个图案不仅是迄今为止所发现的最早的一个，而且恰好与那尔迈调色板上佩戴白色王冠的那尔迈战胜下埃及人的画面相吻合，从而进一步证明了古代埃及文明的黑非洲性质。

上述两种说法都有一定的根据，但是过分强调了外来的影响，没有全面分析古代埃及文明生成时期埃及南北两部分所处的不同自然环境和经济状况，简化了古代埃及文明起源过程的复杂性，也没有对早期埃及文明的外向性予以足够的重视。

一 埃及境内最新的考古结果

近些年在埃及的考古发现及其解读表明，古代埃及文明是史前时期居住在尼罗河谷和尼罗河三角洲的原住民共同创造的，不过尼罗河河谷和尼罗河三角洲的居民多数是从尼罗河以西和以东的沙漠地带迁徙而来的，而且来自西亚利凡特地区的移民数也占据了一定的比例。公元前 6000 年之前，尼罗河以西和以东的沙漠尚有不少适于人类居住的草地。③ 迄今为

---

① L. Koenen, "Greece, the Near East, and Egypt: Cyclic Destruction in Hesiod and the Catalogue of Women," *Transactions of the American Philological Association*, vol. 124, (1994), pp. 20 – 22.

② E. Braun, "Early interaction between peoples of the Nile Valley and the southern Levant," in E. Teeter, ed., *Before the pyramids. The origins of Egyptian civilization*, Chicago: The Oriental Institute of the University of Chicago 2011, pp. 108 – 109.

③ 甚至在历史时期，尼罗河以西现今被称为利比亚沙漠的广袤地区散落着若干绿地，从北到南最为著名的分别为西瓦（Siwa）、巴赫里亚（Bahria）、法拉弗拉（Farafra）、达克拉（Dachla）和卡佳（Charga）。请参看 E. Otto and W. Helck, eds., *Lexikon der Ägyptologie*, vol. IV, Wiesbaden: Otto Harrassowitz, 1982, col. pp. 541 – 542。

止，在尼罗河谷只出土了两座年代约在公元前7000年的遗址，它们分别是艾尔卡布和卡伦。曾居住在这两座遗址的居民依靠狩猎、捕鱼和采集维持生计。索得曼干河谷在距离艾尔卡布不远的东部沙漠上，考古人员在这里发现了一处聚落，显然是属于曾经生活在艾尔卡布的先民，这说明艾尔卡布人在干旱季节来到尼罗河谷打猎和捕鱼，而当尼罗河泛滥时则到附近沙漠上的干河谷靠采集和狩猎生存。法尤姆文化的持续时间为公元前5450—前4400年，考古人员根据该文化遗址的发掘材料得出结论，认定当时的居民生活在湖岸。① 虽然渔猎仍旧是他们谋生的手段，但从用来储存粮食的坑穴判断，这些先民已经开始了农耕，农作物有大麦和小麦，其耕作技术可能来自利凡特。② 从储存粮食的坑穴成群这一现象判断，人们当时实行集体耕作。此外，来自地中海和红海的贝壳、用产自努比亚的闪长岩制作的调色板以及用长石制成的串珠都证明法尤姆居民的活动范围相当广泛，可以推测他们当时就已经受到来自西亚和非洲内陆的影响。与法尤姆遗址一样，另一个史前遗址梅里姆达位于尼罗河西岸，但在纬度上更加偏北，它的生成年代被测定为公元前4800年。这里的居民从事农耕（大麦和小麦）和畜牧业（羊、牛、猪），而且渔猎依然是获取食物的重要方式。③ 这说明农耕技术虽然由北向南从利凡特传入埃及，但是进入埃及以后，农耕对不同区域谋生方式所产生的影响并非完全一致。外来因素有时可能是偶然进入埃及，比如借助迁徙民，但它能否或者在多大程度上发挥作用主要取决于埃及早期居民所处的自然条件及其社会结构。

在对尼罗河三角洲东部的敏沙特—阿布—奥马尔等地所进行的发掘也显示，从利凡特传入的农作物和驯养的动物首先到达下埃及。可是，从古代埃及人食物来源的份额上看，狩猎活动在北部显得比在南部更为重要，

---

① T. Wilkinson, *The rise and fall of ancient Egypt*, New York: Random House, 2010, pp. 22 - 23.

② T. P. Harrison, "Economics with an entrepreneurial spirit: early bronze trade with late predynastic Egypt," *Biblical Archaeologist*, vol. 56, (1993), pp. 83 - 85.

③ R. J. Wenke, "Egypt: origins of complex societies," *Annual Review of Anthropology*, vol. 18, (1989), pp. 129 - 135. H. T. Wright, "Early state dynamics as political experiment," *Journal of Anthropological Research*, vol. 62, (2006), pp. 305 - 306.

其作为生存的主要模式在北部持续的时间也比在南部长很多。① 此外，在两河流域和利凡特地区，人们似乎是在建立了定居的村落以后才开始驯养动物和种植谷物。在上述地区，早期的居住格局由多个茅舍组成的综合体向土坯建造的村庄过渡，这很可能标志着平等的集体经济向以家庭为单位的生产模式发展，其必然结果是出现贫富不均和社会分化。② 在古代埃及，一定规模的定居区域是在畜牧业和农业开始之后才逐步形成的。③ 这种过渡出现在公元前4000年之后，比两河流域要晚得多，不仅其过程缓慢而且也没有两河流域那样普遍和彻底。④ 这就意味着，尽管农耕技术和驯养的动物从西亚传入埃及，但是它们被史前时期的埃及人接受的方式和随后发展的程度有差异。生活在埃及北部的居民在地理位置上更加靠近利凡特，因此他们有条件更早地向利凡特人学习农耕技术，更容易由采集和狩猎转向农业和畜牧业。但是，由于所处自然环境的影响，他们在较长一段时间内宁愿并得以保持原有的生存方式，将农耕仅仅作为传统获取食物形式的一种补充；而南部居民虽然开始农耕活动的时间比北部晚，但由于大片草地沙漠化而不得不迁徙到尼罗河谷，并且不久之后完全依靠耕作来生存。⑤ 换句话说，古代埃及史前居民从游牧到农耕的转变是一个极为复杂的过程，完全不是此前多数学者所想象的那样单线进行。有些学者认为，一群人从两河流域长途跋涉来到埃及传播文明的种子。这种观点显然简化了文明形成的漫长和复杂的过程。

---

① R. L. Chruch and Th. L. Bell, "An analysis of ancient Egyptian settlement patterns using loca-tion-allocation covering models," *Annals of the Association of American Geographers*, vol. 78, (1988), pp. 702 – 703.

② H. Barnard, "The Archaeology of pastoral nomads between the Nile and the Red Sea," in J. Szuchman, ed., *Nomads, tribes, and the state in the ancient Near East. Cross-disciplinary perspectives*, Chicago: The University of Chicago Press, 2009, pp. 15 – 18.

③ A. Stevenson, "Material culture of the Predynastic Period," in E. Teeter, ed., *Before the pyramids. The origins of Egyptian civilization*, Chicago: The Oriental Institute of the University of Chicago, 2011, p. 65.

④ H. N. Barakat, "Regional pathways to agriculture in northeastern Africa," in F. A. Hassan, ed., *Droughts, food and culture. Ecological change and food security in Africa's later prehistory*, New York: Kluwer Academic Publishers, 2002, pp. 111 – 113.

⑤ M. Rossignol-Strick, "Holocene climatic changes in the eastern Mediterranean and the spread of food production from southwest Asia to Egypt," in F. A. Hassan, ed., *Droughts, food and culture. Ecological change and food security in Africa's later prehistory*, New York: Kluwer Academic Publishers, 2002, p. 166.

从属于埃及史前不同墓室里出土的随葬品的数量和质量中，我们可以观察到社会逐步分化的进程。在巴达里属于新石器时期的墓地，从不足百分之八的坟墓中出土的文物远远超过了其他坟墓出土文物的总和。① 在奥马里一个成年男性的墓室里，考古人员在其骸骨边发现了一个棍棒。不同于墓室中诸如食物的墓葬品，这个棍棒只是用来显示死者生前的地位和权力。上述现象不仅说明人与人之间的差别，而且也标志着不同社会阶层的形成。这种阶层差异甚至还表现在坟墓的位置上，在涅迦达文化三期出现了专门用来埋葬权贵们的墓地。涅迦达的权贵墓地被发掘人员标注为"墓地 T"、在阿比多斯被称为"墓地 U"、在希拉康波里被叫作"墓区 6"。② 这些无疑是社会分化的最好证明。

　　以阿比多斯和希拉康波里为代表的上埃及诸城市通过专业化的方式生产陶器等物品，随着陶器等物品流传到下埃及和南利凡特以及努比亚，拥有这些作坊和控制其贸易的人员的权力逐渐增强。物品的流传范围越广，权力的集中程度就越高。尽管以这些权势人物为核心的古代埃及史前居住区域只能被称为酋邦③，但这些酋邦的相互联系和竞争无疑为建立统一国家开辟了道路。在阐述史前时期权力运作模式时，厄尔分述了三种权力形式，即经济权力、军事权力和意识形态方面的权力。④ 一个居住区的精英们一旦掌握了上述权力，便可以把管理的任务委托给掌握不同技艺的专门人员。与之前不同，这些专门人员不一定都是权贵们的亲属。换句话说，此时已经不再是"基于亲属关系的权力运作模式"⑤。

　　大约在公元前 3200 年前，尼罗河谷地和尼罗河三角洲融合为一体并构成有效运转的国家，这与尼罗河流经埃及全境并提供便捷的交通和运输

---

①　N. Ch. Math, "Eine innere Chronologie der Badarikultur? Möglichkeiten und Aspekte," in M. Bietak, ed., *Ägypten und Levante*, vol. XVII, Wien: Ferdinand Berger & Söhne GmbH, 2007, p. 212.

②　R. J. Wenke, "Egypt: origins of complex societies," *Annual Review of Anthropology*, vol. 18, (1989), pp. 140 – 142.

③　Y. Tristant and B. Midant-Reynes, "The predynastic cultures of the Nile Delta," in E. Teeter, ed., *Before the pyramids. The origins of Egyptian civilization*, Chicago: The Oriental Institute of the University of Chicago, 2011, pp. 47 – 48.

④　T. Earle, *How chiefs come to power*, Stanford, California: Stanford University Press, 1997, pp. 67 – 70.

⑤　N. Yoffee, *Myths of the archaic state: evolution of the earliest cities, states and civilizations*, Cambridge: Cambridge University Press, 2005, pp. 20 – 25.

条件有重要关系。① 在古代埃及,国家的形成与城市化并没有同时进行。虽然在统一的国家建立之前,上埃及出现了诸如希拉康波里、阿比多斯和涅迦达这样的政治和宗教中心,然而从人口数量来考察,它们无法与大致同一时期的美索不达米亚城市相比。② 我们可以相当清晰地勾勒出上埃及少数几个最早达到一定规模的小型城市如何借助生产技术上的优势通过贸易和军事手段扩大自己的势力。③ 从上埃及史前遗址可以看出,一些陶器作坊的规模在不断扩大,并且在产品方面走专业化的道路。④ 如果说陶器尚具有实用价值,那么做工精致和装饰极为精美的火石刀无疑是当时的奢侈品,其主要功能是表现佩戴者或拥有者的地位或特权。⑤ 考古学家在阿比多斯等地发现了来自南利凡特的铜矿石、铜、松木、松脂和装运葡萄酒的陶罐,产自阿富汗的天青石和安纳托利亚出产的黑曜岩也辗转进入了埃及,努比亚和努比亚以南的非洲内陆则为埃及提供了香料、珍稀兽皮、象牙、乌木。⑥ 根据埃及以外地区经济史的研究成果判断,产业和产品的专业化表明相关地区形成了精英阶层且以比较复杂和有效的社会组织为前提,而跨地区的贸易和权力的日益集中则是其必然结果。⑦

在上埃及的阿比多斯和涅迦达,考古人员发现了大型建筑物的遗址和痕迹,其功能显然超出了供个体使用的范围,而且从中出土的大量印章也

---

① B. J. Kemp, *Ancient Egypt. Anatomy of a civilization*, London & New York: Routledge, 1989, pp. 46 – 47.

② J. Szuchman, "Integrating approaches to nomads, tribes, and the state in the ancient Near East," in J. Szuchman, ed., *Nomads, tribes, and the state in the ancient Near East. Cross-disciplinary perspectives*, Chicago: The University of Chicago Press, 2009, pp. 7 – 8.

③ 金寿福:《文化传播在古代埃及早期国家形成过程中所起的作用》,《社会科学战线》(长春) 2003 年第 6 期,第 138—144 页。

④ E. Braun, "Early interaction between peoples of the Nile Valley and the southern Levant," in E. Teeter, ed., *Before the pyramids. The origins of Egyptian civilization*, Chicago: The Oriental Institute of the University of Chicago, 2011, pp. 120 – 122.

⑤ T. A. H. Wilkinson, "The early dynastic period," in A. B. Lloyd, ed., *A companion to ancient Egypt*, vol. I, West Sussex, United Kingdom: Blackwell Publishing Ltd, 2010, pp. 58 – 61.

⑥ B. B. Williams, "Relations between Egypt and Nubia in the Naqada period," in E. Teeter, ed., *Before the pyramids. The origins of Egyptian civilization*, Chicago: The Oriental Institute of the University of Chicago, 2011, pp. 83 – 84.

⑦ 从考古发掘的结果来判断,古代埃及最早成为专业化的手工艺是陶器生产,完成这一专业化的地点则在上埃及,参见 S. Hendrickx, "Crafts and craft specialization," in E. Teeter, ed., *Before the pyramids. The origins of Egyptian civilization*, Chicago: The Oriental Institute of the University of Chicago, 2011, pp. 95 – 98。

说明这一区域的管理机制和官吏阶层在逐步生成。印章上虽然还没有真正意义上的文字，但是刻在上面的图画和几何图案被认定是象形文字的雏形①，随后不久，在阿比多斯出现了古代埃及最早的文字。这些早期的象形文字被刻写在拴在容器上的标签上，用来标明产品的名称、产地、生产日期等。② 在统一国家得以确立的第一王朝时期，最为重要的官职是"掌玺大臣"。③ 这些发现说明我们以前对古代埃及象形文字有不少误解之处，最为严重的有两点：一是认为古代埃及文字犹如从天而降，它没有经历漫长的成熟过程，因此只能被视为舶来品；二是认为在两河流域，经济和管理的需求使得文字应运而生，而在埃及，象形文字主要的应用领域是祭祀和祭奠。④ 应当说，古代埃及文字也经过了一个逐步成熟的过程，并且其早期的主要使用范围也是经济和管理。在近些年有关早期国家的研究中，学者们愈来愈把社会的组织形式和复杂程度作为判断国家和文明形成的重要标准，埃及史前至历史时期的出土物印证了这种理解模式的合理性。⑤

宗教在古代埃及文明的形成和国家的产生过程中也发挥了不容忽视的作用。⑥ 早在涅迦达文化三期之初，上埃及几个城市都把荷鲁斯作为重要的神祇加以敬奉。希拉康波里向北扩张的时间可能比我们现在所能证明的更早，而且其影响也更为深远。希拉康波里的统治者们首先把荷鲁斯奉为

---

① D. Wengrow, "The invention of writing in Egypt," in E. Teeter, ed., *Before the pyramids. The origins of Egyptian civilization*, Chicago: The Oriental Institute of the University of Chicago, 2011, pp. 99 – 100.

② G. Dreyer, *Umm El-Qaab I. Das prädynastische Königsgrab U-j und seine frühen Schriftzeugnisse*, Mainz: Verlag Philipp von Zabern, 1998, pp. 181 – 182.

③ E. Ch. Köhler, "Prehistory," in A. B. Lloyd, ed., *A companion to ancient Egypt*, vol. I, West Sussex, United Kingdom: Blackwell Publishing Ltd, 2010, pp. 25 – 27.

④ 古代埃及象形文字自始至终保存了其象形的特征。另外，古代埃及的象形文字从古王国时期开始时就采取了双轨制：在宗教领域，人们在书写文字时注重其象形色彩，即采用"圣书体（hieroglyphic）"；而在日常生活中，文字逐步被简化，先是被简化为希腊人所说的"祭司体（hieratic）"，后来进一步演变为"大众体（Demotic）"。这一点可以被视为古代埃及象形文字与美索不达米亚楔形文字之间重要的差别之一。

⑤ A. Shryock and D. S. Smail, eds., *Deep history. The architecture of past and present*, Berkeley: University of California Press, 2011, pp. 30 – 39.

⑥ S. Hendrickx, "Iconography of the predynastic and early dynastic periods," in E. Teeter, ed., *Before the pyramids. The origins of Egyptian civilization*, Chicago: The Oriental Institute of the University of Chicago, 2011, pp. 80 – 81.

其保护神，权贵们借助于对该神崇拜范围的扩大来强化自己的世俗权力。① 到了涅迦达文化三期的晚期，希拉康波里统治者的名字被刻写在象征王宫横切面的图案上，而君主名字上面则是表现荷鲁斯的隼，意指荷鲁斯神保护君主。这充分表明了王权与神权之间的密切关系，君权神授的含义达到了无以复加的程度，南部势力对北方的扩张具有了圣战的色彩。②

埃及学界关于古代埃及文明在短时间内达到高度发展程度的观点，一方面是受到了古典及后期史书的影响，另一方面是基于古代埃及历史时期留传下来的文献和文物。根据马涅托的记述，来自上埃及的美尼斯征服下埃及并建都孟斐斯，似乎埃及最早国家的诞生完全是血腥的武力较量的结果。③ 不仅如此，19世纪末和20世纪初在埃及发掘出来的文物中有不少表现古代埃及统一国家的诞生过程，它们多数强调上下埃及之间的对抗性以及上埃及统治者为达到统一所采取的武力手段。在贯穿20世纪前半叶的古代埃及历史研究中，这条信息成为最为重要的基础，学者们关注于确认美尼斯的身份和复原军事征服的具体过程。绝大多数学者将那尔迈调色板视为古代埃及最终确立统一国家的最重要依据。④

研究者对于那尔迈的了解原来只局限于那尔迈调色板。调色板的一面是由两个动物的脖颈交织而形成的可供调色的浅坑，通常被视为正面。它从上到下分成三部分，第一部分表现那尔迈视察战场，他面前是被他的将士杀死的敌人。在中间的部分，我们可以看到驯服两头怪兽的场面。第三部分刻画的场面是国王犹如勇猛强壮的公牛，用角捣毁敌人的城墙。在调色板的反面，那尔迈形象高大，一手握住一个屈膝敌人的头发，另一只手举起权杖准备敲碎他的头盖骨。在那尔迈的对面，希拉康波里的保护神荷

---

① E. J. Baumgartel, "Some remarks on the origins of the titles of the archaic Egyptian kings," *Journal of Egyptian Archaeology*, vol. 61, (1975), pp. 28 – 32.

② 金寿福：《古代埃及神权与王权之间的互动和联动》，《北京大学学报》（哲学社会科学版）2010年第6期，第79—89页。

③ Manetho, History of Egypt and other Works, (Loeb Classical Library No. 350), Cambridge, MA: Harvard University Press, 1940, pp. 11 – 13. D. O'Connor, "The Narmer Palette: A new Interpretation," in E. Teeter, ed., *Before the pyramids. The origins of Egyptian civilization*, Chicago: The Oriental Institute of the University of Chicago, 2011, pp. 145 – 150.

④ W. Kaiser, "Zur Entstehung des gesamtägyptischen Staates," *Mitteilungen des deutschen Archaeologischen Instituts*, vol. 46, (1990), pp. 287 – 289. E. Ch. Köhler, "The rise of the Egyptian state," in E. Teeter, ed., *Before the pyramids. The origins of Egyptian civilization*, Chicago: The Oriental Institute of the University of Chicago, 2011, pp. 125 – 126.

鲁斯呈现隼的形象，用绳子牵着敌人的鼻子，敌人的后背上长着类似莎草的植物，不少学者认为它在此象征下埃及。① 学者们反复强调，在调色板的背面，那尔迈戴着白色的王冠；而在调色板的正面，那尔迈戴着红色王冠。在历史时期，白色王冠代表上埃及，而红色王冠则代表下埃及。因为没有其他相关的文献，不少学者推测，那尔迈调色板表现的是促成埃及南北统一的一场决定性战役。即使比较谨慎的学者也相信，那尔迈在有生之年通过武力统一了埃及全境。②

最近的考古发掘结果证明，埃及全境在文化上的融合和政治上的统一在那尔迈登基之前已经基本完成，那尔迈的活动早已而且远远超出了单纯的军事征服的范围。在上埃及尼罗河以西的艾尔—卡什干河谷，学者们辨认出刻写在岩石上的那尔迈的名字。③ 尼罗河西岸沙漠不同于东岸的沙漠，那里没有贵重的矿藏。那尔迈的足迹之所以会到达这里，就是因为有一条通往西部绿地的道路经过这个干河谷，它是生活在西部沙漠的游牧民族进入尼罗河谷的必经之地。此外，早王朝时期的埃及文献提到了"特海努"（古代埃及人对尼罗河以西地区游牧部落的称呼）。④ 这说明，统一国家形成初期甚至之前就已经存在着埃及与尼罗河东岸和西岸游牧部落之间的冲突。我们有理由推测，那尔迈调色板所表现的打击敌人的场面可能与埃及周边的游牧部落有关；同时，这一点也间接地证明了上文所提到的有关尼罗河谷地的一部分先民从西边的沙漠迁徙而来的事实。

另外，考古工作者在尼罗河三角洲东部的埃斯贝特—艾尔—托尔发现了许多属于第一王朝时期的坟墓，它们多数包括两个用土坯建造的墓室，随葬品不仅有石器和陶器，还有调色板、首饰等奢侈品。发掘人员分别在两个罐子上发现了那尔迈的名字。这一发现证明，上下埃及的统一实际上在那尔迈调色板所表现的所谓上埃及征服下埃及的军事行动之前已经完

---

① K. Lange and M. Hirmer, *Ägypten. Architektur, Plastik, Malerei in drei Jahrtausenden*, München: Hirmer Verlag, 1967, pic. 4 – 5.

② D. O'Connor, "The Narmer palette: A new interpretation," in: E. Teeter, ed., *Before the pyramids. The origins of Egyptian civilization*, Chicago: The Oriental Institute of the University of Chicago, 2011, pp. 145 – 152.

③ T. A. H. Wilkinson, "A new king in the Western Desert," *Journal of Egyptian Archaeology*, vol. 81, (1995), p. 205.

④ E. Otto and W. Helck, eds., *Lexikon der Ägyptologie*, vol. III, Wiesbaden: Otto Harrassowitz, 1980, col. 1015 – 1033.

成。那尔迈头戴白色和红色王冠只不过是埃及南北两部分业已融为一体的最具象征性的表达形式而已。① 馆藏于阿什莫林博物馆的一块出土于尼罗河西岸涅迦达的陶片（序列号为 1895—795）更有力地支持了这一观点。在这块陶片上，可以看到表现红色王冠的浮雕，这是迄今为止最早与红色王冠相关的证据。② 从这个陶器上的烧制痕迹判断，红色王冠是陶工在制作该陶器的时候直接揉捏，然后在陶窑中烘烤出来的，也就是说，这个红色王冠的主题与该陶器在时间上一样久远。这一发现说明，红色王冠并非像学者们从前所解释的那样从一开始就与下埃及联系在一起，而是同白色王冠一样源自上埃及，而且很早就变成了来自上埃及的统治者强调他们对埃及全境行使权力的重要表述方式。③

考古人员在提斯、涅迦达和希拉康波里发现了曾经存在过的类似宫殿的痕迹。换句话说，埃及史前的政治格局起初也是向着古代两河流域苏美尔众多城邦共生并存的方向发展，但是这一趋势不久之后便中断，因为其中的一个城市借助技术、贸易、宗教等方面的优势并通过尼罗河便捷的通道很容易把其他城市纳入自己的掌控之中。在位于最南部的希拉康波里，精英阶层的墓葬持续到第一王朝开始。在希拉康波里和阿比多斯之间的涅迦达，考古人员发掘出属于第一王朝几位王后的陵墓，而该王朝国王们的陵墓则都建在更加靠北边的阿比多斯。显然，权力中心逐渐向北迁移。学者们认定，位于阿比多斯的王陵 U-j 的年代应为公元前 3150 年，即那尔迈登基前约 100 年。④ 史前向历史时期过渡并非犹如晴天霹雳，埃及政治和经济发展的中心逐渐由上埃及向北移动。希拉康波里的统治者决意向北扩张，因为北部的尼罗河谷有更为广阔的耕地和牧场，三角洲更是取之不尽的自然宝库，而且从北部更加易于同利凡特

---

① 金寿福：《古代埃及早期统一的国家形成过程》，《世界历史》（北京）2010 年第 3 期，第 19—25 页。

② G. A. Wainwright, "The Red Crown in early prehistoric times," *Journal of Egyptian Archaeology*, vol. 9, (1923), pp. 30 – 33. J. Assmann, *Ägypten. Eine Sinngeschichte*, München: Carl Hanser Verlag, 1996, p. 19.

③ Th. Hikade, "Getting the ritual right: fishtail knives in predynastic Egypt," in S. Meyer, ed., *Egypt—Temple of the whole world. Studies in honour of Jan Assmann*, Leiden & New York: Brill, 2003, pp. 150 – 151.

④ G. Dreyer, *Umm El-Qaab I. Das prädynastische Koenigsgrab U-j und seine frühen Schriftzeugnisse*, Mainz: Verlag Philipp von Zabern, 1998, pp. 123 – 125.

地区进行贸易。①

从目前可供分析研究的古代埃及文字和文物考量，埃及文明随着上埃及的涅迦达文化的发源和发展而生成。涅迦达文化区域所展示的各种墓型，形状、颜色和工艺各不相同的陶器和其他器物都证明从史前到历史时期的过渡是在这里完成的，而在下埃及则无法追寻这样一个逐渐发展的过程。下埃及居民拥有更早和更容易与利凡特接触和交流的优势，但是他们没有或者说未能走向王权道路。在时间上比上埃及晚的下埃及文化没有来得及开花结果就被更为成熟的涅迦达文化所取代。②

在尼罗河三角洲史前遗址如敏沙特—阿布—奥马尔、托尔—易卜拉欣—阿瓦德、布托、托尔—艾尔—伊斯维德等地的发掘中，学者们并未发现任何被摧毁或烧毁的痕迹。③ 那尔迈调色板等器物上表现的血腥征战场面和你死我活的权力斗争主要发生在文化发展和生产水平旗鼓相当的上埃及若干城市国家之间，而经济上相对落后的下埃及诸多村落则先后被同化；在此过程中，带有涅迦达文化色彩的物品在下埃及得到广泛传播，无疑起到了举足轻重的作用。在某些地方诉诸武力显得很有必要，但是产品流通和技术传播加速了南北两部分的融合。应当说，古代埃及南北两部分在政治上的统一和文化上的融合是相辅相成的，而且融合先于统一，即文化方面的融合为政治上的统一奠定了基础。④ 我们现在用来构建古代埃及早期历史的许多材料实际上反映了上埃及掌权者的国家观念。他们把统一的国家解释为最有效的政权模式和埃及人最佳的生存模式，把武力征服下埃及标榜为符合神旨的行为，其目的是获得对整个国家的绝对控制权。对于我们来说，重要的是尽可能划清统一国家产生的实际过程与这种国家观念形成的政治背景之间的差异。

---

① R. J. Wenke, "Egypt: Origins of complex societies," *Annual Review of Anthropology*, vol. 18, (1989), pp. 130 – 131. H. T. Wright, "Early state dynamics as political experiment," *Journal of Anthropological Research*, vol. 62, (2006), pp. 306 – 307.

② W. W. B. Emery, *Archaic Egypt*, Harmondsworth: Penguin Books Ltd, 1961, pp. 39 – 40.

③ K. M. Ciałowicz, "The predynastic/early dynastic period at Tell el-Farkha," in E. Teeter, ed., *Before the pyramids. The origins of Egyptian civilization*, Chicago: The Oriental Institute of the University of Chicago, 2011, pp. 63 – 64.

④ E. Ch. Köhler, "The rise of the Egyptian state," in E. Teeter, ed., *Before the pyramids. The origins of Egyptian civilization*, Chicago: The Oriental Institute of the University of Chicago, 2011, pp. 123 – 124.

总而言之，尼罗河谷的早期居民来自尼罗河西部和东部日益沙化的草原。他们由依靠采集、捕鱼和狩猎的生存模式逐渐过渡到农耕。人工种植的谷物从利凡特首先进入尼罗河三角洲地区，然后再向南传入上埃及。埃及北部的居民更早接触了来自利凡特的迁徙民并接受了耕作技术，但是因为三角洲的自然条件，他们在相当长的时间里依靠采集、捕鱼和狩猎。与之相反，在由尼罗河狭窄的河谷构成的上埃及，人们在适合耕作的河岸定居并很快以农耕为主，随着人数的增多和种植技术的发展，社会出现了不同阶层，生产也向专业化发展，由此形成了多个类似两河流域城邦的居住区。但是，希拉康波里的当权者通过把荷鲁斯奉为保护神而把王权和神权有机地结合在一起，并且借助尼罗河所提供的便捷条件一方面输出质优价廉的产品，另一方面在必要时诉诸武力，逐渐统一了埃及全境。

二 前王朝末期和早王朝时期埃及与利凡特之间的联系

迄今为止所发现的人类最早的种植活动发生在今以色列的那图夫遗址，时间应当在 10000 年以前。① 大约在公元前 6500—前 6000 年，包括今以色列在内的利凡特地区遭受了连年的干旱②，不少人迁徙到埃及，并且将人工种植的大麦和小麦、业已驯化的绵羊和山羊带到埃及。古代埃及人耕作的最早痕迹出现在公元前 6300 年以后，他们由游牧转向农耕大致发生于公元前 5550 年前后。从考古资料判断，农耕技术从埃及北部逐渐向南部传播，而尼罗河流域农耕活动的真正兴起则与尼罗河西边和东边的

---

① S. di Lornia, "Dry climatic events and cultural trajectories: adjusting Middle Holocene pastoral economy of the Libyan Sahara," in F. A. Hassan, ed. , *Droughts, food and culture. Ecological change and food security in Africa's later prehistory*, New York: Kluwer Academic Publishers, 2002, pp. 246 – 247.

② E. J. Rohling, "Rapid Holocene climate changes in the eastern Mediterranean," in F. A. Hassan, ed. , *Droughts, food and culture. Ecological change and food security in Africa's later prehistory*, New York: Kluwer Academic Publishers, 2002, pp. 43 – 44. 考古发掘层显示，这一时期栎树的花粉明显减少，此为气候干旱的一个标志，参见 F. A. Hassan, "Palaeoclimate, food and culture change in Africa: an overview," in F. A. Hassan (ed.), *Droughts, food and culture. Ecological change and food security in Africa's later prehistory*, New York: Kluwer Academic Publishers, 2002, pp. 11 – 14。

草地逐渐沙化同时。①

虽然种植谷物和驯养牲畜的技术从利凡特传入埃及,古代埃及人在过渡到农耕以后便借助尼罗河流域有利的自然和水文条件在生产力和生产技术方面取得了远远超过输出地的进步。如上一节所述,埃及境内最新的考古发掘结果证明,古代埃及文明是尼罗河谷和尼罗河三角洲史前文化逐步发展和融合的结果。在以色列等地进行的考古活动也说明古代埃及文明并非像有些学者所想象的那样一蹴而就,更不是由来自西亚的迁徙民传入。早在埃及统一的国家形成之前,埃及人就在南利凡特地区即今天的巴勒斯坦、以色列等地活动。值得我们特别关注的是,在上述区域出土的与埃及相关的文物中有许多恰恰与被视为埃及最早统一国家创建者的那尔迈相关。

考古人员在南利凡特发现和发掘了与古代埃及历史初期相关的大约四十个遗址,这些遗址基本分布在历史时期被古代埃及人称为"荷鲁斯之路"的地中海沿海狭长地带。② 在位于今以色列内盖夫沙漠北部的哈里夫,他们发现了具有埃及风格建筑物的遗迹,还有数量可观的来自埃及的陶器,其中最为重要的当属写有那尔迈名字的陶片,这为我们理解古代埃及统一国家的形成机制以及埃及与利凡特的关系提供了极为难得的物证。③ 在迄今发现的 18 件刻写王名的陶片中,有三个名字被确认为属于那尔迈。④ 在同样位于内盖夫北部的恩—伯索的小型遗址,考古学家发现了超过 90 个有印章痕迹并具有埃及特征的物件⑤,这说明那尔迈在位时

---

① M. Rossignol-Strick, "Holocene climatic changes in the eastern Mediterranean and the spread of food production from southwest Asia to Egypt," in F. A. Hassan, ed., *Droughts, food and culture. Ecological change and food security in Africa's later prehistory*, New York: Kluwer Academic Publishers, 2002, p. 167.

② 如文中已经提及,荷鲁斯原是希拉康波里城的地方神,埃及统一的国家建立以后便成为王权的保护神。面对这些新出土的遗址,我们可以认为这条埃及与利凡特之间文化交流和贸易往来的线路不是历史时期而是早在史前时期就已经形成。

③ Th. E. Levy, et al., "New light on King Narmer and the protodynastic Egyptian presence in Canaan," *Biblical Archaeologist*, vol. 58, (1995), pp. 26 – 29.

④ S. Yeivin, "Additional notes on the early relations between Canaan and Egypt," *Journal of Near Eastern Studies*, vol. 27, (1968), pp. 37 – 40.

⑤ S. A. Rosen, "History does not repeat itself: cyclicity and particularism in nomad-sedentary relations in the Negev in the long Term," in J. Szuchman, ed., *Nomads, tribes, and the state in the ancient Near East. Cross-disciplinary perspectives*, Chicago: The University of Chicago Press, 2009, pp. 58 – 59.

期埃及与利凡特之间绝非仅有简单和偶然的联系。另外,写在王宫横切面图案上的 33 个王名中,有 13 个属于那尔迈,而那尔迈又是零王朝的最后一个君主。显而易见,埃及与利凡特之间如此密切的联系不可能在那尔迈掌权时期才突然出现。

在距离今加萨不远处,以色列考古人员发现了居住遗址,其中有防御工事的痕迹。这里出土的文物几乎无一例外地与埃及有关。考古人员发现了写着零王朝五个国王名字的物品,这些名字写在标志王宫横切面的图案上面。[①] 在更加深入内陆的阿拉德,考古人员发现了包括写有那尔迈名字的陶片在内的埃及器物,它们位于第五个考古层,而且第四和第六层之间并没有被破坏的痕迹。在几乎位于今以色列中北部的克法尔—莫纳什,发掘人员发现了包括铜锯在内的伐木工具,多数学者认为,它们是埃及人到利凡特获取木材时使用的。当时的沙龙平原显然还覆盖着森林,埃及人尚无须到更远的黎巴嫩去获取木材[②];这一点同时也说明,早在那尔迈统治时期,埃及人就已经对利凡特南部地区具有了相当的控制力。

谈到古代埃及统一国家诞生之际与利凡特之间关系的性质,相关领域的学者们提出了不同的观点。有的学者用贸易模式来解释古代埃及与利凡特地区之间的交往。他们认为,这种贸易关系始于涅迦达文化早期,并且在后来随着毛驴的驯化而逐步加强。埃及人获得的物品主要有矿石、沥青、树脂,人工种植的葡萄也在这一时期从利凡特传入埃及。[③] 在今以色列南部发现的埃及人的居住遗址和坟墓都被认为是解释这种和平贸易关系的佐证。[④] 有些学者则试图把那尔迈调色板上描写的血腥征战场面视为埃及人早期对利凡特地区的扩张,由此认为今以色列南部区域由那尔迈率兵征服,并且通过驻军的形式予以控制。在被发掘的遗址中,有的具有堡垒

---

① A. J. Peden, *The graffiti of pharaonic Egypt: scope and roles of informal writings* (*c. 3100 – 332 B. C.*), Leiden & Boston: Brill, 2001, p. 2.

② M. A. S. Martin, "Egyptians at Ashkelon? An assemblage of Egyptian and Egyptian-style pottery," in M. Bietak ed., *Ägypten und Levante*, vol. XVIII, Wien: Ferdinand Berger & Söhne GmbH, 2008, pp. 245 – 246.

③ 一些学者甚至相信,统一的埃及国家诞生之后与利凡特地区日益频繁的接触促进了古代巴勒斯坦地区城邦式政治体的形成,参见 S. Yeivin, "Additional notes on the early relations between Canaan and Egypt," *Journal of Near Eastern Studies*, vol. 27, (1968), pp. 49 – 50。

④ T. P. Harrison, "Economics with an entrepreneurial spirit: Early bronze trade with late predynastic Egypt," *Biblical Archaeologist*, vol. 56, (1993), pp. 81 – 83.

的性质，其城墙曾经宽达四米、高度近八米，而且有些围墙达到三道。① 这可能标志着曾经居住在这些遗址的埃及人并非平民，而是士兵和武装了的官吏。其职责是保障商路畅通，保护去那里进行贸易活动的埃及人，或者负责征收埃及统治阶层需要的奢侈品。②

也有的学者把上述地区有关埃及的遗迹解释为埃及人以和平方式进入利凡特定居的结果，因为以色列考古人员在内盖夫南部发现了一座与同时期利凡特地区的墓葬形式不同的坟墓。这座墓显现出埃及的墓葬风格，墓主人是一位去世时约25岁的女子，她左侧卧，面朝东。古代埃及人希望死后葬在自己出生的地方③，而这个墓主人死后葬在远离尼罗河的以色列。在发掘人员看来，这只能意味着当时的以色列南部应该是埃及领土的一部分。这个结论虽然有些牵强，但是从那尔迈在埃及全境和利凡特留下的武力征服和资源开发的证据判断，这位国王在位时期通过掠夺周边地区的财富来巩固埃及王权的事实不容忽视。在比较埃及和两河流域文明的时候，许多学者认为，前一个文明是封闭的和内向的，后一个则是开放的和外向的。然而，上述考古材料促使我们对以往的观点作出必要的修正。埃及统一的王权国家始终是与对外征战密切相连的，从这个角度来说，埃及国内动荡局面周期性地出现，与其说是外族入侵的后果，不如说是埃及对外控制力的下降和征战活动停止的必然结果。

帕勒莫石碑记录了从第一王朝至第五王朝末的国王名字和他们的功绩。每个国王都用一个重大事件来称呼其在位的每一年，比如关于第一王朝前半期在位的国王哲尔（约公元前3016—前2970年），帕勒莫石碑提到了"这一年出兵打击利凡特人"。④ 国王登统治的年代比哲尔稍晚（公元前2963—前2949年），他在位时的某一年被称为"打击东边居民之

---

① M. Wright, "Literary sources for the history of Palestine and Syria: contacts between Egypt and Syro-Palestine during the protodynastic period," *Biblical Archaeologist*, vol. 48, (1985), pp. 240 – 243.

② E. D. Oren, "A new fortress on the edge of the eastern Nile Delta," *Bulletin of the American Schools of Oriental Research*, vol. 256, (1984), pp. 38 – 40.

③ E. M. Schortman, "Interregional interaction in prehistory: the need for a new perspective," *American Antiquity*, vol. 54, (1989), pp. 60 – 61.

④ A. Erman and H. Grapow, eds., *Wörterbuch der Ägyptischen Sprache*, vol. 4, Berlin: Akademie-Verlag, 1971, p. 348.

年"。这里所说的"东边居民"有可能指尼罗河三角洲东北部的居民,不过从上文提到的有关早王朝时期埃及与利凡特地区关系的考古发现判断,这个称呼更有可能指代居住在西奈半岛甚至更加深入利凡特地区的居民。① 无独有偶,国王登的陵墓出土了一个象牙器物,上面描画了该国王打击一个敌人的场面。尤其值得注意的是,这个敌人具有明显的利凡特人的特征。他跪在登的面前,他所处的地面上点缀着颗粒,意指敌人的居住地为不毛之地,而埃及国王所站立的地方则没有这种标记,因为他的领土是肥沃的尼罗河谷地,图画边的象形文字称画面的内容为"第一次打击东边的人"。② 目前还无法断言这里所说的"东边的人"与帕勒莫石碑上涉及该国王的文字所提到的"东边居民"是否指同一群人,不过可以确定的是,登在位时埃及人已经与西奈或者利凡特的居民发生冲突。这些居住在埃及周围的人可能威胁到埃及人的商路或者去西奈半岛采矿的埃及人。

上述事实说明,原先被认为建立了埃及第一个统一国家的那尔迈早把贸易甚至征战的触角伸向利凡特,而且第一王朝的君主们延续了那尔迈确定的开发和掠夺利凡特资源的政策。联系到第一节有关种植和饲养技术从利凡特传入埃及的史实,我们不得不重新审视古代埃及文明的起源及其性质。它受到来自西亚的多重影响已是不争的事实;但同样不可否认的是,古代埃及文明具有很大的包容性。此外,古代埃及强大和稳定的王权在一定程度上与控制和掠夺周边的居民和资源分不开。

三 古代埃及与努比亚之间的界限与交往

拿破仑远征埃及之后,随着欧洲人对古代埃及历史的逐步复原和认知度的提高,他们陷入一个窘境,难道曾经创造了如此辉煌文明的古代埃及

---

① Th. E. Levy, et al., "Egyptian-Canaanite interaction at Nahal Tillah, Israel (ca. 4500 – 3000 B. C. E.): an interim report on the 1994 – 1995 excavations," *Bulletin of the American Schools of Oriental Research*, vol. 307, (1997), pp. 45 – 46.

② M. Dijkstra, "A chief of the bowmen, overseer of the foreign lands at Serabit el-Khadim (Sinai 300 + 297)," in M. Bietak, ed., *Ägypten und Levante*, vol. XIX, Wien: Ferdinand Berger & Söhne GmbH, 2009, pp. 121 – 122.

人是黑人？① 持白人优越论的学者们借用《旧约》中有关挪亚及其儿子们的故事，认为含的后代进入埃及并创造了古代埃及文明，而且从人种上说，含与闪一样，都是高加索人的一支。② 为了强调含语与闪语之间有区别又有密切关系，他们把两种语言统称为含—闪语言（Hamito-Semitic Languages）。在他们看来，含族之所以优越于撒哈拉以南的非洲人或者说发展的程度比后者高，完全是因为含族从西亚迁徙到非洲并带去了包括生产技术和艺术表达手法在内的文明的火种。③

在非洲中心主义者看来，情况则完全相反。他们认为，努比亚才是古代埃及文明的真正发祥地。美国黑人人权运动领袖杜·波依斯极力强调古代埃及文明的黑非洲性质④，在他看来，古代埃及文明对非洲的重要性犹如古代希腊对于欧洲。因此，他在谈论古代埃及时刻意使用"古典"二字，意欲强调其古老的年代和它对现代非洲黑人的示范效应和至关重要的

---

① D. O'Connor and A. Reid, "Introduction-locating ancient Egypt in Africa: modern theories, past realities," in D. O'Connor and A. Reid, eds., *Ancient Egypt in Africa*, London: Institute of Archaeology, University College London, 2003, pp. 17 – 22.

② C. G. Seligman, *Races of Africa*, Oxford & New York: Oxford University Press, 1930, pp. 34 – 36. E. Sanders, "The Hamitic hypothesis," *Journal of African History*, vol. 10, (1969), pp. 531 – 532.

③ 德国传教士克拉普夫（J. L. Krapf）首先使用了"含语"这个词，他用这一概念指代非洲黑人使用的语言。英国探险家斯贝克（J. H. Speke）曾经为了找寻尼罗河的源头而深入非洲内陆。他声称，中非依然处于野蛮状态而北非已达到文明程度，其原因是北非的文明由属于高加索人的含族，即图西人（Tutsi）创造。斯贝克进一步认为，尽管图西人和胡图人（Hutu）都操班图语，但图西人是从非洲北部迁徙到卢旺达和布隆迪，其理由是图西人的脸型更接近高加索人。欧洲人的这种观点促成了两个群落之间长期的矛盾，对 1994 年的种族灭绝事件起到了推波助澜的作用。请参看 A. Malamat, "The conception of Ham and his sons in the table of nation (Gen. 10: 6 – 20)," in G. N. Knoppers and A. Hirsch, eds., *Egypt, Israel, and the ancient Mediterranean world: studies in honor of Donald B. Redford*, Leiden & Boston: Brill, 2004, pp. 359 – 360. A. Bekerie, "The ancient African past and the field of African studies," *Journal of Black Studies*, vol. 37, (2007), pp. 448 – 450。

④ D. Jeffreys, "Introduction-two hundred years of ancient Egypt: modern theory and ancient archaeology," in D. Jeffreys, ed., *Views of ancient Egypt since Napoleon Bonaparte: imperialism, colonialism and modern appropriations*, London: Institute of Archaeology, University College London, 2003, pp. 16 – 18. 上个世纪末，德国考古学家在阿比多斯发掘了写有象形符号的标签，并且认为它们的年代大约在公元前 3400 至前 3200 年之间。一些非洲中心论者认为这个发现证明了非洲不仅是人类的发祥地而且也是文字的发源地，请参看 A. Bekerie, "The ancient African past and the fielde of African studies," *Journal of Black Studies*, vol. 37, (2007), pp. 450 – 451。

象征意义。① 推崇杜波依斯观点的人士勾勒了大致如下的文明起源过程：大约公元前6000年前后，黑人人种的一支在今喀土穆一带定居，这个定居点被称为中石器喀土穆遗址。他们相信，非洲北部的干旱时期先从南部开始，然后向北扩展。② 原来生活在喀土穆附近的人群因为草地沙化而逐渐向尼罗河谷迁徙，许多人沿红海海岸北上，从哈玛马特干河谷进入埃及的尼罗河谷。③

塞内加尔学者迪奥普试图证明古代埃及人就是努比亚人，借以进一步说明非洲黑人创造了辉煌的埃及文明。④ 为了给埃及文明"南来说"提供佐证，迪奥普对古代埃及文献进行了全新的诠释。他说，古代埃及人视自身为黑人，其最具说服力的证据是古代埃及人称自己的国土为"黑土地"。事实上，古代埃及人以黑土地称谓自己的国家，主要是因为他们的居住地集中在土地肥沃的尼罗河谷和尼罗河三角洲上，这里的土地由尼罗河泛滥水带来的腐殖质构成，颜色发黑，与埃及东西两边的沙漠形成鲜明的对比。⑤ 迪奥普说，埃及人把尼罗河西岸视为右边，东岸为左边，即确定左右时面朝南，这是因为他们的祖先来自埃及南边的努比亚。⑥

其实，"努比亚"（Nubia）这一称呼产生的时间很晚。它始于中世纪，是由生活在这个区域的游牧民努巴（Noba）这一称呼派生而来。古

---

① B. Oyebade, "African studies and the afrocentric paradigm: a critique," *Journal of Black Studies*, vol. 21, (1990), pp. 233 – 238. V. L. Nobles, "Nubia and Egypt: is it Ella or a copy?" *Journal of Black Studies*, vol. 26, (1996), pp. 443 – 444.

② T. Adeleke, *The case against Afrocentrism*, Jackson: University Press of Mississippi, 2009, pp. 23 – 28.

③ S. Howe, *Afrocentrism. Mythical pasts and imagined homes*, London: Verso, 1998, pp. 134 – 137. 值得注意的是，哈马马特正是皮特里设想来自两河流域的"王朝种族"进入尼罗河谷时穿越的地方。

④ 迪奥普在其著作（*African origin of civilization: Myth or reality*, New York: Lawrence Hill Books, 1991）的前言第14页说"古代埃及是黑人文明"。他在第100页甚至声称，公元前4000年，当埃及人已经开始创造令人瞩目的文化的时候，叙利亚和美索不达米亚几乎还没有人类活动的痕迹，埃及人于公元前4236年制定历法的时候，美索不达米亚的居民尚处在刀耕火种的阶段。

⑤ 事实上，尼罗河泛滥水对古代埃及人的生活和来世观念产生了巨大的影响，他们虽然早在古王国时期就已经到第二瀑布以南地区进行贸易活动，但是一直认为尼罗河的源头在阿斯旺附近的第一瀑布。他们想象尼罗河神在那里根据时令让尼罗河水涨落，不仅使得谷物适时地生长和成熟，而且还向人们预示了生命循环的可能性。

⑥ Ch. A. Diop, *Civilization or barbarism. An authentic anthropology*, New York: Lawrence Hill Books 1991. p. 65. 庞特是古代埃及人对一个盛产包括香料在内的珍贵物品的遥远之地的称呼，学者们对它的位置有不同的解释，绝大多数人认为它在今索马里一带，与努比亚并没有关系。

典作家把生活在埃及阿斯旺以南地区的居民称为"埃塞俄比亚人"（Aethiopians），意为"脸色黝黑的人"①，古代埃及人称呼南边的这些邻居为"弓箭手"，强调这些人的好斗和尚武，他们居住的地方则被叫作"弓箭手之地"。② 埃及中王国时，努比亚南部地区也被叫作"古实（Cush）"，而那里的居民则被称为"可怜的古实人"，说明了他们所处地理环境的恶劣。新王国时期，埃及人有时用古实统称努比亚全境，有时称努比亚人为"南边的人"。③ 不管是古代努比亚人还是现代努比亚人，他们的语言与古埃及语和阿拉伯语都没有任何渊源关系，这些人在肤色方面居于非洲黑人与埃及人之间。④ 由古代埃及国王派往努比亚的商队一般包括一个翻译，阿斯旺官吏墓地中，不少坟墓主人生前曾经担任过翻译。⑤

　　学者们把埃及史前时期居住在努比亚的人群称为"A 群落"。在这个群落的墓葬中发掘出来的最早的埃及器物属于涅迦达文化。"A 群落"的努比亚人借以维持生命的谷物和牲畜与前王朝时期的埃及人没有什么区别。⑥ 史前时期末，随着生产技术的发展，古代埃及人对珍奇物品的渴求促成了他们对埃及周边地区的探险和掠夺活动。埃及人对来自努比亚及以南区域的物品的需求持续增长，主要是象牙、乌木、兽皮、香料等。位于今埃及南部的阿斯旺在古代被叫作"艾利芬提尼"，意为"象城（Elephantine）"。它成为埃及人与努比亚人进行贸易或者对努比亚发动军事行

---

① H. J. Foster, "The ethnicity of the ancient Egyptians," *Journal of Black Studies*, vol. 5, (1974), pp. 180 – 185.

② A. Erman and H. Grapow, eds., *Wörterbuch der Ägyptischen Sprache*, vol. 3, Berlin: Akademie-Verlag, 1971, p. 488.

③ E. Otto and W. Helck, eds., *Lexikon der Ägyptologie*, vol. IV, Wiesbaden: Otto Harrassowitz, 1982, col. 526 – 527.

④ L. Török, *Between two worlds. The frontier region between ancient Nubia and Egypt 3700BC – AD 500*, Leiden & Boston: Brill, 2009, pp. 12 – 14. 在尼罗河第二瀑布附近的墓中出土的尸体证明，这里的居民与古代埃及人属于不同的种族，见 W. Cobb, Jr., "Out of Africa: The dilemmas of Afrocentricity," *Journal of Negro History*, vol. 82, (1997), pp. 125 – 128.

⑤ 努比亚地区尼罗河水位的偏低不仅使得埃及人对这一区域的殖民没有多大价值，而且也限制了努比亚人口的增长。一直到了罗马帝国末期，随着被称为萨其亚的灌溉技术传入，依靠人工灌溉的种植业才成为可能，人口数量也随之增大。S. T. Smith, *Wretched Kush. Ethnic identities and boundaries in Egypt's Nubian Empire*, London & New York: Routledge, 2003, pp. 13 – 18. 早期的学者们认为，努比亚人来自埃及的巴达里；最近的考古研究表明，努比亚人并非来自埃及。

⑥ J. Roy, *The politics of trade. Egypt and Lower Nubia in the 4thMillenniumBC*, Leiden&Boston: Brill 2011, pp. 1 – 4.

动的桥头堡,城市的名字充分显示了埃及人视为至宝的象牙在贸易中所占的地位。①

20世纪60年代初,美国芝加哥大学的考古人员在努比亚一个叫作"卡斯特尔"的小村附近发掘了属于"A群落"的墓地(在今埃及与苏丹边界以北不远处)。墓地共有25座小型坟墓和8座大型陵墓,大型墓所在地被发掘人员称为"墓地L"。这些坟墓早已被盗挖,仅存一些被盗墓者忽略或遗弃的文物,而且这些文物所在位置也已经不再是最初被放置的地方。出土物中最具有轰动效应的当属一只香炉。这只香炉高约9厘米,周长不足16厘米,上面以阴刻的方式表现了排队航行的三艘船,其中一艘船上有一个人佩戴一个头冠。虽然这个头冠只保存上半部分,但可以辨认出它就是古代埃及王朝时期象征上埃及统治权的白色王冠,王冠下面的王宫横切面也印证了这种推测。② 学者们对这件出土物进行了各种解释,其中最具争议的是威廉斯关于古代埃及王权来自努比亚的大胆推测。③ 虽然威廉斯无法用具有说服力的材料来证明其观点,但是在非洲中心主义者眼里,他的这一推论等于证明了古代埃及文明的源头在努比亚。古代埃及文明的归属问题之所以远远超出了学术研究的范围④,正是因为许多非洲中

---

① A. Erman and H. Grapow, eds., *Wörterbuch der Ägyptischen Sprache*, vol.1, Berlin: Akademie-Verlag, 1971, p.7.

② B. G. Trigger, "The royal tombs at Qustul and Ballâna and their Meroïtic antecedents," *Journal of Egyptian Archaeology*, vol.55, (1960), pp.117-128.

③ B. B. Williams, "The lost Pharaohs of Nubia," *Archaeology*, vols.33/35, (1980), pp.14-21. 此后,不少学者对威廉斯的观点提出了质疑和批评,如 W. Y. Adams, "Doubts about the 'Lost Pharaohs,'" *Journal of Near Eastern Studies*, vol.44, (1985), pp.185-190. 但是威廉斯在新近的一篇文章中仍然坚持原来的观点(B. B. Williams, "Relations between Egypt and Nubia in the Naqada Period," in E. Teeter, ed., *Before the pyramids. The origins of Egyptian civilization*, Chicago: The Oriental Institute of the University of Chicago, 2011, pp.88-90)。

④ 一个名叫厄尔里的学者在田纳西州具有浓厚黑人传统的菲斯克大学(为美国黑人运动的早期领袖杜·波依斯的母校)做访问教授时讲授塞林格的小说《麦田里的守望者》。该小说开篇描写了主人公霍尔顿因为历史课考试未能及格而去见历史教授的情节。考试题目要求学生论述古代埃及人。霍尔顿对古代埃及所知不多,称他们是居住在非洲北部某个地方的高加索人。虽然厄尔里教授解释塞林格的这段情节没有任何种族歧视的意思,在场的黑人学生还是受到了伤害。请见 G. Early, "Adventures in the colored museum: Afrocentrism, memory, and the construction of race," *American Anthropologist*, New Series, vol.100, (1998), pp.708-711。有意思的是,非洲中心论和黑人优越论的急先锋迪奥普(出生于塞内加尔一个穆斯林村庄的学者)的博士论文《文明的非洲根源:神话还是史实 *The African origin of civilization: A myth or reality*, New York: Lawrence Hill Books, 1974》遭答辩委员会否决的1951年正是塞林格上述小说出版的那一年。

心主义者试图从学术研究的角度来证明古代埃及文明起源于努比亚，因此，有必要从历史考证的角度澄清古代埃及文明的来源问题。①

首先，从香炉本身找不出表现它年代的任何线索②；其次，香炉的材料和制作工艺也把其产地指向位于北边的埃及。再次，它是迄今为止在努比亚发现的唯一一件表现白色王冠主题的物品，而在埃及尤其是上埃及则出土了许多同时期相关的文物。③ 最后，我们无法肯定地说，这个香炉原来确实属于被埋葬在该墓地的某一个死者，因为据发掘人员记述，这个香炉由散落在墓地的多个碎片复原而成。此外，因为阿斯旺大坝的建造危及到大坝以南古代埃及和努比亚的古迹，由联合国教科文组织发起了抢救性考古行动。几乎所有的古代居住和丧葬遗址都被纳入到发掘、整理、抢救和研究中。属于"A 群落"的发掘点超过 150 个，被挖掘的坟墓达 3300 座。因为努比亚的气候干燥，加上人类活动相对少，古代遗址容易保存下来。坟墓的总数间接说明，努比亚地区史前时期的居民人数并不多④，在这样的情况下形成一个影响整个埃及的王权国家似乎令人难以置信。不过需要强调的是，古代埃及人在努比亚地区的活动比我们先前所想象得要早得多。在尼罗河第二瀑布附近发现了一块岩画，上面可以看到古代埃及人制伏努比亚人的场面。一艘埃及船上站着一人，看上去像来自上埃及的一个酋长，旁边则是被杀的努比亚人。多数学者认为，该岩画的年代在第一

---

① 伯纳尔认为喜克索斯人的构成比较复杂，他们属于操胡利安语、闪米特语和印度—伊朗语的人种。在他看来，在希腊建立定居点的不是真正的埃及人，而是被埃及人驱逐出境的、早先来自西亚的喜克索斯人。请见 M. Bernal, *Black Athena*, vol. 2, London: Free Association Books, 1991, pp. 495 – 501. 伯纳尔的这一解释事实上与非洲中心主义风马牛不相及，他的目的是要证明希腊人之前居住在希腊的人（pre-Hellenes）属于操印欧语的人种。持非洲中心论的人士对伯纳尔的观点进行改头换面，认为雅典的建造者和阿提卡的居民都是黑人，称说他们在史前就来到了希腊。请参看 W. Cohen and M. Bernal, "An interview with Martin Bernal," *Social Text*, vol. 35, (1993), pp. 1 – 24.

② 发掘人员认为墓地的年代大致相当于埃及早王朝。另外请参看 L. Török, *Between two worlds. The frontier region between ancient Nubia and Egypt 3700 BC-AD 500*, Leiden & Boston: Brill, 2009, pp. 23 – 27.

③ J. Assmann, *Stein und Zeit. Mensch und Gesellschaft im alten Ägypten*, München: Wilhelm Fink Verlag, 1991, pp. 21 – 22.

④ 根据研究，史前时期整个努比亚地区的人口不会超过 4500 人，而当时生活在卡斯特尔的居民至多几百人，参见 R. S. Bianchi, *Daily life of the Nubians*, Westport, Connecticut & London: Greenwood Press, 2004, pp. 50 – 53.

王朝时期。① 显而易见，卡斯特尔香炉与这幅岩画均说明位于上埃及的居民由于草地的沙漠化首先进入尼罗河谷地从事农耕，随着生产力的提高和生产技术的改进而向外输出其产品②，而且因为尼罗河流域耕地的有限而对外发动战争，最终在征服邻近的土地过程中创立了王权理念。我们有理由得出这样的结论：在古代埃及历史中，对王权观念起到关键作用的白色王冠是在埃及人与努比亚人较量过程中产生的。③

至少从考古遗址所展现的生产方式和物质条件方面看，在埃及尚未形成统一的王权国家之前，努比亚与埃及之间没有太大的差距。④ 甚至在埃及历史初期，后来被称为上埃及第一诺姆的区域仍然被埃及人视为努比亚的一部分，它被称为"弓箭手之地"，与埃及人称呼努比亚的名字完全一样。⑤ 中央集权的国家建立之后，埃及对努比亚的掠夺由原来的小规模和间歇性的掠夺发展到有系统的征服和长期开发殖民。努比亚人口的增长和出土物所表现的经济复苏期无一例外地与埃及王权国家的衰落处在同一时期。这不是偶然而是非常值得关注的现象⑥，它说明古代埃及王权的强大

---

① A. J. Peden, *The graffiti of pharaonic Egypt: scope and roles of informal writings* (*c. 3100 – 332 B. C.*), Leiden & Boston: Brill, 2001, pp. 1 – 3.

② J. Roy, *The politics of trade. Egypt and Lower Nubia in the 4thMillennium BC*, Leiden & Boston: Brill 2011, pp. 43 – 46.

③ 上文提到，原来被认为来自下埃及的红色王冠实际上起源于上埃及。在尼罗河三角洲出土了史前时期画有白色王冠的器物，这说明上埃及的统治者对下埃及的军事行动要比我们想象的早许多。请见 A. J. Peden, *The graffiti of pharaonic Egypt: Scope and roles of informal writings* (*c. 3100 – 332 B. C.*), Leiden & Boston: Brill, 2001, p. 4。

④ 在阿斯旺，考古人员发现了属于涅迦达文化二期的遗址，从位置和结构判断，似乎起到了埃及与努比亚进行贸易时桥头堡的作用，而位于阿斯旺以南 100 千米靠近尼罗河的克尔—达菲德看上去不像是一个永久的定居点，考古人员发掘出大约 500 个规模很大的坑穴，它们很可能是物质储存库和中转站，见 J. Roy, *The politics of trade. Egypt and Lower Nubia in the 4thMillennium BC*, Leiden & Boston: Brill 2011, pp. 147 – 150。

⑤ A. Erman and H. Grapow, eds., "*Wörterbuch der Ägyptischen Sprache*," vol. 3, Berlin: Akademie-Verlag, 1971, p. 488.

⑥ 关于古代埃及历史时期的文献所描述的埃及人与努比亚人之间的关系，请见金寿福《古代埃及人的外族观念》，《世界历史》2008 年第 4 期，第 16—20 页；J. Roy, *The politics of trade. Egypt and Lower Nubia in the 4thMillennium BC*, Leiden & Boston: Brill, 2011, pp. 241 – 244。我们可以从古代埃及人与努比亚人的交往史中总结出两个很有意思的现象：其一，在官方的表述中，努比亚人基本上呈现为不共戴天的仇敌，而在民间，努比亚人被视为不可多得的劳动力，埃及人与努比亚人通婚的现象也时有发生；其二，在官方有关与努比亚人势不两立的表象之下，我们也可以找到埃及统治者对努比亚重视甚至敬仰的许多事例，比如来自努比亚南部的、会跳舞的侏儒被视为贵宾，埃及君主们相信他们能够领悟神意。

和稳定不仅与其掠夺利凡特的资源有关，而且也借助于对努比亚的征服和奴役。从地理和水文条件上说，上埃及的尼罗河谷与努比亚没有太大的差异。而两者后来所走过的历程显现出明显的不同，这说明了政权尤其是强大的王权在文明发展过程中所发挥的巨大作用。

关于埃及与努比亚之间在史前时期的联系，最近几十年在撒哈拉沙漠东北部边缘的考古活动提供了更多和更加发人深思的证据。迄今被发现的遗址中最为重要的是耐布塔干盐湖（Nabta Playa）。[1] 干盐湖位于尼罗河以西，在纬度上大致与尼罗河第二瀑布平行，距离开罗约 800 千米，距离由拉美西斯二世建造的大型洞穴式神庙所在的阿布—辛贝勒约 100 千米。据相关考古人员的研究，大约公元前 10000 年—前 7000 年，非洲北部经历了一个相对湿润期，约 500 毫米的年降雨量每到雨季就在相对低洼的地方形成浅湖。这里的早期人类居住和活动遗址由南向北扩展，说明这些居民起初从今苏丹通过尼罗河谷来到这个新的居住地，他们使用的石器与努比亚和苏丹地区尼罗河谷遗址发现的石器极为相似。此外，在这个遗址中出土的陶器在装饰上非常注重象征意义。学者们认为，这些陶器由撒哈拉新石器时代的居民制造，而不是西亚的引入品或者受到了西亚的影响[2]，这个史前阶段因此被称为"撒哈拉陶器时期"。[3]

大约从公元前 6000 年开始，原来定期迁徙到纳布塔的游牧人群在这里建造适于常年居住的茅草房。他们的食物包括水果、豆类植物、黍类和高粱。关于这些植物是由人工种植的还是野生的，学者们仍然有争议。纳布塔的居民很早就开始牧放牛群，因为发现的牛骨并不很多，发掘人员认为养牛主要是为了获取牛奶，而不是食用牛肉。考古人员在那里发现了巨大的母牛墓葬，进行发掘的学者认为这些居民对牛的崇拜与埃及历史时期许多神灵呈现为牛的形状有着直接的关联[4]，也有学者认为，应当在纳布

---

[1] F. Wendorf and R. Schild, "Nabta Playa and its role in northeastern African prehistory," *Journal of anthropological Archaeology*, vol. 17, (1998), pp. 97–102.

[2] S. Hendrickx and P. Vermeersch, "Prehistory: from the palaeolithic to the Badarian Culture," in I. Shaw, ed., *The Oxford history of ancient Egypt*, Oxford & New York: Oxford University Press, 2000, pp. 18–19.

[3] C. V. Haynes, et al., "The prehistory of the Egyptian Sahara," *Science*, New Series, vol. 193, (1976), pp. 103–104.

[4] K. Nelson and E. Khalifa, "Nabt Playa black-topped pottery: technological innovation and social change," *British Museum Studies in ancient Egypt and Sudan*, vol. 16, (2010), pp. 133–135.

塔对埃及早期文明影响的问题上持谨慎态度。①

在纳布塔一个属于新石器晚期的大型定居遗址附近,考古人员发现了用石头建构起来的巨型文化设施。它由三部分组成:第一部分是一字排开的10块大型石头(长3米、宽2米);第二部分是用小一些的石头围成的一个圆圈(直径达4米);第三部分是两座用石板覆盖着的土丘,其中一个土丘下面有一个类似墓室的结构,里面有牛骨。在纳布塔的其他地方也发现了一字排开的大型石头阵。有些学者认为,这些石头阵是用来计算时间并预测季节变化的。② 因为纳布塔靠近北回归线,太阳在夏至前三周和后三周之间达到直射状态,之后不久季风期便开始,预示着催生各种生命的雨季的到来。另一些学者则相信,这些石头阵是为了进行宗教性的集会而修建的公共建筑,它们显示当时的聚落已经达到了相当复杂的程度。有的巨石重达1.5吨,而且进行过加工。纳布塔居民用石头构建巨型的建筑物很容易令人联想到在历史时期的古代埃及人所修建的各种令人叹为观止的石头建筑。虽然目前我们还不能证明两者之间有着直接的关联,但是在新石器末期,居住在撒哈拉边缘的人迫于沙漠化而迁徙到尼罗河谷却是不争的事实。③

显而易见,这些居民虽然尚处在人类发展史上的早期阶段,但是他们极为重视以神权为主要象征的公共空间。谁掌握了与祭祀相关的宗教权,谁就获得了主宰整个聚落的权力。我们有理由进一步推测,古代埃及历史中趋向于集权的因素可能在这里萌芽。在埃及历史发展过程中,建立第一个统一国家的那尔迈来自上埃及,结束第一中间期分裂状态的门图荷太普也来自上埃及,驱逐喜克索斯人并建立第十八王朝的阿赫摩斯同样来自上埃及,征服下埃及众多的诸侯国、重新统一埃及并建立第二十五王朝的君主则恰恰来自埃

---

① S. Hendrickx, "Bovines in Egyptian Predynastic and Early Dynastic iconography," in F. A. Hassan, ed., *Droughts, food and culture. Ecological change and food security in Africa's later prehistory*, New York: Kluwer Academic Publishers, 2002, pp. 275 - 281.

② K. Nelson and E. Khalifa, "Nabt Playa black-topped Pottery: Technological Innovation and social Change," pp. 138 - 140.

③ 在达克拉绿洲,考古人员确认了三个遗址,它们的年代大致在纳布塔至第一王朝之间,可以看出古代埃及先民由西向东走向尼罗河谷的足迹。参看 B. E. Barich, "The evidence for the earliest livestock in north Africa: or adventures with large bovids, ovicaprids, dogs and pigs," in F. A. Hassan, ed., *Droughts, food and culture. Ecological change and food security in Africa's later prehistory*, New York: Kluwer Academic Publishers, 2002, pp. 209 - 211。

及以南的努比亚。① 在古代埃及的历史发展过程中，趋于统一的力量总是来自上埃及，而以尼罗河三角洲为主的下埃及则显示出强烈的地方特色和政治上独立的趋向。这种差别不仅与两者的地理环境密切相关，而且还与二者在史前和历史时期分别与利凡特和努比亚接触并受到它们不同的影响有关。这一点证明了古代埃及人并非毫无理由地强调上下埃及之间的差别，它为我们正确和全面地理解二者之间的张力和互动机制提供了新的视角。

四 结论

尽管从努比亚到地中海沿岸，尼罗河流经 2000 多公里的山地、丘陵和平原，促成统一王国成型的动因主要来自阿比多斯和希拉康波里之间不足 300 千米的河谷，即涅迦达文化的中心区域。这一点看似偶然，但实际上是各种因素综合促成的必然结果。通过考察古代埃及文明的形成过程，我们可以看到在南部埃及崛起的地方权贵是如何借助先进的生产工艺，通过对剩余产品的积累和奢侈品的垄断来彰显自己的身份，并且用文字和实物建构了一系列表达他们地位和权力的模式。古代埃及的地理环境和尼罗河的水文特征与利凡特有许多不同之处，他们适时和因地制宜地从后者那里接受了农耕技术和饲养方法，而且做到了后来者居上。事实证明，古代埃及人从史前时期就已经在利凡特地区进行和平的贸易活动和武力的征服行动。从本质上看，古代埃及文明并非通常所认为的那样是封闭的和保守的，而是具有很强的开放性和融合能力。另一方面，上埃及文明深受努比亚影响，尤其是类似纳布塔这样史前以畜牧为主的部落。上埃及的权贵们创造和发展了一系列独具特色的王权观念，对外进行武力征服和贸易扩张，对内强化自身权力的神性并强调统一国家的政治远景。这说明了为何古代埃及历史上所有统一大业的建树者无一例外地来自上埃及。南部大一统的诉求和北部向往独立的愿望与各自的地理条件相关，但是主要的原因应当在古代埃及文明形成初期埃及内部机制和外部影响中寻找。

(原载《中国社会科学》2012 年第 12 期)

---

① 第十二王朝的开国君主阿门内海特一世将其登基前说成是经济萧条和道德沦丧的混乱时期，并且把自己刻画为来自南部、受到神启的救世主。

论国际冲突研究的文化视野

梁占军

所谓国际冲突,是指国际社会中各行为主体因各自的利益选择、价值取向和行动目标的分歧而产生的跨国对立和对抗的状态①,这是近代民族国家体系形成后人类不同群体互动过程中体现矛盾冲突的一种最常见的表现形式。有关国际冲突的研究在维护世界和平和国家安全方面有着重要的现实意义,历来是各国学者关注的热点问题之一。

国外学界相关的研究起步于20世纪60年代,在相当长的时间里,由于冷战的时代背景,学界对国际冲突的分析和解读主要围绕着政治、经济、军事、外交等领域展开,文化因素被忽视。直至90年代苏联解体冷战结束,全球文化的互动交流日益加强,文化因素在国际冲突中的影响越来越受到国外学者们的重视。目前,国外学者已有不少从文化视角探讨国际关系的成果问世,内容涉及个人、国家、国际体系等各个层次,甚至出现了不少理论流派。② 其中探讨国际冲突的理论著述与个案研究也或多或

---

① 目前学界关于国际冲突的定义有数百种,尚无定论。本文提出的定义是在归纳学界前辈意见的基础上提出的个人看法,其中所谓的行为体主要包括主权国家、政府组织、非政府组织和跨国公司等。

② 美国学者麦克·摩查在1996年《华盛顿季刊》春季号发表《文化与国际关系》一文,其中将学术界有关文化与国际关系的研究观点概括为五类,即文化是生活的武装、文化是认识的过滤器、文化是社会经济的构架、文明冲突论、文化退化论等。参见楚树龙《国际关系基本理论》,清华大学出版社2003年版,第282—284页。

少地开始涉及文化因素。① 在他们的研究中,文化俨然已经与政治、经济并列成为认识和分析该问题的三大维度之一。而与之相比,国内学界有关国际冲突的研究虽已展开,但从文化角度研究国际关系仍待深入。② 因此,本文拟在归纳和吸收前人已有研究成果的基础上,结合自己的一些体悟和思考,对于中国学者在研究国际冲突时所应具有的文化视野提出一些粗浅的看法,以就教于各位同行。

自20世纪90年代以来,从文化的角度考察国际关系和国际冲突成为了各国学者关注的一个热点。但是如何揭示文化与国际关系的内在联系,如何用文化的视角考察和揭示国际冲突的内涵及特征是一个正在探索中的问题。本文所谓的国际冲突研究的文化视野,指的是在研究国际冲突的过程中应重视文化因素的存在和作用,并通过不同层次的文化视角来全面审视和分析历史上和现实中的国际冲突及其相关研究。笔者认为,国际冲突研究的文化视野大体可以从微观、中观和宏观三个层次展开。

一　微观层次的文化视野

注重对国际冲突表象背后所蕴含的文化因素的探查与剖析,关注文化因素在国际冲突的发生、决策和平息等各个环节中的作用和影响,此为研

---

① 国外学者相关的主要研究著作大多已译成中文:如肯尼思·N·华尔兹的《人、国家与战争:一种理论分析》,上海译文出版社1991年版;卡尔·多伊奇:《国家间是如何发生冲突的?》,《国际关系分析》,世界知识出版社1992年版;詹姆斯·多尔蒂:《争论中的国际关系理论》,世界知识出版社2003年版;肯尼思·W. 汤普森:《国际思想大师:20世纪主要理论家与世界危机》,北京大学出版社2004年版;伯顿的《全球冲突:国际危机的国内根源》,上海人民出版社2007年版;威廉·奥尔森等:《国际关系的理论与实践》,中国社会科学出版社1987年版;塞缪尔·亨廷顿:《文明的冲突与世界秩序的重建》,新华出版社2002年版,《文化的重要作用:价值观如何影响人类进步》,新华出版社2010年版;小约瑟夫·奈:《理解国际冲突:理论与历史》,上海人民出版社2009年版,等等。

② 我国学者关于国际冲突的专门研究起步较晚,近年才有少数著作问世,如蒲宁、陈晓东的《国际冲突研究》,时事出版社2007年版;牛仲君:《冲突预防》,世界知识出版社2007年版等。对于国际冲突中的文化因素的研究有张骥、刘中民等:《文化与当代国际政治》,人民出版社2003年版;辛旗的《诸神的争吵:国际冲突中的宗教根源》,华艺出版社2007年版;张战、李海军的《国际政治关系中的宗教问题研究》,中国社会科学出版社2009年版等。对于文化与国际关系的研究成果有王义桅:《超越国际关系:国际关系理论的文化解读》,世界知识出版社2008年版;董秀丽:《美国外交的文化阐释》,知识产权出版社2007年版;邢悦:《文化如何影响外交政策:以美国为个案的研究》,北京大学出版社2011年版;俞新天:《强大的无形的力量:文化对当代国际关系的作用》,上海人民出版社2007年版,等等。

究国际冲突所需要的文化视野的微观层次。

无论是历史上还是现实中,每一次国际冲突的背后无不渗透着文化的影响。这主要表现在参与国际冲突的行为主体——无论是主权国家,还是以主权国家为依托的各级政府、各类团体或组织或跨国企业——往往各自有着不同的文化背景和文化认同。众所周知,文化的定义虽然千差万别,但其核心不外乎价值观、意识形态、宗教信仰、历史传统、风俗习惯等内容。不同的文化差异明显,而且具有鲜明的民族性。因此,在多元文化并存的国际社会中,文化差异的客观存在,既可以促使异质文化在交流和互动中取长补短、相互完善,也可能使彼此相互排斥或抵制。事实表明,文化因素在各类国际冲突的引发、应对和平息等各个方面都具有影响。

首先,在国际冲突的发生方面,文化因素的影响主要体现在以下三个方面:第一,异质文化间的差异和矛盾在一定条件下可能是诱发国际冲突的导火索,其中以宗教和民族问题最为突出。[①] 当代许多国际冲突的背后都有宗教对立的背景,甚至有些冲突本身就是宗教纷争。如南亚印巴冲突反映出印度教与伊斯兰教的紧张关系,中东阿以冲突则是犹太教和伊斯兰教的直接对抗。一般而言,有宗教等文化背景的冲突常常难以短期平息,且矛盾易激化。如 2000 年 9 月 28 日,为宣示犹太人与圣殿山的宗教关系,以色列总理沙龙对东耶路撒冷圣殿山阿克萨清真寺进行了访问,此举就激起了巴勒斯坦人的强烈不满和抗议活动,导致波动难平的阿以冲突再度升级;第二,异质文化交流互动的过程中,强势文化的扩张常常会导致文化冲突,进而升级为国际冲突。历史上,文化经常被作为工具应用于国际关系之中,即所谓文化外交。然而当某些强势文化借文化外交之名行文化扩张之实的时候,文化冲突就会激化,甚至导致国际冲突。如美国卡特总统任内极力推行所谓的人权外交,其实质就是对外推广美国的文化价值观。美国总统里根在 1986 年曾发表咨文,表示美国为捍卫人权,推进东欧各国的民主改革,"将随时准备在这些国家及其他国家帮助实现民主"。[②] 在人权高于主权的幌子下,美国加紧了对东欧各国的反政府力量的联系,

---

① 需要说明的是,文化的差异并不会必然导致文化的冲突。单纯把文化冲突的根源仅仅归结于"文化差异"是有问题的,文化的差异是由于地理环境、生活习惯和历史传统造成的,本身不会必然导致冲突,而是在文化互动中,异质文化特别是某种强势文化执意扩张的过程中,文化的冲突的概率会增加。

② *New York Times*, March 15, 1986.

直接或间接地支持他们的活动，最终导致东欧发生巨变并连续不断的武装冲突。第三，不同文化背景下的民族心理、民族意识、民族感情等可能衍化出民族偏见、歧视或仇恨等情绪，这对于国际冲突的发生可能起到推波助澜的作用。不同文化体系的政治制度、价值观念、哲学思想、文学艺术、道德伦理、历史传统、民族特质等因素都各不相同，这种文化体系间的矛盾与歧异导致了不同文化观念的人对同一事物会得出不同的认识和理解，在文化交流互动过程中可能引发误解。

其次，在应对冲突的决策方面，文化因素作为影响国家对外政策制定以及危机处理行为的重要变量，其影响主要表现在以下三个方面：第一，文化因素往往是通过决策者来对决策施加影响的。国际冲突期间，当事国的决策者至关重要，因为他们的抉择直接关系着冲突的未来走向。各国的决策者的文化传统会直接影响其应对危机和冲突的决策，正如有学者指出的："这些活跃于国际舞台的人物是在特定的文化氛围中成长起来的……他们在制定或执行政策过程中，必然有意或无意地把存在于他们意识深层中的文化价值体现出来，给本国的对外政策打上明显的烙印。"[①] 事实上，现实中各国的决策者都会注意考虑文化因素。美国历史学家弗兰克·宁柯维奇曾总结说："见识深远的政治家总是承认外交同样需要考虑文化价值观，由于这些价值观在形成外交理解力上起着至关重要的作用，所以较之意识形态、信仰或抽象的理念更具有意义。在 20 世纪，美国几乎所有的重要政治家都毫无例外地把文化因素考虑为其处理外交的组成部分；的确，文化在他们的决策中起着明显的、常常是决定性的作用。"[②] 美国另一位学者 J. 斯帕尼尔甚至指出："我们的政治领袖反映了美国社会的价值观念，每当他们在执行国家的对外政策中似乎要漠视这些价值观时，他们总会受到政府行政部门、国会、反对派以及新闻界人士的批评。"[③]

第二，文化因素能够直接影响危机决策的内容和目标。在现代民族国家中，文化是国家综合国力的一部分，它涉及国家的形象和声望，关乎民族凝聚力的强弱，并赋予国家对外交往以鲜明的特色，堪称国家外交决策

---

① 王晓德：《美国文化与外交》，世界知识出版社 2000 年版，第 2—3 页。
② Frank Ninkovich, Culture In US Foreign Policy Since 1900, in Jongsuk Chay, ed, *Culture and International Relations*, New York, Praeger, 1990, p. 103.
③ J. 斯帕尼尔：《第二次世界大战后的美国外交政策》，商务印书馆 1992 年版，第 445 页。

制定和实施的基础。因此，文化利益是国家利益中的一个重要组成部分，它在国家外交决策中的地位和作用不仅不容忽视，而且往往成为解释国家对外政策合理性的有效工具。现实中，世界上没有任何一个主权国家愿意放弃自己的社会制度、价值观念、传统文化和政治信念等，相反在遇到针对本国核心文化价值观的挑战时，各国无不奋起反击。这反映在应对国际冲突的过程中，当事国常常把占领道义制高点等捍卫自身文化利益的诉求作为危机决策的目标之一。显然，"任何政治领袖都必须在符合国家价值观念的前提下才能制定政策"。[1] 美国外交史专家小塞西尔·V·克拉布在谈到美国民众对政府外交政策的态度时说："毋庸置疑，美国人民显然期望美国外交政策中的任何新方针都将符合美国社会根深蒂固的价值观、它的精神气质及其传统。在国外与在国内一样，国家政策应该符合美国对自由、公正、放任主义、民主和其他所珍惜的概念的信仰。"[2] 第三，文化因素对应对国际冲突的决策和实施手段都有制约作用。国际冲突期间，尽管时间紧迫，但各项应对政策的考虑和选择仍然逃不脱文化因素的制约，其最终的抉择只能在文化传统许可的范围内实施。如古巴导弹危机期间，美国决策者最终选择了武力封锁的对策就是文化因素发挥作用的典型例证。起初，美国决策层设想通过突然的空袭或军事打击摧毁古巴的导弹基地，但最终因意识到突然的空袭会伤及大量无辜平民，进而损害美国的道德声望，不符合美国的文化传统而放弃。当时的副国务卿鲍尔强调："我们不能对古巴发动一场突然袭击，因为那将损害我们的道义立场，与美国的传统格格不入，并因此而疏远我们的朋友和盟国。"[3] 他强调，"我们的行为方式代表着我们是一个什么样的国家这一大问题。"[4] 罗伯特·肯尼迪也认为军事打击违背了美国的价值观，他事后回忆说：他支持封锁最

---

[1] Earl H. Fry, *America and Vincible: American Foreign Policy for the twenty-first Century*, New Jersey, 1994, p. 113.

[2] Cecil V. Crabb, Jr, . *The Doctrines of American Foreign Policy: Their Meaning, Role and Future*, Louisiana State University Press, 1982, p. 67. 译文见王晓德《美国文化与外交》，世界知识出版社 2000 年版，第 10 页。

[3] George W. Ball, *The Past Has Another Pattern: Memoirs*, New York: Norton, 1982, pp. 290 – 291；赵学功：《十月风云：古巴导弹危机研究》，天津人民出版社 2009 年版，第 223—224 页。

[4] Sheldon Stern, *Averting the Final Failure: John F. Kennedy and the Secret Cuban Missile Crisis Meetings*, Stanford University Press; 2003, p. 104; Dominic Tierney, "Pearl Harbor in Reverse: Moral Analogies in the Cuban Missile Crisis", *Journal of Cold War Studies*, Vol. 9, No. 3, Summer 2007, pp. 64 – 65.

重要的原因是"不能接受这样一种主意，即美国将大规模轰炸古巴，在一次突然袭击中杀害成千上万平民"。他提出，不管那些主张袭击的人所提出的军事和政治论点多么正确，美国的传统和历史决不允许采取这种行动方针："如果我们想在国内外保持美国的道义立场的话，我们就不能这样做。"① 显然，文化因素的巨大作用在美国应对古巴导弹危机的决策过程中得到了充分的体现。

第三，在平息国际冲突方面，文化的差异在某些情况下可能会成为化解冲突的障碍。国际冲突在凸显政治、经济利益冲突的背后大多隐含着文化差异，而在某些条件下，文化差异有可能会加剧冲突。一般而言，在国际冲突发生的时候，文化在加强文化认同，分清敌我、聚合力量，舆论动员等方面作用十分明显。而在冲突双方寻求解决冲突的阶段，文化差异导致的原则性对立或误读则可能会增加冲突平息的难度，甚至会扮演阻碍冲突解决的角色。正如有学者比喻的："美国国务卿看待世界的眼光，会在性质上不同于伊朗国王看待世界的眼光"，其差异"部分地来自他们不同的个人偏好和意识形态，部分地来自他们各自扎根于几千年来不同的文明世界里"②。由于参与国际冲突的双方都会根据自己的价值尺度和道德标准对面临的危机进行评判，并寻求符合自身价值认同的解决办法，从而使冲突中物质利益的争夺最终上升为文化利益的层面。这样，对当事方来说，任何让步都将会因违反自身传统和道义的底线而招致民众的抵制和抗议，进而难以选择妥协，其结果就是极大地增加了通过磋商解决国际冲突的难度，客观上使冲突陷入久拖不绝的局面。例如，巴以冲突的核心问题之一是有关耶路撒冷归属的领土争端，但由于巴勒斯坦人绝大多数是穆斯林，而以色列人几乎全是犹太教徒，这场领土之争就染上了浓厚的宗教色彩：在宗教文化的影响下，耶路撒冷在冲突双方的心目中就变成了不可妥协的精神圣地之争，妥协的可能因文化的介入而消失，这导致了阿以冲突持续至今。美国学者麦哲把这种文化影响国际关系的现象称为多棱镜模式，即行为者透过由不同文化观念构成的多棱镜来看待问题和进行决策。

---

① Robert F. Kennedy, *Thirteen Days: A Memoir of the Cuban Missile Crisis*, W. W. Norton & Company November 1999, pp. 37 – 38.
② Ali A. Mazrui, *Cultural Forces in World Politics*, New Hampshire, Heinemann, Educational Books Inc., 1990, p. 7.

他认为这种文化观念的不同在现实中成了国际间理解和协商的障碍。①

二 中观层次的文化视野

注重从文化的视角对国际冲突这一社会现象进行整体的认识和解读，揭示文化互动与国际冲突之间的辩证关系，这是国际冲突研究文化视野的中观层次。

国际冲突是国际关系中常见的一种状态，其本质是国与国之间的互动。从广义上说，国际冲突也可视为一种文化互动、或者是体现不同文明的特殊的互动。国际冲突与文化互动之间的辩证关系基本体现在以下两个方面。

首先，文化互动在某些特殊的情况下以国际冲突的形式表现出来。国际冲突大多发生于不同民族的国家互动交往中。理论上讲，世界不同国家间的文化交往主要包括交流、交锋、交融、交织等四种形式。其中交锋就是不同文化发生碰撞、冲突的对立状态。鉴于文化有影无形的特点，文化冲突往往要附着物质载体完成。现实中，任何文化冲突都不能同政治经济利益冲突截然分开，历史上大多数的国际冲突是由于经济冲突、社会冲突和政治冲突导致的，文化差异和矛盾仅仅构成其中一个重要的变量，但历史表明有相当多的国际冲突是因为强势文化的扩张引发的，是文化互动过程中矛盾激化升级的结果。如国际社会中强权政治的观念一直贯穿于世界近现代史，近代世界历史上的欧洲文化扩张，基本上都是伴随着殖民扩张的脚步进行的，欧洲殖民者的生活理念和价值观伴随者殖民者的脚印扩散到全世界，所到之处引起当地文化的抵抗。强势文化扩张引起的文化冲突最终可能会演变为国际冲突。例如，从文化的层面分析，中英鸦片战争的爆发就是东西方文化相互抵触、碰撞和排斥的结果。冷战期间，西方政治制度、宗教信仰、价值观念和生活方式等文化成为西方对抗社会主义阵营的主要工具，美国肯尼迪总统时期力推的和平队、卡特总统倡导的人权外交等都是西方对社会主义阵营实施和平演变的战略中的一部分，文化在冷

---

① M. J. 麦哲：《文化与国际关系——基本理论述评》，《现代外国哲学社会科学文摘》1997年第4期，第14页。

战中作为一种斗争工具扮演过极为重要的作用。① 冷战结束后,随着相互对抗的两大政治军事集团对峙消失,以往长期被意识形态对立所压制的民族分离主义和宗教纷争等矛盾突然释放,地区性的冲突急剧增多。据统计,冷战结束后最初 10 年中的国际冲突平均每年高达 12 起,特别是 1990—1992 年这三年间的国际冲突最为典型,冲突总数达 55 起,平均每年 18 起,大大高于冷战期间平均每年 7 起的频率。进入 21 世纪以来,各种因素导致的地区纷争和国际冲突仍是频发不断,这为赢得冷战胜利后的美国等西方国家通过积极插手和干预世界各地冲突和纷争的处理,维护自身利益、构件符合西方价值观的国际秩序提供了机会。在此背景下,美国为首的西方国家在处理各地区性矛盾和争端和冲突期间频频提出所谓"人权高于主权"、"人权无国界"、"人道主义干涉无国界"等新的"干涉理论",在国际关系中不断使用武力和武力威胁干涉别国内政,打击异己势力、复制西方民主模式。如 1994 年美国以"人道主义灾难"为由干涉波黑和科索沃问题,以"恢复民主秩序"为由干涉海地政变,以反对"萨达姆对伊拉克人民的暴政统治"为由,多次对伊拉克发动战争,直至推翻萨达姆政权等。据统计,自 1990 年至今,仅美国就借口执行联合国决议,参与维和,实施人道主义援助,反对独裁、侵略和保护美国公民生命财产安全等理由,先后出兵四十多次。其中包括联合西方国家对科索沃、阿富汗、伊拉克和利比亚等主权国家先后进行的四次大规模的军事打击和武力颠覆。

  必须指出的是,冷战结束后全球化的进程日益加快,经济联系的加强使得过去仰仗炮舰的武力扩张已经受到极大的限制。随着世界多元文化的互动日趋深入,各国在注重经济政治、军事实力的同时,越来越清楚地意识到了文化的力量。在美国为首的西方国家眼中冷战期间文化的作用功不可没,因此,文化在国际关系中开始被作为一种国家的软实力而加以利用:人为地强制输出其意识形态或文化价值观开始成为某些强势国家实现

---

① 关于冷战期间英美等西方国家运用文化作为冷战工具的研究成果不少,可参见以下著作: Paul Lashmar and James Oliver, *Britain's Secret Propaganda War 1948–1977*, Stroud, UK: Sutton, 1998; Frances Stonor Saunders, *Who Paid the Piper? The CIA and the Cultural Cold War*, London: Granta Books, 1999. Scott Lucas, *Freedom's War: The U. S. Crusade Against the Soviet Union 1945–56*, Manchester, UK: Manchester University Press, 1999. Andrew Justin Falk, *Upstaging the Cold War: American dissent and cultural diplomacy, 1940–1960*, Amherst: University of Massachusetts Press, 2010, 等等。

其外交政策的重要工具或有效途径。今天的文化因素不仅仅是国际冲突的背景，它更是作为一种软实力在国际关系的各个层面发生影响。事实表明，外部势力卷入往往会导致地方性的冲突的复杂化、扩大化和升级为国际冲突。近年发生的国际冲突中，有相当一部分并非是国家间为了争夺领土、资源，或维护民族利益、宗教信仰爆发的，而是外部势力打着"自由"、"民主"与"人权"等旗号强行介入导致国家内部冲突国际化的结果。可以说，今天国家之间的冲突，已越来越表现为西方强势国家输出文化和社会价值观念所引发的冲突。目前西亚、北非发生的动荡和冲突背后，如2011年西亚北非动荡中美国为首的西方国家渲染和支持突尼斯"茉莉花革命"、联合军事打击利比亚以及目前叙利亚国内冲突的国际化等，无不闪动着美国等西方国家强行输出自己的文化和价值观的影子。美国等西方国家对埃及、利比亚和叙利亚的政治要求或军事行动，从表面上看是政治、军事行为，但其深层次的文化动因是要普及和推广所谓"民主、自由、人权"等西方文化价值观，进而为在全球构建新的国际文化秩序奠定基础。由此可见，冷战后西方文化价值观的强力输出客观上对不少非西方国家的内部稳定和统治权威都直接构成了威胁，帝国主义的文化扩张已经成了当代国际冲突的主要根源之一。

其次，国际冲突的发生反过来也会对冲突方各自的文化产生影响。首先，国际冲突中内涵的文化冲突对于不同文化的互动有着直接的促进作用。这些影响首先表现在国际冲突会促进异质文化的交流，加深异质文化之间的相互了解。1096—1291年的十字军东征，结束了阿拉伯人和拜占庭人在地中海的统治地位，客观上促进了欧、亚、非不同文化的交流。战争的残酷性，迫使交战双方不得不认真地了解和认识对方的能力和智慧，并开始主动学习对方的长处。十字军东征结束后，东方运到欧洲的商品比以前增加十倍左右，推动西方开始走向开放的现代世界。其次，国际冲突对于对立的文化自身发展也有重要的作用。国际冲突的结果对相关文化的后续发展影响很大。一般来说，经历了国际冲突的文化归宿只有三种可能：被迫消亡、自我更新、彼此融合。事实上，文化的消亡并不多见，因为国际冲突的特殊环境能够激发对抗中的文化活力，增强其抵御外来文化侵入的能力与自保能力。更常见的是，国际冲突伴随的文化的碰撞为彼此相互采纳借鉴对方的文化优点提供了难得的机会。参与冲突的文化在碰撞中会自觉或不自觉地发现并了解其他文化的存在与独特性，进而反省并重新估价自己文化的价值与意义。总之,牵涉冲突之中的文化都会在不同程度上对原来的文化或多或少有所补充、修正或完善,获得更加成熟的文化适应能力。

总体上看,同质或同源文化由于其自身强大的文化凝聚力和向心力,在国际冲突中比较容易结成同盟或促成国际合作。而异质文化之间可能因国家利益的矛盾而导致国际冲突。但是,拥有异质文化的国家之间在发生碰撞冲突的特殊条件下,也会吸纳与借鉴对方的文化优点。这使得国际冲突这种特殊的文化互动也会为国际合作奠定基础。

三 宏观层次的文化视野

注重从理论层面对国际冲突研究进行整体把握和文化解读,特别是从文化视角对国际冲突研究这一文化现象的理论构建进行考察和分析。这是国际冲突研究文化视野的宏观层次。

国际冲突本身是一种社会现象,而国际冲突研究则是一种文化现象。把国际冲突研究作为一个文化现象来考察,我们会清楚地看到研究活动本身与文化的密切关系:其研究对象、研究主体,乃至研究理论和方法等基本构成因素与文化密不可分:如国际冲突研究的对象,无论是政治、经济、军事还是外交层面均富含文化的内涵;而国际冲突的研究者本身也是深受文化熏陶的产物,且在特定的文化环境下进行研究的人;更加值得注意的是研究者所利用的研究理论和方法也是人类文化成果的一部分。正如马克思指出的:"人们自己创造历史,但是他们并不是随心所欲地创造,并不是在他们自己选定的条件下创造,而是在直接碰到的、既定的、从过去承继下来的条件下创造。"[①] 现实中各国学者针对国际冲突的研究同样如此。

其中,作为既定条件的文化因素对国际冲突研究最直接的影响是:国际冲突研究在理论建构方面对文化成果的大量借鉴与运用。现有的国际冲突研究理论无不是借用了已有的文化成果。国际关系理论中充满着各种各样的概念和解释。但大部分都没有逃出已有的理论分析框架,甚至部分还

---

① 马克思:《路易·波拿巴的雾月十八日》,《马克思恩格斯选集》,人民出版社1972年版,第603页。

直接搬用现有的文化成果。如国际关系理论中，有人受牛顿的机械平衡理论的启发，提出了势力均衡的理论；有人从达尔文的生物进化理论影响，提出国际关系的现实主义理论，等等。

客观地讲，历史上在国际关系理论方面取得突破，进而对国际关系研究带来突破的人物，全都是在继承和借鉴已有的文化成果的基础上实现的。其中最典型的例证是国际关系理论认知心理学派代表人物罗伯特·杰维斯。他鉴于前人对于国际关系研究总是因循于国家、国际体系而忽视人的作用的不足，独辟蹊径，从决策者的心理认知这一最微观的分析层次入手，利用20世纪六七十年代心理学界的重要研究成果——心理认知学的理论和实验结果，如图式理论、归因理论、自我知觉理论、认知相符理论等，对国际冲突中决策者的心理层面进行研究，完成了名著《国际政治中的知觉与错误知觉》，揭示了决策者由于心理机制和认知过程而难以避免的错误知觉产生的原因及其对外交决策的影响。杰维斯的研究开拓了国际冲突研究微观层次的新领域，是跨学科借鉴文化成果的知名代表。但是，令人遗憾的是，杰维斯的研究避开了文化和不同的社会背景对人的知觉的影响。他个人对此的解释是：如果相似的文化背景中的个人相互之间都会发生错误知觉，不同文化背景之中的人必然会出现类似的错误，且其程度只能更加严重。但他没有意识到，由于文化差异，不同文化中的个人对于同一个事件可能会产生根本不同的知觉。因此，杰维斯的研究仅仅停留在心理知觉层面，而缺乏对文化影响的深入探讨。[①] 其开拓的微观层次研究理论仍有深入探讨的空间。

另一位把文化因素提升至国际关系理论构建核心地位的是美国学者塞缪尔·亨廷顿。他在冷战后潜心文化研究，1993年在《外交》季刊发表了《文明的冲突?》一文，引起了学界的讨论。三年后他出版了专著《文明的冲突与世界秩序的重建》，引发了国际冲突研究领域的文化研究热。他借鉴了第一次世界大战结束以来西方学术界在人类文明史和比较文化研究等领域所取得的大量理论成果，诸如文明或文化史观、文明类型或文化形态的划分标准、文明或文化与宗教传统、文明或文化与身份认同等前人的文化成果，旁征博引，系统地构建和阐释了他的文明冲突理论，即未来

---

① 罗伯特·杰维斯：《国际政治中的知觉和错误知觉》，世界知识出版社2003年版，第21页。

的文明的差异将成为主导国际冲突的主要因素。他强调冷战后的世界是多种文明共存的世界，文化的共性和差异将会直接影响到国家的利益、对抗和联合。他甚至预言："未来的冲突将由文化因素而不是经济或意识形态引起，最危险的文化冲突是沿着文明的断层线发生那些冲突。"[①] 他夸大文明差异导致冲突的做法在学术界引发了不少批评之声。德国学者哈拉尔德·米勒的《文明的共存》和保加利亚学者亚历山大·利洛夫的《文明的对话》等著作都是对其论点的批驳性回应。[②] 客观地讲，尽管亨廷顿提出的文明冲突论存在很多不足和漏洞，他的研究毕竟是围绕文化对于国际关系的作用和影响所做的第一次比较系统的梳理，在一定程度上开阔了人们的学术视野。

总之，从文化层面宏观地观察以往国际冲突研究的文化特质及其理论构建，不仅可以帮助研究者更好地洞察国际冲突研究的文化维度，还可以帮助明确自身的文化定位和局限，进一步开拓研究的分析思路和文化视野，多角度、多层次地展开深入研究。

综上所述，本文由微观、中观和宏观三个层面，就国际冲突研究所应具备的文化视野进行了初步的分析，大体可以揭示出文化因素与国际关系和国际冲突的内在关联。显而易见，文化视角为国际冲突研究提供了一个新的角度，它可以帮助我们考察国际关系中的非物质因素的作用，也可以帮助我们更好地认识国际冲突研究的内涵。同时，文化分析增加了对国际关系和国际冲突的解释，为我们全面、深刻地揭示国际关系提供了新的理论视角。

需要指出的是，在运用文化视角开展国际冲突研究的时候应该注意以下几点：首先，文化因素并不单单是指某种文化本身，而是广泛包括了所有与文化相关的社会现象。文化为国际关系行为体的行为提供了原动力，但任何一种文化在这个世界上都不是孤立存在的。其次，运用文化视角研究国际冲突还要注意文化因素的局限，不要片面夸大文化的作用。客观地讲，价值观等文化因素与政治、经济、军事等因素同样，它只是参与国际

[①] 塞缪尔·亨廷顿著，周琪等译：《文明的冲突与世界秩序的重建》新华出版社1998年版，第7页。

[②] 哈拉尔德·米勒：《文明的共存：对塞缪尔·亨廷顿"文明冲突论"的批判》，新华出版社2002年版；亚历山大·利洛夫：《文明的对话：世界地缘政治大趋势》，社会科学文献出版社2007年版。

关系的重要驱动力之一。在国际互动中,文化"很少单独发挥作用,几乎总是与其他变量一起发挥作用"①。对于国际冲突的研究而言,文化也只是影响危机决策的一个因素,而且远非决定因素,它只能和其他因素相结合才能发挥作用。从文化视角来研究和分析国际冲突期间各国的外交政策,只是为决策研究增加了一个视角,帮助我们理解决策者行事的方式、进而丰富对国际冲突的研究,并不能替代其他因素。此外,运用文化视角研究国际冲突代替不了实证研究。在国际冲突进行分析的过程中,文化分析只是对政治、经济、军事等分析角度的一种补充。因此,在强调文化因素的重要性的同时,我们要清醒地认识到其本身的局限,绝不能因此忽视或否定其他因素的作用。

但无论如何,在全球化逐步深入、文化互动不断增强、文化的作用日益凸显的时代背景下,面对国际冲突频发的现实,从文化的角度来观察和研究历史上和现实中的国际冲突,不仅是时代发展的需要,也是未来全面深化国际问题研究的方向。因此,充分考虑国际冲突研究的文化视野、加强对国际冲突多层次的文化分析和理论探讨是有其重要的学术意义和现实意义的,学界应给予足够的重视。

(原载《史学理论研究》2012 年第 4 期)

---

① David Elkins and Richard Simeon: *A Cause in Search of Its Effect, or What Does Political Culture Explain? Comparative Politics* 11 (2): p. 140.

美国建国初期对古典民主与共和传统的辩论及利用

晏绍祥

1776年开始的美国独立战争及随后美利坚合众国的建立，本来很有理由让人们期待，新立国的美国人会充分运用古典世界民主与共和制度的遗产，为他们新创建的共和国服务。他们也并没有让人们失望，确实大量运用了古典世界的政治遗产。关于古典传统在早期美国历史上的作用，学术界已经从多个角度加以讨论，其核心问题，是期望说明古典民主与共和传统在美国立国过程中，到底是发挥了关键的、本质的作用，还是装饰性的、次要的作用。所涉及的问题虽然众多，但归纳起来主要是两个：第一，古典民主与共和传统在美国历史上到底发挥了多大作用。第二，则是雅典和罗马因素之中，哪个更为重要。在前一个问题上，学术界存在两种截然对立的看法。一方面，我们看到将古代民主、共和传统与美国革命和宪法直接联系起来的努力，甚至认为，美国宪法和政体的诸多原则，包括混合政体，对人民直接参政的否定，权利法案等，都直接来自古代。[①] 另

---

① 代表人物有塞列斯、理查德等，见 M. N. S. Sellers, *American Republicanism: Roman Ideology in the American Constitution*, Houndmills and London: The Macmillan Press Ltd., 1994; Carl J. Richard, "Classical Antiquity and Early Conceptions of the United States Senate", in Michael Meckler, ed., *Classical Antiquity and the Politics of America: From George Washington to George W. Bush*, Waco: Baylor University Press, 2006, pp. 29 – 40; Carl Richard, *The Founders and the Classics: Greece, Rome, and the American Enlightenment*, Cambridge, Mass.: Harvard University Press, 1994; David J. Bederman, *The Classical Foundations of the American Constitution*, Cambridge: Cambridge University Press, 2008; Susan Ford Wiltshire, *Greece, Rome, and the Bill of Rights*, Norman and London: University of Oklahoma Press, 1992 等。

一方面,也有学者敏锐地发现,尽管"在革命文献中,古代世界的经典作品俯拾皆是,但是,这些经典作品对革命时期的思想只是起到了解释性作用,而不起决定性作用。它们为当时的思想贡献了鲜活的词汇,而不是逻辑或者基本原理;它们为当时的思想贡献了普遍受到尊重的政治和社会信仰的化身,而不是政治和社会信仰的渊源。"因此,对革命产生直接影响的,是"与启蒙运动时期的理性主义著作有关的那些观念和看法"①。在第二个问题上,学界更倾向于认为,美国制宪一代的政治家们出于对民主政治的恐惧,将人民直接参与国家管理这个古代民主最根本的因素排除,从而建立了近代以精英治国为取向的政治体制,因此更多地接受了罗马因素。② 然而,李剑鸣最近的研究表明,在建构早期美国政体过程中,"罗马的痕迹是显性的,而雅典的影响则是隐性的。如果强调罗马而忽略雅典,就难以全面理解美国早期国家构建的真谛。"并强调指出,当美国国父们将民主概念大胆应用到美国政体上时,已经多少承认了雅典的影响。③ 对恢复雅典民主作为影响美国政体的因素、重新估量雅典与罗马两大传统的分量而言,李文的论证有相当的说服力。不过李文意在横断面的剖析,重在辨析古典传统中雅典和罗马影响的轻重,对古典传统在早期美国影响的动态进程即古典传统逐渐衰减的历史,关注似乎不多。美国学者的著述,包括理查德的《国父们与古典学》,似乎都采用了横断面的静态观察方式,重在揭示古典政治传统的不同方面对美国政体构造的影响。④ 本文拟从历时性角度,对古典传统在制宪会议及美国建国后初期所扮演的角色进行探讨,以期对古典传统在早期美国政治中的作用有更加全面和深入的理解。

---

① 伯纳德·贝林:《美国革命的思想意识渊源》,涂永前译,中国政法大学出版社 2003 年版,第 27 页。
② 黄洋:《民主政治诞生 2500 周年?——当代西方雅典民主政治研究》,《历史研究》,2002 年第 2 期。
③ 李剑鸣:《在雅典与罗马之间——古典传统与美利坚共和国的创建》,《史学月刊》2011 年第 9 期、《美国的奠基时代(1585—1755)》,中国人民大学出版社 2011 年版,第 411 页、《美国革命时期民主概念的演变》,《历史研究》,2007 年第 1 期。
④ 例外的是贝德曼,他大体按照时间发展的顺序追溯古典世界政治传统在美国立国初年的影响,但他的兴趣似乎更多地在证明古典传统的重要地位,以及辨析古典共和主义和自由主义之间的关系。见 David J. Bederman, *The Classical Foundations of the American Constituion: Prevailing Wisdom*。

制宪会议上有关古典共和与民主传统的辩论

在出席1787年费城制宪会议的55名代表中，有31人接受过大学教育。① 当时的大学教育，实际就是古典学教育，也就是说，当制宪会议的代表们搬出古代历史的例证时，其他人心知肚明，至少能够理解。因为立国初的美国既无君主，也无世袭贵族，所以君主制和贵族制基本被排除，剩下的只有共和制或民主制了。不过，参加会议的代表们当时面临的任务和挑战无疑是巨大的，"首先，或许是最重要的挑战，是创建一个有效的联邦政府，它会改进《邦联条例》不光彩的记录，但不至于走得太远，以至于不适当地限制（甚至消灭）州的主权。其次，在国家立法机构中，存在着如何平衡民主和精英影响因子的困难，在这里，将两院制作为可行原则以及参议院的设立具有决定意义。第三，对制定者们来说，下一个困难是构造一个统一的行政分支，并让其享有影响立法过程（通过使用否决权）、执行法律的广泛权威，同时通过其他限制来遏制它。第四，是将独立的司法体系作为政府的一个分支的问题，同样困难的，是构想民主社会中法官的恰当角色，让其与国会法令、美国普通法传统、公民陪审团制度相互作用。第五，对一个诞生于冲突中，并且依赖外人善意的国家而言，界定联邦政府发动战争和签订条约的权力，并就常备军和国际法在创造新国家中的作用达成关键的理解，是一个重要问题。"② 在解决这些问题过程中，在有关宪法条文的讨论中，为抨击或说服其他代表，部分代表充分利用了古典古代的例证。麦迪逊、汉密尔顿、威尔逊等人，在会议之前和会议期间，还认真做了有关古代政府的笔记，以备讨论之用。③

在倡议创立统一的、享有主权的联邦政府过程中，中央政府与地方政

---

① Caroline Winterer, *The Culture of Classicism*, Baltimore and London: The Johns Hopkins University Press, 2000, p. 17.

② David J. Bederman, *The Classical Foundations of the American Constitution: Prevailing Wisdom.* Cambridge University Press, 2008, pp. 96 – 97.

③ 早在1784年，麦迪逊已经着手搜集古代和近代各种联邦政府和国家的资料，并要求杰斐逊为他从巴黎搜寻各种著作，到1786年，他已经完成了《关于古代和近代诸联盟的笔记》。见 R. A. Ames and H. C. Montgomery, "The Influence of Rome on the American Constitution, ." *Classical Journal* 30. 1 (Oct. 1934): pp. 21 – 22; David J. Bederman, *The Classical Foundations of the American Constitution: Prevailing Wisdom.* Cambridge: Cambridge University Press, 2008, p. 112.

府之间的权力分配即如何平衡中央政府与州权,特别是如何维护小州的利益,成为关键问题。6 月 18 日,汉密尔顿在制宪会议上针对有关代表就弗吉尼亚和新泽西的方案进行辩论时,提出必须建立一个强大的联邦中央政府。为说服与会代表,汉密尔顿搬出了古代希腊近邻同盟因权力过小被马其顿接管的历史:

> 近邻同盟议事会似乎拥有实现总体目标所具有的充分权力,特别是拥有对违法成员罚款和使用武装的权力。结果如何?他们的命令不过是战争的信号。弗基斯战争是一个显著的例子。腓力最终利用了他们的不和,乘机让自己进入议事会,把他本人变成了他们的命运的主人。①

汉密尔顿这里提到的史实为公元前 4 世纪中期的第三次神圣战争,近邻同盟为以德尔斐为中心组建的一个宗教性同盟。公元前 4 世纪中期,底比斯操纵近邻同盟对耕种德尔斐圣地的弗基斯罚款。弗基斯人无力承担,起而发动战争。战争迁延数十年,底比斯被拖垮,马其顿应底比斯之邀进入中希腊,打败弗基斯人,乘机控制了近邻同盟,种下了希腊被征服的祸根。可是近邻同盟议事会权力有限,它与希腊各城邦的关系,与中央和地方的关系根本不是一回事。汉密尔顿这里的意思,显然是警告与会代表,如果不赋予中央政府充分的权威,或者中央政府无力执行自己的命令,将来可能引发各州之间的内战,并招致外敌干涉和美国的灭亡。所以,他建议中央政府有颁布全国性法律、征税、组建法庭等权力,相应地,州政府不得通过与中央政府相冲突的法律,也不得组建海军和陆军,民兵由中央政府统一控制。为了防止他所说的"民主精神的暴力和动乱",他还建议国家元首由一人担任,任职终身,享有宣战、媾和、财政等权力;设立参议院,议员终身任职,并对国家元首和众议院形成制约。② 次日,麦迪逊为说服小州接受强大中央政权的建议,击败新泽西方案中弱化中央权威的动议,再度使用了古代历史:需要特别注意的是,"他引用了近邻同盟内

---

① Ralph Ketcham, ed., *The Anti-Fenderalist Papers and the Constitutional Convention Debates*, New York and Scarborough: New American Library, 1986, p. 73.

② Ibid., pp. 76 – 79.

的阴谋活动,先是波斯国王的密谋,后来是腓力致命的阴谋;在阿凯亚人的同盟中,先是马其顿,后来同样致命的是罗马人的阴谋。帕特逊先生的计划(即新泽西方案)不给总议事会对各州的意志以任何否决权,为我们之中类似的有害阴谋打开了方便之门。"①

麦迪逊的理由,与汉密尔顿如出一辙,如果中央政府缺乏足够的权威,首先受害的是小州,因为根据近邻同盟的教训,"阴谋会将弱者卷入,但游戏属于强者"。虽然后来建立的美国政府,与汉密尔顿和麦迪逊的具体设计有诸多重要的、甚至是本质性的差异,但任何熟悉美国历史的人应当都清楚,美国最终的宪法,大量采用了两人的建议。只是在此过程中,大小州之间并不是没有争议,小州最担心强大的联邦政府会吞噬州权。在 6 月 28 日的讨论中,马丁指出,近邻同盟的瓦解,与斯巴达之类的大国滥用权力有关。新泽西州代表威瑟斯庞也认为,如果大小州的代表数不能平等,"小州将成为大州的封臣。所有经验都表明,自由国家中的封臣和臣民最受奴役。他举了斯巴达黑劳士和罗马行省的例证"②。麦迪逊则反唇相讥,认为在那里从无大国压迫小国的事例,而是平等代表制造成分歧。双方各自提出证据,麦迪逊显然准备更加充分,大量运用了古代史的例证,称在联盟中强者不可能相互结成同盟欺凌弱者,声称如果那样的话,迦太基和罗马联合起来,足以消灭任何弱者;在近邻同盟中,对于弱小成员来说相当致命的,不是斯巴达、雅典和底比斯的联盟,而是中央政府的软弱,所以在古代希腊,由于缺乏有效的中央政权,雅典和斯巴达等为所欲为,欺凌弱小。当另一位代表指出,联邦的缺陷可以以后进行改革时,麦迪逊再度发挥了他历史学的长处,宣布希腊人都知道近邻同盟的毛病,却从来没能改正。③ 最终的结果,似乎是麦迪逊稍占上风,强大的中央政府毕竟建立。不过反对派也并非颗粒无收,参议院中每州两名代表的制度,就是小州争取的结果。同时,州政府也保留了相当重要的权力。如同后来约翰·迪金森指出的:

---

① Quoted from David J. Bederman, *The Classical Foundations of the American Constitution: Prevailing Wisdom*, p. 115.

② David J. Bederman, *The Classical Foundations of the American Constitution: Prevailing Wisdom*, p. 106.

③ Quoted from Gilbert Chinard, "Polybius and American Constitution", *Journal of the History of the Ideas*, vol. 1, No. 1 (Jan. 1940), p. 49; David J. Bederman, *The Classical Foundations of the American Constitution: Prevailing Wisdom*, p. 117.

美国现在，并且将来也是被分成若干个主权州，各自享有在其界限内与其意图相符合的统治权力，同时作为联盟的成员采取行动。他们将是民事和军事据点，便利地安置在整个帝国中，有活跃而经常的交流。对任何一个部分的打击或触动，马上会让全体都感受到。以帝国之术著称的罗马对此伟大真理有所认知，在其严厉心肠许可的范围内，致力于在殖民地中实现。它们是首都的微型版，但它们缺乏主权，而且过于弱小了。①

迪金森这里把罗马人的殖民地与美国的州相比较，尽管并不完全合适，但重要的是，他觉得搬出罗马人的例证，会增强其论点的说服力。

制宪会议上争论的另一问题是国会的设置和国会议员选举的方式。代表们当然更多地是从实际形势和理性推论做出论断，但也使用了古代的例证。由于当时人们心目中的所谓民主，很大程度上还停留在古代民众直接参与政治的模式，而这种模式，在如会代表看来，根本不能稳定，因此设计了代表制度。② 据说麦迪逊在参加制宪会议之前和会议进行期间，"研究了全部的政府设计，指出了古代共和国的优点和缺点，只要可以类比，就会把他们的形势与我们的进行比较。"③ 因此，对麦迪逊来说，古代也许不仅仅是个说明问题时的装饰，而是具有重要价值的参照。在考虑设置参议院时，一个理由是古代共和国如斯巴达、迦太基和罗马等，但凡寿命长久者，无不拥有元老院。另一个理由，则是如何避免人民直接的影响，

---

① Quoted from David J. Bederrman, *The Classical Foundations of the American Constitution: Prevailing Wisdom*, p. 58.

② 尽管在革命时期民主的概念有所变化，变得更具包容性，但即使在《联邦党人文集》中，麦迪逊关于民主的基本观念仍未改变。为区分民主与共和，麦迪逊这样写道："在民主政治中，人民亲自集会并统治；在共和政治中，他们集合他们的代表，通过他们的代表和代理人进行管理。因此民主只能局限在一个小地区，共和国可以推行到一个广大的地区。"参看 Alexander Hamilton, James Madison and John Jay, *The Federalist with the Letters of "Brutus"*（以下简写为 Alexander Hamilton, James Madison and John Jay, *The Federalist*）, edited by Terence Ball, Cambridge: Cambridge University Press, 2003, p. 60；李剑鸣，《美国革命时期民主概念的演变》，第 132 页以下。

③ M. Reinhold, "Eighteenth-Century American Political Thought", in R. R. Bolgar, ed., *Classical Influences on Western Thought A. D. 1650 – 1870*, Cambridge: Cambridge University Press, 1979, pp. 234 – 235.

并给所谓的优点以更多的考虑。麦迪逊认为,设置第二院的目的,是让政府因其智慧和美德更有尊严,"他们应当如此构成,以便保护富人对抗多数人。因此,参议院应当是这样的机构。为实现这个目的,他们应当具有永久性和稳定性。诸位已经提出多种建议,但我的意见是:他们在职时间越长,就越能实现这些意见。"① 当另一代表迪金森认为,参议院应当有更多的代表时,麦迪逊用罗马保民官因人数增加而权力下降的例子反驳说,参议院的功能在于它更冷静、更富有智慧,如果人数太多,反倒失去了它应有的价值。② 保民官内部产生的派系,让他们成为贵族的牺牲品。不过拿保民官佐证参议院人数应当少,有关公战秦琼的嫌疑,因为参议院本是为制约由人民直接选出的众议院和总统设置的,是维护少数富人利益(后来还有维护小州利益的因素)的机构。罗马的保民官是为维护多数平民利益而创设,两者在职能上刚好相反。恰当的比较,是把参议院与罗马的元老院比较。可是罗马元老院人数更多,共和国时代的大部分时间里为300人。麦迪逊可能觉得,如果拿它作为例证,会让主张更多参议员的人有据可依,转向保民官"求助"了。

有关众议院的设置和代表产生方式的辩论,似乎也没有完全脱离古代的共和传统。当谢尔曼主张尽量少让人民参与政府时,他心目中很可能就想到了古代的民主,"他们缺乏信息,而且总是容易被误导"③。梅森则为人民主权辩护,认为共和政府下确实有不少选举不当的例子,但从人民权利和人性的角度看,人民选举恰当的例子更多。④ 麦迪逊则担心,在众议院体制下,少数派的利益可能受到侵害。在6月6日有关立法机构成员选举和分配方式的辩论中,麦迪逊直言不讳地指出,民主政府最大的问题之一,是多数人侵害少数人的利益,"所有文明社会都划分为不同的集团、派别和利益,因为他们都有富人和穷人,债务人和债权人,土地的、工业的和商业的利益,这个地区和那个地区的居民,这个或那个政治领袖的追随者,这个或那个宗教派别的信徒。在所有这些情况下,多数派因为共同

---

① Quoted from Carl J. Richard, "Classical Antiquity and Early Conceptions of the United States Senate", p. 31.
② Ralph Ketcham, ed., *The Anti-Federalist Papers and the Constitutional Convention Debates*, p. 55.
③ Ibid., p. 39.
④ Ibid., pp. 49 – 51.

的利益或激情会联合起来，少数派的权利因此陷入危险。"随后，他直接搬出希腊罗马世界的例证，"在希腊和罗马，富人和穷人、债权人和债务人、以及贵族和平民交互毫不留情地互相压迫，罗马、雅典和迦太基这些母邦和它们各自殖民地间的关系，是压迫之源"①。要消除这一弊病，就要把选区变大，这样不容易形成利益一致的多数派，或者即使形成，也不大可能一致追求他们的共同利益，以保护少数派的利益。当麦迪逊说这番话时，希腊城邦不断发生的穷人和富人之间的冲突，也许正萦回在他的心中。②

有关行政权力的讨论，本应与古代的制度关系不大，因为在古代，无论是希腊还是罗马，除罗马的独裁官和阿凯亚同盟的最高司令官外，都很难说有一个人执掌的行政权力。不过，在宪法制定者可以利用的资源中，英国的制度显然难以为国父们接受，"虽然查理二世、威廉三世、安妮女王等被认为是高度有效的统治者，但查理一世和詹姆斯二世的专制统治臭名昭著，奥利弗·克伦威尔的护国政治则很有问题。"③ 所以，制宪会议的代表们少有近代先例可用，只能转向古代，尽管在这里，古代再次不幸充当了反面教员。根据汉密尔顿等人的建议，行政首脑应只设一人，而且任期较长，甚至可能终身，有浓厚的君主制色彩。支持者如威尔逊等指出，"政府行政部分的多头制很可能产生像雅典三十僭主和罗马十人团那么恶劣的暴政。"他的意见是，"为了控制立法权威，你必须分割它；为控制行政权，你必须统一它。一个人比三个人更加负责，三个人则会相互争斗，直到其中一个变成其同僚的主人。在罗马的三头中，先是凯撒、然后是奥古斯都，是这个真理的证明。斯巴达的国王，罗马的执政官，因行政官职的分割也出现了由于派性产生的后果。"④ 因此，行政权应当由一人独掌。

反对者同样运用古代的例证。梅森反驳行政权应由一人掌管时说，古代的共和国所以强大，正因为公民们对法律、自由和国家的热爱，"当他

---

① Ralph Ketcham, ed., *The Anti-Federalist Papers and the Constitutional Convention Debates*, pp. 51–52.

② Ibid., p. 163.

③ David J. Bederman, *The Classical Foundations of the American Constitution: Prevailing Wisdom*, p. 149.

④ Quoted from David J. Bederman, *The Classical Foundations of the American Constitution: Prevailing Wisdom*, pp. 149–150.

知道和感觉到自己不是在为捍卫某个特定家族或国王的权利而战时,每个农夫都会很快变成战士。pro aris and focis(为祭坛和圣火)的口号正体现了这一点。在各个时代,它都曾创造这样的奇迹,正是它,在古代,让小小的一群希腊共和国抗击了波斯的君主,而且近乎总是打败他。"接着他列举了将庞大权力授予一人的弊病:政府马上会堕落。① 制宪会议结束后,梅森拒绝签字认可,理由之一是"美国总统没有宪法顾问会,在任何安全和常设的政府中,此事闻所未闻"。② 这里他想到的,也许同样是古代斯巴达给国王们设立的类似机构。但在6月16日的讨论中,佩特森指出,多人一样会出现专制。罗马的前三头毫无法律基础,给共和国的自由致命一击;后三头的权力后被奥古斯都篡夺,并在此基础上建立了专制制度。同样,斯巴达的双王制,罗马的执政官制度,让政府饱受困扰。③

不过,也有人清醒地认识到,当时的美国无法与古代希腊的那些城邦联盟比较,两者根本就不是一个概念。威尔逊认识到,美国人正在一个领土广阔、人口众多的地区内创建联邦共和国,那是一项没有先例可循的实验,"如果在其他联盟中找不到合适的样板,那也不必奇怪。它们数量既少,至少存在的时间也短。近邻同盟和阿凯亚同盟都是在政治科学的幼年时期诞生的,它们的历史和命运显示,它们有严重的弱点……很快就成了其组织无效的牺牲品……没有理由采用它们的模式。"④ 富兰克林对那种总是到古典世界寻找先例的做法不以为然,"我们确实感到我们自己缺乏政治智慧,因为我们一直忙于搜寻它。我们到古代史上去寻找政府的样板,考察那些共和国的不同政体,而那些政体本就有毁灭自己的种子,现在也已经不存在了。"⑤ 查里·平克尼的说法更富有历史感,不仅认为古代的例证未必适合当时的美国,而且给出了今天看来最为恰当的理由:

> 这个国家的人民不仅与我们熟悉的现代世界任何国家的居民都不同,我敢说,他们面临的形势既不同于希腊或者罗马,也不同于我们

---

① Ralph Ketcham, ed., *The Anti-Federalist Papers and the Constitutional Convention Debates*, pp. 47 – 48.
② Ibid., p. 174.
③ Gilbert Chinard, "Polybius and American Constitution", pp. 50 – 51.
④ M. Reinhold, "Eighteenth-Century American Political Thought", p. 237.
⑤ Ibid., p. 239.

熟悉的任何古代国家,梭伦制度引入的等级制能在合众国看到吗?斯巴达人的军事习惯,与我们的习惯和风俗相像吗?贵族和平民的区别,我们这里有吗?①

因此,制宪会议最后通过的宪法,除了参议院和众议院的名称,参议院较长的任期得益于罗马元老院,也许还有抽象的人民主权理论和具体的官员、议员民选原则,我们很难看到对古代任何制度的照搬。即使是在会上出现次数最多的希腊联邦制度,也没有被照搬到中央政府和州政府的关系中。联邦宪法中的制衡原则,不管是与古代那种等级制的制衡,还是与近代英国的那种体制,都有本质的区别。至于行政体系,以四年一任而且可以连任的总统为核心、以薪金制为基础组建的近代官僚体系,与古代的差别不可以道理计。司法体系独立于立法和行政机构,成为三权中平等的一权,是希腊和罗马人无法想象的现象。② 虽然如此,在制宪会议上频繁出现的古代历史的证据表明,"古典的先例和经验,在为制定者们就有秩序的自由和分裂的权力等基本问题提供可行解决方案时,仍然是关键的。"③ 它们提供了实行共和制所需要的正面和反面的例证,值得模仿和需要避免的先例,以及论争的基本资料。

《联邦党人文集》对古代历史的使用

制宪会议规定,新宪法如果要生效,必须得到10个州州议会的批准(当时共13个州)。但新宪法的批准过程并不顺利。参加制宪会议的代表中,本就有人拒绝在最后的宪法文稿上签字。④ 在批准过程中,新宪法更引起了众多争议,形形色色的反对派,在反对新宪法的旗帜下汇集起来。在宾夕法尼亚,当反对派发现支持者的议员已经达到多数时,为阻止宪法通过,采取了集体缺席、使州议会无法达到法定投票人数的策略。联邦党

① Quoted from Gilbert Chinard, "Polybius and American Constitution", p. 47.
② 万绍红:《美国宪法中的共和主义》,人民出版社2009年版,第158页。
③ David J. Bederrman, *The Classical Foundations of the American Constitution: Prevailing Wisdom*, p. 96.
④ Ralph Ketcham, ed., *The Anti-Federalist Papers and the Constitutional Convention Debates*, pp. 171–180.

人则采取非常手段，将两名反对派代表拖入会场并限制他们离开，直到投票结束。新罕布什尔州的做法则相反，当支持宪法派发现反对派将形成多数时，采用了宣布休会以争取支持者的策略。罗德岛等一直拖到1790年才最终批准了新宪法。① 同时，支持和反对新宪法的两派在有关报刊上大量发表文章，阐述自己的立场。联邦宪法最终获得通过并生效，其主要原因当然在于当时的美国确实有联合的需要，但与联邦派的努力，特别是汉密尔顿、麦迪逊等人的努力也有直接关系。他们阐述宪法原则的文章后被汇集出版，名为《联邦党人文集》②，其中多篇直接应用了古代的历史。

汉密尔顿、麦迪逊、杰伊等人都受过良好的教育，熟知古典世界的史实。③ 他们之选择普布里乌斯作为笔名，也显示了古代历史的影响，因为普布里乌斯为罗马共和国创立时期的普布里乌斯·瓦列里乌斯·普布利可拉，据古代作家记载，正是此人通过一系列立法，为罗马共和国确立了基本的政治体制。汉密尔顿等人选择这个笔名，多少有点以美国立法者自居的意思。

联邦党人的第一个任务，是证明建立强大联邦以及联邦政府的必要性。他们摆出的主要理由，首先是反面的，然后是正面的：如果没有强大的联邦，各州之间会爆发内战，内战导致外敌入侵，进而引起国家和联邦的覆灭；有了强大的联邦，则会消除内战，维护各州和人民的自由。

各州之间会爆发战争的原因多种多样，其中之一是个别政治家的恶意，雅典政治家伯里克利不幸成了代表：

著名的伯里克利，为了迎合一个妓女的仇恨，以同胞的大量鲜血和金钱为代价，进攻、征服并消灭了萨摩斯人的城市。同样一个人，

---

① Cecelia M. Kenyon, ed., *The Antifederalists*, Indianapolis: The Bobbs-Merrill Company, Inc., 1966, p. xxii；查尔斯·A·比尔德和玛丽·R·比尔德：《美国文明的兴起》，上册，许亚芬译，商务印书馆2009年版，第356—357页。

② 汉密尔顿和麦迪逊等并非最早为新宪法辩护的联邦派（史蒂文斯和詹姆斯·威尔逊一度名气更大），更非仅有的新宪法支持者，《联邦党人文集》可能也不是当时见解最深刻的支持新宪法的文献（有关宪法批准前后的辩论，已经出版了20卷的文献），但它对联邦宪法原则的解释，至少是当时最有影响的文献之一，并且很快得到了美国人的认可，足以代表联邦派的基本立场。因此这里仍以它为例加以说明。见伯纳德·贝林：《美国革命的思想意识渊源》，第277—283、299—321页。

③ M. Reinhold, "Eighteenth-Century American Political Thought", pp. 226 – 227；235.

因为对另一个希腊国家麦加拉的私人仇恨,或者因为避免受到威胁他的控告——他被怀疑与雕刻家菲狄亚斯合谋偷窃,也可能是为了摆脱他滥用公款以买取大众欢心的指控,或者是所有这些原因的结合,成为了那场著名而致命的战争的作者,希腊编年史称为伯罗奔尼撒战争;这场战争经过多样的过程,间歇和再开战,毁灭了雅典的共和国。①

严格地说,汉密尔顿这里使用的例证并不合适。首先,将近邻同盟视为古代希腊所有城邦的联邦,并借此指责伯里克利在希腊联邦内部挑起战争,严重违背古代希腊历史的实际。其次,萨摩斯战争与伯里克利的情人阿斯帕西娅无关。再次,麦加拉法令的通过,固然由伯里克利提议,但将其与伯里克利的情人阿斯帕西娅联系起来,则不过是喜剧作家阿里斯托芬为增强喜剧效果的虚构。但这些并不重要,重要的在于,它们让汉密尔顿感到足以说明问题:战争的痼疾,存在于国家与人类的本性之中,不管是君主国,还是共和国,或者是民主政治,都难以避免。为说明问题,古代的共和国不幸再次成了反面教材:

> 斯巴达、雅典、罗马和迦太基全都是共和国,它们中的两个是商业共和国,可是,它们像同一时期的邻邦君主国一样,经常卷入侵略性的或是防御性的战争。斯巴达几乎无异于一个规范良好的军营;罗马从不满足于杀戮和征服。②

相互独立的国家(或州)之间易爆发战争,会削弱乃至毁灭国家(州),因此需要一个强大的中央政府,剥夺州政府某些权力(至少是擅自发动战争的权力),以防止大州欺凌小州。为论证联邦中央政府必须拥有足够的权威,麦迪逊和汉密尔顿再度搬出了古代希腊联邦政府的例证,首先用近邻同盟议事会权力不足引起弗基斯战争、最终导致腓力入主的例证,阐明中央政府权力不足的缺陷。"在古代的许多邦联中,最大的是近邻同盟之下的希腊共和国联盟。从这个著名组织流传下来的记录看来,它

---

① Alexander Hamilton, James Madison and John Jay, *The Federalist*, p. 20.
② Ibid., p. 22.

同目前美国诸州的邦联很有类似之处，而且很有启发性。"随后，作者描述了该同盟的性质和权力，指出"在理论上和在名义上，这种权力机构似乎足以满足一般性的目的了。在若干具体例子中，它们甚至超出了邦联条款规定的权力。""然而，实践与理论有着很大的差别……（由于中央权力弱小）比较强大的成员不但不是处于敬畏和从属地位，而是依次对其他所有成员实行暴政。"结果，在与波斯进行战争时，希腊几乎亡国；雅典和斯巴达的强大，导致了伯罗奔尼撒战争；由于底比斯人和弗基斯人的冲突，腓力被拉入希腊，并进入联盟议事会。作者的结论是，"如果希腊由一个比较严密的邦联联合起来，并且坚持团结，那么它或许永远不会戴上马其顿的枷锁，还可能成为罗马庞大计划的障碍。"①

与麦迪逊和汉密尔顿在制宪会议上的发言比较，他们在《联邦党人文集》中的论证显然更加充分，详细描述了腓力最终掌握联盟的过程。必须承认，建国者们对这个联盟的性质、历史的解说，与有关伯里克利在伯罗奔尼撒战争中的作用一样，存在诸多可以商榷之处，尤其是把雅典、斯巴达等掌握霸权，以及后来的伯罗奔尼撒战争，都归于近邻同盟权力的有限，不免无限夸大了这个宗教性质联盟的作用。② 不过这些对他们来说都不重要，重要的是他们认为：古代历史证明各州分立必然引起内战、无法保证和平和安全。而中央政府权威不足，将无法制止大州对小州的欺压，结果不仅是小州遭遇暴政，整个联盟也将陷入危机。

与此同时，他也摆出了阿凯亚同盟的例证，证明中央政府的强大权威，是联邦存在和发展的保证，因为这个联邦看样子各城市有着同样的法律和风俗，同样的度量衡，同样的货币。但这些在多大程度上是联邦议事会进行的，并不确定。可以说的只是：各城市被迫接受同样的法律和习惯。当拉西第梦被腓罗波曼引入该同盟时，伴随着对莱库古制度和法律的废止，以及对阿凯亚人法律的采用。这个同盟是近邻同盟的一员，但它让阿凯亚同盟充分行使政府和立法职能。这个环境只能证明，在两个同盟的能力之间，存在本质的区别。③

这个区别在后来的叙述中显示出来了。阿凯亚同盟因为拥有普遍的法

---

① Alexander Hamilton, James Madison and John Jay, *The Federalist*, p. 81.
② Ibid., pp. 79–81.
③ Ibid., p. 82.

律权威，避免了其他民主政府经常存在的内乱，而且日益强大，"当前者（即近邻同盟）成为马其顿牺牲品时，后者（即阿凯亚同盟）为腓力和亚历山大赦免……同盟很快囊括了整个伯罗奔尼撒。马其顿看到了它的进步，但因为内乱无法阻止。全希腊都热情勃发，打算与该同盟联合。这时雅典和斯巴达对阿凯亚人不断增长的荣耀的嫉妒，给这个事业以致命一击。"① "我认为提供这个重要部分历史的大纲并非多余。既因为它提供的教训不止一个，也因为，作为对阿凯亚同盟宪法的补充，它说明了联邦政体的倾向：与其说它导致其首脑的暴政倾向，不如说是成员间的无政府状态。"②

组成大范围联邦的另一好处，是可以避免因为国小人少引起的派别纠纷。这个问题在制宪会议上曾经出现，批准宪法过程中的争论则更加激烈，《联邦党人文集》认为：

> 一个坚强的联盟对于维护合众国的和平与自由、防止内部的派别和暴动极端重要。在阅读希腊和意大利那些小共和国的历史时，要想不对它们不断遭遇的那些纷扰以及连续不断的革命不感到恐怖和恶心，是不可能的。由于这些纷扰，它们处于永恒的动荡之中，在极端的暴政和无政府状态之间摇摆。如果他们偶尔享受安宁，那仅仅能作为与即将来临的狂暴风暴的短命对照。即使偶尔幸福乍现，我们经过反思，遗憾地注意到，我们眼前的快乐景象很快就将为叛乱和党派狂热所压倒。即使阴霾中偶有光辉，虽然那些光辉以它们短暂而不稳定的光芒让我们为之目眩，但同时也让我们伤心：政府的恶行居然扭曲了方向，玷污了那些天才和崇高天赋的闪光，那创造了他们的良好土壤，一直以此知名。③

希腊和罗马城邦因为国小人少不断发生革命和战争，政治极其不稳定。而类似美国那样大范围的联邦，可以避免小邦内部经常出现的动荡和

---

① Alexander Hamilton, James Madison and John Jay, *The Federalist*, p. 83.
② Ibid., p. 84.
③ Alexander Hamilton, James Madison and John Jay, *The Federalist*, p. 35. 他们的观点在约翰·史蒂文斯的信中得到了响应，见 David J. Bederrman, *The Classical Foundations of the American Constitution: Prevailing Wisdom*, pp. 86 – 89.

斗争，保持政府稳定，并对中央政府的权威形成制约。麦迪逊详尽阐述了强大的联邦消除派别的主张。他认为，由于人类的天性，宗教的分歧、财产的差异、职业的分工、政治观念的不同，都可能引起派别纷争。要从人类社会消除派别，几乎不可能，能做的只是如何控制它们的影响。在共和政治下，如果某个派别处于少数，当然容易被击败，但如果形成了多数，那在公民直接集会的民主政治下，就有可能变成多数人的暴政，并引起骚动和斗争。但在美国新宪法的共和政体下，由少数贤德之士组成的政府不会为了暂时或者帮派的利益牺牲国家的利益。由人民选举的代表，也大多会是贤德之人，而且人数既不多，也不少。由于疆域广大，不同地区利益的差异，要在代表中形成多数以侵犯公民的权利，也就更加困难。即使形成，也不容易联合起来形成势力，达到侵犯其他公民的目的。因此，在地域广大的共和国中，除非对全体公民有利，否则任何宗派都不可能强大到足以侵犯其他公民的权益。这样，宗派虽然存在，却不足以为害。① 作为例证，他再次请出阿凯亚同盟。在强大的阿凯亚同盟中，较之任何其他单独行使其主权的城市，其政府的温和管理中表现出的正义多得难以胜计，人民中的暴力和叛乱则更少。在其有关希腊的考察中，马布里神父说，在其他地区如此暴烈的民众政府，在阿凯亚共和国的成员中并未引起无序，因为在那里，它因联盟总的权威和法律而受到节制。②

在讨论国会代表人数，并强调人数不宜过多，且必须将人民排除在国家管理之外时，麦迪逊点出了公民直接集会管理国家的恶行，"在所有人数非常众多的集会中，无论其人员如何组成，激情从来都会占据理性的上风。即使每个雅典公民都是苏格拉底，雅典的每次公民大会都仍然是暴民聚会。"③ 为给国会的设置以及选举制辩护，麦迪逊在同一篇文章中还论证，实际上古代已经有人民选举代表掌握权力的现象和制度。"在希腊最纯粹的民主政治中，许多行政职能并不是由人民自己，而是由人民选举的官员履行的，他们在行政职能上代表人民。"随后是雅典、斯巴达和罗马的例证。在雅典，梭伦改革前是执政官，后来有议事会；在斯巴达，有监察官；在罗马，有保民官。"从这些事实——人们还可以添上许多——

---

① Alexander Hamilton, James Madison and John Jay, *The Federalist*, pp. 40–46.
② Ibid., pp. 82–83.
③ Ibid., p. 270.

看，古人显然既不是不知道代表原则，他们的政体也没有完全忽视它。这些制度和美国政府之间真正的区别在于，在后者中，人民作为集体不能分享任何政府的管理职能，而不是人民的代表完全被排除在外。"① 只有在美国这样一个广土众民的大国中，代表制才能充分发挥它的作用，并避免古代民主政治的缺陷。

为给美国国会的两院制，特别是不够民主的参议院辩护，汉密尔顿指出，古代罗马的立法机构就由两个机构组成，一个是贵族组成的森都利亚大会，一个是平民组成的部落会议，两个会议甚至可以相互取消对方通过的法令。但就是在这种看似古怪的体制下，"罗马共和国则达到了人类伟大的最高顶峰。"② 针对反对派有关设置参议院的批评，麦迪逊辩护说设置参议院有额外的好处：对行政机关形成制约，减少人民因冲动和派别斗争进行不当立法的机会；参议员更熟悉有关法律；更有利于政府保持稳定；政府更有威严；防止人民自己偶尔会犯的错误。作为例证，麦迪逊提到雅典人因为缺乏这样的机构，犯下不少错误。斯巴达等则因为元老院，得以存在久远。

联邦党人企图论证斯巴达、罗马等古代共和国最后的灭亡，多与元老院权力的被瓦解有关。在斯巴达，监察官篡夺了元老院的权力；在罗马，保民官在与元老院的斗争中取得了最后的胜利，导致人民代表的权力过度扩张。最后的结果麦迪逊没有明确点出，但在谈到迦太基元老院失去权力时，特意点到了波里比阿。③ 而在波里比阿看来，迦太基在第二次布匿战争中的失败，正因为人民已经掌握了权力。汉密尔顿的立场与之类似。他特别指出，"如果我们过度倾向于民主，我们很快就会奔向君主制。""在每个共和国中，都存在某种永久性的机关，以纠正人民集会的偏见，遏制

---

① Alexander Hamilton, James Madison and John Jay, *The Federalist*, p. 309.

② Alexander Hamilton, James Madison and John Jay, *The Federalist*, pp. 153 – 153. 汉密尔顿这里显然误解了罗马两个公民大会的性质。森都利亚大会偏向富人，但并不只是由贵族组成，而且它的主要职能是选举高级官员；由高级官员主持的部落大会中，贵族一样可以出席，只有保民官主持的平民大会禁止贵族参加。至于两个会议可以互相撤销对方通过的决议之说，更与历史事实不相符合。参见 Fergus Millar, *The Roman Republic in Political Thought*, Hanover and London: University Press of New England, 2002, pp. 128 – 129。

③ Alexander Hamilton, James Madison and John Jay, *The Federalist*, p. 311.

其不节制的激情,规范其波动。"① 对于当时的美国来说,参议院尤其必要:

> 许多情况都表明,一个组织完善的参议院是必要的……笔者目前函诉的人民,既然不受偏见蒙蔽,不为奉承所败坏,笔者可以无所顾忌地指出,这样一个组织,对于防止人民自己一时的谬误和受骗,有时是必要的。由于群众通常冷静而审慎的见解,目前在所有政体之下,而且将来在所有自由政体之下,实际上也会压倒统治者的意志。因此,在处理公共事务的某些个别时刻,为某种非常激情和不法利益所激发,或为某些自私的人巧妙的歪曲所误导,人民也可能一时主张采取一些措施,而事后则极为悔恨并予以谴责。在这种关键时刻,如果竟有某些公民组成的一个稳健可敬的机构加以干预,防患于未然,以免人民自作自受,以便理智、正义、真理得以重新掌握民心,岂不十分有益吗?如果雅典人竟有先见之明,在其政府体制中设有防止自己为情感所左右的机关,岂不会避免多次严重的烦恼吗?对同一个公民,前一天给毒芹汁,第二天就给他树碑。这样玷污人民自由的令人难忘的耻辱,也就可以避免了。②

新宪法赋予行政机构强大权力,首脑只有一个,并且不设任何顾问,很遭反对派诟病。对此,联邦党人再度求助于古代历史。他们指出,多头并不能防止专制,罗马的十人团是最显著的例子。多头还容易让行政人员隐瞒失误,让问责制无法施行。从历史上看,行政上的多头制最终都没有产生好的结果:

> 良好政府的首要特征,就是行政机构的效能。在保护共同体免遭外国攻击上,这一点是基本的。同样基本的是对法律的稳定管理;保护财产免受那些巧取和豪夺,两者的联合有时会打乱正常的司法秩序;保证自由免受野心家、派别和无政府状态的攻击。凡对罗马历史

---

① Quoted from C. J. Richard, *The Founders and the Classics*, Cambridge, MA and London: Harvard University Press, 1994, p. 142.
② 显然指雅典处死苏格拉底的事件,但麦迪逊显然忘记了,雅典人除500人议事会外,还有战神山议事会。见 Alexander Hamilton, James Madison and John Jay, *The Federalist*, p. 307。

略知一二的人都清楚,共和国如何经常被迫在可怕的独裁官头衔下,托庇于某个人的绝对权威,一方面是对抗那些企图建立暴政的个别野心家的阴谋,以及整个阶级的叛乱,因为他们的行动威胁到所有政府的生存;另一方面是对抗外敌入侵,他们企图征服和消灭罗马。①

汉密尔顿所搬出的例证,在罗马历史上确实存在。在关键时刻,即在共和国遭遇内部冲突或者外部强敌时,会指定一个人担任独裁官。不过这样的事例虽然在早期罗马历史上并不少,但绝不经常。从第二次布匿战争后期到苏拉独裁之前的一百多年里,罗马根本不曾指定过独裁官。但对汉密尔顿来说,它足以说明行政权由一人执掌的必要。稍后,他将罗马和希腊的历史结合起来,进一步从历史上说明行政权由一人掌握的重要性:

> 阿凯亚人曾试验设置两个司令官,后来废止了一个。罗马历史记载了许多因执政官和军队司令官——他们曾经取代执政官——之间不和给共和国造成灾难的例证。但从没有给我们提供因那些官员为多人制给国家带来任何好处的例证。他们之间的不和不是那么不经常,或者说不那么致命,倒让人吃惊……贵族和平民为保护他们的古代权威一直在进行斗争,执政官一般应从贵族中产生,通常因个人利益保卫他们那个等级的特权。除这个动机造成的联合外,在共和国的武装已经大大扩展了帝国疆域后,固定的习惯是执政官通过抽签在他们中间划分管理区域,一个留在罗马管理城市及其郊区,另一个在更边远的行省掌握统帅权。在制止冲突和竞争方面,这样的权宜之计无疑具有重大影响,而它们本可能搅扰共和国的和平。②

汉密尔顿这里对罗马共和国的观察,有一部分确实合乎实际。罗马共和国的执政官有两人,为防止权力冲突,在很长时间里分开行动。用来说明行政首脑只能由一人担任,强大的行政机关与共和原则不能相容,确实是非常恰当的反面例证。威尔逊曾在制宪会议上提到的罗马十人团暴政,也得到汉密尔顿的赞许,指出多人掌握行政权,"比起某一个人的野心,

---

① Alexander Hamilton, James Madison and John Jay, *The Federalist*, p. 341.
② Ibid., p. 343.

国人实应更予提防。总统行为由其个人负责，为之设立任何委员会，一般只能有碍其正确行事，却往往成为其错误行事时的工具和同伙，而对其缺点则常起掩盖作用。"① 这里汉密尔顿心目中的例证，也许就是斯巴达国王的顾问们。

反联邦派的政治理想与古代民主政治

联邦宪法一经公布并交付各州批准，美国上下立刻形成了阵容鲜明的两派。一派即前述以汉密尔顿、麦迪逊等人为核心的联邦党人，后来的美国总统华盛顿、亚当斯、参与制宪会议的大部分代表，都可归入此列。反对实行新联邦宪法的人则组成了反联邦派。与联邦党人比较，反联邦党人很难说形成了统一组织，观点也不完全一致，但在反对新宪法赋予联邦中央政府巨大权力、维护人民主权等问题上，态度比较一致。表达他们看法的各类文章后被汇集起来，是为《反联邦党人文集》。

反联邦派的政治理想与古代希腊或者罗马的城邦比较相似。"他们主张共和与法治，偏好小共和国形式；质疑代表制民主的民主性而主张直接民主；主张个人自由优先于国家目的，强调公民教育、政府责任和议会主权。"因此，"他们的共和主义在某种程度上具有更多的古典性。"② 他们认为，"共和政府只能在一个相对较小的领土和相对较少且同质的人口中才有可能。"③ 原因是政府中心离人民过远，人民利益分散，政府无法获得足够的支持。"自治的观念不可分割地与城镇会议的直接参与相关，至少是每年一度选举众多代表到州立法议会，代表们真正了解其所在地区的人民。此外，每个'地区'是有自己独特意识、特殊认同的城镇、选区或者堂区，而不是无定型的、随意的地理单位。只有如此熟悉、对明智的、美德的公共生活必需的信任，善意和协商才有可能成为现实。否则，即使有某种形式的人民的同意，也不可能是真正的自治。"④ 在北美那么

---

① Alexander Hamilton, James Madison and John Jay, *The Federalist*, p. 348.
② 万绍红：《美国宪法中的共和主义》，第 164—165 页。
③ Ceicelia M. Kenyon, "Introduction", in Ceicelia M. Kenyon, ed., *The Anti-Fenderalists*, p. xxxix.
④ Ralph Ketcham, ed., *The Anti-Federalist Papers and the Constitutional Convention Debates*, p. 17. 杰斐逊有关第一届政府中国会议员腐败的评论，似乎印证了反联邦派的担忧。见托马斯·杰斐逊《杰斐逊选集》，朱曾汶译，商务印书馆 2011 年版，第 502—503 页。

广大的地区实行共和制度,用温特罗普的话说,"对一个平均长 1000 英里、宽 800 英里、包含 600 万白人居民的地区,要把他们全部变成同一个道德标准、习惯和法律,非复合型的共和国观念本身就是荒谬的,也与人类的全部经验相悖。"① 较小的领土和较少的人口、公民的直接参与,似乎都把反联邦派的理想与古代小国寡民的城邦体制联系起来。而反联邦派论战中使用的诸如加图、喀西约、布鲁图等名字,也表明古代的先例会被用来论证他们的主张。

反联邦党人的第一项重要主张,是反对在北美那样广大的地区内建立一个强大的、统一的中央政府,欲保持自由,美国只能是一个共和国的联盟。他们的依据是历史的经验。"布鲁图"称,"历史从未提供过一个像合众国这么范围的自由共和国的例证。希腊的共和国都是小范围的;罗马人的也是如此。确实,这两个共和国都随着时间的流逝,将他们的征服扩展到广阔的领土上,其后果是他们的政府被从自由政府转变成为世界上曾经存在的最为暴虐的政府。"② "布鲁图"还运用人类的经验和理性来说明问题:

> 在一个纯粹民主中,人民是主权者,他们的意志由他们自己宣布。为此他们必须聚集在一起协商并作出决定。因此,这种政府不可能在任何领土相当大的地区施行,它只能局限在单独一个城市,至少局限在这样一个范围内:人民可以方便地集会,能够进行辩论,能够理解提交给他们的主题,并就此宣布他们的意见。③

单独一个城市、人民方便地集会并作出决定,平时则自己劳动,借用帕特里克·亨利的定义,"他在自己的无花果树下,享受着自己的劳动果实,妻儿围在身边,祥和而安宁。"④ 这里出现的无花果树,享受安宁之类的话,与赫西奥德表达的希腊农民的理想几乎如出一辙。反联邦派的理想简直就是希腊城邦的翻版。所以,对于新宪法在如此广阔的领土上实行

---

① Quoted from Ceicelia M. Kenyon, "Introduction", p. xxxix.
② Ralph Ketcham, ed., *The Anti-Federalist Papers and the Constitutional Convention Debates*, p. 276.
③ Ibid.
④ Ibid., p. 208.

共和制的努力，反联邦派抱持根本的怀疑态度。宾夕法尼亚的少数派代表在他们的公开声明中宣称，"在一片非常广大的领土上，不可能按照自由原则统治，否则只有建立共和国的联盟。共和国拥有所有内政方面的权力，但在他们共同的和对外事务的管理上，则进行联合。"①"森提内尔"也说，"经验的证据，最著名作家的意见，以及事物的性质，都以最清楚的方式表明，在一个像合众国这么广大的领土上，除共和国联盟外，不可能以任何其他方式治理"。②

由人民直接参与，或者人民在很大程度上直接参与管理的观念出发，反联邦派对总统掌握大权且无任期限制进行了批评，"联邦农夫"表示，"罗马的执政官和迦太基的苏菲特在任时都拥有广泛的权力，但因为他们每年一任，他们即使有，也很少滥用权力。"约翰·泰勒表示，总统任期过长，且无任期限制，将限制人民自由才能的发挥，让国家在关键时刻无人可用，并借罗马人的例证说，"罗马在 700 年中将这个原则（官员轮换制）应用到他们将军（的任命）上，并取得了胜利；在 500 年中，它被托付给经验，结果被征服。"③

同样从人民直接参与政治的古典观念出发，反联邦派对国会及其代表制度进行了猛烈抨击。他们觉得，由于领土广大，代表来自许多不同地区，如此不同地区的人民，感情和风俗都存在相当大差别，他们的代表也不可能意见一致。也是在这个意义上，反联邦派对于每 3 万名选民才产生一名众议员的规定也极其不满，因为代表太少，选民不熟悉代表，代表无法表达选民的意愿。还是"布鲁图"，在另外一封信中这样写道：

> 本州的人民对那些有可能被选举出来代表他们的人很不熟悉。很大一部分代表很可能不了解他们自己的选民的性格，更不用说将组成联邦众议院的多数代表了。他们由那样一些人组成：选民们甚至从没听说过议员们的名字，以及后者的才能与公心；他们完全是陌生

---

① Ralph Ketcham, ed., *The Anti-Federalist Papers and the Constitutional Convention Debates*, p. 242. "森提内尔"的话几乎一字不差，见 Ralph Ketcham, ed., *The Anti-Federalist Papers and the Constitutional Convention Debates*, p. 234。

② Quoted from David J. Bederrman, *The Classical Foundations of the American Constitution: Prevailing Wisdom*, p. 86.

③ Ibid., p. 151.

人……在通过法律后，也不能如他们现在那样，与人民会合，向他们解释采取措施的动机，指出其功能；消除反对意见，或者让不合理的抗议闭嘴……由于距离人民如此遥远，代表们的地位高贵而重要，他们会被认为有野心，会算计，不被视为人民自己的一部分，而有自己独立的利益和追求。后果是人民的心中总是存有反对代表们的嫉妒心；他们的措施受到审查；他们的法律遭到反对、规避，或者是不情愿的服从。①

最后的结果，当然是政府和人民之间的不信任和对抗。因为联邦政府拥有通过一切必要法律的权力，就势必剥夺人民进行选举和立法的权力。所以，人民只能通过强有力的手段夺回他们现在享有的权利。同时，代表人数太少，任职时间又长，很容易腐败，进而出卖人民利益。② 虽然在这里，反对派并未征引任何古代的例证，但在他们心目中，古代的民主和共和，仍是理想的参照。

对于新宪法设置的制衡，尤其是限制所谓放纵和帮派的措施，反联邦派认为，那样确实有助于防止帮派和放纵，可是，过于复杂的设计，将消灭人民的自由。在弗吉尼亚州议会讨论批准联邦宪法的会议上，帕特里克·亨利对邦联条例取得的成就做了充分肯定，对新宪法进行的变革则持怀疑态度，理由就是它有可能消灭人民的自由：

> 当你们与这个政府（邦联政府）告别时，考虑一下你们打算做的事情，多花点时间思索下述事情：类似的革命已经在欧洲几乎所有国家发生，相似的例证在古代希腊和罗马也能够找到。人民因为他们

---

① Ralph Ketcham, ed., *The Anti-Federalist Papers and the Constitutional Convention Debates*, p. 328. "森提内尔"的观点与此相近，见 Ralph Ketcham, ed., *The Anti-Federalist Papers and the Constitutional Convention Debates*, p. 235。

② "加图"特别指出这一点，并援引西德尼和孟德斯鸠为证。见 Ralph Ketcham, ed., *The Anti-Federalist Papers and the Constitutional Convention Debates*, p. 320。宾夕法尼亚的少数派议员在他们的公开声明中说，"一个自由国家的立法机构应如此构成：代表有能力了解选民，享有后者的信任。要具备这些基本条件，代表必须公正、平等、足够多，而且要和人民自己——如果他们一起集会的话——有一致的利益、感情、意见和观点。代表数量多得足以防止腐败和不恰当的影响，并且通过经常性的和公正的选举，让他们对人民负责，以防止他们忽视或牺牲选民的利益和观点，去追求他们自己的目标。"见 Ralph Ketcham, ed., *The Anti-Federalist Papers and the Constitutional Convention Debates*, p. 247。

自己的粗心和少数人的野心,丧失了他们的自由。尊敬的绅士们提醒我们防范派别和动乱。我承认放纵危险,而且应该提供防范措施;我也承认新政府可能会有效地防止放纵。可是,它实际要做的是另外一件事情:压迫和消灭人民。这个政府有足够的措施防范叛乱和放纵,因为它被授予了镇压他们的权力……我不那么熟悉历史,但我提请你们回忆一下,最经常消灭自由的是人民的放纵,还是统治者的暴政?我想,先生们,你们会发现天平倾向于暴政一边……那些寻求伟大、权力和光荣的民族已经成了他们自己的愚蠢的牺牲品,当他们获得那些虚幻的好处时,他们失去了自由。我对这个政府(新政府)最大的不满,是它没有给我们留下捍卫我们权利的方法,或者说,发动反对暴君的战争的方式。①

亨利显然更欣赏古代那种由人民直接选举统治者、并可以随时罢免他们的制度。可是美国的新宪法将此排除,交给了国会,等于剥夺了人民的权力。新宪法中关于中央政府将组建由总统指挥的常备军的规定,被反联邦派视为对自由的最大威胁。在第十封信中,"布鲁图"论证说:

> 人民的自由因常备军的存在处于危险之中……(常备军)曾从存在于世界上最强大的民族那里夺去了自由,两个民族都以他们曾经享有的自由和曾经拥有的最优秀的宪法知名,我指的是罗马和不列颠。
>
> 在第一个民族中,共和国的自由是被那个朱利亚斯·凯撒领导的军队消灭的,政体被颠覆。他是由那个共和国合法的权威当局指定的指挥官。他把一个自由的共和国……变成了一个最为绝对的专制主义。②

在"布鲁图"看来,"一个自由的共和国从来不会保持一支常备军执行其法律,它必须依赖公民的支持"。

---

① Ralph Ketcham, ed. , *The Anti-Federalist Papers and the Constitutional Convention Debates*, pp. 201 – 202.

② Alexander Hamilton, James Madison and John Jay, *The Federalist*, p. 495.

虽然反联邦党人对古代城邦式共和理想情有独钟，但与联邦派比较，他们的主张极不统一，而且在批评新宪法过程中，似乎更多地指出了新宪法的问题，却少有创造性的建构。这恐怕是他们遭遇失败的一个重要原因。值得注意的是，古代的例证并非他们唯一的资料来源，他们使用的英国历史的例证似乎更多。此外，反联邦派的多数人根本不涉及古代历史，更愿意拿美国自己的历史作例证。更重要的是，即使是反联邦党人，也没有几个人真正希望把古代的制度照搬到美国的实践中。对国会代表的讨论是最显著的例子。如前所述，反联邦党人抨击的，主要是国会代表人数过少，任期过长，而不是要从根本上取消代表制。宪法生效后，绝大多数反联邦党人接受了新政府，因为两者在诸如自由、共和、设置政府的目的、制衡等根本问题上，存在着巨大的一致。[①] 当美国政治初步稳定下来后，美国人发现，他们的实验，已经远远超出了古代所取得的成就。

潘恩和杰斐逊对古代的拒绝

作为美国革命的参与者和思想家，潘恩与美国初期那些受过良好教育的国父们有明显区别。他可能不曾受到良好的教育，对古代的历史显然不如亚当斯、麦迪逊和杰斐逊等熟悉。他的著作很少涉及古代的政体，但他为新独立的国家构想的制度，颇有几分古典色彩，特别是其中的抽签和轮流制度，与雅典的议事会主席团制度有几分相像。[②] 但是，潘恩显然不了解雅典议事会的实际，而且每州选举代表的做法，本身就与他心目中古代民主的直接参与体制矛盾。对于美国联邦宪法，他充分予以肯定，并在对古代直接民主和现代代表制的比较中，肯定了后者的优越性：

> 伯克先生对政府的构成原则所知甚少，以至于把民主和代表制混在了一起。代表制是个古代民主不了解的事物，在那里，人民亲自集会并颁布法律（严格意义上说如此）。单纯的民主不过是古代人共同的集会，它表达的既是政府的形式，也是政府的原则。随着这些民主

[①] Ceicelia M. Kenyon, "Introduction", pp. xcvii – xcix.
[②] 如13州各派代表组成议会，每届议会通过抽签产生一名总统，13州的代表轮流当选总统。参见 Thomas Paine, *Political Writings*, edited by Bruce Kuklick, Cambridge: Cambridge University Press, 2000, p. 27。

国家人口的增加，领土的扩张，单纯民主无法掌控，不再可行。由于那时不知道代表制，结果是它们要么在混乱中堕落为君主制，要么为当时存在的君主国吞并。如果当时像现在一样了解代表制，那我们有理由相信，那些我们现在称为君主制或贵族制的政府就不会产生了。正是由于相对于纯粹民主来说，社会变得人口过多，疆域过于广大，它缺乏把社会各部分聚合起来的方式，还有世界其他地区牧人的松懈和孤单，才让那些非自然的政府形式有了机会。①

潘恩心目中的纯粹民主，显然是古代那种直接参与式的民主。像他在英国和法国的部分前辈一样，他认为那样的制度已经不适合近代社会的需要。不过他对古代民主到底有多少了解，令人生疑，他唯一欣赏的是雅典，"虽然古代民主给我们展现的是人类悲惨的画面，但有一个超出了这个一般的描绘。我的意思是雅典人的民主。在那个伟大、特殊的民族身上，我们看到了历史提供的更多值得我们钦敬、更少需要谴责的东西。"②尽管如此，雅典那样的民主也已经过时，美国的新政体已经成功地把代表制和民主制结合起来，创造出适合近代广土众民的大国所需要的新民主形式，"代表制保存了民主制的基础，抛弃了君主制和贵族制的腐败制度。它既纠正了纯粹民主形式上的缺陷，又以知识避免了另外两个政体的无能。""单纯民主是社会不使用任何辅助手段管理自己，通过把代表制嫁接到民主制上，我们达成了一种能够包容和联合所有不同利益、所有规模的领土和人口的政府体系。"③ 基于此，潘恩晚年甚至对是否需要学习希腊语言或者古典，都抱拒斥态度，认为那不过是一小群语言学家的职责，"既然从这些死语言中没有任何新东西可学，所有有用的书籍已经被翻译过来，那些语言也就无用了，教授和学习他们的时间也就浪费了。就学习语言对知识的进步和传播而论（因为它与知识的创造无关），新知识的发现，只有到活语言中去找。"④ 到此，潘恩彻底告别了古代世界。

杰斐逊的出身和经历与潘恩完全不同，如前所述，他受过良好的古典教育，对古代世界的政治生活和制度有相当深入的思考，直到晚年还在阅

---

① Thomas Paine, *Political Writings*, p. 177.
② Ibid.
③ Ibid., pp. 179 – 180.
④ Ibid., p. 296.

读西塞罗和恺撒等人的作品。① 但两人有一点是相同的：对人民的信任和对人民主权的服膺。他甚至认为，为防止政府暴政，人民必须经常起义推翻政府，以保证对主权的行使，所以，他对谢斯起义抱有一定同情。② 他甚至认为那样的暴动太少，因为在合众国独立 11 年后，居然才有这么一次起义，平均摊到 13 州，则每州平均 150 年才有一次起义。他担心人们一旦安居下来，会丧失对自由的热情和抵抗的精神。而"对政府进行抵抗的精神在某些场合非常有价值，我希望让它总是保持鲜活"。所以，"我希望时常有点小起义"③。最初的美国联邦宪法颁布后，杰斐逊虽然不无肯定，但总体上并不认同，关键就是其中缺少了保卫人民权利的基本条款，用他自己的说法，是权利法案。④ 即使在出任总统后，他对人民主权的信念也没有根本性的改变。虽然他已经认识到，古代那种直接参与式的民主在美国不可能实现，但是，他希望通过基层民主的分权体制，即将每个县下划分为若干个区，将其管理权力直接交给人民行使，来确保强大的中央政权不会侵蚀个人和人民的权利⑤，虽然是一种变通，但仍有古典民主直接参与的韵味。他另一项具有古典民主特征的措施，是希望通过授予农民土地，把美国变成一个由农民组成的共和国。他仍然相信，农民是最优秀的公民，永远不会腐败，但城市工业的发展，以及商人势力的增强，可能会让美国走向腐败，进而危及美国的共和国体制和宪法。"对任何哪怕模糊知道古典传统的人来说，杰斐逊在表达其厌恶商人、对工业进行纲领性的批判、捍卫农民生活、抨击奢侈时所使用的话语，都是再明显不过的了。在很多方面，这个弗吉尼亚人的观点似乎是古代希腊人看法的回响。一是他显然对他们的信念有共鸣：自治政府只是对某些种类的公民才有可能；二是像他们一样，他对职业塑造性格的方式敏感。"⑥

---

① 1819 年 12 月 10 日致亚当斯的信。见 Thomas Jefferson, *Political Writings*, edited by Joyce Appleby and Terence Ball, third printing, Cambridge: Cambridge University Press, 2005, p. 225。

② Thomas Jefferson, *Political Writings*, p. 110.

③ Quoted from Paul A. Rahe, *Republics Ancient and Modern*, Chapel Hill and London: The University of North Carolina Press, 1992, p. 698.

④ 在他致麦迪逊的信中谈得最为详尽，包括对缺乏陪审团制度的批评。在致汉佛里的信中，他提到言论和出版自由等，见 Thomas Jefferson, *Political Writings*, pp. 113; 361 – 362; 365; 367 – 368。

⑤ Thomas Jefferson, *Political Writings*, pp. 203 – 206.

⑥ Paul A. Rahe, *Republics Ancient and Modern*, p. 729.

但是，如果我们因此认为杰斐逊是个地道的古典民主的信仰者，那可能要犯时代错乱的错误。在其有关弗吉尼亚州宪法的评论中，他已经指出，"政府的所有权力，立法的、行政的和司法的，都是立法权力的结果。将这些权力集中在同一批人手中，正是专制政府的定义。这些权力由多人行使，和由一个人行使，也不会有任何缓和。173 个独裁者像一个独裁者一样是压迫……我们为之战斗的目的，不是选举性的专制主义，而是一个不仅建立在自由原则基础上，而且政府的权力应当在几个机构间如此分割和平衡，以致任何一个，即使没有其他机构的限制和制约，都不会逾越它合法的界限"①。这种制衡虽然不无波里比阿那种等级式制衡的色彩，但更多的是近代不同政府机构之间的相互平衡。在华盛顿和亚当斯担任总统期间，杰斐逊更多的以反对派的身份出现，以对抗美国政府中的君主主义及其反民主倾向，但他也很少使用古代民主的先例作为根据。在就任总统后的第一次演说中，为打消联邦派的疑虑，他提到了古代的民主，但评价负面，并希望在美国避免古代存在的"通过鲜血和屠杀来寻求他们那久已失去的自由"的做法，呼吁美国人民团结起来，"所有的意见分歧都不是原则性的，我们曾经用不同的名字称呼同一原则的兄弟们。我们都是共和派——我们都是联邦党人。"② 所以，他绝对不会改变政体形态，也不会像古代那样进行清算和屠杀。也就是说，不会有希腊城邦那样的革命。他在总统任内的作为，也表明他并无搬用任何古代传统的意思。到了晚年，他更觉得，古代的政治毕竟产生于人类的幼年时期，近代以来的思想发展，美国的实验，已经让古代被超越。1807 年，他向诺维尔推荐图书时，只列举了洛克、西德尼、齐普曼、普莱斯特利、贝卡里亚等的作品，再就是《联邦党人文集》。1816 年，他向卡贝尔提出了大体相同的建议，只是特别强调了孟德斯鸠，名单中居然没有一个古典作家。③ 同年 8 月 26 日，在回答提费尼有关如何评价格利斯翻译的亚里士多德《政治学》的信中，杰斐逊对古代的知识似乎已经不屑一顾：

---

① Thomas Jefferson, *Political Writings*, p. 326.
② Ibid., p. 174.
③ Thomas Jefferson, *Political Writings*, p. 203. 杰斐逊的推荐表明，至少到 19 世纪初，《联邦党人文集》作为美国宪法的解释性文件，已经获得了美国上下的认可。对它的推崇并非 20 世纪才出现的现象。见伯纳德·贝林：《美国革命的思想意识渊源》，第 281 页，注释 12。

我自己从来没有看过（该译本），因此不能根据我的了解来评判。但那时的社会风格如此不同，而且这些人民，与现在的人和我们是如此不同，所以我认为，从他们关于政府的作品中得不到什么东西，关于个人自由的价值，他们有正当的观念，但关于如何最好地维护政府结构，什么都没有。他们不了解民主（唯一的纯粹共和国，但超出一个城镇的范围就不实用了）和让自己完全服从独立于人民的贵族政治或暴政之间的中间形态。看来他们从来没想到：在公民们不可能亲自处理他们的事务时，只有他们有权选择代表来处理；这样，纯粹性上处在第二等的共和国，或者说民主政府，可以在任何范围的国家内实行。民主但属代表制的政府的充分试验，过去是，现在仍然是我们专有的……代表制民主这个新原则的引入，让之前所写的有关政府结构的几乎所有东西，都变得无用；如果亚里士多德或其他任何古人的政治学作品已经失传，或者对我们翻译和解释得不准确的话，很大程度上也不会让我们后悔。我最真诚的希望，是看到人民控制的共和因素被推进到可以实际使用的极限。①

虽然当时的美国政府并不完全让杰斐逊放心，但在他看来，随着美国政体的稳定和国家的强大，古代确实可以被抛开不顾了。三年后，杰斐逊甚至认为，古代的所谓美德、民主，可能都不那么值得钦敬。在致亚当斯的信中，他写道：

我近来一直以阅读西塞罗卷帙浩繁的书信自娱。它们肯定充溢着一个高尚的爱国者最纯粹的激情，而叛逆恺撒与之对比则恶劣无比。可是，尽管有西塞罗的笔和原则所燃放的激情，当转入冷静的思考后，我自问，西塞罗的美德如此热心恢复、恺撒的野心希望颠覆的共和国政府，到底是什么？如果恺撒的美德能够像他的勇敢和智谋相伯仲，即使在他篡夺全部权力后，他能够做些什么，领导他的公民同胞们走向良好政府？我不是说要恢复它，因为他们从强奸萨宾妇女到被恺撒们蹂躏，从来就不曾有过一个好政府。如果他们的人民确实像我们的人民，开明、和平，而且真正的自由，那答案明显，"恢复你们

---

① Thomas Jefferson, *Political Writings*, pp. 217–218.

征服的所有外国领土的独立；让意大利免除罗马政府的暴虐，把它作为一个享有自治政府的民族去咨询，并顺从其意志。"但当整个民族陷入腐败、恶行和贪渎时（在败坏他们时，谁都没有恺撒做得多），如果曾经有人向他们提出为其国家建立一个良好政府，甚至西塞罗、加图、布鲁图能做什么！除了他们那堕落的元老院外，他们自己都没有政府的概念，人民也不自由，不过是他们的保民官派系对抗的工具。后来他们有了提图斯们、图拉真们和安东尼们。这些人有意让罗马人幸福，也有权力把政府塑造成良好而永久的形态。但看来他们似乎不清楚怎样做。只有在人民控制下的政府才是好政府，他们的人民是如此无德，如此邪恶，以至于无法进行有益的控制……我承认我看不出，即使西塞罗、加图和布鲁图联合起来且不受限制，有什么办法领导他们的人民建立良好政府，也不知道如何解决这个迷局，更没法进一步揭示，为什么那个快乐的国家直到今天，过了 2500 年之后，从来不知道他们曾经的命运。①

杰斐逊对古代的绝望，也许代表了美国政治稳定后相当一部分人的心态：古代已经被超越，古人没有达到的目标，美国胜利地完成了。因此，他主张亚当斯带上美国的新原则回到西塞罗时代去，看看有什么办法可以让那个曾经富有美德的民族重获自由和良好政府。

结　语

英属北美殖民地文化上的欧洲背景，18 世纪欧洲共和政治的衰败，决定了建国初期美国人对古典共和传统的重视。② 无论是在制宪会议上，还是在宪法批准过程的辩论中，不管是联邦派，还是反联邦派，都把古代希腊和罗马的共和与民主政体作为他们重要的参照系，并据此设计美国

---

① Thomas Jefferson, *Political Writings*, pp. 225 – 226.
② 晏绍祥："17 世纪英国革命期间共和派对古典民主与共和制度的运用"，《世界历史》，2012 年第 2 期，第 57—68 页；Harold T. Parker, *The Cult of Antiquity and the French Revolutionaries*, New York：Octagon Books Inc.，1965. 当然，如同在美国革命和制宪过程中一样，古典传统并非当时革命者唯一诉诸的对象。中世纪传统，英国的混合政体等，甚至扮演着更加重要的角色。李剑鸣的两篇文章"在雅典与罗马之间"和"美国革命时期民主概念的演变"对此已有申论，兹不赘述。

的新制度，或构思与之不同的政治体制，并借用古典世界的理论，对现存政体进行评判。具体说来，古典世界的先例，既有美国人希望模仿的榜样，例如两院制的设计，混合政体的构想，人民主权理论，更有国父们努力避免的教训，因此产生了集行政权于一身的总统制和常备军，与行政和立法机构分离的司法系统，国家不同权力机构之间的制衡取代了古代的等级制衡制，以及从国家管理中取消了人民的直接参与，代之以近代的选举代表制。最为重要的，则是建国一代力图打破共和制只能存在于小范围内的魔咒，在北美十三州的庞大范围内，创建了近代的代表制共和政体，并在其中保留了众多民主因素，给后来民主因素的进一步增强留下了空间。如李剑鸣指出的，美国人在构想他们新的国家政体时，确实创造性地运用了古典传统的遗产，"美国的建国者们'好古'而不'泥古'，他们既未抛弃雅典民主的精神理念，也没有完全认同罗马共和国的制度安排，而是基于他们的政治智慧和现实关怀，对两者进行了改造和转化，从而形成了一种新型共和政体以及与之相应的意识形态。"[①]

  因此，作为一种过去的传统，古典先例与现实的互动关系更值得我们深入探讨。就早期美国而论，古典传统自身经历了被解读、改造的过程，一些看似无关的事件、历史，被做了与真正历史相去甚远的解读。本文提到的伯里克利挑起战争、近邻同盟被作为希腊联邦国家对待的事例，不过是其中最引人注目者。一些当今学者们相当推崇的古代民主制度，例如公民直接参与国家管理、抽签选举、同僚制、非官僚化等，则被有意弃之不顾，或者只能充当反面教员。总统制、官僚制、常备军等古代共和国不曾了解或努力避免的制度，成为了新共和国的基本特征。即使号称模仿古代共和国设置的参议院，就其代表产生的方式和在国家中的职能，也与古代罗马的元老院、斯巴达的长老会以及雅典的议事会，存在本质的区别。民众对国家事务的直接参与，除在众议院的选举中尚有所保留外，基本被剔除。它们所反映的，无疑是近代大国治理中如何避免专制统治的尝试，而非古代共和政治的复活。早在制宪会议上，部分代表已经敏锐地发现，到古代为近代寻找先例属于徒劳。批准宪法过程中，即使对古代共和国表现出相当兴趣的反联邦派，也几乎没有将古代实践移植到新生共和国的企图。古代对他们而言，一是证明不可能在广土众民的大国建立共和政治，

[①] 李剑鸣："在雅典与罗马之间"，第124页。

二是代表必须直接面对民众，并为民众信任。虽然他们的众多主张，特别是对人民权利的主张，后来以权利法案的形式得到实现，但他们并未从根本上否定近代的代表制，或者提出与代表制相对且可行的新的治理国家方式。当新宪法确立的体制历经数十年稳定下来后，古代的共和，相对于生机勃勃的美利坚合众国，即使在最具古典修养的杰斐逊那里，也变成了一个需要批判和抛弃的对象。尽管此后古典古代的政治并未从美国的现实政治中完全退隐①，但作为一种创造性的来源，它确实不再具有根本的重要性。

（原载《华中师范大学学报》2013年第2期）

---

① 从19世纪至今，古典古代作为一种参照，或者作为批判当代政治的靶子，仍然活跃于思想界和政界，只是从影响上看，它发挥的作用更多地是装饰性而不是本质性的。见 Michael Meckler, *Classical Antiquity and the Politics of America: From George Washington to George W. Bush* 的有关论述。

穆斯林征服初期安德鲁斯基督教徒的
生存状况

夏继果

公元5世纪初，西哥特人进入伊比利亚半岛，建立西哥特王国。589年，西哥特王国正式皈依基督教，并开始强力推行基督教化政策。711年，穆斯林渡过直布罗陀海峡，灭亡西哥特王国。穆斯林将其所统治的伊比利亚半岛地区称为安德鲁斯（al-Andalus）。到1031年，穆斯林维持着对半岛大部分地区的统治。在此之后，安德鲁斯的穆斯林统一政权——后倭玛亚王朝不复存在，割据的穆斯林小国取而代之；北方基督教徒的再征服运动趁机向南推进，安德鲁斯随之缩小。但直至1492年，信奉天主教的西班牙王国才灭亡了穆斯林在半岛的最后根据地格拉纳达，从而最终结束了穆斯林近8个世纪的统治。

穆斯林统治期间基督教徒的生存状况如何？传统观点认为，穆斯林政府的迫害政策对基督教徒构成一种宗教威胁。这种观点滥觞于850—859年的科尔多瓦殉教运动时期。这期间先后有50人因公开侮辱先知穆罕默德、亵渎圣教，或者因公开宣布放弃伊斯兰教信仰而被穆斯林政府处死，其中三分之二是基督教教士、修士和修女。关于这场殉教运动，其中的一位殉教者、神父欧洛吉亚（Eulogius）撰写了两本拉丁文献：《殉教圣人行传》和《殉教护教论》；另外，欧洛吉亚的好友保罗·阿尔维律（Paulus Alvarus）写下《欧洛吉亚传》。欧洛吉亚和阿尔维律著书立说的主要目的在于为殉教者辩护。关于殉教运动发生的原因，两人坚持认为，宗教迫害导致了殉教运动的发生。两人甚至把矛头指向伊斯兰教本身：伊斯兰教的所有信仰都是虚假的，其存在本身就足以引发正直的基督教徒的抗议；伊斯兰教是一大威胁，它诱使基督教徒去过一种邪恶的生活，如果基督教徒宽容这样一种敌对宗教的存在，自然而然就会减弱基督教的力量。①

　　在殉教运动发生之后的7个世纪里，欧洛吉亚、阿尔维律的著作以及那些殉教者似乎并没有引起人们的太多关注。② 16世纪，西班牙宗教法庭庭长莱昂的佩德罗·庞塞重新发现了欧洛吉亚的著作，在此后西班牙民族天主教主义泛滥的时期，这些著作引起了人们的关注。1571年，西班牙国王菲利普二世的宫廷编年史家安布罗休·德·莫拉莱斯得知这一发现，顿感其价值巨大。当时，莫拉莱斯正在编写一部西班牙通史。这项工作缘起于一些意大利外交家抨击西班牙知识界没有编写出符合时代需要的伊比利亚历史。莫拉莱斯决心改变这一状况："从那时起，我真正全力以赴从事这一工作，以满足我们民族的需要，恢复我们西班牙的荣誉和尊严。"在这种心态下，欧洛吉亚的著作自然使莫拉莱斯如获至宝。他在撰写完成《大编年史》后坦率地承认，给他带来最多快乐的是殉教者那一章，"因为在这一章，我不得不书写众多神圣的殉教者，他们使西班牙的荣耀得以褒扬，无论是在天国还是在现世，在上帝那里还是在世人面前……"③

　　这种传统观点的集大成者是19世纪西班牙历史学家弗朗西斯科·哈维尔·西莫内特（1829—1897）。他于1867年撰写完成其代表作《穆札勒布人史：以基督教徒和穆斯林作家最为可靠的证据为基础》，主要讲述了穆斯林征服伊比利亚半岛之后3个世纪生活在安德鲁斯的基督教徒，即"穆札勒布人"（Mozárabes）的生活状况。西莫内特的西班牙民族主义立场在该书的开篇即已显明："本书旨在为那些西班牙人书写一部历史……他们在长达几个世纪的时间里，面对众多劳役、迫害、灾难，始终保留了宗教、民族精神以及罗马—西哥特遗留下来的基督教西班牙文化，成为荣耀的英雄、圣徒与殉教者，他们的行为和学识为新西班牙的重

---

　　① Jessicaa A. Coope, *The Martyrs of Cordoba, Community and Family Conflict in an Age of Mass Conversion*, Lincoln: University of Nebraska Press, 1995, p.44.
　　② 参见 Ann Christys, *Christians in al-Andalus 711 – 1000*, Richmond, Surrey: Curzon Press, 2002, pp.54 – 55; Kenneth Baxter Wolf, *Christian Martyrs in Muslim Spain*, Cambridge: Cambridge University Press, 1988, p.36。
　　③ Kenneth Baxter Wolf, *Christian Martyrs in Muslim Spain*, pp.36 – 37.

建和进步做出了重大的贡献,形成了哥特—西班牙—穆札勒布人(Gotico-Hispano-Mozárabes)的历史发展轨迹。"① 这样,西莫内特把科尔多瓦殉教运动时期所发生的事情扩及整个穆斯林占领时期。他的学术观点为后来的西班牙统治者所采纳,并日益上升为一种占主导地位的官方意识形态,在佛朗哥时期达至顶点。

在传统观点形成和发展的过程中,还存在着一种与之相反的观点。这种观点主张,在几个世纪的时间里,穆斯林和基督教徒(以及犹太人)在安德鲁斯创造了一种"宽容文化"。该观点同样起源于科尔多瓦殉教运动时期。温和派基督教徒与以欧洛吉亚和阿尔维律为代表的激进派基督教徒针锋相对,视伊斯兰统治为一种既已发生的现实,需要做出一些让步,但他们认为这对基督教徒的身份并没有产生根本性的威胁:穆斯林是一神教教徒,与基督教徒信奉同一个上帝,是"信奉上帝和律法的人"。②

这种观点在比利牛斯山以北地区得到了继承和发展。与西莫内特同时代的著名荷兰历史学家莱因哈特·杜齐(1820—1883)于1861年撰写完成《穆斯林西班牙史》。他认为,"总体上看,科尔多瓦基督教徒在外族统治下生活得很好"。③ 为什么会有殉教运动这种"例外情况"发生呢?他给出了两个缘由。第一,反对者主要由神父和修士组成,他们对穆罕默德、伊斯兰教和阿拉伯人持有极端的偏见,只会把伊斯兰教看成一种新的异端,把阿拉伯风俗视为邪恶的、淫荡的。第二,基督教神职人员有时会成为穆斯林民众不宽容态度的牺牲品,从而引发灾难性的后果。④

从佛朗哥政府执政的中后期开始,以西班牙历史学家阿梅里克·卡斯特罗(1885—1972)为代表的一批西班牙学者也开始挑战传统观点。卡斯特罗先后出版了《一部西班牙史:基督教徒、穆斯林和犹太人》(1948)、《西班牙历史的结构》(1954)、《西班牙人:历史导论》(1971),对伊斯

---

① Francisco Javier Simonet, *Historia de los Mozárabes de España deducida de los mejores y más auténticos testimonios de los escritores Cristianos y Árabes*, Madrid: Estab. tip. de la viuda é hijos de M. Tello, 1903, p. VII.

② Kenneth Baxter Wolf, "Christian Views of Islam in Early Medieval Spain," in John Victor Tolan, ed., *Medieval Christian Perceptions of Islam, A Book of Essays*, New York & London: Garland Publishing, 1996, p. 96.

③ Reinhardt Pieter Anne Dozy, *Spanish Islam: A History of the Moslems in Spain*, trans. by Francis Griffin Stokes, London: Chatto & Windus, 1913, p. 269.

④ Reinhardt Pieter Anne Dozy, *Spanish Islam: A History of the Moslems in Spain*, pp. 269-288.

兰教给予了很高评价：伊斯兰教把自己的宗教与犹太教—基督教传统融合起来，本身就非常宽容，"除了少数例外，宽容政策在整个穆斯林世界得以实施"；科尔多瓦殉教运动期间穆斯林政府的压制措施针对的只是"怀有政治图谋的宗教人士……"① 进入 21 世纪以来，美国学者玛利亚·罗莎·梅诺克的《世界的闪光点：穆斯林、犹太人和基督教徒如何在中世纪西班牙创造了一种宽容文化》一书于 2002 年问世。该书从相互宽容的角度解读中世纪西班牙历史，认为在将近 750 年的时间里，犹太人、基督教徒和穆斯林共栖伊比利亚半岛，"尽管相互间有棘手的分歧和持久的敌对，但却创造了一种复杂的宽容文化"。②

可以看出，20 世纪下半叶以来，关于安德鲁斯穆斯林与基督教徒的相互关系以及基督教徒的生存状况，西班牙史学界和西方史学界的认识发生了重大变化，这也是民族国家历史向全球史发展的体现。但也应当认识到，关于该课题还缺乏具体、深入的个案研究，特别是对安德鲁斯早期历史阶段的研究。近年来，一些现存的拉丁文、阿拉伯文资料翻译成英文出版，为这一研究提供了便利。③ 本文主要依据这样一些资料，结合前人的

---

① Américo Castro, *The Spaniards: An Introduction to their History*, Berkeley, Los Angeles &London: University of California Press, 1985, pp. 498 – 499.

② María Rosa Menocal, *The Ornament of the World: How Muslims, Jews, and Christians Created a Culture of Tolerance in Medieval Spain*, Boston: Little Brown & Company, 2002, p. 11.

③ 这里举两个例子说明。"The Chronicle of 754," in *Conquerors and Chroniclers of Early Medieval Spain*, Second Edition, translated with notes and introduction by Kenneth Baxter Wolf, Liverpool: Liverpool University Press, 1999.《754 年编年史》最初用拉丁文写成，作者是穆斯林征服伊比利亚半岛后的第二代基督教徒，姓名不详。关于穆斯林征服西班牙，较为详尽的阿拉伯历史著作出现在一百多年后，因此，要了解穆斯林统治在西班牙确立（从 711 年征服到 756 年后倭马亚王朝建立）的情况，此书是最为重要的历史资料。Olivia Remie Constable, ed., *Medieval Iberia: Readings from Christian, Muslim, and Jewish Sources*, 2nd ed., Philadelphia: University of Pennsylvania Press, 2012. 这是一部非常实用的史料集。诚如编者在导言中所说，"中世纪伊比利亚半岛的特色在于其政治、宗教、文化、语言和种族方面的多样性"，相应地，这里的中世纪文献是"用很多不同的文字写成的"，包括拉丁文、罗曼诸方言、阿拉伯文、希伯来文，等等。可以想象，一位历史学家单凭自己的力量不太可能读懂所有文字的资料。鉴于这种情况，近年来，很多其他语种的中世纪伊比利亚半岛的史料翻译成英文出版。这部《中世纪的伊比利亚半岛：基督教、穆斯林和犹太人文选》就是这些英文版史料的选编。该书内容按时间顺序编排，把中世纪伊比利亚半岛的历史分成若干时段，成为其"章"；从每个时段选取有代表性的事件、人物、专题，成为其"节"；每节有一简短的导言，给读者提供历史背景及相关史料的总体情况，而所选取的几则史料都能从不同角度反映当时人们对同一问题的看法。

研究成果，集中探讨穆斯林征服初期，即 711—756 年①安德鲁斯穆斯林与基督教徒之间的共存关系，以期揭示在西哥特王国强力推行基督教化政策后突然又遭遇穆斯林统治的基督教徒的生存状况是否发生重大改变，面临严重的文化与宗教冲突？

一

公元前 3 世纪末起，罗马帝国征服并统治伊比利亚半岛，半岛在一定程度上实现了罗马化，其居民融合而成为西班牙—罗马人。391 年，罗马皇帝狄奥多西一世颁布法律，禁止异教活动，支持基督教的正统地位，基督教在半岛得到传播。在民族大迁徙的浪潮中，西哥特人于 5 世纪初进入伊比利亚半岛，建立西哥特王国。6 世纪中叶，西哥特王国迁都托莱多。西哥特人最初信奉基督教的异端阿里乌斯派，但是其影响和教徒人数都无法与罗马基督教相比。为了稳固在半岛的统治，国王里卡里德于 587 年秘密接受基督教的洗礼，皈依罗马基督教。589 年，里卡里德组织召开第三次托莱多会议。② 这次会议的主题非常明确：西哥特王国彻底放弃阿里乌斯派信仰，立基督教为国教。会议向公众宣布，国王里卡里德、绝大多数阿里乌斯派主教和教士、西哥特贵族皈依罗马基督教。会议议定国家和政府在教会中的职能，进一步明确教规和戒律。针对主教辖区的组织机构和纪律，会议制定了一系列法律，其中包括主教有压制异教徒、非罗马教派信徒的权力。会议还规定了阿里乌斯派教士改宗的步骤和办法，那些愿意改宗的主教继续保留其宗教职位，即使这意味着在一个主教教区可能会有两个主教。在会议上，巴塞罗那、瓦伦西亚、图伊、卢戈、波尔图、托尔托撒等地的阿里乌斯派主教都公开宣布放弃原先的信仰，与其他罗马基督教的主教一起签署了会议的法案。③

---

① 756 年，科尔多瓦后倭玛亚王朝建立，在此之前，大马士革的倭玛亚哈里发派省督管理安德鲁斯，因此 711—756 年被称为安德鲁斯历史上的"省督时代"。该时代的"省督"更迭频繁，短短的 45 年里就有 22 位省督先后执政，具体情况参见艾哈迈德·爱敏《阿拉伯—伊斯兰文化史》第 7 册，史希同、张洪仪译，纳忠审校，商务印书馆 2007 年版，第 295 页。
② 托莱多会议包括大约 400—702 年间伊比利亚半岛的基督教会在托莱多举行的 18 次会议。这些会议虽然是教务会议，但往往对西班牙政局有重大影响。
③ Roger Collins, *Early Medieval Spain, Unity in Diversity, 400 – 1000*, 2nd ed., New York: St. Martin's Press, 1995, p. 54.

皈依基督教后，西哥特国王对境内的犹太人①实施了一系列迫害政策。国王西塞布于 613 年下令，王国内所有犹太人必须皈依基督教，拒绝洗礼者将被鞭打 100 下，如果仍然拒绝，将被驱逐出境，没收其全部财产。在西塞布的法律颁行后，约 9 万犹太人被迫皈依基督教，其中就有托莱多拉比伊萨克、托莱多犹太会堂总管勒维·萨慕尔等重要人士。② 从此强迫改宗和殉教的时期开始了。最后一位推行积极反犹政策的国王是埃尔维格，从 680 年 10 月 21 日即位到 681 年 1 月 9 日第十二届托莱多会议召开，他起草了 28 个反犹法律。③ 埃尔维特反犹法令的核心在于正式禁止以任何方式信仰犹太教，为此，他禁止犹太人阅读、收藏基督教不予承认的犹太教经典，"违者将被当众剪去头发，鞭笞 100 下，且发誓永不再持有这些书或接受其中的观点，亦不思考或研究它们。如宣誓之后再次被发现有此类违反，除遭受上述刑罚之外，还将被没收全部财产并处以永久流放。鉴于系再次违反，其财产将由国王赐予某人永久使用。上述规定也适用于向儿童传授违禁思想的人。"④

西哥特国王的宗教政策导致严重的社会动荡，为穆斯林的入侵提供了便利条件。早在四大哈里发时期（632—661），阿拉伯人就开始了对外扩张。在伊斯兰教兴起之时，阿拉伯半岛西北部的叙利亚地区（包括今天的叙利亚、约旦、黎巴嫩、以色列和巴勒斯坦）处于拜占廷帝国的统治之下。633 年，第一任哈里发艾布·伯克尔派四路大军进攻叙利亚。635 年，阿拉伯将领哈立德和阿慕尔围攻并占领大马士革。636 年，在雅尔穆克战役中，阿拉伯军队取得决定性胜利。638 年，耶路撒冷与第二任哈里发欧麦尔议和，并交由阿拉伯人管理。至此，阿拉伯人征服叙利亚地区。与此同时，阿拉伯人从巴勒斯坦南下，向同样处于拜占廷帝国统治下的埃

---

① 犹太商人和旅行家在罗马帝国初期来到伊比利亚半岛并在此定居。最初，半岛的犹太人与基督教徒关系密切，互相影响。305 年，基督教会召开艾尔维拉教会会议，中心议题之一就是如何处理与犹太人的关系。关于犹太人在穆斯林征服中所扮演的角色以及他们在穆斯林征服后的生存状况，笔者将专文论述。

② Jane S. Gerber, *The Jews of Spain*, *A History of the Sephardic Experience*, New York: The Free Press, 1992, p.12; Bernard S. Bachrach, "A Reassessment of Visigothic Jewish Policy, pp. 589 – 711," *The American Historical Review*, vol. 78, no. 1 (Feb., 1973), p. 17.

③ Bernard S. Bachrach, "A Reassessment of Visigothic Jewish Policy, 589 – 711," p. 27.

④ Amnon Linder, ed., The Law of the Visigoths. 12: 3: 11, *The Jews in the Legal Sources of the Early Middle Ages*, Detroit: Wayne State University Press, 1997, p. 302.

及进军,于642年攻占历亚历山大,继而占领埃及大片地区。倭玛亚王朝(661—750)继续开展在北非的征服活动,于698年占领拜占廷帝国在北非的总督府迦太基。705年,倭玛亚王朝哈里发韦立德一世任命穆萨·本·努塞尔为阿拉伯帝国北非地区总督。穆萨一方面稳定北非局势,另一方面继续向西征服,最终征服非洲大陆西北角的休达和丹吉尔。711年,穆萨派柏柏尔人塔立格·本·齐雅德率军渡过直布罗陀海峡,征服伊比利亚半岛的进程拉开了序幕。

在现存史料中,关于穆斯林征服伊比利亚半岛,有阿拉伯文和拉丁文两种记载。阿拉伯文史料通常是这样记载的。在阿拉伯人占领之前,休达属于西哥特王国。但是,在阿拉伯人征服之时,休达总督朱利安因政治冲突正在寻找机会报复西哥特国王,故而愿意与塔立格合作,把柏柏尔人的军队运过直布罗陀海峡。那时,即位不久的西哥特王国罗德里克(710—711)正在伊比利亚半岛的北方与巴斯克人战斗,得知南方的危险形势,率军仓促南下,在瓜达莱特河岸与塔立格遭遇。罗德里克的军队被打败,他本人也毙命于此。塔立格乘机占领托莱多,并派由穆吉特·鲁密率领的分遣队攻占科尔多瓦。穆萨得知这样神速的胜利,深恐塔立格的声望超越自己,因此亲自从北非的凯鲁万出发前往伊比利亚半岛。他用了4个月(另一种说法13个月)攻占梅里亚。他还设法羞辱塔立格,以显示其权威。哈里发韦立德一世同样惧怕穆萨建立独立王国,因此把穆萨和塔立格一起召回叙利亚。他们到达叙利亚的时候,韦立德一世已处于弥留之际。新任哈里发苏莱曼痛恨穆萨居功自傲,于是没收其财产,剥夺其一切权力。穆萨最后在贫病交加中死去,塔立格也从此杳无音讯。穆萨离开安德鲁斯后,其子阿卜杜·阿齐兹留下来治理安德鲁斯。阿齐兹继续在半岛的征服,并且有传言说,他为了自己的利益而密谋恢复西哥特王权,但还没等苏莱曼把他召回叙利亚就被部下所杀。①

《754年编年史》也记载了征服伊比利亚半岛的大致经过。711年,一伙西哥特贵族把罗德里克推上王位,遭到其他人反对,内战爆发。同一

---

① Aḥmad Ibn Muḥammad Al-Maqqarī, *The History of the Mohammedan Dynasties in Spain*, volume I, trans. by Pascual de Gayangos, London: Printed for the Oriental translation fund of Great Britain and Ireland, 1840 – 1843, 2009, pp. 250 – 300; Roger Collins, *Early Medieval Spain*, *Unity in Diversity*, *400 – 1000*, pp. 155 – 156.

年,由穆萨派遣,塔立格率领的一支阿拉伯和柏柏尔人军队从非洲进入伊比利亚半岛。还是同一年,穆萨亲自率领的一支军队在加的斯登陆,攻占托莱多,一些贵族被处决。根据编年史,罗德里克到712年才在与塔立格的战斗中被打败,并且被杀,地点是一个叫"特兰斯达克廷"(Transductine)的地方。失败原因被归结为西哥特军队的逃离和贵族间的派系之争。与此同时,穆萨在半岛东北部地区进行大规模劫掠,直到萨拉戈萨。712年底,韦立德一世把穆萨召回叙利亚。穆萨向哈里发交付巨额罚金,共200万金币,不久死去。至于塔立格在打败罗德里克后的情况,编年史没有提及。穆萨的儿子阿齐兹继任为省督,三年后即715年,部下因疑虑他将在半岛建自己的独立王国而将其杀害。①

比较两种资料的记载,可以发现,虽然在细节上有所差异,但关于征服的基本情况是大致相同的:它们都强调决定性战役的作用、国王的被杀及其随从的作鸟兽散、首都的被攻占这三个主要环节,反映了这两种史学传统的一致性。关于穆斯林征服伊比利亚半岛,我们可以据此形成以下两个基本认识:第一,穆斯林的征服充分利用了西哥特王国的内部矛盾和冲突。西哥特王国的内部纷争可以通过其他材料得到佐证。考古资料显示,在伊比利亚半岛东北部地区,属于该时期的铸币并未铸有罗德里克的名字,相反所铸刻的是国王阿奇拉的名字。② 另外,有一些国王列表,它们没有提罗德里克的名字,但却提到了阿奇拉,并称其统治时间是710—713年。如前文所述,在西哥特王国的中后期,许多国王推行激进的反犹政策。这一方面激化了社会矛盾,另一方面也严重危害了西哥特王国的经济发展。西哥特王国贸易大部分为犹太人所控制,反犹立法只能导致贸易进一步遭破坏。考古发掘显示,当穆斯林于711年到来的时候,很多罗马时期的城市已掩埋于地下。③ 其实,阿拉伯人自征服以来,利用敌手的内讧而达到其目的是一个屡试不爽的手段。第二,穆斯林对伊比利亚半岛的征服是非常迅速的。到713年,穆斯林已基本完成对伊比利亚半岛的征

---

① "The Chronicle of 754," in *Conquerors and Chroniclers of Early Medieval Spain*, pp. 131 – 136.

② Roger Collins, *Early Medieval Spain, Unity in Diversity, 400 – 1000*, p. 157. 阿奇拉是先王威提萨的儿子。威提萨710年去世后,一些贵族推举阿奇拉为国王,但贵族会议却正式推举罗德里克为王。阿奇拉只好越过贵族会议,在半岛东北部称王。

③ Thomas F. Glick, *Islamic and Christian Spain in the Early Middle Ages*, 2nd, Leiden, Boston: Koninklijke Brill NV, 2005, p. 17.

服，统治了半岛的大部分地区。

征服者的军队中包括阿拉伯人和柏柏尔人。在阿拉伯人扩张的过程中，北非的柏柏尔人由于其部落社会形态与阿拉伯人的接近，因而集体改奉伊斯兰教。在进军伊比利亚半岛之前，柏柏尔人的伊斯兰化已达半个世纪。① 因此，我们可以总体上把征服者视为穆斯林。作为被征服者的伊比利亚半岛居民，其信仰状况如何呢？西班牙传统史学认为，在西哥特王国后期，除少数坚持犹太教信仰的犹太人之外，伊比利亚半岛已实现了基督教化；在此基础上，传统史学将711年之后在半岛上所发生的事件完全置于基督教与伊斯兰教对立的角度来解释，认为这种对立最终以基督教再征服运动的胜利而结束。近来也有学者提出了不同的看法，认为711年之前基督教只局限于城市，农村地区对于宗教的中立态度一直持续到11世纪，但由于相关资料的缺乏，对于此问题的研究还有待考古发现的重大突破。鉴于此，笔者在这里采纳传统观点，即穆斯林征服之时伊比利亚半岛的主要居民为基督教徒。

穆斯林在征服伊比利亚半岛的过程中，对于所遇到的基督教徒采取了怎样的政策？不可否认，在征服的过程中存在军事冲突与杀戮。除了上文提到的瓜达莱特战役这样的大规模军事冲突之外，近年来考古发现提供了更多这方面的信息。其中一个考古遗址是名为博瓦拉（El Bovalar）的教堂和居民点，位于塞格雷河南岸，地处加泰罗尼亚的莱里达以西几英里。教堂南面的居民区反映了征服的情况。发掘者认为居民区是在仓促间被放弃的，各种日用品散落其间。根据其中散落的阿奇拉金币，考古学家推测，这一遗迹是714年阿拉伯军队第一次在埃布罗河下游征服时所留下的。②

但是，征服过程也伴随另外一种情况，即缔结和约。关于穆斯林征服伊比利亚半岛，除了《754年编年史》和9世纪之后的阿拉伯文史著之外，保存至今的还有一份和平条约的内容。该和约签订于713年，也就是第一批穆斯林军队抵达半岛两年之后，缔约双方是穆萨之子阿卜杜·阿齐兹和穆尔西亚地区的统治者西奥德米尔（Theodemir，即阿拉伯语中的塔德米尔）。和约用阿拉伯文写成，被称为713年《塔德米尔和约》（The

---

① Roger Collins, *Early Medieval Spain, Unity in Diversity, 400 – 1000*, p. 150.
② Ibid., pp. 160 – 161.

Treaty of Tudmir）。其内容如下：

奉至仁至慈的真主之名

此文件系阿卜杜·阿齐兹·本·穆萨·本·努赛尔（'Abd al-'Aziz ibn Musa ibn Nusair）赐予加布杜什（Ghabdush）之子塔德米尔的和平协议，据此他将得到真主和穆圣（愿主福安之）的保护。我们（阿齐兹）不会为塔德米尔或他的族人设定特别条件，不会侵扰他，也不会废黜他；我们不会杀戮或奴役他的族人，不会强行将他们与妻儿分离；他们不会在信仰上受到胁迫，他们的教堂不会被烧毁，圣物也不会被取出，（只要）他（塔德米尔）对我们忠诚，并履行我们为他设定的义务。条约对下列 7 座城市有效：奥利维拉（Orihuela）、瓦伦西亚（Valentilla）、阿利坎特（Alicante）、穆拉（Mula）、比加斯特罗（Bigastro）、爱罗（Ello）、洛尔卡（Lorca）。塔德米尔不得包庇逃犯或我们的敌人，不得教唆"保护民"惧怕我们，不得隐瞒有关我们敌人的任何信息。塔德米尔与他的族人（每人）每年应缴付一个第纳尔，以及四批量小麦、大麦、果酒、醋、蜂蜜和橄榄油。奴隶的缴纳额度减半。①

该文件给我们提供了如下基本信息：第一，从该和约的内容来推断，穆斯林军队对伊比利亚半岛的军事征服更像是协商式的、渐进式的，这与传统上所理解的那种血腥的、一蹴而就的军事胜利形成区别。事实上，将西哥特王国最终拖垮的，可能是两种形式共同作用的结果。包括西哥特王国都城托莱多在内的部分城市可能在穆斯林强大的军事压力之下迅速臣服；而其他城市则可能是通过更加平和的方式被兼并的，穆斯林或许利用许许多多诸如此类的条约，实现了与地方统治者和居民的合作。比如，该和约就对 7 座城市有效，充分反映了这种征服进程。第二，和约对于被征服地区的宗教信仰给予尊重。它规定，被征服者"不会在信仰上受到胁迫，他们的教堂不会被烧毁，圣物也不会被取出"，就是说，他们的宗教信仰不应被迫放弃，或者说，不能强迫他们改奉伊斯兰教，其宗教设施

---

① Olivia Remie Constable, ed., *Medieval Iberia: Readings from Christian, Muslim, and Jewish Sources*, pp. 45–46.

予以维持,宗教仪式正常进行。第三,西哥特显贵此前的特权得以维持,其统治得到认可,其家庭生活得以正常维持。和约的这些规定对阿拉伯人也起到约束作用。第四,获得以上权利和自由的条件是要效忠于伊斯兰政权,并缴纳一年一度的人头税。从这些分析可以明确地看出,在713年的伊比利亚半岛,在与塔德米尔交涉的过程中,穆斯林征服者所考虑的首先是政治、经济问题,而不是宗教。

其实,放眼整个阿拉伯帝国,这种征服方式和统治制度在各地比比皆是。例如,在征服叙利亚的过程中,635年,阿拉伯将领哈立德与大马士革守军和居民订立和约,内容如下:"奉大仁大慈的安拉之名,哈立德·伊本·韦立德答应大马士革居民:倘若他进了城,他答应保护他们的生命、财产、教堂。他们的城墙不被拆除,任何穆斯林不驻扎在他们的房屋里。我们给予他们真主的契约,以及先知、哈里发和信士们的保护。只要他们缴纳人丁税,他们就会享受福利。"其数量是每人每年一个第纳尔和一袋小麦。① 这是阿拉伯最初向外扩张时签订的一个和约,人们普遍认为,该和约是穆斯林处理与被征服者关系的范例,为后来征服埃及和伊比利亚半岛提供了借鉴。

追根溯源,穆斯林征服者与被征服地人们签订的任何协定都依据《古兰经》中的两段话:"信道者、犹太教徒、基督教徒、拜星教徒,凡信真主和末日,并且行善的,将来在主那里必得享受自己的报酬,他们将来没有恐惧,也不忧愁。"(2:62)"对于那些不信真主和末日,不遵真主及其使者的戒律,不奉真教的人,即曾受天经的人,你们要与他们战斗,直到他们依照自己的能力,规规矩矩地缴纳丁税。(9:29)"②

伊斯兰教法在阿拉伯帝国具有高度一致性。这些生活在伊斯兰国家,通过缴纳人头税以换取信仰自由和人身安全的基督教徒、犹太人在阿拉伯语中被称为"吉米人",意为"被保护的人"。后来,穆斯林扩展了宽大对待的范围,"波斯的祆教徒(拜火教徒)、哈兰的多神教徒和北非的异教徒(柏柏尔人)",都包括在了吉米人的范围之内。③ 这些吉米人,"在农村里和自己的家园里,坚持自己的古老文化,保持自己的民族语言:叙

---

① 菲利浦·希提:《阿拉伯通史》上册,马坚译,新世界出版社2008年版,第135页。
② 《古兰经》,马坚译,中国社会科学出版社1996年版,第6、139页。
③ 菲利浦·希提:《阿拉伯通史》上册,马坚译,第214页。

利亚和伊拉克的阿拉马语和叙利亚语,波斯的伊朗语,埃及的科普特语"。①

因此,关于安德鲁斯,尽管我们今天只能看到一份像《塔德米尔和约》那样的征服者与被征服者之间签订的和平条约,但是,根据《古兰经》的规定和阿拉伯征服者的惯例,可以设想,在征服伊比利亚半岛的过程中,曾经签订过其他类似和平条约。

二

这类和平条约在省督时代的执行情况如何?进一步而言,在穆斯林统治之下,基督教徒的生存状况如何?这里从几个方面予以分析。

第一,安德鲁斯穆斯林政府接受了西哥特王国原有的行政管理机构,原来的统治秩序在相当程度上得以维持。

以塔德米尔家族为例。塔德米尔去世的具体时间我们不得而知,但是根据《754年编年史》可以了解到,在他死后,其子阿什那吉尔德继承地产。阿什那吉尔德像其父一样,同样是一位灵活的政治家,虽然安德鲁斯的省督不断变换,他总能获得新省督的喜欢,并维持既有的权势。② 西哥特贵族中得到塔德米尔父子这种待遇的人还有很多。在与罗德里克争夺王位的斗争中失败的先王威提萨的三个儿子在穆斯林征服中与塔立格达成妥协,因此,在穆斯林占领期间,他们在西安德鲁斯、南安德鲁斯的中心地带,在托莱多附近拥有大片地产。③ 受到类似礼遇的还有卡西乌斯。在穆斯林入侵前,他是北方巴斯克地区的一位伯爵,在征服过程中投降于穆萨,并被授权防御比利牛斯边境。他追随穆萨到大马士革,被哈里发接见,其地产得到确认。甚至还有一种说法,他在东方当着哈里发韦立德的面接受了伊斯兰教。④ 该细节很重要,因为它明确显示,一个著名的地方将领被安德鲁斯新政权的宗教和生活方式同化了。当然,也不排除另外一

---

① 菲利浦·希提:《阿拉伯通史》上册,马坚译,第319页。
② "The Chronicle of 754," in *Conquerors and Chroniclers of Early Medieval Spain*, pp. 151 – 152.
③ Richard Hitchcock, *Mozarabs in Medieval and Early Modern Spain: Identities and Influences*, Aldershot: Ashgate Publishing Limited, 2008, p. 17.
④ Ibid., pp. 17 – 18.

种可能,即卡西乌斯成为穆斯林是权宜之计,他和所他控制的地区将因此免除人头税,免除任何外来干涉,因而可以更好地维持现状。

需要指出的是,这种适应是双向的。从征服之初起,穆斯林就受到了当地文化和习俗影响。《754年编年史》和9世纪阿拉伯历史学家伊本·阿卜杜·哈克姆①都记载了前面提到的阿卜杜·阿齐兹的最终命运。《754年编年史》的记载比较简单。715年,阿齐兹娶罗德里克的遗孀艾吉罗娜为妻。据说,阿齐兹为娶她,允许她保留自己的基督教信仰。婚后,在艾吉罗娜的建议下,阿齐兹"试图摆脱套在脖子上的阿拉伯枷锁,为自己保住被征服的伊比利亚王国"②。正是由于这一点,阿齐兹的手下发动兵变,阿齐兹被杀。与之相比较,伊本·阿卜杜·哈克姆的记载要详细得多。阿齐兹娶罗德里克的女儿为妻。在世俗生活方面,她对阿齐兹施加了较多的影响。她问他:"为什么我看不到你的臣民崇拜你?我父亲王国的臣民崇拜他,在他面前下跪,而你的臣民则不然。"阿齐兹不知该如何回答,就命人在宫殿的侧面打通了一个低矮的小门,他在这个门内的小房间召见大臣。这样,当人们觐见他时,需低头弯腰才行。她在一个隐蔽的地方观看,看到这一幕后,对阿齐兹说:"这样你就是一位伟大的国王了。"臣民得知这一点,以为她已把阿齐兹变成了基督教徒,因此利用计谋把他杀掉。③ 无论是拉丁文的记载还是阿拉伯文的记载,都可以反映出西哥特妇女对阿拉伯高官所产生的影响。穆斯林高官尚且如此,其他普通穆斯林所受到的影响就可想而知了。需要特别指出的是,阿拉伯军人千里迢迢远征而来,一般没有妻室相随,因此,他们与安德鲁斯当地人通婚的现象应较为普遍。

在阿拉伯人征服叙利亚后,征服者维持原有的行政管理机构,征服者与被征服者互相适应的情况也曾发生过。据记载,倭玛亚王朝的第一任哈里发穆阿维叶的妻子是基督教徒,他的财政大臣、医生、诗人也都是基督

---

① 伊本·阿卜杜·哈克姆（Ibn 'Abd al-Hakam,约803—871）,埃及的穆斯林历史学家,曾撰写《征服埃及、北非和西班牙》（*The History of the Conquest of Egypt and North Africa and Spain*）,被认为是保存至今的最早的阿拉伯伊斯兰历史著作之一。

② "The Chronicle of 754," in *Conquerors and Chroniclers of Early Medieval Spain*, p. 136.

③ Olivia Remie Constable, ed., *Medieval Iberia: Readings from Christian, Muslim, and Jewish Sources*, pp. 39 - 40.

教徒。① 对于叙利亚的这种情况,《阿拉伯—伊斯兰文化史》的作者艾哈迈德·爱敏如此描述:"由于被征服各民族的文化比阿拉伯人的高,社会组织较为严密,所以被征服国的文化与制度便自然地居于统治地位。又由于阿拉伯人为战胜者的有利一方,所以他们有权力改变各种制度以适应他们的情况。因此,伊斯兰统治以前各地的一切制度与系统,如行政机关的组织,依然跟过去一样,行使于被征服各国,甚至到哈里发阿卜杜勒·马立克时代(684—705),各机关的文件,还沿用各国原有的文字。"②

第二,安德鲁斯的基督教徒按照和约缴纳人头税,在阿拉伯人直接控制的地区,基督教徒还要缴纳土地税;穆斯林政府通过设置新的管理人员、进行土地普查等形式来维持这种统治局面。

就安德鲁斯总体而言,可以分为两类地区。一类是那些签约城市和地区,它们实行自我管理,按照和约规定向阿拉伯统治者缴纳人头税。③ 在这些地区生活的主要是西班牙—罗马人,阿拉伯人取代西哥特人对他们的影响较弱,换句话说,他们远离阿拉伯人,就像曾经远离西哥特人一样。那些以农牧业为生的人,他们的生活几乎没有什么变化,还继续榨着橄榄油、饲养着马匹,等等;另外,依前文所述,他们所需要负担的人头税数额并不大。不仅如此,他们的生活在某种程度上还得到了改善。随着阿拉伯人的到来,犹太人获得解放,西哥特王国时期对他们的种种限制得以去除。这样,善于经商的犹太人又恢复了在偏远地区间的穿针引线,使得各地区间互通有无,便利了这些地区人们的生活。④

另一类是阿拉伯人直接统治的地区。这类土地包括从前的西哥特王室领地,711年、712年征服战争中被杀死的大贵族以及被穆萨处决的大贵族的土地;科尔多瓦、托莱多这样一些军事要冲、政治中心所在地。处于阿拉伯人直接统治之下的基督教徒,由于信仰问题不能参加阿拉伯人的军队,因此其生活方式主要是耕种土地,除了缴纳人头税之外,还需要缴纳土地税。关于这部分基督教徒所交土地税的数额,目前还没有相关资料可

---

① 菲利浦·希提:《阿拉伯通史》上册,第214页。
② 艾哈迈德·爱敏:《阿拉伯—伊斯兰文化史》第1册,纳忠译,商务印书馆2001年版,第101页。
③ Roger Collins, *Early Medieval Spain*, *Unity in Diversity*, *400 – 1000*, p. 162.
④ Richard Hitchcock, *Mozarabs in Medieval and Early Modern Spain:Identities and Influences*, p. 12.

以证实。但是，倭玛亚王朝时期阿拉伯帝国税收制度的总体情况可以为我们提供一个大致的参照。大体说来，帝国的税收基本分为三类：高额土地税、低额什一税、人头税。阿拉伯穆斯林耕种公地者，缴纳低额什一税；异族穆斯林耕种公地者，缴纳高额土地税，免交人头税；非穆斯林若不耕种土地者，仅交人头税，若耕种土地，兼交高额土地税。高额土地税通常按面积征收货币地租或实物地租，税额一般为收成的 40%—50%。① 在安德鲁斯，为了方便征税，省督侯拉（716—718）在西哥特行政体系之外设立了"法官"，负责向埃布罗河以南、以西的半岛地区收税。②

在征服后的最初几年里，安德鲁斯行政管理混乱，一些征服者群体无视相关规定，强占被征服者的土地财产。因此，随着时间的推移，某种形式的清查成为必需，以便以此为依据进行一定程度的税额调整。省督赛姆赫（718—720）在翻越比利牛斯山远征之前，这种调查已经开始。编年史家记载，他对整个半岛进行了一次"官方普查"（census），以便战利品分配正式有序地进行。③ 按照罗马帝国后期的词义，"a census" 一词与其说是为了精确计算人口，不如说是为了有效征税。这次普查登载了地产的数量，用来作为估算税额的依据，以期减少乱收税的现象。据说在省督叶海亚（725—728）时期，整治税收很有成效。此外，《754 年编年史》还记载，叶海亚没收了一些穆斯林占领的土地，并还给基督教徒。④ 当然，对于如何看待这种做法，可以有两种不同的观点：一种观点是从正义、友善的角度来解释；另一种观点则认为纯粹是为了给征服者增加税收，因为如上所述，基督教徒的土地要交高额土地税，而阿拉伯穆斯林的土地只交低额什一税。把安德鲁斯省督的做法与此时倭玛亚王朝的总体政策联系起来进行考察，似乎第二种观点更有道理。通常说来，哈里发希沙姆（724—743）时期的特点是想方设法增加倭玛亚国家的收入。安德鲁斯的治理政策和措施不仅仅是为了解决征服带来的问题，它们也是整个阿拉伯帝国进程的一部分。

第三，除了税收上的区别对待之外，基督教徒在很大程度上享有宗教

---

① 纳忠：《阿拉伯通史》上册，商务印书馆 1997 年版，第 326—327 页。
② "The Chronicle of 754," in *Conquerors and Chroniclers of Early Medieval Spain*, p. 136.
③ Ibid., p. 138.
④ Ibid., p. 141.

信仰的自由。①

前文提到的《塔德米尔和约》以及哈立德与大马士革守军和居民订立和约都尊重并保护被征服地区的宗教信仰。但是，从倭玛亚王朝执政时期叙利亚地区的情况来看，征服者穆斯林对于被征服地区基督教徒的政策是随着时间推移而有所变化的，最初简明的管理吉米人的协定为复杂而森严的"界限"所代替。其中最著名的是哈里发欧麦尔二世（717—720）颁布的所谓"欧麦尔契约"。契约以基督教徒的口吻，做出如下规定："我们不得在城市及其附近新建任何修道院、教堂，以及修女或修士修习场所；这类已有旧建筑如已破旧，或是处于穆斯林居住区，也不得进行修葺，无论昼夜……我们不得模仿穆斯林的衣着，不得穿戴加兰苏瓦帽（qalansuwa）、头巾、足饰，也不得将发束分开；我们不得模仿他们讲话，也不能有尊名（kunyas）……无论在任何地方，我们不得随意变更装束；祖奈尔（zunnar）必须系于腰间。我们不得在穆斯林地区的任何道路、市场上显露十字架和书籍；教堂钟声不得过大；在礼拜过程中，或在穆斯林面前，我们要轻声细语；送别死者也要保持安静；我们不能在穆斯林居住的街道或市场中随意照明；下葬死者，需要与穆斯林墓地保持距离。"②该法规常常被当作穆斯林与基督教徒关系恶化的重要依据。

安德鲁斯是否也曾经存在过类似"欧麦尔契约"这样的法规？鉴于阿拉伯帝国在政策上的一致性，有理由给出肯定的推测。即便如此，考虑到法律规定与社会现实之间常常存在较大的差异，可以相信，这种针对基督教徒的法律控制并不一定意味着他们的实际状况每况愈下。关于8世纪、9世纪初安德鲁斯基督教徒与穆斯林的互动情况，穆斯林编年史家有一些记载，拉丁资料也提供了很多相关信息③，我们可以据此分析基督教徒实际的信仰生活。

这里以首都科尔多瓦的情况来说明。711年，穆斯林占领征服科尔多

---

① 有关这一论题，本人曾做过简要的探讨，参见夏继果《711—1031年的科尔多瓦：穆斯林与基督徒的互动与共生》，刘新成主编《全球史评论》第5辑，中国社会科学出版社2013年版，第180—182页。

② Olivia Remie Constable, ed., *Medieval Iberia: Readings from Christian, Muslim, and Jewish Sources*, pp. 43–44.

③ 拉丁资料主要见于欧洛吉亚和阿尔维律的记载。本文所引用的相关资料主要转引自美国史学家肯尼斯·巴克斯特·沃尔夫的《穆斯林西班牙的基督殉教者》（Kenneth Baxter Wolf, *Christian Martyrs in Muslim Spain*）。

瓦，该城的西哥特贵族大多选择逃走，但其他众多的基督教徒并未跟随。总的来看，对于城内基督教徒的宗教生活和日常世俗生活，穆斯林政府并没有进行严格而持久的限制。宗教建筑的设立与修建情况能够反映一些信息。著名的科尔多瓦清真寺是如何修建的？穆斯林编年史家拉齐记载了相关情况。他提到，征服者最初挪用圣文森特基督教教堂的一半为清真寺，供穆斯林士兵祈祷之用。但是在接下来几十年的时间里，清真寺越来越拥挤，埃米尔遂与基督教社团的领导人谈判，寻求解决问题的办法。最终达成了一致意见：埃米尔同意赔偿一些现金，并答应重建在征服中毁坏的一所郊外的教堂，基督教徒则答应把圣文森特教堂的另外一半让给穆斯林。埃米尔接下来命令拆毁教堂，修建新的清真寺。[①] 在欧洛吉亚的记载中，提到了至少13个不同的基督教宗教机构，它们都靠近科尔多瓦市区：4个长方形会堂 (basilicae)，9个修道院，其中至少有两处是他小时候能记事之后建造的。而阿拉伯史学家伊本·哈扬在特地考察了科尔多瓦城内城外的教堂后认为：如果说最初的征服者拆毁了除圣文森特之外的所有教堂，那么后来的统治者则允许重建它们。[②] 另外，为了满足基督教信仰者的需要，科尔多瓦各教堂的钟声照常响起，提醒着祈祷时间已到。基督教徒葬礼队列可以经过邻近的穆斯林居住区。从着装方面说，除教士外，科尔多瓦基督教徒的衣着打扮肯定非常像科尔多瓦穆斯林。[③] 由此可见，"欧麦尔契约"中的诸多规定并没有在科尔多瓦实施。

正是由于生活在这样的宗教信仰环境之中，在本文研究的时间范围内，安德鲁斯基督教徒改宗伊斯兰教的比例是很低的。迄今为止，在安德鲁斯基督教徒改宗问题的研究中，最具权威性的成果是美国历史学家理查德·W. 布利特于1979年出版的《中世纪时期的改宗伊斯兰教：一项计量史的研究》。他利用该时期的阿拉伯传记词典，来研究阿拉伯世界各地的家庭采纳穆斯林姓名的比率。他认为，某一家族中，姓名从非穆斯林转为穆斯林的那一代人即为改宗的一代人，并据此勾勒了叙利亚、埃及、北非和安德鲁斯改宗伊斯兰教的人口比率的曲线图。在布利特看来，与前面几个地区相比，安德鲁斯显示出了一些不同的特点："从政治上说，它既

---

① 转引自 Kenneth Baxter Wolf, *Christian Martyrs in Muslim Spain*, p. 6.
② Ibid., p. 13.
③ Ibid., pp. 12 – 13.

不属于拜占廷帝国也不属于萨珊帝国；从宗教上说，它属于基督教的拉丁分支，那些归附到伊斯兰教的其他地区几乎对该分支一无所知；从种族上说，其西班牙—罗马人和日耳曼人与伊斯兰世界其他地区的土著人没有重要的联系。总之，西班牙与其他地区的唯一相同之处在于，它被吸纳为穆斯林阿拉伯人统治的一个地区。"但是，这里人们"取名的模式与东部地区是具有相似性的"。① 从改宗曲线图来看，叙利亚和埃及的曲线达到峰值的时间比安德鲁斯早70年左右，这与征服的时间早晚大致相当。他的研究显示，到767年，安德鲁斯总人口中只有10%是穆斯林，到864年穆斯林才达到该地总人口的20%—30%。② 布利特进一步指出，改宗是一个社会现象，而不完全是个人信仰问题；改宗者从一个社会群体转换到另一个社会群体，改变了自己的社会关系和经济机会。③ 换句话说，基督教徒之所以改宗伊斯兰教，在很大程度上是为了得到更好的发展机会，特别是在政治上、经济上。

第四，安德鲁斯的基督教会仍然如征服以前那样正常运行，托莱多一如既往地在国家的宗教生活中占据重要地位，神职人员并没有把穆斯林的征服视为一种宗教威胁。关于这一点，本文将在下文予以详细分析。

三

要理解基督教神职人员在穆斯林入侵和统治过程中所扮演的角色，需要综合各种史料分析。穆斯林大军压境时，托莱多的都主教是辛德里德。但在穆斯林征服后不久，他于712年逃往罗马，"就像一个雇佣工而不是一位牧羊人……抛弃了基督的羊群"。④ 这是因为宗教迫害还是其他原因导致的？《中世纪和近代早期西班牙的穆札勒布人》一书认为，辛德里德的逃离主要是因为政治斗争的失败。在威提萨派与罗德里克派的斗争中，辛德里德站在罗德里克一边，罗德里克就是由他加冕的。罗德里克倒台后，在穆斯林统治下，威提萨派得到慷慨的封赐，辛德里德在伊比利亚半

---

① Richard Bulliet, *Conversion to Islam in the Medieval Period: An Essay in Quantitative History*, Cambridge: Harvard University Press, 1979, pp. 114 – 115.
② Ibid., p. 124.
③ Ibid., pp. 33 – 42.
④ "The Chronicle of 754," in *Conquerors and Chroniclers of Early Medieval Spain*, p. 132.

岛基督教会的首领地位明显打了折扣，只好一走了之。"像辛德里德那样一位在基督教会中处于显赫地位的人放弃在托莱多的宗座而定居罗马，并不一定证明宗教迫害的存在。没有证据说明穆斯林参与了导致他离开的政治上的钩心斗角。"① 不仅如此，有资料证明辛德里德的逃离只是个偶然事件。保存于马德里的手抄本《埃米利安之书》（Codex Emilianense）中排列着前后相承的托莱多都主教的姓名，一直到926年。② 它说明，托莱多基督教会的秩序并没有因为穆斯林征服而被打乱。

史实也的确证明，托莱多教会在安德鲁斯的大小事务中扮演着重要角色，不断提升自己的地位。穆斯林征服后，科尔多瓦取代托莱多，成为安德鲁斯的政治中心。但是，托莱多神职人员仍然像西哥特王国后期一样，管理着伊比利亚半岛基督教会的事务。在萨拉戈萨，基督教徒按照犹太教的惯例，拒绝吃动物的血和窒息而死的动物的肉，认为这不干净，托莱多助祭艾旺提乌斯（Evantius）写信予以警告。约750年，托莱多的另外一位助祭彼得把一长篇专论送往塞维利亚，内容是关于如何确定复活节的日期。而在764年，科尔多瓦人菲利克斯（Felix of Cordoba）写信给彼得，旨在搞清楚一个问题：科尔多瓦的基督教徒"与犹太人一起斋戒"，这种做法正当吗？③

以上事例至少可以说明：一方面，以托莱多为中心的基督教会还在正常运转；另一方面，基督教会所关心的主要问题是犹太教教规对基督教习俗的影响，而这类问题是305年艾尔维拉会议以来半岛的基督教会所一直关注的。通过下面关于"嗣子说"的争论，我们还会进一步看到，该时期安德鲁斯基督教会所探讨的问题都是穆斯林征服之前基督教教会所面对的，没有什么新的东西。

其实，8世纪的托莱多教会之所以声名显赫，更多地是因为它卷入了"嗣子说"这样一个传统问题的争论。"嗣子说"最早出现在3世纪，认为基督是普通的人，因尊奉上帝的意旨舍身钉死在十字架上替人类"赎罪"，于是上帝纳他为嗣子。"嗣子"一词在伊比利亚半岛也是人所熟知的，塞维利亚的伊西多尔为代表的一批著名学者就参与过嗣子说的争论，

---

① Richard Hitchcock, *Mozarabs in Medieval and Early Modern Spain: Identities and Influences*, pp. 20 - 21.
② Ann Christys, *Christians in al-Andalus 711 - 1000*, pp. 21, 27.
③ Ibid., pp. 23 - 24.

并形成了西哥特神学的三位一体说。在675年的托莱多宗教会议上，嗣子说的讨论成为一个重要议题。① 穆斯林征服以后，在艾里潘都斯任托莱多都主教时期（754—约800），这种争论在更大的范围内展开。艾里潘都斯主张耶稣基督既然由马利亚所生，就不能称作上帝的儿子，只能说是上帝的嗣子或义子。与此同时，乌戈尔主教菲利克斯（Felix of Urgel）在其宗座宣传艾里潘都斯的学说。789年之后，乌戈尔转属法兰克加洛林王朝的统治范围之内，从此，加洛林教会积极干预嗣子说的争论。792年，菲利克斯被召往雷根斯堡，当着查理曼和著名学者阿尔克温的面捍卫自己的观点。据说，阿尔克温之所以在加洛林宫廷占有一席之地，部分原因在于他给艾里潘都斯及伊比利亚半岛的主教们写了若干信件，谴责嗣子说。也正因为这样，他保持对嗣子说的狂热的反对态度。他把给艾里潘都斯的一封信扩充为一本书，以便更广泛的读者阅读。他还请求查理曼批驳菲利克斯。从此开始了菲利克斯与阿尔克温的长期辩论，阿尔克温在这一过程中写成了《斥乌戈尔主教菲利克斯七卷书》。在795年的法兰克福教会会议和799年的亚琛教会会议上，嗣子说进一步遭到驳斥。

面对来自法兰克人的批评，伊比利亚半岛的教士团结起来。在法兰克福教会会议之后，艾里潘都斯及其同事给查理曼写了一系列信件，进一步表明自己的态度。但是，到此时，对伊比利亚半岛教会来说，嗣子说的争论已渐渐变得不重要了，它"最终陷入了一种防御状态，在查理曼因文化复兴……而享有文化霸权的形势下，保护着一种古老的传统"。这样，嗣子说的争论变成了基督教内一个传统与另一个传统的对垒，到8世纪末，比利牛斯山两侧已处于两个不同的"基督学"世界。②

有一种假说，即认为穆斯林征服引发了嗣子说的争论。但在现存有关嗣子说争论的文献中，没有支持上述观点的证据，参加争论的主要人物中没有人认为争论是711年的穆斯林入侵所导致的。③ 嗣子说的争论给我们提供了一个典型案例，通过它可以看到，在穆斯林征服后，伊比利亚半岛

---

① 伯克富：《基督教教义史》，赵中辉译，宗教文化出版社2000年版，第81页。
② Ann Christys, *Christians in al-Andalus 711 – 1000*, pp. 24 – 26.
③ Ann Christys, *Christians in al-Andalus 711 – 1000*, p. 26. 参见 Dominique Urvoy, "The Christological Consequences of Muslim-Christian Confrontation in Eighth-Century Spain," in Maribel Fierro and Julio Samso, eds., *The Formation of al-Andalus*, Part 2: *Language, Religion, Culture and the Sciences*, Aldershot: Ashgate Publishing Limited, 1998, p. 37。

的基督教会仍然继续着古老的宗教论争,教会的正常运转并没有遭到破坏。不仅如此,安德鲁斯的基督教会仍然与比利牛斯山以北的教会保持着密切的联系,其联系并没有因穆斯林征服而中断。

通过上述分析,我们可以发现一个非常有趣的现象。一方面,安德鲁斯的基督教神职人员在古老的宗教问题上投入了很高的热情,争吵不断;另一方面,他们对于作为一种新宗教的伊斯兰教却鲜有提及,也没有把穆斯林在伊比利亚半岛的出现看成是一种宗教威胁。以下将通过两部拉丁编年史的记载来进一步说明。

《741年编年史》[①]和《754年编年史》试图秉承始于攸西比乌斯的流行的编年史传统,关注地中海政治史以及维持帝国霸权所面临的各种挑战。《741年编年史》的内容在西方始自西哥特国王里卡里德在位,在东方则始自拜占廷皇帝希拉克略登基。它较为详细地记载了希拉克略打败波斯人以及穆斯林军队在叙利亚和北非的扩张。萨拉森人[②]"牢固地控制了入侵的地区,在宏伟的叙利亚城市大马士革建立了王国"。作者叙述这件事时没有任何感情色彩,似乎萨拉森人统治叙利亚与希拉克略此前统治该地区一样具有合法性。关于征服伊比利亚半岛,作者只用一句话概括:"哥特王国在西部地区,即西班牙建立起了长期而稳固的统治,但遭到一位名叫穆萨的将领所率军队的入侵,并且被征服,缴纳贡赋。"[③] 关于伊斯兰教,该编年史只有寥寥数语:"今天,萨拉森人膜拜穆罕默德,在他们的所有圣礼和经典中,都认定他是上帝的使者和先知。"[④]

《754年编年史》的内容开始于610年拜占廷皇帝希拉克略登基,全书通篇以拜占廷皇帝登基为框架。在编年史的大部分内容中,拜占廷、西班牙和伊斯兰帝国的历史是平行发展的,在每一章中依次讲述。该书涉及了拜占廷人、穆斯林征服叙利亚和哈里发的更替,但所关注的重点并不是这些事件本身,只是利用它们建立一个世俗的年代参照系统,把西哥特国

[①] 与《754年编年史》一样,该书也是研究8世纪安德鲁斯的重要资料。但因过于简短,其价值逊色于《754年编年史》。此书目前还没有英文译本。

[②] "萨拉森人"原指从今天的叙利亚到沙特阿拉伯之间的沙漠游牧民族,伊斯兰教兴起后,特别是11世纪末开始的十字军东征之后,以基督教信仰为主的欧洲人普遍用"萨拉森人"指代西亚和北非的穆斯林。

[③] John V. Tolan, *Saracens, Islam in the Medieval European Imagination*, New York: Columbia University Press, 2002, p. 80.

[④] Kenneth Baxter Wolf, "Christian Views of Islam in Early Medieval Spain," p. 87.

王放到这样一个框架中，以东方的资料将西班牙史变成一部普世编年史。在穆斯林征服后的时期，编年史家主要关注的是安德鲁斯，因此该书是了解这一时期的安德鲁斯，特别是安德鲁斯的基督教徒的最好资料。关于征服者的宗教身份，《754年编年史》的着墨甚至更少：7次提到穆罕默德，其中只有一次把他说成是先知。① 当述及穆斯林与基督教徒的军事相遇时，也没有划分宗教界限。它提到的各个群体都是按种族来划分的，例如提到穆斯林时，所用的词是阿拉伯人（Arabes）、萨拉森人（Sarraceni）、伊斯玛仪人（Ishmahelitarum），这些词交替使用。② 它用摩尔人（Mauri）一词来称呼作为征服者军队中占主体的柏柏尔人。同样地，对于穆斯林在欧洲遇到的人们，它更多地用哥特人（gothi）、法兰克人（franci），而不是基督教徒（christiani）。编年史中并没有使用"异教徒"（pagani、ethnici、gentiles）、"无信之人"（infideles）这样一些词。③

编年史家没有刻意界定入侵者的宗教身份，因此，在叙述基督教徒—穆斯林的军事冲突时，并没有从宗教的角度来进行分析。作者提到了一个叫乌尔班（Urban）的人，此人"是非洲地区最高贵的人，从小笃信基督教，但在穆萨征服西班牙期间，他一直伴随左右"，在这种叙述中让人感觉不到谴责的意味。④ 关于人们所熟知的普瓦提埃战役（也称"图尔战役"），编年史的全部记载如下：

> 阿卜杜·拉赫曼⑤……长驱直入法兰克土地，与厄德在加伦河、多尔多涅河北岸遭遇了。有多少人死亡或者逃离，只有上帝才知道，厄德本人也迅速溜掉了。在追击厄德的过程中，阿卜杜·拉赫曼决定毁掉图尔——拆毁其宫殿、焚烧其教堂。在这里，他遭遇一位名叫查

---

① Kenneth Baxter Wolf, "Christian Views of Islam in Early Medieval Spain," p. 87; "The Chronicle of 754," in *Conquerors and Chroniclers of Early Medieval Spain*, p. 115.

② 在伊斯兰教兴起之前很久，这几个词已成为地中海世界的常用词。在罗马人看来，"萨拉森人"一词所含有的"游牧民族"的意味是"阿拉伯人"一词所不具备的。在罗马犹太人和基督教徒的影响下，"伊斯玛仪人"一词被吸纳进拉丁语。

③ 参见 "An Andalusian Chronicler and the Muslims," in *Conquerors and Chroniclers of Early Medieval Spain*, pp. 36 – 37; Kenneth Baxter Wolf, "Christian Views of Islam in Early Medieval Spain," p. 88.

④ "The Chronicle of 754," in *Conquerors and Chroniclers of Early Medieval Spain*, p. 134.

⑤ 安德鲁斯省督（730—732），即通常所说的加菲吉。

理的奥斯特拉西亚官相。① 查理年轻时就是一位杰出的军人,谙熟军务,被厄德招募到这里。在近七天的时间里,双方不断通过袭击来消耗对方。最终,双方摆开阵势,战斗惨烈。北方人坚不可摧,就像寒冷地带的冰川。眨眼之间,他们就用刀剑击败了阿拉伯人。奥斯特拉西亚人人数更多,武装精良,他们找到国王阿卜杜·拉赫曼,击中其胸部,了结其性命。无数阿拉伯人的帐篷就在眼前,突然之间,法兰克人收起了剑,因为在战斗的过程中天色已晚,他们要把战斗推迟到翌日进行。这一举动的确可恶至极。翌日黎明,睡醒的欧洲人发现阿拉伯人的帐篷和天篷完全是昨日的模样。他们不知道里面其实已空无一人,还在设想里面的萨拉森人正严阵以待。他们派人前去侦察,发现伊斯玛仪人的军队已全部撤离。的确,敌人利用夜色掩护密集地撤离了,回到了自己的国家。由于担心遭到萨拉森人的伏击,欧洲人小心谨慎地四处搜寻,但一无所获。他们决定不再追击萨拉森人,带上掳获物——他们之间分配公平——回归自己的国度,一路狂欢。②

可以看出,作者尽管责怪查理·马特没有乘胜追击,但并没有把法兰克人描绘成专门为解救伊比利亚半岛基督教徒而来的虔诚信仰基督的人。但是,从爱德华·吉本开始,西方学者从基督教文明与伊斯兰文明对立的角度解读此次战役的风气渐次成型。"吉本和后来的许多史学家都说,假若阿拉伯人在此战役中获胜,那么,你在巴黎和伦敦看到的,会是些清真寺,而不是些大教堂;你在牛津和其他学术中心地听到的,会是《古兰经》的讲解,而不是《圣经》的解释。"③

《754年编年史》描述穆斯林哈里发政权及统辖地区时所使用的政治术语也没有任何暗示其宗教色彩的意味。例如,关于大马士革哈里发帝国及其安德鲁斯省的"统治",它使用的是 regnum 一词,与刚刚被推翻的西哥特政权和阻止了阿拉伯人北上的法兰克政权的"统治"没有什么明显的区别;它用 imperium 来指代穆斯林"帝国",与指代拜占廷帝国的用词没有什么区别,尽管穆斯林帝国规模很大,帝国内的民族差异性很大;

---

① 即法兰克宫相查理·马特。
② "The Chronicle of 754," in *Conquerors and Chroniclers of Early Medieval Spain*, pp. 145 – 146.
③ 菲利浦·希提:《阿拉伯通史》下册,第456页。

它指代大马士革哈里发和马格里布总督时的用词有时是"元首"（princeps），提到穆斯林省督、军事将领时，用词通常是"首领"（duce）。①在评价大马士革哈里发或科尔多瓦省督的作为时，它从维持秩序和镇压叛乱的角度来评价其成效，全然不提他们的宗教信仰和他们对基督教徒臣民的态度。②

但是，《754 年编年史》并非不关心宗教问题。关注宗教问题是拉丁编年史的重要传统之一，在攸西比乌斯那样的早期编年史家的著作中，不乏提到早期基督教世界所遭到的宗教威胁。《754 年编年史》也多次提到穆斯林入侵之后安德鲁斯所出现的种种新的宗教现象。例如，721 年，一个名叫塞里努斯的人宣称自己是"弥赛亚"，号召犹太同胞卖掉财产，跟他一起前往"应允之地"。③ 前文曾提到，750 年助祭彼得教导塞维利亚基督教徒如何确定复活节日期，这也记载于该编年史。在安德鲁斯，为宗教异说而烦扰，但对于伊斯兰教却不予提及，这种现象并非仅仅出现在《754 年编年史》中，前面提到的关于"嗣子说"争论中的各种文件都反映出这种现象。

为什么安德鲁斯的基督教徒，特别是神职人员，只关注基督教业已存在的一些问题、基督教新出现的异端，而不关注征服者穆斯林的宗教信仰呢？其实，这是本文前述历史进程的自然结果，或者说，本文前面的论述已充分回答了这一问题。所谓的穆斯林征服并不完全凭借其军事力量，在许多地方，征服是通过签订和约的手段完成的。像在阿拉伯帝国东部地区一样，安德鲁斯的统治者同样奉行"吉米制"，基督教徒除了缴纳人头税之外，不仅保留了其土地和财产，而且还保留了相当的宗教自由；基督教会也正常进行宗教活动和行使自己的权力。或者可以这样说，基督教徒的信仰生活在相当程度上并没有受到 711 年权力更替的影响。

总结全文，可以得出如下结论。在穆斯林统治安德鲁斯的初期，征服

---

① "An Andalusian Chronicler and the Muslims," in *Conquerors and Chroniclers of Early Medieval Spain*, pp. 38 – 39.

② "The Chronicle of 754," in *Conquerors and Chroniclers of Early Medieval Spain*, pp. 146 – 147, 156.

③ Ibid., p. 140.

者穆斯林与被征服的基督教徒基本保持着一种和平相处的关系。或者说,当时不存在伊斯兰教与基督教的冲突,基督教徒并没有把征服者看成是一种宗教威胁。从这个意义上说,穆斯林征服伊比利亚半岛只是一次普通的军事征服,并不存在所谓的"文明的冲突"。

(原载《历史研究》2014年第2期,第126—142页)

"东西方文明对立"下的东亚联盟论

史桂芳

日本近代有两大社会思潮,"脱亚入欧"与"亚洲主义",两者看待西方文明的角度不同,前者要"与西方文明诸国共进退",以西方对待亚洲方式对待自己的邻国;后者以"东西方文明对立"、人种不同为前提,鼓吹亚洲是亚洲人的亚洲,排斥西方列强、让日本"独享"亚洲利益,其最终目标都是为日本对外扩张制造理论根据。国内学界对日本近代的"文明开化"、"脱亚入欧"研究颇多,而对于同时代的亚洲提携、联合思想的研究则比较薄弱。① 近代以来,日本不断在对外侵略战争获取利益,推进其近代化与军事发展。随着国力的增强,日本对外政策重点逐渐由"脱亚"变为"归亚",企图"独霸"亚洲乃至称雄世界。中日战争时期,日本出现了以东亚提携为幌子的各种侵略理论,为政府扩张政策服务。这里就中日战争时期影响较大的东亚联盟论做一探讨,揭示其以东西方文明对立、摆脱"白人帝国主义"压迫为名,企图长久统治中国、称霸世界的本质。

一 东西方文明对立思想的产生与发展

在日本选择以西方文明为目标、建设近代民族国家时代,国内也存在

---

① 目前国内涉及亚洲主义与东亚新秩序的著作主要有:史桂芳著《同文同种的骗局——日伪东亚联盟运动的兴亡》(社会科学文献出版社2002年版),王屏著《近代日本的亚细亚主义》(商务印书馆2004年版),林庆元、杨齐福著:《"大东亚共荣圈"源流》(社会科学文献出版社2006年版);以及若干篇论文。

着亚洲"连带"的思潮。"脱亚入欧"与"亚洲连带"是贯穿日本近代的两大思潮,而两者看待西方文明的角度不同,但是,他们都基于维护日本利益的立场,包含着先亚洲大陆扩张的目的,只是手段不同而已。在日本实行大陆政策中起了助纣为虐的作用。

日本的亚洲"连带"思想以维护日本自身利益为根本目的,与中国联合是"振兴"日本的手段。日本亚洲主义打着所谓"连带"、"合作"的旗号,并非"和睦"、"敦睦"的平等联合,而是要求中国等亚洲国家忠于、服从日本天皇。日本最早的"兴亚"组织为1877年成立的"振亚社",该组织称在"亚细亚萎靡衰退之时,竟无人使之协同共进,兴起振作",因而要以"兴亚"为起点,对抗西力东渐,振兴亚洲。[1] 由于打着振兴亚洲、对抗西方的旗号,曾引起中国的关注,驻日公使何如璋派代表出席成立大会。

甲午战争后,亚洲联合进一步成为日本对外侵略的借口,"东洋是东洋人的东洋。东洋人有独自决定东洋问题的权力,与美洲的门罗主义是同样的意思。在东洋实现亚细亚门罗主义的责任有贵(指中国,引者注)我两国来承担。现今形势下要实行并非易事,但是,我们的最终目的就在于此"[2],认为东西方人种、文明都是对立的,未来世界上就是黄白两个人种的竞争和战争,"最终是黄白两人种的竞争。在这个竞争中,无论支那人还是日本人,都要认识到白人是仇敌",中日人种要共同对抗西方,"支那的存亡非与他人休戚与共,而是与日本人自身的利害相关"[3]。日本不仅要"领导"亚洲,还要向世界发展,"日本耸立于东亚之一隅,雄飞于世界万国"[4]。1896年7月,《世界之日本》创刊,正是这种扩张心理的表现。

甲午战败,中国人一方面对败于"东夷小邦"、"蕞尔三岛"不服气,另一方面又感慨日本维新后的迅速发展,希望通过学习日本使中国富强。日本的亚洲联合思想引起了中国维新派、革命党人的共鸣。郑观应认为:"同在亚洲,互相攻击,唇亡则齿寒,徒为渔人得利。中国宜开诚布公,

---

[1] 《兴亚公报》,1880年3月14日,第4页。
[2] 近卫笃麿:《近卫笃麿日记》第2卷,鹿岛研究所出版会1969年版,第195页。
[3] 近卫笃麿:《同人种同盟——附支那问题研究の必要》,《太阳》第4卷第1号,1898年1月出版,第3页。
[4] 《近代日本思想史讲座》第8卷,筑摩书店1961年版,第30页。

勿念前仇，亦与日合以践兴亚会之约，庶不为西半球各国所侵害也"①。1898年4月，维新派与在华日本人成立了"上海亚细亚协会"，将"联中日之欢，叙同文之雅，诚亚洲第一盛事，兴起之转机也"②。康有为、孙中山等人，从摆脱西方列强压迫的角度出发，都曾经与日本亚洲联合论者有过接触，并在一定程度上与这种思想产生共鸣。

20世纪初，日本著名的文化学者、美术专家冈仓天心提出了"亚洲一体论"，鼓吹亚洲各国在日本的"领导"下实现复兴。冈仓天心通过比较东西方的民族、文化和历史，得出日本文明高于西方文明、日本人的智力、体力优于西方人的结论，"我们的知识分子可以与西方人相匹敌，东方人不仅在耐力、手的灵巧方面比西方人强，即使在体力上也不亚于西方人，西洋国家最强的拳击手、摔跤手也难与日本的柔术家相匹敌"③，东方文化比西方文化优越。既然东方民族、文化都很优越，为什么东方国家却普遍遭受西方侵略呢？冈仓天心认为，这是由于东方文化的宽容，并不是东方文化有什么弱点，是东方文化的优越使东方人以宽容之心对待西方的侵略，"东洋诸民族没有对于西洋的侵略进行鲜明的抵抗，实际反映了东洋诸民族的强有力和优越。东洋诸民族形成的自由本能，使他们认为与其与西欧诸民族在战场上相见，不如首先与其调和"④。现在亚洲各国都遭受白人的侵略和奴役，不能仅以宽容之心待之，要扫除白种人的威胁，需要亚洲各国携起手来，"如果亚洲诸国相互孤立，就不能理解整个亚洲的危险状况"⑤。"亚洲一体论"主张日本与亚洲为伍，共同抵抗西方侵略之名，实际是为日本扩张寻找根据。太平洋战争后，日本的"文学报国会"发起"爱国百人一首"、"国民座右铭"等运动。所谓"国民座右铭"就是一年365天，每天选择一句名言让国民背诵、牢记，从精神上支持战争。其中就有冈仓天心的"亚洲一体"。选编者认为"这句话是天心怀着解放亚洲十亿人的赤子之心而发出的伟大呼声，这样的呼声只有作为日本人的天心才能发出。我们怀着崇敬的心情回想起神国日本的伟大使

---

① 郑观应：《盛世危言》卷七，上海古籍出版社2008年版，第7—8页。
② 王晓秋：《近代中日关系史研究》，中国社会科学出版社1997年版，第185页。
③ 冈仓天心：《东洋の觉醒》，龟井胜一郎、宫川寅雄编：《明治文学全集38·冈仓天心集》，筑摩书房1968年版，第75页。
④ 《冈仓天心集》，第75页。
⑤ 同上书，第69页。

命"①。"亚洲一体"是以藐视亚洲邻国、维护日本利益为目的。

1916年小寺谦吉出版《大亚细亚主义论》，标志着"亚洲主义"正式形成。亚洲主义以种族、文化对立为前提，声称黄白人种之争是未来世界的发展趋势，亚洲是亚洲人的亚洲，应把白种人驱逐出亚洲，以实现亚洲的联合与解放。"实现亚细亚之大联盟，以当西洋之势力，为最终之目的。然其主义之为平和的主义，固不待言者"②。为了亚洲联合，日本现在首先需要"帮助"、"指导"中国，使其与日本一道，实践"亚洲主义"。"大亚洲主义之当面急务，所以首先图中日两国之结合，以之为中心势力，而图黄色人种之繁荣，以当欧美列强之世界的帝国主义"③。李大钊曾经一针见血地指出：大亚洲主义是大日本主义的复名，"不是和平的主义，是侵略的主义；不是民族自决主义，是吞并弱小民族的帝国主义；不是亚细亚的民主主义，是日本的军国主义"④，揭露日本假大亚洲主义之名，谋亚洲霸权的之实的目的。

20世纪30年代，日本发动侵华战争，亚洲主义演变为各种东亚协同、联合思想，它们皆鼓吹东西方文明对立，日本民族、文化优秀，要"领导"同文同种的亚洲邻国驱逐白人帝国主义，为实现日本长期统治中国、称霸东亚乃至世界提供理论基础。其中东亚联盟的理论形态最为完备、组织机构严密、活动频繁，成为日本政府"建设东亚新秩序"的理论依据，是汪精卫集团叛国投敌的政治借口。

东亚联盟论由"九一八事变"的策划者、著名的"谋略家"石原莞尔提出。这一理论的前提是东西方文明冲突、东西方文明要进行最终决战。石原莞尔毕业于近代日本最著名的军事学府陆军大学，被认为是"陆大创办以来，从未有过的优秀人才"⑤。1922年赴德国留学，专门研究战史。因策划"九一八事变"声名大振，后因与东条英机（1884—1948）矛盾不断激化被东条英机逐出军界。有日本学者认为："如果条件具备，他（指石原莞尔）可能成为日本的希特勒、墨索里尼，成为日本

---

① 竹内好：《日本とアジア》、ちくま学艺文库2004年版，第397页。
② （日）小寺谦吉著：《大亚细亚主义论》，中译本，中国百城书舍出版1918年版，第292页。
③ 同上书，第180页。
④ 李大钊：《大亚细亚主义与新亚细亚主义》，《李大钊文集》上，人民出版社1984年版，第609—610页。
⑤ 河原宏：《アジアへの思想》，川岛书店1968年版，第184页。

法西斯的最高政治领导者"①。

　　石原莞尔认为东西方文明是对立的，两种对立的文明不能在世界上同时存在，两种文明的冲突、矛盾最终将导致最后的决战。第一次世界大战后，世界范围内出现了国家联合趋势，由此形成了四个主要的国家集团，即苏联、欧洲集团、美洲集团和东亚集团。这四个国家集团为争夺世界的统治权相互竞争、战争，国家集团之间的战争是准决战。在准决战中取胜者，将进行人类历史上规模最大、最为惨烈的最终决战，争夺对世界的最终统治权。石原莞尔认为赢得准决战胜利的是日本为首的东亚集团和美国为首的美洲集团，苏联和欧洲集团都会准决战时代瓦解，因为"苏联虽然一直努力建设国家，在自由主义向统制主义②发展时期，已经有数百万人牺牲，现在苏联的国民仍被强制做出巨大牺牲，无论斯大林如何竭尽全力进行统治，苏联毕竟如瓷器一样，虽然坚硬却容易破碎"③。而欧洲集团中，德国、英国、法国都很发达，该国家集团的实力是四个国家集团中最为强大的，但是，欧洲集团有其致命的弱点，其内部存在着利益冲突、矛盾重重，这种内耗必然导致其瓦解。因此，能赢得准决战胜利的只有东亚集团和美洲集团。这两个集团分别代表着东西方两种文明，"将围绕究竟谁是世界的中心，挟太平洋进行人类最后的决战，打赢一场规模庞大的战争"④。这是人类历史上的最终决战，这次战争将"决定是日本天皇成为世界的天皇，还是美国总统支配世界，决定人类的最后命运。这是决定究竟由东洋王道还是西洋霸道最终统治世界的战争"⑤，是王道与霸道之战，是东方文明与西方文明的最后决战。经过这次战争，世界走向统一，失败者被彻底摧毁，再无力发动新的战争，人类由此进入永久和平时代。日本是东方文明的代表，必须赢得最后的胜利，用东方文明的王道统治世界，彻底战胜西方霸道。为了赢得最终战争的胜利，日本联合东亚各国，综合运用东亚的力量，以积蓄足以对抗美国为代表的西方文明实力。东亚

---

　　① 秦郁彦：《昭和史の军人たち》，《文艺春秋》，1982 年 7 月版，第 233 页。
　　② 石原莞尔认为，斯大林实行的是统制主义政策，政治上集权、经济上实行国有制。统制主义与自由主义相比，效率更高，但是，国民没有自由，导致国内矛盾丛生。
　　③ 石原莞尔：《最终战争论》，《石原莞尔选集 3》，东京たまいらぼ社 1986 年版，第 45 页。
　　④ 江口圭一：《大系世界の历史》，小学馆 1989 年 5 月版，第 188 页。
　　⑤ 石原莞尔：《最终战争论》，《石原莞尔选集 3》，东京たまいらぼ社 1986 年版，第 45—46 页。

各国为了驱逐白人帝国主义的统治,要自觉服从日本天皇的"领导",实现国防、经济、政治的协同。

石原莞尔不否认日本自古以来就学习中国文化,认为东方文明虽起源于中国,出现过孔子等著名的思想家,但近代以降中国逐渐落后,目前正处于军阀割据状态之中,中国早已将东方文明丢失殆尽。日本却继承和发扬了东方文明,是东亚唯一没有成为殖民地的国家,是东方文明的杰出代表,又有"万世一系"的天皇,有最优秀的"国体",不但能够代表东方文明,而且可以战胜西方文明。

二 东亚联盟的东西方文明观

"东亚联盟"一词最早出现在1933年3月《满洲国协和会会务纲要》中,它提出:"满洲国协和会根据王道主义,向国民彻底地普及建国精神,团结有明确信念的国民,排除反国家思想和反国家运动,以期建成民族协和理想之地,同时向全中国普及民族协和运动,进而扩展到整个东亚,结成东亚联盟,以重建东洋文化,确保东亚的永久和平"[1],认为仅以日本一国之力难以最终战胜以美国为代表的西方文明,东亚各国要在日本"领导"下结成联盟,统筹东亚各国的经济、政治、国防、文化等各方面力量,共同参与对西方"霸道"的决战,使世界"统一"于日本为代表的东方文明下。

1939年石原莞尔发表《东亚联盟建设纲要》和《昭和维新论》,全面阐述了东亚联盟理论。1939年10月,东京成立东亚联盟协会,日本的东亚联盟运动正式开始。

东亚联盟论注重对东方文明基本理念的阐释,认为东方文明最主要的特点是"王道",王道主义是东亚联盟的指导思想,"王道是在日本民族的灵魂与血液中凝结的人类之正确原理,是世界最高的绝对真理。它不仅在日本国内是真理,而且将扩大到全世界,是人类普遍的生存原理,全世界应统一在这个真理下"[2]。王道就是中庸,是不偏不倚,"王道在政治上

---

[1] 山口重次:《民族协和运动と当面の课题》,《东亚联盟》(东京,以下凡是东京出版的《东亚联盟》月刊,不再注明地址)1942年第8期,第27页。

[2] 儿玉誉士夫:《支那事变は如何に解决さるべきか》,《东亚联盟》1940年第2期,第45页。

是联盟各个国家自觉地顺从民众的理性和良心,对最高价值的信赖与服从,是将内治与外治对立观念综合统一起来的观念,是以东洋民族觉醒和统一为前提的东洋理想社会的理念"①,按照石原莞尔的解释,最高价值就是东亚各国要信赖日本天皇,因为"承接天照大神的天皇,是世界唯一天成君主"②,日本"国体"优越,其他国家无法比拟,世界必定统一于日本天皇的"领导"之下。

东亚联盟认为,日本国内有不少打着东亚联合旗号的社会团体,但是,影响有限,"最近出现了许多兴亚团体,但遗憾的是它们没有明确的理念"③。东亚联盟论认为阐明王道主义指导理念,才能取得东亚邻国的信任,使日本"师出有名"。从这个意义上说,甲午战争、日俄战争等皆是为东亚利益而战,为实现王道而战。东亚各国却谴责日本侵略,其实各国应该理解日本,信仰天皇,自觉地与日本一道走向民族协和。世界的统一关键在于"道",而"八纮一宇的世界观就是运用文明进步,依靠'道'统一世界。八纮一宇的世界观,充分运用一切文明尤其是迅速发展的物质文明,促进世界的统一,但是,最根本的是'道'"④,东亚各国要为实现"王道主义"而战。

为了让中国与日本合作,实现王道主义为核心的东方文明统治世界,东亚联盟宣称王道主义不仅是日本的理念,也是中华民族四千年来的理念,可惜中国未能实现这个理念,"孙文思想虽不明确,但包含着王道思想和大亚洲主义"⑤。1924年11月28日,孙中山北上途径日本神户,做《大亚洲主义》演讲时,的确说过"你们日本民族既得了欧美的霸道的文化,又有亚洲王道文化的本质,从今以后对于世界文化的前途,究竟是做西方霸道的鹰犬,或是做东方王道的干城,就在你们日本国民去详审慎择"⑥。孙中山希望日本能做王道的干城,与亚洲各国人民一道反对欧美

---

① 石原莞尔:《东亚联盟建设纲领》,《石原莞尔选集6》,东京たまいらぽ社1986年版,第19页。
② 石原莞尔:《昭和维新论》,《石原莞尔选集4》,东京たまいらぽ社1986年版,第34页。
③ 石原莞尔:《东亚联盟と兴亚运动》,《东亚联盟》1941年第7期。
④ 石原莞尔:《昭和维新论》,《石原莞尔选集4》,东京たまいらぽ社1986年版,第34页。
⑤ 中山优:《新秩序の东洋的性格》,《东亚联盟》1939年第1期,第38页。
⑥ 《孙中山全集》第11卷,中华书局1986年版,第409页。

的霸道文化，孙中山所言王道是日本与中国平等相处，实现真正的和平，而不是承认日本天皇对东亚、对世界的绝对统治。孙中山一生为实现民主共和而不懈奋斗，并不是要实现日本天皇领导下的王道。

东亚联盟的"国防共同、经济一体化、政治独立和文化沟通"无不以东西方文明对立为前提，以实现日本"领导"亚洲为最终目标。要实现"领导"亚洲，首先就要武力控制中国等东亚国家，"国防共同"要求东亚各国在日本的统一"领导"下，充实国防力量，以拥有足以对抗美国的军力。"国防共同当然需要一元化统帅……总的说来，日本在军事上居于领导地位，是显而易见的道理"①，"从国防共同的角度来看，联盟宣战以及缔结和约等权限，属于天皇陛下"②。保卫本国的领土和主权完整，是国家最基本的对外职能。如果一个国家连基本的宣战、媾和的权力都要交给日本，何谈领土、主权，又怎能谈得上国防？

为了说明东亚"国防共同"的必要，东亚联盟把日本与俄国争夺中国东北的战争，渲染成有色人种与白种人的战争，从种族、文化对立的角度阐释战争的意义。日本在日俄战争中取胜，战胜了拥有欧洲最强大陆军的俄罗斯，是亚洲第一次战争西方强国，是黄种人的胜利。日本的胜利意义巨大，促进了亚洲其他国家人民的觉醒，"日俄战争中的胜利，促进了亚洲各民族的自觉和奋起，从此以后亚洲各民族纷纷起来反抗欧美势力"③，日俄战争是"最近数百年来亚洲民族对欧洲人的首次胜利，由此对被压迫民族产生了不可估量的影响，随后埃及、秘鲁、土耳其、阿富汗、印度等国纷纷掀起了独立运动"④。这里，东亚联盟论以黄种人反对白种人的侵略为名，以东亚各国同文同种为掩护，来达到独霸东亚、称霸世界的目的。"日本现在担负着东亚联盟枢纽之责任。具体来说，主要就是担任国防，指导国防力量之根本所在的经济建设"⑤，"是日本长期以来以自己独自的力量，反抗着欧美帝国主义对东亚的压迫，正因为有了日本，才避免东亚完全成为欧美的殖民地，日本已具有西欧帝国主义的发展

---

① 宫崎正义：《东亚联盟の建设と国民の觉悟》，《东亚联盟》1940年第5期，第154页。
② 安藤敏夫：《东亚新秩序建设论の展望》，《东亚联盟》1940年第3期，第95页。
③ 宫本诚三：《国内维新の完遂》，《东亚联盟》1942年第1期，第53页。
④ 石原莞尔：《东亚联盟建设纲领》，《石原莞尔选集6》，第10页。
⑤ 石原莞尔：《昭和维新论》，《石原莞尔选集4》，第162页。

水平"①。

"国防共同"其实就是要求东亚各国不能对日本设防。日本的"国防共同"显然是骗人的把戏,中国继续为维护民族独立、主权而战。为了达到中日"国防共同"的目标,东亚联盟强调在中日战争中,军事是一个方面,而"政略"具有重要作用,要善于"攻心战","狭义的国防就是指军事设备,拿满洲国的国家地位来说,军事设施大概已经万无一失。但是如果得不到四千万民众的支持,就不能说国防已经完成。广义的国防除物质要素外,还包括着很多的精神因素"②,要拯救东亚,完成统一世界的使命,就要获得中国人的信赖,建立完整的国防,把握民心是最重要的国防,与中国作战"要政略战略并用"③。如何把握民心?就是用王道主义、民族协和等观念消除中国的民族主义,使民族主义变成中日提携,达到"不战而屈人之兵"之目的。

"经济一体化"要满足国防需要,建立国防经济体制。东亚联盟论认为战争要依赖经济,打仗就得有钱,目前日本的国力无法与美国抗衡,"我国决战的对手代表着西方文明,在西方文明中处于支配地位,拥有强大的经济力量",所以东亚要"建设足以压倒其巨大经济力量的实力来"④,在东亚联盟内实行"经济一体化",综合运用东亚各国的经济基础,创造出比任何经济集团都强大的经济实力,因为"在国际政治中无人道和正义可言"⑤,一切靠实力说话,拥有强大的经济力量,就能够不断提高武器装备水平,是战胜西方文明的保证。现代战争需要强大的空军,最终决战中,作战飞机要能绕地球一圈。"现在的武装日益依存于经济基础,具有高度生产力水平的国家,须有与之相适应的优秀装备"⑥。

东亚集团要在未来的最终战争中取胜,就需要统筹规划经济上,制定在经济上超过美国的计划,"最终战争大概三十年左右到来,要以二十年为目标,使东亚联盟的生产力赶上并超过美洲。这是一个令人震惊的计划,但非空想和可笑。我们不能盲目乐观,这是非常艰难之事,但是为了

---

① 田中直吉:《世界の转换期と东亚联盟》,《东亚联盟》1940 年第 2 期,第 28 页。
② 松浦嘉三郎:《满洲国经营の体验》,《东亚联盟》1942 年第 2 期,第 39 页。
③ 高木清寿:《东亚の父石原莞尔》,东京たまいらぽ社,1985 年版,第 211 页。
④ 石原莞尔:《昭和维新论》,《石原莞尔选集 4》,第 137 页。
⑤ 伊藤安二:《新东亚建设への再认识》,《东亚联盟》1940 年第 3 期,第 55 页。
⑥ 石原莞尔:《东亚联盟建设纲领》,《石原莞尔选集 6》,第 16 页。

天皇为了全人类，一定要实现"①。"为了准备武力，需要绝对巨大的经济力量……现在日本国防必须要预想到持久战，所以在联盟范围内应该保持持久战所可能需要的经济力量"②。这就是说，东亚各国在经济上要服从日本的领导，适应"经济一体化"的需要。东亚联盟主张在联盟内实现计划经济，"重点是最大限度地提高军需生产，即使牺牲部门经济、地区经济，也要尽可能保持军需部门的平衡，这个计划是综合东亚国土的计划。其内容包括以作战计划为核心的兵器计划、物资计划、生产计划、动力燃料计划，技术劳务计划、交易计划、运输计划、配给计划、金融计划、财政计划等"③，也就是经济计划完全服从于军事的需要，民用经济、其他部门经济、地区经济都要为军事经济让路。

东亚联盟主张要在经济上实现东亚范围内的自给自足，减少资源、能源等方面的对外依赖，"目前的国防目的是力图实现联盟内物资的自给自足，将对外依存减少到最小限度，以形成东亚解放的有利态势"④，"只有确保高度自给自足国防经济，才可能建立真正的国防经济体制。自给自足经济首先是资源的（原料的）自给自足经济，东亚大地埋藏着多种多样极其丰富的资源，资源只有被开发、商品化的时候，才能产生使用价值……应该考虑如何开采、运输这些资源。第二是资材的自给自足经济。所谓资材是指开发资源的资材到生产开发资材的各种资材的总称。第三是技术及劳动力的自给自足经济"⑤，东亚经济上的自给自足就是要把东亚各国的经济纳入日本的战争轨道，对东亚的资源、财富以及人力进行全面的掠夺，将欧美在东亚的掠夺变成日本的经济独占。

"政治独立"是东亚联盟论最具有欺骗性的内容，东亚联盟论把"政治独立"放在最后，不过是"国防共同、经济一体化"的陪衬而已。汪精卫集团叛国投敌后，以东亚联盟论作为理论依据，为了给投敌贴金，有意把"政治独立"提到第一位。东亚联盟论的"政治独立"是有条件的，并非政治学中所讲国家保持领土、主权的完整，自主地决定本国的一切事务，平等地发展国与国的关系，"政治独立是立足于东亚总体幸福上的政

---

① 石原莞尔：《昭和维新论》，《石原莞尔选集4》，第137页。
② 石原莞尔：《东亚联盟建设纲领》，《石原莞尔选集6》，第29页。
③ 石原莞尔：《东亚联盟建设要纲》，《石原莞尔选集6》，第92页。
④ 石原莞尔：《东亚联盟建设纲领》，《石原莞尔选集6》，第16页。
⑤ 冈野鉴记：《东亚国防体制の急务と其原理》，《东亚联盟》1941年第2期，第11页。

治独立，决不是随随便便的政治独立"，"政治独立不是政府的独立，而是家族社会的独立，乡土社会的独立，民族社会的独立。家庭、乡土、民族社会不容许他人侵犯，叫做政治独立"①。试想如果一个国家的政府不独立，何谈家庭独立、乡土独立？民族独立又有何意义？

东亚联盟论声称尊重中国的政治独立，却以中国丧失东北的领土主权为前提，散布东北与"中国本土不同"，不是中国的领土之谬论。"满洲大部分地区并非汉族的土地，且明治以后很多日本人来到满洲。从对抗苏联、保卫满洲的角度来说，决不仅仅是中国的。或许从法律上看是中国的，但是现实中它是各民族的共同财产"②，为日本永久占领东北制造借口。

东亚联盟认为蒋介石为代表的重庆国民政府要求收复失地是狭隘的民族主义，没有从东亚整体利益来考虑问题，"重庆抗战阵营仅站在一个民族角度上讲民族独立是狭隘的，要克服落后于时代的民族主义，发展到更高层次的站在整个东亚全民族利益上的具有进步意义的政治独立"③。为了实现所谓"东亚全民族利益上"的政治独立，要求东亚各国服从日本的战略需要，停止保卫国家独立、主权的反抗斗争。东亚联盟论还为日本长期驻兵中国找了一个堂而皇之的理由——防共驻屯。"防共驻屯非权益驻屯，并非完全根据日华双方协议纯粹适应国防要求的驻屯，是具有思想驻兵意义的暂时驻兵"④。"日本在中国驻兵时，中国误解为干涉内政，日本国内也有一些误解……我们反对干涉内政的驻兵，但是为保卫东亚而驻兵，中国应当欢迎"⑤。其实对中国而言，无论日军打着何种旗号，公然在中国领土上驻兵、屠杀，都是对中国主权的侵犯。

"文化沟通"强调中日两国在日本肇国精神指导下创造以道义为核心的新文化，只有这样的文化才能给世界带来光明的前途。"汉民族一直未认识日本文化的价值，使其认识日本文化是当务之急"⑥。汪精卫以东亚联盟作为投敌的理论基础，1941年2月，汪精卫将中国各地东亚联盟组

---

① 木村武雄：《善政の第一条件——政治の独立》，《东亚联盟》1943年第4期，第22页。
② 石原莞尔：《满洲建国と支那事变》，《东亚联盟》1940年第4期，第3—4页。
③ 西乡钢作：《中国の东亚联盟运动》，《东亚联盟》1943年第3期，第32页。
④ 石原莞尔：《东亚联盟建设纲领》，《石原莞尔选集6》，第122—123页。
⑤ 木村武雄：《善政の第三——军事同盟》，《东亚联盟》1943年第9期，第23页。
⑥ 石原莞尔：《昭和维新论》，《石原莞尔选集4》，第274页。

织统一起来，在南京成立东亚联盟中国总会，汪精卫任会长，发行机关刊物《大亚洲主义与东亚联盟》月刊。汪精卫集团将文化沟通的重点放在"国民心理的了解和尊重；注意青年训练和民众训练；教育界携手；文化人和文化生产品的交换；扶植文化事业"①。东亚联盟强调"国防共同"是为帮助中国摆脱欧美霸道重要的压迫，"经济一体化"是为了增进东亚战胜欧美的实力，而"文化沟通是结成东亚联盟最根本的条件，在中日实现和平后，仍需努力"②，即文化沟通是中日两国的根本任务，对建立中日长期和平关系意义重大。

总之，东亚联盟继承了亚洲主义关于东西方人种、文明对立的思想，认为东西方文明对立不可调和，必然导致东西方文明的冲突和战争，导致人类历史上规模最大、最惨烈的战争。东亚各国要在东西方决战中取胜，就要联合起来，在日本的"领导"下，光大东洋文化，以东方文明统治世界。东亚联盟为日本侵略制造理论根据。

三 东亚新秩序下的东亚联盟

日本发动全面侵华战争后，凭借强大的国力，企图"一击"使国民政府屈服，结束中日战争。1937年底日军占领国民政府首都南京后，日本政府于1938年1月16日发表了著名的"不以国民政府为对手"的对华声明，声称"帝国政府今后不以国民政府为对手，而期望真能与帝国合作的中国新政权的建立与发展，并将与此新政权调整两国邦交，协助建设复兴的新中国"③。18日，日本政府又发表补充声明，强调"所谓今后不以国民政府为对手，较之否认该政权更为强硬。从历来的国际法来说，为了否认国民政府，只要承认新政权就可以达到目的。因为尚未到达正式承认中华民国临时政府的时期，所以，这次开国际法上的新例，在否认国民政府的同时，将它彻底抹掉"④。但是，国民政府并没有如日本估计的那样被击垮，而是西迁重庆，继续抗战。日本"速战速决"的战略计划破

---

① 沈绂：《由中日文化沟通说到民族性的重要性》，《大亚洲主义与东亚联盟》1卷5期，第67页。
② 石原莞尔：《东亚联盟建设纲领》，《石原莞尔选集6》，第125页。
③ 日本外务省编：《日本外交年表及主要文书》文书下，原书房1978年版，第386页。
④ 《日本外交年表及主要文书》文书下，第387页。

产。1938年10月，随着日军占领广州、武汉，其进攻能力也达到极限，日本不得不调整对华政策，准备应付长期战争。

1938年11月3日，日本政府发表"虽国民政府，亦不拒绝"的声明，称"国民政府仅为一地方政权而已。然而，如该政府坚持抗日容共政策，则帝国决不收兵，直到其崩溃为止"，又说"帝国所期求者即建设确保东亚永久和平的新秩序……如果国民政府抛弃以前的一贯政策，更换人事组织，取得新生的成果，参加新秩序的建设，我方并不予以拒绝"①，希望国民政府进行适当改组后，一道参加东亚新秩序的建设。1938年11月30日，御前会议又作出《调整日华新关系方针》的决定，提出"在互惠的基础上，日、满、华善邻友好、共同防共、经济提携"②三项原则。12月22日，日本首相近卫文麿发表第三次对华声明，重申"日满华三国应以建设东亚新秩序为共同目标联合起来，共谋实现相互善邻友好、共同防共、经济提携"③的原则，即著名的"近卫三原则"。第三次近卫声明的发表，意味着日本对华政策从速战速决发展为应付长期战争，在策略上从以军事进攻为主改为军事打击和政治诱降相结合，企图通过"以华治华"，分化中国的抗日营垒，达到侵略目的。国民政府外交部第二天就驳斥了近卫声明，认为日本破坏中国领土主权的政策没有改变。

第三次近卫声明的起草者是赞同东亚联盟论的中山优④。东亚联盟认为近卫三原则与结成东亚联盟的三个条件基本一致，说明政府接受了东亚联盟的主张，从单纯的军事进攻发展到日中提携、建设东亚新秩序，标志着日本政府政策的转变，"近卫声明是以结成东亚联盟为目标，为了结成东亚联盟而提出的临时条件"⑤，近卫声明体现了日本对东亚的正确认识，"日中两国全面提携是日本的（也是中国的）唯一出路，近卫声明就是根据这个出路制定的自利他利的大原则"⑥。

东亚联盟认为在东亚新秩序下，中日战争可望早日结束，"东亚新

---

① 《日本外交年表及主要文书》文书下，第401页。
② 同上书，第405页。
③ 同上书，第407页。
④ 五百旗头真：《石原莞尔と〈昭和维新论〉》，《石原莞尔选集4》，第304页。
⑤ 石原莞尔：《东亚联盟建设要纲》，《石原莞尔选集6》，第124页。
⑥ 中山优：《日支关系的过去、现在、将来》，《东亚联盟》1940年第12期，第8页。

秩序是近卫内阁仰圣断确定的，是处理中国事变的原则"①。把新秩序与东亚联盟联系在起来。"东亚新秩序的关键是废除帝国主义的统治"②，东亚新秩序充分考虑到了东亚文化、经济、地域的联系，是共同命运的结合，"日、中两国应有共通的大建设和利害一致处，共通的利害就是排除第三国干涉、压迫，创造出东亚民族的真正独立的国家，这是建设东亚新秩序的具体内容"③。东亚联盟论认为建设新秩序的第一步就是解决中日战争，而结束战争的最好办法，就是遵循东亚联盟论的三原则。

1940年7月26日，近卫内阁制定了《基本国策纲要》，国策的根本方针是："建立以皇国为核心，以日满华牢固结合为基础的大东亚新秩序"，"建设大东亚新秩序的根本现在是解决日中事变"④。翌日，在大本营政府联络会议上，通过《伴随世界形势变化处理时局纲要》，确定"帝国与世界形势的变化相适应，改善内外形势，在促进中国事变迅速解决的同时，捕捉良机，解决南方问题"⑤，日本政府决定扩大战争。1941年10月，东条英机任日本首相。11月2日，大本营联络会议确定了《帝国国策遂行纲要》，提出"帝国为打开现在的危局，完成自存自卫，建设大东亚新秩序，决心对美英荷开战"⑥。1941年12月8日，日本偷袭珍珠港，太平洋战争爆发。12月10日，日本大本营、政府联络会议决定，把这次战争称为大东亚战争。"它意味着这次战争的目的是建设大东亚新秩序，将第三次近卫声明中建设东亚新秩序的范围发展到了更广阔的范围，即把建立大东亚共荣圈作为基本国策"⑦，把建设大东亚新秩序表述为建设"大东亚共荣圈"。

日本东亚联盟协会认为太平洋战争是解放亚洲人民的"圣战"，是为了驱逐西方霸道。"拥护王道从日本扩展到整个东亚，进而到全世界，是扶卫皇运的具体体现。但是从世界的形势看，以欧洲为中心存在着阻碍大

---

① 《对于联盟建设纲领》，《石原莞尔选集6》，第13页。
② 藤枝丈夫：《帝国主义支配の废绝》，《东亚联盟》1940年第2期，第36页。
③ 儿玉誉士夫：《支那事变は如何に解决さるべきか》，《东亚联盟》1940年第2期，第45页。
④ 《日本外交年表及主要文书》文书下，第436页。
⑤ 同上书，第437页。
⑥ 同上书，第554页。
⑦ 同上书，第531页。

业的霸道势力，不排除霸道势力，就不能完成八纮一宇的大业，因此必须排除霸道势力，这次大东亚战争是排除霸道的基础工作，是扫除霸道的准备事业"①，由于太平洋战争的爆发，东亚联盟的范围也要扩大，"东亚联盟的范围是联盟的国防力量，目前主要是日本的力量能排除欧美霸道主义的压力地区内的诸国家。随着大东亚战争的发展，结成东亚联盟的地区也迅速在扩大"②。"在南方为欧美霸道主义者独占的人口稀薄的土地，由于大东亚战争的爆发，已经向我等苦于人口过剩的诸民族开放了"③，日本可以把东北容纳不下的人口转移到南方的广阔地区，用建设伪满洲国的经验在南方建设新的王道乐土。

1942 年，日本成立大东亚省，处理所谓"大东亚共荣圈"内的一切事务。1943 年 11 月，在日本东京召开了大东亚会议，汪精卫、伪满洲国总理张景惠以及泰国、菲律宾、印度等傀儡政权首脑参加。会议签署了《大东亚共同宣言》，宣言鼓吹"大东亚各国，共同确保其东亚之安定，根据道义，以建设共存共荣之秩序；大东亚各国，于互惠之下，紧密提携，以图发展其经济，而增进大东亚之繁荣"④，汪精卫、张景惠等在宣言上签了字。汪精卫认为大东亚会议的召开，说明东亚共荣圈的范围扩大了，东亚联盟运动进入了实践阶段，"大东亚宣言是大亚洲主义实践的起点"，"参加宣言的各国，都有实践宣言的道义责任，中国的责任，是如何解消障害实践此宣言的抗战势力，我们要促使抗战势力指导者反省实践，贯彻国父大亚洲主义精神的大东亚共同宣言"⑤，与日本侵略政策相呼应。随着日本战败，"大东亚新秩序"烟消云散，东亚联盟协会作为右翼团体也被解散。

在人类社会漫长的发展道路中，由于历史、文化、种族等原因，形成了具有不同特质的文明。不同文明之间始终存在着交往、融合与竞争。在各种文明的交流和联系中，应相互尊重、彼此包容、互相融合，以取长补短，形成良性互动，人类才能共享一切文明的成果。如果抛开具体的历

---

① 石原莞尔：《昭和维新论》，《石原莞尔选集 4》，第 152 页。
② 石原莞尔：《东亚联盟建设要纲》，《石原莞尔选集 6》，第 67 页。
③ 同上书，第 105 页。
④ 《大东亚共同宣言》，日本外务省编：《日本外交年表及主要文书》下，原书房，1978 年版，第 594 页。
⑤ 张君衡：《大亚洲主义与大东亚宣言》，《东亚联盟》（北平）7 卷 2 期，第 1 页。

史、文化和社会发展，抽象地谈种族、文明的冲突，并以此为借口渲染文明对立，必然导致矛盾、冲突甚至战争，东亚联盟的理论和行动就是有力的证明。

（原载《首都师范大学学报》2014年第6期）

从"天下"到"世界":汉代中国对世界的探索与认知

王永平

古代中国对世界的了解大体经历了一个从想象到探索、再到逐步认知的过程。传统中国的世界观更多地是建立在一种想象基础之上的观念世界,这就是所谓的"天下秩序"与"华夷格局"。早期中国对世界的了解与认知更多地是将客观认识与主观想象、甚至是一些道听途说或传闻结合在一起。随着汉代丝绸之路的开通,中国与外部世界的互动越来越频繁与深入,来往于丝绸之路上的各国使节、质子、行商、僧侣、留学生等各色人群络绎不绝,冲突与战争、交流与融合的规模更加扩大,这些都大大地促进了各文明之间的互动与认知。汉代中国虽然还在坚守着传统的"天下"观念,但随着人们对世界的认知范围逐渐扩大,认知的层次也越来越丰富和具体,已经开始突破了传统的"华夷"界限,出现并形成了一些新的世界观念,极大地改变了传统中国对世界的认识。

一 天下观念与华夷意识:古代中国对世界的基本认识

在汉代张骞通西域和丝绸之路正式开通之前,虽然早已存在着中外交通与交流的客观事实①,但由于早期中国对域外的探索毕竟还十分有限,

---

① 参阅石云涛《早期中西交通与交流史稿》,学苑出版社2004年第2版。

对外交通也很不发达，各文明之间的互动尚未大规模展开，因此对世界的认知也就显得非常模糊，主要体现为一种以自我为中心的"天下观"。

关于"天下观"的认识，论者大多认为开始出现和形成于先秦时期。但是对于"天下"的内涵，学者们则有各自不同的理解与诠释。有的从地理范围来考虑，有的从族群分布来分析，还有的从政治视角来观察，分别论证了"天下观"的意义[①]。笔者认为"天下观"是古代中国对世界的一种基本认识，它包含有多层含义在里边，既具有地理范围上的指向性，又反映了古代族群分布的大致格局，同时还涵盖了政治理念等多种因素在其中；另外，中国古代的"天下观"还是一个发展变化着的概念，在不同时期、不同语境下，古人关于"天下"的表述还分别代表着不同的意思。

从地理范围上来说，早期中国的"天下观"反映在对世界的认知上形成了一种"九州说"。这在《尚书·禹贡》中有具体的描述："禹别九州，随山浚川，任土作贡……九州攸同……东渐于海，西被于流沙，朔南暨声教，讫于四海。"九州为冀、兖、青、徐、扬、荆、豫、梁、雍。通过对"九州"的描述，可知大禹所划分的"九州"大致都在中国的范围之内，这也反映了在当时人们的眼中，世界与中国是等同的观念。不过，由这"九州"所构成的世界，也是一个有区别、分层次的世界，这就是由所谓的甸、侯、绥、要、荒"五服"组成的差序世界。这种学说为"大九州"理论的提出奠定了基础。

到战国时期，阴阳家的著名代表人物邹衍提出了"大九州"理论。他"先列中国名山大川，通谷禽兽，水土所殖，物类所珍，因而推之，及海外人之所不能睹"。认为天下有九洲，中国名曰"赤县神州"，"于天下乃八十一分居其一分耳"；"赤县神州内自有九州，禹之序九州是也，不得为州数。中国外如赤县神州者九，乃所谓九州也"，"有大瀛海环其外，天地之际焉"[②]。这种说法将"天下"扩展到了世界，与传统的"天下观"和"九州论"相比，似乎已经具有了一定的早期"世界"意识的

[①] 关于"天下观"的出现与形成及其内涵问题，中外学者论述多矣。2009年，台湾大学邢义田教授指导的游逸飞的硕士学位论文《四方、郡国与天下——周秦汉天下观的变革与发展》一文，对大陆、港台、欧美、日本等地学术界关于"天下观"问题研究中的代表性成果有较为中肯的评述，并在此基础上对该问题作了进一步的研究，可资参阅。

[②] 《史记》卷七十四《孟子荀卿列传》，中华书局1982年第2版，第7册，第2344页。

萌芽，应该是早期中国与外部世界的交往正在不断扩大的一种反映，因此给当时人们带来了一些有关"世界"认识上的新思维。只不过这种对"世界"的认识主要还是以"想象"为出发点推衍出来的，而不是建立在对域外世界的广泛探索与深入认知的基础之上的。所以一直到东汉时，连博学的王充都认为"此言诡异，闻者惊骇"，真伪难辨，而将其说斥之为奇谈怪论①。

从族群分布上来说，传统"天下观"在"九州"、"五服说"的基础上进而又构建起了一个"华夏居中，蛮、夷、戎、狄居四方"的"华夷"五方格局。这一理论在《礼记·王制篇》中有比较系统而全面的阐述：

> 中国戎夷五方之民，皆有性也，不可推移。东方曰夷，被发文身，有不火食者矣。南方曰蛮，雕题交趾，有不火食者矣。西方曰戎，被衣皮，有不粒食者矣。北方曰狄，衣羽毛穴居，有不粒食者矣。中国、夷、蛮、戎、狄，皆有安居、和味、宜服、利用、备器。五方之民，言语不通，嗜欲不同。达其志，通其欲。②

这种认识虽然带有很强的想象成分和理想色彩，但它却总结了先秦时期的各族群风俗以及地理分布特征，反映了当时人们对外部世界认识的粗浅水平③。

从政治理念上来说，传统"天下观"中的"华夷"五方格局还强调以中原王朝（或曰正统王朝）为中心向边缘扩散的差序格局，也可以称之为"华夷秩序"④。《诗经·小雅·北山》中有句颇具代表性的话说："溥天之下，莫非王土；率土之滨，莫非王臣。"⑤ 这句脍炙人口的名言，就明显传递出中国传统"天下观"中的浓厚政治意识，也反映了当时人们对于世界的理解，即整个世界就是"天下"，而此"天下"仅指中原王朝及其周边的"四夷"区域，也就是"王土"。

---

① 黄晖：《论衡校释》卷十一《谈天篇》，中华书局1990年版，第2册，第473—474页。
② 王文锦译解：《礼记译解》，中华书局2000年版，上册，第176页。
③ 安介生：《"华夷"五方格局论之历史渊源与蜕变》，《历史教学问题》2000年第4期。
④ 关于"华夷"秩序的论述可参阅何芳川《"华夷秩序"论》，《北京大学学报》1998年第6期。
⑤ 程俊英、蒋见元注：《诗经注析》，中华书局1991年版，下册，第643页。

这一世界秩序是由于中国长期以来处于东亚文明的核心和领先地位所决定的，正如美国著名历史学家费正清（John King Fairbank）所说：

> 中国因其地大物博，历史悠久，自然成为东亚世界的中心。而在地理上，中国又与西亚和南亚隔绝，使它成为特殊的大文化区。照欧洲人的说法，这里就是"远东"。但以中国人的说法，这个"远东"世界是以中国为中心的。由天子统率的所谓的"天下"（普天之下）有时包括中国以外的整个世界。但在习惯上，一般是指中华帝国。无论如何，它包括了当时人们所知道的世界的主要部分。①

它在政治和经济上体现为东亚朝贡贸易体系的形成与确立，在文化上表现为"华夏文化优越"，从而"和合"与"同化"周边"四夷"的模式。"华夏"和"夷狄"之分既非建立在征服的基础之上，亦不在于种族之分，不仅"夷狄"接受了"华夏"文化就是华夏，而且"华夏"失去了自己的文化也会沦为"夷狄"。因此，"华夷秩序"不但指代中原华夏与周边"四夷"族群，同时也具有地理方位上的指向性，这样就构成了当时人们眼中的"四夷"环绕"中华"的世界图景。这种认识还形成了传统文化中根深蒂固的"贵中华、贱夷狄"的思维范式，也成为古代中国对待"我者"与"他者"的标准。

从全球史的角度而言，世界文明的发展是多元的，古老的中华文明只不过其中非常重要的一支而已，但是"古代民族在观察世界时，一般无法避免一种'自我中心'的视阈，就是以自己为中心进行定位，对其他民族的认识是从与自己的关系来出发的"②。早期中国"天下观"所表现出来的"自我中心"意识绝不是中国所独有的文化现象，而是在古代世界几乎所有古老的文明体系，如埃及、希腊、罗马、两河流域古国、阿拉伯、印度等地中都曾出现过类似的认识，它们都曾标榜自己是世界文明的"中心"，环绕自己周边的都是落后的"外族"、"蛮族"或"边地"。

如在古埃及，很早就出现了有关"外族"的概念，在古埃及人的观

---

① ［美］费正清：《中国的世界秩序——传统中国的对外关系》，杜继东译，中国社会科学出版社2010年版，第1—2页。
② 方汉文：《比较文明史——新石器时代至公元5世纪》，东方出版中心2009年版，第235页。

念中，只有埃及才是被造物主纳入有序的造物范围之中，所以埃及人是高贵的和文明的，而外族则被看作落后的和未开化的，需要治理甚至应当是被消灭的混乱之源①。

古希腊、古罗马也都以自己为世界中心，"在对'东方'诸民族与文明的认知中体现出一种东方主义特征"②。在古希腊神话传说中，主神宙斯确定的世界中心就在希腊毗邻科林斯湾的德尔菲古城，因此这里也被称作"地球中心"③。受希腊文化的影响，在古罗马，"自公元前2世纪起，罗马人就觉得众神选择并指引罗马人成为世界中心"④。而流传至今的古谚语"条条大路通罗马"，更是折射出古罗马人的世界中心主义意识。在古希腊、罗马史家的笔下，都认为自己是文明的民族，而其他族群则大多是落后的"蛮族"。有"历史学之父"（西塞罗语）雅称的古希腊著名历史学家希罗多德，在其名著《历史》中就开门见山地向世人展示了一个由希腊人和蛮族人（barbaroi）相互对立的两部分所组成的世界⑤，古罗马最伟大的历史学家塔西佗（Tacitus Cornelius Publius）在《日耳曼尼亚志》（De Germania）中全面介绍了日耳曼蛮族的历史⑥，甚至在古罗马人的眼中所有非罗马帝国的臣民都是"野蛮人"（即"蛮族"）。

古代两河流域兴起的诸王朝，都自认为是世界的中心，如古巴比伦帝国的著名君主汉谟拉比（前1792—前1750年在位），就自称"世界四方之王"；其后兴起的亚述帝国，其末代国王亚述巴尼拔（前668—前627年在位）也自称为"伟大英明及世界之王"，在一块考古发现的泥版文书上，刻着这样一首诗："我是亚述巴尼拔/伟大的国王/非凡的国王/宇宙之王/亚述之王/周边世界之王/王中之王/亚述的统帅/无敌的君主/支配着

---

① 金寿福：《古代埃及人的外国观念》，《世界历史》2008年第4期。
② 黄洋：《西代希腊罗马文明的"东方"想象》，《历史研究》2006年第1期。
③ 陈恒：《失落的文明：古希腊》，华东师范大学出版社2001年版，第81—82页。
④ [法]让—诺埃尔·罗伯特：《从罗马到中国：恺撒大帝时代的丝绸之路》，马军、宋敏生译，广西师范大学出版社2005年版，第67页。
⑤ 商务印书馆汉译名著中译本将barbaroi一词译作"异邦人"（见[古希腊]希罗多德《历史》，王以铸译，商务印书馆1959年第1版，第1页），有人指出其未能反映原意（见黄洋《希罗多德：历史学的开创与异域文明的话语》，《世界历史》2008年第4期）。
⑥ [古罗马]塔西佗：《阿古利可拉传·日耳曼尼亚志》，马雍、傅正元译，商务印书馆1959年新1版。

大海从高到低/所有的诸侯都匍匐在我脚下。"① 波斯帝国阿黑门尼德王朝（前558—前330年）的统治者也自称为"伟大的国王、王中之王、波斯王、众国之王"②；萨珊波斯（224—651年）的君主们也自称"众王之王"；后来兴起的阿拉伯帝国，更被认为是"王权所及最广的王，因为这个王（国）处于世界的中心，其余的王（国）都围绕着它。这个王，我们称他为'诸王之王'"③。由此可见，两河流域诸古国的"自我世界中心意识"是何其的强烈！

在古印度也很早就有极强的"自我世界中心意识"。佛教徒称佛所生国迦毗罗卫城是"天地之中央也"④，恒河中流一带的中印度则为"中国"（Madhya-desa），而以远方之地为"边地"（Mleccha-desa），人为"边人"或"边地人"⑤。据康泰《扶南传》载："昔范旃时，有嘽杨国人家翖梨，尝从其本国到天竺，展转流贾至扶南，为旃说天竺土俗，道法流通，金宝委积。山川饶活，恣其所欲。左右大国，世尊重之。旃问云：'今去何时可到？几年可回？'梨言：'天竺去此，可三万余里，往还可三年逾。及行，四年方返。以为天地之中也。'"⑥

这种普遍存在于东西方的以自我为中心的"世界"观，反映了早期古代各文明对域外世界缺乏了解以及由此所产生的对自身文化优越性的肯定与放大。他们在建构自己心目中的世界图景时，都是以自我为文明坐标，而将其他族群视作"他者"（the Other），总是有意无意地加以贬低或妖魔化。正如著名学者萨义德（Edward Wadie Said）在他的名著《东方学》（*Orientalism*，又译作《东方主义》）中所指出的那样，东方是西方凭空想象出来的作为自我对立面的一个"他者"形象而建构的，是为西

---

① 陈晓红、毛锐：《失落的文明：巴比伦》，华东师范大学出版社2001年版，第87—89页。
② [美]杰里·本特利、赫伯特·齐格勒：《新全球史》（第三版）上册，魏凤莲等译，北京大学出版社2007年版，第175—176页。
③ [古阿拉伯]：《中国印度见闻录》，穆根来、汶江、黄倬汉译，中华书局1983年版，第103页。
④ （唐）道宣：《释迦方志》卷上《中边篇》，范祥雍点校，中华书局2000年版，第7页。
⑤ （东晋）法显撰，章巽校注：《法显传校注》，中华书局2008年版，第27页。
⑥ （北魏）郦道元：《水经注校证》卷一《河水》，陈桥驿校正，中华书局2007年版，第7页。

方提供着优越的自我意识的一面"镜像"①。虽然萨义德所说的是近代西方的"东方主义",但他的论述对于分析古代各民族关于"世界"的想象与认知同样具有重要的意义。

二 域外探索与文明互动:张骞通西域与汉代中国对世界认知范围的扩大

中国对于世界的认知是随着对域外探索活动的开展而逐渐清晰起来的。在公元前后两个世纪,欧亚大陆上各主要文明中心都普遍开始出现了一种积极对外开拓与探索的冲动,这样就大大加强了不同人群"相遇"与了解的机会,使得各文明之间的互动变得日益频繁起来,从而极大地拓展与开阔了彼此的视野。互动是"全球史观的核心理念","互动乃人类社会组织的存在形式和世界历史发展的动力,互动在于相遇、联结、交流、交往、相互影响,而不是一方主导、引导甚至塑造对方和整个世界"②。在这种互动中,欧亚大陆上各主要文明中心通过各种类型的"交往网络",形成不同的"共生圈",逐渐把这片古老的大陆连为一体,有人将这种互动称作自近代以来逐渐形成的全球化的前奏,是"古典版的全球化"(archaic globalization)③。正是在这种"古典全球化"的背景下,中国和其他各文明都开始了对世界的重新认知,并逐渐形成了不同于传统观念的"世界"意识。

中国大规模地进行域外探索开始于汉代,以张骞通西域和丝绸之路的正式开通为标志,从此开启了中国与外部世界互动与认知的新时代。

张骞通西域是在汉朝全面展开反击匈奴的大背景下进行的④。汉朝建立以后,长期遭受匈奴的威胁。汉武帝为了打击匈奴、断其"右臂",曾派遣著名的外交家、探险家、旅行家张骞先后两次出使西域,到达了许多

---

① [美]爱德华·W·萨义德著:《东方学》,王宇根译,生活·读书·新知三联书店1999年版。
② 刘新成:《互动:全球史观的核心理念》,《全球史评论》第二辑,中国社会科学出版社2009年版,第3页。
③ A. G. Hopkins (ed,), *Globalization in World History*, Pimlico, 2002.
④ 关于张骞出使西域的研究,受到国内外学术界的高度重视,研究成果很多,本文在参考已有研究成果的基础之上,主要从全球史的视角出发,对张骞出使西域所带来的中国对外部世界的了解与认知问题进行探讨。

前所未知的地区和国家，取得了很大的外交成就，极大地丰富了汉朝对外部世界的了解与认知。

张骞首次出使在汉武帝建元三年（前138年），此行的目的是为了联合大月氏，夹击匈奴。原来汉朝从匈奴降人的口中得知，大月氏曾游牧于河西走廊一带，后来因为受到匈奴的攻击，被迫西迁，对匈奴恨之入骨，只因势单力薄，一直未能报仇。汉武帝获悉这一重要信息后，决定募人出使大月氏。不过，当时汉朝对于月氏以及西域和其他外部世界的情况，显然不是很清楚的，所以这次出使带有一定的探险性质。张骞应募出使，途中被匈奴扣留长达十年，后来乘机逃脱，辗转到达大月氏时已经是元光六年（前129年）。这时大月氏的情形已经发生了很大的变化，由于受到乌孙的进攻，它们由伊犁河、楚河流域迁居到中亚的阿姆河流域，并征服了大夏国。这里土地肥沃，户口殷盛，人民安居乐业，促使其社会经济也迅速由游牧转为农耕定居，"又自以远汉，殊无报胡之心"。因此，这次出使的目的没有达到。虽然如此，但此行却取得了意想不到的收获，"骞身所至者大宛、大月氏、大夏、康居，而传闻其旁大国五六，具为天子言之"①。过去许多未知的区域进入了汉朝的视野，从而激发起了汉人对域外世界探索的热情。

张骞第二次出使约在元狩四年（前119年），这时汉朝反击匈奴的战争已经了取得了重大胜利，匈奴在屡遭重创后向西北退却，汉通西域的门户已经被打开。但是匈奴仍然依靠西域各附属国的力量，继续和汉朝对抗。于是汉武帝决定采纳张骞的建议，派他再次出使，联络乌孙，共抗匈奴。乌孙，最初游牧于哈密一带，处月氏之西，月氏受到匈奴攻击西迁时，与乌孙发生冲突，其王被杀。后来，乌孙余部得到匈奴的支持，进攻月氏，将月氏人赶走，占领了伊犁河、楚河流域。张骞这次出使，率领了一个庞大的使团，仅随员就有三百多人，每人各配备马两匹，其中"多持节副使"，以便在途中分使其他国家，所携带的牛羊有数万头以及价值数千万的金银丝帛。当张骞到达乌孙时，正值其国内乱，加之乌孙本已服属匈奴，其大臣皆畏惧之，又以离汉太远，不知汉之大小虚实，不愿远徙。因此，这次出使的目的又未实现。不过，这次出使却扩大了第一次出使的成果，"骞因分遣副使使大宛、康居、大月氏、大夏、安息、身毒、

---

① 《史记》卷一二三《大宛列传》，中华书局1982年第2版，第10册，第3157—3160页。

于阗、扜罙及旁国"。后来，张骞返回时，这些国家都派出使者随同汉使回访了中国。

张骞两次出使西域带回了许多有关外部世界的新情报，从而成为古代中国重新认识世界的开端。

他到达的第一个国家是大宛，在此之前，汉朝对大宛似乎一无所知，所以司马迁说："大宛之迹，见自张骞。"大宛位于今中亚乌兹别克斯坦的费尔干纳盆地，在亚历山大东征时，大宛曾为中亚希腊化国家之一。张骞归来后描述："其俗土著，耕田，田稻麦。有蒲陶酒。多善马，马汗血，其先天马也。有城郭屋室，其属邑大小七十余城，众可数十万。其兵弓矛骑射。其北则康居，西则大月氏，西南则大夏，东北则乌孙，东则扜罙、于阗。"在历史上，大宛是丝绸之路上的重要国家之一。大宛对汉朝的了解似乎要早于汉朝对大宛的了解，在张骞到达大宛之前，大宛就听说了汉朝，"闻汉之饶财，欲通不得，见骞，喜"[1]。所以，当张骞以利相诱时，就顺利地得到了大宛的帮助，经康居，抵达大月氏。当张骞第二次西使时，还派副使再次访问了该国。

康居（在今哈萨克斯坦境内），在大宛西北，东界乌孙，西达奄蔡，南接大月氏，约在今巴尔喀什湖和咸海之间，王都卑阗城。其社会经济为游牧与农耕相混杂，其鼎盛时，"控弦者八九万人"。康居人擅长经商，经常到世界各地去进行贸易。康居是西域最早与汉朝交通的国家，早在张骞通西域之前，汉朝就已经听说过康居。然而，张骞所经过的康居之地，据研究不是其本土，应为其属地索格底亚那[2]。所以张骞归来后，在向汉武帝的报告中，对康居的描述非常简略，远没有对大宛和大月氏的了解程度深。但在张骞第二次出使西域时，也派副使访问了康居。

大夏，希腊人称之为巴克特里亚（Bactria），也是亚历山大东征时建立的中亚希腊化国家之一。大夏原来是波斯帝国的一个行省，后隶属于亚历山大帝国及塞琉古帝国，公元前255年，巴克特里亚总督狄奥多图斯一世（Diodotus I）宣告独立，建立巴克特里亚王国（约公元前255—前145年）。其地在兴都库什山以北与阿姆河以南地区（今阿富汗北部），都

---

[1] 《史记》卷一二三《大宛列传》，第10册，第3157—3160页。
[2] 见余太山《两汉魏晋南北朝与西域关系史研究》上编《西汉与西域》，中国社会科学出版社1995年版，第6页。

巴克特拉（Bactra），中国称之为"蓝市城"。据说大夏居民主要是吐火罗人，原来亦居住在中国的西北地区，后西迁。当张骞西使到达大月氏时，大夏已经被月氏人征服而亡国。虽然如此，由于大夏正处于东西方"文明的十字路口"，所以仍然给张骞留下了深刻的印象，他在归来后的报告中说："大夏在大宛西南二千余里妫水南。其俗土著，与大宛同俗。无大君长，往往城邑置小长。其兵弱，畏战。善贾市。及大月氏西徙，攻败之，皆臣畜大夏。大夏民多，可百余万。其都曰蓝市城，有市贩贾诸物。其东南有身毒国。"① 张骞第二次西使时，也派副使再访该地。

张骞首次出使还听说了五六个大国，有乌孙、奄蔡、安息、条支、黎轩、身毒等。第二次出使的目的地除了乌孙之外，张骞还派遣副使访问了安息、身毒等国。

安息（Arsacid），即帕提亚王朝（Parthia），是位于今伊朗高原的古国。这里先后经历了波斯帝国、亚历山大帝国和塞琉古帝国的统治。帕提亚之名源自伊朗高原北部南下的一支古老的游牧民族帕尔尼（Parni）人。公元前247年，帕提亚乘机独立，帕尔尼人部落首领阿尔萨息（Arsacids）自称国王，建立了阿尔萨息王朝（前247—226年）。中国史书因其王朝名称而简称为安息。其全盛时，疆域北至里海，南临波斯湾，东接大夏、身毒，西至两河流域，成为欧亚大陆上与汉帝国和罗马帝国并列的大帝国。当张骞首次出使西域时，就听说了一些安息的情况："安息在大月氏西可数千里。其俗土著，耕田，田稻麦，蒲陶酒。城邑如大宛。其属大小数百城，地方数千里，最为大国。临妫水，有市，民商贾用车及船，行旁国或数千里。以银为钱，钱如王面，王死辄更钱，效王面焉。画革旁行以为书记。"② 张骞再次西使时，曾派遣副使访问了安息，当时正是米特拉达梯二世（Mithradates Ⅱ，前124—前87年在位）统治期间。他非常重视汉使的来访，隆重接待了这位首次踏上安息国土的汉朝使臣，据《史记·大宛列传》载："初，汉使至安息，安息王令将二万骑迎于东界。东界去王都数千里。比行至，过数十城，人民相属甚多。"一般认为当汉使抵达时，正值米特拉达梯二世征讨塞人入侵，并占领中亚重镇木鹿（Merv，今土库曼斯坦马里），将帝国的东界扩展至阿姆河一线之时，所

---

① 《史记》卷一二三《大宛列传》，第10册，3164页。
② 同上书，第3162页。

以才会有大军迎接汉使入境之盛举。

身毒,是汉代中国对印度的称谓,梵文为 Sindhu,古波斯语讹为 Hindhu,古希腊语更转为 Indus。张骞首次西使时就听说有身毒国,归来后,他向汉武帝报告说:"臣在大夏时,见邛竹杖、蜀布。问曰:'安得此?'大夏国人曰:'吾贾人往市之身毒。身毒在大夏东南可数千里。其俗土著,大与大夏同,而卑湿暑热云。其人民乘象以战。其国临大水焉。'以骞度之,大夏去汉万二千里,居汉西南。今身毒又居大夏东南数千里,有蜀物,此其去蜀不远矣。今使大夏,从羌中,险,羌人恶之;少北,则为匈奴所得;从蜀宜径,又无寇。"① 汉朝本来早就有交通西南夷的打算,在听说了张骞的报告之后,武帝"以骞言为然,乃令骞因蜀犍为发间使,四道并出",勘察自蜀通身毒的道路。但四道间使"皆各行一二千里",或沿途受到阻挠,或遭遇寇盗被略杀,而"终莫能通"。虽然汉朝派出的四道间使没有走通这条道路,但从蜀地到身毒之间的民间商贸往来却早已有之,并且汉使还获得了有关西南交通的更多信息,"然闻其西可千余里有乘象国,名曰滇越,而蜀贾奸出物者或至焉,于是汉以求大夏道始通滇国"。滇越国据说位于今缅甸北部地区,其东与云南相毗连,其西即印度东北部地区,汉使既然听说有蜀商至滇越贸易,这说明从蜀地经云南、缅甸到达印度的通道应该早就存在了。张骞在大夏所见的蜀货,应该就是通过这条号称"西南丝绸之路"的"蜀滇缅印"道,辗转到达大夏的。不过,张骞第二次西使时,派遣到身毒的副使并不是走的这条道,而是从西域前往的。

奄蔡是古代西域游牧民族,亦作阖苏,或阿兰,大致分布在今咸海、里海以北一带地区。在古希腊、罗马文献中屡见其名,称之为 Aorsoi,或 Alanorsi。张骞首次出使时就听说过此国,归来后在报告中说:"奄蔡在康居西北部可二千里,行国,与康居大同俗。控弦十余万。临大泽,无崖,盖乃北海云。"② "行国"指游牧民族建立的国家,"大泽"大概指咸海。可见这是一个在咸海到里海一带建立的游牧民族国家。

条枝和黎轩也都是张骞首次出使西域时听说过的大国,他在报告中描述道:"条枝在安息西数千里,临西海。暑湿。耕田,田稻。有大鸟,卵

---

① 《史记》卷一二三《大宛列传》,第 10 册,第 3166 页。
② 同上书,第 3161 页。

如瓮。人众甚多，往往有小君长，而安息役属之，以为外国。国善眩。安息长老传闻条枝有弱水、西王母，而未尝见。"① 而对黎轩，只是在报告中提到在安息北；在张骞第二次西行，派副使出使安息归国时，安息使节也随同来访，并以大鸟卵及黎轩善眩人献于汉。关于条枝和黎轩的具体位置究竟在何处，历来众说纷纭，未有定论②。关于条枝，分歧点主要集中在对"西海"位置的不同理解上，一种观点认为，"西海"即指波斯湾，所以条枝应在波斯湾附近；另一种观点则认为"西海"是指地中海，所以条枝应即塞琉古帝国的叙利亚地区。根据张骞报告所说的"条枝在安息西数千里"的情形而言，这时的条枝不应该在波斯湾，因为在张骞出使西域之前不久，帕提亚帝国（即安息）的米特拉达梯一世（Mithradates Ⅰ，前171年—前138年在位）已经攻占了塞琉古帝国在两河流域的最主要城市——底格里斯河上的塞琉西亚（Seleucia），将其势力赶到幼发拉底河以西，巴比伦尼亚归入安息版图。既然条枝还在其西，那么是指地中海东岸的叙利亚地区的可能性较大。不过，张骞又说条枝役属于安息，以为外国，所以将安息刚夺取的塞琉古帝国的巴比伦尼亚地区称作条枝也不无道理，这样张骞所说的条枝所临的西海就是指波斯湾。至于黎轩（《汉书·西域传》作"黎靬"），由于记载不多，且互有出入，中外学者更是聚讼纷纭，莫衷一是③。司马迁在《史记》中说黎轩在安息北，而班固在《汉书》中说：乌弋山离国（在今伊朗与阿富汗交界地区的锡斯坦）西与黎靬、条枝接。这样关于黎轩的方位就有地中海沿岸的塞琉古帝国、托勒密朝的埃及王国、米底亚的Regha或Rhaga（此地位于今伊朗北部的德黑兰）、罗马帝国、伊朗高原捷詹河流域的特莱西那（Traxiane）等多种说法，其中尤以第二种说法影响较大，论者以为黎轩即托勒密朝埃及王国的首都亚历山大城（Alexandria）的缩写④。不过，也有学者认为黎轩并不是特指某一地方，因为据说在亚历山大东征之后，曾在中亚、西亚和北非

---

① 《史记》卷一二三《大宛列传》，第10册，第3163—3164页。
② 龚缨晏：《20世纪黎轩、条枝和大秦研究述评》，《中国史研究动态》2002年第8期。
③ 张绪山：《近百年来黎轩、大秦问题研究综述》，《中国史研究动态》2005年第3期。
④ 日本学者白鸟库吉、法国学者伯希和和中国学者余太山等都持此观点。见白鸟库吉《大秦国与拂菻国考》，见王古鲁译：《塞外史地论文译丛》第一辑，商务印书馆1939年版，第17—18页；伯希和：《黎轩为埃及亚历山大城说》，见冯承钧译《西域南海史地考证译丛》第7编，中华书局1957年版，第34—35页；余太山：《条枝、黎轩和大秦》，见《塞种史研究》附录，中国社会科学出版社1992年版，第182—209页。

的广大地区建立过以他名字命名的城市 70 多座，"经考证和发掘核实的已有近 40 座，分布在从地中海海滨一直到阿富汗、印度边陲的广大地区。但汉代西行的使节和此后的史家并不了解这一点，所以在他们传闻和记述的黎轩往往不在一处，但却使用同一名称"①。不管何种说法，条枝和黎轩成为张骞出使归来后，当时中国对域外世界了解的最远地区了，尽管这种认识还很模糊。

张骞出使西域具有重要的历史意义，他极大地鼓舞了古代中国对世界进行大规模探索的热情。在张骞之后，为了更好地与外国往来，"汉始筑令居以西，初置酒泉郡以通西北国。因益发使抵安息、奄蔡、黎轩、条枝、身毒国。而天子好宛马，使者相望于道。诸使外国一辈大者数百，少者百余人，人所赍操大放博望侯（张骞）时。其后益习而衰少焉。汉率一岁中使多者十余，少者五六辈，远者八九岁，近者数岁而反"。张骞的壮举，刺激了许多人探险的欲望，"自博望侯开外国道以尊贵，其后从吏卒皆争上书言外国奇怪利害，求使。天子为其绝远，非人所乐往，听其言，予节，募吏民毋问所从来，为具备人众遣之，以广其道。来还不能毋侵盗币物，及使失指，天子为其习之，辄覆案致重罪，以激怒令赎，复求使。使端无穷，而轻犯法。其吏卒亦辄复盛推外国所有，言大者予节，言小者为副，故妄言无行之徒皆争效。其使皆贫人子，私县官赍物，欲贱市以私其利外国"。汉朝使者在探索域外世界的同时，还试图对黄河的源头进行探索，"汉使穷河源，河源出于寘，其山多玉石，采来，天子案古图书，名河所出山曰昆仑云"②。虽然这种认识有误，但其探索精神则是很可贵的。

张骞出使还开启了中国与外部世界互动与认知的新时代。张骞出使西域之后，外国使者也纷纷来到汉朝，开展外交活动，从而极大地促进了彼此之间的互信与了解。张骞第二次出使返回时，乌孙也派遣数十名使者，携带数十匹马到汉朝答谢，"其后岁余，骞所遣使通大夏之属者皆颇与其人俱来，于是西北国始通于汉矣。然张骞凿空，其后使往者皆称博望侯，以为质于外国，外国由此信之"。汉朝派往帕提亚帝国的使节返回时，帕提亚帝国也派出使节随同来访，"观汉广大，以大鸟卵及黎轩善眩人献于

---

① 石云涛：《早期中西交通与交流史稿》，学苑出版社 2004 年第 2 版，第 334—335 页。
② 《史记》卷一二三《大宛列传》，第 10 册，第 3170—3173 页。

汉。及宛西小国驩潜、大益,宛东姑师、扜罙、苏薤之属,皆随汉使献见天子。天子大悦"。此后,"西北外国使,更来更去"。这些频繁的外交活动都是双向进行的,通过互派使节,加深了彼此之间的了解,如乌孙来使,"因令窥汉,知其广大……既见汉人众富厚,归报其国,其国乃益重汉"。而汉朝也了解到:"自大宛以西至安息,国虽颇异言,然大同俗,相知言。其人皆深眼,多须髯,善市贾,争分铢。俗贵女子,女子所言而丈夫乃决正。"① 这种互动与认知尽管还都比较粗浅,但都是在张骞"凿空"、丝绸之路开通之后带来的成果。

张骞出使与丝绸之路的开通,还促进了国际商贸活动的开展。正如有的学者所指出的那样:"尽管张骞的外交努力没有成功,但他的出使却产生了深远的影响,同时,张骞还带回了大量的具有商业价值的信息。张骞在出使西域的过程中所获得的一些信息对打开丝绸之路和建立中国与西方的联系起到了关键作用,而丝绸之路作为一种商业通道连接了中国和罗马帝国的广大地区。"② 汉朝使节出使时,往往携带有大量金银丝帛及牛羊马匹,所到之处除了用于外交馈赠外,还于所在国开展贸易交换活动,"及至汉使,非出币帛不得食,不市畜不得骑用……而汉多财物,故必市乃得所欲"。汉武帝非常喜欢大宛马,称之为"天马","使壮士车令等持千金及金马以请宛王贰师城善马"。为了取得大宛马,汉武帝不惜发大军与其开战,最终迫使大宛,"乃出其善马,令汉自择之……汉军取其善马数十匹,中马以下牡牝三千余匹"。之后,"汉发使十余辈至宛西诸外国,求奇物"。由于汉朝派往大夏等地的外交使者兼贸易商队很多,以致"外国益厌汉币,不贵其物"③。

张骞出使与丝绸之路的开通,还带来了物种与技术的广泛交流与传播。葡萄和苜蓿传入中国就是张骞出使西域之后所带来的重要物种,"宛左右以蒲陶为酒,富人藏酒至万余石,久者数十岁不败。俗嗜酒,马嗜苜蓿。汉使取其实来,于是天子始种苜蓿、蒲陶肥饶地。及天马多,外国使来众,则离宫别观旁尽种蒲陶、苜蓿极望"。葡萄,旧称蒲陶或蒲桃,据说原产于西亚和埃及一带,西传希腊、罗马、高卢,东传大宛,再传至中

---

① 《史记》卷一二三《大宛列传》,第 10 册,第 3169—3173 页。
② [美]杰里·本特利、赫伯特·齐格勒:《新全球史》(第三版)上册,魏凤莲等译,北京大学出版社 2007 年版,第 307—308 页。
③ 《史记》卷一二三《大宛列传》,第 10 册,第 3171—3179 页。

国。苜蓿原生于伊朗波斯、高加索南部及大宛等地,后传入希腊、罗马,张骞通西域后,传入中国。此外,还有棉花、胡麻、核桃(胡桃)、胡瓜(黄瓜)、安石榴(石榴)、胡萝卜、胡荽(芫荽)、胡椒、胡蒜(大蒜)、胡豆(包括蚕豆、豌豆)、红蓝花、番红花、无花果等许多植物品种相继传入了中国①。而丝绸、漆器和汉朝先进的铁器铸造技术则通过丝绸之路传播到中亚及其更远的广大地区,大宛以西,"其地皆无丝漆,不知铸铁器。及汉使亡卒降,教铸作他兵器。得汉黄白金,辄以为器,不用为币"②。物种与技术的交流与传播促进了世界范围内文明的发展与进步。

总之,张骞通西域对域外世界的探索,取得了极大的成就,他不但促进了中国与其他古典社会的联系与互动,而且扩大了汉代中国对世界认知的范围。从此,中国从一个相对封闭的东亚世界中走出来,开始面向更加广阔的世界。

三 从中国到罗马:班超对西域的经营与汉朝对世界认知范围的进一步扩大

在汉代进行大规模域外探索的过程中,对罗马帝国的了解与认识,代表了当时中国对世界认知的最高水平。汉帝国与罗马帝国分处丝绸之路的东西两端,遥相辉映,都发展到了极高的文明水平。在张骞通西域和丝绸之路正式开通之后,汉朝开始了大规模的域外探索活动;与此同时,罗马帝国也积极向东方发展。这样,就在公元前后的一两个世纪中,随着汉朝中国人西去的脚步和罗马人东来的足迹,汉与罗马间的互动从无到有,彼此间的认识也从朦胧到逐渐清晰,从而把欧亚大陆甚至到遥远的北非和东非等广大地区连接在一起,在东半球的古典社会形成了的一个巨大的世界性交往网络。

在张骞通西域归来后所作的报告中,谈到他所到达的地区和听说的大国中,还没有明确提到罗马帝国。汉朝对罗马的真正了解与认识,应该是在班超对西域所进行的经营过程中逐渐得到的。

西汉末、东汉初,匈奴利用中原混乱之际,乘机扩大势力,重新控制

---

① [美]劳费尔:《中国伊朗编》,林筠因译,商务印书馆2001年版。
② 《史记》卷一二三《大宛列传》,第10册,第3173—3174页。

了西域，再次成为汉帝国的威胁，丝绸之路也被迫中断。东汉光武帝建武二十四年（48年），匈奴分裂为南北两部；不久南匈奴奉表称臣，北匈奴则继续控制西域，与东汉王朝为敌。为了解除北匈奴的威胁、重开丝路，东汉王朝决定在对北匈奴进行军事打击的同时，重新恢复对西域的经营。从明帝永平十六年（73年）到和帝永元二年（90年）的17年间，东汉王朝对匈奴前后进行了多次战争。班超就是在这种形势下出使西域的，开始了他长达31年经营西域的事业。

班超出使西域的使命，是联络西域各地的君长，脱离匈奴，亲附东汉。他先后降服了鄯善、于阗、莎车、车师、焉耆、疏勒、龟兹、尉犁、危须等，迫使西域50余国皆遣使纳质，内附于汉。东汉政府在西域设置都护及戊己校尉，镇抚西域。至此，丝绸之路重新开通。

班超出使西域时，还遣使结好乌孙、月氏等国。尤其是月氏，这时已经发生了很大变化。大月氏在征服巴克特里亚（大夏）以后，将其地分属五部"翕侯"。约在公元1世纪中叶，贵霜部翕侯丘就却（Kujula Kadphises），消灭了其他翕侯，统一了五部，建立起贵霜帝国（Kushan EmpIre）。到他的儿子阎膏珍（Vima Kadphises）继位后，帝国的版图进一步扩大。到迦腻色迦（Kanishka）统治时期，贵霜帝国达到鼎盛，拥有人口上百万、战士二十万，疆域西起伊朗东境，东至恒河中游，北起锡尔河、葱岭，南至纳巴达河，成为一个纵贯中亚与南亚的庞大帝国，被认为是当时与汉朝、帕提亚（安息）与罗马并列的欧亚四大帝国。章帝建初九年（84年），班超派人出使贵霜，赠予大量锦帛；贵霜曾出兵助汉攻车师，"贡奉珍宝、符拔（羚羊一类的珍奇动物）、师子"，并请求通婚，但遭到了班超的拒绝，因而引起了贵霜王的怨恨。永元二年（90年），贵霜遣其副王谢（Kshatrap）率领7万大军，越过葱岭进攻班超，结果受挫，"月氏由是大震，岁奉贡献"①。大约因为班超一直不知贵霜王名，仅以"月氏王"呼之。

班超对西域的经营，使丝绸之路全线畅通，有力地促进了东汉王朝与域外诸国间的互动与认知。永元六年（94年），就在班超大破焉耆、威服西域50余国纳质内附之后，"其条支、安息诸国至于海濒四万里外，皆重译贡献"。九年（97年），班超又派遣副使甘英出使大秦，最远到达安

---

① 《后汉书》卷四十七《班超传》，中华书局1965年版，第6册，第1579—1580页。

息西界,"穷临西海而还。皆前世所不至,《山经》所未详,莫不备其风土,传珍怪焉。于是远国蒙奇、兜勒皆来归服,遣使贡献"①。关于甘英西使所到达的西海,究竟是指波斯湾还是地中海?学术界向来就有争议。

至于条支,学术界对其地理位置也多有争论,或说在地中海东岸,或说在古波斯湾头。据《后汉书·西域传》载:"条支国城在山上,周回四十余里。临西海,海水曲环其南及东北,三面路绝,唯西北隅通陆道。土地暑湿,出师子、犀牛、封牛、孔雀、大雀。"有学者根据这段描述认为,与《史记》、《汉书》相比,其侧重点已不是"条枝国"本身,而是甘英西使所得"条枝国城"的情况了。因此他们认为此条枝国城,即曾为塞琉古帝国的都城安条克(Antioch,又译作安提阿)的缩译。塞琉古叙利亚王国已于公元前64年亡于罗马大将庞培之手,成为罗马帝国的一个行省,该城这时也已经成为罗马帝国叙利亚行省的首府了②。不过,正像亚历山大喜欢在他所征服的地区建立以他名字命名的70多座城市一样,塞琉古一世也曾以建造了9个塞琉西亚、16个安条克和6个老底嘉而闻名。虽然现在还无法最终认定条支的准确地理位置,但通过这段记载的描述可知,甘英对西使所到达的这个国家应该是有相当的了解的,他所带给当时人们有关这一遥远地区的知识和情报也远比西汉时期要更加准确、丰富与深入。

至于安息,也即帕提亚帝国,《汉书·西域传》称"其王治番兜城",《后汉书·西域传》则称"安息国居和椟城"。关于番兜和和椟,中外史家大多根据其对音来释读,至今还无统一认识。一般认为就是安息早期都城,即希腊、罗马作家笔下的赫卡托普洛斯(Hekatompylos),意为"百门之城"③。安息曾于"章帝章和元年(87年),遣使献师子、符拔。符拔形似麟而无角"。永元十三年(101年),其王"满屈复献师子及条支大鸟,时谓之安息雀"④。条支大鸟即驼鸟。满屈即帕提亚王帕科罗斯二世(Pacorus Ⅱ,约78—105年在位)。虽然有关汉朝与帕提亚帝国之间交

---

① 《后汉书》卷八十八《西域传》,第10册,第2910页。
② 余太山:《条枝、黎轩和大秦》,见《塞种史研究》附录,第182—209页。
③ [德]夏德:《大秦国全录》,朱杰勤译,大象出版社2009年版,第17页。
④ 《后汉书》卷八十八《西域传》,第10册,第2918页。余太山认为章和元年献师子、符拔者为月氏,并非安息。见氏著《两汉魏晋南北朝与西域关系史研究》上编《东汉与西域》,第92页。

往的记载不是很多，但双方间的商贸活动应该是非常频繁的。这主要是因为帕提亚地处中国与罗马两大强国之间，几乎控制了中西陆路交通在西亚的全部路线，通过丝路贸易能够获取巨大利润，所以他们也就千方百计地应用各种手段来阻遏罗马与中国间的直接沟通①，据《后汉书·西域传》载："其王（大秦）常欲通使于汉，而安息欲以缯彩与之交市，故遮阂不得自达。"甘英西使大秦时，至安息西界，抵条支，临大海欲渡，安息船人以大海之险相劝阻，甘英闻之乃止。

虽然中国与罗马帝国的直接交往受到安息人的重重阻拦，但中西之间的接触与了解很早就开始了。早在亚历山大东征之前，远在欧亚大陆两端的两大文明中心——希腊和中国就互有传闻②。希腊人称中国为"赛里斯"（Serce，或 Seres），意即丝国或丝国人，最早提到"赛里斯人"的是公元前 4 世纪的希腊作家克泰夏斯，到公元前 1 世纪左右，在希腊、罗马作家的笔下关于"赛里斯"的记载逐渐多了起来，像著名诗人维吉尔、霍拉赛、普罗佩赛、奥维德，地理学家斯特拉波、梅拉，哲学家赛内克、博物学家普林尼等人的相关记述中都提到了"赛里斯"③。尽管古典作家们关于它的具体地理位置说法不一，但位于遥远的东方且为产丝之国则成为他们的共识。甚至有一位罗马历史学家佛劳鲁斯（Florus）还记载，在罗马皇帝奥古斯都在位时（公元前 27 年—公元 14 年，即西汉成帝河平二年至新莽天凤元年），在前来寻求友谊的各国使团中，就有来自赛里斯国的使者。④ 不过，由于当时中国正处于西汉末年到王莽篡汉时期，朝廷尚且自顾不暇，不可能派遣外交使团到如此遥远的国度，加之此事在中国史籍中没有任何记载，所以学者们多认为此使节或许是到访罗马的中国商人或旅行者。

中国人也早已听说罗马的存在，称之为"大秦"。据《后汉书·西域传》载："大秦国一名犁鞬，以在海西，亦云海西国。"犁鞬，《史记》作"黎轩"，《汉书》作"黎靬"、"骊靬"、"犛靬"。一般认为张骞西使所传

---

① 丘进：《中国与罗马——汉代中西关系研究》，黄山书社 2008 年版，第 90—96 页。
② 杨巨平：《亚历山大的东征与丝绸之路的开通》，《历史研究》2007 年第 4 期。
③ ［法］戈岱司编：《希腊拉丁作家远东文献辑录》，耿升译，中华书局 1987 年版。
④ ［英］裕尔撰，［法］考迪埃修订：《东域纪程录丛——古代中国闻见录》，张绪山译，中华书局 2008 年版，第 14—15 页。又见张星烺《中古交通史料汇编》，中华书局 2003 年版，第 1 册，第 121 页。

闻的大国中应当有"黎轩",但其是否就是指罗马帝国,历来就有争议,因为这毕竟只是一种道听途说,又经多方辗转,才被张骞所知,所以在他归来后对所见闻诸国的报告中,不但没有专门讲到黎轩,甚至连其具体方位都搞错了,认为是在安息北;而班固在《汉书·西域传》中说的"黎轩",在乌弋山离国西,虽然方位大致相当,但亦没有对其进行具体介绍。又在同书《地理志》中提到张掖郡有"骊靬县",在《张骞传》中也说:"初置酒泉郡,以通西北国。因益发使抵安息、奄蔡、犛靬、条支、身毒国。"颜师古注曰:"犛靬即大秦国也。张掖骊靬县盖取此国为名耳。骊、犛声相近,靬读与轩同。"据此还有学者认为地处河西走廊的骊靬县就是汉朝安置被俘的罗马军团余部之城①,对此也有学者提出质疑。不过,"到了公元前90年左右……罗马军团挥戈东进,一直挺进到当时尚不为人所知的陌生之地,也就是在同一时代,传统的中国突然间茅塞顿开,如梦方醒般地发现了西方的存在。事实上,考古学家们已经发现,在亚历山大征服和希腊化王国时代,希腊的影响就已经渗透到东方遥远的地方。"② 张骞西使曾经到达过中亚希腊化国家大宛、大夏等地,他所听说的条枝和黎轩也都是重要的希腊化国家与地区,所以他可能已经接触到希腊化文化,只不过当时对它们的认识还比较模糊而已。

就在公元97年张骞派遣的副使甘英出使大秦受阻而返之后不久,据说罗马帝国的使团就于公元100年左右到达中国。据《后汉书·西域传》记载:"于是远国蒙奇、兜勒皆来归服,遣使贡献。"③ 此事又在同书《和帝纪》中有载:永元十二年(100年),"冬十一月,西域蒙奇、兜勒二国遣使内附,赐其王金印紫绶"④。有人认为蒙奇即 Macedonia,即马其顿的音译,在今希腊半岛,当时为罗马帝国的一个行省;兜勒为地中海东岸城市 Tyle(推罗)的音译,为罗马帝国东方行省的重要港口城市,在今

---

① [美]德效骞:《古代中国的一座罗马人城市》,丘进译,《中外关系史译丛》第4辑,上海译文出版社1988年版,第364—373页。氏著认为:公元前53年,克拉苏率领的罗马军团在卡尔莱战役中惨败,克拉苏战死,几乎全军覆没,部分突围的罗马军团下落不明。公元前36年,汉朝将军陈汤发西域诸国兵,奔袭千里,攻破郅支城,擒杀郅支单于。在陈汤攻破郅支城时,俘虏了一支会布置"鱼鳞阵"的防卫部队,就属于罗马军团。随后,汉王朝设置骊靬城安置这些投降的罗马军团。

② [法]布尔努瓦:《丝绸之路》,耿升译,山东画报出版社2001年版,第24—25页。
③ 《后汉书》卷八十八《西域传》,第10册,第2910页。
④ 《后汉书》卷四《和帝纪》,第1册,第188页。

黎巴嫩提尔城①。尽管学术界对于此事还有诸多疑问②，但是在公元 2 世纪希腊著名的地理学家托勒密的著作《地理志》中，转述了另一位地理学家推罗（Tyle）的马利努斯（Marinos）的话说，一位以经商为业的马其顿人马埃斯（Maes）又名蒂蒂亚诺斯（Titianos）曾记载从幼发拉底河到中亚石塔、再到赛里斯国（Seres，古希腊、罗马对中国的称呼）首都赛拉城（Sera）的路程；马埃斯本人虽然从未到达赛里斯国，但他曾派遣自己手下的一批人到过那里③。这表明两个位于欧亚大陆东西两端的大帝国约在同时期都开始积极地探知对方。

此后，东汉王朝与罗马帝国之间的交往在史籍中的记载开始多了起来。如东汉安帝永宁元年（120 年），大秦国幻人随掸国王雍由的使者来到中国，"能变化吐火，自支解，易牛马头，又善跳丸，数乃至千。自言我海西人，海西即大秦也。掸国西南通大秦"④。幻人，又称眩人，即杂技演员或魔术师，张骞出使西域之后，就有犁靬善眩人随安息使者献于汉的记载，当时安息与掸国都与大秦之间有密切的往来，所以才会有大秦幻人随两国使者来中国的事情。到桓帝延熹九年（166 年），"大秦王安敦遣使自日南徼外献象牙、犀角、瑇瑁，始乃一通焉"⑤。这是中国文献中记载最早的两国之间的正式友好往来。此所谓安敦王，即罗马帝国安东尼王朝的国王 Marcus Aurelius Antoninus（马克·奥里略·安东尼），于公元 161 年至 180 年在位，安敦即 Antoninus 的音译，现在多写作安东尼。不过，也有论者以为桓帝时来华的罗马使节或许也是商人假冒，其实并不是罗马国王所派遣⑥。还有学者甚至认为"公元 166 年踏上中国国土的人们被称作罗马人，其实他们可能既不是来自罗马，也非来自意大利，而是一

---

① 林梅村：《公元 100 年罗马商团的中国之行》，《中国社会科学》1991 年第 4 期。英译见 Social Sciences in China, No. 2, 1992。该文后来又收入氏著：《西域文明——考古、民族、语言和宗教新论》，东方出版社 1995 年版，第 11—32 页。
② 参阅张绪山《关于"公元 100 年罗马商团到达中国"问题的一点思考》，《世界历史》2004 年第 2 期。
③ ［法］戈岱司编：《希腊拉丁作家远东古文献辑录》，耿升译，中华书局 1987 年版，第 20—21 页。
④ 《后汉书》卷八十六《西南夷传》，第 10 册，第 2851 页。
⑤ 《后汉书》卷八十八《西域传》，第 10 册，第 2920 页。
⑥ 方豪：《中西交通史》上册，岳麓书社 1987 年版，第 166 页。

个覆盖整个西方庞大帝国的臣民"①。不管如何，这次汉与罗马之间的交往仍然具有里程碑式的重要意义，受到中外学者的一致重视。

甘英西使虽然最终没有能够到达罗马帝国，但从马埃斯的手下和自称安敦王的使者的东来，却反映了从罗马到中国之间的陆路与海路交通都已经开辟。罗马这个位于遥远的西方世界的庞大帝国的信息，通过各种渠道源源不断地传入中国。在此之前，无论是西汉时期司马迁所撰的《史记》，还是比甘英西使仅仅早5年而去世的班固（32—92年）所写的《汉书》中都没有正式记载罗马帝国的情况，而从《后汉书·西域传》开始，在中国官方承认的正史中首次列有《大秦传》，介绍了罗马帝国的位置、都城建筑、宫室设施、政治制度、皇室礼仪、经济生活、商业贸易、服饰、物产、珍宝、风俗、道路以及从汉到罗马的交通、传说等内容，其详细程度超过了该传中的其他许多国家。虽然其中有些叙述似是而非、模糊不清，甚至还有想象、附会和误读之处，但它却表明汉代中国对世界的认知范围进一步扩大。

四　中国与外国：汉朝认知世界的新视角

由于张骞通西域和班超对西域的进一步经营，促使汉代掀起了对域外世界进行大规模探索的高潮，从而极大地促进了中国与其他文明之间的互动与了解。随着汉朝对世界认知范围的不断扩大，也带来了对世界认知观念的新变化，这就是在传统的"中国"与"四夷"观之外，又出现了"敌国"、"外国"与"西域"等观察世界的新视角。

"中国"一词很早就出现了，在先秦时期（主要是战国）的文献中就已经比较常见，其含义有多种多样，其中有指为国境之内、诸夏之领域、中央之国之意，后来各朝代竞相共称中国，不过是其滥觞而已②。传统

---

① ［法］让—诺埃尔·罗伯特：《从罗马到中国：恺撒大帝时代的丝绸之路》，马军、宋敏生译，广西师范大学出版社2005年版，第183页。

② 参阅台湾学者王尔敏《"中国"名称溯源及其近代诠释》，载氏著《中国近代思想史论》，社会科学文献出版社2003年版，第370—400页。文中考察了先秦时期的53种载籍，其中出现"中国"一词的有25种，共计178次，归纳其含义约有五种：一为京师之意，二为国境之内之意，三为诸夏之领域之意，四为中等之国之意，五为中央之国之意。其中尤以第三种诸夏之领域之意占最大多数，凡145次，占全部数量的83%。另外，还有学者认为"中国"一词还有一些其他含义，其概念在战国时期就大致定型了。可参阅张其贤《"中国"观念与"华夷"之辨的历史探讨》，台湾大学博士学位论文，2009年。

"中国观"是与"华夷观"紧密联系在一起的,这种观念认为"华夏"居天下之中,故为"中国",由此古人还构筑起了一个从黄帝到夏、商、周和春秋战国时期的"诸夏"都称作"中国"的正统观念;而蛮、夷、戎、狄居四方边疆,是为外族。这种观念虽然也强调"诸夏"与"夷狄"之内外有别,如《春秋公羊传·成公十五年》所说的"内诸夏而外夷狄",但由"诸夏"与"夷狄"共同组成的天下世界则是那时人们的普遍认识。

秦汉时期是大一统的王朝,自然也是"中国"。在对待周边民族时,则延袭旧称,是为"外夷",或"四夷"。传统"天下观"仍然是汉朝人认识世界的基本思路,尤其是在张骞通西域之前,汉朝人心目中的世界仍然是由"中国"和"四夷"组成的"天下",在《史记·陆贾传》中提到了"天下"、"中国"与"蛮夷"等一系列概念,可以帮助我们更好地理解汉朝人的这种天下世界观。首先该传说陆贾"以客从高祖定天下",此"天下"是包括"中国"与周边"四夷"在内的"天下";接着说"高祖时,中国初定",陆贾受命出使南越国,赐其王尉他(又作尉佗)南越王印,并劝其归顺曰:"足下中国人,亲戚昆弟坟在真定。今足下反天性,弃冠带,欲以区区之越与天子抗衡为敌国,祸且及身矣。"尉他闻言,谢陆贾曰:"居蛮夷中久,殊失礼义。"陆贾又说:"皇帝起丰沛,讨暴秦,诛强楚,为天下兴利除害,继五帝三王之业,统理中国。中国之人以亿计,地方万里,居天下之膏腴,人众车舆,万物殷富,政由一家,自天地剖泮未始有也。今王众不过数十万,皆蛮夷,崎岖山海间,譬若汉一郡,王何乃比于汉!"尉他大笑曰:"吾不起中国,故王此。使我居中国,何渠不若汉?"由于陆贾的出色表现,受到尉他的大加赞赏,尉他接受了汉朝封赐的南越王印,并促使他上表称臣,表示愿意接受汉朝的册封。① 此处多次提到"中国",都是指汉王朝统治下的广大区域,而南越国则似乎不在中国之内,是为"蛮夷"。所谓中国"居天下之膏腴",正是为了突出汉朝作为"中国"的中心地位,以与南越的"蛮夷"地位相对应。在班固《汉书·叙传下》中甚至将南越当作"外夷",说:"西南外夷,种别域殊。南越尉佗,自王番禺。"② 由此可见,无论是"中国",还是

---

① 《史记》卷九十七《陆贾传》,第 8 册,第 2697—2698 页。
② 《汉书》卷一百下《叙传下》,第 12 册,第 4268 页。

"蛮夷"，其实都是"天下"的组成部分。在这种天下世界格局中，"中国"与周边诸民族之间的交往，是以一种独特的"国际关系"而存在的。"中国的周边诸国多被中国王朝授予爵位、官号等，形式上是中国王朝的臣下。这种国际性的君臣关系被称为册封关系，以册封关系为基轴而成立的国际体制被称为册封体制。"① 这种册封体制成为制约东亚世界的国际体制。

不过，汉初的这种天下世界格局，也有例外，那就是陆贾所说的与"中国"天子相抗衡的"敌国"（地位或势力相等的国家）的存在，正如著名美籍华裔学者杨联陞先生所说的那样，在历史上，中国并不总是以一种居高临下的姿态来对待周边民族的，而是有许多时期，中国在政治上、军事上对待邻近民族如平等之敌国，譬如汉与匈奴②。汉初，周边诸民族中势力最为强大的是匈奴。冒顿单于在位时，乘楚汉相争之机，东破东胡，西攻月氏，北征丁零、坚昆等部（约在今蒙古至西伯利亚一带），南灭楼烦、白羊（约在今内蒙古南部），重新占领了河套地区，控制了北部、东北部和西北部的广大地区，控弦三十余万，"而南与中国为敌国"。汉六年（前201年），冒顿单于发兵围攻马邑（今山西朔州），韩王信投降，次年又攻晋阳（今山西太原），汉高祖闻讯，亲率三十万大军迎战，被匈奴围困于平城白登山（今山西大同东南），达七天七夜。后来用陈平计，向单于阏氏行贿，才得脱险，这就是历史上著名的"白登之围"（又名"平城之围"）。白登之围后，汉朝为了维持边境的和平，汉高祖采纳了娄敬的"和亲"建议，双方约为兄弟之国，汉室把公主嫁给单于，此外还要每年送给匈奴大批丝绸、粮食、酒等，名义上是经济援助，事实上就是朝贡。文帝时，汉匈双方曾多次互致国书，文帝的国书通常是以"皇帝敬问匈奴大单于无恙"开头。单于的回书则以"天所立匈奴大单于敬问皇帝无恙"或"天地所生、日月所置匈奴大单于，敬问汉皇帝无恙"开头。双方在国书中都强调"二主之约"、"兄弟之亲"，从其内容和形式

---

① ［日］金子修一：《中国皇帝和周边诸国的秩序》，载沟口雄三、小岛毅主编《中国的思维世界》，孙歌等译，江苏人民出版社2006年版，第441—465页。
② ［美］杨联陞：《从历史看中国的世界秩序》，载氏著《国史探微》，新星出版社2005年版，第1—13页。原题为："Historical Notes on the Chinese World Order"，收于 John K. Fairbank ed. *The Chinese World Order*, Cambridge Mass, Harvard University Press, 1968, pp. 20–33. 由邢义田译出。

来看，汉匈双方是处于平等和对等地位的。老上单于即位后，文帝用长一尺一寸的牍写了一份国书，单于则用比汉更长的一尺二寸的牍和更大的印封回书，显示出匈奴的自大傲慢态度，但双方关系基本上还是处于平等地位的。后元二年（前162年），文帝又致书老上单于，除了惯用的问候语之外，国书中还说："二国已和亲，两主欢说（悦），寝兵休卒养马，世世昌乐，闿然更始……朕与单于俱由此道，顺天恤民，世世相传，施之无穷，天下莫不咸便。汉与匈奴邻国之敌……今天下大安，万民熙熙，朕与单于为之父母……使两国之民若一家子。"① 在这份国书中，文帝反复强调汉匈为"两国"、"两主"、"兄弟"、"敌国"的对等地位，而且"天下"也是由"两主"共治、同为万民之父母的格局，所以要达成"天下大安"的局面，首先是要巩固双方的"和亲"关系和"兄弟之欢"。

这种状态到汉武帝时开始被打破了。武帝曾几次派军队大举反击匈奴，取得了决定性的胜利。结果，匈奴的力量大为削弱，已无力继续与汉抗衡，"是后匈奴远遁，而幕（漠）南无王庭"②。尽管如此，匈奴还试图保持与汉朝的"敌国"状态。元封元年（前110年），汉武帝派遣使者郭吉出使匈奴，敦促单于臣服于汉朝。单于大怒，扣留了汉使。元封四年（前107年），匈奴提出和亲。汉朝的大臣们认为匈奴已经衰弱，可以乘机让其臣服，于是派遣杨信出使匈奴。杨信见到单于后说："即欲和亲，以单于太子为质于汉。"单于则对杨信说："非故约。故约，汉常遣翁主，给缯絮食物有品，以和亲，而匈奴亦不扰边。今乃欲反古，令吾太子为质，无几矣。"③ 由此可见，匈奴虽然处于劣势，已失去以往盛气凌人之势，但仍然要求双方平等对待。这样，汉朝要求匈奴臣服，匈奴要求双方平等，所以很难达成议和。征和三年（前90年），贰师将军李广利兵败降匈奴，单于气焰重新嚣张，第二年致书汉朝说："南有大汉，北有强胡。胡者，天之骄子也，不为小礼以自烦。今欲与汉闿大关，取汉女为妻，岁给遗我蘖酒万石，稷米五千斛，杂缯万匹，它如故约，则边不相盗矣。"④ 汉武帝虽然拒绝了这一要求，但也对匈奴无可奈何。这种局面一直维持到昭帝时出现转机，匈奴发生了五单于争立事件，接着分裂为南北

---

① 《史记》卷一一〇《匈奴列传》，第9册，第2889—2903页。
② 《汉书》卷九十四上《匈奴传上》，第11册，第3770页。
③ 《史记》卷一一〇《匈奴列传》，第9册，第2913页。
④ 《汉书》卷九十四上《匈奴传上》，第11册，第3780页。

两部。宣帝甘露三年（前51年），南匈奴呼韩邪单于降汉来朝，有的大臣提出，根据"先诸夏而后夷狄"的原则，应该待以臣礼；太傅萧望之则独排众议，认为匈奴单于虽非"正朔所加"，但称"敌国"，"宜待以不臣之礼"而羁縻之。宣帝采纳了他的建议，"待以客礼"，称藩臣而不名①。北匈奴郅支单于则被迫西迁，后被汉西域都护甘延寿和副校尉陈汤所杀。呼韩邪单于在汉朝的帮助下，重新统一了匈奴。新莽时期，匈奴再次和中国敌对，东汉初又屡次入侵中国北部边境。光武帝建武二十四年（48年），匈奴因内讧再次分裂为南北二支，南匈奴内附于汉，北匈奴则继续与汉敌对。东汉王朝经过多次战争，击溃了北匈奴，迫使其主力西迁，最终解除了匈奴对中国北部边界的威胁。定居在长城沿线的南匈奴在加速汉化的过程中，也最终被纳入了华夷秩序之下的册封朝贡体制。

张骞通西域和班超对西域的经营就是发生在汉朝对匈奴展开全面反击的大背景之下的。张骞通西域带回了许多前所未知的地区和国家的信息，极大地激发了汉朝人对域外世界进行大规模探索的热情，扩展了汉朝人认知世界的视野，从而引起了中国人对世界认知观念的新变化，这就是在传统的"中国"和"四夷"观之外，出现了"外国"的新观念。司马迁在《史记》中，立有《大宛列传》，是中国最早记载边疆和域外地理的专篇，其内容主要是根据张骞出使西域归来后的汇报写成的。张骞西使到达的第一个国家就是大宛（今中亚乌兹别克斯坦的费尔干纳盆地一带），在此之前，汉朝对大宛的情况似乎一无所知，司马迁就说："大宛之迹，见自张骞。"张骞第一次出使时，曾以大宛为活动中心，所以他在汇报各地的位置与距离时，也大都以大宛为准，故用大宛为篇名。但其所记内容并不仅仅局限于大宛，而是涉及乌孙、康居、奄蔡、大月氏、安息、条枝、大夏、身毒等中亚、南亚、西亚等国家和地区，叙述了这些地区的地理和历史情况，包括位置、距离、四邻、农牧业、物产、人口、兵力与城邑等内容，言简意赅。从中不仅可以看出丝绸之路开辟之艰辛历程，并且反映了汉朝域外地理知识与认知视野的不断扩大。尤其值得注意的是他在叙述诸国情况时，多次使用了"外国"的概念。为了方便与《汉书》相比较，用数字标识如下：

---

① 《汉书》卷七十八《萧望之传》，第10册，第3282页。

1. 条枝在安息西数千里，临西海……人众甚多，往往有小君长，而安息役属之，以为外国。

2. 乌孙使既见汉人众富厚，归报其国，其国乃益重汉。其后岁余，骞所遣使通大夏之属者皆颇与其人俱来，于是西北国始通于汉矣。然张骞凿空，其后使往者皆称博望侯，以为质于外国，外国由此信之。

3. 汉始筑令居以西，初置酒泉郡以通西北国。因益发使抵安息、奄蔡、黎轩、条枝、身毒国。而天子好宛马，使者相望于道。诸使外国一辈大者数百，少者百余人，人所赍操大放博望侯时。

4. 北道酒泉抵大夏，使者既多，而外国益厌汉币，不贵其物。

5. 自博望侯开外国道以尊贵，其后从吏卒皆争上书言外国奇怪利害，求使……其吏卒亦辄复盛推外国所有，言大者予节，言小者为副，故妄言无行之徒皆争效之。其使皆贫人，私县官赍物，欲贱市以私其利外国。外国亦厌汉使人人有言轻重，度汉兵远不能至，而禁其食物以苦汉使。汉使乏绝积怨，至相攻击。而楼兰、姑师小国耳，当空道，攻劫汉使王恢等尤甚。而匈奴奇兵时时遮击使西国者。使者争遍言外国灾害，皆有城邑，兵弱易击。于是天子以故遣从骠侯破奴将属国骑及郡兵数万，至匈河水，欲以击胡，胡皆去。其明年，击姑师，破奴与轻骑七百余先至，虏楼兰王，遂破姑师。因举兵威以困乌孙、大宛之属。还，封破奴为浞野侯。王恢数使，为楼兰所苦，言天子，天子发兵令恢佐破奴击破之，封恢为浩侯。于是酒泉列亭鄣至玉门矣。

6. 是时上方数巡狩海上，乃悉从外国客，大都多人则过之，散财帛以赏赐，厚具以饶给之，以览示汉富厚焉。于是大觳抵，出奇戏诸怪物，多聚观者，行赏赐，酒池肉林，令外国客遍观仓库府藏之积，见汉之广大，倾骇之。

7. 西北外国使，更来更去。宛以西，皆自以远，尚骄恣晏然，未可诎以礼羁縻而使也。

8. 自乌孙以西至安息，以近匈奴，匈奴困月氏也，匈奴使持单于一信，则国国传送食，不敢留苦；及至汉使，非出币帛不得食，不市畜不得骑用。所以然者，远汉，而汉多财物，故必市乃得所欲，然以畏匈奴于汉使焉。宛左右以蒲陶为酒，富人藏酒至万余石，久者数十岁不败。俗嗜酒，马嗜苜蓿。汉使取其实来，于是天子始种苜蓿、蒲陶肥饶地。及天马多，外国使来众，则离宫别观旁尽种蒲萄、苜蓿极望。自大宛以西至安息，国虽颇异言，然大同俗，相知言。其人皆深眼，多须髯，善市贾，争分铢。俗贵女子，女子所言而丈夫乃决正。其地皆无丝漆，不知铸钱器。及汉使亡卒降，教铸作他兵器。得汉黄白金，辄以为器，不用为币。

    9. 其夏，汉亡浞野之兵二万余于匈奴。公卿及议者皆愿罢击宛军，专力攻胡。天子已业诛宛，宛小国而不能下，则大夏之属轻汉，而宛善马绝不来，乌孙、仑头易苦汉使矣，为外国笑。

    10. 而汉发使十余辈至宛西诸外国，求奇物，因风览以伐宛之威德。而敦煌置酒泉都尉；西至盐水，往往有亭。而仑头有田卒数百人，因置使者护田积粟，以给使外国者。①

以上 10 条史料，除了第 1 条讲的是安息以条枝为"外国"外，其他 9 条都是以张骞通西域之后所了解到的西北诸国为"外国"。其实就是第一条所讲得安息与条枝，对汉朝来讲也是"外国"。从这个意义上来讲，《史记·大宛列传》应该是中国史籍中的第一部"外国传"。这些"外国"显然是指汉朝以及周边四夷之外的国家，由此可见汉朝人对世界的认知已经发生了重大变化。

班固著《汉书》虽然将《大宛列传》改为《西域传》，但他在记载乌孙、康居等西域诸国时基本上沿用了《史记》的说法，也是将西域诸国当作"外国"来看待的。在《史记·大宛列传》中有关"外国"的 10 条史料，分见于《汉书》之《西域传》和《张骞李广利传》。其中《西域传》有 3 条：

    1. 汉兴至于孝武，事征四夷，广威德，而张骞始开西域之迹。其后骠骑将军击破匈奴右地，降浑邪、休屠王，遂空其地，始筑令居以西，初置酒泉郡，后稍发徙民充实之，分置武威、张掖、敦煌，列四郡，据两关焉。自贰师将军伐大宛之后，西域震惧，多遣使来贡献。汉使西域者益得职。于是自敦煌西至盐泽，往往起亭，而轮台、

---

① 《史记》卷一二三《大宛列传》，第 10 册，第 3157—3180 页。

渠犁皆有田卒数百人，置使者校尉领护，以给使外国者。

2.（从乌弋山离国）行可百余日，乃至条支。国临西海……人众甚多，往往有小君长，安息役属之，以为外国。

3. 又发（数）[使]十余辈，抵宛西诸国求（其）[奇]物，因风谕以（代）[伐]宛之威。宛王蝉封与汉约，岁献天马二匹。汉使采蒲陶、目宿种归。天子以天马多，又外国使来众，益种蒲陶、目宿离宫馆旁，极望焉。

从以上3条史料可以看出，第1条是综合了《史记·大宛列传》的第3、10条，第2条则与第1条相同，第3条是改编自第8条。

《张骞、李广利传》有4条：

1. 天子数问骞大夏之属……拜骞为中郎将，将三百人，马各二匹，牛、羊以万数，赍金币帛直数千巨万，多持节副使，道可便遣之旁国。骞既至乌孙，致赐谕指，未能得其决。语在《西域传》。骞即分遣副使使大宛、康居、月氏、大夏。乌孙发译道送骞，与乌孙使数十人，马数十匹。报谢，因令窥汉，知其广大。

骞还，拜为大行。岁余，骞卒。后岁余，其所遣副使通大夏之属者皆颇与其人俱来，于是西北国始通于汉矣。然骞凿空，诸后使往者皆称博望侯，以为质于外国，外国由是信之。

2. 自（张）骞开外国道以尊贵，其吏士争上书言外国奇怪利害，求使……其吏卒亦辄复盛推外国所有，言大者予节，言小者为副，故妄言无行之徒皆争相效。其使皆私县官赍物，欲贱市以私其利。外国亦厌汉使人人有言轻重，度汉兵远，不能至，而禁其食物，以苦汉使。汉使乏绝，责怨，至相攻击。楼兰、姑师小国，当空道，攻劫汉使王恢等尤甚。而匈奴奇兵又时时遮击之。使者争言外国利害，皆有城邑，兵弱易击。于是天子遣从票侯破奴将属国骑及郡兵数万以击胡，胡皆去。明年，击破姑师，虏楼兰王。酒泉列亭障至玉门矣。

3. 是时，上方数巡狩海上，乃悉从外国客，大都多人则过之，散财帛赏赐，厚具饶给之，以览视汉富厚焉。大角氏，出奇戏诸怪物，多聚观者，行赏赐，酒池肉林，令外国客遍观名各仓库府臧之积，欲以见汉广大，倾骇之。

4. 而外国使更来更去。大宛以西皆自恃远，尚骄恣，未可诎以礼羁縻而使也。

5. 其夏，汉亡浞野之兵二万余于匈奴，公卿议者皆愿罢宛军，专力攻胡。天子业出兵诛宛，宛小国而不能下，则大夏之属渐轻汉，而宛善马绝不来，乌孙、轮台易苦汉使，为外国笑。

以上5条史料，前4条见《张骞传》，后1条见《李广利传》。其中第1条与《史记·大宛列传》的第2条同，第2条与第5条同，第3条与第6条同，第4条与第7条同，第5条与第9条同。

此外，《西域传》中还有5条不见于《大宛列传》：

1. （西域）都护督察乌孙、康居诸外国动静，有变以闻。

2. （昭帝）元凤四年（前77年），大将军霍光白遣平乐监傅介子往刺其王。介子轻将勇敢士，赍金币，扬言以赐外国为名。

3. （宣帝）元康二年（前64年）……天子自临平乐观，会匈奴使者、外国君长大角抵，设乐而遣之。

4. 初，贰师将军李广利击大宛，还过扜弥，扜弥遣太子赖丹为质于龟兹。广利责龟兹曰："外国皆臣属于汉，龟兹何以得受扜弥质？"

5. 元康元年（前65年），（龟兹）遂来朝贺。王及夫人皆赐印绶。夫人号称公主，赐以车骑旗鼓，歌吹数十人，绮绣杂缯琦珍凡数千万。留且一年，厚赠送之。后数来朝贺，乐汉衣服制度，归其国，治宫室，作檄道周卫，出入传呼，撞钟鼓，如汉家仪。外国胡人皆曰："驴非驴，马非马，若龟兹王，所谓骡也。"

在这5条史料中，除了第4条所述内容发生在司马迁生前之外，其余4条都发生在司马迁身后[①]，所以不可能出现在《大宛列传》中。但由此可以看出，从司马迁开始使用"外国"的概念，不仅为后来的班固所完全接受，并且得到沿续。这也说明《西域传》也是相当于一部"外国传"。

---

① 关于司马迁的生卒年代，史无明文。近人王国维《太史公行年考》认为司马迁生于汉景帝中元五年（前145年），一说生于汉武帝建元六年（前135年）；大约卒于汉昭帝始元元年（前86年），一说卒于汉武帝后元二年（前87年），又一说卒于武帝征和三年（前90年）。

"西域"是汉代继"外国"之后出现的又一个新观念，在《史记》中尚不见有其名，到班固著《汉书》，始立《西域传》，其名才正式确定下来。西域有广义与狭义之分，狭义指玉门关以西、葱岭（即今帕米尔高原）以东、巴尔喀什湖以东及以南的的广大地区；广义则包括葱岭以西、亚洲中部、西部、南亚及欧洲东部、非洲北部一带。在张骞通西域之前，汉朝对外部世界的状况了解甚少。张骞通西域激发了汉朝人对域外世界进行大规模探索的热情，从此以后西部世界正式进入了汉朝人的视野。班固在《汉书·西域传》中说："西域以孝武时始通，本三十六国，其后稍分至五十余，皆在匈奴之西，乌孙之南。南北有大山，中央有河，东西六千余里，南北千余里。东则接汉，阸以玉门、阳关，西则限以葱岭。"表明其所指为今新疆南疆地区。但从其所述内容来看，却远远超出了这个范围，包括了天山以北和葱岭以西的许多中亚、西亚和南亚国家，如乌孙、安息、康居、大月氏、罽宾、条支、乌弋山离国等。而阳关和玉门关显然是被当作中外分界线的，在此之外则是"乌孙、康居诸外国"[①]，以东则被称为中国。

自从班固始立《西域传》以后，历代正史大都设有《西域传》，计有：《后汉书·西域传》、《魏书·西域传》、《隋书·西域传》、《南史·西域诸国传》、《北史·西域传》、新旧《唐书·西域传》、《宋史·西域传》、《明史·西域传》等。此外，尚有《晋书·西戎传》、《梁书·西北诸戎传》，名称稍异，而其实也是记载有关西域情况的，另有《周书·异域传》则包括有西域的内容。

总之，"敌国"、"外国"与"西域"观念的出现与流行是汉朝人认知世界的一种新视角，在传统"华夷观"支配下形成的"中国"与"四夷"的天下格局，为"中国"、"四夷"与"敌国"并存的新型天下观所打破，尤其是"中国"与"外国"观念的并存，更是为古代中国人认知世界构筑起了一种新型图景。

五 结论

"敌国"、"外国"与"西域"观念的出现与流行对传统"天下观"

[①] 《汉书》卷九十六《西域传》，第 12 册，第 3874 页。

造成了巨大冲击。本来在汉初以匈奴为代表的"敌国"的存在就使中国是"天下惟一"的观念受到挑战,在一定程度上动摇了人们对传统"华夷秩序"的普遍性和"天下以中国为中心"的认识,而"外国"和"西域"观念的出现更是给古代中国人重新认识世界提供了另外一个新视角。

司马迁在编撰《史记》时,除了设有《大宛列传》外,对周边其他重要的国家与民族也大多直接使用其名称设传,如《匈奴列传》、《朝鲜列传》、《东越列传》、《南越列传》等,基本没有套用蛮、夷、戎、狄的传统说法,仅针对西南少数民族设有《西南夷列传》,这与他对"敌国"的认识有关,也表现出一个史家治学的审慎态度。班固《汉书》基本上遵循了司马迁的处理原则,仅将《大宛列传》改为《西域传》。《史记》和《汉书》对周边民族和国家的编排办法,是对传统的"华夷"五方格局论的一大突破,尤其是在西域问题的认识上更是反映了这一点[①]。在张骞"凿空"以前,中国对西域的认知非常模糊,因此在传统的"四夷观"中并不包括这一未知的区域。秦汉以来,随着中原王朝疆域的不断拓展,中国人的视野也大为开阔,对周边民族和地区的认识也在逐步深化,尤其是张骞通西域和班超对西域的进一步经营所带来的对西部世界的新认识,对中国传统的"华夷秩序"观的冲击很大。从此以后,除"华夷观"之外,"外国"、"西域"等认知世界的新视角逐渐得到了后世学者的认同。

(原文《全球史评论》第 5 辑,中国社会科学出版社 2012 年版,第 144—175 页)

[①] 参阅安介生《"华夷"五方格局论之历史渊源与蜕变》,《历史教学问题》2000 年第 4 期。

在文明互动中重构

——近代中国精英的历史文化观

魏光奇

人们在从事历史活动的同时,会对人类历史的意义、规律,对人类各种文化体系的价值进行反思,而这种历史发展观与文化价值论又总是有机结合而构成一种统一的观念,即"历史文化观"。"历史文化观"是一种价值判断,各人群因其"社会存在"不同而互有差别,无所谓真伪高下。但是,这种观念对于人们的历史实践却有极大影响。当世界历史上的"先知先觉"者以及民族、阶级、政党等群体发动各种社会运动,进而构建自己的政治、经济和伦理宗教体系时,其深层次的指导理念便正是这种"历史文化观"。今天,我们国家的改革进入"深水区","历史文化观"问题因此又一次成为理论界关注的重要话题。在中国近代历史上,政治、文化精英们几乎都曾对于"历史文化观"问题进行过认真思考,其相关理念可以为我们提供十分有益的借鉴。

一

中国古代缺乏历史整体进步的观念。当时影响最大的"变易史观"认为,历史发展中存在着某些不可逆的变化和趋势,但这并不意味着由劣到优的"进步"。这种史观主要是想灌输给人们一种经世的理念:时代在不断变化,社会政治建制和举措也必须不断调整而与之相适应,冬裘夏葛,因时设治,即所谓"世异则事异","事异则备变"。赋役、选举、刑罚、军事等各种具体制度，其自身无所谓此优彼劣，只要与时代相适应便"好"，否则就无法取得成效。如韩非认为，"上古之世"有巢氏构木为巢、燧人氏钻燧取火，"中古之世"鲧、禹治水，"近古之世"汤、武征伐桀、纣，都只是解决自己时代所面临的民生问题。而这三大时代的整体演替，未必就是由"落后"逐步走向"先进"。他说："上古竞于道德，中世逐于智谋，当今争于气力。"① 这对于重道德的中国文化来说，甚至可以理解为是"退步"。

中国传统社会对于历史整体变化规律的观念，以循环论为主流，认为历史是在质与文、盛与衰、治与乱、有道与无道之间做钟摆式或圆周式运动。这种历史观念在中国源远流长。如孔子说："殷因于夏礼，所损益可知也；周因于殷礼，所损益可知也；其或继周者，虽百世，可知也。"② 孟子则更为明确地说道："天下之生久矣，一治一乱。"③ 在他们看来，历史就是各个王朝的兴衰更替，而它们在本质上并无不同。各个王朝在制度上主要是相互因袭，所"损益"者则只是局限在一些非本质的方面。汉代董仲舒的"三统"说，即具体地表达了这种观点。他认为历史有三个层面：其一是深层的决定性因素——道（内容为"大纲人伦"等），它是永恒不变的，所谓"道之大原出于天，天不变，道亦不变"。其二是表象因素，即各种具体制度，它们会随时变化，每次改朝换代都要"改制"，"徙居处，更称号，改正朔，易服色"。其三是介于上述两者之间的"统"，具体说是黑、白、赤"三统"，它们自夏、商、周以后就往复循环④。近人黄炎培说，在中国历史上，一人、一家、一团体、一地方乃至一国家，往往都不能跳出"周期律"的支配，"其兴也勃焉"，"其亡也忽焉"。反映的也是这种历史循环论。

中国传统士人，有的也曾对于历史中的某些变动和演变做出过赞扬、肯定的价值评判，人们往往据此认为他们有"历史进步"观念。但实际上，这些人在讲到历史整体变化规律的问题时，并不认为后世必然优于前世，仍然是持"循环论"。例如，清代思想家魏源认为，在三个大问题上"后世之事，胜于三代"；汉文帝废肉刑，"三代酷而后世仁"；郡县制取

---

① 《韩非子·五蠹》。
② 《论语·为政》。
③ 《孟子·滕文公下》。
④ 《春秋繁露》"三代改制质文""楚庄王"，《汉书·董仲舒传》。

代分封制、世族门阀制度变为贡举制度,"三代私而后代公"。但他同时认为,历史表象背后的根本性支配力量——"道",是永远不变的;作为各个历史时代整体特征的"气化"——"忠""质""文",其递嬗也不是"进步",而是"递以救弊,而弊极则将复返其初"[①]。具体言之,就是"忠"极而弊,则递嬗为"质";"质"极而弊,则递嬗为"文";"文"极而弊,又回过头来复变为"忠",如四季交替一样,往复循环。

有人认为,东汉何休的公羊学中有"进步史观",这或是出于误解。《春秋公羊传》说孔子作《春秋》,对于不同时代的史实采取了不同的记述方法,"所见异辞,所闻异辞,所传闻异辞",总体特点是详近而略远。何休在《公羊解诂》中,据此而将鲁史分为所见、所闻、所传闻三世,认为《春秋》对于"所传闻世"史实的记述,"其国"详,"诸夏"略,夷狄更略;对于"所闻世"史实的记载,是"其国""诸夏"详而"夷狄"略;而对于"所见世"史实的记述则是"远近大小若一"。何休认为,这种对"三世"史实的不同记述方式,隐含着孔子的一种社会政治观念:"衰乱"世中国、诸夏与夷狄社会差异很大;"升平"世中国与诸夏社会趋同,但与夷狄仍有差别;"太平"世中国、诸夏、夷狄全都趋同,"天下远近大小若一",也就是"大同"[②]。这样,何休就将《春秋》记述方式的差异与儒家想象中社会类型的差异含含糊糊地联系了起来,这才真是"非常异议可怪之论"。而实际上,无论《春秋》《公羊传》,甚至《公羊解诂》,全都没有提出人类(或其某一群体)的客观历史演变会经历据乱、升平、太平"三世"而不断进步,更没有将鲁史的"所见、所闻、所传闻"三世直接指为据乱、升平、太平"三世"。

在文化价值论方面,虽然中国传统的"夷夏之辨"论强调区分文明与野蛮,但它也不认为每个种族、社会的历史发展都会是由野蛮逐渐"进步"而至于文明,而是认为"夷狄"可以"进"为文明,"华夏"也可以"退"为"夷狄"。这恰恰可与循环史观相结合——盛世、治世礼乐大兴,便是华夏;衰世、乱世礼坏乐崩,便是"夷狄"。一些有识之士如苏轼甚至提出,"中国以法胜,匈奴以无法胜","华夏"与"夷狄"各

---

① 《魏源集》(上册)第60、257页,中华书局1976年版。
② 《春秋公羊传注疏》,卷一,"十三经注疏"本。

有其优势与长处①。

二

在西方,存在一种历史就整体而言不断"进步"的观念(可称为"进步史观");与这种观念相应者,则是文化价值观方面的绝对主义,即以某种统一的"标准"来评判各种文化系统的价值,认为它们存在着诸如"先进"与"落后"、"文明"与"野蛮"之类的优劣、等级差异。西方文化中的这种观念,首先是由基督教创立的,而在近代先后为德国古典哲学和马克思主义历史唯物论所继承。

西方的"进步史观"是一种目的论的历史哲学,它认为,人类历史不是各种偶然性事件的无序堆积,而是一个统一的整体,即所谓"世界历史"。"世界历史"是一个有起点、有终点的一次性过程,在起步之前就预先存在着"终极目标",如上帝拯救人类、自由、共产主义等;实现这种"终极目标"乃是"世界历史"的内在意义。这种"意义"和"目标",被认为是"世界历史"的能动主体,是人类历史活动的真正动力,它分阶段展现自己、实现自己,在表象上就体现为时间链条的历史过程。这种理论,在基督教历史哲学中体现得最为完整。

基督教历史哲学认为,"世界历史"开始于上帝造人,终结于"末日审判"。人类由于始祖亚当、夏娃滥用自由意志而堕入罪恶的深渊,无力自拔,要靠上帝来拯救,"上帝拯救人类"乃是"世界历史"的终极目标和内在意义。不过,"上帝拯救人类"并非意味着人类无所作为、消极等待和被动接受,相反,人类只能通过自己的历史活动才能最终得救。然而,人类并不是历史的真正主人,虽然他们以为是在自主地创造历史,但实际上只是在不自觉地执行上帝的救世计划。这样,"世界历史"在本质上乃是上帝救世计划的逐步展开,在现象上则表现为朝着"终极目标"的不断接近(即"进步")。于是,一种历史分阶段发展的"进步史观"就合乎逻辑地产生了。基督教历史哲学认为,作为历史"终极目标"的人类得救,其实现在于人类在上帝的不断启示下最终认识了上帝。在朝着这一目标前进的道路上,历史经历了由低级到高级的三个阶段。首先,从

---

① 《苏轼文集》(第 1 册)第 286 页,中华书局 1986 年版。

亚当到摩西，上帝通过自然界的和谐性、目的性以及人们天赋的理性能力来启示人类认识自己的存在，这是一种"广而浅"的启示。接着，从摩西到基督，上帝通过犹太教律法和先知们的预言，使得希伯来人信仰了上帝，这是一种"窄而深"的启示。最后，从基督到世界末日，上帝通过耶稣对全人类进行宗教启示，这是一种"广而深"的启示。至此，上帝的救世计划完全展开[①]。这种历史哲学还必然包含"历史在斗争中前进"的内容。基督教历史哲学说，自从人类始祖犯"罪"之后，世界就分成了两个城——由上帝"选民"组成的"上帝之城"与作为罪恶渊薮的"地上之城"；上帝拯救计划的实现不是靠前者单方面的活动，而是必须通过两者之间的激烈斗争。

基督教这种目的论的历史哲学，曲折地反映了当时苦难深重的犹太人的心理和希望。它无非是表达了这样一种社会政治理念：现实社会是坏的，它在将来必定会被一种理想社会所取代；实行这种社会变革并非仅仅只是我们被压迫者的主张，而是符合历史的"客观趋势"（上帝救世计划的展开）；我们被压迫者的利益与这种变革一致，与"客观的""神意"一致，必将胜利，而我们的敌人违反历史的"客观趋势"，违反"神意"，必将陷于灾难和灭亡。罗素指出：犹太人对于历史和未来的这种"理解方式"，"在任何时期都会强烈地投合一般被压迫者与不幸者"，因而为马克思所继承。

西方的这种"进步史观"认为，"世界历史"虽然在本质上只有一个形而上的、超人的主体，但在表象上则存在多元的人群主体，如宗教族群、民族、国家、阶级等。而两者之间的关系是，各个人群主体在历史过程的不同阶段，分别先后依次"登上历史舞台"，在某一阶段"承担历史使命"，体现历史的"意义。这样，历史就好像一场在直线跑道上进行的接力赛（具有历史性的），人群主体作为"运动员"棒棒相传，共同体现"世界历史"的意义，最终实现历史的目的。在这种时间性的历史过程中，每个在一定阶段"出场"的人群主体一旦完成了自己的"历史使命"，就会退出"历史舞台"，为后一个"出场"者所取代。用这种"进步史观"解释历史，必然会导致文化价值观方面的绝对主义，即以某种统一的"标准"来看待人类历史上的各种社会文明、各种文化系统，认

---

① 文德尔班：《哲学史教程》（上册）第 348—349 页，商务印书馆 1987 年版。

为它们在价值上有高低优劣之分。具体言之，在"世界历史"的"跑道"上，一个人群（或社会文明、文化系统）"承担历史使命"的阶段距离历史目标越远，其价值就越是"低级"，越是"落后"；反之，距离历史目标越近，就越是"高级"，越是"先进"。例如，黑格尔将"自由"确定为"世界历史"的"意义"和"目标"，因此认为东方各国只知道专制君主"一个人是自由的"，体现了"世界历史"的童年时期；实行奴隶制度的希腊、罗马"知道少数人是自由的"，体现了"世界历史"的青年时期；而信仰了基督教的日耳曼民族"知道一切人们（人类之为人类）绝对是自由的"，体现了"世界历史"的成熟时期①。19世纪后期出现的文化人类学进化学派，虽然不主张目的论的历史哲学，但同样认为人类文化存在单一的"进化"链条。它将世界各种社会文明、文化系统挤压到这种链条之上，分别予以定位，其结果也同样是对于后者做出高低优劣的价值判断。

显然，这种"进步史观"在理论上是错误的，从来都没有得到过事实的证明。具体言之，这种史观的任何一派，其对于人类既往历史的解释都不符合事实，其对于未来社会的预言都从未得到过实现。不过，它在实践上却具有"效用"。这种史观有两种阐释模式："理想社会在现在"与"理想社会在未来"。而这两种阐释方式，可以在历史实践中分别为不同的社会政治力量服务：统治者们一般采取"理想社会在现在"的阐释方式，指自己的国家、社会处于"客观历史"发展的"先进"阶段，以此来美化现实社会和自己的统治秩序，阻挡变革；被统治者和改革者们则通常采取"理想社会在未来"的阐释方式，指现实的国家、社会处于"客观历史"发展的某一"落后"阶段，从而赋予自己的变革要求以正义性、客观必然性乃至神圣性。

三

19世纪中叶以后，中国人"开眼看世界"，对于外国的人、外国的事和外国的历史文化有了越来越多、越来越深切的认识；通过比较，对于自己民族、历史、文化的反思也愈加自觉与深刻。在这种文明互动之中，包

---

① 黑格尔：《历史哲学》第18—19页，上海书店出版社1999年版。

括康有为、梁启超、谭嗣同、严复、孙中山、章太炎、蒋介石、毛泽东等人在内的政治、文化精英人士纷纷构建自己新的历史文化观。他们的这类观念虽然互有不同，但总体而言具有以下共同特点：

第一，接受西方"进步史观"，以之作为变革中国社会的理论武器。近代中国的精英人士一般都不坚持中国传统的循环史观，而是接受西方的"进步史观"，认为人类历史的演变系从低级形态向高级形态不断进步，且存在统一模式。如康、梁等人认为，在政治体制演变方面各国都无可逃脱一种"公例"，即由贵族制、君主制而向"君民共主"、民主共和制演进；严复认为，按照图腾社会、宗法社会、军国社会顺序演进，乃是"五洲不谋而合"之事①；孙中山认为"文明进步""世界进化"必然先后经历洪荒时代、神权时代、君权时代和民权时代②；毛泽东等马克思主义者则接受了"五种生产方式"递嬗演进的理论。他们在用这类进化史观看待中国历史时，一般都采取"理想社会在未来"的阐释方式，指当时中国处于某个落后于西方的历史发展阶段（如所谓"君主阶段""宗法社会与军国社会之间""半封建社会"等），由此得出中国必须进行社会变革的结论。要求"兴民权、设议院"的康、梁，主张"新民德、开民智、鼓民力"以实现社会进化的严复，主张实行民主共和、平均地权的孙中山，以及主张进行阶级斗争、暴力革命的中共，无一不是通过这种"理想社会在未来"的历史阐释方式，来论证和强化自己政治社会变革主张的正义性、合理性。同时，他们也总是对中国的社会政治现实（包括国家体制和"国民劣根性"等），予以激烈批评。

第二，对中国历史和文化的前途抱有充分的自信。近代中国的精英们，只有少数人曾提出"全盘西化"主张，而多数人对此持异议。后者尽管出于"进步史观"的单线思维，认为当时中国所处的历史阶段落后于西方，但却坚信中国完全可以赶超西方，引领世界潮流。他们的理由大致可归为两点：其一，西方的先行发展造成了一些积重难返的问题，而中国作为后来者可以吸取他们的经验教训，少走或不走弯路，从这一角度看，落后恰是一种优势。如孙中山关于"举政治革命与社会革命毕其功于一役"的主张，毛泽东关于"一张白纸，没有负担，好写最新最美的

---

① 《严复集》（第5册）第1245页，中华书局1986年版。
② 《孙中山全集》（第9卷）第257页，1986年中华书局出版。

文字，好画最新最美的画图"的说法，都是基于这样一种思维。其二，认为中国文化有着西方文化所难以企及的优越内涵。需要指出的是，近代中国精英持这种观点，是基于对中国和西方文化的广泛了解和深刻理解，而完全不同于顽固守旧之士的孤陋寡闻。如孙中山认为，中国文化关于"世界大同""天下为公"的崇高理想，是西方所没有的；主张"行王道""爱和平"，也较之西方人"行霸道""讲战争""去灭人的国家"，要高尚得多。

第三，努力寻找中国传统文化与西方文化的良性结合点。近代中国的精英们，一般全都反对根本抛弃中国文化，也反对完全拒斥外来文化，而是试图寻找将两者进行优化结合。其思路大致有三：一是有无互补。例如，孙中山的"三民主义"一方面移植西方近代的民族主义、民主主义和社会主义学说，另一方面也从中国传统的民本思想、大同思想中吸收营养；他的"五权宪法"主张，一方面接受了近代西方社会政治理论关于国家各种权力应独立运作、相互制约的原则，另一方面又依据中国传统的政治制度，增加监察权、考试权，使之与立法、行政、司法"三权"并立。二是寻求两者的共同基础而使之互相通同。如康有为《大同书》内容的基本特点，就是将中国文化的"一元世界而内无差别"同西方文化的"多元世界而相互平等"相沟通。三是将中国文化的传统价值融入各种现代的路线、制度之中。例如，作为孙中山三民主义纲领核心的"民生史观"，实际上是中国传统的民本观念；而在中共新民主主义革命的政治、经济、文化路线之中，也都不难发现中国传统的民本政治、平均经济和"重义"文化的特征或成分。

四

近代中国精英在历史文化观方面的探索，有两点直至今天也值得我们学习和借鉴。

第一，不因循，不苟且，为了民族复兴和人民幸福而勇于探索、勇敢实践。近代中国内忧外患交加，出现"二千年未有之大变局"，须面对前所未有过的各种复杂矛盾。在这种情势下，且不说守旧势力出于自己的私利而反对变革、阻挠变革，就是满怀爱国热忱的有志之士，谈起救国救民也往往感到无从入手，左动而右失，右动而左失，左右动而左右皆失。于是,出现了"不"字派。这派人因循苟且,任国势倾颓、人民受难而决不进取,誓不作为;他们只讲"不搞"何事,"不能"如何(如"宁可亡国,不可变法""宁增友邦,不予家奴"等),但就是不讲应该"做"什么,可以"搞"什么。这种立场和态度,实际上是一种"取消主义",它断然"取消"人们要为救国救民而进行的各种尝试和探索,实际上也就是"取消"了中国的前途。随着中华民族的一步步复兴,这种误国误民的"不"字派被钉在了历史的耻辱柱上。而与此同时,中国近代的精英人士却展现了耀眼的光辉。这些精英人士不是"不"字派,而是"做"字派,他们围绕应该"做"什么、可以"搞"什么的问题苦苦求索,勇敢实践。他们提出的各种救国救民方案,虽然都有历史局限性,甚至都有严重缺点,但却通过上下求索而将中华民族的复兴大业不断推向前进,后人因此而永远记得他们。今天,他们忧国忧民的情怀,勇于实践的精神,仍然值得我们推崇和学习。

第二,以宽广博大的胸怀接受各种优秀文化,尝试为中国寻找一条既能根植于自身传统又能跟上世界潮流的文化出路。19世纪中叶以来,西学东渐,此后中国文化的出路只能是某种形式的中西结合,这一点对于近代大多数精英人士来说,很早就已经不成问题。但如何处理中国传统文化与西方外来文化的关系,这二者应以何种方式结合,人们却各有各的看法。在这一问题上,"中体西用"是当时有很大影响的一种主张,但它在逻辑上就站不住脚。严复曾讥讽这种主张是"以牛为体,以马为用",虽然尖刻却很深刻。他指出,牛之体有负重之用,马之体有致远之用,不可能有什么"牛体马用"的事情。严复是对的。他的意思无非是说,"体"者结构也,"用"者功能也,"体用不二",结构与功能总是一致的。因此就逻辑而言,只有顽固守旧的"中体中用"与"全盘西化"的"西体西用"是合理的,但这二者在事实上却全都行不通;而机械拼盘式的"中体西用"则连逻辑上的合理性都不具备。这样,中国在世界化大潮流中的文化出路,其实就只有一条,这就是:一方面跟上世界潮流,不以任何借口拒斥外来优秀文化;另一方面尊重自己的文化之"根",实现本土文化与外来文化的有机结合、优化结合。用鲁迅的话说,这样一种文化出路的特点是:"外之既不后于世界之思潮,内之仍弗失固有之血脉,取今复古,别立新宗。"① 笔者认为,这样一种思路可以叫作"新体新用"。可以认为,这是康、梁以来的近代精英在中国文化出路问题上的基本共识,至今也值得我们认真思考和借鉴。

(原载《社会科学论坛》2012 年第 6 期)

---

① 《鲁迅全集》(第 1 卷)第 56 页,人民文学出版社 1981 年版。

美国民权运动中的中国因素

于 展

民权运动是 20 世纪 50—60 年代发生于美国的一场重大的社会运动，对美国社会产生了深远的影响。美国早期的民权运动研究集中于论述全国性的民权领袖、组织和政府制度。近 20 年来，新的研究成果扩展到地方史、民众史、社会史、妇女史等领域，取得很大成就，但也由此出现了所谓碎化的问题。与此同时，美国史学界也出现了"美国史全球化运动"的浪潮，也可称之为"从全球视野考察美国历史"，美国的民权运动史研究顺应这一潮流，出现了很多从全球视野考察民权运动的论著，其内容主要包括"二战"、冷战和民族解放运动三大全球性的事件对民权运动的影响及其互动关系，尤其以冷战和民权运动关系的研究最为突出。但这些研究主要论述苏联和非洲等国家对美国民权运动的影响，对中国与美国民权运动的关系很少论及。[1] 事实上，中国对美国民权运动从非暴力直接行动转向黑人权力运动等激进运动起了至关重要的作用，尤其是毛泽东主席对黑人领袖罗伯特·威廉和黑人激进组织革命行动运动组织、黑豹党等产生了直接的影响。因此有必要补充这一重要事实，从而让我们更加深刻了解影响美国民权运动发展的中国因素。

---

[1] Mary L. Dudziak, *Cold War Civil Rights: Race and the Image of American Democracy*, Princeton, N. J.: Princeton University Press, 2000; Thomas Borstelmann, *The Cold War and the Cold Line: American Race Relations in the Global Arena*, Cambridge: Harvard University Press, 2002; Azza Salama Layton, *International Politics and Civil Rights Policies in the United States, 1941–1960*, Cambridge; New York: Cambridge University Press, 2000 等。

中国对罗伯特·威廉的影响

　　罗伯特·威廉 1925 年出生于门罗一个普通家庭里，在富于斗争传统的家庭环境中长大。他参加过第二次世界大战和朝鲜战争，1956 年退役。他退役后不久加入门罗的全国有色人种协进会，被选为主席。他们招募了很多工人、农民，一年内形成了 200 人的规模。1957 年，三 K 党袭击了门罗全国有色人种协进会分支开会的地方，威廉和其他人立即开枪还击，三 K 党最终被迫撤退。①

　　1958 年 10 月 28 日，在门罗发生了一件更加轰动的事件。两个黑人小男孩，一个 8 岁，一个 10 岁，在与一些白人孩子的亲吻游戏中，分别亲吻了一个 8 岁的白人小女孩。两个黑人小男孩被判进入黑人培训学校进行改造，法官告诉他们，只有他们表现良好，才会在 21 岁之前被放出来。② 威廉始终关注这一事件，并对此进行了猛烈抨击，以至于在审判此案时，法官竟不允许威廉进入法庭。

　　1959 年，门罗发生了著名的马克·帕克被白人暴徒私刑致死事件。随后又发生 4 个黑人大学生被白人暴徒折磨的事件。很多黑人义愤填膺，准备报复。同年，一名白人技工强奸怀孕黑人妇女的案件更加激发了黑人的愤怒，一些黑人立即行动起来，想用武力进行报复。威廉斯告诉他们说，事情会通过法律来处理，全国有色人种协进会可以提供帮助，"如果我们转向暴力，我们就和白人一样坏了"。但经过法院审理，那位白人很快就被宣布无罪释放。听到这个消息，威廉怒不可遏地告诉记者，"以暴抗暴的时刻到来了"③。他主张，黑人公民如果不能得到法律支持，就必须以武力保卫自己。全国有色人种协进会主席罗伊·威尔金斯在报纸上看到了威廉以暴抗暴的话，立即打电话给威廉，告以他被停职的决定。

　　1959 年庆祝全国有色人种协进会成立 50 周年大会成为一个高度公共

---

① Robert F. Williams, *Negroes With Guns*, Detroit: Wayne State University Press, 1998, pp. xviii – xix.

② Timothy B. Tyson, "Robert F. Williams, Black Power, and the Roots of the African American Freedom Struggle", *The Journal of American History*, Vol. 85, No. 2（September 1998）, p. 552; Timothy B. Tyson, *Radio Free Dixie: Robert F. Williams and the Roots of Black Power*, Chapel Hill: University of North Carolina Press, 1999, pp. 95, 101.

③ Robert F. Williams, *Negroes With Guns*, p. 26.

化的事件,会议的一个中心议题是威廉是否应当被继续停职。大会领导人集体反对威廉,瑟伍德·马歇尔、马丁·路德·金、戴西·贝茨、威尔金斯等都一致谴责他。威廉极力为自己辩护。① 他坚持,南方社会中一直存在着对法律和秩序的蔑视,在这种地方,只有自卫才能阻止谋杀。他并不反对金的非暴力方法,只是主张斗争要有灵活性。

1961年,"自由乘客"特意来到门罗,发起非暴力运动,以挑战威廉的武装自卫思想。自由乘客遭到白人暴徒的攻击,很多人受伤,这场非暴力运动迅速演变成一场暴徒的枪战。骚乱发生后不久,威廉就被指控绑架一对白人夫妇。他不相信美国的司法体制,开始了在国外的流亡生涯。他和家人先飞到加拿大,然后去了古巴。威廉在古巴主持了自由南方电台(1961—1964),主要面向美国南方各州广播,但最远也可传到纽约和洛杉矶,其节目的磁带后来在瓦茨和哈莱姆广泛传播。他还继续编辑印刷《改革者》报纸,大批寄到美国南方。非暴力学生协调委员会就订阅了这一报纸,并深受其影响。② 总之,通过这些电波和文字材料,威廉的思想在美国南方得到广泛传播,产生了很大影响。他后来又访问越南,并在北京定居下来。

虽然一直在国外流亡,威廉还是对学生非暴力协调委员会后期主张的变化产生了影响。1964年,他们放弃了非暴力,很多成员在激烈的争论中引用威廉的观点作为证据,一些争取种族平等大会的成员这时也对威廉推崇备至。威廉的代表作《带枪的黑人》深深影响了黑豹党的创建者牛顿,他创建黑豹党之前曾参加了威廉任主席的"革命行动运动"组织。总之,威廉对民权运动后来转向"黑人权力"运动起了重要的推动作用。③

就是这样一个土生土长的对美国民权运动产生重大影响的黑人怎么会受到万里之外的中国的影响呢?这要从威廉请求毛泽东发表支持黑人斗争的声明说起。

---

① Robert F. Williams, *Negroes With Guns*, p. xxv.
② Timothy B. Tyson, "Robert F. Williams, Black Power, and the Roots of the African American Freedom Struggle", pp. 564 – 565; Robert F. Williams, *Negroes With Guns*, p. xxviii.
③ Timothy B. Tyson, *Radio Free Dixie*, pp. 290 – 291; "Robert F. Williams, Black Power, and the Roots of the African American Freedom Struggle", p. 565; Robert F. Williams, *Negroes With Guns*, p. xv.

在居留古巴期间，罗伯特·威廉两次致信中国共产党中央委员会主席毛泽东，要求毛泽东发表声明，支援美国黑人反种族歧视斗争。1963 年 8 月 8 日，毛泽东主席接受威廉的要求，发表了《呼吁世界人民联合起来，反对美帝国主义的种族歧视、支持美国黑人反对种族歧视的斗争的声明》，在声明中，毛泽东简要回顾了美国黑人受奴役、受压迫、受歧视以及英勇斗争的历史，并深刻指出，"美国黑人斗争的迅速发展是美国国内阶级斗争和民族斗争日益尖锐化的表现"，"民族斗争说到底是一个阶级斗争问题"。毛泽东最后满怀豪情地展望，"我深信，在全世界百分之九十以上的人民的支持下，美国黑人的正义斗争是一定要胜利的。万恶的殖民主义、帝国主义制度是随着奴役和贩卖黑人而兴盛起来的，它必将随着黑色人种的彻底解放而告终。"[①] 北京随即在人民大会堂乃至全国都举行了声势浩大的声援美国黑人斗争的群众集会。

罗伯特·威廉在接到声明后于 8 月 14 日在古巴发表长篇文章《毛泽东的美国黑人解放宣言》，将该声明同林肯的《解放宣言》相提并论。他在文章中对美国种族主义者提出了有力的揭发和控诉，指出"黑人群众开始用暴力对待暴力"，并批评了肯尼迪政府对美国黑人采取的两面手法。[②] 威廉的这篇文章通过自由南方电台和《改革者》报纸传到了美国南方，对美国黑人斗争产生了很大的鼓舞。

1963 年 8 月 27 日美国著名学者和黑人领袖杜波伊斯去世，毛泽东、宋庆龄、周恩来、陈毅先后向杜波伊斯夫人雪莉·格雷厄姆·杜波依斯发去唁电。罗伯特·威廉和夫人梅贝尔应邀于 1963 年 9 月—11 月访问北京、杭州、上海等地，受到毛泽东、刘少奇、周恩来、朱德等领导人的接见。威廉在接受中国记者采访时说："我为什么两次写信给毛主席，要求他发表声明，支援我们反对种族歧视的斗争？因为我感到他深刻了解美帝国主义的本质，是最了解美国佬压迫本质的一位世界领袖。因为我感到他

---

① 《呼吁世界人民联合起来，反对美帝国主义的种族歧视、支持美国黑人反对种族歧视的斗争的声明》，《人民日报》1963 年 8 月 9 日，第 1 版；又见《世界知识》1963 年第 16 期，第 1—2 页。英文版同时在中国对外宣传的英文报纸《北京周报》上刊出，见 *Peking Review*, Vol. 6, No. 33, August 16, 1963。

② 《美国黑人领袖罗伯特·威廉发表长篇文章 毛主席声明把美国黑人斗争提到应有国际地位》，《人民日报》1963 年 8 月 27 日，第 4 版；《美国黑人的觉醒（三十八）》，《参考消息》1968 年 7 月 13 日；艾纳：《像火炬一样照亮了被压迫人民的心——综述全世界热烈拥护毛主席关于支持美国黑人斗争的声明的反应》，《世界知识》1963 年第 18 期，第 10—11 页。

是最可能为黑人说话的一位世界领袖。因为我还感觉到,中国是作为全世界被压迫人民的一个新兴领导力量而出现的。我感觉到,这样做将使被压迫的美国黑人和非洲人民同中国人民之间建立起一座团结的桥梁。"①

由于在古巴受到排挤和批评,1965 年,威廉全家搬到中国。他被北京高层奉为贵宾,受到热情招待。威廉一家曾和毛泽东主席共进晚餐,并有幸和毛泽东、周恩来等中国领导人长时间谈话,进入到中国政府高层的圈子中。1966 年国庆节,威廉当众在天安门城楼上请求毛主席为他拿的英文版毛主席语录签名,毛泽东愉快地为他签了名。中国政府还派人陪威廉一家去中国各地旅游,并制作了一部他们旅行的纪录片《罗伯特·威廉在中国》。②

1966 年 8 月 8 日,为纪念毛泽东《支持美国黑人反对美帝国主义种族歧视的正义斗争的声明》发表三周年,罗伯特·威廉在首都各界人民反对美帝国主义、支持美国黑人反对种族歧视斗争大会上讲话。他指出,"值此纪念毛泽东主席为号召全世界人民联合起来反对美帝国主义的种族歧视,支持美国黑人反对种族歧视的斗争发表声明三周年之际,对美国黑人当前斗争发展的情况作一番分析和估价,是对毛泽东主席这个不朽的声明的正确性最好的称颂。毛泽东主席 1963 年 8 月 8 日的声明,对一个长期遭受残暴压迫和被剥夺人格的民族,对当时深受新甘地主义那种类似被虐狂的哲学所毒害的民族,给予了鼓舞。毛主席的话,推动了当时正在挣扎前进的一个微弱的武装自卫运动。"③

马丁·路德·金被暗杀后,为支持美国黑人的斗争,毛泽东主席于 1968 年 4 月 16 日第二次公开发表了令全世界瞩目的《中国共产党中央委员会主席毛泽东同志支持美国黑人抗暴斗争的声明》,在声明中,毛泽东愤怒谴责了美帝国主义者对马丁·路德·金的暗杀事件,高度赞扬了在两千多万美国黑人中蕴藏的极其强大的革命力量,最后信心十足地预言,

---

① 于木:《"胜利的是我们!"——罗伯特·威廉夫妇访问记》,《世界知识》1963 年第 19 期,第 21—22 页。

② Timothy B. Tyson, *Radio Free Dixie*, pp. 295 - 296; "Robert F. Williams, Black Power, and the Roots of the African American Freedom Struggle", p. 568.

③ "Speech by U. S. Negro Leader Robert Williams", *Peking Review*, Vol. 9, No. 33, Aug. 12, 1966, pp. 24 - 27. 此次集会规模很大,有一万多人参加,廖承志和郭沫若先后致辞,一些国际友人也应邀发言,周恩来总理和陈毅副总理也参加了集会,并同威廉等人亲切握手交谈。见 *Peking Review*, Vol. 9, No. 33, Aug. 12, 1966, pp. 19 - 23。

"可以肯定，殖民主义、帝国主义和一切剥削制度的彻底崩溃，世界上一切被压迫人民、被压迫民族的彻底解放，已经为时不远了"①。随后在全国范围内举行了声势浩大的大规模地群众示威游行，更进一步推动了美国黑人的解放运动。

1968 年 4 月 17 日即声明见报的同一天，罗伯特·威廉在北京接受新华社记者采访，热烈支持新声明的发表。威廉说："毛主席在美国黑人斗争的关键时刻，在伟大的中国无产阶级文化大革命中，发表支持美国黑人抗暴斗争的声明，是非常及时、非常重要的。毛主席的声明将鼓舞美国黑人进行更大规模的抗暴斗争……毛主席在声明中把美国黑人斗争放在世界人民争取解放斗争的地位，这给我们的斗争赋予了新的意义。毛主席的声明一定能够促进全世界一切有正义感的人民起来支持美国黑人的斗争。毛主席在一九六三年发表《支持美国黑人反对美帝国主义种族歧视的正义斗争的声明》以后，美国黑人的斗争进入了一个新的阶段。现在越来越多的美国黑人认识到自己的斗争，同全世界被压迫人民的斗争是一致的。"②

马丁·路德·金去世后，美国黑人民权运动逐渐走入低谷。但中国共产党和一些美国黑人领袖仍然在此前后彼此保持和加强联系。1969 年 5 月 1 日，罗伯特·威廉和夫人应邀登上北京天安门城楼，同毛泽东主席和林彪副主席等中国共产党领袖共同参加了"五一"国际劳动节晚会。毛泽东和林彪还共同在罗伯特·威廉的红宝书上题字。之后他结束了流亡生涯，回到了美国。③

总之，中国和毛泽东对威廉的影响是巨大的，正如威廉在 1967 年编辑的《改革者》报纸中所写的那样："这是一个毛泽东的时代，是一个世界革命的时代，美国黑人的自由斗争是一个不可阻挡的世界运动的一部分。毛泽东是第一位把我们人民的斗争提高到世界革命同盟高度的世界领

---

① 《中国共产党中央委员会主席毛泽东同志支持美国黑人抗暴斗争的声明》，《人民日报》1968 年 4 月 17 日，第 1 版。英文版见 Peking Review, No. 16, April 16, 1968, pp. 5-6。
② 《毛主席的声明有力地鼓舞美国黑人斗争 美国黑人必须拿起武器把斗争推向前进 罗伯特·威廉和杜波依斯夫人热烈欢呼毛主席支持美国黑人抗暴斗争的声明》，《人民日报》1968 年 4 月 18 日，第 1 版。
③ 《伟大的领袖毛主席和他的亲密战友林彪副主席同"九大"代表和首都五万军民欢庆"五一"》，《人民日报》1969 年 5 月 2 日，第 1 版。

导人。"① 事实上，如上所述，在20世纪60年代，威廉也确实亦步亦趋地跟随着毛主席的思想行事。为什么会这样呢？我们需要结合中国当时外交的情况和威廉自身的处境及思想发展来解释。以1957年毛泽东在莫斯科的著名的演讲为标志，中国的外交开始悄然发生转变，"逐步背弃了和平共处的万隆路线"，斗争、革命的一面开始发轫并日益激进，直至1965年，中国外交开始公开向世界宣扬"世界革命"的理念，自诩自己为"世界革命"的中心，号召亚非拉落后国家进行革命，走"广大农村"（亚非拉）包围"世界城市"（西欧、北美）的道路。在当时中苏关系继续恶化、中美依旧对峙情况下，中国外交政策由此从建国时的"一边倒"转变为既"反美帝"又"反苏修"，实行"两个拳头打人"，进行"世界革命"。② 20世纪60年代兴起的亚非拉民族解放运动（尤其是非洲），为毛泽东的"世界革命"观念提供了一个可以大胆试验的广阔舞台。毛泽东认为："亚洲、非洲、拉丁美洲的广大地区是当代世界各种矛盾集中的地区，是帝国主义统治最薄弱地区，是目前直接打击帝国主义的世界革命风暴地区。这些地区民族民主革命运动同国际社会主义革命运动是当代两大历史潮流。"中国作为正统的社会主义国家支持这些国家民族民主革命是理所当然的，是中国国际主义精神的表现，也是中国进行"反帝反修"、"世界革命"的直接诉诸形式。③ 在这一思想指引下，中国对亚非拉的民族解放运动进行了大量物质和道义上的援助和支持，而美国黑人作为世界黑人的一部分在美国国内直接对美国帝国主义发起了冲击，这就自然引起了中国更多的关注。1959年，毛泽东邀请已在加纳定居的著名美国黑人杜波伊斯到中国来度过他的91岁生日，杜波伊斯对中国人的变化，尤其是中国妇女的解放感到震惊，这使他确信中国将领导发展中国家走向社会主义。④ 作为一名世界闻名的黑人领导人，杜波伊斯由此成为中国在国际舞台上的重要盟友。但1963年杜波伊斯去世后，中国迫切需要找到一名新的黑人领导人来支持中国的国际斗争。就在这个时候，威廉出现在

---

① Robin D. G Kelley and Betsey Esch, "Black Like Mao: Red China and Black Revolution", *Souls* 1, no. 3 (Fall 1999), p. 6.
② 吴立斌：《简论毛泽东的"世界革命"战略》，《福建党史月刊》2010年第12期，第4页。
③ 同上书，第6页。
④ Robin D. G. Kelley and Betsey Esch, "Black Like Mao: Red China and Black Revolution", p. 8.

中国的视野中。早在流亡古巴期间，威廉就写信邀请毛主席发表支持黑人斗争的声明，得到了毛主席的热情回应。在此期间，威廉的思想日趋激进，并利用自创的广播和报纸不断向美国黑人宣扬暴力革命。此时古巴内部的保守派因为国家安全问题对威廉进行了压制，不允许他再发表过激的言论。① 同时，由于中苏分裂后，古巴跟随苏联反中，而威廉却日益与中国关系密切，他在古巴的处境不断恶化。威廉由此对古巴心灰意懒，而此时中国的外交正日益激进，宣扬世界革命，与威廉的思想主张异曲同工。这样到1965年，双方一拍即合，威廉很快就携全家来到北京，成为中国主张的世界革命的黑人代言人。中国政府鼓励威廉继续主持《改革者》报纸的出版和"自由南方电台"的播放，主要是进行"反帝反修"、"世界革命"以及介绍中国社会主义建设的伟大成就的宣传，这些信息连同《罗伯特·威廉在中国》的纪录片等材料不断向美国黑人乃至亚非拉第三世界广泛传播，产生了较大的影响。例如，很多美国黑人和组织给威廉写信来表达他们对威廉、中国及其毛泽东的支持。这样，威廉就在中国和美国黑人之间建立了跨国的联系，有助于美国黑人激进分子把自己看作一个全球运动的一部分。②

但在北京期间，由于威廉已远离自己美国南方的根基，脱离了地方制度，还陷入了革命的狂热中，认为美国黑人的罢工和游击战将颠覆美国政府，所以他对美国黑人斗争的影响有所减弱。尽管如此，他仍是黑人自由运动最好的组织者之一，很多黑人还把其作为自己的偶像和领袖。③ 例如，1968年3月底特律召开一个黑人会议，宣布在美国南部五州建立一个独立的"新非洲共和国"，在北京流亡的罗伯特·威廉被推选为首任总统。同期的激进的"革命行动运动"组织也推举威廉为主席。激进的黑人组织黑豹党的成立更是受到他的直接影响。④ 可见威廉虽然远在中国，

---

① 参见 Ruth Reitan, "Cuba, the Black Panther Party and the US Black Movement in the 1960s: Issues of Security", *New Political Science*; Jun99, Vol. 21 Issue 2。

② 参见 Robeson Taj P. Frazier, Thunder in the East: China, Exiled Crusaders, and the Unevenness of Black Internationalism, *American Quarterly*, Volume 63, Number 4, December 2011, pp. 929 – 953。

③ Timothy B. Tyson, "Robert F. Williams, Black Power, and the Roots of the African American Freedom Struggle", p. 568.

④ Timothy B. Tyson, *Radio Free Dixie*, p. 297; "Robert F. Williams, Black Power, and the Roots of the African American Freedom Struggle", p. 567.

但他对美国黑人激进运动的影响还是很大的，而通过他这一中介，中国尤其是毛泽东的影响在美国黑人尤其是城市贫民窟中的黑人中不断扩大了。

中国对革命行动运动组织的影响

革命行动运动组织是受到威廉的影响而建立的，而这一组织又促进了黑豹党的创建。因为后来休伊·牛顿和博比·西尔等黑豹党的创立者都是革命行动运动组织的成员，在组织中受到很多激进思想的训练和熏陶，为他们后来建立黑豹党奠定了基础。所以说革命行动运动在20世纪六七十年代的黑人激进运动中起了承上启下的重要作用。

威廉流亡到古巴激发了革命行动运动组织的建立。1961年，学生民主社会组织的黑人成员和学生非暴力协调委员会及种族平等大会的一些积极分子在俄亥俄会面讨论了威廉在门罗的著作以及他后来流亡的重要性。在唐纳德·弗里曼的领导下，他们组成了一个叫挑战的组织。后来在1962年春他们解散了挑战组织，又建立了革命行动委员会。几个月后他们把他们的基地搬到费城，开始印刷杂志和报纸，其目标是建立一个以革命民族主义、年轻人组织和武装自卫为核心的全国性运动。革命行动运动代表了战后第一次把马克思主义、黑人民族主义、第三世界国际主义融合进一个连贯的革命计划中的严肃而持续的努力。在该组织的一名领导人马克斯·斯坦福看来，"革命行动运动努力把马列主义毛泽东思想运用到黑人的环境当中去"，并宣扬"美国的黑人解放运动是世界社会主义革命的先锋"[①]。

威廉虽然流亡海外，但是对革命运动组织仍有很大的影响，他在很多方面都可以被看作革命行动运动组织之父。组织主要从威廉和以前的一些共产主义者那里寻求政治指导。1963年组织的重要成员建立了非洲裔美国人民族解放党，选举流亡中的威廉为主席。他们鼓吹武装起义还直接利用了威廉的在美国城市开展游击战的理论。[②] 一些领导人，如斯坦福去古巴会见了威廉。一些组织成员利用威廉的《改革者》杂志和相关材料把

---

① Robin D. G. Kelley and Betsey Esch, "Black Like Mao: Red China and Black Revolution", p. 14.

② Max Standford, "Black Guerrilla Warfare: Strategy And Tactics", *The Black Scholar*, Vol. 2, No. 3, (November 1970), pp. 31 – 32.

组织扩大到美国其他地区。①

主要通过威廉的间接影响②，中国对革命行动运动组织也产生了很大的影响。斯坦福这样的领导人认同中国农民的起义，认为农民起义帮助共产党取得胜利。他们宣扬的游击战利用了毛泽东的名言："敌进我退，敌驻我扰，敌疲我打，敌退我追。"组织的领导人相信城市中的游击战不仅可能，而且能在90天内获胜，认为把大众和革命纪律结合起来是胜利的关键。斯坦福的文章《黑人游击战：战略与策略》很多地方充斥着毛泽东式的语言，如"美国黑人将成为黑人世界革命中'可以燎原的星星之火'"，城市骚乱"是美国黑人人民战争的序幕，人民战争不可避免会遇到很多困难，在它发展的过程中会有起伏和后退，但没有力量能改变它最终走向胜利的趋势"，"战略上藐视敌人是革命的基本需要"，"对革命者来说策略上重视敌人也是很重要的"。③ 可见他已经熟知毛泽东的游击战理论，并希望把其用来指导美国黑人的斗争实践。同时，他也认为，不考察具体的条件，不在每个地方的具体革命实践中采纳合适的斗争形式，人民战争不可能获胜。因此从美国的具体情况出发，他主要采纳了威廉的城市游击战的理论，与毛泽东强调的农村包围城市的农村游击战有所不同。

组织领导人还把自己城市中的黑人游击队和中国的红军相对比，深信毛泽东主席对党和人民军队制定的革命伦理道德。他们制定了自己的行为规范。例如"革命民族主义者要对党内的所有权威保持最高的敬意，不能被金钱、荣誉或任何个人所得腐化，要毫不犹豫地让个人利益服从于党的领导利益，将保持最高水准的道德，不从大众中带走一根针或一片面包那样小的东西。兄弟姐妹们将对彼此保持最大的尊敬，将从不会为个人所得而误用或利用彼此，将从不会为任何理由而误解革命的信条"。④ 这些规范与毛主席语录非常相似，最后的例子甚至直接来自毛的三大纪律中的

---

① Robin D. G. Kelley and Betsey Esch, "Black Like Mao: Red China and Black Revolution", p. 16.

② 革命行动运动领导人主要通过阅读威廉的《改革者》报纸来间接受到中国的影响，例如下文所讲的斯坦福的很多文章都直接引用了《改革者》上的论述，但直接引用毛主席著作的内容很少。

③ Max Standford, "Black Guerrilla Warfare: Strategy And Tactics", p. 31.

④ Robin D. G. Kelley and Betsey Esch, "Black Like Mao: Red China and Black Revolution", p. 18.

"不拿群众一针一线"①。毛主义强调革命伦理和道德改造至少在理论上可以与黑人宗教的传统产生共鸣。信奉毛主义的黑人宣扬自我克制、秩序和纪律。威廉从中国回国后,要求所有的年轻的黑人积极分子进行个人的道德改造。对黑人革命者来说,毛泽东思想的道德和伦理维度集中在个人的改造方面。这与黑人穆斯林领袖马尔科姆·X 的人生经历非常相似。毛主义的伦理道德最终加强了马尔科姆作为革命者典范在美国黑人中的地位。②

革命行动运动组织制定了 12 点计划,呼吁发展自由学校、全国黑人学生组织、步枪俱乐部、黑人农民合作社等,不仅是为了经济发展,也是为了维持黑人社会和游击队力量。组织特别强调国际主义,承诺支持亚非拉的民族解放运动,也采纳了泛非的社会主义。③ 其成员把自己看作殖民压迫的对象,要在国内发起反殖民的斗争。正如斯坦福在一篇内部报告中写的那样,"革命行动运动组织的立场是,美国黑人不是美国的公民,他被剥夺了权利,只是殖民主义压迫奴役的对象。这一立场说明美国黑人是一个被压迫的民族,他们战斗的目标不是为了整合进白人社会,而是为了争取民族解放"。因为殖民地有自决的权利,革命行动运动组织把黑人美国看作不结盟国家中的一员。一些成员甚至把自己认同为"万隆世界"的一部分。斯坦福就曾说,"我们的斗争是世界革命的一部分,必须与'万隆力量'团结起来。"④ 他们把美国黑人的自由斗争与中国、赞比亚、古巴、越南、印尼和阿尔及利亚发生的事情联系在一起,把他们的工作看作是毛主席包围西方资本主义国家、挑战帝国主义的国际主义战略的一部分。为了解释黑人国际主义,组织在 1966 年印刷了题为《黑人世界革命》的小册子。小册子强烈认同中国既反对西方资本主义,又反对苏联

---

① 后来黑豹党更是直接把中国红军的"三大纪律八项注意"稍加改造变成了自己的道德规范,后文将具体论述。

② 很多美国学者认为马尔科姆的思想对其死后的黑人权利、黑豹党和城市骚乱等激进运动产生了至关重要的影响,他们确信,马尔科姆是黑人权力的思想之父,黑人权力派是马尔科姆遗嘱的执行者。具体参见 Peter J. Paris, *Black Religious Leaders: Conflict in Unity*, Louisville, Ky.: Westminster John Knox Press, 1991, pp. 213 - 215; George Breitman, ed., *Malcolm X: The Man and His Ideas*, New York: Pathfinder Press, 1965. p. 265; Theodore Draper, *The Rediscovery of Black Nationalism*, New York: The Viking Press, 1970, pp. 101、117 等。

③ 关于泛非的社会主义参见 Max Stanford, "The Pan-African Party", *The Black Scholar*, Vol. 2, No. 6, (February 1971), pp. 26 - 30。

④ Max Standford, "Black Guerrilla Warfare: Strategy And Tactics", p. 30.

帝国。认为革命的中国加速了殖民地人民和西方的矛盾。革命行动运动组织不相信社会主义革命将在西方发达国家中发生，坚持认为唯一真正的解决方法是通过黑人世界革命建立黑人底层阶级的世界统治。这里的黑人底层阶级他们指的是亚非拉等殖民地世界的人们。他们还要求其他黑人世界的人们必须效仿中国努力争取自己自由的模式。为了联合发动革命，革命行动运动组织呼吁创建一个黑人国际主义组织和世界范围的人民解放军。①

与黑豹党不同，革命行动运动多年来一直作为一个地下组织秘密活动，因而被美国主流媒体看作一个阴谋对白人发动战争的首要的极端主义组织。这个所谓北京支持的组织被认为不仅拥有武装、极其危险，而且还广泛阅读一些革命著作，包括马克思、列宁、毛泽东、格瓦拉和法农的著作等，思想极其激进。组织遭到警察的攻击。1967年一些组织成员被指控阴谋发起骚乱。1968年在联邦调查局的镇压下，组织被迫改名为黑人解放党。1969年组织基本解体。一些成员转到其他组织，如新非洲共和国和黑豹党中。②

虽然在实践上并不成功，但在理论上，革命行动运动有自己的贡献。他们在毛泽东思想中发现了革命黑人民族主义的理论根据，并把毛泽东思想和黑人世界革命结合起来，尤其是培养了牛顿和西尔等一批骨干力量，为后来黑人的激进运动尤其是黑豹党的活动提供了思想和组织基础。

中国对黑豹党的影响

黑豹党是20世纪60年代美国一个活跃的黑人左翼激进政党，也是一个典型的毛主义政党，于1966年10月15日由休伊·牛顿和博比·西尔在加利福尼亚的奥克兰创立。1967年，黑豹党召开了党的第一次首脑会议。这时，贫民窟的骚乱、街头枪战、纵火、抢劫等就在好几个城市爆发，牛顿由此强调黑人美国不是通过传统的政治渠道，而是直接通过黑豹

---

① Robin D. G. Kelley and Betsey Esch, "Black Like Mao: Red China and Black Revolution", p. 19.

② Ibid., p. 20.

党的破坏能力来行使权力。黑豹党采纳了毛泽东的口号——"枪杆子里出政权"。牛顿从奥克兰的黑人社会中招收很多心怀不满、处于犯罪边缘的黑人成员以发展革命的骨干力量。1968年,黑豹党开始引起全国范围内的注意并获得迅速发展。它与学生非暴力协调委员会进行了合并,但旋即分裂。4月4日,马丁·路德·金被刺后,骚乱开始在80多个城市爆发。三个奥克兰的警察受伤,黑豹党的财政部长鲍贝·胡顿被杀,宣传部长埃尔德瑞·克利弗等领导人因为街头枪战入狱。黑豹党开始训练游击战的战术,并提出"让这些猪滚开"的极端口号。1969年,黑豹党的组织更为严密,纪律性也加强了。它又提出了"为人民服务"的口号,除了继续重视军事上的作用,开始更强调政治上的作用。他们还建立了"自由学校"和"共产主义政治教育课程"。党的高级领导人公开鼓吹准备革命斗争,颠覆美国政府,把社会主义推广到全美国。1970年,在很多成员被捕后,黑豹党迅速走向衰落。1971年,黑豹党的两位重要的领导人牛顿和克利弗发生了公开的分裂,黑豹党逐渐失去了在美国公共生活中的影响。[①]

　　黑豹党无论从外在形式上还是从内在思想上都受到了毛泽东思想的直接影响。首先从外在形式上,黑豹党无论是口号还是行动都有很多毛泽东思想的表现。毛泽东思想中耳熟能详的"枪杆子里出政权"、"为人民服务"、"所有权力归人民"、"三大纪律八项注意"等口号都被黑豹党所借鉴,《毛主席语录》成为黑豹党的必读书目。例如,牛顿在回答"黑豹党如何让无权的美国黑人在美国的政治、经济和文化制度下获得一种革命的和民族主义的重新安排"的问题时,其答案就是毛泽东的口号"枪杆子里出政权"。[②] 可见黑豹党强调武装夺取政权的座右铭主要来自于毛泽东。1969—1971年,黑豹党又提出新的"为人民服务"计划,内容包括儿童免费早餐、自由学校、免费诊所等。其思想基础就是毛泽东所倡导的"革命者为了革命成功要表达对大众需要的关注以赢得大众必要的支持"[③]。黑豹党还努力学习毛泽东的政治教育、政治工作和大众宣传。认为击败敌人不仅依靠军事行动,也依赖于政治工作,后者包括在大众中进

---

① G. Louis Heath, ed., *Off the Pigs! The History and Literature of the Black Panther Party*, Metuchen, N. J.: Scarecrow Pr., Inc., 1976, pp. 2–6.

② G. Louis Heath, ed., *Off the Pigs*, p. 23.

③ Ibid., p. 85.

行政治宣传。① 在对黑豹党党员的政治教育中,《毛主席语录》是地方分支机构的主要教学工具。在黑豹党重组过程中,尤其是1969年1月4日黑豹党首先公布自己的26条规则时,整个借用毛泽东思想的纪律原则是显而易见的。他们后来又添加了三大纪律八项注意,看上去与中国共产党是一样的。党员们因此被要求礼貌讲话,公平买卖,借了东西要还,损坏了东西要赔,不拿穷人一针一线,一切行动听指挥。毛泽东的不破坏庄稼的禁令被黑豹党改成不破坏财产。这些调整使得原来对中国农民士兵的指示变得更适应美国城市中心的黑人市民。②

黑豹党的多位重要领导人都非常崇拜毛泽东,如克利弗家中的墙上挂着巨幅的毛泽东画像,当有人好奇地问他为什么这样做的时候,他回答说"毛主席是地球上最伟大的领袖"③。在建立黑豹党之前,牛顿已经沉浸在毛泽东思想当中了。毛泽东的著作尤其给他留下了深刻而持久的印象,他写道:"当我读了四卷本的《毛泽东选集》,获悉了更多中国革命的事情时,我的转变就完成了。"④ 原学生非暴力协调委员会主席后成为黑豹党领导人的斯托克利·卡迈克尔在底特律事件后指出:许多参加斗争的美国黑人手上拿着红彤彤的《毛主席语录》。他说,毛主席的许多教导正在帮助美国黑人觉醒起来。⑤ 1969年后,卡迈克尔、克利弗、牛顿等黑人领袖也相继访问了中华人民共和国。1970年克利弗访问中国时,他感谢毛主席支持美国黑人的斗争,他的发言发表在1970年6月12日的《北京周报》上,使其在中国获得很大的名声。⑥ 1970年,当黑豹党的领导人伊莱恩·布朗访问中国时,她被中国革命在改善人民生活方面所取得的成就大大震惊了。1971年,牛顿应邀在尼克松总统访华前率黑豹党代表团访华,受到周恩来总理的亲切接见,回国后受到美国媒体的广泛关

---

① G. Louis Heath, ed., *Off the Pigs*, p. 149.

② G. Louis Heath, ed., *Off the Pigs*, p. 150. 黑豹党三大纪律直接从英文版毛主席语录第266页采用了这些规则,但有轻微改变,黑豹党八项注意直接来自英文版毛主席语录第256页,具体见 G. Louis Heath, ed., *Off the Pigs*, pp. 150, 387–388。

③ Herb Boyd, "Malcolm X, Mao and a Radical's Memoir", *New York Amsterdam News*, 2006. 5. 25, Vol. 97, Issue 22, p. 22.

④ Robin D. G. Kelley and Betsey Esch, "Black Like Mao: Red China and Black Revolution", p. 13.

⑤ 《美国黑人的觉醒(四十三)》,《参考消息》1968年7月19日。

⑥ G. Louis Heath, ed., *Off the Pigs*, p. 169.

注。他描述自己在中国的经历是"一种自由的感觉,好像千斤重量从我灵魂中被搬走了,我真正能成为我自己……我第一次在生命中感到绝对自由了"①。

在思想方面,毛泽东的暴力革命和国际共产主义等思想也深深影响了黑豹党的意识形态。因为中国的例子可以赋予黑豹党成员发展自己独特计划的力量,使他们抛弃了马列主义中不适合黑人现实的一些理论观点。克里弗清楚地阐释了毛主席和朝鲜金日成的思想在为民族解放斗争或第三世界人民利益而重塑马列主义方面的作用。在1968年题为《论黑豹党的意识形态》的小册子中,克里弗清楚地表明,黑豹党是一个马列主义政党,但马克思、恩格斯和列宁等人及其信徒都没有提供太多有关对种族主义的理解和斗争的思想。他写道,"随着1948年朝鲜人民民主共和国和1949年中华人民共和国的建立,一些新的东西注入到马列主义当中,它不再是狭隘的排外的欧洲的现象。金日成和毛泽东同志把马列主义的经典理论运用到他们自己国家的环境当中,因此使意识形态有益于他们自己的人民。但他们拒绝吸收无益于他们自己而仅仅与欧洲有关的部分。"②

该党的思想主张,前期侧重于自卫、黑人自决等黑人民族主义,后期则转向革命、社会主义和国际主义等激进思想。正如牛顿在1971年写的那样:"黑豹党从黑人权力运动中成长起来,但是这个党已经从黑人权利的意识形态转向社会主义的意识形态、马列主义的意识形态……我们已经不像以前的黑人权利那样,是民族主义者,我们变成了国际主义者。"③为此,牛顿设计出新的计划:"建立一个社会联合的框架,在不同社会间,提供成比例的代表和进行世界财富的平均分配。"他希望:"在那样的社会里,人们快乐幸福,战争被废弃,国家本身不复存在,我们将拥有共产主义。"他甚至异想天开,要领导世界人民进入国际共产主义革命的时代。④ 可见牛顿完全放弃了黑人自决,认为唯一可行的战略是全球革命。在很多方面,牛顿关于民族问题的立场比所有自封的毛主义的组织都

---

① Robin D. G. Kelley and Betsey Esch, "Black Like Mao: Red China and Black Revolution", pp. 7 – 8.
② Ibid., p. 23.
③ G. Louis Heath, ed., *Off the Pigs*, p. 148.
④ Ibid., pp. 156 – 158.

更接近毛泽东的本意。毛泽东认为美国的黑人大众与统治阶级的矛盾是阶级矛盾，黑人斗争一定要与工人阶级运动和推翻资本主义结合在一起。①

在斗争手段上，黑豹党的领导人大都强调暴力、革命和战争等。克利弗在1968年就预测了大屠杀年代的到来："我毫不怀疑，大屠杀即将到来。黑人解放的暴力阶段来临了，它将广泛传播。在射击与鲜血中，美国将被染红。死尸将散堆在大街上……"②他公开宣称，"为了改变美国的社会秩序，我们必须破坏美国现存的权力结构，我们必须颠覆政府……唯一可能的方法就是以暴力颠覆压迫人民的统治阶级的国家机器。"③ 牛顿也指出："我们鼓吹废止战争；我们不想要战争；但是战争仅仅能通过战争来废除；为了废除枪就有必要举起枪。"④ 在斗争的具体方法和策略上，牛顿主张以游击战术取代街头骚乱。克利弗也号召在美国开展游击战，他甚至支持恐怖主义行动，为恐怖组织"气象员"的策略辩护："在革命的时代，仅仅有战争和战争的自由，我喜欢破坏和混乱的天使，反对保守以及法律和秩序的魔鬼。"他鼓吹，为了革命的利益可以做一些恐怖主义的行动，如刺杀总统和官员、绑架和放炸弹等。⑤

成为合并后的黑豹党主席的卡迈克尔此时也日益变得激进，主张推翻资本主义，鼓吹暴力革命。他说："美国资本主义已经建立了一个国内殖民主义的制度，因此在这个国家里争取黑人权力的斗争就是把这些殖民地从外来的统治者中解放出来的斗争……我们企图在黑人中建立的社会不是一个压迫人的资本主义社会……我们是为争取在美国国内进行财富再分配和结束私有财产而斗争的……为了在我们的社会内拥有土地、房屋和商店并控制那些社会里的政治活动，我们只能使用攻击性的暴力而没有别的选择。"⑥

但值得注意的是，牛顿与激进的克里弗决裂后，开始变得日益温和，甚至主张选举政治和社会改革。这与中国的影响也有一些关系。1971年

---

① Robin D. G. Kelley and Betsey Esch, "Black Like Mao: Red China and Black Revolution", p. 26.
② G. Louis Heath, ed., *Off the Pigs*, p. 61.
③ Ibid., pp. 13–160.
④ Ibid., p. 48.
⑤ Ibid., pp. 159–163.
⑥ 罗伯特·艾伦：《美国黑人在觉醒中》，上海市五七干校六连翻译组译，上海人民出版社1976年版，第261—267页。

尼克松访华后，中国在世界左派心目中的形象一落千丈，甚至遭到他们的严厉批评。然而，牛顿和布朗不仅在尼克松访华前访问了中国，而且宣称他们参加选举政治是受到中国加入联合国的鼓舞。牛顿认为黑豹党转向改革主义和选举政治并不与中国推翻美国资本主义的目标相矛盾，也不违背革命的原则。它只是社会主义革命的策略。①

此外，在思想的一些具体细节方面，黑豹党也受到毛泽东的影响。如毛泽东"妇女能撑半边天"的名言以及他对妇女平等和参与革命运动的论述赋予了妇女解放运动以革命的合法性。毛泽东关于妇女平等的语言在黑豹党中为即将到来的黑人女权主义提供了空间。新任的宣传部长布朗在1971年从中国回来不久召开新闻发布会宣布："黑豹党承认我们的中国同志在革命的所有领域的积极领导。尤其是我们赞成中国有关妇女与男人有同等权利和地位的立场。"一些黑豹党的女党员在组织内开辟了争取自由的空间。例如，通过设计运作免费早餐和教育计划，黑人女性党员挑战了资本主义、种族主义和父权制。一些黑人女性激进分子还上升到领导地位，这有助于发展一种激进的黑人女权主义。②

如果把黑豹党领导人牛顿、克利弗、卡迈克尔和布朗等人的这些主张同毛主席语录和毛主席两次支持黑人斗争的声明中的话语作比较，就可以看出很多相似之处，这主要是因为他们都熟读毛泽东的著作，并十分崇拜毛泽东，所以毛泽东才对他们的思想产生这样深刻的影响。那么，美国黑人激进组织及贫民窟中的黑人为什么会对中国及毛泽东思想如此感兴趣并深受其影响呢？原因很简单，美国城市贫民窟中的黑人大多失业、贫穷，境遇悲惨，他们甚至自称住在"美国国内的殖民地"③，认为黑人一直受

---

① Robin D. G. Kelley and Betsey Esch, "Black Like Mao: Red China and Black Revolution", p. 25.

② Ibid., p. 24.

③ 这方面代表性的论述见 Kenneth B. Clark, *Dark Ghetto: Dilemmas of Social Power*, New York: Harper & Row, 1965; Stokely Carmichael & Charles V. Hamilton, *Black Power: The Politics of Liberation in America*, Penguin Books Ltd., 1967; Robert L. Allen, *Black Awakening in Capitalist America.*, New York: Doubleday, 1969 等。他们认为黑人社会在政治、经济和军事上都附属于白人美国，就像欧洲列强直接控制下的亚非殖民地。殖民地不必是外部的，也可以是内部的，关键看这种殖民关系和统治与附属的结构。艾伦后来在《重评内部殖民主义理论》一文中，又把经民权立法废除种族隔离制后的黑人境况看作新殖民主义统治，认为白人权力机构通过黑人中产阶级对美国黑人进行间接的新殖民主义控制。见 Robert L. Allen, "Reassessing the Internal (Neo) Colonialism Theory", *The Black Scholar*, Vol. 35, No. 1, (Spring 2005)。

到美国政府和白人的剥削和压迫,是被压迫的民族,因此要起来"革命",改善自己的处境。而"红色中国"原来也属于半殖民地的落后国家,如今通过革命成为"红色巨人",这就提供了被压迫人民革命成功的一个榜样,让黑人感同身受,于是欣然接受。《毛主席语录》更将深奥的理论和思想变成脍炙人口的、简短的、易于理解的口号与短语,更易于被黑人接受,成为他们口中的"革命话语"。因此毛泽东思想在美国黑人中大受欢迎就不难理解了。

余 论

总之,中国尤其是毛泽东对黑人领袖罗伯特·威廉、黑人激进组织革命行动运动以及黑豹党产生了很大的影响,也促进了美国黑人民权运动向激进方向发展。为什么有这样大的影响呢?我们需要把中国对美国黑人的影响放在当时亚非拉民族解放运动风起云涌的国际背景下考察,中国在这样大的潮流和背景下为美国黑人提供了一条不同于西方白人的独特的道路,因而才受到他们的欢迎。这条道路提供了有色人种的或者说第三世界的马克思主义模型,使之能够挑战白人和西方的阶级斗争观点,以适应他们自己的文化和政治现实。虽然中国的作用在很多方面都是矛盾的或者有问题的,但事实确实是中国的农民而非欧洲的工人阶级制造了一场社会主义革命,开辟出一条不同于苏联和美国阵营的道路,这赋予了黑人激进分子对革命和权力的深切渴望。毛泽东向黑人民族证明不需要等到客观条件成熟再起来革命,他坚持中国农民的革命能力不依赖于城市工人阶级的观点以及大跃进的实践,尤其对那些怀疑必须等到客观条件成熟才能发起革命的黑人激进分子具有很大的吸引力。① 而且很多美国激进黑人认为自己是一个被压迫的民族,处于国内的殖民主义的压迫中,与历史上深受异族统治及近代殖民主义、帝国主义压迫的苦难的中国有相似的经历和相似的感受②,而毛泽东开出的这种迥异于西方白人的药方正好可解他们的困境,可谓对症下药,容易引起共鸣。由此黑人激

---

① 例如,深受毛泽东影响的斯坦福就说:"不管什么客观条件,我们美国黑人必须制造自己的革命。"见 Max Standford, "Black Guerrilla Warfare: Strategy And Tactics", p. 30。
② 参见 Jodi Melamed, "W. E. B. Du Bois's UnAmerican End", *African American Review*, Vol. 40, No. 3 (Fall, 2006), p. 542。

进分子把中国看作了第三世界革命的象征,把毛泽东思想作为行动的指南。①

事实上,大部分黑人激进分子是通过非洲的反殖民斗争和古巴革命发现了中国。② 正如理查德·沃林所言:"毛泽东成功地为世界提供了一套全新的以农民阶级为核心的革命模式——一个似乎很好地适应了这个全球反殖民斗争时期的模式。很快中国式农民共产主义的模式通过卡斯特罗在古巴的夺权,以及越南人民摆脱美国帝国主义束缚的英勇努力而被放大了"。③ 很多黑人激进分子不仅公开支持古巴革命,而且还实地去参观古巴。其中有一个人叫哈罗德·克鲁斯,他是一个相信马克思主义的共产主义者。他认为古巴、中国和非洲的革命将复活激进的思想,因为他们证明了民族主义的革命潜能。在1962年的一篇论文中,克鲁斯写道,"新一代美国黑人正在向以前的殖民地世界寻找领导人和洞见,其中的一位英雄正是毛泽东。"这些英雄还包括非洲的卢蒙巴、恩克鲁玛,拉美的卡斯特罗、美国的马尔科姆·威廉等。在1962年的另一篇论文中,克鲁斯更加清楚表达了他的革命民族主义的全球特点。他认为美国黑人处在国内殖民主义的统治之下,他们的斗争必须被看作全球反殖民主义斗争的一部分。在他看来,以前的殖民地是革命的先锋,而古巴和中国正处在这种新型社会主义革命的前沿。古巴、非洲和中国的革命对阿米里·巴拉克有同样的影响,他后来建立了深受毛泽东思想影响的革命共产主义联盟。他在为阿尔及利亚革命领导人编辑的杂志《非洲革命》投的一篇文章中写道,"当中国人爆炸了他们的第一颗原子弹时,我写了一首诗说,殖民地人民的时代重新开始了。"④

毛泽东对文化斗争的强调还深深塑造了围绕着黑人艺术和政治的争论,

---

① Robin D. G. Kelley and Betsey Esch, "Black Like Mao: Red China and Black Revolution", p. 8.

② 古巴革命对美国黑人的影响见 Ruth Reitan, "Cuba, the Black Panther Party and the US Black Movement in the 1960s: Issues of Security", *New Political Science*, Jun. 1999, Vol. 21 Issue 2; John A. Gronbeck-Tedesco, The Left in Transition: The Cuban Revolution in US Third World Politics, *Journal of Latin American Studies*, Vol. 40, No. 4 (Nov., 2008), pp. 651 – 673 等;非洲民族解放运动对美国黑人的影响见 James Hunter Meriwether, *Proudly we can be Africans : Black Americans and Africa, 1935 – 1961*, Chapel Hill : University of North Carolina Press, 2002 等。

③ 理查德·沃林:《毛主义的诱惑——〈来自东方的风〉导论》,梁爽译,《文化与诗学》2011 年第 2 期。

④ Robin D. G. Kelley and Betsey Esch, "Black Like Mao: Red China and Black Revolution", p. 12.

引发了美国黑人的文化革命。① 中国"文化大革命"发生不到一年,威廉在《改革者》上发表了一篇题为《重建美国黑人艺术以重塑黑人灵魂》的文章,像毛泽东呼吁要打破旧秩序的枷锁一样,威廉强调消除黑人文化的奴性。他采纳了一些《中国共产党中央委员会关于发动"文化大革命"的决定》中的语言,呼吁黑人艺术家打破旧传统的束缚,让艺术为革命服务。他写道,"黑人艺术必须为黑人的利益服务,它必须成为黑人革命中最强大的武器"②。革命行动运动组织同时响应这一号召。在其1967年发布的题为"关于当前的一些问题"的内部小册子中,它呼吁发动一场全面的美国黑人文化革命,其目的是要破坏白人压迫者强加的态度、方式、风俗、哲学和习惯等。这意味着一场新的革命文化。有意识地把艺术作为黑人解放的武器并不新鲜,至少可以追溯到哈莱姆文艺复兴中的左翼。法属殖民地的革命家弗朗兹·法农在其著作《全世界受苦的人》中也有大量论述。但是中国的"文化大革命"对美国黑人的影响尤为突出。因为大部分美国黑人民族主义者熟悉中国,读过毛泽东的著作。例如,罗恩·卡伦加1968年在《黑人文摘》上发表了《黑人文化民族主义》一文,其中许多思想都来自于毛泽东的《在延安文艺座谈会上的讲话》。像毛泽东一样,卡伦加坚持所有的艺术必须有两个标准,分别是艺术的和社会(政治)的标准,革命的艺术必须为大众服务,不能接受为艺术而艺术的错误教条。从中可以清楚地看到毛主席对卡伦加努力创建革命文化的影响。另外一个典型例子是他发明了宽扎节,这是一个美国黑人庆祝自身文明和历史的节日,1967年开始庆祝,节日有七个原则,即团结、自决、集体工作和责任、集体经济(社会主义)、创造、目的、信仰,这些与毛的思想及传统非洲文化大致一致。③

　　除了文化领域,中国"文化大革命"对美国黑人运动(包括反战运动、学生运动、工人运动等)的影响到1967年后也逐渐达到新的高峰,全国一百多个城市发生黑人斗争,很多运动中黑人都举着《毛主席语录》进行抗议。1968年4月13日,日本《朝日新闻》驻美国记者辰浓和男报道,他为采访马丁·路德·金被刺后125个城市黑人斗争情况,于新泽西

---

　　① 关于美国黑人文化革命的论述参见 Akbar Muhammad Ahmed and Max Stanford,"The Roots Of the Pan-African Revolution", *The Black Scholar*, Vol. 3, No. 9,(May 1972), p. 51 和 Cynthia Young,"Havana up in Harlem: LeRoi Jones, Harold Cruse and the Making of a Cultural Revolution", *Science & Society*, Vol. 65, No. 1,(Spring, 2001)等。
　　② Robin D. G. Kelley and Betsey Esch,"Black Like Mao: Red China and Black Revolution", p. 31.
　　③ Ibid., p. 32.

州的纽瓦克会见了青年反战运动的黑人领袖哈蒂逊，后者称："在我们美国黑人中间，占压倒多数的人崇敬毛泽东主席！"辰浓和男还报道称，他在纽瓦克的黑人贫民窟访问一个黑人工人家庭时，该工人拿出了红色的《毛主席语录》英文版并称赞其是一本好书，在工人家庭的墙上还挂着毛主席的照片，该工人说："一句话，毛泽东是伟大的人物。他把那样古老的中国改变过来了！"另据女作家汉素音在 20 世纪 60 年代两次赴美演讲印象记里写道，《毛主席语录》在美国已经不胫而走。在香港的人也知道，从南越战场前来香港"休假"的美国黑人士兵，也都想方设法要寻购一本《毛主席语录》。巴法罗的纽约州立大学黑人学生已经采用了张贴大字报的方式，抗议校方与五角大楼勾结。大字报最大的一句话不是别的，乃是毛主席语录："造反有理！"过去，美国大学生讨论问题最喜欢使用法国哲学家萨特的话，现在却是《毛主席语录》被经常引用。① 深受毛泽东影响的巴拉克后来也从文化民族主义者转变为共产主义者，努力把中国的"文化大革命"引入美国，并把它进行改造以适应黑人工人阶级斗争的需要。②

此外，在美国民权运动尤其是城市种族骚乱期间，中国的媒体和学术界对美国政府进行了激烈的抨击。③ 面对中国的激烈批评，美国政府为了

---

① 《美国黑人的觉醒（四十六）》，《参考消息》，1968 年 7 月 23 日。
② Robin D. G. Kelley and Betsey Esch, "Black Like Mao: Red China and Black Revolution", p. 35.
③ 如《人民日报》、《参考消息》、《世界知识》、《北京周报》等中国主流媒体和杂志在这期间发表了大量相关文章，除了上面注释中的相关文章外，代表性的报道和文章还有：《不屈的黑人战士——访美国黑人领袖罗伯特·威廉》，《人民日报》1963 年 10 月 8 日，第 3 版；《全世界人民热烈欢迎毛主席声明》，《人民日报》1963 年 8 月 20 日，第 1 版；《毛主席的伟大声明给美国黑人指明斗争方向 美国黑人抗暴怒潮汹涌澎湃滚滚向前》，《人民日报》1968 年 8 月 8 日，第 5 版；梅逸，《美国黑人运动在高涨中》，《世界知识》，1964 年第 12 期；李朝增，《美国黑人反对种族歧视的斗争》，《世界知识》，1963 年第 21 期；朱育莲，《备受种族歧视的美国黑人》，《世界知识》，1963 年第 16 期等，《参考消息》在 1968 年连载了以"美国黑人的觉醒"为题的 46 篇文章。尤为重要的是，作为中国对外宣传的英文报纸《北京周报》(Peking Review) 也刊载了大量中国政府的声明和报道（见文中有关注释，值得指出的是，《北京周报》的英文编辑是一名美国黑人。她叫维基·加尔文，出生于纽约一个黑人工人阶级家庭，一直积极参加劳工运动。后来她去了加纳，与杜波伊斯交往密切。通过杜波伊斯，加尔文得到了一个为《北京周报》的英文翻译做校对和修改的工作，并且在上海外国语学院获得一个教职。她从 1964 年到 1970 年一直留在中国，在美国黑人自由斗争、非洲独立运动和中国革命之间搭建了桥梁）。这些形成了批评美国、迫使美国进行民权改革的中国舆论。美国新闻署收集的中国媒体的报道也说明了这一点，如塞尔玛运动后，美国新闻署认为，"最严厉的批评来自中国，来自北京的宣传批评民权法，认为约翰逊呼吁选举权立法的目的是为了麻痹黑人的斗志。社会变革只有通过反对美帝国主义的斗争才能发生。法律和法院都只是统治阶级压迫美国人民的工具"。见 Mary L. Dudziak, *Cold War Civil Rights: Race and the Image of American Democracy*, p. 235。

维护自己的国际声誉也不得不支持主张非暴力的温和派进行民权改革。从某种意义上说，中国在国际上对美国黑人斗争的支持以及对美国政府的批判是美国黑人民权最终得以改善的一个重要因素。也正因为如此，前几年美国奥巴马总统随员到毛主席纪念堂瞻仰遗容，奥巴马夫人在圣诞树上挂毛泽东画像的敬仰之举也就不难理解了。

当然中国的影响也不能过于夸大。首先，虽然毛泽东和中国革命在黑人激进政治中留下了不可磨灭的印记，但中国和毛泽东的影响是和非洲民族解放运动、古巴革命及其他著名的革命家、思想家一起发挥作用的，不能单独强调中国的影响。如牛顿在建立黑豹党之前除了读毛泽东的著作，同时也阅读了格瓦拉和法农的著作。他认为"毛泽东、法农和格瓦拉都清楚地看到，人们不是仅仅被什么哲学和话语而是被枪口剥夺了他们天生的权利和尊严……对他们来说唯一获得自由的方法是以暴抗暴"①。而对克里弗最有吸引力的是毛泽东、金日成、格瓦拉尤其是法农论述革命暴力和人民战争的著作。② 此外西方的马克思、列宁，古巴的卡斯特罗、加纳的恩克鲁玛、刚果的卢蒙巴、越南的胡志明及美国国内的杜波伊斯、马尔科姆、克鲁斯等人都对黑人激进分子施加了很大的思想影响。可见毛泽东的中国是与古巴革命、非洲民族主义等一起把黑人革命深深地国际化了，并促使了其向激进化方向发展，这是一种合力的作用，而非单一的作用，不能过分强调中国的影响。

其次，中国和毛泽东的影响主要集中在少数黑人精英身上，大部分黑人激进分子对毛泽东的思想和著作还是一知半解，他们大都只是选取毛泽东著作中自己感兴趣的或者对自己有利的部分进行阅读和利用。虽然在20世纪60年代末期和20世纪70年代早期的哈莱姆，似乎每个人手里都有一本《毛主席语录》（即红宝书），一些在大街上闲逛的黑人激进分子甚至穿着打扮像中国农民的样子。但这主要是表面形式，很多自封的黑豹党的理论家其实并没有读毛泽东大量的著作。牛顿后来希望把党对游击战和暴力的强调转到更深入更广泛地讨论党将来的目标。1970年他提议创立一所意识形态学院，在那里参加者能读到或聆听讲授一些经典著作，既

---

① Robin D. G. Kelley and Betsey Esch, "Black Like Mao: Red China and Black Revolution", p. 13.
② 法农对美国黑人的影响见 Richard H. King, *Civil Rights and the Idea of Freedom*, New York: Oxford University Press, 1992, pp. 172 – 200 等。

包括马克思、毛泽东、列宁,也包括亚里士多德、柏拉图、尼采等人的著作。不幸的是,意识形态学院并未成功。很少有党员看这些抽象的理论著作。毛主席语录对他们来说只是一本游击战手册。他们从法农的著作中也只是选择有关暴力的章节来阅读。黑豹党成员不愿意读马克思、列宁和毛泽东著作中和武装斗争无关的东西。一些激进的黑豹党人参加了加利福尼亚共产主义联盟发起的学习小组。阅读的材料包括毛泽东有关哲学的四篇论文和列宁选集中比较长的章节,但内容对这些人来说太多了,他们最终在激烈的争吵中离开了这个小组。黑豹党的男性成员也很少读毛主席语录中论述妇女的部分。很长一段时间里,黑豹党不仅忽视了妇女解放斗争,甚至在组织中还产生了对女性的压迫。[①] 而且随着世界局势和中国外交的变化(从革命外交到务实外交),尤其是20世纪70年代中美关系日益改善以来,一些主要的激进派的黑人领导人的思想和行为也因中国的变化而发生很大改变。如威廉回到美国后,专心从事研究中国的工作,再无过于激进的言辞和行动。黑豹党也把其重心转为免费早餐、免费学校和免费诊所等社会改革活动,暴力激进行为日益减少。

除了学习毛泽东思想手段方法上的实用主义,其目标上的理想主义也是重要的特征。当时美国黑人所接触到的毛泽东思想是以高度理想化的面貌出现的,显然与真正的毛泽东思想是两回事。他们想追求的是一个光辉灿烂的乌托邦的未来和一种实现这一理想快速而实用的方式。这个"体现出共产主义美德"的"毛主义乌托邦",最令人感动的是人人平等。很多美国黑人(如杜波伊斯、威廉、牛顿、克里弗、布朗等黑人领导人)带着自己的理想以及对中国的理想来到中国,他们看到了理想期望中的东西:妇女解放、废除官僚体制等。中国革命的试验终于为人类创造了一个人人平等的社会典范。中国对他们来说是一个遥远的、神秘的、具有吸引力的国度,社会主义中国人人平等、集体至上、团结友爱、勤俭节约[②],

---

[①] Robin D. G. Kelley and Betsey Esch,"Black Like Mao: Red China and Black Revolution", p. 24.

[②] 如杜波伊斯1959年、1962年两次访华时,对中国满是赞美之词:"我从来没看到一个像中国这样的国家令我如此震撼和感动……从来没看到过像中国这样伟大而光辉的奇迹。""在那里,他看到了真理和诚实,知识和理性,无私和牺牲,思想开放,批评和自我批评以及勇气等,所有这些优良品质在无数的中国人的生活中熠熠生辉"。见 Andrew G. Paschal,"The Spirit of W. E. B. Du Bois (Concluded)", The Black Scholar, Vol. 2, No. 6, pp. 40 - 42。其他后来访华的黑人领导人对中国的印象也大致如此,前文已有论述,不再赘述。

而中国的贫穷、落后以及这场陷入疯狂的"文化大革命"所造成的巨大伤害和破坏他们根本看不到。即使在中国住了三年多的威廉也是如此。他由于语言不通，无法阅读中文报刊书籍，也不能全面深入了解中国社会，只能从有限的资料中看到那个一直伟大正确的中国。他即使偶尔了解了部分真实的矛盾的情况，只能或者为了自己的安全保持沉默，或者直接为中国辩护以表达政治忠诚。① 可见思想文化的跨国转介由于语言不通、文化隔膜以及政治等因素会出现很多遗漏、错误和误解，这也是一种不可避免的客观现实。贝乐登·菲尔兹在讨论法国"毛主义"的文章里告诉我们，作为来自第三世界的理论，毛主义是被那些"并不确切知道它是什么的法国人民的想象力"创造出来的，从血缘上它更接近法国的乌托邦主义和无政府主义。② 文安立在《全球冷战：美苏对第三世界的干涉与当代世界的形成》中也曾写道："1960年代古巴和越南革命鼓舞了一大批第三世界的左翼国家和运动（乃至欧洲和美国的一些群体），但这种鼓舞大多数是间接的而不是直接的，而且有时是基于对古巴、越南革命本身极为肤浅的了解。如果说得好听的话，这可以被称为创造性的误解。"③ 我们可以仿效这样的结论，美国黑人接受的毛主义可能在某种程度上也是被美国激进黑人的想象力创造出来的，也是一种"创造性的误解"，并非完全的真实。

（原载《全球史评论》第七辑，中国社会科学出版社2014年）

---

① 例如在"文化大革命"的介绍方面，威廉忽视了它对中国人民生活的灾难性影响，只是依据中国政府对文革的叙述，提供了一个理想的中国形象，缺少对中国政治和社会争论复杂性的认知。见 Robeson Taj P. Frazier, *Thunder in the East: China, Exiled Crusaders, and the Unevenness of Black Internationalism*, pp. 945 – 947。另一个为中国政策辩护的著名美国黑人是杜波伊斯夫人雪莉·格雷厄姆，她经常来中国参观，与中国关系密切，并于1977年病逝于中国。见 Gerald Horne, *Race Woman: The lives of Shirley Graham Du Bois*, New York: New York University Press, 2002。

② 熊昭霞，《"文革"中应运而生的法式"毛主义"》，《经济研究导刊》2008年第7期，第199页。

③ 文安立：《全球冷战：美苏对第三世界的干涉与当代世界的形成》，牛可等译，世界图书出版公司2012年版，第160页。

古典学与东方学的碰撞：古希腊"东方化革命"的现代想象

李永斌

20世纪70年代以来，学术界掀起了一股东方研究热潮。这股热潮在世界古代史研究领域中也有较为迅速的反应。有学者提出古希腊"东方化革命"的命题，认为公元前750年—前650年这一时期，埃及、利凡特、美索不达米亚等东方文明给予希腊文明革命性的影响，根本上改变并决定了希腊文明的基本面貌。本文通过对具体史料的分析和对"东方"、"东方化"、"东方化时代"以及"东方化革命"等一系列概念的考量，得出的基本结论是：希腊历史上的"东方化"，是确实发生过的历史现象，但是其范围主要局限在艺术领域；文学、宗教、文字、语言等领域有一定程度的"东方化"。但艺术上的"东方化"并没有引起希腊社会的结构性变化，因而"革命"无从谈起。"东方化革命"是对艺术史上"东方化时代"的扩大化理解，更深层次背景则是古典学与东方学、古典主义与东方主义在现代政治语境中碰撞的结果。

一 "东方化革命"的提出

希腊"东方化革命"这一概念最早见于1990年，英国古代艺术史家和考古学家约翰·博德曼（John Boardman）在《阿尔明那与历史》一文中使用了"东方化革命"（Orientalizing Revolution）这一术语。他在该文中指出，"希腊物质文化的东方化始于公元前900年左右，开始是零星的工匠移民和物件的引入。希腊大陆上真正的东方化革命,是公元前8世纪的一种现象,由北叙利亚及其他地方——而非(通常认为的)腓尼基——之技术和产物的出现而产生,东方化革命影响广泛而深远。"① 博德曼此文的主要目的是介绍关于阿尔明那考古发现的新成果,以此说明阿尔明那在东西交通中的地位高于腓尼基,顺便探讨阿尔明那这一交通要道在希腊物质文化的东方化革命中所起的巨大作用。但他没有意识到"东方化革命"这一概念会在此后的学术界引起如此强烈的反响和争论,因此也没有对"东方化革命"的内涵和外延进行阐释。

真正使这一概念广为人知的是古典学家沃尔特·伯克特(Walter Burkert),他于1992修订自己的德文著作《希腊宗教与文学中的东方化时期》②,并与玛格丽特·E·品德尔(Margaret E. Pinder)合作将该书译为英文时,直接采用了这一术语并将其作为英译本的书名,即《东方化革命:古风时代早期近东对古希腊文化的影响》。③ 实际上,英译本《东方化革命》是一部标题大胆、行文谨慎的作品,伯克特并没有在"东方化革命"这个概念上过多纠缠,主要还是以翔实的史料对具体文化事项加以细致考证——如迁移的工匠、东方传往西方的巫术和医学、阿卡德文学和早期希腊文学的关系等。在全书正文中,并没有提到"东方化革命"这一术语。只在导论与结语中简单地提了三句:导论最后一句介绍性地说,"希腊文明的形成期正是它经历东方化革命的时代"④;结语则总结式地说:"随着青铜浮雕、纺织品、印章和其他产品的输入,一幅完整的东方画卷展现在希腊人面前,希腊人在一个'东方化革命'的过程中如饥

---

① John Boardman, "Al Mina and History", *Oxford Journal of Archaeology*, Vol. 9, July, 1990, pp. 169 – 190.

② *Die orientalisierende Epoche in der griechischen Religion und Literatur*,最初发表于《海德堡科学院会刊》(*Sitzungsberichte der Heidelberger Akademie der Wissenschaften, Philosophisch-historische Klasse*) 1984年第1期。

③ Walter Burkert, *The Orientalizing Revolution: Near Eastern Influence on Greek Culture in the Early Archaic Age*, translated by Margaret E. Pinder and Walter Burkert, Cambridge, Massachusetts: Harvard University Press, 1992. 伯克特在其英译本导论的注释中特别指出,Orientalizing Revolution 这一术语最早出自博德曼1990年的著作。

④ Walter Burkert, *The Orientalizing Revolution: Near Eastern Influence on Greek Culture in the Early Archaic Age*, p. 8.

似渴地对其加以吸收和改造。"① 对于"东方化革命"本身的含义,伯克特也没有进行定义式的阐释,只在一般意义上说明了这样一个时期的变革在文化发展方面的意义,"文化不是一株孤立地从种子里长出的植物,而是一个伴随着实际需求和利益、在好奇心驱使下不断学习的过程。愿意从'他者'、从奇异的和外来的事物中获取养分,尤能促进文化发展;像东方化革命时期这样的变革阶段恰恰为文化发展提供了机遇,'希腊奇迹'不仅是独特天赋所产生的结果,还在于希腊人在西方民族中最靠近东方这一简单的事实"②。

尽管伯克特没有对"东方化革命"这一概念进行详细论述,但还是引起了巨大反响。③ 1994 年,卡罗尔·G·托马斯(Carol G. Thomas)在《美国历史评论》发表关于《东方化革命》的书评。她充分肯定了伯克特严谨、出色的研究,认为伯克特"在没有否认自身天赋作用的同时,展示了这样一种希腊奇迹是在其他文明广泛的影响下成长起来的事实。尽管我们对他所认为是从其他文化借用来的某些特定实例仍然存疑,但是在伯克特修订自己德文版作品的严谨学术活动中,他已经在自己创建的体系中为我们建构了一座桥梁,使我们得以从不同角度去理解这一问题。"④ 尤其值得注意的是,托马斯看到了伯克特刻意强调希腊文明的东方背景,突出了希腊文明对"东方"文明的全面吸收与改造,意欲凸显希腊文明自身的优越性与包容力。同年 7 月,萨拉·门德尔(Sara Mandell)也发表了一篇书评,认为《东方化革命》是论述希波战争之前东方世界和西方希腊文化交互作用的作品之一,这些作品还限于较小范围,但是正在迅速

---

① Walter Burkert, *The Orientalizing Revolution: Near Eastern Influence on Greek Culture in the Early Archaic Age*, p. 128..

② Ibid., p. 129.

③ 实际上,该书的德文版就已经引起了学术界的关注和讨论,见 Günter Neumann, "Die orientalisierende Epoche in der griechischen Religion und Literatur by Walter Burkert" (Review), *Zeitschrift für vergleichende Sprachforschung*, 98. Bd., 2. H. (1985), pp. 304 – 306; P. Walcot, "Die orientalisierende Epoche in der griechischen Religion und Literatur by Walter Burkert" (Review), *The Classical Review*, New Series, Vol. 36, No. 1 (1986), p. 151; M. L. West, "Die orientalisierende Epoche in der griechischen Religion und Literatur by W. Burkert" (Review), *The Journal of Hellenic Studies*, Vol. 106, (1986), pp. 233 – 234.

④ Carol G. Thomas, "The Orientalizing Revolution: Near Eastern Influence on Greek Culture in the Early Archaic Age by Walter Burkert; Margaret E. Pinder" (Review), *The American Historical Review*, Vol. 99, No. 1 (Feb., 1994), pp. 202 – 203.

增长。① 她同样着眼于伯克特对不同文化间相互影响的研究,而没有强调"东方化革命"这一概念。

1996年,马丁·伯纳尔写了关于《东方化革命》的长篇书评,他认为这部作品的内容"比其中庸的标题所展示的要更为激进"②。伯纳尔认为,伯克特极力主张东方对希腊的影响主要来自利凡特和美索不达米亚,而非安纳托利亚,并且这种影响不仅仅像一些保守正统的学者所认为的那样限于艺术风格和字母。伯纳尔以其《黑色雅典娜:古典文明的亚非之根》③ 中的激进观点而著名,他自己的风格本身就是"标题新奇、观点激进",在《黑色雅典娜》招致尖锐批评,自己与学术界同行进行激烈辩论之时,不免有在伯克特这里找到知音之感。因为实际上,伯纳尔是以自己的后殖民主义话语体系来考量伯克特的论述,他的体大精深的《黑色雅典娜》在古典文明研究领域确有创新之功,其基本观点与伯克特的"革"是同气相求。

当然,伯克特与伯纳尔的看法并非完全一致。他认为文明的发展并非遵循简单线性的因果论路线,多种文明间的交往是一种互动推进式的开放演进,单纯考察文明的影响是远远不够的,必须关注其内部与外部的互动与交流,因此他倾向于强调希腊文明产生时期的希腊社会本身,而将东方的影响作为背景来看待,因此将"东方化革命"的时间限定在公元前8世纪到前7世纪,范畴限定在具体文化事项方面。而伯纳尔并不同意这一点,他在另一部作品中批驳伯克特道,"这个世纪或者其他任何世纪,都没发生过东方化革命"④。当然,他的真实观点并不是否定"东方化"的存在,而是认为希腊一直处在东方化过程之中而非只经历了有限的一段革命。他的理由是:没有任何一个阶段存在一个"纯正的"希腊,正如任

---

① Sara Mandell, "The Orientalizing Revolution: Near Eastern Influence on Greek Culture in the Early Archaic Age by Walter Burkert" (Review), *The Classical World*, Vol. 87, No. 6 (Jul.-Aug., 1994), p. 517.

② Martin Bernal, "Burkert's Orientalizing Revolution The Orientalizing Revolution: Near Eastern Influence on Greek Culture in the Early Archaic Age by Walter Burkert; Margaret E. Pinder" (Review), *Arion*, Third Series, Vol. 4, No. 2 (Fall, 1996), pp. 137 – 147.

③ Martin Bernal, *Black Athena: Afro-Asiatic Roots of Classical Civilization*, Vol. I *The Fabrication of Ancient Greece, 1785 – 1985*, Vol. II *The Archaeological and Documentary Evidence*, Vol. III *The Linguistic Evidence*, New Brunswick: Rutgers University Press, 1987 – 2006.

④ Martin Bernal, *Black Athena Writes Back: Martin Bernal Responds to His Critics*, p. 317.

何一个阶段都不存在"纯正的"利凡特或"纯正的"埃及一样。任何试图标明闪米特和埃及对本土希腊影响的起始时间的努力都是根本不可能的,正如标明希腊对罗马的影响一样。希腊化或希腊本身不可能锁定在任何一个特定的阶段与空间之内——只可能将其视为一种风格或模式的延续,在这种模式下,希腊本土文化的发展与外来文化的介入相互交织或混杂在一起。

然而,"东方化革命"在西方学术界热烈讨论了二十来年,却没有任何一位西方学者对这一概念有过完整清晰的界定。究其原因,多半是因为参与讨论的学者长于史实推考而不擅理论概括,似乎认为只要列出有限的考古学和其他学科的史料证据,便能自然而然地对这场"东方化革命"予以足够的证明,而无须再做定性分析。

"东方化革命"正是一个以现代术语来表述古希腊社会历史发展特定阶段的概念。虽然现代西方学者没有对希腊"东方化革命"的概念进行系统阐释,但博德曼、伯纳尔、伯克特等人从史料的角度进行具体考证,说明东方对西方的影响,萨义德等人则从另一角度,即以批评东方主义,重新认识东方来揭示历史上东方的影响和地位。我们从他们的论述中可以概括出"东方化革命"的基本内涵——大约公元前750年到公元前650年,埃及、利凡特、美索不达米亚等东方文明给予希腊文明革命性的影响,根本上改变并决定了希腊文明的基本面貌。

"东方化革命"不是一个孤立的概念,其提出和影响的扩大其实是"东方化"(Orientalizing)和"东方化时代"(The Orientalizing Period)这两个话题的延续和扩展。

"东方化"这一词被用作指代古希腊艺术的一种风格始于维也纳大学古典学教授亚历山大·孔兹(Alexander Conze)。他于1870年在《早期希腊艺术史》中提出这一说法,认为"东方化"这一术语可以用来说明19世纪前半期在意大利埃特鲁里亚墓冢中发现的瓶画风格。东方化风格瓶画的发展已经超越了早期那种与原型物件没有关系的几何风格,考古学家这些年在意大利中部以及1845年以来在亚述的发现,即花卉旋纹和狂野的动物以及奇幻的怪物,都被认为是来自东方,尤其是埃及的表达。这类东方化风格同样出现在希腊艺术中,尽管至19世纪中期在希腊只出现了少数考古证据。① 自此以后，学术界对希腊艺术中东方因素的关注越来越密切。随着考古学的发展，越来越多的考古实物证据表明，古希腊文明中来自东方的因素不仅限于艺术领域。

1980年，英国学者奥斯温·默里（Oswyn Murray）在孔兹研究的基础上，第一次提出"东方化时代"（The Orientalizing Period）这一术语，他的《早期希腊》② 第六章即以"东方化时代"为章名③。默里借用了这个艺术史概念并且将其应用到整体希腊社会的研究。他通过考察希腊语借用的闪米特词汇的数量，尤其是在物质文化领域，例如陶器的形状、称呼服装的语汇、渔业和航海业的术语等，确认了希腊和腓尼基之间接触的密切。默里认为，"与近东的接触，给公元前750年至公元前650年那一个世纪的希腊社会带来了大量的变化……不过，这种传播发生的路径，以及它对希腊接受者的影响，最好通过对三个领域——艺术、宗教和文学——的研究来探讨。"④ 作者也正是凭借自己所掌握丰富的一手考古资料，在这几个方面进行了深入细致的研究。

默里提出"东方化时代"这一术语之后，西方古典学界的注意力开始逐步集中到东方化论题之上。1987年，马丁·伯纳尔的《黑色雅典娜》甫一面世便引起激烈争论，激发了学界对希腊文明中的东方因素的研究热情，相继发表了相关著述。

美国古典考古学家萨拉·莫里斯（Sarah Morris）在1992年出版的《代达洛斯与希腊艺术的起源》中提出，从青铜时代直至古风时代，东部地中海世界都是一个文化"共同体"，其内部的相互联系、相互影响是常态，而希腊也是这文化"共同体"的一部分，在公元前1100年之后并没

---

① Conze, A. *Zur Geschichte der Anfänge Griechischer Kunst.* Vienna, 1870，转引自 Corinna Riva and Nicholas C. Vella, Eds., *Debating orientalization: multidisciplinary approaches to change in the ancient Mediterranean*, London · Oakville: Equinox Publishing Ltd, 2006, p. 4.

② Oswyn Murray, *Early Greece*, Brighton: Harvester Press, 1980. 作者作了较多修订后出版第2版（London: Fontana Press），其中译本为：奥斯温·默里著，晏绍祥译：《早期希腊》，上海人民出版社2008年版。

③ 默里在1993年第2版序言中确认是他自己首次提出"东方化时代"这一术语，"有些章节变动很小……因为其基本结论似乎仍值得保留，而随后的研究已经从这里开始。我对其中的两章感到特别自豪……第六章即'东方化时代'，如今已经作为一个重要时期得到认可。首次借用了这个艺术史概念并且将其应用到作为整体的社会，正是本书"。

④ 奥斯温·默里：《早期希腊》，第74—75页。

有终止和东方的联系。①

1997年,英国古典学家韦斯特的《面向东方的赫利孔:希腊诗歌和神话中的西亚元素》面世,作者考察了爱琴地区与东方的来往和交流,系统阐述了西亚文化对古风时代和古典时代早期希腊文化的影响。他认为,"在事实的冲击下,读者应该放弃、或至少大大减少对于早期希腊文化独立性所保有的任何幻想。我们不能把'近东'的影响贬低为边缘现象,只是在解释孤立的不正常现象时才偶尔援引。它在许多层面、在绝大多数时期都无处不在"②。

1998年,考古学家塔马斯·德兹索(Tamás Dezsö)在《不列颠考古报告》发表单行本长篇论文《公元前9—前7世纪爱琴海和东地中海头盔传统中的东方影响:东方化的模式》③,他将爱琴海和东地中海地区头盔传统中的东方影响分为四个层次:直接引入、对东方模式的模仿和形式上的重新解释、对东方模式的模仿和材料上的重新解释、塞浦路斯和希腊的头盔受到东方的启发。通过对具体文化事项的专题研究,德兹索为我们提供了一个关于东方文化对希腊文化影响的个案研究样本。

总之,在这样的背景下,一些学者将"东方化革命"的命题纳入希腊与东方文明交流的研究框架下,形成了"东方化—东方化时代—东方化革命"的话语体系。这一话语体系的基础就是"东方"以及东方文明对希腊文明的影响,因此,要理解和辨析"东方化革命",前提是对"东方"、"东方化"以及"革命"等基本概念的考量。

二 "东方化"的史实基础

许多现代语源学研究者将"东方"、"西方"两个词的词源上溯到腓

---

① Sarah Morris, *Daidalos and the Origins of Greek Art*, Princeton: Princeton University Press, 1992. 她在《荷马与"近东"》一文中也概括了希腊和东方的密切联系,见 "Homer and the Near East", in Ian Morris and Barry Powell eds., *A New Companion to Homer*, Mnemosyne, Suppl. 163, Leiden, E. J. Brill, 1997, pp. 599–623.

② M. L. West, *The East Face of Helikon: West Asiatic Elements in Greek Poetry and Myth*, Oxford: Oxford University Press, p. 60.

③ Tamás Dezsö, "Oriental Influence in the Aegean and Eastern Mediterranean Helmet Traditions in the 9th–7th Centuries B. C.: The Patterns of Orientalization", *BAR Internationl Series*, 691, 1998.

尼基人传说中的卡德摩斯（Kadmos）和欧罗巴（Europa）甚至更为久远①，不过古代希腊人尚无"东方"的概念和意识。② 我们在论及这一主题时所使用的"西方"与"东方"（West and East）、"欧洲"与"亚洲"（Europe and Asia）、"希腊"与"东方"（Greece and Orient）这些二元对立概念都是现代的术语。尽管这些术语本身是现代性的，不过所指称的事项却是历史的具体存在。

探讨这些概念首先要解决一个基本问题："东方"究竟是一个地域的还是文化的范畴，或者其他方面的范畴。关注古代地中海世界的学者倾向于将"西方"与"东方"和"欧洲"与"亚洲"看作两对同等概念，即东西方地缘文化的区分与欧亚大陆的自然分界线是重合的——从爱琴海到黑海，中间是达达尼尔海峡、马尔马拉海、博斯普鲁斯海峡。③ 部分希腊人居住的土耳其西海岸和沿岸岛屿被称为"东希腊"，在传统上属于"西方"或"欧洲"的范畴。然而这种地域的划分并不能准确表述文化或观念上的区别。一些学者甚至声称，"东方"是一个想象的地域④，或者"东方"在地域上是不存在的。⑤ 本文认为，地域上的"东方"概念是探讨其他范畴"东方"之基础，因此需要有较为明确的界定。在不同的历史语境下，地域上的"东方"也有不同的范围，本文大致以欧亚大陆的自然分界线作为地域上的西方与东方分界线。以此为基础，在涉及其他范畴的"东方"概念时进一步加以界定和阐述。

从希腊人的认知角度来说，尽管他们尚无"东方"的概念，但是文化认同范畴的"东方"在古典希腊时期已经出现了。波斯的入侵使得希腊人产生了一种联想，开始把波斯人和希腊人传说中的敌人联系起来，把他们一概视为来自亚细亚、对希腊产生巨大威胁的宿敌，因而也

---

① 关于这两个词的词源解释及争论，参见 Walter Burkert, *The Orientalizing Revolution*, p. 153, note 3.

② 东西方对立的概念始见于罗马帝国时期，后被基督教拉丁文学采纳。直到十字军东征的时代，"东方"（Orient）才作为概念和术语，实际进入西方语言中。见 Walter Burkert, *The Orientalizing Revolution*, p. 1; p. 153, note 2.

③ Ann C. Gunter, *Greek Art and The Orient*, Cambridge: Cambridge University Press, 2009, p. 51.

④ Edward W. Said, *Orientalism*, London: Penguin, 1978, pp. 41 – 52.

⑤ Nicholas Purcell, "Orientalizing: Five Historical Questions", Corinna Riva and Nicholas C. Vella, eds., *Debating orientalization: multidisciplinary approaches to change in the ancient Mediterranean*, p. 25.

是对立于希腊方式的典型蛮族。正如默里所说,希波战争开创了一个新时代,但也终结了一个旧时代。希腊文化已经从东西方富有成果的交流中被创造出来。东方对抗西方,专制对抗自由,希波战争中创造的这种二元对立,在整个世界历史中回响。① 希腊和波斯的对立与冲突从根本上改变了希腊文化的特性,希腊人开始意识到他们区别于其他民族的民族特性。因此,从文化和民族认同的角度来说,"希腊"与"东方"的对立实际上是希腊人关于"他者"的一种认识范畴,这一范畴中的"东方"可以泛指在文化方面与希腊人有一定联系但是又相区别的其他民族及其文化。

第二个问题是关于"东方化"的界定。论及"东方化"时,必须考虑何种程度的性质或状态改变能够称之为"化",还要考虑到"化"的过程、结果和状态。正如珀塞尔所诘问的:"东方化"是否包括了关于程度和完整性的判断?是否意味着一个稳定但不断改变的时期,或者是完全的改变?换句话说,如果"东方化"是一个过程,是否意味着结果就"东方化"了?若不是,为什么不是?② 早在1973年,博德曼就以黑格尔关于东方和西方"精神"对立的模式提出了一个关键的问题:"东方化"是希腊人主动地、有自主意识地转变他们所接受的知识,还是被动地、因袭陈规地接受来自东方的产品?③

直到伯克特的时代,严谨的西方学者仍然侧重于从具体文化事项入手进行分析,拒绝在没有确凿证据之时贸然建构文明互动与交流的模式。伯克特在《东方化革命》前言中就明确表示:"我有意侧重于提供证据,证明希腊与东方文化有相似之处,以及证明希腊可能采纳了东方文化。某些时候,当材料本身不能提供文化迁移的可靠证据时,确认文化间的相似也将是有价值的,因为这能使希腊和东方的文化现象摆脱孤立,为比较研究搭建了一个平台。"④ 而我们能够据以为证的主要是艺术、宗教和文学领域的比较研究。

在古风时代早期希腊艺术的"东方化"过程中,腓尼基人扮演着先

---

① 奥斯温·默里:《早期希腊》,第290—291页。
② Nicholas Purcell, "Orientlizing: Five Historical Questions", p. 26.
③ John Boardman, *Greek Art*, London: Thames and Hudson, 1973, p. 19.
④ Walter Burkert, *The Orientalizing Revolution*, p. 8.

驱的作用，尽管他们在艺术层面只是中转和媒介的角色。① 亚述帝国和埃及的艺术被认为是希腊艺术最重要的原型。② 从接受者的角度来说，塞浦路斯和克里特岛在东方对希腊产生影响的过程中有特殊地位；罗德岛在公元前8世纪时也十分重要；所有在公元前8世纪兴盛起来的重要朝拜地，如提洛岛、德尔斐，尤其是奥林匹亚，都发掘出了数量可观的东方工艺品；紧邻厄瑞特里亚的雅典也值得特别关注。③

希腊艺术中的东方因素首先体现在手工产品方面，最早的无疑是金属制品。从公元前9世纪后期起，克里特的腓尼基金属匠人已经开始生产锻造的青铜器物用于献祭，考古学家在伊达山的山洞中、奥林匹亚、多锋纳和伊达拉里亚地区都发现了他们的产品。同时腓尼基的金匠正在克诺索斯工作，可能也在雅典工作。腓尼基的青铜碗和银碗普遍被作为贵重物品交易，不仅在塞浦路斯，而且雅典、奥林匹亚、德尔斐，甚至意大利南部的普勒尼斯特、伊达拉里亚等地都发现了这样的碗。上述地区发现的碗中至少有三个刻有阿拉米—腓尼基（Aramaic-Phoenician）铭文，一只法拉里（Falerri）出土的碗上还刻着楔形文字。④

"东方化"最为显著的是陶器。默里认为，陶器的东方化风格首先于公元前725年左右出现于原始科林斯陶器上，稍晚出现的雅典陶器也具有同样的倾向。⑤ 不过现在已经有学者确认其时间更早，几何陶后期即公元前750年左右，东方艺术的影响逐渐清晰起来。这一点在底比隆画家和他的工作室里装饰花瓶的动物图案中体现得尤为明显。⑥ 这些装饰对我们关于东方化主题研究有着特殊的意义。这不仅在于他们对动物形象的描述，而且在于他们包含了特殊的主题：正在捕食的猫科动物，经常以正在攻击其猎物的姿态呈现。⑦ 这些动物中最常见的就是狮子，不管是单独出现还

---

① Glenn Markoe, "The Emergence of Orientalizing in Greek Art: Some Observations on the Interchange between Greeks and Phoenicians in the Eighth and Seventh Centuries B. C.", *Bulletin of the American Schools of Oriental Research*, No. 301 (Feb., 1996), pp. 47 – 67; Ann C. Gunter, *Greek Art and The Orient*, p. 65.

② Ann C. Gunter, *Greek Art and The Orient*, p. 66.

③ Walter Burkert, *The Orientalizing Revolution*, p. 19.

④ Ibid.

⑤ 奥斯温·默里：《早期希腊》，第77页。

⑥ Glenn Markoe, "The Emergence of Orientalizing in Greek Art", p. 47.

⑦ B. Schweitzer, *Greek Geometric Art*. Trans. by P. Usborne and C. Usborne, London: Phaidon, 1971, pp. 186 – 200.

是出现在捕食场景中的狮子,都在阿提卡陶瓶中能够看到。① 然而对希腊人来说,狮子和豹子同斯芬克斯、塞壬、戈尔工以及其他有翼的怪物一样神奇。已经有学者精确地指出了这些动物模型的来源,例如,从形态上说,狮子首先是赫梯的,后来是亚述的。②

还有一些在希腊发掘出来的东方艺术品也值得注意。象牙雕刻毫无疑问是来自东方,虽然这种技艺后来被希腊人采用。公元前 7 世纪出现的鸵鸟蛋和来自红海的砗磲贝壳也是如此。珠宝则更常见,如各式金饰、彩陶珠以及玻璃珠,荷马史诗中所提到的赫拉的三串桑葚状耳饰当属此类。宝石、印章的使用和传播更有力地证明了与东方的联系。伊斯基亚岛(Ischia)发掘出了近百枚叙利亚—西利西亚的印章。莱夫坎迪的陵墓中发现了叙利亚和埃及风格的类似护身符的饰品——葬于厄瑞特里亚英雄祠(Eretria Heroon)的王子佩戴着一枚镶嵌在黄金上的圣甲虫形护身符。此外,美索不达米亚风格的圆柱形印章在希腊的萨摩斯、提洛岛和奥林匹亚都有出土。③

希腊艺术的"东方化",不仅是商人将东方的货物辗转贩卖到希腊,使得东方的产品在希腊出现,而且还有来自东方的工匠直接向希腊人传授技术,同时,希腊人也直接向对方学习。对此的直接证明就是希腊人在制造中吸取了种种新的技术性工艺,这不是简单地通过购买成品就能做到的。希腊手工业者们旅行到了靠近东方的某些地区,并在贸易据点建立起作坊。在那里,他们可能方便地见到东方的工人。艺术家的这类迁移从他们自己制造的物品中可以发现一部分,但主要是以专业的制作工艺传播到希腊作为假设前提,因为那些技术只能通过直接接触才能学到。金丝细工饰品和粒化技术、宝石的切割、象牙雕刻、赤陶模的使用和青铜的失蜡铸造法等,都是这类技术的例证。④ 这些技术都不是彼此进行远距离的接触能够学到的,而是至少有一段学徒过程,其间彼此曾密切合作,交流过种种细节问题。并且,工匠因有一技之长,与定居的农民和拥有土地的贵族截然不同,具有很大的流动性,这就为希腊手工艺者或者艺术家与东方的

---

① Glenn Markoe, "The Emergence of Orientalizing in Greek Art", p. 47.
② 奥斯温·默里:《早期希腊》,第 77 页。
③ Walter Burkert, *The Orientalizing Revolution*, p. 19; pp. 162 – 163. note 2 – 8.
④ John Boardman, *The Greeks Overseas: Their Early Colonies and Trade*, 2nd edition, London: Thames & Hudson Ltd, 1980, p. 71.

学习和交流提供了条件。

当然，我们还需要注意希腊人对东方艺术的改造以及在此基础上的再创造。面对各种外来模式，希腊工匠的反应是改造多于模仿。[1] 浅层次的改造体现在技术层面，如东方失蜡铸造技术中的蜡芯以沥青为芯被改成了以树脂和麸糠作芯。[2] 更多改造过程则在对近东图像主题的转换中能够较为清晰地看到。例如，东方主题的牛或牛犊，在希腊的环境中则转换成马和马驹。同样，阿提卡艺术家借用了近东复合生物的观念，但是随即创造了希腊特有的风格。同样的借用和改造也体现在希腊艺术家对东方生命之树的描绘，将其以本土的几何陶形式展现出来。[3] 这一改造过程还体现在对某些特殊主题的选择性借用，如围绕一个中心主题相对立的群组图像，是典型的东方风格，但是在阿提卡的后期几何艺术家那里，变成一种独特的风格———位马夫被群马所包围，群马按两级或三角排列，然而又有两个人坐在中间的凳子或石块上面，这又是典型的本土风格，很少发现有近东的原型。[4] 在所有这些例子中，东方原型的出现和影响主要体现在排列的顺序或形式结构方面，而在场景的风格和具体图像方面的影响则少得多。正如默里所说，希腊艺术从来不是东方的派生物，借鉴和采纳都是创造性的。正是几何陶的叙述与东方自然主义的结合，让希腊的艺术，因此也是西方的艺术，具有了它独特的风格。

在艺术领域以外，学者们研究得较多的是文学和神话方面的"东方化"。荷马史诗和赫西俄德的作品与东方的关系尤为引人注目。荷马史诗虽于古风时代才最终成书，不过口头传颂已经有了数个世纪，在其传颂过程中，无疑吸收了多种文明元素。自古以来就有学者将荷马史诗与希伯来圣经相比较——二者都是在以宗教和语言为基础形成的社会单元中传播的历史、神学和叙述传统；二者在悲情主题（如以女儿献祭）、诗歌技巧（如明喻修辞）、宗教范式（如发誓与诅咒）等方面都有诸多共同之处。[5]

---

[1] John Boardman, *The Greeks Overseas*, p. 78, 81; Benson, J. L., "On Early Protocorinthian Workshop and the Sources of its Motifs", *Babesch: Bulletin An-ticke Beschaving*, vol. 61 (1986): pp. 13 – 14.

[2] John Boardman, *The Greeks Overseas*, 1980, p. 57.

[3] Coldstream, J. N., *Greek Geometric Pottery: A Survey of Ten Local Styles and Their Chronology*, London: Methuen, 1968, p. 67, note 2.

[4] Glenn Markoe, "The Emergence of Orientalizing in Greek Art", p. 49.

[5] Sarah Morris, "Homer and the Near East", p. 599.

布鲁斯·卢登在《荷马的〈奥德赛〉与近东》一书中通过对《奥德赛》与《创世记》、《出埃及记》等近东文本的比较，得出结论：《奥德赛》融合了多种不同的神话传统，所有这些传统都能在近东找到对应物。尽管从近东内部来说，这些神话或传说又分属于不同地区，如美索不达米亚、埃及、乌加里特等地，但大量故事都集中在旧约圣经中。① 默里认为，赫西俄德的《神谱》，其核心组织原则是"继承神话"，其结构和许多细节都与东方的继承神话严密对应。赫西俄德的《劳作与时令》，虽然其中详尽的建议完全是希腊式的，但该诗篇的总体设想让人想起东方著名的智慧文字，核心神话的某些部分与东方类似。② 伯克特也对希腊的宇宙神话与赫梯的库马比神话进行了比较，他还比较了希腊神话传说中最具传奇色彩的赫拉克勒斯形象与诸多近东神话的相似之处。③ 荷马颂歌与赫西俄德作品中的很多故事也被证明与美索不达米亚有着很多对应关系。④ 奥林帕斯12主神中，狄奥尼索斯、阿芙洛狄忒、阿波罗、阿尔忒弥斯都已证明与东方有着密切的联系。⑤ 关于其他希腊文学作品，包括其他史诗、抒情诗、寓言，尤其是涉及神话传说的作品，都有学者从不同角度与东方传统进行了比较研究。⑥

---

① Bruce Louden, *Homer's Odyssey and the Near East*, Cambridge: Cambridge University Press, 2011, p. 314.
② 奥斯温·默里：《早期希腊》，第 80—83 页。
③ Walter Burkert, "Oriental and Greek Mythology: The Meeting of Parallels", in *Interpretations of Greek Mythology*, ed. by Jan Bremmer, London: Routledge, 1990, pp. 10 – 40.
④ Charles Penglase, *Greek myths and Mesopotamia: Parallels and Influence in the Homeric Hymns and Hesiod*, London and New York: Routledge, 1997, pp. 64 – 165.
⑤ Martin Bernal, *Black Athena*, Vol. III *The Linguistic Evidence*, pp. 453 – 464.
⑥ 除了伯克特的《东方化革命》和韦斯特的《面向东方的赫利孔》以外，主要作品还有：M. Finkelberg, "The Cypria, the Iliad, and the problem of multiformity in oral and written tradition," *Classical Philology*, vol. 95 (2000): pp. 1 – 11; R. Bollinger, "The ancient Greeks and the impact of the ancient Near East: Textual evidence and historical perspective (ca. 750 – 650BC)," in *Mythology and Mythologies: Methodological Approaches to Intercultural Influences (Melammu Symposia II)*, ed. by R. M. Whiting, Helsinki: The Neo-Assyrian, 2001, pp. 233 – 264; J. Haubold, "Greek epic: a Near Eastern Genre?" *Proceedings of the Cambridge Philological Society*, vol. 48 (2001), pp. 1 – 19; Carolina López-Ruiz: *When the Gods Were Born: Greek Cosmogonies and the Near East*, Massachusetts: Harvard University Press, 2010 等。

三 "东方化革命的想象"

但是，所有这些研究都面临一个核心问题：如何证明这些相似性之间存在着直接的影响，而不是按照自身的规则独立发展起来的。当然，学者们可以根据地理空间上的相互连接、年代时间上的先后关系做出一些推论。即便如此，也不能忽视希腊文学所具有的希腊本土性特征。荷马史诗的英雄传统是希腊社会的独特产物，其中人神同性的自由神学，体现的是希腊人独特的人文伦理观。[1] 尽管赫西俄德借鉴了外来的模式，但他的思想有自己内在的逻辑，在希腊人的背景下，有它自己的关键之处。他对社会的关注如何让他通过创造世代的观念将神灵的世界和人类世界联系起来，并从神灵那里派生出抽象的政治概念，这种思想模型在东方并无对应。[2]

神灵起源的问题更为复杂，尽管某些希腊神灵在其发展过程中的确受到东方的影响，但是其源头显然并不只是唯一的，并且在最终成型之时，已经完成了对其他文明元素的吸收和改造，所彰显的主要是希腊特性了。以阿波罗为例，阿波罗显然是一个起源于希腊以外的神灵。笔者在另一篇文章中论证了阿波罗神名起源于北方，其神职主体起源于亚洲，这两种外来文化元素在传播和融合的过程中也吸收了希腊原住民族的某些崇拜成分。在人们对阿波罗崇拜的某一发展阶段，还吸纳了许多不同宗教元素和小的神祇，这些众多宗教元素和小神祇逐渐汇聚到"阿波罗"的名称之下。[3] 关于这些汇聚到"阿波罗"名称之下的宗教元素和小神祇的具体情况，我们至少可以明确知道有三种成分：一种西北多利斯希腊（Dorian-northwest Greek）成分；一种克里特米诺斯（Cretan-Minoan）成分；一种叙利亚赫梯（Syro-Hittite）成分。[4] 然而，希腊古风时代以来的艺术中，以阿波罗为原型的雕塑艺术形象的发展一直远胜过其他神祇，这种发展至

---

[1] Sarah Morris, "Homer and the Near East", p. 599.
[2] 奥斯温·默里：《早期希腊》，第84页。
[3] 李永斌，郭小凌：《阿波罗崇拜的起源及传播路线》，《历史研究》，2011年第3期，第179页。
[4] Walter Burkert, *Greek Religion: Archaic and Classical*, translated by John Raffan, Oxford: Basil Blackwell, 1985, p. 144.

少可以追溯到德勒洛斯的阿波罗神庙铸成那些青铜塑像之时（约公元前750年）。这些阿波罗塑像一般都是以年轻人形象出现，随着希腊艺术的不断成熟，这种形象逐渐上升到理想高度，经过后来的进一步净化和提升，这种理想明显具有神圣性，赋予希腊文化一种特殊的气质，而代表这种文化的神就是阿波罗。甚至有学者说，"阿波罗是希腊精神的具体体现。一切使希腊人与其他民族相区别，特别是使之与周围野蛮民族相区别的东西——各种各样的美，无论是艺术、音乐、诗歌还是年轻、明智、节制——统统汇聚在阿波罗身上。"① 同样，其他与东方有着密切关系的神灵，在其发展过程中，也逐渐融合了多种文明元素，最终形成了希腊人所特有的奥林帕斯神系及与其崇拜相应的宗教。

还有一个领域是文字和语言。希腊文字的基础是腓尼基字母，这一点已经得到公认。希腊字母的形状是对腓尼基字母的改写；两种字母表的顺序基本一致，甚至绝大多数希腊字母的名称也是从腓尼基语接受过来的。腓尼基语向希腊语的转写几乎是机械的，只有在一个基本方面例外：元音。元音的发明正体现了希腊人对腓尼基字母创造性的修正。绝大多数希腊元音的形式源自腓尼基语的辅音或者半辅音字母，后者在希腊语中毫无用处，只是被视为简化过程的音节符号，而元音的发明则将这些音节符号转变成真正的字母符号。在希腊字母表中，主要的语言因素元音和辅音首次独立出来，各自单独表达。这一系统仍为绝大多数现代语言所使用。② 马丁·伯纳尔考察了希腊语中外来语的现象，提出了数百个他认为"可以验证的假设"③，当作希腊文明具有亚非之根的重要证据。然而，文字和语言领域的几百个案例仍然不足以构成文明整体特性。我们需要关注的应该是文字以及文字的运用对社会变革带来的影响。尽管有学者认为，文字应对古风时代的绝大多数变革负责，在走向民主、逻辑、理性思维的发展、批判的史学、法律的制定等方面起到了辅助或激励的作用。但是，文字的作用是加强社会中已经存在的趋向，而不是对其进行基本的改造。④ 希腊社会具有的独特性在文字到来之后并没有因此而消失，而是进一步朝着自己特有的方向前进，从而发展出于东方文明特征迥异的古典文明。

---

① W. K. C. Guthrie, *The Greeks and Their Gods*, New York: Beacon PR Ltd., 1985, p. 73.
② 奥斯温·默里：《早期希腊》，第86—87页。
③ Martin Bernal, *Black Athena*, Vol. I *The Fabrication of Ancient Greece, 1785 – 1985*, p. 73.
④ 奥斯温·默里：《早期希腊》，第92—93页。

至此可以形成一个基本结论：希腊历史上的"东方化"是确实发生过的历史现象，但是其范围主要在艺术领域，文学、宗教、文字、语言领域有一定程度的"东方化"。在一些具体社会文化事项方面，也能看到东方的影响，如哲学[①]、建筑[②]，还有如会饮等社会风俗[③]，以及一些实用的物品如钱币[④]等，至于是否能称得上"东方化"，还没有足够多的样本和确凿证据进行分析。但是在诸多领域，希腊人仍然保持了本土的独特性和创造性，如史学、抒情诗、舞台剧等。东方社会的许多独特事物也没有在希腊找到对应之物，如巨大的宫殿、强大的王权、连续性的王朝等。

　　"东方化"最初是一个艺术史的概念。艺术品方面的比较研究相对较易，因为有具体物件和作品作为证据。一旦将"东方化"从艺术史领域扩大到整个社会层面，难题就出现了。艺术史术语"东方化"，其实是文化传播论者用以解释历史的方式，可能更适合于物质文化，而非观念的历史。具体文化事项层面的转换和改造比整个社会其他层面的转换更容易把握，然而以人工产品的流动为基础来建构文化交流甚至历史发展的脉络，还需要更多社会生活领域层面的分析。

　　实际上，"东方化革命"是"东方化"和"革命"两个概念的合体。"革命"最初是一个政治学术语，指的是相对较短时间内权力或组织结构的根本性改变。[⑤] 在世界古代史研究领域，"革命"一词也被引申到其他领域，其基本含义仍然指的是"结构性的变化"，如古希腊历史上的"公元前8世纪革命"[⑥]，指的就是城邦的兴起这一"结

[①] M. L. West, *Early Greek Philosophy and the Orient*, Oxford: Oxford University Press, 1971 (reprinted 2002) 提供了诸多具体案例的比较研究。

[②] Erwin F. Cook, "Near Eastern Source for the Palace of Alkinoos", *American Journal of Archaeology*, vol. 108 (2004), pp. 43–77.

[③] 奥斯温·默里：《早期希腊》，第74页。

[④] Alain Bresson,《吕底亚和希腊铸币的起源：成本和数量》，沈扬、黄洋译，《历史研究》，2006年第5期。

[⑤] Aristotle, *Politics*, 1.1301a.

[⑥] 1961年，美国古代史家切斯特·斯塔尔在其所著的《希腊文明的起源》一书中，首次提出了"公元前8世纪革命"的说法："公元前750—前650年这个革命的时期，是整个希腊历史上最为根本的发展阶段"。Chester G. Starr, *The Origins of Greek Civilization, 1100–650BC*, New York: Knopf, 1961, p.160.

构性革命"①。由于一些学者将"公元前8世纪革命"的时间界定为公元前750—前650年②，恰好与默里所提出的"东方化时代"吻合，而希腊城邦社会的兴起也确实和希腊与东方广泛而深刻的文化交流同时发生，这两股历史潮流对希腊社会的发展产生了深远持久的影响。因此，对"东方化革命"这一概念的辨析，关键在于艺术上的"东方化"是否引起了希腊社会的"结构性变化"。本文认为，艺术上的"东方化"并没有引起希腊社会的结构性变化。"东方化革命"只是一种想象的概念，实际上是对艺术史上"东方化时代"的扩大化理解。

就公元前750年—前650年的希腊社会来说，社会结构的基础是城邦社会的兴起和发展。而希腊城邦社会的兴起和发展，并不是在公元前750—前650年这100年时间里突然发生的，而是源于迈锡尼时代以来希腊社会的缓慢发展。这种以城邦制度为框架的发展，经历了从迈锡尼时代到古风时代、再到古典时代的过程。这个发展过程，决定了希腊文化的基本特质，这种特质与东方文化最重要的区别是"在艺术与社会中人的尺度与标准"③，单个人作为公民，在独立的城邦中可以得到充分发展。这些智识上得到充分自由发展的希腊人，在不同于东方的公共空间上所展开的自由辩论等公共话语，给社会发展所带来的影响，就是希腊人和希腊文化的强烈自我意识。尽管这一时期的希腊社会在艺术方面经历了一个"东方化时代"，除了艺术等领域以外，在政治和社会结构方面也一定程度上受到了东方的影响，但是在与东方文明的交流过程中，希腊人所汲取的总是适应于自己本土土壤的元素，因而在其发展过程中逐渐形成了与东方社会完全迥异的公民集体社会城邦体制。④ 东方的影响只是在社会的某些层面强化或加速了固有的趋向而已。然而，一些学者却着意强调这一时

---

① Anthony M. Snodgrass, *Archaic Greece: The Age of Experiment*, Berkeley: University of California Press, p. 15. 最近的论述见 Ian Morris, "The Eighth-Century Revolution", Kurt A. Raaflaub and Hans van Wees eds, *A Companion to Archaic Greece*, Chichester, West Sussex, Malden, MA: Wiley-Blackwell, 2009, p. 65. 关于"公元前8世纪革命"这一概念的辨析，见黄洋《迈锡尼文明、"黑暗时代"与希腊城邦的兴起》，《世界历史》，2010年第3期。

② Chester G. Starr, *The Origins of Greek Civilization*, *1100–650BC*, p. 160.

③ John Boardman, Jasper Griffin, Oswyn Murray, *The Oxford History of the Classical World*, Oxford University Press, 1986, p. 6.

④ 关于希腊与东方在政治思想和体制方面的联系与区别，见 Christopher Rowe and Malcolm Schofield, eds., *The Cambridge history of Greek and Roman political thought*, New York: Cambridge University Press, 2000, pp. 50–59.

期东方影响的作用,甚至将这种影响夸大到"革命"的层面。

四　想象的根源:古典学遭遇东方学

"东方化—东方化时代—东方化革命"的话语体系的深层次背景是古典学与东方学、古典主义与东方主义在现代政治语境中的碰撞。

18世纪中期,随着欧洲民族主义革命运动的勃兴和政治势力与版图的重新划分,在意识形态领域形成一股民族保护主义的风潮。加之学术上的日益专业化,西欧社会开始了一场将古希腊理想化的思潮和文化运动。① 这一运动以理想化的古代希腊来寄托和抒发现代欧洲人的精神诉求和政治目的。温克尔曼、赫尔德、歌德、洪堡等文学巨匠和思想大家,将古代希腊理想化推向新的高度。

1777年,沃尔夫(Wolf)进入哥廷根大学,要求注册学习"语文学"或"文献学"(Studiosus Philologiae)。沃尔夫用 Alterthums-wissenschaft(意为"古典学")一词来指称他所从事的研究,这标志着现代古典学正式确立。② 古典学虽然以研究古希腊拉丁文献为基础,实际上不可避免地要表述欧洲人的现代价值观,因此很快与温克尔曼等人所倡导的新人文主义融为一体,并发展成为浪漫主义的民族主义思想。这种思想把文学或精神文化同某个独特的民族或部落、某个独特的人种联系在一起。独立起源与发展的概念取代了文化间相互影响的模式,成为理解文化的关键。

语言学者对"印欧语系"的发现——即大多数欧洲语言和波斯语及梵语都衍生自同一原始语言,强化了希腊、罗马、日耳曼之间的联系,就此把闪米特语世界排斥在外。但是为希腊人的独立性辩护,还得否认他们在印欧语系的大家庭内与印度的亲缘关系,以确立一种观念,就是将古典的、民族的希腊理解为一个自成体系、自主发展的文明模式。③

在这样一种思想氛围的影响下,加之西方资产阶级革命和工业革命之

---

① 关于这一主题,极为精彩的论述见黄洋:《古典希腊理想化:作为一种文化现象的 Hellenism》,《中国社会科学》2009年第2期。
② R. Pferffer, *History of Classical Scholarship from 1300 to 1850*, Oxford: Oxford University Press, 1976, p. 173; John Edwin Sandys, *A History of Classical Scholarshi*, Cambridge: Cambridge University Press, 1921, p. 12.
③ Walter Burkert, *The Orientalizing Revolution*, pp. 4 – 5.

后对东方的全面优势,以及近代以来"东方"的衰落和西方学界对东方衰落根源的解释——专制、腐朽、没落的景象,西方学者因此倾向于把古代东方对古代希腊的影响降到最低,甚至有意将东方因素从理想化的古代希腊文明中"驱逐出去"。维拉莫维茨(Wilamowitz)的一段话对此颇具代表性,"闪米特以及埃及的民族和国家衰落了几个世纪,尽管他们有自己古老的文化,但除了少数手工艺技艺、服装、品位低劣的器具、陈旧的饰品、令人厌恶的偶像崇拜和更令人反感的各路虚假的神祇以外,他们不可能对希腊人有任何贡献"①。

与这样一种自我膨胀的古典主义相对应的是差不多同一时期兴起的东方主义(Orientalism)② 思潮。黑格尔在《历史哲学》中说:"世界历史从'东方'到'西方',因为欧洲绝对地是历史的终点,亚洲是起点。世界的历史有一个东方('东方'这个名词的本身是一个完全相对的东西);因为地球虽然是圆的,历史并不围绕着它转动,相反地,历史是有一个决定的'东方',就是亚细亚。那个外界的物质的太阳便在这里升起,而在西方沉没的那个自觉的太阳也是在这里升起,散播一种更为高贵的光明。"③ 黑格尔从地理的角度来寻求或规定历史的起点,世界历史是世界精神从东方到西方的一次漫游,它起步于东方,向西经过小亚细亚到达希腊罗马。最后到达了充满活力的日耳曼民族所在的西欧。黑格尔认为"亚细亚是起点,欧洲是终点",也就是说,他在一定程度上承认东方文明的先发性,但是他对东方的认识确实充满了想象。在黑格尔眼中,"蒙

---

① Ulrich von Wilamowitz-Moellendorff, *Homerische Untersuchungen*, (1884) 215. 转引自 Walter Burkert, *The Orientalizing Revolution*, p. 5.

② Orientalism 这一术语的"东方主义"内涵最早由爱德华·萨义德于 1978 年提出。(见 Edward W. Said, *Orientalism*, London: Penguin, 1978, 中文译本有: 爱德华·萨义德: 《东方学》,王宇根译,生活·读书·新知三联书店 1999 年版。从学理层面讲,Orientalism 翻译为"东方学"是可以接受的,也被很多学者所认同和采纳。不过,Orientalism 更多时候是一种思维方式和话语方式,因此,译为"东方主义"更合适。)在萨义德之前,已经有维克托·吉尔南(Victor Kiernan)、马歇尔·霍奇森(Marshall Hodgson)和布莱恩·特纳(Bryan Turner)等诸多学者对这一话题进行了探索性的研究。有学者认为,"东方主义"在古代希腊罗马文明中业已形成了深厚的传统。(见黄洋:《古代希腊罗马文明的"东方"想像》,《历史研究》,2006 年第 1 期,第 123 页。)也有学者认为,东方学作为一门学科,由"经典东方学"、"现代东方学"、"当代东方学"三个时期构成。黑格尔是其学理层面的始作俑者,萨义德是将其提升至当代话语机制层面的集大成者。(见费小平:《东方学:从黑格尔到萨义德》,《外国语文》,2009 年 12 月第 25 卷第 6 期。)

③ 黑格尔:《历史哲学》,王造时译,上海书店出版社 2001 年版,第 106—107 页。

古"同"中国"一样,都是"神权专制"的形象,是"封建大家长主宰一切"的形象。而对于印度人,他也在《历史哲学》中说,由于"印度人天性的一般要素"就是"精神处于梦寐状态的特征",印度人还没有获得"自我"或"意识"。同时,由于"历史"必须是"精神"发展上一个主要的时期,加之印度人并非能够有所行动的"个体",印度文化的分布只是一种无声无息的扩张,也就是说,没有政治的行动。印度人民从来没有向外去征服别人而是自己常常为人家所征服。概而言之,"亚细亚帝国屈从于欧洲人便是其必然的命运"。① 紧跟黑格尔论调的是琼斯、穆勒、沃德、马克思等人,他们笔下"野蛮的、闭关自守的、与文明世界隔绝的状态被打破"的东方世界,充塞着浓烈的"东方主义"色彩。

20 世纪 70 年代以来,国际政治发生了剧烈变化,多数原殖民国家在经历了长期的斗争之后获得了独立,但是他们后来发现自己并没有最终摆脱殖民统治。西方国家,特别是前殖民统治国家,继续以种种方式对独立的国家进行控制。在这样的背景下,爱德华·萨义德的《东方主义》一书出版。萨义德指出,西方世界对东方人民和文化有一种微妙却非常持久的偏见,并决意以人文主义批评去开拓斗争领域,引入一种长期而连续的思考和分析,以期打破这一偏见,为东方正名。② 萨义德认为,"东方主义"话语体系,通过对东方和东方人进行整体化、类型化、本质化和符码化,形成关于东方的集体观念、专业权威、话语体系和社会体制。其实它是一种想象视野和过滤框架,是对东方的"妖魔化"和"东方化",是西方控制、重建和君临东方的一种方式,是一种殖民主义和帝国主义的工具和意识形态。③ 以《东方主义》的出版和对该书的讨论为契机,学术界出现了东方研究的热潮。

带有浓厚孤立倾向的古典主义和具有强烈政治色彩的东方主义的合流,也曾在西方学术领域引起质疑。19 世纪的几大重要发现④,使得西方部分研究者找到了克服古典主义和东方主义话语体系内在缺陷的重要工

---

① 黑格尔:《历史哲学》,第 141 页。
② Edward W. Said, *Orientalism*, preface, xviii.
③ Edward W. Said, *Orientalism*, p. 3.
④ 伯克特认为这些发现一是楔形文字和象形文字的破译让近东文明和埃及文明重新浮现;二是迈锡尼文明的发掘;三是对古风时期希腊艺术发展中东方化阶段的确认。Walter Burkert, *The Orientalizing Revolution*, p. 2.

具,得以重新认识"东方"以及东方文明对希腊文明的影响。"东方化—东方化时代—东方化革命"这一话语体系正是这种重新认识过程的具体体现之一。这种重新认识自19世纪末开始,在20世纪晚期的后殖民主义时期由涓涓细流成为学术潮流,反映了西方学界在新的历史条件下的自我反思与自发调整。从这个意义上说,东方化革命的提出具有合理的、积极的意义。伯克特是这一倾向在当代的代表人物,他的《东方化革命》,目的就是正本清源,抛弃传统观念:"窃望拙著能充当一名打破藩篱的使者,将古典学家的注意力引导到他们一直太少关注的领域,并使这些研究领域更易接近,甚至非专业人士也能理解。或许它也能激励东方学者(他们几乎同古典学家一样有孤立的倾向)继续保持或重新恢复与相邻研究领域的联系。"①

然而,澄清希腊与东方的联系程度并不是一件轻而易举的工作。黄洋教授正确指出,希腊和东方世界的联系仍然是非常值得期待的一个研究领域,更为充分的研究极有可能进一步修正我们对于早期希腊历史的认识,但是这也是一个非常艰深的研究领域,不仅需要掌握古代希腊文献,而且还要有比较语文学的训练,掌握古代西亚和埃及的文献以及多种语言之余,也要对考古材料有着充分的了解,目前只有少数学者有条件从事这个领域的研究。② 虽然他的告诫对象是中国学者,但是笔者认为,这也同样适用于西方学者,适用于所有正在或者将要从事这一领域研究的学者。

(原载于《中国社会科学》2014年第10期)

---

① Walter Burkert, *The Orientalizing Revolution*, p. 8.
② 黄洋、晏绍祥:《希腊史研究入门》,第191—192页。

讨论与评议

全球史研究主题评介

施 诚

全球史对世界历史的认识和理解主要可以归纳为两大类：一类认为全球史并非囊括人类所有历史，而主要集中探讨当代全球化的进程；另一类认为人类历史上的全球化并非当代特有的产物，而是一个历史过程，所以全球史研究不应局限于当代，应当追溯历史上的全球化整个进程。全球史以跨地区的政治、经济和文化互动为研究对象，探讨超越国家和民族体系之外、在人类历史进程中与全球化有关的或具有重大影响的历史事件，并且把自然环境变化发展与人类历史结合起来进行考察，致力于跨学科、长时段、全方位地研究世界历史的进程。[①] 目前全球史不仅成为美国大中院校的一门重要历史学课程[②]，而且形成了自己比较有特色的研究主题，如跨文化贸易、大规模人口迁徙、物种传播、宗教和思想的流传、疾病的传播、环境变迁等。本文撷取这些主题的一些代表性论著加以评介，以便考察全球史的一些研究特色以及全球史与传统世界史的一些差异。

[①] 杰佛利·巴勒克拉在《当代史学主要趋势》一书中说："认识到需要建立全球的历史观即超越民族和地区的界限，理解整个世界的历史观是当前的主要特征之一。"杰佛利·巴勒克拉《当代史学主要趋势》，上海译文出版社1987年版，第242页。

[②] 2000—2001年，美国大专院校开设世界历史课程的占59%，公立大学更高达69%。1990年，学过世界历史的高中生占59.59%，1994年为66.72%，1998年为66.41%。到2003年，28个州立法要求公立高中开设世界历史课程。为了应对高中学生学习世界历史课程的需要，美国"教育考试服务中心"从2002年开始提供世界历史预科考试，当年考生达20800人。2003年，来自1474所高中的考生达到34268人，增长65%。2007年，考生为101975人，2009年，考生为143426人，2010年，考生为167789人。参见 Ane Lintvedt, The Demography of World History in the United States, Vol. 1, No. 1, 2003, http://en.wikipedia.org/wiki/Advanced_ Placement_ World_ History。

一　对全球化历史进程的研究

　　与经济学等社会科学领域相比，西方史学界对全球化的研究比较滞后，但是全球史学者从跨文化互动角度出发，对全球化的起点等问题发表自己的看法。大多数全球史家认为 16 世纪（含 1492 年哥伦布航行到达美洲和 1498 年达·伽马航行到达印度）是全球化的起点。如威廉·H. 麦克尼尔就认为，"1500 年是世界历史的重大转折点……欧洲地理大发现使地球上的海洋变成了他们的商业通衢……"① 罗比·罗伯斯坦在《三次全球化浪潮》一书中认为，1500—1800 年是第一次全球化浪潮，这个阶段的特点是区域性贸易；1500 年是全球化的起点，因为从此以后，"人类社会的互动关系发生了根本的变化。此前孤立的集团发现自己正在经历转变；其他集团正在被变成奴隶"。第二个阶段 1800—1945 年，工业化是这个时期全球化的动力，第三阶段从 1945 年开始，其特点是新的世界秩序的构建。② 杰弗雷·C. 高恩在《第一次全球化——欧亚大陆之间的交流》一书中，把 1500—1800 年不仅作为欧亚大陆之间思想、语言、哲学等方面交流的一个重要时代，而且把 1500 年作为全球化的起点。③

　　但是不是所有全球史学者都认同 1500 年左右作为全球化的起点。如大卫·诺斯拉普把公元 1000 年作为全球化的开端：此前，许多形成人类生活和社会组织的重要因素都是分散的。此后，各个社会越来越变成了联系、交通甚至有意限制的结果，世界历史变成了聚合而不是分散的故事。④ 而丹尼斯·O. 弗莱恩和阿图若·吉拉德兹则把 1571 年作为世界贸易诞生的年代，也是全球化的起点。他们认为，第一，当所有人口稠密地区大多数人口开始直接地或通过其他地区的大众而持续不断交换产品；第二，这种贸易的价值足以对所有参与者产生持久的影响。虽然 16 世纪之前也存在重要的洲际贸易，但是在 1571 年马尼拉作为西班牙港口之前，

---

①　William H. McNeill, *A World History*, 4th edition, Oxford: Oxford University Press, 1999, p. 295.
②　Robbie Robertson, *The Three Waves of Globalization*, Fernwood Publishing, 2003, p. 4.
③　Geoffrey C. Gunn, *First Globalization*, Maryland, Rowman & Littlefield Publishers, Inc. 2003, p. 2.
④　Peter Stean, *Globalization in World History*, Routledge 2010, p. 29.

美洲与亚洲之间没有直接的贸易联系,世界市场也是不完整和连贯的。①奥斯特哈墨和彼得森则认为,1750年是全球化的起点。此前一体化的力量虽然一直在发挥作用,但是大多数社会是非常分散地运行的。正是欧洲的帝国主义和工业革命才使全球化变得可能。② 在《世界历史上的全球化》一书中,安东尼·霍普金斯给全球化划分了三个阶段:第一,现代全球化起源于工业革命;第二,欧洲政治和经济一体化的大规模"原全球化"时代是17、18世纪;第三,"古代的全球化"时代,多地区性中心并从古代延伸到17世纪。③ 在《全球化何时发端》一文中,科文·H.奥洛克和杰弗雷·G.威廉姆森把全球化定义为"国际商品市场一体化",全球化的标志是"国际商品价格差异缩小或者说国际商品价格趋同"。他们认为真正的巨大全球化过程始于19世纪20年代。④ 而沃尔夫·沙夫则认为这些变化至多可以称为"原全球化",真正的全球化始于20世纪50年代。⑤

二 全球史中的世界历史分期

世界历史分期历来是世界历史研究,特别是世界通史编纂中的一个重大问题。自从文艺复兴人人主义者将世界历史划分为"古代、中世纪和现代"以来,"三分法"就成为西方史学界历史分期的主流。全球史兴起后,一些史学家从全球视野出发,对世界历史进行了新的分期。威廉·A. 格林在《世界历史分期》一文中,自称"不怕受到'欧洲中心论'的指责",将世界历史划分为四个阶段:公元前3000—约公元前1000/800年;约公元前1000/800年—400/600年;400/600年—1492年,这是伊斯

---

① Dennis O. Flynn and Arturo Giráldez, *Born with a "Silver Spoon": The Origin of World Trade in 1571*, Journal of World History, Vol. 6, No. 2, 1995; Dennis O. Flynn and Arturo Giráldez, "Globalization began in 1571", in Barry K. Gills and William R. Tompson, eds., *Globalization and Global History*, London, 2006.

② Peter Stean, *Globalization in World History*, p. 58.

③ A. G. Hopkins, ed., *Globalization in World History*, New York, W. W. Norton, 2002, pp. 4–7.

④ Kevin H. O'Rourkef and Jeffrey G. Williamson "When Did Globalization Begin? http://www.nber.org/papers/w7632.

⑤ Wolf Schäfer, "The New Global History—Toward a Narrative for Pangaea Two", http://pdffinder.net/The-New-Global-History-Toward-a-Narrative-for-Pangaea-Two.html.

兰教世界和中国取得巨大成就的时代；1492年至今。① 在《跨文化交流与世界历史分期》一文中，杰瑞·H. 本特利教授也反对西方史学界流行的世界历史三分法，认为这种欧洲中心论的世界历史分期不仅不适合中国、印度、非洲、伊斯兰世界，甚至不符合欧洲历史本身。他认为从古至今，"跨文化交流"对所有人的政治、社会、经济和文化都产生了重要影响，尤其是1492年之后。本特利所说的世界历史上的跨文化交流主要包括大规模移民、帝国扩张战争、长途贸易三种形式。他把世界历史划分为6个阶段：早期复杂社会（公元前3500—前2000年）、古代文明时期（公元前2000—前500年）、古典文明时期（前500—公元500年）、后古典时期（500—1000年）、跨地域游牧帝国时期（1000—1500年）和现代社会（1500年至今）。他同时也指出，以跨文化交流为基础的历史分期不能试图包含所有时间内的所有世界，也不代表分析历史的唯一有用或合适的框架。②

三　全球史中的跨文化交流研究

跨文化交流是全球史最重要的概念和研究主题，全球史中的跨文化交流主要包括跨文化贸易、移民、物种交流、疾病传播等主题。

毋庸置疑，不同地区之间的经济贸易交流在人类历史上发挥了重要作用，因此研究世界历史上经济贸易的论著可谓汗牛充栋。其中，美国霍普金斯大学历史系教授菲利普·D. 柯丁的《世界历史上的跨文化贸易》一书可以说奠定了全球史中跨文化贸易研究主题的基础。虽然柯丁简略叙述了世界历史上重要的贸易形式、商品和商路，但是他自称"首先，本书不是一部世界贸易史，包含这些贸易实例只是为了阐述跨文化贸易的多样

---

① William A. Green "Periodizing World History", History and Theory, Vol. 34, No. 2, 1995, pp. 99 – 111.

② Jerry H. Bentley, "Cross-Cultural Interaction and Periodization in World History", American Historical Review, Vol. 101, Issue 3, 1996, pp. 749 – 770. 值得注意的是，本特利和齐格勒主编的美国大学世界历史教材 Traditions & Encounters: A global Perspective on the Past（中译名为《新全球史》，魏凤莲等译，北京大学出版社2007年版）把世界历史划分为7个阶段：早期复杂社会（公元前3500—前500年）、古典社会组织（公元前500年—公元500年）、后古典时代（公元500—1000年）、跨文化交流时代（公元1000—1500年）、全球一体化的缘起（公元1500—1800年）、革命、工业和帝国时代（1750—1914年）、现代全球重组（1914年至今）。

性——而不是为了阐述贸易商品数量的重要性,或者对历史产生最重要影响的贸易。"① 他借鉴人类学"散居区"概念,以贸易为线索,主要论述世界历史上的跨文化"贸易散居区"(trade diaspora)的兴衰。柯丁认为跨文化贸易可以追溯到早期狩猎者,而"贸易散居区"可以追溯到最早的城市,世界各大洲都存在贸易散居区。"贸易散居区"是商人短暂或世代寄居在外国土地上的一个社会文化网络,商人们一方面逐渐融入当地社会,另一方面又与母国保持千丝万缕的联系,在此过程中,不同的文化相互碰撞,这些商人有意无意充当了跨文化交流的突破者,到19世纪中期,随着世界贸易"西方化",许多贸易散居区逐渐走向衰落。从1984年柯丁的著作出版以来,"贸易散居区"的概念已经融入了西方史学界的世界历史编纂和教学实践之中。全球史学者们越来越关心"贸易散居区"如何促进跨文化交流在人类历史上所起的作用。

移民史是世界历史研究的一个重要课题。德尔克·霍德尔的《互动中的文化》是移民史研究的一个转折点。它以真正的全球视野,摆脱了以欧洲或大西洋为中心的历史视野,强调印度洋和太平洋在人类移民和文化互动中的重要性;它比较详细地论述了此前移民史忽略的16世纪以前的全球移民活动。德尔克·霍德尔把人口迁徙、商业贸易与文化交流结合起来,作为全球移民史的分期标准,认为人类历史上大规模的人口迁徙和文化交流可以划分为5个阶段:第一,1450年以前,亚洲大陆的丝绸之路、穿越撒哈拉沙漠的贸易路线把欧亚非大陆联系起来,人口迁移、商业贸易往来和宗教思想文化交流;第二,1450—1750工业革命以前:西地中海的商人、士兵到达其他发达文明地区;非洲黑奴被大量贩卖到美洲;第三,工业革命到19世纪末,工业化和工业生产主要集中于大西洋两岸,世界其他地区开始大量向这些国家和地区移民;第四,20世纪初到第二次世界大战,移民以欧洲难民、亚洲移民加速为特点,而大西洋移民制度已经处于基本停滞状态;第五,20世纪50年代以来,移民出现了新类型:跨太平洋移民、从以前殖民地回迁、多元劳动力移民、难民。②

罗宾·柯亨则独辟蹊径对移民散居区进行了系统研究,发表了大量论

---

① Philip D. Curtin, *Cross-Cultural Trade in World History*, Cambridge University Press, 1984, p. ix.

② Dirk Hoerder, *Culture in Contact*, Duke University Press, 2002, pp. 2 – 8.

著，《全球散居区》是其重要成果之一。该书用全球视野对世界历史上的主要移民散居区进行了整体研究。柯亨认为，世界历史上的移民散居区具有9个共同特征，如"从故乡常常带着身心上的痛苦分散到一个甚至几个外国地区；作为寻找工作、从事贸易、殖民的替代手段或补充手段，从故乡向外扩张；对故乡的位置、历史、痛苦和成就的集体回忆；对故乡真实或想象的祖先的理想化；经常发生返回故乡运动；强烈的民族集体意识；与当地社会关系比较复杂；感情上融入当地社会；当地国家容忍文化多元主义、独特创造性和丰富文化生活的可能性。"① 柯亨还以个案为基础，将移民散居区划分为"犹太散居区"、"受害者散居区（非洲黑奴）"、"劳工和帝国的散居区（印度劳工和大英帝国）"、"贸易散居区"（中国和黎巴嫩的商人）等类型。

全球史中物种交流和疾病传播研究的开山之作当推阿尔弗雷德·克罗斯比的《哥伦布的交流》。所谓"哥伦布的交流"是指1492年哥伦布首次航行到达美洲后，不仅开启了旧大陆（东半球）与新大陆（西半球）之间大规模联系的时代，而且导致新旧大陆之间动物、植物、文化、人口（包括非洲黑奴）、思想、可传播的疾病之间的广泛交流和传播。"哥伦布的交流"这个概念逐渐为主流史学家所关注，到20世纪90年代，它进入了几部美国史和世界历史教材之中，成为西方史学界众所周知的术语。② "哥伦布的交流"是世界生态、农业、文化史上最重大的事件之一。新旧大陆之间的接触和联系使各种新的动植物相互流传，特别是起源于美洲的作物，如玉米、马铃薯、西红柿等，不仅改变了欧洲、美洲、非洲和亚洲的生活方式，而且促进了世界人口的增长。

长期以来，西方史学界对"欧洲人为何轻易征服美洲"这个问题的解释见仁见智，大致包括欧洲人的枪炮比印第安人的原始武器先进、印第安人面对从未见过的欧洲殖民者的惊慌失措等。对与之相关的"欧洲人到达美洲后印第安人口急剧减少"的问题，西方学者们的一般答案是：由于西班牙征服者横征暴敛、以残酷手段奴役印地安人，强迫他们在矿场、丛林和种植园的恶劣条件下劳动，造成了大批印地安人贫病而亡，有

---

① Robin Cohen, *Global Diasporas—An Introduction*, second edition, London, Routledge, 2008, p.17.

② 约翰·R.麦克尼尔为《哥伦布的交流》一书30周年纪念版写的序言，见 Alfred W. Crosby, *The Columbian Exchange*, 30th Anniversary Edition, Praeger Publisher, 2003, p.xii.

些西班牙人嗜杀成性,种族灭族的惨剧也层出不穷。但是,在克罗斯比看来,欧洲人成功征服美洲和印第安人大幅减少的根本原因在于:"人类移民及其携带的病菌是瘟疫爆发的主要原因。那些长期孤立存在的生物最容易遭到移民带来的疾病的侵袭"。"除了澳洲原住民之外,美洲印地安人或许和其他人类隔绝时间最长久",这使得印地安人对从旧世界传来的疾病缺乏免疫力,"原本在旧大陆就致命的疾病到了新大陆后成为更有效的杀手;甚至在旧大陆非致命的疾病,也变成了新大陆的杀手。"① 当旧大陆寻常的疾病如天花、麻疹、肺结核、伤寒与流行性感冒等被欧洲人带到美洲后,都变成了导致印地安人大量死亡的重大疾病。所以,对克罗斯比来说,欧洲殖民者成功征服美洲和美洲印第安人大幅减少的原因与其说是军事、政治和经济方面的,还不如说是生物学方面的。继克罗斯比的《哥伦布的交流》之后,有关人类历史上疾病传播及其影响的著作越来越多,但是把疾病传播置于历史讨论核心的著作当属威廉·H. 麦克尼尔的《瘟疫与人》。麦克尼尔纵横论述了世界历史上瘟疫对人类的各种影响。正如他在引言中所说的,"本书旨在通过揭示各种疫病循环模式对过去和当代历史的影响,将疫病史纳入历史诠释的范畴。"②

四 环境史研究

环境史是全球史研究中的一个新兴主题,论著众多。关于环境史的定义迄今仍然众说纷纭。环境史先驱之一唐纳德·沃斯特就认为,环境史是研究"自然在人类生活中的地位和作用"③。"它的根本目的是把自然界放回历史研究,或者说探索生物世界对人类历史进程影响的方式,以及人们思考和试图改变环境的方式。"④ 而另一位环境史家 J. 唐纳德·休斯说,"环境史是一门历史,通过研究作为自然的一部分的人类如何随着时间的变迁,在与自然其余部分互动的过程中生活、劳作与思考,从而推进对人

---

① Alfred W. Crosby, *The Columbian Exchange*, 30th Anniversary Edition, pp. 31 – 58.
② 威廉·H. 麦克尼尔:《瘟疫与人》,余新忠、毕会成译,中国环境科学出版社 2010 年出版,第 4 页。
③ Donald Worster, ed., *The Ends of the Earth: Perspectives on Modern Environmental History*, Cambridge: Cambridge University Press, 1989, p. 292.
④ Donald Worster, *The Wealth of Nature: Environmental History and the Ecological Imagination*, Oxford University Press, 1993, p. 20.

类的理解。"① "环境史的任务是研究历史过程中人类与自然界的关系,以便解释影响这种关系的变化过程。"② 相比之下,约翰·R. 麦克尼尔对环境史下的定义简单明了: 环境史就是研究"人类及自然中除人以外的其它部分之间的相互关系"③。

唐纳德·休斯的《自然界的财富: 环境史和生态想象》侧重考察人类历史上不同时期自然环境与人类之间的互动关系,"本书力图叙述环境史,描述从人类起源至今的每个阶段都在发生作用的重大生态变化过程……我的观点是,历史解释必须考虑人类是生态系统的一部分这个事实。人类社会已经发生和继续将要发生的事情在许多重要方面都是一个生态过程。"④ 贾雷德·戴蒙德出版了《崩溃——社会如何选择成功或崩溃》一书。戴蒙德运用比较方法,从环境变迁角度,分析了世界历史上不同社会成功和崩溃的原因。他认为,促使社会崩溃的因素主要包括以下几个方面: 气候变化、敌对的邻国、重要贸易伙伴的崩溃、不能解决环境问题。同时,戴蒙德还列举了当今人类面临的多个环境问题: 砍伐森林和生存环境破坏、土壤问题(水土流失、盐碱化、土地肥力下降)、水资源管理问题、狩猎过度、捕鱼过度、外来物种对本地物种的影响、人口过度增长、人均对环境的影响增加。⑤ 一些环境史家还开始关注气候变化与人类历史发展的关系。安东尼·彭纳《人类的脚印——全球环境史》就利用气候学、地质学、生物学和社会科学方法,强调人类与自然界之间的相互关系,关注"人类历史上的重大转型"。例如,他认为,550万年前,由于欧洲板块移动,地中海地区从"干燥、干旱、落满灰尘和不可居住的地区"变成了文明的中心;"气候变化加速了人类的进化,因为人类的心智和身体都需要适应新的条件。"⑥

可以说,从其研究主题看,全球史研究呈现出自身的特点。与以国别

---

① J. 唐纳德·休斯著:《什么是环境史》,梅雪芹译,北京大学出版社2008年版,第1页。
② J. Donald Hughes, *An Environmental History of the World*, London, Routledge, 2001, p. 4.
③ J. R. McNeill, "Observations on the Nature and Culture of Environmental History", *History and Theory*, Vol. 42, No. 4, 2003, p. 6.
④ J. Donald Hughes, *An Environmental History of the World*, p. 5.
⑤ Jared Diamond, *Collapse: How Societies Choose to Fall or Succeed*, Viking Penguin Group, 2005, pp. 1 – 24.
⑥ Anthony Penna, *The Human Footprint: A Global Environmental History*, Wiley-Blackwell Publisher, 2010, pp. 29, 38, 117.

史为研究对象的传统世界史比较而言,全球史研究超越了传统世界史的范围,淡化单一地区或国家,强调全球历史发展进程的整体性。

(原载《史学理论研究》2012年第2期)

超越人类看人类?

——"大历史"批判

孙 岳

"大历史"是 20 世纪末在西方逐渐形成的一个史学流派,与美国著名史学家威廉·麦克尼尔的"文明竞赛说"、杰里·本特利的"文化互动论"并列。① 威廉·麦克尼尔更是将"大历史"的始作俑者大卫·克里斯蒂安(David Christian)2004 年出版的专著《时间地图:大历史导论》与牛顿和达尔文的成就相提并论,称其将"自然史与人类史综合成了一篇宏伟壮丽而又通俗易懂的叙述"②。不仅如此,"大历史"在教学领域中的进展也十分突出,目前全世界范围已有几十所高校开设了"大历史"课程。用克里斯蒂安的话说,"大历史"的复兴或"普世史"(universal history)的回归足可期待。③ 不过迄今为止,中国学界对"大历史"却关注甚少,截至 2011 年底只有同一作者的两篇文章对"大历史"予以介绍,

---

① John R. McNeill, "Global History: Research and Teaching in the 21st Century," *Occasional Paper*, Center for Global Studies University of Illinois at Urbana-Champaign June 20, 2005, pp. 1 – 15, see http://www.ideals.illinois.edu/bitstream/handle/2142/1053/Occassional_Paper_McNeill.pdf?sequence = 2.

② William H. McNeill, "Foreword", in David Christian, *Maps of Time: An Introduction to Big History*, Berkeley, CA: University of California Press, 2004, p. xv. 该书已有中文版,见大卫·克里斯蒂安:《时间地图:大历史导论》,晏可佳等译,上海社会科学院出版社 2007 年版,引文见第 1 页。

③ David Christian, "The Return of Universal History," *History and Theory*, Vol. 49, No. 4 (Dec., 2010), pp. 6 – 27.

2012年又见一篇短文讨论大历史对中国传统世界史教学可能带来的"启示与挑战",并呼吁"积极反思并寻求变革之道"。笔者亦曾采访过"大历史"的首创专家,对其旨趣和内涵予以阐发,并尝试借鉴最新的研究成果,探讨中国人的"大历史之道"。① 但这显然还是不够的。为此,本文欲结合"大历史"问世的背景和内涵,从学理的角度对之予以"批判"。此处的"批判"不在指责和贬抑,而在赏析和评判。② 因为这才是对待新生事物、促进学术繁荣应有的态度。

一 "大历史"问世的背景及其内涵

"大历史"的问世看似非常简单,仅是出于历史教学的考虑:1988年,在澳大利亚悉尼麦考瑞大学历史系的一次教师研讨会上,有人提出"历史该从何时讲起"的问题,擅长俄罗斯历史的大卫·克里斯蒂安主张"从最初讲起"。可哪里是所谓的"最初"呢?是猿转变成人的一刻,还是作为人类生存环境的地球的形成,抑或137亿年前的宇宙大爆炸?克里斯蒂安选择将宇宙大爆炸作为大历史叙述的起点,并于1991年在国际知名的《世界史杂志》上发表了《为"大历史"辩护》一文,详细阐述其大历史思想。③ 受此启发,荷兰史学家弗雷德·斯皮尔(Fred Spier)1996年出版了《大历史的结构》一书,从理论上作进一步的探讨,同时在阿姆斯特丹大学开设"大历史"课程。2004年,克里斯蒂安的专著《时间地图:大历史导论》问世。2007年,美国历史教育家辛西娅·布朗的教科书《从"大爆炸"至今的大历史》出版。2010年,斯皮尔又推出专著

---

① 刘耀辉:《大卫·克里斯蒂安的"大历史"观述略》,《国外理论动态》2011年第2期,第92—96页;刘耀辉:《大历史与历史研究》,《史学理论研究》2011年第4期,第38—50页;朱卫斌:《"大历史"与中国高校世界史教学评论》,《历史教学》(高校版)2012年第1期,第67—70页;孙岳等:《大历史:在宇宙演化中书写世界史》,《光明日报》2012年3月29日第11版。另可参阅 Zhu Weibin, "Big History: Its Potential Impact on Teaching History in China"; Zhao Mei, "The Universe Within"; Sun Yue, "The Tao of 'Big History': Chinese Traditions," all in Barry Rodrigue, Leonid Grinin, Andrey Korotayev, eds., *From Big Bang to Global Civilization: A Big History Anthology*, Berkeley, CA: University of California Press, 2012, in press.

② William M. Sloane, "History and Democracy," *The American Historical Review*, Vol. 1, No. 1 (Oct., 1895), p. 21.

③ Marnie Hughes-Warrington, "Big History," *Social Evolution & History*, Vol. 4, No. 1 (Mar., 2005), pp. 8 – 9.

《大历史与人类的未来》。① 不久以前，"大历史"更是得到微软前总裁比尔·盖茨的青睐，在其支持下，国际大历史学会于2010年8月20日成立，旨在普及中小学历史教育的"大历史项目"也已启动。此外还有一系列相关组织和机构问世，如俄罗斯大历史和系统研究中心，新英格兰大历史中心等。大历史由是得到迅猛发展。

但这样一幅图景显然过于简略，或者说只抓住了表象，并没有真正触及"大历史"问世的根本原因。首先，"大历史"的产生源自史学家对"世界史"名不副实的状况的不满。② 美国学者认识到，"20世纪末新世界史面临的核心挑战是如何讲述全球时代整个世界的历史"。③ 有学者视此为超越传统民族国家历史叙事的呼吁，但对另外一些学者来说，从"世界"到"全球"的转变还远远不够，他们要超越传统"史学"的界限，书写包括人类起源与进化、生命体和地球甚至整个宇宙演化的"大历史"。④ 这种"大历史"之所以可能，是因为现代史学具备了先前不曾有过的两个基本条件：1）近一个世纪的史学研究积累；2）自20世纪中叶以来发生的"精密计时革命"（Chronometric Revolution）。⑤ 事实上，有很多侧重时间维度的学科——如古生物学、地质学、宇宙学等——的学者纷纷加入到"大历史"的建构中来，出现了所谓自然科学的"历史化"和历史的"科学化"。⑥

---

① David Christian, "The Case for 'Big History'," *Journal of World History*, Vol. 2, No. 2 (1991), pp. 223–238; Fred Spier, *The Structure of Big History: From the Big Bang until Today*, Amsterdam: Amsterdam University Press, 1996; Cynthia Stokes Brown, *Big History: From the Big Bang to the Present*, New York: New Press, 2007; Fred Spier, *Big History and the Future of Humanity*, Malden, MA: Wiley-Blackwell, 2010.

② Hughes-Warrington, "Big History," p. 8. 事实上在中国也是一样，只不过中国学者采取了另外一种处理方式，所以有学者主张干脆把"世界史"名副其实地改称为"外国史"，参阅彭小瑜、高岱编《外国史读本》（上、下册），北京大学出版社2006年版。

③ Michael Geyer and Charles Bright, "World History in a Global Age," *The American Historical Review*, Vol. 100, No. 4 (Oct., 1995), p. 1041.

④ Hughes-Warrington, "Big History," p. 8.

⑤ Christian, "The Return of Universal History," pp. 16–19.

⑥ Christian, "The Return of Universal History," p. 19. 威廉·麦克尼尔也有类似的普世史追求，主张史学家开阔视野，运用多学科的研究成果将人类在地球上的历史纳入更为宽广的宇宙、生物和社会背景之中，以实现历史的科学化。此处的科学化并非以往的"科学主义"，而意旨史学全面利用人类既有的各类科学成果实现的综合化、条理化。参阅 William H. McNeill, "History and the Scientific Worldview," *History and Theory*, Vol. 37, No. 1 (1998), pp. 12–13, quoted in Christian, *Maps of Time*, p. 4; William H. McNeill, "A Short History of Humanity," *New York Review of Books*, Vol. XLVII, No. 11 (June 29, 1999), pp. 9–11.

其次，也许是更重要的，"大历史"的问世是对我们这个时代关乎人类生存的种种不确定性的激烈回应。一方面，在"大历史"学家看来，我们这个时代正经历着某种深刻的危机："在一个充斥着核武器、生态危机俨然跨越了众多国界的世界里，我们非常有必要将人类看作一个整体。在此背景下，那种主要关注民族、宗教和文化分立的历史叙述显得狭隘、不合时宜甚至非常危险"①；另一方面，后现代主义者声称任何形式的元叙事，无论是历史的还是科学的，都不过是对既定权力的维护，从而掩盖了真实存在的混乱、断裂和无意义②，而这种虚无主义的论断对改善人类的生存状况并无助益。作为回应，"大历史"的目标就是要谱写一部能够赋予当今人类社会以"定位感"和"归属感"的"现代创世神话"。③

第三，从史学史的角度来看，"大历史"的问世在本质上是"普世史"的回归。所谓"普世史"在19世纪史学专业化兴起以前，一直是历史叙述的常态。但此后，"普世史"却逐渐从史学家的视野中消失了。在克里斯蒂安看来，其原因有三：1）史学家对所谓"科学"史学的追求；2）民族主义的盛行；3）兰克史学在大学、学院内部的确立或机构化。④在这种情势下，史学细化成多个分支专业，史学家把精力集中在民族史的书写和国家文明发展轨迹的梳理上，根本无暇顾及对宏大历史的考察，直至后来汤因比、斯宾格勒、威廉·麦克尼尔等人著作的问世，这种情况才得到改变。⑤

---

① Christian, *Maps of Time*, p. 8. 克里斯蒂安的这一立场并不孤立，类似的忧虑和文献很多，如 Seth D. Baum, "Is Humanity Doomed? Insights from Astrobiology," *Sustainability*, Vol. 2, No. 2 (Feb., 2010), pp. 591 – 603; Johan Rockström, *et al.*, "A safe operating space for humanity," *Nature*, No. 461 (2009), pp. 472 – 475.

② Jean-Francois Lyotard, *The Postmodern Condition: A Report on Knowledge*, trans. Geoff Bennington and Brian Massumi, Minneapolis: University of Minnesota Press, 1984; Craig Benjamin, "The Convergence of Logic, Faith and Values in the Modern Creation Myth", *World History Connected*, Vol. 6, No. 3 (Oct., 2009), 19 pars. http://worldhistoryconnected.press.illinois.edu/6.3/benjamin2.html.

③ 克里斯蒂安:《时间地图：大历史导论》，第1—6页；Benjamin, "The Convergence of Logic, Faith and Values in the Modern Creation Myth," pars. 1 – 18. 克里斯蒂安在接受笔者的访谈时对"大历史"的"现代创世神话"内涵也有过一段精彩的论述，参阅孙岳等《大历史：在宇宙演化中书写世界史》，《光明日报》2012年3月29日第11版。

④ Christian, "The Return of Universal History," pp. 13 – 15.

⑤ Spier, *Big History and the Future of Humanity*, p. 14; Christian, "The Return of Universal History," pp. 15 – 16.

不过,"大历史"或克里斯蒂安所谓的"普世史"却与以往的"普世史"有着根本的不同,它是一种"试图在所有可能的层面上理解过去"的历史,甚至涵盖整个宇宙,并"同时关注历史的偶然因素及细节和能够廓清细节的大的格局",或可称之为一种"全面、统一的关于已知世界或宇宙的历史"。① 借用国际大历史学会官方网站上(http://ibhanet.org)为"大历史"所下的定义,我们对"大历史"的内涵可以有一个更为清晰的认识:"大历史试图以统一的跨学科方式了解宇宙、地球、生命和人文的历史。"其视野之大、统合力之强、融合人文科学与自然科学意愿之强烈,都是以往任何形式的历史撰述所无法比拟的。

二 "大历史"的优势与劣势

毋庸置疑,"大历史"有独特的优势,但也有其自身无法克服的劣势。

"大历史"的优势首先在其超乎寻常的宏大视野,试图为宇宙间的整个存在勾勒出一个新的断代格局,即从"无生命的宇宙"到"地球上的生命",从"早期人类的历史:许多世界"到"全新世:几个世界"再到"近代:一个世界",并进而瞻望包括整个人类在内的整个世界的"多种未来"。② 这在寻常的历史叙述是无法想象的。比如,2007年10月北京大学出版社出版的本特利与齐格勒著《新全球史:文明的传承与交流》只从"早期的复杂社会"讲起,以"现今全球重组:1914年至今"告终,始终以人类为中心,而克里斯蒂安在《时间地图:大历史导论》中竟拿出远超过三分之一的篇幅叙述人类出现之前的宇宙、自然史及传统通史著作中很少交代的"史前史",并有将近二十分之一的篇幅瞻望人类及宇宙存在的多种未来。在这样的宏大视野中,不只欧洲中心论失去了存在的依托,甚至整个人类也不再成为宇宙演化的旨归。换句话说,在"大历史"的审视中,人类历史的演进一方面因此获得了一种超乎寻常的"科学"定位,但另一方面也因此变得异常渺小。克里斯蒂安有一个"断代技术、

---

① Christian, "The Return of Universal History," pp. 6 – 27, quote on p. 7, n. 2.
② 参阅克里斯蒂安《时间地图:大历史导论》。弗雷德·斯皮尔在《大历史与人类的未来》一书中的断代也与此相类,不过更多的是自然科学机理层面的探讨。

编年史和年表",其中包括一个颇为著名的比喻,即假如我们将整个130亿年的宇宙演化史简化为13年的话,那么人类的出现大约是在三天前,最早的农业文明约发生在五分钟之前,工业革命的发生才不过六秒钟以前,而世界人口达到60亿、第二次世界大战、人类登月都不过是最后一秒钟发生的事情![1] 但尽管如此,"大历史"还是对"渺小"的人类社会的历史与现状进行了科学诊断并提供了"近期"、"中期"和"远期"发展的预测:下一个百年主要是调整政治意愿、控制人口、转变生产方式、积极利用可再生资源以期真正实现可持续的经济增长,甚至"改变对于美好生活的定义";下几个世纪和下一个千年则要考虑"向地球之外的世界殖民";而在远期,"地球上的生命将在太阳死去之前全部灭绝","宇宙将像一个垃圾场,到处充斥着冷却的、黑暗的物质,如褐矮星、死亡的行星、小行星、中子星以及黑洞等"。[2]

第二,在当今人类知识细碎化的形势下,"大历史"对人类知识的跨学科整合显得弥足珍贵。上文提到,"大历史"在本质上是跨学科协作的产物:在此,传统的历史学科将演变成一个"历史学科大家族"(large family of historical disciplines),涵括生物学、地球科学、天文学、宇宙学等,实现历史与自然科学的融合[3],"先是天体物理学家和天文学家讲解相对论基础、弗里德曼及后弗里德曼进化宇宙论、太阳系生成假说,然后由地质学家讲述地球的演化和结构,生物化学家和古生物学家讲解生物圈的演进和地质年代,考古学家和人类学家阐明人科动物的进化及人类的起源,最后是社会史学家、历史社会学家、政治学家等讲述人类社会的历史并对全球的未来进行预测"[4]。为了能将人类知识整合在一起,"大历史"在叙述上采取了以"进化"为中心兼及多条线索的框架,并为此提出了诸如"集体知识"、"复杂性"、"能量流"、"能量流浓度"(energy flow concentration)、"熵"及"负熵"(negentropy)、"金凤花原理"(Goldilocks Principles)等颇具新意的概念。其中,人类运用语言、符号和相互学习的"集体知识"或"集体学习"被认为是人类区别于其他动物的本

---

[1] 克里斯蒂安:《时间地图:大历史导论》,第527页。
[2] 同上书,第503—527页。
[3] Christian, "The Return of Universal History," p. 7.
[4] Akop P. Nazaretyan, "Big (Universal) History Paradigm: Versions and Approaches," *Social Evolution & History*, Vol. 4 No. 1 (Mar., 2005), p. 63.

质特征和人类历史的驱动力,"能量流"被看作"复杂性"生成的本质属性,"能量流浓度"是衡量宇宙间包括人的大脑和人类社会在内的各种存在复杂程度的量化单位,而"金凤花原理"则规定复杂实体能够存在的"恰到好处"的边界条件①,而所有这一切都服从"进化"的规律。如果说达尔文的"进化论"还是狭义的仅适用于生物界的话,那么"大历史"中的"进化"则是广义的,可谓是整合宇宙间人类全部知识的框架,有时被称作"宇宙演化"(cosmic evolution)。② 按照克里斯蒂安的说法,"大历史"意在建立起一个"现代创世神话"般的普遍叙事甚至一个"宏大的统一的历史理论",以克服现代及后现代知识的"支离破碎",为人类生活提供新的指南③;历史亦将重新发挥类似传统"创世史"的功用,据此,人类便能够更好地廓清自身的共性,并进而塑造"全球公民意识"(sense of global citizenship),增进不同民族国家间的团结。④"大历史"融合现代科学的最新成果表现出的对人类未来命运的关注的确难能可贵,显示出史学应有的气度和大智慧。

第三,"大历史"特别是其教学实践对青年一代认清自我、了解宇宙、地球、人类的形成和进化,并由此形成正确的世界观至为重要。"大历史"以超越人类的视角,从"无"(即宇宙"大爆炸")到"有",一直讲到搅扰人性、令人茫然不知所从的当今世界,试图以统一的跨学科方式勾画宇宙、地球、生命和人文的全部时空和行为轨迹,对诸如"我是

---

① 克里斯蒂安:《时间地图:大历史导论》,第163—165页; Spier, *Big History and the Future of Humanity*, pp. 9 – 16; Fred Spier, "Complexity in Big History," *Cliodynamics*, Vol. 2, No. 1 (2011), pp. 146 – 166; Eric J. Chaisson, "A Singular Universe of Many Singularities: Cultural Evolution in a Cosmic Context," in *The Singularity Hypothesis: A Scientific and Philosophical Assessment*, eds. Eden, Soraker, Moor, and Steinhart, The Frontiers Collection (Berlin: Springer, 2012), in press; 斯皮尔:《大历史视角中的环境问题》, 孙岳译,《全球史评论》第四辑, 中国社会科学出版社2011年版, 第178—195页。

② Eric J. Chaisson, *Cosmic Evolution: The Rise of Complexity in Nature*, Cambridge, Mass.: Harvard University Press, 2001; Eric J. Chaisson, *Epic of Evolution: Seven Ages of the Cosmos*, New York, Columbia University Press, 2005.

③ 克里斯蒂安:《时间地图:大历史导论》,第2—6页; David Christian, "A Single Historical Continuum," *Cliodynamics*, Vol. 2, No. 1 (2011), p. 24. For similar arguments, see David Christian, "History and Science after the Chronometric Revolution," in *Cosmos and Culture: Cultural Evolution in a Cosmic Context*, eds. Steven J. Dick and Mark L. Lupisella, Washington, D. C.: NASA, 2009, pp. 441 – 462.

④ Christian, "The Return of Universal History," pp. 7 – 8.

谁？我的归属何在？我所属的那个整体又是什么？"① 之类根本性问题予以解答。实践证明，在课堂上讲授融合"逻辑、信仰和价值"的"现代创世神话"对当代青年学生往往有难以遏止的魅力，他们对这种史诗般的宇宙进化历程表现得"如醉如痴"（swept up），且接受者往往声称这是一段"改变人生"的经历。尤其要指出的是，"大历史"是植根于现代科学之上的，所以其"创世神话"的根本特征就是没有一个"创世"的神，这一点令西方接受基督教熏陶的很多学生颇感意外②，而对于坚持无神论的唯物主义者而言却可能是形成科学世界观的绝好机遇。

不过，"大历史"显然是以超越人类的视角来审视人类历史的。在"大历史"中间，人类的确显得异常渺小，人类的文明亦不过是"周围日趋无序的大洋中的有序孤岛"，人类在宇宙中的演进虽则"不会停息，[却也]无缘关爱且鲜难预测"（unceasing, uncaring, and unpredictable）。③ 在"大历史"学家看来，人类中心主义的幻想虽然"崇高"④，却属枉然。对于这样的定位，哪怕是更为"科学"的定位，被边缘化的人类自身肯定会颇有微词。比如，作为"大历史"学家的斯皮尔对星际移民就曾表示悲观，而认定人类的未来取决于地球上的居民是否能够达成某种和谐的可持续的生存模式。⑤ 用一位当代美国著名政治评论家查尔斯·克劳塞默的话说就是，"人类在宇宙中的未来取决于政治"。⑥ 如果以此来比照中国人由来已久的"天人合一"的发展理念，"大历史"超越人类或将人类"边缘化"的缺憾则更显突出。有中国学者指出："大历史"虽是将人类历史置于宇宙演化的大背景下，但却并未实现联结自然史与人类史的初衷，前者非常容易，甚至不言自明，而后者才是问题的关键。⑦ "大历史"确实蕴含着一种革命的气息，要改造传统的历史观念，但仅把"史前人

---

① 克里斯蒂安：《时间地图：大历史导论》，第 2 页。
② Benjamin, "The Convergence of Logic, Faith and Values in the Modern Creation Myth," par. 7.
③ Eric J. Chaisson, "A Singular Universe of Many Singularities", in press.
④ 克里斯蒂安：《时间地图：大历史导论》，第 503—527 页。
⑤ Spier, *Big History and the Future of Humanity*, pp. 202 – 203.
⑥ Charles Krauthammer, "Our Cosmic Future Depends on Politics," *The Columbia Daily Tribune*, Monday, January 2, 2012, p. A4.
⑦ 这一观点来自北京大学的环境科学家叶文虎教授，是 2012 年 3 月在与笔者的一次交谈中提到的。

类的进化与其后人类历史的进程"归结为一个"寻求控制能量储备和流动的过程"①,仅以诸如等"能量流"、"复杂性"、"金凤花原理"、"集体知识"等概念去界说人类社会的起伏变故,人内心中涌动的情感和信仰便显得天真和乏力。中国学者大多坚持"人类中心主义",但本质上却不同于西方的"人类中心主义",其核心仍然是传统的"天人合一"观念②,中国的传统是不走极端,而在人与自然或生态之间达成和谐统一。③近年来,西方学者提出所谓"从人类中心主义向人类和谐主义转变"的命题④,"大历史"学者或可从中国的传统和西方的"和谐"观念中得到有益的启示。

第二,跨学科虽备受提倡,却绝非易举。克里斯蒂安本人也承认,不断归纳和阅读二手文献使他几乎变成了一个"收藏癖",甚至不小心会出现"学术犯罪"。⑤ 他又引证奥地利物理学家埃尔温·薛定谔(1887—1961)的话说"我们从祖先那里继承了对于统一的、无所不包的知识的渴望",并因此勉力为之,将"各种事实与理论综合起来",甚至甘心"冒着自我愚弄的风险"。⑥ 虽然克里斯蒂安据理力争,但他同时认识到这种做法会为专业史学家所不容。⑦ 近年来跨学科研究成为人们的口头时尚,但真正跨学科的研究却很少见,且学科林立、壁垒森严的现状常令锐意尝试者颠沛流离、命运多舛。对跨学科研究的苦衷表达得淋漓尽致的莫过于德裔美籍学者尤金·罗森施多克—惠西(Eugen Rosenstock-Huessy,1888—1973),在其天命之年的《劫后余生:一个西方人的自传》中,作

---

① Vaclav Smil, *Energy in World History*, Boulder, Colorado: Westview Press, 1994, p. 1.

② 比如可参阅陶宏义《人类中心主义是一个历史范畴》,《湖北师范学院学报(自然科学版)》1999年第19卷第1期,第59—61页;张纯成:《为自然抑或为人? 对人类中心主义与非人类中心主义争论的分析》,《自然辩证法研究》2006年第12期,第1—4,51页;何跃、苗英振、弓婧绚:《走进人类中心主义还是走出人类中心主义——基于对生态学马克思主义与建设性后现代主义自然观的比较分析》,《自然辩证法研究》2011年第6期,第116—121页。

③ 参阅苗润田《儒学:在基督教与佛教之间——以人类中心主义为中心》,《山东大学学报》(哲学社会科学版)2007年第2期,第42—46页。

④ Stephen Bede Scharper, "From Anthropocentrism to Anthropoharmonism," in *Encyclopedia of Human Animal Relationships: A Global Exploration of our Connections with Animals*, ed. Marc Bekoff, Santa Barbara, CA: Greenwood, 2007, pp. 361-363.

⑤ Christian, *Maps of Time: An Introduction to Big History*, p. xix.

⑥ 克里斯蒂安:《时间地图:大历史导论》,第6—7页。

⑦ Christian, "The Case for 'Big History'," pp. 223-238;克里斯蒂安:《时间地图:大历史导论》,第9—14页。

者不无凄凉地感叹道:"几十年来混迹在学院学术圈从事教学科研,我还是活下来了。那群令人敬畏的学者们人人都误以为我在研究他们最鄙视的学术。无神论者巴不得我滚到神学院,神学家将我赶入社会学系,社会学家将我驱逐到历史系,史学家当我是搞新闻的,搞新闻的以为我做的是形而上学,形而上的哲学家以为我弄的是法律,还用说吗,法学系的人一下便把我打入地狱;然而作为现世之人,我至今尚未敢离任。"① 跨学科难,但又不能不跨学科;"大历史"学者似可从英国史学家弗里德里克·西波姆(1833—1912)我行我素的自白中得到些许安慰:"我从事此项研究……纯粹是为了心安而矣"。②

第三,"大历史"果真能够如愿赋予人生以意义吗?不能否认"大历史"是建立在现代最新的科学(包括自然科学和社会科学)基础之上的,但现代科学本质上是不关注人类的价值和信念的,所以能够在"客观"上取胜。恰如"大历史"学家所言,人类的知识(包括"逻辑、信仰和价值")确实需要整合③,但由什么人去做?谁有能力实现整合?以什么样的"生活理想"④进行整合?这些都是问题。从宏观视之,也许人类的知识只能是零碎的、不准确的和不断变化的;而从个体的层面看,人生在世,即使有幸获得幸福,往往也并不需关照到整个宇宙。人世间的生活原则其实可以很简单:亲情、友爱、互助、交流,对此,也许传统宗教的一些基本教训于人足矣。正如美国作家、诺贝尔文学奖得主福克纳(1897—1962)在颁奖典礼的致辞中所指出的那样,哪怕我们面临的"悲剧"是"被炸得粉身碎骨",未来的小说家依然需遵循"古老的普遍真理",去书写能够"鼓舞人的斗志,使人记住过去曾经有过的光荣"的"人类曾有过的勇气、荣誉、希望、自尊、同情、怜悯与牺牲

---

① Eugen Rosenstock-Huessy, *Out of Revolution: Autobiography of Western Man*, New York: William Morrow & Co., 1938, p. 758.

② Frederic Seebohm, *The Spirit of Christianity: An Essay on the Christian Hypothesis*, London: Longman, 1916, p. vii.

③ Benjamin, "The Convergence of Logic, Faith and Values in the Modern Creation Myth," pars. 1 – 18.

④ 刘新成教授最近提出全球史学者有必要重新思考诸如"什么样的生活才是好生活"这样的核心命题才能实现可能的"和谐世界",可能也是出于类似的考虑。参见刘新成《全球史观在中国》,《历史研究》2011 年第 6 期,第 187 页。

精神"。① "科学"或至少是能够"量化"的"科学"是不能完全理解人类的。哪怕末世将临,人类还有共同期待的一面。假使"大历史"真的能够赋予人生以意义,"大历史"学家恐怕还要在这一核心问题的陈述和可被人接受方面煞费苦心。"大历史"的贡献或许更多是重新激发人类对历史的宏观思索和多重想象。

三 "大历史"的未来发展展望

人类最初的历史是瑰丽、诡谲的神话,是时人全部知识和想象的结晶,并曾指引过人类社会的前行;自两千多年前史学肇端乃至人类历史书写的大部分时期,历史曾不知民族国家为何物;而在两千多年后的今日,历史学家若仅以狭隘的民族主义和传统"专业"史学为圭臬甚至因此头脑僵化、缺少世界和全球眼光②、缺乏与时俱进的创新精神,那将是令人悲哀和缺乏前景的。哪怕目前的"大历史"尚显粗糙且有诸多不尽如人意之处,但它毕竟是迄今为止人类在历史研究上的立足于现代科学的一大突破和创举,所以虽有来自各方各种势力的怀疑甚或抵制,"大历史"学者还是坚定地认为,这是一种合情合理的历史③,并引发了史学家对"历史"本身更加深入的思考。④ 以下基于笔者的观察和思考,尝试对"大历史"的未来发展作一前瞻,以期更多学者的共鸣。

首先,"大历史"须进一步明确自身的发展方向、研究方法和领域。既是宏观思考,"大历史"学家的建构常具有史诗般的规模,追问人类整体的生存状况,以探寻人类未来的发展之道。比如,早在 20 世纪 70 年代

---

① William Faulkner, "Speech of Acceptance upon the award of the Nobel Prize for Literature, delivered in Stockholm on the tenth of December, nineteen hundred fifty," in *The Faulkner Reader*, New York: Random House, 1954, pp. 3 – 4. See also David C. Cody, "Faulkner, Wells, and the 'End of Man'," *Journal of Modern Literature*, Vol. 18, No. 4 (Autumn, 1993), pp. 460, 465 – 474.

② 目前中国的发展急需这种这种胸怀和眼光,参阅《人民日报》评论部《谋篇布局需要"全球定位"》,《人民日报》2012 年 5 月 24 日第 14 版。

③ E. G., David Christian, "A Single Historical Continuum," Vol. 2, No. 1 (2011), pp. 6 – 26; Fred Spier, "Complexity in Big History," *Cliodynamics*, Vol. 2, No. 1 (2011), pp. 146 – 166.

④ David C. Krakauer, John Gaddis, and Kenneth Pomeranz, "Editors' Column: An Inquiry into History, Big History and Metahistory," *Cliodynamics*, Vol. 2, No. 1 (2011), pp. 1 – 5; Kenneth Pomeranz, "Labeling and Analyzing Historical Phenomena: Some Preliminary Challenges," *Cliodynamics*, Vol. 2, No. 1 (2011), pp. 121 – 145, etc.

便率先在美国开设类似"大历史"教学（因而被认为是"大历史"的先行者之一）的约翰·A. 米尔斯曾引用俄罗斯作家陀思妥耶夫斯基（1821—1881）的名著《卡拉马佐夫兄弟》概括人类世界目前的处境，小说中的佩西神父对主人公阿辽沙说："这个世界的学者……一部分一部分地加以分析，却盲目得令人惊奇地完全忽略整体"，而在阿辽沙的教父佐西马长老看来，我们正处在

> 一个人类孤立的时期……因为现在每人都想尽量让自己远离别人，愿意在自己身上感到生命的充实……大家各自分散成个体，每人都隐进自己的洞穴里面，每人都远离别人，躲开别人，把自己的一切藏起来，结果是一面自己被人们推开，一面自己又去推开人们……他们有科学，但是科学里所有的仅只是感官所及的东西。至于精神世界，人的更高尚的那一半，人们却竟带着胜利甚至仇恨的心情把它完全摒弃、赶走了……当他们把自由看作就是需要的增加和尽快满足时，他们就会迷失了自己的本性，因为那样他们就会产生出许多愚蠢无聊的愿望、习惯和荒唐的空想。他们只是为了互相妒嫉，为了纵欲和虚饰而活着。①

这种对人类整体生存状况和未来命运的关注使"大历史"很容易与读者达成共鸣，有助于史学家摆脱当今史学往往"见树木不见森林"或"盲目得令人惊奇"地忽视整体考察和思虑而不能自觉的现状。② 但若仅止于此，"大历史"便很容易失去"史学"的根基和传统优势③、失去其

---

① Fyodor Dostoevsky, *The Brothers Karamazov*, New York: Vintage Books, 1991, pp. 171, 303, 313 - 14, quoted in John A. Mears, "Implications of the Evolutionary Epic for the Study of Human History," *Historically Speaking*, Vol. 11, No. 2 (Apr., 2010), pp. 12 - 13. 译文可参阅陀思妥耶夫斯基：《卡拉马佐夫兄弟》（共两册），耿济之译，人民文学出版社 1981 版，第 250、454、469 页。
② 比如有史学家沉迷于诸如"洪秀全有没有胡子"之类的课题穷追不舍，从学术而言不可谓不专业（甚至不可谓不刺激），但长此以往的史学注定是要失却其自身的价值和趣味的。参阅萧延中《社会史研究中三个可能被"误读"的等号》，《天津社会科学》2004 年第 3 期，第 131—134 页。
③ 在伊格尔斯教授看来，"大历史"的不足在其对人类史及随之而来的对政治、文化及知识等人类生活重要方面的忽视；"大历史"对史前宇宙、天体演化史的叙述了无新意，且对此与人类史之间的关系交代不清；另外，"大历史"有关未来的叙述纯属猜测，见 Private correspondence with Prof. Georg Iggers, September 20, 2011.

自身的"可研究性",而不具备"可研究性","大历史"便没有前途。①为此,近来"大历史"学家积极致力于自身的理论建设,并推出了一系列以"大历史"视角和方法审视微观历史题材的"小大历史"研究成果。②

其次,"大历史"或可从中国的历史传统中得到借鉴。一个颇值得关注的问题是,"大历史"在中国其实有着很深的渊源。中国学者深知"任何事物都有它的历史——任何事物的存在都占有一段时间,不仅限于人类,大至宇宙(现在认为它有120亿—150亿年),小至基本粒子(10^{-6} - 10^{-23}秒),都占有一段或长或短的时间,也就是说都有其历史……一切事物都有它的历史",而司马迁在《史记》中"究天人之际"则可谓融合当今所谓"自然史"与"人类史"的早期范例③,所以中国学者似乎很容易觉察到"大历史"涵盖的价值④;只不过"我们通常说的历史是人的历史,因此,也许更应当说——历史是人类社会过去的发展过程。这里包括了大至社会形态、国家、民族,小至个人生活的喜怒哀乐的无穷无尽的、各色各样的、此起彼落的事件、事物、事态、事情的形成、发展、转换、

---

① Private correspondence with Prof. Jerry Bentley, August 8, 2011.

② Fred Spier, "Big History Research: A First Outline," *Evolution: A Big History Perspective*, No. 2 (2011), pp. 26 – 36. Craig Benjamin, "The Little Big History of Jericho"; Lana Ravandi-Fadai, "Iran, Macro-Perspectives, & the Cosmos"; Esther Quaedackers, "A Little Big History of Tiananmen"; Zhao Mei, "The Universe Within"; James Tierney, "Two Themes Inherent in Big History"; Nanao Sakaki, "Manifesto"; Andrew Lunt, "Big History: The Graphic Short Story"; Peter Herrmann, "Do We Really Need Human Rights?"; Sada Mire, "Somalia: Studying the Past to create a Future"; Isa Hadjimuradov, "Iles Tataev: Nature, the Cosmos, & Art"; Gary Lawless, "Big History & Bioregions," all in *From Big Bang to Global Civilization: A Big History Anthology*, eds. Barry Rodrigue, Leonid Grinin, Andrey Korotayev, Berkeley, CA: University of California Press, 2012, in press. 其中一篇已发表过,即 Esther Quaedackers, "A Little Big History of Tiananmen," *Evolution: A Big History Perspective*, No. 2 (2011), pp. 269 – 280, 另一篇为 Jonathan Markley, 2009 "A Child Said, 'What is the Grass?': Reflections on the Big History of the Poaceae," *World History Connected*, Vol. 6, No. 3 (2009). URL: http://worldhistoryconnected.press.illinois.edu/6.3/markley.html. "小大历史"可谓大历史导论和理论著作之外最富研究性的成果,但有关"小大历史"的研究方法还存在多方争议。

③ 宁可:《什么是历史?——历史科学理论学科建设探讨之二》,《河北学刊》2004年第6期,第145页。同时可参阅黄留珠《论司马迁的"大历史"史观》,《人文杂志》1997年第3期,第72—75页;黄留珠:《广义史学说》,载《传统历史文化散论》,广西师范大学出版社2005年版,第205—208页。

④ 刘耀辉:《大卫·克里斯蒂安的"大历史"观述略》,第92—96页;刘耀辉:《大历史与历史研究》,第38—50页。

变化、结束的过程"①，所以在当今中国学界，类似"大历史"囊括自然史和人类史的史学构建并不多见。② 在中国，反倒是一些"非史学家"的学者认识到了史学研究整体上的困境，提出在历史研究中应重新植入"人与环境"这一久已被忽视的重要线索，提出了人类社会发展的"三阶段论"和"三元互动论"并基于此得出"当今人类正处于由工业文明时代向环境文明时代转折的过渡时期"的重要结论③，可谓是中国传统"天人合一"观念在现代科学中的体现④，亦可谓中国人的"大历史之道"在当代的独立凸现。⑤

第三，"大历史"在教学上的成功可能是确保其稳步发展的根基，在中国也是一样。如上所述，"大历史"在国外最强势的发展是在教学领域，这部分得益于"大历史"学家的积极推动，部分得益于慧眼的实业家，如比尔·盖茨的支持。目前，西方的"大历史"虽然还面临许多问题⑥，但也

---

① 宁可：《什么是历史？——历史科学理论学科建设探讨之二》，第146页。

② 如齐涛主编：《世界史纲》，泰山出版社2012年版。

③ 可参阅叶文虎、毛峰《三阶段论：人类社会演化规律初探》，《中国人口·资源与环境》1999年2期，第1—6页；王奇、叶文虎：《人类社会发展中两种关系的历史演变与可持续发展》，《中国人口·资源与环境》2005年第2期，第10—13页；叶文虎：《论人类文明的演变与演替》，《中国人口·资源与环境》2010年第4期，第106—109页等文。

④ 一个非常突出的实例是中国"惠泽千秋的水工遗产"——都江堰，参阅 Shuyou Cao, Xingnian Liu, and Huang Er, "Dujiangyan Irrigation System-A World Cultural Heritage Corresponding to Concepts of Modern Hydraulic Science," *Journal of Hydro-environment Research*, Vol. 4, No. 1 (Apr., 2010), pp. 3 - 13；黄晓枫、龚小雪、魏敏：《都江堰——惠泽千秋的水工遗产》，《中国文化遗产》2011年第6期，第42—49页。

⑤ 很显然，中国人的"大历史"观是在"大历史"之外展开的，至少黄留珠先生、叶文虎先生在笔者向其提及西方人在搞的"大历史"之前似乎从未接触过。这种不谋而合的发展本身更说明我们这个时代可能真地在呼唤一种更为超越的史学。参阅 Sun Yue, "The Tao of 'Big History' in China: Chinese Traditions." 值得指出的是，伊格尔斯教授虽然对"大历史"总体上持否定态度，但同时承认它在唤起人们领悟自然对人类史影响的这一方面还是有贡献的。Private correspondence with Prof. Georg Iggers, September 20, 2011. 这一点与中国学者的认识不谋而合。

⑥ 比如，美国历史教育家辛西娅·布朗就曾指出"大历史"尚不受欢迎的五点原因：1) 史学家惧怕在行家面前出丑；2) 目前"大历史"还不为多数教师和学生真正了解；3) 迄今"大历史"还无法纳入现有大学院系的课程体系；4) 缺少合适的"大历史"教材；5) 讲授"大历史"尚不为既有评价体系所认同，见 Cynthia Stokes Brown, "Why Aren't More People Teaching Big History?", *Historically Speaking*, Vol. 11, No. 2 (Apr., 2010), pp. 8 - 10. 米尔斯同样指出"大历史"目前的多重困境，如有学者怀疑大历史的学术价值，认为包括"大历史"在内的世界史是西方学术帝国主义的一种表现，认识到"大历史"或"宇宙演化史"对传统的宗教信仰提出了直接挑战等，见 Mears, "Implications of the Evolutionary Epic for the Study of Human History," pp. 10 - 13.

不乏有志之士甘于奉献。① 中国学者敏锐地觉察到"大历史"在教学目的、内容框架、方法、资料等方面可能给传统的世界史教学带来的"启示与挑战",并呼吁"积极反思并寻求变革之道",称"世界通史以人类社会为主体,全然不顾人类产生以前的历史,也全然不顾人类与其他生命体的互动关系。这种缺陷显然需要'大历史'这样的课程加以弥补";而"就内容与框架而言,'大历史'较好地适应了它要达成的目标,确实有值得世界通史借鉴之处";"'大历史'教材所呈现出来的研究方法和叙述方法,对于世界史教材的编纂无疑极有启发意义";"大历史"对史料来源的拓展及成功实践"似乎指明了一条可行的道路";而"大历史"所表现出来的对人类历史的人文关怀"远超世界通史"。② 由此可以想见,在不远的将来,"大历史"教学可能会在中国找到一块丰饶的土壤。

当前,"大历史"学者正利用多个学术平台向专业同仁介绍自己的理念并努力赢得认可,如1988年的世界史协会暨美国历史协会年会、2011年7月7日至10日首都师范大学全球史中心承办的第十九届世界史协会年会、2012年1月5日至9日召开的美国历史协会第126届年会、2012年6月27日至29日在韩国首尔举办的亚洲世界史学家协会第二次大会等。"大历史"学家以其自身的努力向世人表明,"大历史"应当是全人类共同的事业。

(原载《史学理论研究》2012年第4期,第49—59页)

---

① 在辛西娅看来,这主要是出于史学家的全球责任和人文关怀:1) 包括气候危机在内的全球环境问题日渐突出,正如第二次世界大战在西方大学催生出西方文明史、全球化浪潮诱发世界史的冲动一样,当今世界面临的种种危机使得史学家开始从超越地球的宇宙视角审视历史;2) 现行课程体系的细碎化(fragmentation),故而亟须整合,而大历史恰恰能够做到这一点;3) 现代科技使得过去人无缘得知的整个宇宙故事为愈来愈多的人所接受;4) 青年学生有必要知晓整个人类的进化故事,见 Brown, "Why Aren't More People Teaching Big History?," pp. 8 - 10.

② 参阅朱卫斌《"大历史"与中国高校世界史教学评论》,《历史教学》2015年第2期,第67—70页。

国际视野下美国民权运动史研究的新进展

于 展

美国早期的民权运动研究集中于论述全国性的民权领袖、组织和政府制度。近20年来，新的研究成果扩展到地方史、民众史、社会史、妇女史等领域，并取得很大成就。但也由此出现了所谓碎化的问题，这促使民权运动研究在新成果基础上开始进行新的综合研究。[①] 与此同时，美国史学界也出现了"美国史全球化运动"的浪潮[②]，具体表现为："在思想趋向上主张超越美国例外论或美国中心论，注重美国同外部世界的联系，强调国际环境和外来因素对美国历史的影响，并将眼光从欧洲转向非欧洲地区。研究的地域趋于扩大，不再局限于美国本土，而包括与美国发生联系的广大地区"。[③] 美国的民权运动史研究顺应这一潮流，出现了很多从国际视野考察民权运动的论著，其内容主要包括第二次世界大战、冷战和民族解放运动三大全球性的事件对民权运动的影响及其互动关系，从而改变了一些我们对民权运动的传统认识。当然这种国际视野的研究也并非完美无缺，它也有一些不足。我们需要结合上述微观史的研究，并借鉴新的国际史研究的范式，推进民权运动研究进一步深入。

一 第二次世界大战视野中的民权运动史研究

很多学者都认为第二次世界大战对民权运动很重要，是民权运动的起

---

① 于展：《美国民权运动研究的新趋势》，《历史教学》2006年第9期。
② 孙岳：《美国史全球化运动评述》，《首都师范大学学报》2007年第3期。
③ 李剑鸣：《历史学家的修养和技艺》，上海三联书店2007年版，第126—127页。

源。如理查德·戴弗姆（Richard M. Dalfiume）在《黑人革命"被人遗忘的岁月"》中指出，许多学者认为第二次世界大战是美国黑白种族关系的转折点，战争重新定义了黑人在美国的地位，黑人不愿再接受被隔离的地位，这时已经撒播下后来民权革命的种子。① 贾斯廷·哈特（Justin Hart）在其专著论述了美国对西南部拉美人的歧视对睦邻政策的破坏以及第二次世界大战宣传组织战时宣传办公室在向世界描述美国的种族现实时所遇到的困难。② 认为第二次世界大战而非冷战时期是国内种族关系史决定性的转折点，它不能被美国的决策者所忽视。哈佛·西特科夫（Harvard Sitkof）在《种族关系变革的前提条件》一书中也认为，第二次世界大战是"种族关系的新时代"，民权运动起源于第二次世界大战。③

除专论外，还有很多综合性的论著也涉及第二次世界大战与民权运动的关系，并持相似的论点。如 阿兹·莱顿（Azza Salama Layton）在《国际政治与美国的民权政策（1941—1960）》一书中表明，第二次世界大战创造了世界政治革命性的变化，也为改革美国种族政策创造了新的机会与压力。④ 乔纳森·罗森贝格（Jonathan Rosenberg）在其论著中指出，民权领导人竭力把欧洲的法西斯主义与种族隔离联系在一起，把美国的种族斗争与非殖民化等量齐观，以利用国际危机来吸引人们对国内违背民权问题的关注。⑤ 布伦达·普拉姆（Brenda Gayle Plummer）在《升腾的风：美国黑人与美国外交事务（1935—1960年）》中也指出，第二次世界大战时

---

① 理查德·戴弗姆：《黑人革命"被人遗忘的岁月"》（Richard M. Dalfiume, The "Forgotten Years" of the Negro Revolution），《美国历史杂志》（*The Journal of American History*），第55卷第1期（1968年6月），第90—106页。

② 贾斯廷·哈特《使民主对世界变得安全：第二次世界大战期间的种族、宣传和美国外交政策的变化》（Justin Hart, "Making Demoermey Safe for the World: Race, Propaganda, and the Transformation lf U.S. foreign Policy during World War Ⅱ"），《太平洋历史评论》（*The Pacific Historical Review*）第73卷第1期，2004年2月。

③ 哈佛·西特科夫：《种族关系变革的前提条件》（Harvard Sitkoff, "The Preconditions for Racial Change"），威廉·切夫等主编：《我们时代的历史：战后美国史读物》（William H. Chafe, eds., *A History of Our Time: Readings on Postwar America*），纽约1983年版，第121—130页。转引自谢国荣《二战对美国民权运动的影响》，《世界历史》，2005年第3期。

④ 阿兹·莱顿：《国际政治与美国的民权政策（1941—1960）》（Azza Salama Layton, *International politics and civil rights policies in the United States, 1941 - 1960*），剑桥，纽约2000年版。

⑤ 乔纳森·罗森贝格：《希望的土地有多远？从一战到越战期间的世界事务与美国民权运动》（Jonathan Rosenberg, *How Far the Promised Land? World Affairs and the American Civil Rights Movement from the First World War to Wietnam*），普林斯顿2006年版。

期美国黑人在国内铲除隔离的努力借鉴了印度等殖民国家在反殖民主义中的方法,并与其紧密联系起来,促进了国内的民权斗争。①

当然也有一些学者反对这一观点,如罗伯特·庄格兰多(Robert L. Zangrando)在《全国有色人种促进协会反对私刑的运动,1909—1950》中认为,第二次世界大战并没有取得突破性的进展。白人种族至上和种族隔离仍然保留着,南部的白人仍然有足够的力量阻止一切民权立法的通过。第三种观点则认为,黑人在第二次世界大战期间既取得了重大收获,也存在不足。其代表性的论著有尼尔·威恩(Neil A. Wynn)的《美国黑人和第二次世界大战》和克莱顿·R. 库伯斯、格雷格瑞·D. 布莱克(Clayton R. Koppers and Gregory D. Black)的论文《黑人,忠诚和第二次世界大战期间的电影宣传》等。他们认为,黑人参加第二次世界大战及政府在其中的努力虽然很大程度上改善了黑人的形象,提高了黑人的觉悟,增强了黑人的自信和力量,但因为政府的目标只是动员黑人参战和向国际世界宣传自己种族关系的改善,所以实质性的成果并不明显。②

虽然有一些不同的观点,但对第二次世界大战与民权运动的关系之间的讨论,有助于我们更好地理解民权运动起源的复杂性,也把民权运动的起始时间大大提前了,改变了以往民权运动起于1954年布朗判决或1955年蒙哥马利公车抵制运动的传统观点。正如谢国荣教授所言:"虽然第二次世界大战没有改变黑人问题在美国政治中的边缘地位,但第二次世界大战反法西斯的战争性质以及战时经济的发展为黑人争取民权的斗争创造了更好的空间。第二次世界大战冲击了白人种族主义对美国社会的控制,促进了黑人民权组织的发展,激发了黑人争取民权的战斗精神。"③

---

① 布伦达·普拉姆:《升腾的风:美国黑人与美国外交事务(1935—1960年)》(Brenda Gayle Plummer, *Rising Wind: Black Americans and U. S. Foreign Affairs, 1935 - 1960*),查珀尔希尔1996年版。

② 尼尔·威恩:《美国黑人和第二次世界大战》(Neil A. Wynn, *The Afro-American and the Second World War*),伦敦1976年版,第122—127页;克莱顿·R. 库伯斯和格雷格瑞·D. 布莱克:《黑人,忠诚和第二次世界大战期间的电影宣传》(Clayton R. Koppers and Gregory D. Black, "Blacks, Loyalty and Motion-Picture Propaganda in World War Ⅱ"),《美国历史杂志》(*The Journal of American History*)第73卷,第2期,1986年9月。

③ 谢国荣:《二战对美国民权运动的影响》,《世界历史》,2005年第3期。

二　冷战视野中的民权运动史研究[①]

1. 冷战对民权运动的消极影响研究

多数学者认为冷战对早期民权运动产生了不良影响。很多关于冷战与国内种族问题之间关系的论著集中于探讨20世纪40年代和50年代的反共主义如何阻碍了进步组织和民权斗争。他们指出，当时的反共歇斯底里消除了南方更激进的种族和经济变革的可能。通过镇压共产党、独立的左翼人士和工会组织者，南方的麦卡锡分子拖延了改革的时机。

罗伯特·科斯塔德、纳尔逊·利希滕斯坦（Robert Korstad and Nelson Lichtenstein）认为，冷战初期公共话语空间的缩小导致了民权运动的失败与分散。20世纪40年代末黑人运动的解体，导致20世纪60年代出现的民权斗争呈现不同的社会特点和政治日程，最终无法解决迫在眉睫的社会问题。[②] 亚当·费尔克劳夫（Adam Fairciough）在《种族与民主：路易斯安那的民权斗争（1915—1972年）》一书的部分章节中，也讨论了冷战早年的民权斗争，认为那时的积极分子远离左派尤其远离劳工运动，最终影响了运动的形态，反映了后来运动以法律斗争而非经济权利为中心的合法需求倾向。[③] 这两部论著都强调早期的民权运动脱离了劳工运动，放弃了社会经济斗争的要求，从而导致低潮。

一些著作论述了南方隔离分子如何利用冷战中的反共主义来抵制民权运动。乔治·刘易斯（George Lewis）阐述了南方的白人种族主义者如何

[①] 需要说明的是，杰夫·伍德斯的论文《冷战与民权斗争》（Jeff Woods, "The Cold War and the Struggle for Civil Rights"）第24卷第4期，2010年10月。对冷战民权的有关学术史进行了一些梳理，为我们提供了重要的借鉴，一些论著也在书中或文中提供了相关书目，方便了本文的写作。

[②] 罗伯特·科斯塔德、纳尔逊·利希滕斯坦：《机会得而复失：劳工、激进分子和早期民权运动》（Robert Korstad and Nelson Liehtenstein, "Opportunities Found and Lost: Labor, Radicals, and the Early Civil Rights Movement"），《美国历史杂志》第75卷第3期，1988年12月，第786—811页。

[③] 亚当·费尔克劳夫：《种族与民主：路易斯安那的民权斗争（1915—72年）》（Adam Fairciough, *Race and Democracy: The Civil Rights Struggle in Louisiana, 1915–1972*），雅典1995年版。

用反共主义来支持自己的事业。① 作者指出，大量的隔离主义者把民权"煽动者"看作苏联赞助的导致本地区社会、经济和政治发生巨变的计划的一部分，结果反共主义提供了一种攻击民权运动的更合理的方法，新政自由主义让位于冷战保守主义，民权斗争陷入低潮。另外，还有杰夫·伍德斯（Jeff Woods）论述了隔离分子如何利用反共主义竭力破坏民权运动。② 通过国家发起的调查、政治谍报活动和付酬的线人寻找证据，把民权激进主义和布尔什维克的威胁联系在一起，从而打击了民权运动。卡罗尔·安德森阐释了种族隔离体制如何在新的国际环境下被迫改变，但认为战后早期的民权斗争被冷战的范式所阻碍和局限，没有取得太大的进步。③ 曼宁·马拉博（Manning Marable）的《种族，改革与反叛》也认为，1945年到1954年期间民权运动陷于低潮，主要是因为冷战和麦卡锡主义所导致的，反共主义成为民权运动兴衰的重要因素。④

一些论著论述了一些致力于反对种族主义的民权积极分子和组织如何在冷战的环境下被扣"共产主义分子"的帽子惨遭迫害或控制的故事。凯瑟琳·福斯（Catherined Fosl）和安妮·布莱登如何被冠以"共产主义分子"的名号而受到南方隔离分子迫害的故事。⑤ 玛丽·杜兹科（Mary L. Dudziak）论述了美国联邦调查局和国务院如何想方设法阻止住在法国的国际巨星贝克到其他国家演出和活动，认为美国运用一切国际力量使冷战批评者闭嘴，说明美国冷战外交一个严重的文化与意识形态弱点，也阻

---

① 乔治·刘易斯：《白人南方与红色威胁：隔离主义者、反共主义与大规模抵制（1945—1965年）》（George Lewis, *The White South and The Red Menace: Segregationists, Anticommunism, and Massive Resistance, 1945 - 1965*），盖恩斯维尔2004年版。

② 杰夫·伍德斯：《黑人斗争，红色恐慌：南方的隔离与反共主义（1948—1968年）》（Jeff Woods, *Black Struggle, Red Scare: Segregation and Anti-Communism in the South, 1948 - 1968*），巴吞鲁日2004年版。

③ 卡罗尔·安德森：《远离奖杯：联合国与美国黑人为人权而斗争》（Carol Anderson, *Eyes Off the Prize: The United Nations and the African American Struggle for Human Rights, 1944 - 1955*），纽约2003年版。

④ 曼宁·马拉博：《种族，改革与反叛》（Manning Marable, *Race, Reform and Rebellion: The Second Reconstruction in Black American, 1945 - 1982*），杰克逊1986年版。

⑤ 凯瑟琳·福斯：《受压迫的南方人：安妮·布莱登在冷战南方为种族正义而斗争》（Catherine Fosl, *Subversive southerner: Anne Braden and the struggle for racial justice in the Cold War South*），纽约2002年版。

碍了国内民权运动的发展。① 格莱德·霍恩的《黑与红：杜波伊斯与美国黑人对冷战的反应（1944—1963年）》，论分析了美国著名左派黑活动家杜波伊斯因信奉共产主义思想而在冷战期间备受迫害和排斥，不得不出走到非洲最后客死他乡的经历。② 他认为，民权大会并不是共产主义组织，而是真正关心美国黑人的民权问题的，但却遭到种族主义者和保守派的攻击，最终销声匿迹。③

也有学者为冷战早期民权运动的低潮辩护。曼弗雷德·贝尔格通过查阅组织的档案，驳斥了全国有色人种协进会在冷战期间清除了成百上千的共产主义分子的神话。与许多历史学家的悲观的观点相反，民权运动这场20世纪美国最重要的社会运动，并没有成为冷战及伴随而来的反共狂热的牺牲品。④

总之，关于冷战对民权消极影响的研究在民权运动早期就提出了经济、阶级等后来影响民权运动成败的重大范畴和问题，改变了民权运动只是一个种族问题的传统看法。同时，对种族主义和反共主义紧密结合起来反对民权斗争的论述，增加了国际维度，比单纯论述南方白人种族主义更有说服力。

2. 冷战对民权运动的积极影响研究

有很多论著论述了冷战对民权运动尤其是20世纪60年代高潮期的民权运动的积极影响。

玛丽·杜兹科是冷战民权问题研究的杰出学者，她的一些论著成为此领域的经典著作。她的长篇论文《冷战使非隔离成为必须》，阐释了战后

---

① 玛丽·杜兹科：《约瑟芬·贝克、种族抗议和冷战》（Mary L. Dudziak, "Josephine Baker, Racial Protest, and the Cold War"），《美国历史杂志》，第81卷第2期1994年9月，第543—570页。

② 格莱德·霍恩：《黑与红：杜波伊斯与美国黑人对冷战的反应（1944—1963年）》（Gerald Horne, *Black and red : W. E. B. Du Bois and the Afro-American response to the Cold War, 1944 - 1963*），奥尔巴尼1986年版。

③ 格莱德·霍恩：《共产主义前沿？民权大会，1946—1956年》（Gerald Horne, *Communist Front? The Civil Rights Congress, 1946 - 1956*），纽约1988年版。

④ 曼弗雷德·贝尔格：《黑人民权与自由主义的反共主义：冷战早期的全国有色人种协会进会》（Manfred Berg, "Black Civil Rights and Liberal Anticommunism: The NAACP in the Early Cold War"），《美国历史杂志》第94卷第1期，2007年6月，第75—96页。

在外交和国内政策上的反共主义以及杜鲁门政府在民权上的立场。① 作者认为，20世纪50年代反对种族隔离的舆论来自于部分白人和有色人种利益的交汇。至少对杜鲁门政府而言，冷战成为民权改革的重要动因。她的专著《冷战民权：种族与美国民主的形象》，阐述了从第二次世界大战到20世纪60年代中期冷战的外交关系如何影响美国的民权政策。她认为，国际背景影响了社会变革的时机、特性和程度，冷战在提高美国黑人地位方面发挥了积极作用。②

除了杜兹科，还有很多论述冷战民权问题的综合性论著。约翰·斯科瑞特尼指出，美国政府因国内种族现实而难堪和羞愧，美国和苏联之间为影响正在出现的第三世界国家而产生的激烈的意识形态斗争加强了美国黑人在美国的地位。③ 托马斯·博斯特曼（Thomas Borstelmann）的《冷战与肤色界限：全球领域的美国种族关系》，阐述了美国领导人在第二次世界大战后的几十年间如何在国内外回应日益增长的种族正义的压力，指出当时非洲和美国黑人的自由运动彼此激励和加强，亚洲和非洲民族自决运动的开展培育了美国争取平等的斗争。④ 布伦达·普拉姆编的《自由的窗口：种族、民权与外交事务（1945—1988年）》是一部论文集，从不同时期各种角度对民权与外交的关系进行了梳理和分析，认为第二次世界大战后的民权只有放在国际关系和外交史的背景下才能得到最深刻的理解。⑤ 莱顿的《国际政治与美国的民权政策（1941—1960）》认为，第二次世界大战中的大屠杀、殖民帝国的崩溃和冷战与联合国的建立，有助于联邦政

---

① 杜兹科：《冷战使非隔离成为必须》（Mary L. Dudziak, "Desegregation as a Cold War Imperative"），《斯坦福法律评论》（Stanford Law Review），第41卷第1期，1988年9月，第61—120页。

② 杜兹科：《冷战民权：种族与美国民主的形象》（Mary L. Dudziak, Cold War civil rights: race and the image of American democracy），普林斯顿2000年版。

③ 约翰·斯科瑞特尼：《冷战对美国黑人民权的影响：美国与世界观众（1945—68年）》（John David Skrentny, "The Effect of the Cold War on African-American Civil Rights: America and the World Audience, 1945 - 1968"），《理论与社会》（Theory and Society），第27卷第2期，1998年4月，第237—285页。

④ 托马斯·博斯特曼：《冷战与肤色界限：全球领域的美国种族关系》（Thomas Borstelmann, The Cold War and the Cold Line: American Race Relations in the Global Arena）. 剑桥2002年版。

⑤ 布伦达·普拉姆：《自由的窗口：种族、民权与外交事务（1945—1988年）》（Brenda Gayle Plummer ed., Window on freedom: race, civil rights, and foreign affairs, 1945 - 1988），查珀尔希尔2003年版。

府的行政与司法机关实施民权改革。民权领导人立刻抓住新的国际环境提供的机会，并利用它们施加压力来推动国内政策改革。

也有一些论著论述了冷战民权中的一些具体问题。雷内·罗曼妮（Renee Romano）考察了20世纪60年代初肯尼迪总统及其国务院如何努力处理国内的非洲外交官问题，认为冷战暴露并聚焦了美国的种族主义，冷战的外交政策目标激发了政府内部关于民权的更大激进主义，并导致联邦政府主动进行国内种族改革。[1] 朱利叶斯·阿明的《和平队与为美国黑人的平等而斗争》[2] 与乔纳森·齐默曼《超越双重意识：非洲的黑人和平队志愿者》[3]，考察了和平队在促进美国的种族平等中的作用，指出志愿者们利用他们在非洲学到的东西来解决美国的种族问题，有助于丰富美国的特性，有助于美国黑人争取平等的斗争。迈克尔·科拉曼（Michael J. Klarman）认为，布朗判决虽然因为遭到白人抵制没有取得理想的效果，但在冷战的全球背景下，布朗判决引起的国际影响和导致的国际批评促使后来大规模非暴力直接行动的兴起和民权立法的制定，最终废除了教育领域的种族隔离。[4]

由于冷战期间对外宣传的重要性，很多研究也集中于冷战民权中的公共外交，主要体现在几部学位论文中。哈劳斯·斯特科鲍劳斯在博士论文《别处的世界：美国宣传与种族、民族的文化政治（1945—1968年）》中，集中分析了战后时期的种族主义、民权运动和美国文化宣传。[5] 乔治·汤姆林（Gregory Michael Tomlin）的硕士论文《艰难的贩卖：民权与

---

[1] 雷内·罗曼妮：《没有外交豁免权：非洲外交官、国务院与民权（1961—1964）》（Renee Romano, "No Diplomatic Immunity: African Diplomats, the State Department, and Cibil Righte, 1961 -1964"），《美国历史杂志》第87卷2期，2000年9月，第546—579页。

[2] 朱利叶斯·阿明：《和平队与为美国黑人的平等而斗争》（Julius A. Amin, "The Peace Corps and the Struggle for African American Equality"），《黑人研究杂志》（Journal of Black Studies），第29卷第6期（1999年7月），第809—826页。

[3] 乔纳森·齐默曼：《超越双重意识：非洲的黑人和平队志愿者》（Jonathan Zimmerman, "Beyond Double Consciousness: Black Peace Corps Volunteers in Africa, 1961 -1971"），《美国历史杂志》（The Journal of American History），第82卷第3期，1995年12月，第999—1028页。

[4] 迈克尔·科拉曼：《布朗判决，种族变革与民权运动》（Michael J. Klarman, "Brown, Racial Change, and the Civil Rights Movement"），《弗吉尼亚法律评论》（Virginia Law Review），第80卷第1期，1994年2月。

[5] 哈劳斯·斯特科鲍劳斯：《别处的世界：美国宣传与种族、民族的文化政治（1945—1968年）》（Harilaos Stecopoulos, The world elsewhere: United States propaganda and the cultural politics of race and nation, 1945—1968），弗吉尼亚大学博士论文1999年。

爱德华 R. 默罗领导的美国新闻署（1961—1963）》，考察了美国新闻署及其领导人爱德华 R. 默罗在肯尼迪政府期间如何一直努力为联邦政府对民权运动的反应辩护。① 梅林达·布莱尔的博士论文《兜售民主：美国新闻署对美国种族关系的描述（1953—1976 年）》指出，美国新闻署如何应对种族主义和民权运动，反映了艾森豪威尔、肯尼迪、约翰逊和尼克松总统不断改变的国外和国内政策需要。②

三 民族解放运动视野中的民权运动史研究

1. 第三世界民族解放运动对美国民权运动的影响研究

很多著作论述了甘地领导的印度非暴力运动、尤其是其非暴力思想对美国民权运动的积极影响。如利拉·丹尼尔森指出：美国的和平主义组织和解之友会不断考察印度的非暴力直接行动，最终为现代民权运动准备了重要的经济与战略资源。甘地的非暴力以自己的方式影响美国的和平主义者。③ 约瑟普·科斯克论述了美国和解之友会的重要领导人理查德·格莱戈与甘地的关系；指出他与甘地关系密切，并深受其影响，成为第一个对印度独立运动及其非暴力策略进行广泛研究的美国人。④ 詹姆斯·法雷尔指出：美国黑人早期的非暴力直接行动思想与实践深受甘地非暴力哲学的影响。金和其他美国和平主义者通过把甘地的思想融入基督教福音当中，使甘地的思想在部分美国民众中流传开来。⑤ 玛丽·金从国际比较的视

---

① 乔治·汤姆林：《艰难的贩卖：民权与爱德华 R. 默罗领导的美国新闻署（1961—1963）》（Gregory Michael Tomlin, *Hard sell: Civil rights and Edward R. Murrow's U. S. Information Agency, 1961—1963*），华盛顿大学硕士论文 2010 年。

② 梅林达·布莱尔：《兜售民主：美国新闻署对美国种族关系的描述（1953—1976 年）》（Melinda M. Schwenk-Borrell, *Selling democracy: The United States Information Agency's portrayal of American race relations, 1953—1976*），宾夕法尼亚大学博士论文 2004 年。

③ 利拉·丹尼尔森：《美国的和平主义者、基督教和甘地的非暴力（1915—1941 年）》（Leilah C. Danielson," In My Extrmity I Turned to Gandhi : American Pacifists, Christianity, and Gandhian Nonviolence, *1915 - 1941*"），《教会史》（*Church History*）第 72 卷第 2 期，2003 年 6 月，第 361—388 页。

④ 约瑟普·科斯克：《理查德·格莱戈，默罕达斯·甘地与非暴力的策略》（Josep Kip Kosek, "Richard Gregg, Mohandas Gandhi and the Strategy of Nonviolence"），《美国历史杂志》第 91 卷，2005 年第 4 期，第 1318—1348 页。

⑤ 见詹姆斯·法雷尔《60 年代的精神：塑造战后的激进主义》（James J. Farrell, *The Spirit of the sixties: Making Postwar Radicalism*），纽约 1997 年版，第 89 页。

野,分析了金非暴力思想的来源与影响,也认为甘地的非暴力思想是金思想的重要来源。①

一些论著主要论述了非洲的民族解放运动对美国民权运动的影响。如詹姆斯·梅里韦瑟在《我们以成为非洲人而自豪:美国黑人与非洲(1935—1961年)》②认为,国内政治和国际事务建立了一个现实的框架,限制了美国黑人积极主义的活力。他考察了非洲主要的政治事件对美国黑人追求正义和平等斗争的影响。他的《黑人选民、非洲与1960年总统选举》考察了1960年美国总统选举运动,认为肯尼迪利用美国黑人与正在进行自由斗争的非洲大陆日益增长的跨国联系来争取黑人选票,非洲成为肯尼迪新的边疆。在那里,他能显现自己的冷战特征,与美国黑人选民找到共同的基础,并增强赢得总统选举的机会,从而也推动了后来民权运动的发展。③

一些著作论述了整体的民族解放运动对美国国内种族问题和民权运动的影响。彭尼·埃申指出:第二次世界大战后,美国黑人不仅关注国际问题,而且对美国外交提出尖锐批评。受到第二次世界大战、联合国的建立和亚非反殖民主义的民族主义发展的鼓舞,美国黑人知识分子、工联的官员和美国黑人媒体呼吁"全球力量关系的真正改变"。④普拉姆在《升腾的风》中通过阐述美国黑人组织、媒体、领导人和大众对国际问题的持续兴趣,推翻了美国黑人主要关心国内问题而非世界事务,对美国的外交几乎没有影响的论断;认为这种积极主义产生了效果,最终迫使美国承认了种族作为全球问题的重要性,并接受了国内种族主义和外交政策之间的联系。

一些论著论述了民族解放运动对民权运动日益激进化和转向黑人权力

---

① 玛丽·金:《圣雄甘地与小马丁·路德·金:非暴力行动的力量》(Mary King, *Mahatma Gandhi and Martin Luther King, Jr.: The Power of Nonviolent Action*),巴黎1999年版。
② 詹姆斯·梅里韦瑟:《我们以成为非洲人而自豪:美国黑人与非洲(1935—1961年)》(James Hunter Meriwether, *Proudly we can be Africans: Black Americans and Africa, 1935 - 1961*),查珀尔希尔2002年版。
③ 詹姆斯·梅里韦瑟:《黑人选民、非洲与1960年总统选举》(James H. Meriwether, "Worth a Lot of Negro Votes": Black Voters, Africa, and the 1960 Presidential Campaign),《美国历史杂志》(*The Journal of American History*),第95卷,2008年第3期。
④ 彭尼·埃申:《反对帝国的种族:美国黑人与反殖民主义(1937—1957年)》(Penny Von Eschen, *Race against Empire: Black Americans and Anticolonialism*),伊萨卡1997年版。

运动的影响，阐释了一些民权领袖联合亚非拉国家开展国际斗争的思想。如关于黑人领袖马尔科姆后期思想的研究，很多学者认为，非洲之行和麦加朝圣成为马尔科姆思想转变的重要原因，到马尔科姆死时，他的思想已经超越了黑人民族主义，转向国际主义和革命社会主义了。乔治·布瑞特曼认为，马尔科姆在离开黑人穆斯林之后，尤其是非洲之行和麦加朝圣后变得革命了，他不仅反对帝国主义，而且日益反对资本主义和具有社会主义的思想。① 卢贝·乌当与 E.U. 艾森—乌当（Ruby M. and E. U. Essien-Udom）的观点与此相似，他们在《一个国际人》② 一文中认为，马尔科姆死时，他从黑人民族主义转向国际主义，成了国际资本主义体系的敌人和坚定的泛非主义者。詹姆斯·科恩（James H. Con）的《马丁·路德·金与第三世界》③，论述了第三世界的民族解放运动对金后期思想转向激进和革命的重要影响，阐释了金的国际斗争思想。在民权组织受到民族解放运动影响而日益激进研究方面，范尼·威尔金斯（Fanon Che Wilkins）论述了学生非暴力协调委员会与非洲的反殖民化运动紧密联系，并亲自去非洲新独立的国家考察访问，密切了关系，从而日益激进，最终转向了国际斗争和黑人权力运动的过程。④ 鲁斯·雷天（Ruth Reitan）的《古巴，黑豹党与20世纪60年代的美国黑人运动》，分析了古巴的革命斗争对黑豹党的暴力革命思想的深刻影响，认为其促进了20世纪60年代的美国黑人运动日益走向激进。⑤

通过上述研究看出，第三世界民族解放运动对民权运动的起因、发展

---

① 乔治·布瑞特曼：《马尔科姆临终之年》（George Breitman, ed. *Last Year of Malcolm X: The Evolution of a Revolutionary*）．纽约1969年版，第27页。

② 卢贝·乌当与 E.U. 艾森—乌当：《一个国际人》（Ruby M. and E. U. Essien-Udom, "an international man"）载约翰·克拉克：《马尔科姆·X：其人及其时代》（John Clarke, *Malcolm X: The Man and His Times*），纽约1969年版，第235—267页。

③ 詹姆斯·科恩：《马丁·路德·金与第三世界》（James H. Cone, "Martin Luther King, Jr., and the Third World"），《美国历史杂志》（*The Journal of American History*），第74卷第2期（1987年9月），第455—467页。

④ 范尼·威尔金斯：《黑人国际主义者的塑造：黑人权利兴起前的学生非暴力协调委员会与非洲（1960—1965）》（Fanon Che Wilkins, "The Making of Black Internationslists: SNCC and Africa before the Launch of Black Power, 1960 – 1965"），《美国黑人历史杂志》（*The Journal of African American History*）第92卷，2007年第4期，第467—490页。

⑤ 鲁斯·雷天：《古巴，黑豹党与20世纪60年代的美国黑人运动》（Ruth Reitan, "Cuba, the Black Panther Party and the US Black Movement in the 1960s: Issues of Security"），《新政治科学》（*New Political Science*），第21卷第2期（1999年6月），第217页。

和转向激进化起了重要作用。但传统的观点认为，民权运动的发生和后来的转变主要是国内因素引起的，如对民权运动后来转向黑人权力运动，原有的研究认为，主要原因是因为后期民权运动斗争目标从追求政治平等转向经济平等，斗争地域从南方农村转向北方城市，贫民窟中的年轻黑人因此越来越成为运动参与的主体，原来强有力的盟友——联邦政府与白人自由派也逐渐放弃了对运动的支持；另外，学生非暴力协调委员会等民权组织的组织传统也不断衰落等。① 而上述研究表明，很多民权组织和领袖深受第三世界的民族解放运动的影响，从而才不断走向激进化的。因此，只有两者结合起来才能全面解释其原因、过程和结果。

2. 美国民权运动尤其是黑人权力运动对世界民族解放运动的影响研究

一些论著综合论述了黑人权力运动和黑豹党等激进组织对世界各地激进斗争的影响。詹妮弗·史密斯（Jennifer B. Smith,）的《黑豹党国际史》②、迈克尔·克莱蒙斯与查尔斯·琼斯（Michael L. Clemons, Charles E. Jones）的《全球团结：国际领域的黑豹党》③、查尔斯·琼斯（Charles E. Jones）的《重新思考黑豹党》④ 等，全面论述了美国黑豹党的国际特色，分析了黑豹党的国际影响；认为其推动了被压迫民族和国家的民族解放运动的深入开展，甚至促进了一些发达国家国内激进运动的出现。一些论著则分别阐释了美国黑豹党在加勒比地区、加拿大、澳大利亚甚至英国的影响，显示了其强大的生命力和影响力，显示了其强大的生命力和影响力，如《美国黑豹党对巴哈马先锋党的影响（1972—1987）》⑤、《黑人权

---

① 查尔斯·佩恩：《我得到了自由之光》（Payne, Charles, *I've Got the Light of Freedom*），伯克利1995年版。

② 詹妮弗·史密斯：《黑豹党国际史》（Jennifer B. Smith, *An international history of the Black Panther Party*），纽约1999年版。

③ 迈克尔·克莱蒙斯与查尔斯·琼斯：《全球团结：国际领域的黑豹党》（Michael L. Clemons, Charles E. Jones, "Global solidarity: The Black Panther Party in the International Arena"），《新政治科学》（*New Political Science*），第21卷第2期（1999年6月），第177页。

④ 查尔斯·琼斯：《重新思考黑豹党》（Charles E. Jones, *The Black Panther Party (Reconsidered)*），巴尔的摩1998年版。

⑤ 约翰·麦克莱伦：《美国黑豹党对巴哈马先锋党的影响（1972—1987）》（John T. McCartney, "The Influences of the Black Panther Party (USA) on the Vanguard Party of the Bahamas (1972 - 1987)"），《新政治科学》（*New Political Science*），第21卷第2期（1999年6月），第205页。

力,非殖民化与加勒比海政治》① 等论文,论述了美国黑人权力和黑豹党对加勒比地区的反殖民主义和武装革命的激进组织与激进传统的影响;《加拿大的黑人权力,加勒比人与黑人激进传统》② 和《澳大利亚土著与黑豹党的影响(1969—1972)》③ 等论文,分别论述了美国黑人权力和黑豹党对加拿大和澳大利亚的少数族裔开展激进斗争的影响;《伦敦的黑豹党(1967—1972 年)》④《族裔—宗教运动的全球影响:英国伊斯兰民族的案例》⑤ 等论文,则论述了美国的黑豹党和黑人穆斯林等激进组织在英国的分支机构建立和发展的情况。这些研究表明,民权运动尤其是黑人权力的影响不限于国内,而是扩展到了世界各地,包括发达国家和发展中国家,这大大开阔了我们的视野,比单纯的国内研究更能凸显民权运动的国际影响和重要地位。

此外,也有一些论文考察了民权运动与民族解放运动的相互影响。如克沃·尼莫克(Kwame Nimako)的《恩克鲁玛,非洲觉醒与新殖民主义:美国黑人如何唤醒加纳以及加纳如何唤醒美国黑人》,以加纳总理恩克鲁玛为中心,考察了美国黑人权力运动和非洲黑人之间相互的国际影响,论述了 20 世纪 50、60 年代的美国黑人政治活动如何与非洲的政治活动联系在一起,这些非洲的政治运动又是如何进一步影响美国的黑人民族

---

① 安东尼·博格斯:《黑人权力,非殖民化与加勒比海政治》(Anthony Bogues, Black Power, Decolonization, and Caribbean Politics: Walter Rodney and the Politics of The Groundings with My Brothers),《第二分界线》(*Boundary 2*),第 36 卷第 1 期(2009 年春)第 127—147 页。

② 大卫·奥斯汀:《加拿大的黑人权力,加勒比人与黑人激进传统》(David Austin, "All Roads Led To Montreal: Black Power, The Caribbean, and The Black Radical Tradition In Canada"),《美国黑人历史杂志》第 92 卷,第 2007 年第 4 期,第 516—539 页。

③ 凯西·罗西安:《澳大利亚土著与黑豹党的影响(1969—1972)》(Kathy Lothian, "Seizing the Time: Australian Aborigines and the Influence of the Black Panther Party, 1969 - 1972"),《黑人研究杂志》(*Journal of Black Studies*),第 35 卷,2005 年第 4 期,第 179—200 页。

④ 安玛丽·安吉洛:《伦敦的黑豹党(1967—1972 年)》Anne-Marie Angelo, "The Black Panthers in London, 1967 - 1972: A Diasporic Struggle Navigates the Black Atlantic"),《激进史评论》(*Radical History Review*)第 103 期(2009 年冬),第 17—35 页。

⑤ 纽瑞·蒂娜兹:《族裔—宗教运动的全球影响:英国伊斯兰民族的案例》(Nuri Tinaz, "Global Impacts of an Ethno-religious Movement: The Case of Nation of Islam (NOI) in Britain"),《经济与社会研究杂志》(*Journal of Economic and Social Research*)第 4 卷第 2 期,第 45—71 页。

主义文化的。① 詹森·帕克考察了美国黑人大学在整个 20 世纪对大西洋世界中的种族团结和非殖民化运动的贡献，作者认为，美国的黑人自由斗争与第三世界的独立运动不是相互分离的。这些斗争是同样的全球种族革命的国内外网络，它们重新定义了美国的公民权利，并重塑了世界地图。②

还有一些综合性的论著把三大全球性的事件与民权运动的关系整合起来进行阐释。如凯文·盖恩斯（Kevin Gaines）的《世界视野里的民权运动》和《黑人自由运动的国际维度》分析了美国的民权运动与世界的关系，认为美国黑人自由运动与非洲的非殖民化运动有密切关系，而且随着民权运动的开展，它不断向全球扩展其维度。最突出的表现是民权示威者面临的暴力吸引了全球的注意，触动了很多人的良知。③ 总之，通过多维国际视野看美国民权运动，一幅更全面和立体的画面就展现在我们面前，民权运动的起因和暂时低潮，民权运动的高潮与成功，民权运动的激进化、衰落与影响等内容都有了修正或补充，丰富了我们对民权运动的认识，使之更全面、更客观、更完整。我们从中也看出，美国民权运动的兴起、发展、挫折、高潮、衰落和影响的全过程都与国际环境、全球事件息息相关，脱离了外部环境，民权运动的很多问题就解释不清、说不明白。如美国民权运动的兴起除了国内原因还得益于三种国际因素：一是第二次世界大战；二是甘地领导的印度非暴力运动；三是国际共产主义影响下的劳工运动。但为何 20 世纪 40 年代蓬勃兴起的民权运动到 40 年代末 50 年代初就戛然而止了呢？应该说冷战初期兴起的麦卡锡反共主义对此负主要责任。但这只是暂时的挫折，随着第三世界民族解放运动的高涨，美国为

---

① 克沃·尼莫克：《恩克鲁玛，非洲觉醒与新殖民主义：美国黑人如何唤醒加纳以及加纳如何唤醒美国黑人》（Kwame Nimako, "Nkrumah, African Awakening and Neo-colonialism: How Black America Awakened Nkrumah and Nkrumah Awakened Black America"），《黑人学者》（*The Black Scholar*）第 40 卷第 2 期。

② 詹森·帕克：《"美国制造的革命"？"黑人大学"与美国在大西洋黑人世界非殖民化中的作用》（Jason C. Parker, "Made-in-America Revolutions? The 'Black University' and the American Role in the Decolonization of the Black Atlantic"），《美国历史杂志》第 96 卷，2009 年第 3 期。

③ 凯文·盖恩斯：《世界视野里的民权运动》（Kevin Gaines, "The Civil Rights Movement in World Perspective"），《美国历史学家组织历史杂志》（*OAH Magazine of History*）第 21 卷第 1 期（2007 年 1 月）；《黑人自由运动的国际维度》（"A World to Win: The International Dimension of the Black Freedom Movement"），《美国历史学家组织历史杂志》（*OAH Magazine of History*）第 20 卷，2006 年第 5 期。

了与苏联争夺这些中间地带，也不得不在国内进行种族改革，由此促进了民权运动的迅猛发展。美国黑人加强了与第三世界尤其是非洲的联系，借鉴了他们很多争取自由斗争的方法，尤其是他们的武装革命与经济独立的成就给影响了一些美国人。20世纪60年代后期的黑人权力运动就是受到这些因素的促进而兴起，并日益走向激进；但由于得不到联邦政府和美国民众的支持而不断衰落，越战问题也取代民权成为国内外关注的焦点，大规模的民权运动因而逐渐消亡。尽管如此，民权运动的影响是广泛而深远的。马丁·路德·金倡导的非暴力直接行动成为其他许多国家、民族和人民争取自由斗争的榜样，"黑人权力"也在世界各地有了众多的追随者。

当然，美国这种国际视野的民权运动史研究也有一些不足。首先，这些论著大多从政府和精英的角度论述，认为国际压力是政府进行民权改革和民权精英推动民权运动发展的重要动因，基层民众很少涉及。大部分论著中对国际因素与国内因素之间的互动论述不足，如这些相关论著探讨第二次世界大战对民权运动的影响时，很少涉及国内黑人教会、大学、民权组织等黑人内部社会制度的发展以及当时劳工运动的情况；论述冷战对民权运动的影响时，很少论及非暴力直接行动等民权策略和民众思想观念的变化；论述越战对民权运动的影响时，很少论及国内种族骚乱和黑人权力运动的情况等。可见，现在美国的民权运动史研究有两种路径，一是微观视野，一是国际视野，彼此很少交汇。能否把两种路径结合起来？如今刚兴起的国际史方法也许能解决这个问题。其具体特点可归纳为："彻底打破现今历史研究中的'民族—国家'约束，以整个国际体系甚至文化背景为参照系"，强调国际视野；"强调非政治、非'民族—国家'因素的作用及影响"；"强调多国档案研究"；"强调'自下而上'的方法，而非传统的外交史、政治史之重大人物、政府层面的对策，'文化'因素、'弱势群体'、人类共同的追求等常成为国际史研究的突破口"；强调内外因素的互动比较等。① 因此以后的研究如果能够借鉴国际史的范式，把宏观研究和微观研究结合起来，做到既有国际视野，又不忽视地方基层，既关注政府、精英，更关心底层民众，不仅有政治外交因

---

① 徐国琦：《"会当凌绝顶，一览众山小"——国际史研究方法及其应用》，《文史哲》2012年第5期，第6页。

素，更有思想文化因素，同时打破民族国家的界限，更多关注国际组织和人权等人类共同的追求等，就一定能促进民权运动研究在原有的基础上进一步走向深入。

（原载《世界历史》2014年第1期）